全譯顏氏家訓

渡邉義浩 主編

汲古書院

はじめに

『顔氏家訓』の全譯を思い立ったのは、早稲田大學に赴任して四年目、大学院の演習で『顔氏家訓』を扱ったことを契機とする。それまで、『抱朴子』外篇、『捜神記』、『世説新語』と六朝期の文献を大学院の演習で読んできたが、六朝から隋唐に至る思想の展開の中で、『顔氏家訓』の重要性に気づかされることも多かった。また、大学院生の中にも、六朝の道教や史學思想、小學を専門とする学生がおり、かれらにはとりわけ『顔氏家訓』は重要であった。ただし、『顔氏家訓』を著した顔之推は佛教信者であり、『顔氏家訓』の中にも歸心篇という佛教信仰を扱った篇が含まれるため、荷が重く感じられていた。そのとき、早稲田大學文學部東洋哲學コースの助手であった佐藤晃さん（現在、早稲田大學文化構想學部多元文化論系講師）が、おつきあいしてくださるというので、それを頼みに読み進めることにした。

『抱朴子』外篇については、渡邉義浩「『抱朴子』の歴史認識と王導の江東政策」（『東洋文化研究所紀要』一六六、二〇一四年）、『捜神記』・『世説新語』については、渡邉義浩『「古典中国」における小説と儒教』（汲古書院、二〇一七年）として演習の成果をまとめたが、三書を全訳することはなかった。これに対して、すでに宇都宮清吉を代表とする日本語訳がありながらも、あえて『顔氏家訓』の全譯を試みたのは、原文の一字一字に向き合って見たかったからである。中国の貴族制を研究していくうえで、それほどまでの重要性が、『顔氏家訓』に存在すると考えたためである。

中国の三世紀から九世紀、すなわち「古典中國」の再生産期に支配階層を形成した貴族は、⑴農民に対する直接的・間接的支配者であるという階級支配者としての側面、⑵国家の高官を代々世襲するという政治的特権官僚としての側面、⑶「庶に対して「士」の身分を持つという身分的優位者としての側面、⑷「庶」が関与し得ない文化を担うという文化的優越者としての側面のほか、⑸皇帝権力に対して自律性を保持するという側面を属性に持つ。⑴は、漢代の豪族から清代の郷紳まで、中国における支配層に共通して見られる性質であり、⑵も周代の卿・大夫・士や後漢時代の「四世三公」と称される高級官僚家には看取し得る属性である。⑶は、同じく周代の卿・大夫・士に、⑷も宋代以降の士大夫階級に見られる属性である。とすれば、中国貴族の諸属性の中で、その存在を特徴づけるものは、⑸の皇帝権力からの自律性である。貴族を特徴づける⑸皇帝からの自律性は、⑷文化的諸価値の専有を基盤とする。『顔氏家訓』の重要性は、一方で⑷文化的諸価値、中でも儒教が貴族を存立させる根本であることを繰り返し説きながらも、⑸皇帝権力からの自律性を薄めていくことにある。

大学院生のとき、一つ上の学年に唐の貴族制を研究する渡邊孝さんがいた。孝さんの貴族とわたしの貴族は、その属性に異なりを感じた。形成期の貴族、そして貴族制をわたしが、解体期の貴族制を孝さんが研究する約束であった。ところが、孝さんは道山に帰された。遺されたわたしは、貴族制の解体期における貴族のあり方も考えなければならない。そのときに、顔之推の持つ文化の具体像と価値観を描く『顔氏家訓』は、必読の書籍だったのである。

本書は、大学院の演習に基づくため、それぞれの篇に定まった分担者がいる。篇末にはそれを掲げた。だが、本書は授業以外にも、数回にわたる合宿を行い、全員で訳文を検討した共著である。したがって、篇末とは必ずしも一致しない共著者には、大学院生に止まらず、若手教員も含まれる。題字は、書学・小学を専門とする関俊史君が揮毫してくれた。

刊行に至るまでの一切の出版業務は、汲古書院の柴田聡子氏のお世話になった。社長の三井久人氏からは、いつも温かい励ましをいただいている。記して感謝するものである。

二〇一八年秋

渡邉　義浩

目　次

凡　例

一、本書は、盧文弨が「抱經堂叢書」に収めて出版した『顏氏家訓』七卷本、具体的には「四部備要」の一つとして出版された六册本（以下、抱經堂叢書本と略称）を底本とする。

二、このほか、抱經堂叢書本が底本とした清の鮑廷博「知不足齋叢書」に所収された上・下二册、七卷本（以下、知不足齋叢書本と略称）、さらに、抱經堂叢書本を底本とし、知不足齋叢書本のほか、四部叢刊本、顏嗣愼刊本、顏志邦本などにより校勘をしたうえで、注を附した周法高（撰輯）『顏氏家訓彙注』（中央研究院歴史語言研究所、一九六〇年、中文出版社、一九七五年、中央研究院歴史語言研究所、一九九三年、以下、周法高本と略称）、同じく、抱經堂叢書本を底本としたうえで、詳細な注釈を加えた王利器（撰）『顏氏家訓集解』（上海古籍出版社、一九八〇年、中華書局、一九九三年増補本、中華書局、二〇一三年、以下、王利器本と略称）により、抱經堂叢書本を校勘した。

三、本書は、かかる校勘を経たうえで、句読点を施した原文を掲げ、書き下し文に（　）で示した注を附した後、現代文に翻訳した。現代語訳は、日本語として流麗であることよりも、訓読に合わせた現代語であることに努めた。注は、簡略を旨とし、底本の抱經堂叢書本に附される趙曦明の「注」を趙曦明注、盧文弨の「補注」を盧文弨注、知不足齋叢書本に附された注を原注、周法高本の注を周法高注、王利器本の注を王利器注、宇都宮清吉の全訳に附された注を宇都宮注、宇野精一の抄訳に附された注を宇野注、山田勝美の抄訳に附された注を山田注と表記し、もっぱらそれに依拠したことを明らかにした。

解題　顔之推と『顔氏家訓』

渡邉　義浩

はじめに

『顔氏家訓』は、顔之推（五三一～五九一年）が著した、子孫に対する訓戒書である。七巻（明版に二巻本あり）、全二十篇より成る。全二十篇には、教子篇・兄弟篇・後娶篇・治家篇など家を保つための戒めがあるほか、勉學篇・書證篇・音辭篇という顔子推の学問の中心を論じた篇、文章篇・雜藝篇など貴族としての幅広い教養を示す篇もある。顔之推が、佛教信者であるにも拘らず、顔氏は、孔門の顔淵（顔回）の子孫たることを誇りとしているため、その生活の第一の規範は、儒教に置かれた。したがって、『顔氏家訓』の中では、儒教の尊重する家族道徳・秩序の維持に、なかでも「礼」の遵守にとくに意を用いている。風操篇は、「礼」の具体像を描き出す。また、武事からは距離を置くべきであるとし、誡兵篇では、子孫に対して暴力や武事への傾斜を戒めている。

『顔氏家訓』は、聖賢の教えをそのまま説くのではなく、顔之推の生活体験の具体的記録に基づき、南北の生活慣習の相違を指摘し、広い知見と教養をその子孫に要求する。そして、現実の身の処し方と、本来の理想的なあり方を区別して論じている。また、歸心篇においては、佛教について高く評価する一方で、玄學・道教に対しては好意的ではない。

『顔氏家訓』は、後世に愛読され、唐宋では家訓の代表書であった。清では、書證篇・音辭篇の持つ小学の学問的価値が高く評価された。また、日本にも平安時代には伝えられており、寛文二（一六六二）年刊の和刻本が存在する。

一、顔之推の生涯

『北齊書』巻四十五 文苑 顔之推傳によれば、顔之推は、字を介といい、琅邪郡臨沂縣の人である。九世祖にあたる東晉の顔含は、侍中・右光祿大夫となり、西平侯に封建されて、南遷した顔氏の基礎を築いた。父の顔勰は、梁の湘東王である蕭繹（のちの元帝）が開いた鎭西府の諮議參軍であった。顔氏は、『周禮』（周官）と『春秋左氏傳』を家學とし、顔之推は、若くしてそれを継承していた[一]。ただし、『世説新語』尤悔篇によれば、顔含のころ、琅邪の王渾が顔氏の娘を後妻にしたが、家格が合わないので禮を行わず、顔妾と呼んだ。顔氏はこれを恥じたが、王氏の門が貴かったので、離婚することはなかったと伝わる。顔氏は、琅邪の王氏という一流の貴族から見れば、「妾」扱いをすべき家柄であった。

顔之推は、梁の武帝の中大通三（五三一）年に江陵に生まれ、九歳で父を亡くした[二]。父と同様、江陵で湘東王・鎭西將軍の蕭繹に仕え、湘東王國の左常侍・鎭西將軍府の墨曹參軍となり、蕭繹の子である蕭方諸の郢州出鎭に従った。しかし、天正元（五五一）年、梁の武帝に反乱を起こした侯景は、郢州を陥落させた。顔之推は、殺されるところを王則に助けられた。承聖元（五五二）年、侯景が敗死すると江陵に帰還し、元帝（蕭繹）より散騎侍郎に任命された。このとき、江陵に輸送された大量の書籍を整理したが、そこでは經・史・子・集の四部分類を用いている。

承聖四（五五四）年、今度は西魏が江陵に侵入し、元帝は殺害された。江陵が陥落する直前、元帝が集めた蔵書十数万巻は、元帝の手により焼き払われた。顔之推は、拉致されて關中に送られる。二十四歳のことである。後年、「我が生を観るの賦（観我生賦）」の中で、顔之推はこのことを次のように振り返っている[三]。

東晉の難を違けてより、禮樂は江湘に寓《かりずまひ》す（自東晉之違難、寓禮樂於江湘）。

此に迄るに三百に幾《ちか》きに、左衽 四方に浹《あまね》し（迄此幾於三百、左衽浹於四方）。

苦胡を詠じて永く歎き、微管を吟じて増ゝ傷めり（詠苦胡而永歎、吟微管而増傷）。

……

民は百萬にして囚虜とせられ、書は千兩にして煙煬す（民百萬而囚虜、書千兩而煙煬）。

溥天の下、斯文 盡く喪《ほろ》べり（溥天之下、斯文盡喪）。

……

予は一生に三たび化し、荼《にがな》の苦しみと蓼《たで》の辛さとを備《つぶさ》にす（予一生而三化、備荼苦而蓼辛）。


建武（三一七）年、東晉が八王の乱を避け江南に建国してから、「禮樂」は南朝で「寓《かりずまひ》」していた。約三百年の後、太清二（五四八）年に起きた侯景の乱により、「左衽」（夷狄の習俗）が南朝に「浹《あまね》」くなった。そうしたなか、「斯文」は、元帝が江陵で蔵書十数万巻を集めることで再興した。しかし、承聖四（五五四）年に「書は千兩にして煙煬」する。その結果、「溥天の下」すなわち、天下の「斯文」は、尽く滅んだと顔之推は詠うのである。

二十四歳のとき、江陵から關中に連行された顔之推は、西魏の実力者である宇文泰の大將軍であった李穆にその文才を認められ、李穆の兄である李遠のもとで、その書翰を掌った。二十六歳のころである。そのころ、北齊は、梁に対して傀儡政権を建て、梁人の謝挺や徐陵らを南に還す政策を行っていた。天保六（五五五）年、顔之推は、密かに脱走して北齊の都である鄴に亡命し、文宣帝より奉朝請に任ぜられた。しかし、南帰は果たせず、北齊が滅亡する承光元（五七七）年まで、鄴に留まることになる。北齊では、奉朝請から黄門侍郎に至り、文林館を李德林と統括して、[四]類書の『修文殿御覽』、『續文章流別』などの大編纂事業を完成した。また、個人としても『匡謬正俗』を著し、『寃魂志』を編纂している[五]。

しかし、顔之推の流転は、終わらない。「予は一生に三たび化し」たとあるように、顔之推は、侯景の乱・西魏の来寇に続き、第二の故国とも言うべき北齊の滅亡後、北周に連行されるのである。顏之推は、北齊を滅ぼした北周の武帝によって關中に移住させられ、北周に仕えた。四十七歳のことである。靜帝のもと、御史上士となったが、やがて北周は滅び、隋に仕えることになる。隋では、太子の博士となったが、六十歳を越えて間もなく、『顏氏家訓』の終制篇をしたため、開皇九（五九一）年に卒した。注（二）所掲守屋論文によれば、『顏氏家訓』は、北齊の滅亡（建德六〈五七七〉）前後の十数年間に書かれ、少なくとも隋の開皇二（五八二）年まで、執筆は続けられたという。

長男思魯の子は、『漢書』の注釈者として著名な顏師古であり、三男遊秦の四世孫に書家として著名な顏眞卿がいる。

二、『顏氏家訓』の内容

全二十篇から成る『顏氏家訓』は、次のような内容を持つ。

序致第一は、『顏氏家訓』執筆の意図を述べる。『顏氏家訓』は、世の人に模範を示そうというわけではなく、この書によって一門の内を整えおさめ、子孫を教え導こうとするために著した、と明言する。それにも拘らず、この書で学問を論ずる理由は、勉學篇に述べられるように、学問の継承こそ「孝」であると顏之推が考えるためである。

教子第二は、子弟の教育は早く行うべきことを説き、偏愛や鮮卑語の教育を批判している。

兄弟第三は、兄弟を論じ、兄弟の親しさをその妻が裂くと説く一方で、兄弟が近くに住む必要性を述べる。一族の結束の中心は兄弟の仲の良さで、そのためには妻同士は合わせない方が良いという。

後娶第四は、再婚を論じ、後妻を娶ることで先妻の子が虐待され、父子兄弟の仲を悪くする弊害を述べる。

治家第五は、家政が国政の基であることを述べたのち、猛でも寛でもない中庸な家政を良しとする。そして、女性が政治に関与してはならぬことを説き、女性の南北差を述べて、外交をしない南朝の女性を評価する。

風操第六は、禮を論ずる。禮は經書が基本であるが、載せない所、改変された所があり、家門によっても異なる。その具体的事例として、諱の避け方、名の付け方、親族の呼称、喪禮の古今南北の違いを論ずる。

慕賢第七は、賢人を友人とし、それに学ぶことの重要性と他人の美を盗むことの戒めを説き、賢人の事例を掲げる。

勉學第八は、学問を論じた篇である。勉学が誰にでも必要なことから議論を始め、それにも拘らず梁の貴族が学問を持たずに侯景の乱のあと、路頭に迷ったことを述べ、学問があれば小人になることはないと説く。そののち、読書の効用を事例を挙げて説明し、学問の意義を論ずる。

文章第九は、『文心雕龍』の理論を借り、文章の起源を經書に求め、曹丕の『典論』の「文人相輕」を承けて、著名な文人を批判する。そののち、文章の制作法、避けるべき用語、古典の誤引などを述べる。

名實第十は、名声に実態が伴う必要性を説き、浮華を批判する。

涉務第十一は、君主に必要な臣下を朝廷・文史・軍旅・藩屏・使命・興造の六類型に分ける。そして南朝、なかでも梁代の貴族の無能さを詳述する。

省事第十二は、天が二物を与えぬように、多くのことを一度に行おうとすると失敗することを述べる。また、政見を具申することを批判し、職分を越えないことを説き、最後に暦法改変のときのつまらぬ名誉心に触れる。

止足第十三は、官僚としての出世、また貴族としての婚姻関係や財産が満盈することの戒めを述べる。

誡兵第十四は、顏氏の祖先を列挙し、そのうち武將として戦った者が終わりを全うしなかったことを述べ、儒教によって身を立てることを勧める。

養生第十五は、道教の養生術に基づく不老不死を批判する。

歸心第十六は、儒教に対する佛教の優越を説き、従来の排佛論を五つに整理して反論し、輪廻を儒教の孝、應報を儒教の報應との関わりで受容する。そして、「佛教國家」の成立により「自然の稲米」や「無盡の寶藏」が現れる「妙樂の世」が出現し、「穰佉の國」のような理想世界が実現すると説く。

書證第十七は、經書・史書を中心として、訓詁と考証の具体例を列挙する。

音辭第十八は、小學の発展を音の表現方法からまとめたのち、南北の音の違いの具体例を列挙する。

雜藝第十九は、書道・絵画・射・占い・医術などの雜藝の勧めとその限界を述べる。

終制第二十は、顔之推の遺言とも言うべき篇で、死の意味から始まり、先代のお墓と我が家の状況、そして埋葬の方法と仏事、何よりも家として没落すべきでないことを言い遺す。ここには、儒教的な祭祀を否定し、佛教の盂蘭盆を望む記述があり、それを儒教的に書き換えた版本も存在する。顔之推が後世から反発されるほど、佛教徒であったことを示す篇となっている。

このように『顔氏家訓』は、「家訓」という言葉の持つ一般的なイメージを超えた多岐な内容を持っているのである。

三、版本と注釈書

『顔氏家訓』には、二巻本と七巻本がある。元来は七巻本であり、明版の二巻本ではなく、清の鮑廷博「知不足齋叢書」に所収された上・下二册、七巻本（以下、知不足齋叢書本と略称）が、覆述古堂影宋本でよい。これは、紹興三十（一一六〇）年の進士である沈揆が入手した謝公なる人の手校ある蜀本に、閩本を參校して出刊したものであるという。沈揆は、付録として「考證一巻」を附し、奥書には、「淳熙七年春二月、嘉興沈揆 題す」と記している。

こののち、盧文弨が、その友人である趙曦明の行った宋本『顔氏家訓』（知不足斎叢書本とされる）に附した注を評価し、自ら補注を加え、乾隆五十四（一七八九）年に初版、さらに乾隆五十七（一七九二）年に、知不足齋叢書本を参照した重刊本を「抱經堂叢書」に収めて出版した（以下、抱經堂叢書本と略称）。抱經堂叢書本では、知不足齋叢書本に見える校語・注語を「元注」として保存し、沈揆の「考證一巻」は、「沈氏考證」と標示して該当の句下に入れ、盧文弨自身の補注は、「補」と標示しており、それ以外の部分が趙曦明の「注」であることを明確にしている。これが、民國十二（一九二三）年、北京直隷書局で「四部備要」に収められ、最も利用しやすい本となった。本書も、抱經堂叢書本を底本としている。

周法高（撰輯）『顏氏家訓彙注』（中央研究院歴史語言研究所、一九九三年、以下、周法高本と略称）は、抱經堂叢書本（「盧本」と称する）を底本とし、一九六〇年、中文出版社、一九七五年、中央研究院歴史語言研究所、一九九三年、以下、周法高本と略称）は、抱經堂叢書本（「盧本」と称する）を底本とし、知不足齋叢書本（「鮑本」と称する）、四部叢刊本（景明、遼陽傅氏刊本、「傅本」と称する）、顏嗣愼刊本（明の萬曆年間、「顏本」と称する）、明の程榮「漢魏叢書」の重刊で、萬曆年間の顏志邦本（「程本」と称する）、清の王謨の「漢魏叢書」の覆刊された顏志邦本（「鄭珍藏本」と称する）などの書により校勘をしたうえで、注を附したものである。宇都宮清吉の全訳は、これを底本としている。

王利器（撰）『顏氏家訓集解』（上海古籍出版社、一九八〇年、中華書局、一九九三年増補本、中華書局、二〇一三年、以下、王利器本と略称）は、抱經堂叢書本を底本としたうえで、知不足齋叢書本、董正功の續家訓、羅春本、傅太平本、顏嗣愼本などで校勘を行い、詳細な注釈を加えたものである。本書の注釈は、周法高本と共に王利器本に大きく依拠している。

このほか、王叔岷（撰）『顏氏家訓斠補』（藝文印書館、一九七五年）、劉殿爵・陳方正・何志華（主編）『顏氏家訓逐字索引』（中文大学出版社、二〇〇〇年）、蔡宗陽（校注）『新編顏氏家訓』（國立編譯館、二〇〇二年）、周一良（批校）『周一良批校《顏氏家訓》』（国家図書館出版社、二〇一二年）なども参照した。

四、訳書と研究書

『顔氏家訓』の邦訳については、宇津宮清吉の全訳のほか、高橋君平の抄訳、山田勝美の抄訳、宇野精一の抄訳・林田慎之助の抄訳、さらには小尾郊一の抄訳（吉川幸次郎編『中国散文選』筑摩書房、一九六五年に所収）、久米旺生（他訳）『顔氏家訓』（徳間書店、一九九〇年）などがある。

高橋君平の抄訳（現代語訳）は、松枝茂夫・今村与志雄（編）『歴代随筆集』（平凡社、一九五九年）、中国古典文学全集第三十二巻に収められ、ほぼ全訳に近いものであった。これを承けた、宇都宮清吉の全訳（現代語訳）は、森三樹三郎・宇都宮清吉（訳）『世説新語・顔氏家訓』（平凡社、一九六九年）、中国古典文学大系第九巻に収められ、のち宇都宮清吉（訳注）『顔氏家訓』１・２（平凡社、一九八九～一九九〇年）、東洋文庫五一一、五一四として再版された。高橋の誤りを正しながら初の全訳を完成させた宇都宮の全訳は、人間的な温かみのある訳文で、それぞれに詳細な注を附し、当該時代の中に『顔氏家訓』の特徴を位置づけるものになっている。刊行の翌年には、岡村繁「宇都宮清吉訳『顔氏家訓』」（『中国文学論集』一、一九七〇年）の書評が出され、八つの文章について宇都宮の訳文に対案を提示していることは、宇都宮の全訳が注目され、読まれた証拠である。

山田勝美の抄訳（訓読・現代語訳）は、加藤常賢（編）『中国教育』下（玉川大学出版部、一九七二年）に収められる。その解題では、清の盧文弨の序文を引き、「委曲 情に近く、纖悉 周ねく備わり、立身の要・處世の宜・爲學の法は、蓋しこの書より善なるはなからん」とあることが、『顔氏家訓』への書評として最も簡にして要を得ているとする。宇野精一『顔氏家訓』（明徳出版社、一九八二年）は、中国古典新書の一つとして、書き下し文に詳細な注釈をつけ、篇の終わりにまとめを附す抄訳である。ただし、最も難しい書證・音辭の二篇は、書幅の関係上、注釈が省かれている。林田愼之助『顔氏家訓』（講談社学術文庫、二〇一八年）は、抄訳（現代語訳）であるが、読みやすい訳文と文学作品を使った顔之推の評伝に特徴がある。

『顔氏家訓』の英訳は、Teng ssu-yü : YenChih-tsui, Family instructions for theYen clan（Yen-shih chia-hsün）Leiden, 1968がある。

また、現代中国語への翻訳として、檀作文（訳注）『顔氏家訓』（中華書局、二〇〇七年）は、横書き簡体字本で、簡単な注と現代語訳を附し、莊輝明・章義和（撰）『顔氏家訓訳注』（上海古籍出版社、一九九九年、二〇〇六年）は、横書き簡体字本であるが、比較的詳細に注を附し、現代中国語に翻訳する。夏家善・夏春田（注釈）『顔氏家訓』（天津古籍出版社、一九九五年）は、横書き簡単字本で、詳細な注を附し、劉彦捷・劉石（注評）『顔氏家訓注評』（学苑出版社、二〇〇〇年）は、横書き簡単字本で難語に注をつけ、簡単な評を附したものである。唐翼明『唐翼明解読《顔氏家訓》』（湖南科学技術出版社、二〇一二年）は、『顔氏家訓』をテーマごとに再編し、今日に生かそうとするものである。このほか、黄永年（訳注）『顔氏家訓選訳』（鳳凰出版社、一九九二年、二〇一一年）、程小銘（訳注）『顔氏家訓全訳』（貴州人民出版社、一九九三年）、曹恵民（注訳）『顔氏家訓』（中国社会科学出版社、二〇〇三年）、張靄堂（訳注）『顔之推全集訳注』（斉魯書社、二〇〇四年）、李振興・黄沛栄・賴明徳（注訳）『新訳顔氏家訓（第二版）』（三民書局、二〇一一年）などがある。

『顔氏家訓』の研究書には、『顔氏家訓彙注』を編纂した周法高に、『中國語文論叢』（正中書局、一九六三年）があり、顔之推の「觀我生賦」と庾信の「哀江南賦」との関係、家訓という文学の源流、顔之推の『還冤記』の考察を収めている。

守屋美都雄『中国古代の家族と国家』（東洋史研究会、一九六八年）は、『顔氏家訓』に見られる「北人」「南人」観を論ずる「南人と北人」（『東亜論叢』六、一九四八年）、『顔氏家訓』を含めた六朝時代全体の家訓を扱う「六朝時代の家訓について」（『日本学士院紀要』一〇―三、一九五二年）、『顔氏家訓』全般を論ずる「顔氏家訓について」（『中国雑誌』四、一九六七年を収録する。吉川忠夫『六朝精神史研究』（同朋舎出版、一九八四年）は、顔之推の佛教思想を中心に据えた「顔之推小論」（『東洋史研究』二〇—四、一九六二年）、「中国における排仏論の形成」（『南都仏教』三四、一九七五年）を収録する。宇都宮清吉『中国古代中世史研究』（創文社、一九七七年）は、『北齊書』の編者である李德林と顔之推の関係から、『北齊書』の顔之推傳が李穆を李顯と誤り、顔之推の本意ではない北周・隋での官職名を明示しないことを述べる「北斉書文苑伝中顔之推伝の一節に就いて」（『名古屋大学文学部研究論集』四一、一九六六年）、歸心篇にみえる佛教信仰を浄土信仰的雰囲気とする「顔氏家訓帰心篇覚書き」（『名古屋大学文学部研究論集』四四、一九六七年）、顔之推の關中生活を経済的な困惑と政治的・社会的な退隠の気に満ちていたと捉える「関中生活を送る顔之推」（『東洋史研究』二五—四、一九六七年）、侯景の乱の際に救ってくれた王則への働きかけ、關中から北齊への脱出、文林館への弾圧の契機となった上奏文への署名拒否を顔之推の戦術と捉える「顔之推のタクチクス」（『田村博士頌寿東洋史論叢』一九六八年）、および「顔氏家訓解題」（『名古屋大学文学部二十周年記念論集』一九六八年）を収録している。

尤雅姿『顔之推及其家訓之研究』（文史哲出版社、二〇〇五年）は、時代背景と顔之推の伝記、十三種の單刻本・八種の叢書本・八種の校注本を紹介したのち、『顔氏家訓』の思想・文学理論・散文芸術・影響を論ずる。秦元『顔之推研究』（斉魯書社、二〇一二年）は、顔之推の伝記の後、『顔氏家訓』を分析し、その他の詩歌・辞賦・小説に触れたのち、年譜を附す。符得団・馬建欣『古代家訓培育個体品徳探微—以《顔氏家訓》爲例』（中国社会科学出版社、二〇一二年）は、分析視座として、古代個体培育価値と基本道徳を整理したのち、『顔氏家訓』でそれらがいかに展開されているのかを論じ、古代個体培育価値の現在への啓示を展望する。周日健・王小莘（主编）『《顔氏家訓》詞滙語法研究』（広東人民出版社、一九九八年）は、『顔氏家訓』の詞滙を概観し、魏晉南北朝時代の新詞と新義を指摘し、同義語と反義語、実詞と虚詞を論じ、顔氏家訓詞典を附す。劉光明『《顔氏家訓》語法研究』（合肥工業大学出版社、二〇〇六年）は、代詞・数詞・量詞・副詞・介詞・連詞・助詞・判断句・被動式・疑問句を論ずる。高光新『《顔氏家訓》詞滙研究』（中国社会科学出版社、二〇一三年）は、『顔氏家訓』の詞滙の研究状況を論じたのち、「単音詞」「複音詞」「熟語」を分析する。

池田恭哉『南北朝時代の士大夫と社会』（研文出版、二〇一八年）は、『顔氏家訓』における学問を媒介とした家と国家の連続性を説く「顔之推の学問における家と国家」（『中国思想史研究』三一、二〇一一年）、顔之推には「仁」や「恩」に基づく『冤魂志』の世界と、「義」に留意した『顔氏家訓』の世界が並存していたとする「顔之推における『顔氏家訓』と『冤魂志』」（『中国思想史研究』三五、二〇一四年）、序致篇・勉學篇の「禮傳」を『禮記』やその傳と考える『顔氏家訓』における「礼伝」」（『香川大学国文研究』四一、二〇一六年）、顔之推の「蝉篇」には北周に仕えざるを得ない現実では、献策の士として奉仕する決意が示されているとする「新王朝への意識─盧思道と顔之推の「蝉篇」を素材に」（『六朝学術学会報』一五、二〇一四年）を収録する。

おわりに

『顔氏家訓』の執筆意図は、一門の内を整えおさめ、子孫を教え導くことにあった。顔之推は、子孫に「先王の道」に務め、「家世の業」を継いで、代々それを伝えることを求めたのである。顔之推が佛教信者でありながら、継承すべき「學」の中心に儒教を置いたのは、貴族制の衰退期に自らの存在を見つめ直した顔之推が、貴族の存立基盤である文化的価値の中心に置かれた儒教の安定性を再認識したからである。魏晉期に形成された国家や君主からの自律的秩序を持つことを最大の特徴とする貴族は、儒・道・佛の三教と儒・玄・文・史の四學を兼修することに努めていた。これに対して、顔之推は、時として国家や君主に対峙的・反体制的になる道教と玄學を排斥した。そして、たとえ佛教と儒教が包含関係で把握され、輪廻・應報を孝を中心に把握するという佛教信仰を持ちながらも、国家に仕えるための儒教を中心とする学問を何よりも尊重しながら、史學と文學を兼修する。これが顔之推の「學」であった[六]。

顔之推が理想とした貴族像は、「學」を存立基盤とし、閉鎖的婚姻圏の維持という自律的秩序を持つことを特徴とする。貴族の本来のあり方と君主権力からの自律性を守ろうとしたのである。それは、南朝・北朝のいずれの貴族を起源とするものでもない。理想の貴族像は、儒教の經典に基づき、理念的に構築された。九品中正制度に保証された制度としての貴族制が崩壊していくなかで、顔之推が守ろうとした貴族の自律的秩序は閉鎖的婚姻圏であった。後漢末の「黨人」以来持っていた皇帝権力や国家権力との対峙性は減退したもの、貴族における自律性は、かろうじて閉鎖的婚姻圏という形で残存する。そうした貴族像の展開の必要性を子孫に伝えるものが、『顔氏家訓』であった。顔師古・顔眞卿に代表される子孫たちは、顔氏は貴族の「家」である、という自覚を持って唐代を生きた。顔之推の思いは果たされた、と言ってよいであろう。(七)

（注）

（一）『北齊書』巻四十五　文苑　顔之推傳に、「顔之推、字は介、琅邪臨沂の人なり。九世の祖たる含、晉元に從ひ東渡し、官は侍中・右光祿に至り、西平侯たり。父の勰、梁の湘東王たる繹の鎭西府の諮議參軍たり。世〻周官・左氏を善くし、之推早に家業を傳ふ（顔之推、字介、琅邪臨沂人也。九世祖含、從晉元東渡、官至侍中・右光祿、西平侯。父勰、梁湘東王繹鎭西府諮議參軍。世善周官・左氏、之推早傳家業）」とある。なお、顔之推の生涯については、高橋君平「顔之推別伝」（『近代』一〇、一九五五年）、佐藤一郎「顔之推伝研究」（『北海道大学文学部紀要』一八―二、一九七〇年）、宇都宮清吉「関中生活を送る顔之推」（『東洋史研究』二五―四、一九六七年）、「顔之推のタクチクス」（『田村博士頌寿東洋史論叢』一九六八年）、いずれも『中国古代中世史研究』創文社、一九七七年に所収）、川本芳昭「顔之推のパーソナリティと価値意識について」（『史淵』一三八、二〇〇一年）などを参照。

（二）守屋美都雄「顔氏家訓について」（『中国雑誌』四、一九六七年、『中国古代の家族と国家』東洋史研究会、一九六八年に所収）による。なお、山崎宏「官僚と教養―顔氏家訓を通して」（『歴史教育』一三―六、一九六五年）、山田勝美「顔氏家訓と著者顔之推について」(『城南漢学』一二、一九七〇年)、今村与志雄「余地を見る思想—「顔氏家訓」について」(『文学』三五—三、一九六七年)なども参照。

(三)安藤信廣「顔之推の文学—「観我生賦」を中心に」(『漢文学会会報』三六、一九七七年、『庾信と六朝文学』創文社、二〇〇八年)は、「観我生賦」の分析により、顔之推が儒教に支えられる王朝的倫理の根底にある「天」への信頼を問い直すことを通じて、佛教へ傾斜していったと論じている。なお、渡部武『北斉書』顔之推伝の「観我生賦」について」(『中国正史の基礎的研究』早稲田大学出版部、一九八四年)も参照。

(四)文林館における李徳林と顔之推との関係、および文林館への弾圧の際の顔之推の対応については、宇都宮清吉『中国古代中世史研究』創文社、一九七七年)のほか、榎本あゆち「北斉の中書舎人について—顔之推、そのタクチクスの周辺」(『東洋史研究』五三—二、一九九四年)を参照。

(五)『匡繆正俗』については、劉曉東『匡繆正俗平議』(山東大学出版社、一九九九年)、『冤魂志』については、勝村哲也「顔氏家訓帰心篇と冤魂志をめぐって」(『東洋史研究』二六—三、一九六七年)、小南一郎「顔之推「冤魂志」をめぐって—六朝志怪小説の性格」(『東方学』六五、一九八三年)を参照。

(六)渡邉義浩「顔之推の仏教信仰」(『東洋の思想と宗教』三四、二〇一七年)、渡邉義浩『顔氏家訓』における貴族像の展開と執筆意図」(『東洋文化研究所紀要』一七五、近刊)。

(七)渡邉義浩『顔氏家訓』における「家」と貴族像」(『早稲田大学文学研究科紀要』六四、近刊)。

全譯顔氏家訓

【原文】

巻第一　序致　教子　兄弟　後娶　治家

序致第一

夫聖賢之書、教人誠孝、愼言檢迹、立身揚名、亦已備矣。魏・晉已來、所著諸子、理重事複、遞相模斅、猶屋下架屋、牀上施牀耳。吾今所以復爲此者、非敢軌物範世也。業以整齊門內、提撕子孫。夫同言而信、信其所親、同命而行、行其所服。禁童子之暴謔、則師友之誡、不如傅婢之指揮、止凡人之鬪鬩、則堯・舜之道、不如寡妻之誨諭。吾望、此書爲汝曹之所信、猶賢於傅婢・寡妻耳。

《訓読》

巻第一　序致　教子　兄弟　後娶　治家

序致第一

夫れ聖賢の書は、人に誠孝(一)なること、言を愼み迹を檢(二)すること、身を立て名を揚ぐる(三)ことを教へ、亦た已に備はれり。魏(四)・晉(五)より已來、著せし所の諸子(六)は、理は重なり事は複し、遞《たがひ》に相　模斅し、猶ほ屋下に屋を架し、牀上に牀を施すがごときのみ(七)。吾　今　復た此れを爲す所以の者は、敢て物を軌し世に範する(八)に非ざるなり。業《すで》に以て門內を整齊し、子孫を提撕(九)せんとすればなり。夫れ言を同じくして信あるは、其の親しむ所を信じ、命を同じくして行はるるは、其の服する所を行へばなり。童子の暴謔を禁ずるには、則ち師友の誡は、傅婢(一〇)の指揮に如かず、凡人の鬪鬩を止むるには、則ち堯(一一)・舜(一二)の道は、寡妻(一三)の誨諭に如かず。吾　望むらくは、此の書　汝《なんぢ》が曹の信ずる所と爲り、猶ほ傅婢・寡妻より賢《まさ》らんことのみ。

（注）

（一）誡孝は、忠孝に同じ。隋人は、文帝の父楊忠の諱を避けて、「忠」を「誡」にした（王利器注）。

（二）檢迹は、行検に同じ。放縱にならないこと（王利器注）。

（三）立身揚名は、『孝經』開宗明義章に、「立身行道、揚名於後世、以顯父母、孝之終」とあることに基づく。

（四）魏は、ここでは曹魏。曹丕が二二〇年に建国し、二六五年まで華北を支配した。渡邉義浩『三国政権の構造と「名士」』（汲古書院、二〇〇四年）を参照。

（五）晉は、ここでは西晉・東晉。司馬炎が二六五年に曹魏を簒奪して西晉を建て、八王の亂・永嘉の亂で西晉が滅亡したのち、司馬睿が江南を拠点に三一七年に東晉を建国した。渡邉義浩『西晉「儒教国家」と貴族制』（汲古書院、二〇一〇年）を参照。

（六）諸子は、趙曦明によれば、徐幹の『中論』、王肅の『正論』、杜恕の『體論』、顧譚の『新語』、譙周の『法訓』、袁準の『正論』、夏侯湛の『新論』であるという。宇都宮清吉によれば、『隋書』經籍志の子部儒家類の書籍か、魏晉以来のいわゆる家訓・家戒の類であるという。

（七）屋下架屋、牀上施牀は、劉盼遂によれば、魚豢の『三國典略』に、徐之才が『修文殿御覽』のことを「此可謂床上之床、屋下之屋也」と述べたように、六朝でよく用いた言葉であるという。

（八）軌物範世は、車に軌轍があり、器に模範があるように、世の人の儀型となること（盧文弨注）。

（九）提撕は、教え導くこと。『詩經』大雅　抑の「匪面命之、言提其耳」の鄭箋に、「我非但對面語之、親提撕其耳」とある。

（一〇）傅婢は、侍婢のこと（王利器注）。

（一一）堯は、中国の伝説中の帝王。姓は伊祁、名を放勳。五帝の一人。舜に帝位を禪讓した（『史記』巻一 五帝本紀）。

（一二）舜は、中国の伝説中の帝王。姓は姚、名を重華。五帝の一人。禹に帝位を禪讓した（『史記』巻一 五帝本紀）。

（一三）寡妻は、嫡妻のこと。『詩經』大雅 思齊「刑于寡妻」の毛傳に、「適妻也」とある。

［現代語訳］

巻第一　序致　教子　兄弟　後娶　治家

序致第一

そもそも聖賢の（著した）書物は、人に忠孝であること、言葉を慎み行動を恣《ほしいまま》にしないこと、立身出世して名を揚げることを教えており、すでに備わっている。魏《ぎ》・晉《しん》から以後に、著された諸子の本は、道理も事柄も重複し、互いに真似し合って、屋根の下に屋根をかけ、牀《とこ》の上に牀をしつらえるようなものばかりである。わたしが今またこれを著す理由は、世の人に模範を示そうというわけではない。とくに（この書によって）一門の内を整えおさめ、子孫を教え導こうとするためである。そもそも言葉が同じでも信用があるのは、その親しむ（人が言った）ところを信用し、命令が同じでも実行されるのは、その服する（人が言った）ところを実行するからである。童子のやんちゃを禁ずるには、師友の訓戒よりも、侍婢の指図がよく、凡人のいざこざを止めるには、堯《ぎょう》・舜《しゅん》の道よりも、嫡妻《てきさい》のたしなめがよい。わたしが望むことは、この書がお前たちの信じるところとなり、侍婢や嫡妻（の言葉）よりも（自らを修めるために）勝るものとなることだけである。

【原文】

吾家風教、素爲整密。昔在齠齔、便蒙誘誨。每從兩兄、曉夕溫凊、規行矩步、安辭定色、鏘鏘翼翼、若朝嚴君焉。賜以優言、問所好尚、勵短引長、莫不懇篤。年始九歲、便丁荼蓼、家塗離散、百口索然。慈兄鞠養、苦辛備至。有仁無威、導示不切。雖讀禮・傳、微愛屬文、頗爲凡人之所陶染。肆欲輕言、不脩邊幅。年十八、九、少知砥礪、習若自然、卒難洗蕩。[1]（三）〔二〕十已後、大過稀焉。每常心共口敵、性與情競、夜覺曉非、今悔昨失。自憐無教、以至於斯。追思平昔之指、銘肌鏤骨、非徒古書之誡、經目過耳也。故留此二十篇、以爲汝曹後車耳。

〔校勘〕

1．抱經堂叢書本は、「三十」につくるが、知不足齋叢書本と王利器本により、「二十」に改める。

《訓讀》

吾が家の風教は、素より整密爲り。昔在《むかし》齠齔（一）にして、便ち誘誨を蒙る。每に兩兄（二）に從ひ、曉夕の溫凊、行を規《ただ》し步を矩《ただ》し、辭を安らかにし色を定め、鏘鏘翼翼たること、嚴君に朝するが若し。賜ふに優言を以てし、好尚する所を問ひ、短を勵《はげ》まし長を引き、懇篤ならざるは莫し。年 始めて九歲、便ち荼蓼（三）に丁《あた》り、家塗 離散し、百口 索然たり。慈兄鞠養し、苦辛備さに至る。仁有りて威無く、導示すること切ならず。禮・傳を讀むと雖も（四）、微《ひそ》かに文を屬《つづ》るを愛し、頗る凡人の陶染する所と爲る。欲を肆《ほしいまま》にし言を輕んじ、邊幅を脩めず。年十八、九、少しく砥礪を知るも、習《ならひ》自然の若く（五）、卒に洗蕩し難し。二十より已後、大過あること稀なり。毎常《つねに》心口と共に敵し、性情と與《とも》に競ひ、夜には曉《あさ》の非を覺り、今には昨《むかし》の失を悔ゆ。自ら教へ無きを憐みて、以て斯に至る。平昔の指を追思し、肌に銘《しる》し骨に鏤《きざ》み、徒《た》だに古書の誡、目を經耳を過ぐるのみに非ざるなり。故に此の二十篇を留めて、以て汝が曹の後車（六）と爲すのみ。

（補注）

（一）齠齔《ちょうしん》は、歯が生えかわる時期。男子は八歳、女子は七歳とされる（『説文解字』二篇下 齒部）。なお『説文解字』は、段玉裁『説文解字注』（上海古籍出版社、一九八一年）に拠った。

（二）『南史』巻七十二 顔協傳には、父顔協の子として之儀、之推の二人が記されるだけだが、顔眞卿の「家廟碑」（『全唐文』巻三百四十）によれば、その間に之善という子があった。ここでいう二兄とは、之儀・之善のことである（盧文弨注）。

（三）荼蓼《とりょう》は、苦しみ辛さの譬え。王利器は、父母を失ったことの苦しみを譬えているといい、趙曦明は、親を失ったこととする。『梁書』巻五十 文學傳下によれば、顔協が卒したのは、大同三（五三九）年。そのとき九歳であれば、顔之推は中大通三（五三一）年の生まれとなる。

（四）禮・傳は、顔氏の家學である『周禮』と『春秋左氏傳』。宇都宮清吉に従って、『北齊書』巻四十五 文苑 顔之推傳の記事に基づく。王利器は、禮傳を『大戴禮記』とする。

（五）習若自然は、賈誼『新書』巻五 保傅篇に、「孔子曰、少成若天性、習貫如自然」とあり（『漢書』巻四十八 賈誼傳にも同文あり）、また『大戴禮記』保傅篇に、「孔子曰、少成若天性、習貫之爲常」とある文を踏まえている。

（六）後車は、後世への戒め。『漢書』巻四十八 賈誼傳に、「前車覆、後車戒」とある。

〔現代語訳〕

わが顔《がん》家の教えは、むかしから整然として周到なものであった。思い起こせば八歳のころ、すでに家庭教育を受けていた。いつも二人の兄に従い、（親への）朝夕のご挨拶、折り目正しい立ち振る舞い、典雅な言葉遣いと温和な表情、慎み深い有り様などは、厳しい君主に朝廷で謁見するかのよう（に親に仕えたの）であった。（親はこれに対して）優しい言葉を賜り、好むところを聞いて、短所を励まし長所を延ばして、懇切に篤実に応対した。九歳になった途端、（親を失うという）たいへんな苦しみにあい、家運も傾き、親族もばらばらになった。兄上は（わたしを）養育して、その辛苦はたいへんなものであった。（それでも兄上は）仁愛を旨として威張ることなく、訓導も厳しくなかった。（顔氏の家學の）『周禮《しゅらい》』・『春秋左氏傳《しゅんじゅうさしでん》』を読んでいたとはいえ、ひそかに文章を書くことを愛し、たいそう凡庸な人々の影響を受けた。私欲を恣《ほしいまま》にして言葉を軽んじ、身持ちを正しく保つことを怠《おこた》っていた。十八、九歳になり、少しは研鑽の必要性を知ったが、「習《ならひ》は自然の若《ごと》し」といわれるように、なかなか（怠惰から）脱却することは難しかった。二十歳をすぎると、大きな過ちを犯すことは稀になった。つねに思いと言葉とが敵対し、性と情とが互いに競いあうように、夜には朝の非を覚り、今日は昨日の過失を悔いた。自ら教育が無いことを哀れんで、ここに至った。むかしの指摘を思いおこし、それを骨身に刻むと、ただ古《いにしえ》の書籍の誡《いまし》めが、目を経て耳を過ぎるだけのものであったのとは異なる。そのためにこの二十篇を書き留めて、お前たち後車《こうしゃ》の戒めとなすだけである。

（渡邉義浩）

【原文】

教子第二

上智不教而成、下愚雖教無益、中庸之人不教不知也。古者、聖王有胎教之法。懷子三月、出居別宮、目不邪視、耳不妄聽、音聲・滋味、以禮節之。書之玉版、藏諸金匱。子生咳𠱓、師・保固明孝・仁・禮・義、導習之矣。凡庶縱不能爾、當及嬰稚識人顏色、知人喜怒、便加教誨、使爲則爲、使止則止。比及數歳、可省笞罰。父母威嚴而有慈、則子女畏愼而生孝矣。吾見世間、無教而有愛、毎不能然。飮食・運爲、恣其所欲、宜誡翻獎、應訶反笑、至有識知、謂法當爾。驕慢已習、方復制之、捶撻至死而無威、忿怒日隆而增怨。逮于成長、終爲敗德。孔子云、少成若天性、習慣如自然、是也。俗諺曰、教婦初來、教兒嬰孩。誠哉斯語。

《訓読》

教子第二

上智は教へずにして成り、下愚は教ふと雖も益無く(一)、中庸(二)の人は教へざれば知らざるなり。古《いにしへ》者は、聖王に胎教の法有り(三)。子を懷《はら》みて三月なれば、出でて別宮に居り、目は邪視せず、耳は妄聽せず(四)、音聲・滋味は、禮を以て之を節す。之を玉版に書し、諸《これ》を金匱に藏す(五)。子生まれて咳𠱓(六)なれば、師・保(七)は固より孝・仁・禮・義を明らかにし、之を導習す。凡庶は縱《たと》ひ爾《しか》る能はざるも、當に嬰稚にして人の顏色を識り、人の喜怒を知るに及びては、便ち教誨を加へ、爲さしむるは則ち爲し、止めしむるは則ち止むべし。數歳に及ぶ比《ころほ》ひには、笞罰を省《かへりみ》る可し。父母威嚴にして慈有れば、則ち子女畏愼して孝を生ず。吾世間を見るに、教無くして愛有るもの、毎に然る能はず。飮食・運爲(八)、其の欲する所を恣《ほしいまま》にして、宜しく誡むべきに翻《かへ》って獎め、應に訶《しか》るべきに反りて笑ひ、識知有るに至りて、法當に爾《しか》るべしと謂《おも》ふ。驕慢已に習ひて、方《はじ》めて復た之を制せんとし、捶撻して死に至るも威無く、忿怒日に隆くして怨みを增す。成長するに逮び、終に敗德と爲らん。孔子(九)云ふ、「少成は天性の若し、習慣は自然の如し」(一〇)とは、是れなり。俗諺に曰く、「婦を教ふるには初めて來たるとき、兒を教ふるには嬰孩のとき」と。誠なるかな斯の語。

(注)

(一) 上智は、生まれながらにして最上の智慧を有する人物のこと。下愚は、愚かで教化の対象とならないもの。『論語集解』陽貨篇に、「子曰、唯上知與下愚不移」とあり、その注に「孔(安國)曰、上知、不可使爲惡。下愚、不可使強賢」とある。『論語』を典拠として、董仲舒學派(『春秋繁露』深察名號)により、人間の性を上・中・下の三種に分けて中民だけが善にも悪にもなりうる教化の対象とされる「性三品説」が提唱された。班固『漢書』古今人表は各三品をさらに三段階に分けた九品によって歴史上の人物を評価し、荀悅『申鑒』もこれを継承して、賜爵・刑罰の対象者区分を等級によって分ける議論を展開する。梁の皇侃『論語義疏』もこれを継承して九等級の「品識」を想定し、人は生まれながらにして九品のいずれかに定められ、移ることはないとする。渡邉義浩「九品中正制度と性三品説」(『三国志研究』一、二〇〇六年、『西晉「儒教国家」と貴族制』汲古書院、二〇一〇年に所収)を参照。

なお『論語』は、孔子及び弟子たちの言行録。全二十巻。金谷治（訳註）『論語』（岩波書店、一九六三年）、宮崎市定『論語の新研究』（岩波書店、一九七四年）等を参照。

（二）中庸は、ここでは、上智と下愚の間に位置付けられ、教化の対象とされる一般の中才の人。『荀子』王制篇に、「中庸民不待政而化」とあり、楊倞注に「中庸民易與爲善、故教則化之、不待政成之後也」とある「中庸」に同じ。

（三）胎教之法は、妊婦の正しい生活法についての教え。賈誼『新書』巻十 胎教に、「青史氏之記曰、古者胎教之道、王后有身、七月而就蔞室。太師持銅而御戶左、太宰持斗而御戶右、太卜持蓍龜而御堂下、諸官皆以其職御於門內。比三月者、王后所求聲音非禮樂、則太師撫樂而稱不習。所求滋味者非正味、則太宰荷斗而不敢煎調、而曰不敢以侍王太子」とある。なお「古者」より「之矣」に至るまでは、『大戴禮記』保傅篇および賈誼『新書』巻十 胎教、『漢書』巻四十八 賈誼傳に引く「服鳥賦」などに基づく。

（四）目不邪視、耳不妄聽は、『荀子』樂論篇に、「故君子耳不聽淫聲、目不視女色、口不出惡言。此三者、君子愼之」とあることを踏まえた表現である。『列女傳』母儀 周室三母にも、「(太任)及其有娠、目不視惡色、耳不聽淫聲、口不出敖言、能以胎教」とある。

（五）金匱は、文書を納めるための金属製の箱。文字を刻みつける玉製の板（玉板）と共に、公文書を保存する際に用いられる。『大戴禮記』保傅篇および賈誼『新書』胎教篇に、「胎教之道、書之玉板、藏之金匱、置之宗廟、以爲後世戒」とある。

（六）咳嗁は、生後三ヵ月経った赤子。『漢書』巻四十八 賈誼傳に引く服鳥賦に、「昔者成王幼在繈抱之中、召公爲太保、周公爲太傅、太公爲太師。保、保其身體。傅、傅之德義。師、道之教訓。此三公之職也。於是爲置三少、皆上大夫也。曰少保・少傅・少師、是與太子宴者也。故乃孩提有識、三公・三少固明孝仁禮義以道習之、逐去邪人、不使見惡行」とあり、「孩」に対し、「師古曰、孩、小兒也。提、謂提撕之」とある。

（七）『禮記』文王世子に、「師也者、教之以事而喩諸德者也。保也者、愼其身以輔翼之而歸諸道者也。愼其身者、謹安護之」とあることを踏まえた表現である。なお『周禮』天官冢宰 太宰に、「三曰、師。以賢得民」とあり、鄭玄注に、「師、諸侯師氏、有德行以教民者」とある。また『周禮』地官司徒 保氏に、「保氏。下大夫一人、中士二人、府二人、史二人、胥六人、徒六十人」とあり、鄭玄注に、「保、安也。以道安人者也。書敍曰、周公爲師、召公爲保、相成王爲左右、聖賢兼此官也」とある。

（八）運は、云の借字。云爲は、行為・動作の意（王利器注）。

（九）孔子は、春秋末の魯の思想家・政治家。魯の定公十四（前四九六）年に大司寇行攝相事となり、三ヵ月余り政務を執った。このとき孔子は近隣の強国である齊を恐れさせるほどの治績をあげたとされる（『史記』巻四十七 孔子世家）。多くの優秀な弟子を指導して重要な經典を編纂し、儒家の祖となった。金谷治『孔子』（講談社、一九八〇年）、赤塚忠『赤塚忠著作集』二 中国古代思想史研究（研文出版、一九八七年）を参照。この言葉は、『大戴禮記』保傅篇および『漢書』巻四十八 賈誼傳に見える。

（一〇）婦人は家に嫁いだ初めに教導する、ということは、『周易』家人 初九に、「初九。閑有家、悔亡」とあり、その王弼注に、「凡教在初、而法在始。家瀆而後嚴之、志變而後治之、則悔矣。處家人之初、爲家人之始、故宜必以閑有家、然後悔亡也」とある。また『儀禮』士昏禮に、「女子許嫁、笄而醴之、稱字。祖廟未毀、教于公宮三月。若祖廟已毀、則教于宗室」とあり、結納を終えた嫁に対し婦徳を教えることが説かれる。

[現代語訳]

教子第二

上智の者は教えなくとも大成し、下愚の者は教えても役に立たず、中才の者は教えなければ知ることができない。むかし、聖王には胎教の法があった。子を身籠もって三ヵ月経てば、(母は宮を)出て別宮に移り住み、目は邪《よこしま》なものを見ず、耳は妄《みだ》らなものを聴かず、音楽や食事は、禮により節制する。これを玉版に書き記し、これを金匱《きんき》に納める。のち子が産まれて三ヵ月になれば、太師《たいし》・太保《たいほ》がもとより孝・仁・禮・義を説き明かし、子を教え導く。(以上は太子の教育であり)凡庸な庶人はこのようにはできないとしても、幼児になれば、人の表情をうかがい、人の喜怒も分かるようになるので、すぐに教育を加え、やるべきことはやり、止めるべきことは止めさせるべきである。数歳となるころには、笞《むち》による体罰を加えることも考えるべきである。父と母に威厳があり慈しむ心もあれば、その子は畏れ敬って孝心を持つ。(ところが)吾《わたし》が世間をみる限り、教育がなくて溺愛し、いつも教えと愛を両立できていない。食事や行儀の作法は、子の思うがままで、誡めねばならぬときにかえって好き放題をさせ、叱るべきときにかえって笑い、物心がつくころには、それでよいと思うようになる。驕慢は身体に染みつき、はじめてこれを抑制しようとして、鞭《むち》で強打して死んでも威は立たず、怒りは日々に大きくなり恨みを増す。(そのまま)成長すると、徳に背く人となる。孔子《こうし》が、「少成は天性の若し、習慣は自然の如し」と言っているのは、このことである。俗諺《ぞくげん》は、「婦《よめ》を教育するのは初めて(嫁に)来たとき、子を教育するのは幼な子のとき」と言う。確かであるかな、その言葉は。

【原文】

凡人不能教子女者、亦非欲陷其罪惡。但重於訶怒傷其顔色、不忍楚撻慘其肌膚耳。當以疾病爲諭。安得不用湯藥・針艾救之哉。又宜思勤督訓者、可願苛虐於骨肉乎。誠不得已也。

《訓読》

凡そ人の子女を教ふる能はざる者も、亦た其の罪惡に陷るを欲するには非ず。但だ訶怒して其の顔色を傷はんことを重《はば》かり、楚撻(一)して其の肌膚を慘《いた》むるに忍びざるのみ。當に疾病を以て諭を爲すべし。安んぞ湯藥・針艾を用ひずして之を救ふを得んや。又宜しく督訓に勤むるを思ふべき者も、骨肉を苛虐するを願ふ可けんや。誠に已むを得ざるなり。

(注)

(一)楚撻は、むちで叩いて教えること。楚は、むち。『禮記』學記に、「夏・楚二物、收其威也」とあり、鄭玄注に、「夏、榴也。楚、荊也。二者所以撲撻犯禮者」とある。

[現代語訳]

およそ子を教育できない者も、けっして子を罪悪に陥らせようというわけではない。ただ叱りつけて子の機嫌を損ねることをしぶり、鞭打って子の身体を傷つけることが忍びないだけである。病気で譬《たと》えてみればよい。湯薬や鍼灸《しんきゅう》を使わずに患者を救うことができようか。なるほど教導に力を入れようと思っても、血を分けた者を痛めつけることまでは願うまい。（それでも体罰を加えるのは）まことにやむを得ないことなのである。

【原文】

王大司馬母魏夫人、性甚嚴正。王在湓城時、爲三千人將、年踰四十、少不如意、猶捶撻之。故能成其勳業。梁元帝時、有一學士。聰敏有才、爲父所寵、失於教義。一言之是、遍於行路、終年譽之、一行之非、揜藏文飾、冀其自改。年登婚宦、暴慢日滋、竟以言語不擇、爲周逖抽腸釁鼓云。

《訓読》

王（一）大司馬（二）の母 魏夫人（三）、性甚だ嚴正なり。王 湓城に在りし時（四）、三千人の將爲《た》りて、年 四十を踰ゆるも、少しく意の如くならざれば、猶ほ之を捶撻す。故に能く其の勳業を成す。梁 元（五）帝の時、一學士有り。聰敏にして才有れば、父の寵する所と爲り、教義を失す。一言の是あらば、行路（六）に遍くし、終年 之を譽め、一行の非あらば、揜藏文飾（七）して、其の自ら改むるを冀ふ。年 婚宦（八）に登りて、暴慢 日〻に滋《しげ》く、竟に言語 擇ばざるを以て、周逖（九）の爲に腸を抽《ひ》き鼓に釁《ちぬ》らるる（一〇）としか云ふ。

（注）

（一）王大司馬は、王僧辯のこと。字を君才といい、太原の王氏に連なる。初め北魏に仕えたが、父に随って梁に帰順する（『梁書』巻四十五 王僧辯傳）。王僧辯が大司馬になったのは同伝に、「貞陽既踐僞位、仍授僧辯大司馬、領太子太傅・揚州牧」とあり、梁の武帝の長兄である長沙王懿の子、貞陽侯蕭明を帝に擁立した時のことである。

（二）大司馬は、官名。軍事を掌る官の最高位。後漢初以前には三公のひとつに数えられたが、魏晉以降は三公の上位（上公）に位置付けられた（『通典』巻二十 職官二 三公總敘）。

（三）魏夫人は、王僧辯の母。『梁書』によればその人となりはとても穏やかで、人付き合いもうまく、家門の内外を問わず皆に親しまれていたという。王僧辯が獄に入れられて赦免されたとき、言葉も色も正して君に仕える道を説いたことから、「明哲婦人」と称された（『梁書』巻四十五 王僧辯傳）。

（四）本文が指す時期について、趙曦明は、『尋陽記』を根拠に、湓城が江州の治所であることから、王僧辯が江州刺史に就いた五五一年以降のことと見なす。対して周一良は、梁代の湓城がかならずしも江州の治ではないこと、仮にも刺史たる者が「三千人の將」程度であるはずがないことから、趙曦明の説を否定する。『梁書』巻四十五 王僧辯傳の「（湘東）王爲江州、仍除雲騎將軍司馬、守湓城」の文章を根拠に、湘東王（のちの元帝）の幕僚として湓城に駐屯した時期（五三五年頃）を指すとする。

（五）元帝は、梁の第四代皇帝である蕭繹。字は世誠、廟號は世祖。武帝蕭衍の七男。大寶三（五五二）年、建康で皇帝を僭称した侯景を滅ぼし、江陵において皇帝に即位。しかし西魏や他の皇族と対立したため、その勢力は安定しなかった。承聖三（五五四）年、西魏に江陵を陥とされ、弑殺された。『漢書注』一百一十五巻、『周易講疏』十巻、『老子講疏』四巻、『金樓子』など、多くの著作がある（『梁書』巻五 元帝紀）。

（六）行路は、道行く人ないし他人のこと。

（七）揜藏文飾は、過ちなどを覆い隠し、言葉を飾り立ててごまかすこと。『禮記』大學に、「小人節居爲不善、無所不至。見君子而后厭、然揜其不善而著其善」とあるところの孔穎達の疏に、「則何益矣者、言小人爲惡、外人視之、昭然明察矣、如見肺肝。雖蹔時揜藏、言何益矣」とある。また『南史』巻七十七 恩倖 孔範傳に、「後主性愚狠、惡聞過失、毎有惡事、範必曲爲文飾、稱揚贊美」とある。

（八）婚宦は、結婚して仕官するようになる年齢のこと。

（九）周逖は、未詳。盧文弨は、『陳書』巻三十五 周迪傳に、「迪性質朴、不事威儀、冬則短身布袍、夏則紫紗袜腹、居常徒跣、雖外列兵衞、內有女伎、挼繩破篾、傍若無人。然輕財好施、凡所周贍、毫釐必鈞、訥於言語、而襟懷信實、臨川人皆德之。至是竝共藏匿、雖加誅戮、無肯言者」とあって、出仕時期と傍若無人という人物像が合致することから、周迪ではないかと疑う。

（一〇）釁は、ここでは血祭にあげられること。犠牲を屠ってその血を鼓に塗ることを釁という。『漢書』巻一上 高帝紀上に、「祠黃帝、祭蚩尤於沛廷、而釁鼓旗」とあるところの注に、「應劭曰、釁、祭也。殺牲以血塗鼓、釁呼爲釁。……師古曰、許愼云、釁、血祭也。然卽、凡殺牲以血祭者、皆爲釁。安在其無祭事乎。又古人新成鐘鼎、亦必釁之、豈取釁呼爲義。應氏之說亦未允也。呼、音火翺反」とある。

［現代語訳］

王大《おうだい》司馬《しば》（王僧辯）の母の魏《ぎ》夫人は、その性格は非常に厳格であった。王は湓《ほん》城に駐留していた時、三千人を束ねる将であり、年は四十を越えていたが、意に反すると、（魏夫人は）王を叱咤して教育した。だからこそ（王僧辯は）功業を立てられたのである。梁《りょう》朝元帝《げんてい》の時、一人の学士がいた。物事の理解が早く才覚もあり、父親に寵愛されたので、教育本来のあり方を失ってしまった。（父親は子供に）ひと言の正しさでもあれば、行路に言いふらして、年中これを誉め、ひとつ振る舞いの過ちがあれば、それを隠して誤魔化し、その子みずからが改めることを望んだ。（子は）仕官し結婚する年齢になると、暴慢なおこないが日に日に増し、かくて言葉を選ばなかったために、周逖《しゅうてき》によって腸を引き裂かれ鼓を血塗ることとなったという。

【原文】

父子之嚴、不可以狎、骨肉之愛、不可以簡。簡則慈孝不接、狎則怠慢生焉。由命士以上父子異宮、此不狎之道也。抑搔癢痛、懸衾篋枕、此不簡之教也。或問曰、陳亢喜聞君子之遠其子、何謂也。對曰、有是也。蓋君子之不親教其子也、詩有諷刺之詞、禮有嫌疑之誡、書有悖亂之事、春秋有衺僻之譏、易有備物之象、皆非父子之可通言。故不親授耳。

《訓読》

父子の嚴は、以て狎《な》る可からず、骨肉の愛は、以て簡にす可からず。箇にすれば則ち慈孝 接せず（一）、狎るれば則ち怠慢 生ず。命士（二）より以上は父子 宮を異にする（三）は、此れ狎れざるの道なり。癢痛を抑搔し、衾を懸け枕を篋にする（四）は、此れ箇にせざるの教へなり。或《あるひと》問ひて曰く、「陳亢（五） 君子の其の子を遠ざくることを喜ぶとは、何の謂ぞや」と。對へて曰く、「是 有ればなり。蓋し君子の親しく其の子を教へざるや、詩（六）に諷刺の詞有り、禮（七）に嫌疑の誡め有り、書（八）に悖亂の事有り、春秋（九）に衺僻の譏り有り、易（一〇）に備物の象有る（一一）は、皆 父子の通言す可きに非ず。故に親しく授けざるのみ」と。

（注）

（一）慈孝不接は、父母の慈愛の気持ちと子の孝養の念とがしっくり接合しなくなること（山田注）。

（二）命士は、天子に仕える士のこと。『禮記』王制に、「天子之元士、視附庸」とあるところの鄭玄注に、「視、猶比也。元、善也。善士、謂命士也」とある。

（三）『禮記』内則に、「由命士以上、父子皆異宮。昧爽而朝、慈以旨甘。日出而退、各從其事。日入而夕、慈以旨甘」とあるところの鄭玄注に、「異官、至敬也。慈愛敬進之、日出乃從事食錄、不免農也」とあり、命士より上の身分の者は、尊敬の至りとして父子で宮殿を別にするという。

（四）痒みを介抱し、起居の世話をすることをいう。『禮記』内則に、「以適父母舅姑之所、及所、下氣怡聲、問衣燠寒、疾痛苛癢、而敬抑搔之」とあるところの鄭玄注に、「怡、説也。苛、疥也。抑按、搔摩也」とある。

（五）陳亢は、孔子の弟子。姓は陳、名は亢、字を子禽。本文の言う逸話は、『論語』季氏に、「陳亢問於伯魚曰、子亦有異聞乎。對曰、未也。嘗獨立。鯉趨而過庭。曰、學詩乎。對曰、未也。曰、不學詩、無以言。鯉退而學詩。他日又獨立。鯉趨而過庭曰、學禮乎。對曰、未也。不學禮、無以立。鯉退而學禮。聞斯二者、陳亢退而喜曰、問一得三。聞詩、聞禮、又聞君子之遠其子也」とある。

（六）詩は、『詩經』。五經の一つ。中国最古の詩集で、紀元前十世紀末ごろから前六世紀初の歌謡三百五篇をおさめる。國風百六十篇、小雅七十四篇、大雅三十一篇、頌四十篇からなる。魯の申公が伝えた「魯詩」、齊の轅固生が伝えた「齊詩」、燕の韓嬰が伝えた「韓詩」、毛氏（毛亨・毛萇）が伝えた「毛詩」の四家があったが、唐初の『五經正義』に採用された「毛詩」以外は散佚、僅かに「韓詩」の外傳を残すのみとなった。「毛詩」大序に見られるように、その詩句から世情への風刺を読み解く解釈が伝統的に行われ、本文の言う「諷刺の詞」はこの理解に基づく。

（七）禮は、『禮經』。五經の一つ。中国古代の礼の規定およびその精神を雑記した書物。今文の『儀禮』・『周禮』と古文の『禮記』があり、総称して「三禮」という。本文の言う「嫌疑の誡」は、『禮記』などにある男女間や君臣間の嫌疑を避けるための訓誡を指す。なお、池田恭哉は、『顔氏家訓』において「禮」が書物名として単独で登場した際には基本的に『禮記』を指すとする。池田恭哉「『顔氏家訓』における「礼伝」―何を指すのか」（『南北朝時代の士大夫と社会』研文出版、二〇一八年に所収）を参照。

（八）書は、『尚書』。五經の一つ。王者の言辞の記録。秦による焚書を経て、漢初に濟南の伏生が伝えた「今文尚書」、孔子の旧宅から発見された「古文尚書」に区別される。現行「古文尚書」

は、西晉末の散佚ののち東晉の梅熙が再びまとめたものであるが、清朝考証學により魏晉の偽作であることが証明された。そのため「僞古文尚書」と呼ばれる。なお、本文の言う「悖亂の事」は、湯誓、秦誓、牧誓などにある革命に関する記事を指す。

（九）『春秋』は、五經の一つ。春秋魯國で記された年代記を孔子が編纂したものという。紀元前七二二年から前四八一年までの歴史的事実を簡潔に書きとめているが、その一言一句に、勧善懲悪を目的とした孔子自身の価値観が込められている（微言大義）とされる。本文の言う「衺僻の譏」はこれを指す。今文の『春秋公羊傳』・『春秋穀梁傳』と古文の『春秋左氏傳』という「三傳」があり、とくに『公羊傳』と『左傳』が後漢以降の春秋學で盛況を呈した。

（一〇）易は、『周易』。五經の一つ。經二編、十翼十編の十二編からなる。經の部分は、もともと占い・御神籤の書物であった。のちに学説・教義の拡充を目的として儒家がこれに注目し、經の理解を翼けるものとして十翼の各編を附し、そこに儒家的な倫理・道徳と宇宙・万物の変化との関係という内容を盛り込むことで、儒家の經典に仕立て上げたと考えられている。小沢文四郎『漢代易学の研究』（明徳印刷出版社、一九七〇年）を参照。

（一一）備物之象について、山田注は、『周易』繫辭上傳に、「備物致用、立成器、以爲天下利、莫大乎聖人」とあるのを踏まえるが、実際は『周易』繫辭下傳に、「天地絪縕、萬物化醇、男女構精、萬物化生」といったことをぼかして述べたものであろうという。なお『漢書』巻九十一 貨殖傳に「備物致用、立成器以爲天下利、莫大乎聖人」とあるところの顏師古注に、「上繫之辭也。備物致用、謂備取百物而極其功用」とある。なお原注は、その意見は『白虎通』にみえるという。

［現代語訳］

父子の（間の）厳は、馴れあうべきではなく、骨肉の（間の）愛は、おろそかにすべきではない。おろそかでいては孝養が敏速にできないし、馴れあっていては親をなおざりにするようになる。命士《めいし》より上（の階級）の者は父子でも住む部屋を別々にするというのが、（父子間における）馴れあわない道である。老いた父母を世話するというのが、（親子間における）おろそかにしない教えである。ある人が質問して、「陳亢《ちんこう》は君子がみずからの子を遠ざけることについて聞くのを喜んだ、とはどういった意味であろう」とした。答えて、「正しいからである。思うに君子自身がその子を教育しないのは、『詩經《しきょう》』には諷刺の辞句が述べられ、『禮記《らいき》』には嫌疑（を避けること）の誡めが述べられ、『尚書《しょうしょ》』には天道に悖《もと》るような事件が述べられ、『春秋《しゅんじゅう》』には悪しき行ないへの非難が述べられ、『周易《しゅうえき》』には物の具わる形象が述べられており、このいずれもが父子間で言い伝えるべきものではないからである。だから親しく教授しないのだ」と言った。

【原文】

齊武成帝子琅邪王、太子母弟也。生而聰慧、帝及后竝篤愛之。衣服飲食、與東宮相準。帝每面稱之曰、此黠兒也。當有所成。及太子卽位、王居別宮、禮數優僭、不與諸王等。太后猶謂不足、常以爲言。年十許歲、驕恣無節、器服玩好、必擬乘輿。嘗朝南殿、見典御進新氷、鉤盾獻早李、還索不得。遂大怒、詢曰、至尊已有、我何意無。不知分齊、率皆如此。識者多有叔段・州吁之譏。後嫌宰相、遂矯詔斬之。又懼有救、乃勒麾下軍士、防守殿門。既無反心、受勞而罷。後竟坐此幽薨。

《訓読》

齊の武成帝(一)の子 琅邪王(二)は、太子(三)の母弟なり。生まれながらにして聰慧なれば、帝及び后(四) 並びに篤く之を愛す。衣服飲食、東宮と相 準ふ。帝 面する毎《ごと》に之を稱して曰く、「此れ黠兒(五)なり。當に成す所有るべし」と。太子の卽位するに及び、王 別宮に居し、禮數 優僭して、諸王と等しからず。太后 猶ほ足らずと謂《おも》ひ、常に以て言を爲す。年 十許《ばか》りの歲、驕恣 節無く、器服玩好にして、必ず乗輿に擬す。嘗て南殿に朝し、典御(六)の新氷(七)を進め、鉤盾(八)の早李(九)を獻ずるを見、還た索むるも得ず。遂に大いに怒り、詢《ののし》りて曰く、「至尊 已に有り、我 何の意か無からん」と。分齊(一〇)を知らざること、率ね皆な此の如し。識る者 多く叔段(一一)・州吁(一二)の譏り有り。後 宰相を嫌し、遂に詔を矯《た》めて之を斬る(一三)。又た救ふもの有るを懼れ、乃ち麾下の軍士を勒し、殿門を防守す。既に反心無ければ、勞を受けて罷む。後 竟に此に坐して幽せられて薨ず。

（注）

（一）北斉の武成帝は、姓は高、諱は湛。廟号は世祖。神武帝の第九子であり、孝昭帝の同母弟。皇建二（五六一）年に孝昭帝が崩じたのち帝位を継ぐ。河清四（五六五）年四月に皇太子に譲位し、みずからは太上皇帝として政務を見た。天統四（五六八）年十二月辛未、鄴宮の乾壽堂に崩じた。享年三十二歳（『北齊書』巻七 武成帝紀）。

（二）琅邪王は、名は儼。武成帝の子で、後主高緯の同母弟。母は胡皇后。天統五（五六七）年に、東平王を改め琅邪王となる。その聡明ゆえ兄帝に警戒され、最期は誅殺された。享年十四（『北齊書』巻十二 武成十二王 琅邪王儼傳）。

（三）武成帝の長子である後主高緯のこと。字を仁綱。幼くして顔だちも振る舞いも立派であったため、武成帝から寵愛された。大寧二（五六二）年に皇太子として立ち、河清四（五六五）年に譲位を受ける。しかし粛清を続け国を傾け、承光元（五七七）年に北周に滅ぼされた（『北齊書』巻八 後主紀）。

（四）后は、武成帝の皇后である胡氏。後主と琅邪王の生母。武成帝が崩じたのち、陸媼と和士開が胡皇太后の権力を利用したため、国政の混乱を招いた（『北齊書』巻九 武成胡后傳）。

（五）黠兒は、賢い子、利口な子の意。

（六）典御は、官名。大膳職。北齊では門下省管轄下の尚食局に置かれた。定員二名（『通典』巻二十六 職官八 祕書監）。

（七）新氷は、ここでは天子での献上品で、新しい氷。

（八）鉤盾は、官名。鉤盾令。王宮近郊の園苑を管理する。漢では少府の職掌下に置かれ、宦官が就いた。晉では大鴻臚の下に置かれ、北齊もこれに倣った（『通典』巻二十六 職官八 司農卿）。

（九）早李は、ここでは天子での献上品で、初物のスモモ。

（一〇）分齊は、身分、分際の意。

（一一）共叔段は、春秋鄭の公子。武公の子で、莊公の弟。母である武姜の寵愛を恃みに、兄王に叛旗を翻すも敗北し、共國に亡命。のちには州吁と共謀してその簒奪を助けた（『史記』巻四十二 鄭世家）。

（二）州吁は、春秋衞の公子。荘公の子で、桓公の弟。その傲慢さにより兄王に排斥され、衞から出奔し、共叔段と手を結ぶ。桓公十六（前七一九）年、桓公を殺害して位を奪う。しかし同年、遺臣らの逆襲に遭い、処刑された（『史記』巻三十七　衞康叔世家）。

（三）武平二（五七一）年七月に起こった事件を指す。琅邪王の儼が偽詔を出して錄尚書事の和士開を南臺にて殺害。しかし同日、後主は琅邪王配下の厙狄伏連、王子宣らを処断し、琅邪王自身も幽閉された末、二カ月後に殺害された（『北史』巻八　齊　後主紀、『隋書』巻二十一　天文志十六下　五代災變應　齊）。

［現代語訳］

北齊《ほくせい》の武成《ぶせい》帝の子である琅邪《ろうや》王は、皇太子の同母弟である。生まれついて聡明であったことから、帝と皇后はともにこれを篤く愛おしんだ。衣服も食事も、皇太子になぞらえられた。帝は顔を見るたびに琅邪王を誉めて、「この子は利口だ。きっと大成するであろう」と言った。皇太子が即位すると、琅邪王は別の宮殿に居住したが、衣服や飲食の等級は度を遙かに超えて、ほかの王たちとは比ぶべくもなかった。皇太后はそれでも不足であると考え、いつもこの事に口出ししていた。王が十歳ほどになると、我儘ぶりに歯止めが効かず、道具立てや衣服も好みのままにして、かならず天子の用いる器物と同じようにした。以前に南殿にて朝会したおり、典御《てんぎょ》がその年初めての氷、鉤《こう》盾令《じゅんれい》がその年一番の李《すもも》を献上するのを見て、あとでこれを欲しがったが手に入らなかった。かくてひどく怒りだし、（周囲の者を）罵倒して、「天子が持っているのに、わたしにはどうして無いのだ」と言った。みずからの分際をわきまえないこと、おおよそこのようであった。良識ある者からは鄭《てい》の公叔段《こうしゅくだん》・衞《えい》の州吁《しゅうふ》に準える批判が多く出た。のちに（王は）宰相（和士開）を嫌疑し、かくて詔を偽ってこれを斬り殺した。さらに（宰相を）救おうとする者が出てくることを恐れて、配下の軍卒を動員し、宮殿の門を防がせた。もとより謀反の意までは無かったので、（天子からの）慰撫を受けて事件は終わった。それでも（王は）後にこの罪により幽閉され薨去した。

【原文】

人之愛子、罕亦能均。自古及今、此弊多矣。賢俊者自可賞愛、頑魯者亦當矜憐。有偏寵者、雖欲以厚之、更所以禍之。共叔之死、母實爲之、趙王之戮、父實使之。劉表之傾宗覆族、袁紹之地裂兵亡、可爲靈龜明鑒也。

《訓読》

人の子を愛するや、亦た能く均しくすること罕《まれ》なり。古より今に及ぶまで、此の弊多し。賢俊なる者は自づから賞愛す可く、頑魯なる者も亦た當に矜憐すべし。偏寵有る者は、以て之を厚くせんと欲すと雖も、更《かへ》りて之に禍する所以なり。共叔の死は、母 實に之を爲し、趙王の戮（一）は、父 實に之を使《なさ》しむ。劉表の宗を傾け族を覆へし（二）、袁紹の地 裂かれ兵 亡（三）ぶは、靈龜の明鑒（四）と爲す可きなり。

（注）

（一）趙王は、前漢の高祖劉邦の庶子劉如意を指す。母は戚夫人。母ともども高祖に寵愛され、一時は後の恵帝と太子の地位を争った。果たして高祖崩御後、恵帝が即位すると、恨んだ呂后によって如意は暗殺され、戚夫人も「人彘《ひとぶた》」にされた挙げ句に惨殺された（『史記』巻九　呂太后本紀）。

（二）劉表は、後漢末の人。字を景升、前漢の魯王の末裔。乱世に乗じて荊州に割拠し、袁紹や曹操らと覇を競った。晩年、年長の子劉琦を退けて寵愛する末子の劉琮を後継者とした。結果、劉琮は州を挙げて曹操に降伏、劉琦ほか一部旧臣は劉備に帰服するに至った（『三國志』巻六　劉表傳）。

（三）袁紹は、後漢末の人。字を本初。後漢きっての名門で、「四世三公」と謳われた汝南袁氏の出身。その名声に加え、多くの「名士」を厚遇したことで、河北に一大勢力を築くものの、官渡の戦いで曹操に敗れ、没落した。さらに、後継者を定めなかったため、死後に長子の袁譚と末子の袁尚の争いを招き、それに乗じた曹操により袁氏は滅ぼされた（『三國志』巻六　袁紹傳）。

（四）靈龜の明鑒は、鑑《かがみ》とすべき証拠のこと。亀鑑。龜は事をトうために用いられ、鑒は物の姿を明らかにすることから、比喩とされる（盧文弨注）。

［現代語訳］

人がみずからの子どもを愛するのに、分け隔てなく接しられることは稀である。古より今にいたるまで、この弊害は数多かった。賢く聡い子は自然とかわいがるものだが、頭が鈍い子にもやはり配慮してやらなければならない。偏愛する親は、子どもを手厚く世話しようとするが、かえって子どもに不幸が起きる原因ともなる。共叔段《きょうしゅくだん》が（兄の荘公に討伐されて）死んだことは、母親（である武姜）こそがその原因をつくり、趙王の如意《じょい》が（呂后に）殺されたのは、父親（である高祖）こそがそのようにさせたのである。劉表《りゅうひょう》が宗族を傾覆させ、袁紹《えんしょう》が領土と兵士を失ったことは、（悪例としての）手本とすべきである。

【原文】

齊朝有一士大夫。嘗謂吾曰、我有一兒。年已十七、頗曉書疏。教其鮮卑語及彈琵琶、稍欲通解。以此伏事公卿、無不寵愛。亦要事也。吾時俛而不答。異哉、此人之教子也。若由此業自致卿相、亦不願汝曹爲之。

《訓読》

齊朝に一士大夫有り。嘗て吾に謂ひて曰く、「我に一兒有り。年已に十七にして、頗る書疏（一）に曉らかなり。其の鮮卑語（二）及び琵琶（三）を彈くを教ふるに、稍く通解せんと欲す。此を以て公卿に伏事せば、寵愛せられざること無し。亦た要事なり」と。吾時に俛して答へず。異なるかな、此の人の子を教ふるや。若し此の業に由りて自ら卿相に致れども、亦た汝が曹の之を爲すことを願はず。

（注）

（一）書疏は、書記、書きもののこと（王利器注）。

（二）鮮卑語は、鮮卑の言語。「高祖毎申令三軍、常鮮卑語、昂若在列、則爲華言」（『北齊書』巻二十一　高乾傳附高昂傳）、「儉容貌魁偉、音聲如鐘、大爲鮮卑語、遣人傳譯以問客」（『周書』巻二十六　長孫儉傳）、「鮮卑語、五卷」（『隋書』巻三十二　經籍志一　經　小學）など、北朝期の資料にその存在を見ることができる。

しかし隋代以降、中国文化との混雑により鮮卑独自の言語は消失したという（趙曦明注）。

（三）琵琶は、楽器。北朝で尊重された。北齊の幼主高恆は、自ら琵琶を弾いている（『北齊書』巻八 幼主紀）。

〔現代語訳〕

北齊に一人の士大夫があった。かつて吾《わたし》に向かって、「わたしには一人の子供がおります。歳は十七でありながら、大変書きものに達者です。この子に鮮卑《せんぴ》の言葉や琵琶《びわ》の演奏を教えておりまして、ようやく通達しようというところまでなりました。これで公卿さまがたにお仕えできれば、寵愛されないことなどありません。やはり（齊朝に仕えるための教育としては）重要なことです」と言った。吾はこのとき俯いたままで返答しなかった。おかしなことではないか、この人の教育は。もしこうした業によって独力で卿相に上り詰められるとしても、おまえ達がこのようにすることを願わない。

（黒﨑恵輔）

【原文】

兄弟第三

夫有人民而後有夫婦、有夫婦而後有父子、有父子而後有兄弟。一家之親、[1]此三而已矣。自茲以往、至於九族、皆本於三親焉。故於人倫爲重者也、不可不篤。兄弟者、分形連氣之人也。方其幼也、父母左提右挈、前襟後裾、食則同案、衣則傳服、學則連業、游則共方。雖有[2]悖亂之人、不能不相愛也。及其壯也、各妻其妻、各子其子。雖有[3]篤厚之人、不能不少衰也。娣姒之比兄弟、則疏薄矣。今使疏薄之人而節量親厚之恩、猶方底而円蓋、必不合矣。惟友悌深至、不爲旁人之所移者、免夫。

〔校勘〕

1. 知不足齋叢書本は句のはじめに「盡」字があり、王利器本によれば、呂祖謙『少儀外傳』上もこの句を引いて「盡此三者而已矣」に作る。
2. 知不足齋叢書本は「悖亂之行」に作る。
3. 知不足齋叢書本は「篤厚之行」に作る。

《訓読》

兄弟第三

夫れ人民有りて後に夫婦有り、夫婦有りて後に父子有り、父子有りて後に兄弟有り。一家の親、此の三あるのみ。茲《ここ》より以往、九族(一)に至るまで、皆 三親に本づく。故に人倫に於て重しと爲す者なるや、篤くせざる可からず。兄弟なる者は、形を分かち氣を連ぬるの人なり(二)。其の幼なるに方《あた》るや、父母 左に提し右に挈し(三)、前に襟し後に裾し、食ふには則ち案を同じくし、衣るには則ちを服を傳へ(四)、學ぶには則ち業を連ね(五)、游ぶには則ち方を共にす(六)。悖亂の人有りと雖も、相愛せざる能はざるなり。其の壯なるに及ぶや、各〻其の妻を妻とし、各〻其の子を子とす。篤厚の人有りと雖も、少しく衰へざる能はざるなり。娣姒(七)の兄弟に比ぶるや、則ち疏薄なり。今 疏薄の人をして親厚の恩を節量せしむれば、猶ほ方底にして円蓋(八)のごとく、必ず合はず。惟《た》だ友悌 深く至り、旁人の移す所と爲らざる者のみ、免かるるかな。

(注)

(一) 九族は、一家眷属の意。なお漢代に両説がある。『詩經』王風 葛藟 序「周室道衰、棄其九族焉」の鄭箋に、「九族者、據己上至高祖下及玄孫之親」とあり、同姓の直系を九族と見なす。これに対して、許愼『五經異義』は、「夏侯歐陽等以爲、九族者、父族四・母族三・妻族二」(『尙書正義』堯典 疏引、『左傳正義』桓公 傳六年 疏引)として、母妻の親族、すなわち異姓の親族を含め九族と見なす。詳細は諸橋轍次『支那の家族制』(大修館書店、一九四〇年)を参照。

(二) 分形連氣は、父母より形体を分け与えられた兄弟を指す。『文選』巻三十七 曹子建「求自試表」に、「而臣敢陳聞於陛下者、誠與国分形同氣、憂患共之者也」とある。また李善注に、「呂氏春秋曰、父母之於子也、子之於父母也、一體而分形、同氣血而異息、痛疾相救、憂思相感、生則相驩、死則相哀、此之謂骨肉之親也」とある。

(三) 『漢書』巻三十二 張耳傳に、「左提右挈」とあり、その顔師古注に「提挈、言相扶持也」とある。

（四）傳服は、大きくなった子供が着れなくなった衣服を小さな子供にあげること（王利器注）。

（五）連業は、兄が使っていた經籍を弟が続けて用いること。業とは、木の板のことで、むかし六藝を書写するのに用いた書版（王利器注）。『管子』宙合に、「故退身不舍端、修業不息版、以待清明」とあり、『禮記』曲禮上に、「請業則起、請益則起」とあるところの鄭玄注に、「業、謂篇卷也」とあり、『爾雅』釋器に、「大版、謂之業」とある。

（六）「游則共方」について、『論語』里仁篇に、「子曰、父母在不遠遊。遊必有方」とあり、鄭玄注に、「方猶常也」とある。疏は、常に父母が呼べばすぐ見える場所で子供を遊ばせることとする。

（七）娣姒は、兄弟の妻たちのこと。『爾雅』釋親に、「長婦謂稚婦、爲娣婦。娣婦謂長婦、爲姒婦」とあり、兄嫁が弟の妻に対する呼称を「娣」、弟嫁が兄の妻に対する呼称を「姒」とする（趙曦明注）。

（八）旁人は、他人の意。『漢書』卷七十八 蕭望之傳附蕭育傳に、「扶風怒曰、君課第六、裁自脫、何暇欲爲左右言」とあるところの顔師古注に、「左右者、言與同列在其左右。若今言旁人也」とある。

［現代語訳］

兄弟第三

いったい人があってのちに夫婦があり、夫婦があってのちに父子があり、父子があってのちに兄弟がある。一家の族には、この三つ（の関係）があるだけである。これよりのち、九族に達するにしても、すべてがこの三つの親族（関係）を本源とする。したがって人の倫理において重んぜられるからには、大切にしないわけにはいかない。兄弟というものは、（父母より）身体を分与されながらも血気の繫がった人である。その幼き頃には、父母がそれぞれに左手と右手を取って、前には襟を後ろには裾を正して（着物を整えてやり）、食事をするには卓をともにし、衣服を着るには兄のお下がりをもらい、学ぶには經籍を続けて用い、出掛けて遊ぶにはいつも一緒である。（家に）逆らい背く人柄であるとしても、愛さずにはいられないのである。それが壮齢ともなれば、それぞれに妻を娶り、それぞれに子をもうける。（親族を）篤く愛しむ人柄であるとしても、多少なりとも厭わしくならずにはいられないのである。兄弟の妻たちは兄弟のそれと比べると、薄情なものである。いま（妻たちのような）薄情な者に（兄弟間の）親愛厚き情を理解させようとも、ちょうど四角い容器に円い蓋をあてがうように、決して分かり合えない。ただ兄弟の友愛がこの上なく深く、他人に心動かされない者だけが、（兄弟の不和を）免れるであろう。

【原文】

二親既歿、兄弟相顧、當如形之與影、聲之與響。愛先人之遺體、惜己身之分氣、非兄弟何念哉。兄弟之際、異於他人、望深則易怨、地親則易弭。譬猶居室、一穴則塞之、一隙則塗之、則無頹毀之慮。如雀鼠之不卹、風雨之不防、壁陷楹淪、無可救矣。僕妾之爲雀鼠、妻子之爲風雨、甚哉。

《訓読》

二親 既に歿すれば、兄弟 相 顧るに、當に形の影と與にし、聲の響と與にするが如くなるべし。先人の遺體(一)を愛しみ、己身の分氣を惜しむ、兄弟に非ざれば何ぞ念《おも》はんかな。兄弟の際、他人に異なれば、望 深ければ則ち怨み易く、地 親《ちか》ければ則ち弭《や》み易し。譬へば猶ほ室に居りて、一穴あれば則ち之を塞ぎ、一隙あれば則ち之を塗れば、則ち頽毀の慮《うれ》ひ無きがごとし。如《も》し雀鼠の卹《うれ》へず(二)、風雨の防《ふせ》がざれば(三)、壁は陥ち楹は淪《ほろ》びて、救ふ可き無し。僕妾の雀鼠爲《た》る、妻子の風雨爲るは、甚だしきかな。

(注)

(一) 遺體は、兄弟の意（王利器注）。

(二) 雀鼠は、『詩經』國風 召南 行露に、「誰謂雀無角、何以穿我屋。誰謂女無家、何以速我獄」とあるのに基づく。

(三) 風雨は、『詩經』國風 召南 鴟鴞に、「予室翹翹、風雨所漂搖、予維音嘵嘵」とあるのに基づく。

[現代語訳]

両親がすでに亡くなったなら、兄弟が互いを思いやるときには、形には影が、音には響きが随うようでなければならない。亡き父母が遺した片割れを大切にし、自らの分身を手放さないようにする、（このようなことは）兄弟でなければどうして思わないでいられようか。兄弟の交わりとは、他人と異なって（切っても切れない間柄であるが）、要求も度が過ぎると怨恨を生じやすいが、土地が近いと（そうした怨恨も）除きやすい。譬《たと》えるならば家屋のなかに居るとき、一つ穴があればこれを塞ぎ、一つ隙間があればこれを埋めておいたなら、（家が）崩れ廃れる憂いも取り除かれるようなものである。もし雀や鼠が憂慮なく（横行し）、雨風が防がれることもなければ、壁は穴あき柱も崩れおちて、立て直せるはずも無い。下男や下女が雀と鼠、妻や子が雨風と同じくなったならば、それはもうひどいものである。

【原文】

兄弟不睦、則子姪不愛。子姪不愛、則羣從疏薄。羣從疏薄、則僮僕爲讎敵矣。如此、則行路皆踖其面而蹈其心、誰救之哉。人或交天下之士皆有歡愛、而失敬於兄者、何其能多而不能少也。人或將數萬之師得其死力、而失恩於弟者、何其能疏而不能親也。

《訓読》

兄弟 睦まざれば、則ち子姪(一) 愛せず。子姪 愛せざれば、則ち羣從 疏薄なり。羣從 疏薄なれば、則ち僮僕 讎敵と爲る。此の如くんば、則ち行路は皆 其の面を踖みて其の心を蹈み、誰か之を救はんや。人或いは天下の士に交はるに皆 歡愛有れども、敬を兄に失する者あるは、何ぞ其れ多に能くして少に能くせざるや。人 或いは數萬の師を將ゐて其の死力を得れども、恩を弟に失する者あるは、何ぞ其れ疏に能くして親に能くせざるや。

(注)

(一) 子姪は、兄弟の子供のこと（盧文弨注）。

[現代語訳]

兄弟が仲良くなければ、その兄弟の子同士も愛《いつく》しまない。兄弟の子同士が愛しまなければ、その同族の子弟らも薄情となる。同族の子弟らが薄情であれば、その召使いや奴隷も互いを目の敵にする。このようであれば、道行く人の誰もが顔を悪し様にそむけて心を踏みにじるようになり、いったい誰がこの状況を救えるであろうか。人には世間の士と交際して皆で喜び楽しめるのに、兄には尊敬を欠く者がいるが、どうして大勢の人々と仲良くできるのにひとりの兄とはできないのか。人にはときに数万の将兵を率いてかれらの死力を引き出せるのに、弟には恩愛を欠く者がいるが、どうして他人と仲良くできるのに親しい弟にはできないのか。

【原文】

娣姒者、多爭之地也。使骨肉居之、亦不若各歸四海、感霜露而相思、佇日月之相望也。況以行路之人處多爭之地、能無間者、鮮矣。所以然者、以其當公務而執私情、處重責而懷薄義也。若能恕己而行、換子而撫、則此患不生矣。

《訓読》

娣姒なる者は、爭ひ多きの地なり。骨肉をして之に居らしむるは、亦た各〻四海に歸して、霜露に感じて相 思ひ(一)、日月に佇みて相 望む(二)に若かざるなり。況んや行路の人を以て爭ひ多きの地に處りて、能く間無き者は、鮮し。然る所以の者は、其の公務に當たれども私情を執り、重責に處れども薄義を懷くを以てすればなり。若し能く己を恕して行ひ、子を換えて撫づれば、則ち此の患ひ生ぜず。

(注)

(一)『詩經』秦風 蒹葭に「蒹葭蒼蒼、白露爲霜。所謂伊人、在水一方」とあるのに基づく。

(二)『文選』巻二十九 李少卿 與蘇武詩に、「安知非日月、弦望自有時」とある。

［現代語訳］

兄弟の妻たちというのは、いさかいの多いものである。兄弟をここに居させるくらいなら、やはりそれぞれ各地に散らばって、霜と露(とが変わる季節の巡り)に心動かされて相手を思い、日に月に(過ぎゆく時間のなか)待ち続けて相手を切望することには及ばない。ましてや道行く他人を諍い多き所に居させたところで、その溝を埋められる者は、まれである。そうなってしまう理由は、公《おおやけ》の務めを果たすべきなのに個人の事情を優先し、重い責任があるはずなのに軽んずる気持ちを抱くからなのである。もしみずから思いやりをもって行動し、(他の兄弟の)子供を代わりに撫でてやれば、このような憂いが生ずることもない。

【原文】

人之事兄、不可同於事父。何怨愛弟不及愛子乎。是反照而不明也。沛國劉璡、嘗與兄瓛連棟隔壁。瓛呼之數聲不應、良久方荅。瓛怪問之、乃曰、向來、未著衣帽故也。以此事兄、可以免矣。

《訓読》

人の兄に事ふること、父に事ふるに同じくす可からず。何ぞ弟を愛すること子を愛するに及ばざるを怨まんか。是れ反照にして明らかならざるなり。沛國（一）の劉璡（二）、嘗て兄の瓛（三）と棟を連ね壁を隔つ。瓛 之を呼ぶこと數聲にして應へず、良久《やや》しくして方《はじ》めて答ふ。瓛 怪しみて之を問へば、乃ち曰く、「向來（四）、未だ衣帽を著けざるの故なり」と。此を以て兄に事ふれば、以て免る可し。

（注）

（一）沛國は、後漢から西晉において豫州に属した國（『後漢書』志二十 郡國二）。現在の安徽省聖渓県に治所があった。

（二）劉璡は、字を子璥、劉瓛の弟。東晉の劉惔の末裔。劉宋・南齊に仕え、官は射聲校尉に至った（『南齊書』巻三十九 劉瓛傳附璡傳）。

（三）劉瓛は、字を子珪、沛國相縣の人。儒者として節を守り、隠遁を貫き、死後、梁代になって武帝から貞簡先生と諡された（『南齊書』巻三十九 劉瓛傳）。

（四）向來は、いまし方、只今の意味（王利器注）。

［現代語訳］

人が兄に事《つか》えるのは、父に事えるのと同じであってはならない。どうして（兄の）弟を愛しむことが（父の）子を愛しむのに及ばないことを恨むのか。（そのように思ってしまうのは）照り返しによって盲目となっているのである。沛《はい》國の劉璡《りゅうしん》は、以前に兄の劉瓛《けん》とともに軒を連ね壁一枚を隔てた長屋に住んでいた。瓛が弟を呼んで幾度も声をかけたが返事がなく、しばらく経ってからようやく答えがかえってきた。瓛は訝しんでその理由を問うと、そこで璡は「先ほどまで衣服を整えていなかったものですから」と答えた。このようにして兄に事えるのであれば、（兄弟の不仲も）避けることができるのである。

【原文】

江陵王玄紹、弟孝英・子敏。兄弟三人、特相友愛。所得甘旨・新異、非共衆食、必不先嘗。孜孜色貌、相見如不足者。及西臺陷沒、玄紹以形體魁梧、爲兵所圍。二弟爭共抱持、各求代死、終不得解。遂幷命爾。

《訓読》

江陵（一）の王玄紹、弟の孝英・子敏あり。兄弟三人、特に相 友愛す。得る所の甘旨・新異は、共に衆食するに非ざれば、必ず先に嘗めず。孜孜《しし》たる色貌は、相 見るも足らざる者の如し（二）。西臺の陷沒するに及び（三）、玄紹 形體魁梧なるを以て、兵の圍む所と爲る。二弟爭ひて共に抱持し、各〻代はり死せんことを求むるも、終に解くを得ず。遂に命を幷はすのみ。

（注）

（一）江陵は、荊州南郡に属する縣。南朝における荊州の要衝のひとつ（『宋書』巻三十七 州郡志三 荊州）。承聖元（五五二）年に元帝（蕭繹）が即位した地であり、同年より荊州刺史の治所とされた（趙曦明注）。

（二）『論語』郷黨に、「其言似不足者」とあり、この文章は、兄弟愛に務める王氏三兄弟が、顔を合わせるだけでは満足しなかったことを言う（王利器注）。

（三）西臺は、梁の元帝による江陵政権のこと。侯景を倒した元帝は、太始二（五五二）年に都建康に入らぬまま江陵で即位した。しかし、西魏によって承聖三（五五五）年に滅ぼされた。この江陵政権の滅亡を西臺の陥没という。

［現代語訳］

江陵《こうりょう》に王玄紹《おうげんしょう》と、その弟である王孝英《おうこうえい》・王子敏《おうしびん》がいた。兄弟三人は、ことに互いを思いやっていた。（兄弟の誰かが）手に入れた美味の物や珍奇な物は、一緒に会食をするときでなければ、必ず先に手をつけなかった。（このような兄弟愛に）務めてやまない姿は、互いに会うだけでは物足りないようであった。江陵が陥落した折り、玄紹は体つきが大柄であったため、敵兵に包囲された。二人の弟は我先にと（兄を）庇い合い、どちらもが兄の身代わりに死のうとしたが、結局囲みは解かれなかった。こうして命を三人共に落とした。

（黒﨑恵輔）

【原文】

後娶第四

吉甫、賢父也、伯奇、孝子也。以賢父御孝子、合得終於天性。而後妻間之、伯奇遂放。曾參婦死、謂其子曰、吾不及吉甫、汝不及伯奇。王駿喪妻、亦謂人曰、我不及曾參、子不如華・元。並終身不娶。此等足以爲誡。其後、假繼慘虐孤遺、離間骨肉、傷心斷腸者、何可勝數。愼之哉。愼之哉。

《訓読》

後娶第四

吉甫（一）は、賢父なり、伯奇（二）は、孝子なり。賢父を以て孝子を御すれば、合《まさ》に天性を終ふるを得べし。而るに後妻 之を間し、伯奇 遂に放たる。曾參（三） 婦の死するや、其の子に謂ひて曰く、「吾は吉甫に及ばず、汝は伯奇に及ばず」と。王駿（四） 妻を喪ひ、亦た人に謂ひて曰く、「我は曾參に及ばず、子は華・元（五）に如かず」と。並びに終身 娶らず。此らは以て誡と爲すに足る。其の後、假繼（六）の孤遺を慘虐し、骨肉を離間し、心を傷《やぶ》り腸を斷つる者、何ぞ勝《あ》げて數ふ可けんや。之を愼まんかな。之を愼まんかな。

（注）

（一）吉甫は、尹吉甫のこと。尹吉甫は、周の卿士。宣王の舅である申伯が謝に封建されたとき、崧高の詩を贈ったとされる（『詩經』大雅 崧高）。

（二）伯奇は、王國の子。伯封の異母兄。後母に讒言されて放逐された（『漢書』卷七十九 馮奉世傳贊注引『説苑』）。後漢の蔡邕『琴操』では、尹吉甫の子とされる。『顏氏家訓』はこれを典拠とする。『琴操』履霜操に、「吉甫、周上卿也。有子伯奇。伯奇母死、吉甫更娶後妻、生子曰伯邦。乃譖伯奇於吉甫曰、伯奇見妾有美色、然有欲心。吉甫曰、伯奇爲人慈仁、豈有此也。妻曰、試置妾空房中、君登樓而察之。後妻知伯奇仁孝、乃取毒蜂綴衣領、伯奇前持之。於是吉甫大怒、放伯奇於野。……吉甫乃求伯奇於野而感悟、遂射殺後妻」とある。なお『琴操』は平津館叢書本による。

（三）曾參は、春秋時代の魯の人。字を子輿といい、孔子の弟子。至孝で知られ、『孝經』を撰し、孔子の学をその孫の子思に伝えたという（『史記』卷六十七 仲尼弟子列傳）。『孔子家語』七十二弟子解第三十八に、「（曾）參後母遇之無恩、而供養不衰。……遂出之、終身不娶妻。其子元請焉。告其子曰、高宗以後妻殺孝已、尹吉甫以後妻放伯奇。吾上不及高宗、中不比吉甫。庸知其得免於非乎」とある。

（四）王駿は、琅邪郡皐虞縣の人。王吉の子。少府から京兆尹となり善政を称された（『漢書』卷七十二 王吉傳）。同傳に、「駿爲少府時、妻死。因不復娶。或問之駿曰、德非曾參、子非華・元。亦何敢娶」とある。

（五）華・元は、曾華・曾元。曾參の二子（『漢書』卷七十二 王吉傳注）。

（六）假繼は、継母のこと（盧文弨注）。

［現代語訳］

後娶第四

尹吉甫《いんきつほ》は、賢父であり、伯奇《はくき》は、孝子であった。賢父が孝子をおさめれば、天性を全うできるものである。しかし後妻が（父と子の）間を裂き、伯奇はかくて追放された。曾參は妻が死ぬと、その息子に向かって、「わたしは尹吉甫に及ばず、おまえは伯奇に及ばない（ので後妻を娶らない）」と言った。王駿《おうしゅん》は妻を亡くすと、また人に向かって、「わたしは曾參に及ばず、息子は曾華《そうか》・曾元《そうげん》にはかなわない」と言った。それぞれ生涯再婚することはなかった。これらは誡めとするに足りることである。こののち、後妻が遺された子を虐待し、父子兄弟の仲を悪くさせ、心を深く傷つけることが数え切れないほど起こっている。慎むべきである。慎むべきである。

【原文】

江左不諱庶孽。喪室之後、多以妾媵終家事。疥癬・蚊虻、或未能免、限以大分、故稀鬬鬩之恥。河北鄙於側出、不預人流。是以必須重娶、至於三四。母年有少於子者。後母之弟、與前婦之兄、衣服飲食、爰及婚宦、至於士庶貴賤之隔。俗以爲常。身沒之後、辭訟盈公門、謗辱彰道路、子誣母爲妾、弟黜兄爲傭。播揚先人之辭迹、暴露祖考之長短、以求直己者、往往而有。悲夫。自古姦臣・佞妾、以一言陷人者衆矣。況夫婦之義、曉夕移之、婢僕求容、助相說引、積年累月、安有孝子乎。此不可不畏。

《訓読》

江左（一）は庶孽（二）を諱まず。室を喪《うしな》ひしの後、多く妾媵を以て家事を終ふ。疥癬・蚊虻（三）は、或いは未だ免るる能はざるも、限るに大分を以てす、故に鬬鬩（四）の恥あること稀なり。河北（五）は側出を鄙《いやし》め、人流に預《あづか》らしめず。是を以て必ず須らく重ねて娶るべくして、三たび四たびに至る。母の年 子より少《わか》き者有り。後母の弟と、前婦の兄とは、衣服飲食、爰《ここ》に婚宦に及ぶまで、士庶貴賤（六）の隔あるに至る。俗 以て常と爲す。身 沒せしの後、辭訟は公門に盈ち、謗辱は道路に彰れ、子は母を誣ひて妾と爲し、弟は兄を黜けて傭と爲す。先人の辭迹を播揚し、祖考の長短を暴露して、以て己を直《ただ》さんと求むる者、往往にして有り。悲しいかな。古より姦臣・佞妾、一言を以て人を陷るる者 衆《おほ》し。況んや夫婦の義、曉夕に之を移し、婢僕も容れられんことを求め、相 說引を助け、年を積み月を累ぬれば、安んぞ孝子有らんや。此れ畏れざる可からず。

（注）

（一）江左は、江東に同じ（王利器注）。ここでは、南朝のこと。

（二）庶孽は、妾が生んだ子女（王利器注）。

（三）疥癬は、ヒゼンダニの寄生によりおこる皮膚感染症。蚊虻は、蚊にさされること。ともに軽い病気で、家の中で小さな問題が起こることのたとえ。

（四）鬬鬩は、戦い争うこと。ここでは、疥癬蚊虻の対比概念。

（五）河北は、黄河の北。ここでは、北朝のこと。隋の文帝は、自らの五子がすべて嫡出の「眞兄弟」であると誇り、前朝のように「孽子」の紛争で亡国の道を辿ることはないと述べている（『隋書』巻四十五 文四王傳）。

（六）士庶貴賤は、貴族と寒人との間で行われた士庶差別のこと。ここでは、子供どうしの待遇の違いのたとえ。

［現代語訳］

江左《こうさ》（南朝）では妾腹の子を軽視しない。正室（嫡妻）を亡くした後、多くは妾媵《しょうよう》（めかけたち）に家事を任せ（再婚しないで、生涯を）終える。（正室がいないので）疥癬《かいせん》やら蚊に刺されるような小さないざこざは、あるいは免れがたいこともあったが、（めかけたちは正室のような）大きな権力（を持つこと）を限られているので、争いごとが恥へと至ることはほとんどない。河北《かほく》（北朝）では側室（めかけ）の生んだ子をいやしみ、人として認めない。このため必ず再婚をしなければならず、（場合によっては）三回四回に至る。母の歳が子より若いこともある。後妻の生んだ弟と、先妻の生んだ兄は、衣服飲食から、結婚官職まで、士庶貴賤の隔たり（ほどの差）がある。（北朝の）習俗ではこれが常である。（家の）主が死んだあと、訴訟は役所をあふれさせ、誹謗中傷は道路を騒がすほどで、子が（生母ではない）母を貶めて妾あつかいをし、弟が兄を退けて召使い扱いをする。死んだ人々の言行を広く知れ渡るようにし、祖先の有ることと無いことを暴露して、そうして自分だけを正しいかのようにふるまうことが、よく見られる。悲しいことである。古《いにしえ》より奸臣や佞妾は、一言で人を陥れる者たちが多い。ましてや夫婦の間では、朝夕に（話しかけて人の）気持ちを動かすこともたやすく、奴婢も（何回も話しかけて自分の言うことを）聞いてもらおうとし、互いに協力して、それが長年続けば、孝子など得ることができようはずはない。こうした（後妻を娶ることによる禍の）ことは恐れるべきである。

【原文】

凡庸之性、後夫多寵前夫之孤、後妻必虐前妻之子。非唯婦人懷嫉妒之情、丈夫有沈惑之僻、亦事勢使之然也。前夫之孤、不敢與我子爭家、提攜鞠養、積習生愛。故寵之。前妻之子、毎居己生之上、宦學・婚嫁、莫不爲防焉。故虐之。異姓寵則父母被怨、繼親虐則兄弟爲讎。家有此者、皆門戸之禍也。

《訓読》

凡庸の性、後夫は多く前夫の孤（一）を寵し、後妻は必ず前妻の子を虐す。唯だ婦人 嫉妒の情を懐き、丈夫も沈惑の僻有るのみに非ず、亦た事勢 之をして然らしむるなり。前夫の孤、敢て我の子と家を争はず、提攜鞠養し、積習して愛を生ず。故に之を寵す。前妻の子、毎に己の生みしものの上に居り、宦學・婚嫁、防《さまた》げを爲さざるは莫し。故に之を虐す。異姓 寵せらるれば則ち父母 怨を被り、繼親（二） 虐すれば則ち兄弟 讎を爲す。家に此れ有る者は、皆 門戸の禍なり。

（注）

（一）孤は、父を失った子のこと。

（二）繼親は、後妻のこと（王利器注）。

［現代語訳］

普通の人情では、再婚した夫は（再婚相手の）前夫の子（連れ子）を寵愛することが多く、後妻は必ず前妻の（生んだ）子を虐待するものである。ただ女性が嫉妬の心を抱き、男性は愛情に惑わされる傾向があるだけではなく、（家庭内の）状況もそうさせるのである。前夫の子は、我が家の子と財産を争うことはなく、（自分が）力を貸して養育するうちに、それが積み重なって愛情が芽生える。このためその子を寵愛する。（ところが）前妻の子は、つねに自分が生んだ子よりも上に位置付けられ、官職も結婚も、（自分の生んだ子の）妨げとなる。このためその子を虐待する。異姓（である連れ子）が寵愛されれば、（連れ子を寵愛した）父母は怨みを買い、後妻が虐待すれば、兄弟は仇同士となる。家にこのような状況が起きていることは、みな一族の禍である。

【原文】

思魯等従舅殷外臣、博達之士也。有子基・諶、皆已成立、而再娶王氏。基毎拝見後母、感慕嗚咽、不能自持、家人莫忍仰視。王亦悽愴、不知所容、旬月求退、便以禮遣。此亦悔事也。

《訓読》

思魯（一）らの従舅たる殷外臣（二）は、博達の士なり。子に基（三）・諶有り、皆已に成立し、而して再び王氏を娶る。基 拝して後母に見ゆる毎に、感慕嗚咽し、自ら持する能はず、家人 仰ぎ視るに忍ぶもの莫し。王も亦た悽愴して、容るる所を知らず、旬月にして退かんことを求め、便ち禮を以て遣る。此れも亦た悔事なり。

（注）

（一）思魯は、顔思魯。顔之推の長子。字を孔歸。儒學によって顕れ、唐の武徳年間（六一八～六二六年）の初め、秦王（李世民）の記室參軍事となった。子に『漢書』注を著した顔師古がいる（『新唐書』巻一百九十八 儒學上 顔師古傳、『全唐文』巻三百四十 顔眞卿「家廟碑」）。

（二）殷外臣は、顔之推の妻のおじ。史籍に記録がない。

（三）基・諶は、殷外臣の子。

［現代語訳］

（顔之推の長子である）顔思魯《がんしろ》らの母のおじの一人の殷外臣《いんがいしん》は、博学達識な人物であった。息子に殷基《いんき》と殷諶《いんしん》がいたが、ともに成人したので、王氏と再婚をした。殷基は継母に挨拶をするたびに、感情が高まって嗚咽し、自分を抑えきれなかったので、家の者たちも（その悲しみようを）見るに忍びない気持ちになった。王氏もまた悲しみに打ちひしがれ、どこに身を置くべきか分からなくなり、十ヵ月で離縁したいと求め、直ちに禮を尽して実家に返した。これもまた惜しまれることである。

【原文】

後漢書曰、安帝時、汝南薛包孟嘗、好學篤行。喪母、以至孝聞。及父娶後妻、而憎包、分出之。包日夜號泣、不能去、至被歐杖。不得已、廬於舍外、旦入而洒掃、父怒、又逐之。乃廬於里門、昏晨不廢。積歳餘、父母慙而還之。後行六年服、喪過乎哀。既而弟子求分財異居、包不能止、乃中分其財。奴婢引其老者曰、與我共事久、若不能使也。田廬取其荒頓者曰、吾少時所理、意所戀也。器物取朽敗者曰、我素所服食、身口所安也。弟子數破其産、[1]（還）〔輒〕復賑給。建光中、公車特徵、至、拜侍中。包性恬虛、稱疾不起、以死自乞。有詔、賜告歸也。

〔校勘〕

1．抱經堂叢書本は、「還」につくるが、『後漢書』列傳二十九 劉趙淳于江劉周趙列傳 序により、「輒」に改める。

《訓讀》

後漢書に曰く(一)、「安帝の時(二)、汝南の薛包孟嘗は、學を好み行ひに篤し。母を喪ふや、至孝を以て聞こゆ。父の後妻を娶るに及びて、包を憎み、分ちて之を出ださんとす。包 日夜號泣し、去る能はず、毆杖を被るに至る。已むを得ずして、舍外に廬し、旦に入りて洒掃するも、父 怒りて、又 之を逐ふ。乃ち里門に廬し、昏晨(三)廢せず。歲餘を積《かさ》ね、父母 慙ぢて之を還す。後に六年の服を行ひ、喪は哀に過ぐ。既にして弟の子は財を分かち居を異にせんことを求め、包 止むる能はず、乃ち其の財を中分す。奴婢は其の老いたる者を引きて曰く、「我と事を共にすること久しければ、若《なんぢ》は使ふ能はざるなり」と。田廬は其の荒頓せる者を取りて曰く、「吾 少き時に理《をさ》むる所なれば、意は戀ふ所なり」と。器物は朽敗せし者を取りて曰く、「我 素より服食する所なれば、身口の安ずる所なり」と。弟の子 數〻其の産を破れば、輒ち復た賑給す。建光中、公車(四)に特に徵せられ、至るや、侍中(五)を拜す。包の性は恬虛にして、疾と稱して起たず、死を以て自ら乞ふ。詔有り、告歸を賜ふなり」と。

（注）

（一）後漢書は、劉宋の范曄が著した後漢時代の歴史書。宋代に正史とされた。本紀・列傳九十巻から成るが、現行の『後漢書』は、西晉の司馬彪が著した『續漢書』の志三十巻を合刻する。邦訳に、吉川忠夫（訳）『後漢書』（岩波書店、二〇〇一～二〇〇五年）、渡邉義浩（主編）『全譯後漢書』（汲古書院、二〇〇一～二〇一六年）がある。ここでは、劉趙淳于江劉周趙列傳第二十九の序の後半部分が引用されているが、文末の「加禮如毛義。年八十餘、以壽終」および以下、二子に言及する部分を欠く。

（二）安帝は、劉祜、後漢の第六代皇帝（在位、一〇六～一二五年）。十三歳で即位したが、政治の実権は外戚の鄧氏が掌握していた。鄧皇太后の死後、鄧氏が失脚すると、閻皇后の一族が政治を壟断した（『後漢書』本紀五 安帝紀）。

（三）昏晨とは、『禮記』曲禮上に、「凡爲人子之禮、冬溫而夏淸、昏定而晨省、在醜夷不爭」とあるように、人の子の行うべき禮の一つである。

（四）公車は、洛陽宮の南闕門。宮門の外で官民からの上書、各地からの朝貢を公車司馬令が受け付けたほか、皇帝による察擧である徵召を受けた人物が至る場所でもあった（『後漢書』志二十五 百官五）。

（五）侍中は、官名。官秩は比二千石。皇帝の左右に侍って諮問に応じることをつかさどった。前漢では加官であったが、後漢で本官化した（『漢書』百官公卿表上、『後漢書』志二十六 百官三）。

〔現代語訳〕

『後漢書《ごかんじょ》』（列傳二十九 劉趙淳于江劉周趙傳 序）に、「安帝《あんてい》のとき、汝南郡《じょなんぐん》（河南省平興県の北）出身の薛包《せつほう》（字は）孟嘗《もうしょう》は、学問を好み行動も立派であった。母を亡くすと、至孝によって（世に名が）聞こえた。父は後妻を娶ると、薛包を憎み、分家してこれを追い出そうとした。薛包は日夜号泣し、去ることができず、（父に）殴られ杖で打たれた。やむを得ず、家の外に仮住まいし、明け方に水を撒き掃除をしたが、父は怒って、あらためて薛包を追い出した。今度は里門（の側）に仮住まいし、（晩には親の寝床を整え、朝にはご機嫌伺いをする、という子の行うべき）昏晨《こんしん》の禮を欠かさなかった。年月を重ね、父母は恥じて薛包を家に戻した。後に薛包は（父と母にあわせて）六年の服喪を行い、服喪は哀しみの度が過ぎた。やがて弟の子が財産を分けて住居を別にすることを求め、薛包は止められず、そこで財産を二分した。奴婢は年老いた者を（自分に）取り、「（かれらは）わたしに長らく仕えてきた者たちであるから、おまえは使いこなせまい」と（弟の子に）言った。田と住まいは荒廃しているものを取り、「わたしが若いころ使っていた所であるから、懐かしさを覚える」と言った。器物は朽ちて破損しているものを取り、「わたしが前から身に着け飲食してきたものであるから、体も口も落ち着く」と言った。弟の子はしばしば破産したが、（薛包は）そのたびに重ねて財産を恵み与えた。建光《けんこう》年間（一二一～一二二年）中、特別に公車《こうしゃ》に徴召《ちょうしょう》され、至ると、侍中《じちゅう》を拝命した。薛包は生まれながら無欲恬淡で、病気と称して就かず、死をもって自ら暇を願い出た。詔があり、（薛包に）暇を与えて故郷へ帰ることを許した」とある。

（仙石知子）

【原文】

治家第五

夫風化者、自上而行於下者也、自先而施於後者也。是以父不慈則子不孝、兄不友則弟不恭、夫不義則婦不順矣。父慈而子逆、兄友而弟傲、夫義而婦陵、則天之兇民。乃刑戮之所攝、非訓導之所移也。

《訓読》

治家第五

夫れ風化なる者は、上よりして下に行はるる者なり、先よりして後に施さるる者なり。是を以て父 慈ならざれば則ち子 孝ならず、兄 友ならざれば則ち弟 恭ならず、夫 義ならざれば則ち婦 順ならず。父 慈なるも子 逆らひ、兄 友なるも弟 傲り、夫 義なるも婦 陵《しの》ぐは、則ち天の兇民なり。乃ち刑戮の攝《をそ》れ(一)しむる所にして、訓導の移す所に非ざるなり。

（注）

（一）攝は、ここでは懾、したがって懼に同じ（王利器注）。

［現代語訳］

治家第五

そもそも風化《ふうか》というものは、上に立つ者から下の者に行われるものであり、先に生まれた者から後の者に施《ほどこ》されるものである。このために父が慈でなければ子は孝ではなく、兄が友愛でなければ弟は恭倹ではなく、夫が義でなければ妻は従順ではない。父が慈であるのに子が逆らい、兄が友愛であるのに弟が驕《おご》り、夫が義であるのに妻が淩《しの》ぐのであれば、それは天の（許さない）不良の民である。それらは刑罰により恐れさせるもので、教え導き変えられるものではない。

【原文】

笞怒廢於家、則豎子之過立見。刑罰不中、則民無所措手足。治家之寛猛、亦猶國焉。

《訓読》

笞怒 家に廢せらるれば、則ち豎子の過 立ちどころに見《あら》はる(一)。刑罰 中《あた》らざれば、則ち民 手足を措く所無し(二)。治家の寛猛も、亦た猶ほ國のごとし(三)。

（注）

（一）『呂氏春秋』蕩兵に、「家無怒笞、則豎子・嬰兒之有過也、立見」とあり、字句に異同がある。

（二）『論語』子路に、「刑罰不中、則民無所錯手足」とあり、ほぼ同文。

（三）『春秋左氏傳』昭公 傳二十年に、「仲尼曰、善哉。政寛則民慢、慢則糾之以猛。猛則民殘、殘則施之以寛。寛以濟猛、猛以濟寛、政是以和」とあることを踏まえる。後漢末から三國にかけて、これが「猛」政の典拠となったことは、渡邉義浩「「寛」治から「猛」政へ」（『東方学』一〇二、二〇〇一年、『三国政権の構造と「名士」』〈汲古書院、二〇〇四年〉に所収）を参照。

［現代語訳］

笞《むち》を使って叱《しか》ることが家でなくなれば、子供の過ちが立ちどころに現れる。刑罰が適切でなければ、民は（安心して）手足を置けるところもない。家を治める寛《かん》と猛《もう》も、また（寛と猛が互いに補いあうことでバランスが取れる）国政のようである。

【原文】

孔子曰、奢則不孫、儉則固。與其不孫也寧固。又云、如有周公之才之美、使驕且吝、其餘不足觀也已。然則可儉而不可吝已。儉者、省約爲禮之謂也。吝者、窮急不卹之謂也。今有施則奢、儉則吝。如能施而不奢、儉而不吝可矣。

《訓読》

孔子曰く(一)、「奢なれば則ち不孫なり、儉なれば則ち固なり。其の不孫なる與《よ》りは寧《むし》ろ固なれ」と。又 云ふ(二)、「如し周公(三)の才の美有るも、驕且つ吝ならしめば、其の餘は觀るに足らざるのみ」と。然らば則ち儉なる可きも吝なる可からざるのみ。儉なる者は、約を省き禮を爲すの謂なり。吝なる者は、窮急なるも卹《すく》はざるの謂なり。今 施なれば則ち奢、儉なれば則ち吝なる有り。如し能く施して奢ならず、儉にして吝ならざれば可なり。

（注）

（一）『論語』述而に、「子曰、奢則不孫。儉則固。與其不孫也寧固」とあり、ほぼ同文。

（二）『論語』泰伯に、「子曰、如有周公之才之美、使驕且吝、其餘不足觀也已矣」とあり、ほぼ同文。

（三）周公は、名を旦。周の文王の子で、武王の弟。兄を輔佐して殷を討ち、その死後は兄の子である成王を後見して攝政に就任した。反乱者を討ち、禮樂を制定し、成王が成人すると政治を奉還した。周王朝の基盤を完成させた功労者であり、孔子が私淑したことから、儒家の聖人の一人に数えられる（『史記』巻三十三魯周公世家）。

［現代語訳］

孔子が言った、「贅沢《ぜいたく》していると尊大になり、倹約していると頑固になる。尊大であるよりはむしろ頑固の方がよい」と。また言った、「もし周公《しゅうこう》ほどの立派な才能があったとしても、傲慢で吝嗇《りんしょく》であるならば、そのほかは目に留める価値も無い」と。そうであるから倹約はよいが吝嗇はよくない。倹約というものは、無駄を省いて禮を行うことをいう。吝嗇というものは、困窮し緊急している相手も救わないことをいう。いまは施与《せよ》すれば驕慢《きょうまん》となり、倹約であれば吝嗇になるものがいる。もし施与しても驕慢でなく、倹約であっても吝嗇でなければよい。

【原文】

生民之本、要當稼穡而食、桑麻以衣。蔬果之畜、園場之所產。雞豚之善、塒圏之所生。爰及棟宇・器械、樵蘇・脂燭、莫非種殖之物也。至能守其業者、閉門而爲生之具以足、但家無鹽井耳。今北土風俗、率能躬儉節用、以贍衣食。江南奢侈、多不逮焉。

《訓読》

生民の本、要は當に稼穡して而《もっ》て食らひ、桑麻して以て衣るべし。蔬果の畜は、園場の産する所なり。鷄豚の善(一)は、塒圏(二)の生ずる所なり。爰《ここ》に棟宇(三)・器械、樵蘇・脂燭(四)に及ぶまで、種殖の物に非ざるは莫きなり。能く其の業を守る者に至りては、門を閉づるも生を爲すの具は以て足り、但だ家に鹽井無きのみ(五)。今 北土の風俗は、率《おほむ》ね能く躬儉節用して、以て衣食を贍《みた》す。江南は奢侈にして、多く逮《およ》ばず。

（注）

（一）善は、ここでは膳の意（王利器注）。
（二）塒圏は、ここでは鳥のねぐらと家畜を飼う場所（宇野注）。
（三）棟宇・器械は、ここでは家屋と道具（宇野注）。
（四）樵蘇・脂燭は、ここでは薪炭と灯油（王利器注）。
（五）左思「蜀都賦」に、「家有鹽泉之井」（『文選』巻四 左太沖「蜀都賦」）とあることを踏まえる。

［現代語訳］

人が生きる基本、その要《かなめ》は耕作して食べ、紡績《ぼうせき》して着ることにあるべきだ。野菜と果物の蓄えは、農園で生産したものである。雞《とり》や豚のお膳は、養鶏・養豚場で生産したものである。このほか家屋と道具、薪炭《しんたん》と灯油に及ぶまで、生産増殖《ぞうしょく》できないものはない。こうした生業《せいぎょう》をよく守るものは、門を閉ざしても生活の必需品は足り、ただ家に塩の井戸が無いだけである。いま華北の風俗は、おおむね質素倹約であり、衣食を満たしている。江南は贅沢《ぜいたく》で、（その風俗は華北に）遠く及ばない。

【原文】

梁孝元世、有中書舍人、治家失度、而過嚴刻。妻妾遂共貨刺客、伺醉而殺之。

《訓読》

梁の孝元の世、中書舍人(一)有り、家を治むること度を失ひて、嚴刻に過ぐ。妻妾 遂に共に刺客に貨し、醉を伺ひて之を殺す。

（注）

（一）中書舍人は、官名。曹魏・西晉では、詔勅の起草を掌る中書省の屬官。東晉では、上奏文や諸司からの文書の皇帝への上呈を職掌としたが、劉宋中期から中書省から独立し、舍人省の長官として実質的な宰相となった。梁の武帝は、有能な寒門を就官させ、賢才主義の象徴的官職とした。一方、北魏でも、中書舍人は賢才主義的登用が行われ、溫子昇・魏收など当代きっての文人が任用された。顔之推は、北齊の天保九（五五八）年、文宣帝から中書舍人に任命されたが、使者に泥酔の醜態をさらし、これを回避した。宇都宮清吉「顔之推のタクチクス」（『中国古代中世史研究』創文社、一九七七年に所収）は、顔之推による保身のためのこのタクチクスを高く評価する。宇都宮の主張を承けた、榎本あゆち「北斉の中書舍人について—顔之推、そのタクチクスの周辺」（『東洋史研究』五三—二、一九九四年）も参照。

［現代語訳］

梁《りょう》の元帝《げんてい》の御世《みよ》（五五一～五五四年）、ある中書舎人《ちゅうしょしゃじん》が、家を治める度が過ぎ、（定めは）厳格で（罰は）深刻《しんこく》を極めた。妻と妾はそこで共に刺客を雇い、（中書舎人が）酔い潰れた頃《ころ》合《あ》いを見計らってこれを殺した。

【原文】

世間名士、但務寛仁。至於飲食・饟饋、僮僕減損、施惠・然諾、妻子節量、狎侮賓客、侵耗郷黨。此亦爲家之巨蠹矣。

《訓読》

世間の名士、但だ寛仁(一)に務む。飲食・饟饋は、僮僕 減損し、施惠・然諾は、妻子 節量し、賓客を狎侮し、郷黨を侵耗するに至る。此れも亦た家の巨蠹爲《た》り。

（注）

（一）寛仁のうち、寛は既出。仁については、渡辺信一郎「仁孝―あるいは二～七世紀中国における一イデオロギー形態と国家」（『史林』六一―二、一九七八年、『中国古代国家の思想構造―専制国家とイデオロギー』校倉書房、一九九四年に所収）が、当該時代の仁という理念の有した社会的な意義について孝と共に論じている。

［現代語訳］

世間の名士は、ただ寛仁《かんじん》であることに務めている。（それにつけ込まれ）飲食や贈答品は、奴隷に上前をはねられ、（他人への）施与や約束事は、妻子に削られ、（その結果）賓客を侮辱し、郷里を侵害して消耗させている。これもまた家の身中《しんちゅう》の虫である。

【原文】

齊吏部侍郎房文烈、未嘗嗔怒。經霖雨絶糧、遣婢糴米、因爾逃竄、三四許日、方復擒之。房徐曰、擧家無食、汝何處來。竟無捶撻。嘗寄人宅、奴婢徹屋爲薪略盡。聞之顰蹙、卒無一言。

《訓読》

齊の吏部侍郎(一)たる房文烈(二)、未だ嘗て嗔怒せず。霖雨を經て糧を絶ち、婢を遣はして米を糴《か》はせ、爾《それ》に因りて逃竄せられ、三四許《ばかり》の日に、方《はじ》めて復た之を擒《とら》ふ。房 徐《おもむろ》に曰く、「家を擧げて食無きに、汝は何處《いずれ》より來たれるか」と。竟《つい》に捶撻すること無し。嘗て人に宅を寄せしに、奴婢 屋を徹して薪と爲し略〻盡く。之を聞きて顰蹙するも、卒に一言もすること無し。

（注）

（一）吏部侍郎は、官名。三省の一つで、中央政府である尚書省のうち、人事を管掌する吏部において、吏部尚書に次ぐ第二官。魏晉南北朝の官制については、窪添慶文『魏晉南北朝官僚制研究』（汲古書院、二〇〇三年）を参照。

(二) 房文烈は、清河東武城の人。房景伯の子。北齊の司徒左長史に至った。性は「溫柔」で、「未だ嘗て嗔怒」したことのない事例として、『北史』は本条の奴婢を責めなかった話を掲げる。ただし、官職は、「吏部郎」とある(『北史』巻三十九 房法壽傳附房景伯傳)。

[現代語訳]

北齊の吏部侍郎《りぶじろう》である房文烈《ぼうぶんれつ》は、いまだかつて怒ったことがなかった。(あるとき) 長雨が続き食糧が底をついたので、婢《ひ》をやって米を買わせたが、それを機に (婢に) 逃亡されて、三、四日ばかりして、ようやくまた婢を捕まえた。房文烈はおもむろに、「家ではみな食べるものがなかったのに、汝《おまえ》はどこに行っていたのか」と聞いた。ついに打ち据えることはなかった。(また) かつて人に家屋の管理を頼んだが、(頼んだ先の) 奴婢が家屋を解体して薪にしてしまった。(房文烈は) これを聞いて顔をしかめたが、ついに一言も発することはなかった。

【原文】

裴子野、有疎親・故屬飢寒不能自濟者、皆收養之。家素清貧、時逢水旱、二石米爲薄粥、僅得徧焉。躬自同之、常無厭色。

鄴下有一領軍、貪積已甚、家童八百、誓滿一千。朝夕每人肴膳、以十五錢爲率。遇有客旅、更無以兼。後坐事伏法、籍其家產、麻鞋一屋、弊衣數庫、其餘財寶、不可勝言。

南陽有人、爲生奥博、性殊儉吝。冬至後、女壻謁之。乃設一銅甌酒、數臠麞肉。壻恨其單率、一擧盡之。主人愕然、俛仰命益、如此者再。退而責其女曰、某郎好酒、故汝常貧。及其死後、諸子爭財、兄遂殺弟。

《訓讀》

裴子野(一)、疎親・故屬の飢寒 自ら濟《すく》ふ能はざる者有らば、皆 之を收養す。家 素《も》と清貧、時に水旱に逢ひ、二石の米を薄粥と爲して、僅かに徧きを得たり。躬《みづか》自ら之に同じくし、常に厭ふ色無し。

鄴下に一領軍(二)有り、貪り積むこと已甚《はなはだ》しく、家童八百なれば、一千に滿《み》たさんと誓ふ。朝夕 人每の肴膳、十五錢を以て率と爲す。遇《たまたま》客旅有るも、更めて以て兼ぬること無し。後 事に坐し法に伏し、其の家產を籍するに、麻鞋一屋、弊衣數庫、其の餘の財寶、勝《あ》げて言ふ可からず。

南陽に人有り、生を爲して奥博(三)、性 殊に儉吝なり。冬至の後、女壻 之に謁す。乃ち一銅甌の酒、數臠の麞肉を設く。壻 其の單率なるを恨み、一擧にして之を盡くす。主人 愕然として、俛仰して益さんことを命じ、此の如き者《こと》再びなり。退きて其の女を責めて曰く、「某郎 酒を好む、故に汝は常に貧なり」と。其の死後に及びて、諸子 財を爭ひ、兄 遂に弟を殺す。

(注)

(一) 裴子野は、字は幾原、河東郡聞喜の人。「河東の裴氏」は、史學を家學とし、曾祖父に、『三國志』に注を附した裴松之、祖父に、『史記集解』を著した裴駰を持つ。『宋略』二十巻を著し、沈約より自らの『宋書』に勝ると評価された。著作郎となり、國史や起居注を管掌し、中書侍郎、鴻臚卿を歴任したのち没した。晩年は佛教信者となり、齋戒を厳守した（『梁書』巻三十 裴子野傳）。

（二）領軍は、官名。領軍將軍。曹魏では、中領軍と呼ばれた。中軍（中央軍）を率いる武官。濱口重國『秦漢隋唐史の研究』（東京大学出版社、一九六六年）を参照。王利器注によれば、厙狄伏連のことか。

（三）奥博は、（財産などを）しまい込んでいる様子が深く広いこと（王利器注）。

［現代語訳］

裴子野《はいしや》は、遠い親族や古い縁者で貧しく暮らしの立たなくなったものがいれば、みな収容して養った。（裴子野の）家はもとより清貧で、あるとき日照りにあうと、二石の米を薄粥にして、ようやく人々に行き渡らせることができた。自分もこれを同じく食べて、いつも嫌そうな顔をすることがなかった。

（北齊の都）鄴《ぎょう》（河南省臨漳県）にある領軍《りょうぐん》がおり、（財貨を）貪《むさぼ》り蓄財すること甚しく、家の奴隷が八百人いたので、千人にしようと誓った。（銭を貯めるため）朝夕の一人当たりの食費は、十五銭と定めた。たまたま来客があっても、改めて（食費を）増すことはなかった。のちに事件に連座して法に裁かれ、その家産を調べて記帳すると、麻の鞋《わらじ》が一倉、破れた衣服が数庫（などその吝嗇ぶりを示す記録のほか）、その余の財宝などは、数えきれないほどであった。

南陽《なんよう》郡にある人がおり、生涯を通じて数えきれないほどの財産をしまい込み、その性質はとりわけ吝嗇であった。冬至の後、娘婿がこれにご挨拶をした。そこで銅製のお銚子一本と、麞《のろ》の肉数切れで（一席を）設けた。壻はその簡略なことを恨み、一挙にこれを食べ尽くした。主人は愕然として、あたふたして増やすことを命じ、このようなことが二回あった。食事が終わるとその娘を責めて、「某郎《あいつ》は酒が好きだ、だから汝《おまえ》はいつも貧乏なんだ」と言った。その死後になると、子たちが財産を争い、兄はそうして弟を殺した。

【原文】

婦主中饋、惟事酒食・衣服之禮耳。國不可使預政、家不可使幹蠱。如有聰明才智、識達古今、正當輔佐君子、助其不足。必無牝鶏晨鳴、以致禍也。

《訓読》

婦は中饋（一）を主《つかさど》り、惟だ酒食・衣服の禮を事とするのみ。國は政に預らしむ可からず、家は蠱（二）《こと》を幹《つかさど》らしむ可からず。如し聰明にして才智あり、識 古今に達するもの有らば、正當《まさ》に君子を輔佐し、其の足らざるを助くべし。必ず牝鶏 晨に鳴きて、以て禍を致すこと無かれ（三）。

（注）

（一）中饋は、妻と娘が家庭で料理炊事をすること（『周易』家人 六二）。

（二）蠱は、ここでは「事」と同じ（王利器注）。

(三)『尚書』牧誓に、「王曰、古人有言曰、牝雞無晨、牝雞之晨、惟家之索。今商王受、惟婦言是用、昏棄厥肆祀、弗答。昏棄厥遺王父母弟、不迪。乃惟四方之多罪逋逃、是崇是長、是信是使、是以爲大夫・卿士、俾暴虐于百姓、以姦宄于商邑」とあり、後半は「惟《こ》れ家 之れ索《つ》きん」が「以て禍を致すこと無かれ」とされている。

［現代語訳］

婦人は厨房を掌るもので、ただ酒食や衣服の礼を仕事とするだけでよい。国では（婦人を）政治に関与させるべきではなく、家では要事を任せるべきではない。もし（婦人が）聡明で才智あり、知識が古今に及ぶのであれば、君子（と仰ぐ夫）を輔佐して、その足らぬことを助けるべきである。どんなことがあっても「牝雞《めんどり》が晨《あした》に鳴」いて、禍いを招いてはならない。

【原文】

江東婦女、略無交遊。其婚姻之家、或十數年間、未相識者、惟以信命・贈遺、致殷勤焉。鄴下風俗、專以婦持門戸。爭訟曲直、造請逢迎、車乘塡街衢、綺羅盈府寺、代子求官、爲夫訴屈。此乃恆・代之遺風乎。

南間貧素、皆事外飾。車乘・衣服、必貴整齊、家人・妻子、不免飢寒。河北人事、多由內政。綺羅・金翠、不可廢闕、羸馬・顇奴、僅充而已。倡和之禮、或爾汝之。

《訓読》

江東の婦女は、略ぼ交遊無し。其の婚姻の家、或いは十數年間、未だ相 識らざる者あり、惟だ信命(一)・贈遺を以て、殷勤を致す。鄴下の風俗は、專ら婦を以て門戸を持せしむ。曲直を爭訟し、造請 逢迎し、車乘 街衢に塡《み》ち、綺羅 府寺に盈ち、子に代はりて官を求め、夫の爲に屈を訴ふ。此れ乃ち恆・代の遺風(二)なるか。

南間は貧素なるも、皆 外飾を事とす。車乘・衣服は、必ず整齊を貴び、家人・妻子は、飢寒を免れず。河北の人事は、多く內政に由る。綺羅・金翠は、廢闕す可からず、羸馬・顇奴(三)は、僅かに充たすのみ。倡和(四)の禮、或いは之を爾汝《じじょ》す。

（注）

（一）信命は、使者を派遣して様子を尋ねること。信は、使者、命は、問うこと（王利器注）。

（二）恆・代の遺風は、鮮卑族の旧習。北魏・北齊（東魏）・北周（西魏）を建国した鮮卑族の拓拔氏は、かつて平城縣に居住しており、そこを恆・代と呼ぶ（王利器注）。鮮卑族による北魏の建国については、川本芳昭『魏晉南北朝時代の民族問題』（汲古書院、一九九八年）を参照。

（三）羸馬・顇奴は、やせ疲れた馬とやせ衰えた奴僕。

（四）倡和は、夫婦のこと（盧文弨注）。

［現代語訳］

江東《こうとう》の婦女は、ほとんど社交をしない。その婚姻関係がある家同士でも、あるいは十数年の間、まだ面識のないこともあり、ただ使者を派遣して様子を尋ね贈り物をして、丁寧に挨拶をするだけである。（これに対して）鄴《ぎょう》あたりの風俗では、専ら婦人に家を維持させている。（彼女たちは）是非を訴訟し、有力者に請託して訪問し、（彼女たちの）車は街路にあふれ、（彼女たちの）着飾った姿は役所に満ち、子に代わって官を求め、夫のために不遇を訴える。これはなんと恆《こう》・代《だい》（に居住していた鮮卑族）の遺風なのであろうか。

南方の人間は貧乏であっても、みな外を飾ることにつとめる。車や衣服は、必ず整ったものを貴び、（それにかける財のために）家人や妻子は、飢えや寒さを免れなかった。北方の人間は、（暮らし向きのことは）多く内政（を握る妻の意向）による。（妻のための）きらびやかな衣装と金や翡翠の宝飾品は、無くてはならないが、やせ疲れた馬とやせ衰えた奴僕は、とりあえず居ればよい。夫婦間の禮も、なかにはおまえと呼び合うことがある。

【原文】

河北婦人、織紝・組紃之事、黼黻・錦繡・羅綺之工、大優於江東也。

《訓讀》

河北の婦人、織紝・組紃の事、黼黻(一)・錦繡・羅綺の工、大いに江東より優るなり。

（注）

（一）黼黻は、天子の衣装に付けると定められた十二章のうち、最も下位のもので、天子に独占されず、諸侯なども付けることが許されていた。渡邉義浩・仙石知子（訳）『全譯後漢書』志（八）輿服（汲古書院、二〇一五年）を參照。

［現代語訳］

河北の婦人は、（ふつうの）絹物を織り組紐を編むことも、黼黻《ほふつ》・錦繡《きんしゅう》・羅綺《らき》といった（複雑な織物をつくる）技術も、はるかに江東よりも優れている。

【原文】

太公曰、養女太多、一費也。陳蕃曰、盗不過五女之門。女之爲累、亦以深矣。然天生蒸民、先人傳體、其如之何。世人多不擧女、賊行骨肉。豈當如此、而望福於天乎。

吾有疏親、家饒妓媵。誕育將及、便遣閽豎守之。體有不安、窺窗倚戶。若生女者、輒持將去。母隨號泣、使人不忍聞也。

《訓讀》

太公(一)曰く、「女を養ふこと太だ多きは、一の費なり」と。陳蕃(二)曰く、「盗も五女の門に過らず」と。女の累を爲すこと、亦た以《はなは》だ深し。然れども天は蒸民を生じ(三)、先人は體を傳ふ、其れ之れを如何せん。世人 多く女を擧げず、骨肉を賊行す。豈に當に此の如くにして、福を天に望むべけんや。

吾に疏親有りて、家 妓媵に饒かなり。誕育 將に及ばんとすれば、便ち閽豎を遣はして之を守らしむ。體 安からざる有れば、窗を窺ひ戸に倚る。若し女を生まば、輙ち持して將に去らんとす。母 隨ひて號泣し、人をして聞くに忍びざらしむるなり。

（注）

（一）太公は、太公望。周の文王・武王の軍師を務め、殷との戦いで周を勝利に導き、齊に封建された。兵法書『六韜』はその著と仮託されている（『史記』巻三十二 齊太公世家）。引用文は、『藝文類聚』巻三十五 人部に、「六韜曰、成王問太公、貧富豈有命乎。將理不得其意。太公曰、盜在其室。計之不熟一盜。收種不時二盜。取得無能三盜。養女太多四盜。……」とあるものを踏まえたものか。

（二）陳蕃は、字を仲擧といい、汝南郡平輿縣の人。黨人の序列の最高位である「三君」の一人。桓帝期に徵召されて議郎となり、樂安太守・尚書・大鴻臚を歴任した。靈帝の即位と共に太傅となり、大將軍の竇武と宦官誅滅を企てるが、中常侍の曹節らの反撃にあい獄死した（『後漢書』列傳五十六 陳蕃傳）。引用文は、陳蕃傳に、「諺云」として引かれる。

（三）『詩經』大雅 蕩に、「天生烝民」とあり、「烝」の字が異なる。

［現代語訳］

太公望《たいこうぼう》は、「娘を養うことが多すぎると、一つの費えとなる」と言った。陳蕃《ちんばん》は、「盗賊も五人の娘がいる家は避ける」と言っている。娘が（家計に）負担をかけることは、とても深いものである。しかしながら「天は蒸民《じょうみん》を生」じ（たと『詩經』にいわれ）、先人《ちち・はは》は身体を伝えている、それをどうしようというのか。世の人は多く（生まれた）娘をとりあげようとせず、肉親を賊のような行いで殺している。そんなことをして、福を天に望めるであろうか。

わたしの遠い親戚に、家に多くの妓女《ぎじょ》や媵《よう》（めかけ）を抱えるものがある。（孕ませた子が）生まれそうになると、すぐに宦官を遣ってこれを世話させる。陣痛が始まると、窓や戸口から様子を見る。もし娘を生めば、そのたびに運び去り、母はすがって号泣して、まわりの人は聞くに忍びないありさまである。

【原文】

婦人之性、率寵子壻而虐兒婦。寵壻則兄弟之怨生焉。虐婦則姉妹之讒行焉。然則女之行留、皆得罪於其家者、母實爲之。至有諺云、落索阿姑餐。此其相報也。家之常弊、可不誡哉。

《訓讀》

婦人の性、率《おほむ》ね子壻を寵して兒婦を虐す。壻を寵すれば則ち兄弟の怨 生ず。婦を虐すれば則ち姉妹の讒 行はる。然らば則ち女の行留、皆 罪を其の家に得る者は、母 實に之を爲す。諺に云ふ有るに至る、落索（一）たり阿姑の餐と。此れ其の相報なり。家の常弊にして、誡めざる可けんや。

（注）

（一）落索は、当時の言葉で、つめたく物寂しいという意味（盧文弨注）。

［現代語訳］
婦人は性として、おおむね子壻《むこ》を寵愛して児婦《よめ》を虐待する。壻を寵愛すると（実の子）兄弟の怨みが生ずる。婦を虐待すると（実の子）姉妹の讒言が行われる。そうであれば娘は行こうと留まろうと、みな罪をその家で得るのは、母が実はこれを行っている。諺にも云うようになっている、「（嫁に）つめたく当たることが姑のお昼」と。これはそれに相応しい言い方である。（こうしたことは）どこの家にもある弊害だが、誡めなければなるまい。

【原文】
婚姻素對、靖侯成規。近世嫁娶、遂有賣女納財、買婦輸絹。比量父祖、計較錙銖、責多還少、市井無異。或猥壻在門、或傲婦擅室。貪榮求利、反招羞恥。可不愼歟。

《訓読》
婚姻の素對(一)は、靖侯(二)規を成す。近世の嫁娶、遂に女を賣《う》り財を納《い》れ、婦を買ひ絹を輸するもの有り。父祖を比量し、錙銖を計較し、多きを責《もと》め少きを還すこと、市井に異なる無し。或いは猥壻 門に在り、或いは傲婦 室を擅にす。榮を貪ぼり利を求め、反りて羞恥を招く。愼まざる可けんや。

（注）
（一）素對は、家格に基づく婚姻関係の本来のあり方。兩晉南北朝の貴族が、家格ごとに婚姻関係を結ぼうとしていた理念が、『世説新語』にも現れていることは、渡邉義浩「『世説新語』の編集意図」（『東洋文化研究所紀要』一七〇、二〇一六年）を参照。
（二）靖侯は、顔之推の九世祖にあたる東晉の顏含。琅邪郡臨沂縣の出身であるため、琅邪王であった司馬睿に仕えた。司馬睿が江南に移ると顏含も従い、東晉の光祿勲に至った（『晉書』巻八十八 孝友 顏含傳）。『顏氏家訓』止足第十三に、「先祖靖侯、戒子姪曰、汝家書生、門戸世無富貴。自今仕宦不可過二千石、婚姻勿貪勢家。吾終身服膺、以爲名言也」とあるように、婚姻の際には、「勢家を貪ぼること勿かれ」という戒めを遺していた。

［現代語訳］
（顔家の）家格に基づく婚姻関係の本来のあり方は、靖侯《せいこう》（顔含）が規範をつくられた。（しかし）近ごろの嫁取りは、娘を売って財を受け、婦を買って絹を渡すものがある。（あるいは）父祖（の官位）を比較し、わずかな財産を見比べて、多いことを求めて少いものを返すことは、市井《しせい》（の婚姻）と異なるものがない。（この結果）あるいは猥雑《わいざつ》な壻が家におり、あるいは傲岸な妻が室をほしいままにしている。栄誉を貪ぼり利益を求めて、かえって羞恥を招いている。慎まないでおられようか。

【原文】
借人典籍、皆須愛護、先有缺壞、就爲補治、此亦士大夫百行之一也。濟陽江祿、讀書未竟、雖有急速、必待卷束整齊、然後得起。故無損敗、人不厭其求假焉。

或有狼籍几案、分散部帙、多爲童幼・婢妾之所點汙、風雨蟲鼠之所毀傷、實爲累德。吾毎讀聖人之書、未嘗不肅敬對之。其故紙有五經詞義、及賢達姓名、不敢穢用也。

《訓読》

人の典籍を借れば、皆須《すべか》らく愛護すべく、先に缺壞有れば、就《すなは》ち補治を爲す、此れ亦た士大夫の百行の一なり。濟陽の江祿(一)は、書を讀みて未だ竟《をは》らざれば、急速有りと雖も、必ず卷束して整齊するを待ちて、然る後に起つを得たり。故に損敗無く、人其の求め假《か》るを厭はず。或いは几案を狼籍し、部帙(二)を分散する有りて、多く童幼・婢妾の點汙する所と爲り、風雨・蟲鼠の毀傷する所となるは、實に累德と爲す。吾聖人の書を讀む毎に、未だ嘗て肅敬して之に對せずんばあらず。其の故紙に五經の詞義、及び賢達の姓名有らば、敢て穢用せざるなり。

(注)

(一)江祿は、濟陽考城の人。江夷の曾孫。湘東王(梁の元帝)の錄事參軍となった(『南史』卷三十六 江夷傳附江祿傳)。

(二)部帙は、広く書籍の意。ただし、ここでは、ひとまとまりで欠巻の無い状態を指している。

[現代語訳]

人の典籍を借用するときには、すべて大切に取り扱わなければならず、もとから破損している部分があれば、その修理をしておく、これもまた士大夫の行動の一つである。濟陽《せいよう》の江祿《こうろく》は、書籍を読んでまだ終わっていなければ、どんなに急な場合でも、必ず巻いて整えてからでなければ、起つことはなかった。このため(借用した書籍が)破損することはなく、人々はその借用の求めを嫌がらなかった。(これに対して)あるいは机をとりちらかし、書籍をばらばらにして、多く子供や婢妾に汚されたり、風雨や虫とネズミに傷められたりするのは、まことに徳を傷つける行為である。吾《わたし》は聖人の書籍を読むたびに、いまだかつて敬虔な気持ちになってこれに向かわないことはなかった。その反故《ほご》に五經の字句や解釈、および賢明達識の人々の姓名があれば、決して汚いものに転用することはなかった。

【原文】

吾家、巫覡・禱請、絕於言議、符書・章醮、亦無祈焉。並汝曹所見也。勿爲妖妄之費。

《訓読》

吾が家は、巫覡・禱請は、言議を絕ち、符書・章醮も、亦た祈ること無し。並びに汝が曹の見る所なり。妖妄の費を爲すこと勿かれ。

[現代語訳]

わが顔家は、みこや神下ろしは、話題にしたこともなく、おふだやお祭りも、また祈ったことはない。(これは)ともに汝《おまえ》たちが見ていた通りである。妖しいことに無駄な費用を使ってはならない。

(仙石知子)

【原文】

巻第二　風操　慕賢

風操第六

吾觀禮經、聖人之教、箕帚・匕箸、咳唾・唯諾、執燭・沃盥、皆有節文、亦爲至矣。但既殘缺、非復全書。其有所不載、及世事變改者、學達君子、自爲節度、相承行之。故世號士大夫風操。而家門頗有不同、所見互稱長短。然其阡陌、亦自可知。昔在江南、目能視而見之、耳能聽而聞之。蓬生痲中、不勞翰墨。汝曹生於戎馬之閒、視聽之所不曉、故聊記錄、以傳示子孫。

《訓読》

風操第六

吾　禮經を觀るに、聖人の教へは、箕帚(一)・匕箸(二)、咳唾(三)・唯諾(四)、執燭(五)・沃盥(六)、皆　節文あり、亦た至れりと爲す。但だ既に殘缺し、復た全書に非ず。其の載せざる所、及び世事の變改せる者有らば、學達の君子、自ら節度を爲し、相　承けて之を行ふ。故に世に士大夫の風操と號す。而して家門は頗る同じからざること有り、見る所　互ひに長短を稱す。然れども其の阡陌(七)は、亦た自づから知る可し。昔　江南に在るや、目は能く視て之を見、耳は能く聽きて之を聞く。蓬　痲中に生ずれば(八)、翰墨を勞せず。汝が曹は戎馬の閒に生まれ、視聽の曉《さと》らざる所なれば、故に聊《いささ》か記錄して、以て子孫に傳へ示さん。

（注）

(一) 箕帚は、『禮記』曲禮上に、「凡爲長者糞之禮、必加帚於箕上、以袂拘而退。其塵不及長者、以箕自鄕而扱之」とある。

(二) 匕箸は、『禮記』曲禮上に、「飯黍毋以箸」とある。

(三) 咳唾は、『禮記』內則に、「在父母舅姑之所、有命之、應唯敬對。進退周旋愼齊、升降出入揖游、不敢噦噫・嚏咳・欠伸・跛倚・睇視、不敢唾洟」とある。

(四) 唯諾は、『禮記』曲禮上に、「摳衣趨隅。必愼唯諾」とあり、また「父召無諾、先生召無諾、唯而起」とある。

(五) 執燭は、『禮記』少儀に、「凡飲酒爲獻主者、執燭抱燋、客作而辭、然後以授人。執燭、不讓不辭不歌」とある。また盧文弨は、『管子』弟子職にも執燭の規定があることを指摘する。

(六) 沃盥は、『禮記』內則に、「進盥、少者奉盤、長者奉水、請沃盥。盥卒、授巾。問所欲而敬進之」とある。

(七) 阡陌は、田畑を区切る小道。南北を阡、東西を陌という。転じて規格の意。王利器は、「阡陌、卽途徑義」と解する。

(八) 『荀子』勸學篇に、「蓬生痲中、不扶而直」とあり、本文はこれを踏まえる。良い環境の中にいれば、自然とまっすぐ人は育つという意味。なお、王利器は風操篇の本文について、「蓬生痲中、不扶而直、□□□□、不勞翰墨」というのが本来の形であり、中の二句八字が脱落したのではないかと指摘している。

［現代語訳］

風操第六

わたしが禮經《れいけい》を見たところ、聖人の教えは、掃除や食事作法、年長者への敬意や受け答え、燭のとり方や手洗いについて、いずれも決まりを定めた文があり、よく備わっている。ただすでに失われたものがあり、現存のものは完全な書籍ではない。(現存の經典に) 記載されていないもの、および世間の移り変わりにより改変されたものがあれば、博学達識の君子たちは、みずから節度をもうけ、代々継承して行ってきた。そのため世間では (それを) 士大夫の風操《ふうそう》と呼んだ。しかし、家門によっては (是非の基準に) いささか異なる部分があり、目撃したものについて互いの長所と短所を評価した。それでも規格となるものは、おのずと分かる。むかし江南にいたころ、(かかる作法について) 目にし、耳にした (ことがある)。蓬が麻の中に生え (るように、おまえたちも良い環境にいてまっすぐ成長してくれ) れば、書き記す手間も不要である。おまえたちは戦乱の中に生まれたことで、(作法をろくに) 見聞きしていないため、少しばかり記録して、子孫たちに伝え示しておこう。

【原文】

禮云、見似目瞿、聞名心瞿。有所感觸、惻愴心眼。若在從容平常之地、幸須申其情耳。必不可避、亦當忍之。猶如伯叔兄弟、酷類先人、可得終身腸斷、与之絶耶。又臨文不諱、廟中不諱、君所無私諱。益知聞名、須有消息、不必期於顚沛而走也。梁世謝舉、甚有聲譽、聞諱必哭、爲世所譏。又有臧逢世、臧嚴之子也。篤學修行、不墜門風。孝元經牧江州、遣往建昌督事、郡縣民庶、競修箋書、朝夕輻輳、几案盈積。書有稱嚴寒者、必對之流涕、不省取記、多廢公事。物情怨駭、竟以不辦而還。此並過事也。

《訓読》

禮(一)に云ふ、「似たるを見ては目 瞿《おどろ》き、名を聞きては心 瞿く」と。感觸する所有れば、心眼を惻愴す。若し從容平常の地に在れば、幸ひに須らく其の情を申すべきのみ。必ず避く可からざれば、亦た當に之を忍ぶべし。猶ほ伯叔兄弟の、酷《はなは》だしく先人に類するが如きに、終身腸斷して、之と絶つことを得可けんや。又(二)「文に臨んで諱まず、廟中にて諱まず、君の所には私諱無し」と。益ゝ名を聞きては、須らく消息有るべく、必ずしも顚沛を期して走らざるを知るなり。梁の世の謝擧(三)は、甚だ聲譽有るも、諱を聞きては必ず哭し、世の譏る所と爲る。又 臧逢世(四)有り、臧嚴(五)の子なり。學を篤くして行を修め、門風を墜《おと》さず。孝元の江州を經牧(六)するや、遣はして建昌に往きて事を督せしめ、郡縣の民庶、競ひて箋書を修め、朝夕に輻輳し、几案盈積す。書に嚴寒と稱する者有れば、必ず之に對して流涕し、取記を省みず、多く公事を廢す。物情怨駭し、竟に辦ぜざるを以て還る。此れ並びに過事なり。

(注)

(一)『禮記』雑記下に、「免喪之外、行於道路、見似目瞿、聞名心瞿」とあり、これを踏まえる。なお、雑記下の鄭玄注に、「似謂容貌似其父母也。名与親同」とあり、「似」とは父母の容貌のごときもの、「名」とは親と同じ名を指す。

(二)『禮記』曲禮上に、「君所無私諱、大夫之所有公諱。詩書不諱、臨文不諱、廟中不諱」とあり、これを踏まえる。

(三) 謝擧は、字を言揚、陳郡陽夏の人。幼くして学問を好み、清言をよくした。博学多通で、もっとも玄理および釋氏の義に通じた。祕書郎をもって起家し、太子舍人、太子中庶子、侍中、尚書右僕射、右光祿大夫などを歴任した。太清二（五四八）年に尚書令に遷ったが、同年、侯景が建康を包囲すると、その最中に卒した（『梁書』巻三十七 謝擧傳）。

（四）臧逢世は、臧嚴の子。正史に名が見えず、詳細は不明。ただし、『顔氏家訓』勉學第八に登場し、二十歳を過ぎて『漢書』を学びたいと思い立ち、姉の夫のもとに行って名刺や書巻の余白をもらい、そこに全文を書き取った話が見える。

（五）臧嚴は、字を彥威、東莞莒の人。若くして孝性を備え、孤貧ながら学問に励んだ。常に書物を手放さず、とりわけ『漢書』に精通した。官は鎮南諮議參軍に至った（『梁書』巻五十 文學 臧嚴傳）。

（六）孝元は、梁の第四代皇帝である元帝蕭繹のこと。元帝は大同六（五四〇）年に使持節・都督江州諸軍事・鎮南將軍・江州刺史となっており、本文の逸話はこの時期のものであろう（『梁書』巻五 元帝紀）。

［現代語訳］

禮（『禮記』雜記下）に、「似ているものを見ては目が驚き、名を聞いては心が驚く」とある。感覚に触れるものがあれば、心や目を感傷的にさせる。もし心穏やかで平静な場合であれば、事情を述べて心ゆくまですればよい。（しかし）どうしても避けられない場合は、こらえるべきである。おじや兄弟たちが、とても亡父に似ているからといって、終身断腸の思いでこれらと（関係を）絶つことなどできようか。また（『禮記』曲禮上に）「文章を読む際に諱まず、廟中において（祭祀を行う際に）諱まず、君主の前では臣の家の諱を守らない」とある。もし名を耳にしたら、（その時々で）処理すべきであり、転ぶと判っていて走るべきでないことが理解できる。梁の謝擧《しゃきょ》は、たいそう声望があったが、（父の）諱を聞くと必ず泣いたので、世間から批判された。また臧逢世《ぞうほうせい》という人物がおり、臧嚴《ぞうげん》の子である。學問熱心で行動をつつしみ、家門の遺風を貶めなかった。元帝《げんてい》が江州の長官となって治めた際、（臧逢世を）建昌《けんしょう》縣に派遣して政事を総督させたところ、郡縣の民は、競って（陳情のための）文書を呈し、朝から夕方までひっきりなしで（訪れ）、机の上にうずたかく積まれた。（ところが）文書に厳寒と記すものがあれば、（父の諱ゆえに）必ずこれに対して涙を流し、文書の内容を省察せず、（その結果）多くの公事を取りやめた。世間の人々は憤慨し、ついには（政務を）処理しなかったことを理由に呼び戻された。これらはいずれも行き過ぎた事例である。

【原文】

近在揚都、有一士人諱審、而与沈氏交結周厚。沈與其書、名而不姓。此非人情也。

《訓読》

近ごろ揚都（一）に在りて、一士人の審を諱むもの有り、而して沈氏と交結すること周厚なり。沈 其れに書を與ふるに、名いひて姓いはず。此れ人情に非ざるなり。

（注）

（一）揚都は、建康のこと。建康は一貫して南朝の首都であり続けた。

［現代語訳］

近ごろ建康《けんこう》にいたとき、「審」字を避諱する一人の士人がおり、沈氏と深い交際を結んでいた。沈氏はその者に書簡を送る際、（自分の）名を記して姓を記さなかった。これは思いやりではない。

【原文】

凡避諱者、皆須得其同訓以代換之。桓公名白、博有五皓之稱。厲王名長、琴有修短之目。不聞謂布帛爲布皓、呼腎腸爲腎修也。梁武小名阿練、子孫皆呼練爲絹。乃謂銷鍊物爲銷絹物、恐乖其義。或有諱雲者、呼紛紜爲紛煙、有諱桐者、呼梧桐樹爲白鐵樹、便似戲笑耳。

《訓読》

凡そ諱を避くる者は、皆須らく其の同訓を得て以て之に代換すべし。桓公（一）名は白、博に五皓（二）の稱有り。厲王（三）名は長、琴に修短の目有り。布帛を謂ひて布皓と爲し、腎腸を呼びて腎修（四）と爲すを聞かざるなり。梁武（五）小名は阿練、子孫は皆練を呼びて絹と爲す。乃ち銷鍊の物を謂ひて銷絹の物と爲すは、恐らくは其の義に乖く。或いは雲を諱む者有り、紛紜を呼びて紛煙と爲し、桐を諱む者有り、梧桐樹を呼びて白鐵樹と爲すは、便ち戲笑の似きのみ。

（注）

（一）桓公は、春秋齊の君主（在位、前六八五～前六四三年）。名は小白。管仲を宰相に迎え、彼の富国強兵策を実施して、春秋最初の覇者の地位を確立した（『史記』巻三十二 齊太公世家）。

（二）五皓は、五白。『楚辭』招魂に、「成梟而牟、呼五白些」とあり、その宋玉注に、「五白、簙齒也」とあり、すごろくの目、またはさいの目のこと。桓公の名（小白）を避けて、同じ「しろい」という意味の皓に改めたという。

（三）厲王は、淮南厲王の劉長。劉邦の子。文帝のときに反乱を起こし、蜀に流罪となり、途中で死去した（『史記』巻十 孝文帝紀）。

（四）腎修は、腎脩の誤りではないかと考えられる。「修」と「脩」は本来別字であり、「脩」は「ほじし」「長い（すじ）」という意味を持つ形声字である。これならば「腸」の「昜」（長いの意）と通じる。しかし、底本は「修」につくるため、本文の字は直さない。

（五）梁武は、梁の初代皇帝である武帝蕭衍（在、五〇二～五四九年）。字は叔達、廟號は高祖。五〇二年、南齊を滅ぼして梁を建国した。儒教・佛教・玄學などに精通した南朝随一の文化人であり、佛教の戒律に従い、菜食を堅持して、「皇帝菩薩」と称された。治世の前半期は天監の改革や十八班官制を布き、貴族層の体質改善を図った。しかし、後半期になると佛教に傾倒しすぎ、捨身を繰り返して財政を悪化させた。東魏の降将侯景が建康を陥落させると、幽閉され、餓死した。享年八十六（『梁書』巻一～三 武帝紀）。

［現代語訳］

およそ諱字を回避するには、すべて同じ意味の字を用いてこれに代えるべきである。（齊の）桓公《かんこう》は名を白《はく》といい、（そのため）博《すごろく》には（五白《ごはく》を改めて）五皓《ごこう》という呼び方がある。（前漢の）厲王《れいおう》は名を長《ちょう》といい、琴（の題目）には（長や短というべきところを）修や短と称した題目がある。布帛を布皓といい、腎腸を腎修という事例は聞いたことがない。梁の武帝《ぶてい》は幼名を阿練《あれん》といい、子孫はみな練のことを絹と呼ぶ。さらには銷錬物（精錬した金属物）を銷絹物と呼ぶのは、たぶんその（物の本来の）意味より乖離している。あるいは雲を諱字とする者がいて、紛紜を紛煙と呼称し、桐を諱字とする者がいて、梧桐樹を白鐵樹と呼称するのは、おふさげのようなものでしかない。

【原文】

周公名子曰禽、孔子名兒曰鯉、止在其身、自可無禁。至若衞侯・魏公子・楚太子、皆名蟣蝨、長卿名犬子、王修名狗子、上有連及、理未爲通。古之所行、今之所笑也。北土多有名兒爲驢駒・豚子者、使其自稱及兄弟所名、亦何忍哉。前漢有尹翁歸、後漢有鄭翁歸、梁家亦有孔翁歸、又有顧翁寵。晉代有許思妣・孟少孤、如此名字、幸當避之。

《訓読》

周公 子に名づけて禽[一]と曰ひ、孔子 兒に名づけて鯉[二]と曰ふは、止《た》だ其の身に在りて、自づから禁ずること無かる可し。衞侯・魏公子・楚太子、皆 名は蟣蝨[三]、長卿[四] 名は犬子、王修[五] 名は狗子の若きに至りては、上に連及有り、理 未だ通ずと爲さず。古の行ふ所は、今の笑ふ所なり。北土に多く兒に名づけて驢駒・豚子と爲す者有り、其れをして自ら稱し及び兄弟の名よぶ所ならしむるは、亦た何ぞ忍びんや。前漢に尹翁歸[六]有り、後漢に鄭翁歸[七]有り、梁家も亦た孔翁歸[八]有り、又 顧翁寵[九]有り。晉代に許思妣[一〇]・孟少孤[一一]有り、此の如き名字は、幸に當に之を避くべし。

（注）

（一）禽は、伯禽。周公の子。武王が崩ずると、周公が成王に代わって政務を見たため、父に代わって封地の魯に赴き政務を見た（『史記』巻三十三 魯周公世家）。

（二）鯉は、孔鯉。字は伯魚。孔子の子。孔子に先んじて死んだ。子は子思（『史記』巻四十七 孔子世家）。

（三）顏之推は衞侯・魏公子・楚太子を例に挙げているが、具体的に誰をさすのか不明。春秋戰國時代において蟣蝨と名づけられた人物は、戰國韓の公子に一人だけ確認できる（『史記』巻四十五 韓世家）。

（四）長卿は、司馬相如のこと。蜀郡成都縣の人。はじめ前漢の景帝に仕えたが、のち文学の愛好家で知られた梁の孝王のもとに走り、鄒陽・枚乘ら有名文人と知りあった。やがて「子虛の賦」が武帝の目にとまり都に召し出され、宮廷文人の列に加わった。漢賦の第一人者でもある（『史記』巻一百一十七 司馬相如列傳）。なお、犬子の名については、『史記』の本傳に、「少時好讀書、學擊劍、故其親名之曰犬子」とある。

（五）王修は、『晉書』巻九十三 外戚 王濛傳附王脩傳に見える王脩のことか。同傳に、「脩字敬仁、小字苟子」とあり、六朝人は往々にして「苟」と「狗」を通用したという（王利器本に引く李慈銘の説)。

(六) 尹翁歸は、字を子兄、河東郡平陽縣の人。法律を学び、撃剣を好み、公平な政治を行い、東海郡守・右扶風として抜群な治績を残した(『漢書』巻七十六 尹翁歸傳)。

(七) 鄭翁歸は、史書に名が見えず、詳細は不明。

(八) 孔翁歸は、會稽の人。詩作に巧みであったという(『梁書』巻四十九 文學上 何遜傳)。

(九) 顧翁寵は、史書に名が見えず、詳細は不明。

(一〇) 許思妣は、許永。思妣は字。高陽新城の人。『世説新語』によれば立派な人物であったという(『世説新語』政事第三)。

(一一) 孟少孤は、孟陋。武昌の人。孫呉の司空を務めた孟宗の曾孫。簡文帝のときに參軍を命じられたが、起たなかった。博学多通で、三禮に通じ、また『論語』に注を附した(『晉書』巻九十四 隱逸 孟陋傳)。

[現代語訳]

周公《しゅうこう》は子に禽《きん》と名づけ、孔子《こうし》は子に鯉《り》と名づけたのは、(名の影響が)その(本人の)身にあって、禁止するには及ばない。衞侯・魏公子・楚太子が、いずれも名を蟣蝨《きしつ》(しらみ)といい、(司馬《しば》)長卿《ちょうけい》が名を犬子《けんし》といい、王修《おうしゅう》が名を狗子《こうし》というような事例に至っては、(悪い意味が)親の世代に波及してしまい、理が通らない。昔の(人々の)行いは、今(の人々)に笑われるものである。北方では子に驢《ろば》や駒《わかごま》・豚子と名づける者が多く、かかる名を自ら名乗ったり兄弟に呼ばれるのは、とても堪えられない。前漢に尹翁歸《いんおうき》がおり、後漢に鄭《てい》翁歸《おうき》がおり、梁にもまた孔翁歸《こうおうき》がおり、さらに顧翁寵《こおうちょう》がいる。晉代には許思妣《きょしひ》・孟少孤《もうしょうこ》がおり、このような名や字は、なるべく避けるべきである。

【原文】

今人避諱、更急於古。凡名子者、當爲孫地。吾親識中有諱襄、諱友、諱同、諱清、諱和、諱禹、交疏造次、一座百犯。聞者辛苦、無憀賴焉。

《訓読》

今人 諱を避くること、更に古より急なり。凡そ子に名づくる者は、當に孫の地を爲《おも》ふべし。吾が親識(一)中に襄を諱み、友を諱み、同を諱み、清を諱み、和を諱み、禹を諱むもの有り、交疏造次に、一座百犯す。聞く者は辛苦し、憀賴無し。

(注)

(一) 親識は、六朝人の習用語(王利器注)。

[現代語訳]

現代の人が、諱字を避けることは、昔よりもいっそう厳しい。およそ子に命名する際には、孫の立場を慮るべきである。わたしの親しい友人の中には襄、友、同、清、和、禹を諱む者がおり、書簡の往復時や慌ただしいときには、一度に何回もあやまりを犯す。(かかる事情を)聞いた者は苦りきり、やりきれない気持ちになる。

【原文】

昔司馬長卿慕藺相如、故名相如。顧元歎慕蔡邕、故名雍。而後漢有朱倀字孫卿、許暹字顏回、梁世有庾晏嬰・祖孫登。連古人姓爲名字、亦鄙事也。

《訓読》

昔 司馬長卿 藺相如(一)を慕ひ、故に相如と名づく。顧元歎(二) 蔡邕(三)を慕ひ、故に雍と名づく。而して後漢に朱倀(四) 字は孫卿、許暹(五) 字は顏回なるもの有り、梁の世に庾晏嬰(六)・祖孫登(七)なるもの有り。古人の姓を連ねて名字と爲すも、亦た鄙事なり。

(注)

(一) 藺相如は、戰國時代の趙の上卿。和氏の璧を求める秦王の脅迫に屈せず、それを守り抜いた「完璧」の故事で有名。また廉頗と「刎頸の交わり」を結んだ（『史記』巻八十一 廉頗藺相如列伝）。司馬相如の名については、『史記』巻一百一十七 司馬相如列傳に、「相如既學、慕藺相如之爲人、更名相如」とある。

(二) 顧元歎は、顧雍。呉郡呉縣の人。酒を飲まず寡黙な性格ながらも、挙動が時宜に適っていたため、孫權に重んじられた。孫呉の丞相を十九年つとめ、赤烏六（二四三）年に卒した（『三國志』巻五十二 顧雍傳）。なお、顧雍の名・字については、『三國志』巻五十二 顧雍傳注引『江表傳』に、「雍從伯喈學、專一清靜、敏而易教。伯喈貴異之、謂曰、卿必成致、今以吾名與卿。故雍與伯喈同名、由此也」とあり、また同傳注引『吳錄』に、「雍字元歎、言爲蔡雍之所歎、因以爲字焉」とある。

(三) 蔡邕は、陳留郡圉縣の人、字を伯可。博学多才であり、辭章・數術・天文を好み、音律・書法に通じ、琴を奏した。熹平年間（一七二～一七八年）に儒教經典の正訂作業をおこない、それを自ら書して碑に刻し、洛陽太學門外に立てた。現在、熹平石經として知られるものである。後に董卓のもと左中郎將となり、董卓が誅された際に連座して捕らえられ、獄死した（『後漢書』列傳五十下 蔡邕傳）。岡村繁「蔡邕をめぐる後漢末期の文学の趨勢」（『日本中国学会報』一八、一九七六年）も参照。

(四) 朱倀は、九江郡壽春縣の人、字を孫卿。順帝即位後に太中大夫より長樂少府となる。ここで司徒に任じられたが、翌年に罷免された（『後漢書』本紀六 順帝紀）。字に見える孫卿とは、戰國時代の思想家、荀子（孫卿子）のことである。

(五) 許暹は、不詳。字に見える顏回とは、孔子の愛弟子であった顏回のことである。

(六) 庾晏嬰は、庾仲容の叔父にあたる庾泳の子（『梁書』巻五十 文學下 庾仲容傳）。字に見える晏嬰とは、春秋時代の齊の宰相晏嬰のことである。

(七) 祖孫登は、南朝陳の文人。記室に就官していたことが確認できる（『陳書』巻三十四 文學 徐伯陽傳）。字に見える孫登とは、『晉書』巻九十四 隱逸傳に專傳を持つ孫登のことか。

［現代語訳］

むかし司馬長卿は藺相如《りんしょうじょ》を慕ったため、（自らを）相如と名づけた。顧元歎《こげんたん》は蔡邕《さいよう》を慕ったため、（自らを）雍と名づけた。さらに後漢には朱倀《しゅちょう》、字を孫卿《そんけい》、許暹《きょせん》、字を顏回《がんかい》という者がおり、梁代には庾晏嬰《ゆあんえい》・祖孫登《そそんとう》なる者がいる。古人の姓を連ねて名や字とするのは、これまたつまらぬことである。

【原文】

昔劉文饒不忍罵奴爲畜産。今世愚人遂以相戲、或有指名爲豚犢者。有識傍觀、猶欲掩耳。況當之者乎。

《訓読》

昔 劉文饒(一) 奴を罵りて畜産と爲すに忍びず。今世の愚人 遂に以て相 戲れ、或いは指名して豚犢と爲す者有り。有識は傍觀するも、猶ほ耳を掩はんと欲す。況んや之に當たる者をや。

(注)

(一) 劉文饒は、劉寛。弘農郡華陰縣の人。後漢の桓帝・靈帝期の政治家。歐陽尚書・京氏易・韓詩外傳を修めた。桓帝期に、大將軍の梁冀に辟召されて出仕し、尚書令・南陽太守などをつとめる。のちに太中大夫となって靈帝に進講し、やがて宗正・光祿勳を歷任して太尉に昇進した。死後、昭烈侯と諡され、車騎將軍と特進を追贈された(『後漢書』列傳十五 劉寛傳)。なお、奴隷を罵る話は、『後漢書』列傳十五 劉寛傳に、「嘗坐客、遣蒼頭市酒、迂久、大醉而還。客不堪之、罵曰、畜産。寛須臾遣人視奴、疑必自殺。顧左右曰、此人也、罵言畜産、辱孰甚焉。故吾懼其死也」とある。

[現代語訳]

むかし劉文饒《りゅうぶんじょう》は奴隷を畜生と罵るに忍びなかった。(しかし)現代の愚か者は戯れに口にし、あるいは名指しして豚《こぶた》や犢《こうし》などと言う者がいる。心ある者は(それを)傍から見ていても、耳を掩いたくなる。ましてや(罵声を浴びせられる)当人はなおさらである。

【原文】

近在議曹、共平章百官秩祿。有一顯貴、當世名臣、意嫌所議過厚。齊朝有一兩士族文學之人、謂此貴曰、今日、天下大同、須爲百代典式。豈得尚作關中舊意。明公定是陶朱公大兒耳。彼此歡笑、不以爲嫌。

《訓読》

近ごろ議曹(一)に在りて、共に百官の秩祿を平章す。一顯貴有り、當世の名臣にして、意は議する所 過だ厚きを嫌ふ。齊朝に一兩の士族文學の人有り、此の貴に謂ひて曰く、「今日、天下大同なれば、須らく百代の典式を爲すべし。豈に尚ほ關中(二)の舊意を作《な》すを得んや。明公(三)は定めて是れ陶朱公(四)の大兒なるのみ」と。彼此 歡笑して、以て嫌と爲さず。

(注)

(一) 盧文弨は、「曹、局也」とする。事を審議する役所。

(二) 關中とは、長安を中心とした地域を指し、この地を領有していた北周政權をいう。北周は、宇文泰の子の覺が西魏の恭帝より禪讓を受けて五五七年に建国した。都は長安。武帝の時代に北齊を併合したが、五八一年、隋によって滅ぼされた。

(三) 明公は、尊称。漢・魏・六朝人はおおむね「明」字を上に加えて呼称し、これにより敬意を示す(王利器注)。

(四) 陶朱公は、范蠡。春秋時代の越王句踐の忠臣。句踐を助けて吳を討ち會稽の恥を雪《そそ》いだが、越が天下に覇をとなえると句踐のもとを去った。のちに交易の要地である陶に行って朱公と称し、巨万の富を得たという（『史記』巻四十一 越王句踐世家）。なお、同世家には、陶朱公の長男が金を稼ぐ苦労を知っていたために散財を惜しみ、次弟の助命運動に失敗した話が見える。本文はそれを踏まえているのであろう。

［現代語訳］

近ごろ議曹《ぎそう》にいて、ともに百官の俸給に関する事務を処理した。一人の貴人がおり、当世の名臣にして、議論していた件についてのご意向は、（俸給が）手厚すぎて気に食わぬというものであった。北齊に文學に通じた士族出身の方が一、二人おり、（その人が）この貴人に、「今日、天下は統一されましたので、永代の法典禮式を制定すべきでしょう。なおも關中《かんちゅう》政権の旧来のご意見をおっしゃっている場合ではありません。（俸給が手厚すぎると考えるとは、）明公《あなた》はきっと陶朱公《とうしゅこう》のご長男なのでしょう」と言った。（すると）誰も彼もが笑い、悪感情を抱かなかった。

【原文】

昔侯霸之子孫、稱其祖父曰家公。陳思王稱其父爲家父、母爲家母。潘尼稱其祖曰家祖。古人之所行、今人之所笑也。今南北風俗、言其祖及二親、無云家者。田里猥人、方有此言耳。凡与人言、言己世父、以次第稱之、不云家者、以尊於父、不敢家也。凡言姑姊妹女子子、已嫁、則以夫氏稱之。在室、則以次第稱之。言禮成他族、不得云家也。子孫不得稱家者、輕略之也。蔡邕書集、呼其姑・姊爲家姑・家姊、班固書集、亦云家孫。今並不行也。

《訓読》

昔 侯霸（一）の子孫、其の祖父を稱して家公と曰ふ。陳思王（二） 其の父を稱して家父と爲し、母を家母と爲す。潘尼（三） 其の祖を稱して家祖と曰ふ。古人の行ふ所は、今人の笑ふ所なり。今 南北の風俗、其の祖及び二親を言ひて、家と云ふ者無し。田里の猥人、方《はじ》めて此の言有るのみ。凡そ人と言ふには、己の世父を言ふに、次第を以て之を稱し、家と云はざる者は、父より尊なるを以て、敢て家とせざればなり。凡そ姑姊妹・女子子を言ふには、已に嫁すれば、則ち夫の氏を以て之を稱す。室に在れば、則ち次第を以て之を稱す。禮に他族と成れば、家と云ふを得ざるを言ふなり。子孫に家と稱するを得ざる者は、之を輕略するなり。蔡邕（四）の書集に、其の姑・姊を呼びて家姑・家姊と爲し、班固の書集に、亦た家孫と云ふ。今 並びに行はれざるなり。

（注）

（一）侯霸は、字を君房、河南尹密縣の人。前漢成帝期に太子舍人となり、九江太守の房元に師事して『春秋穀梁傳』を学んだ。王莽が漢を簒奪すると淮平大尹となり、その没落後は群雄の一人として淮平郡に割拠した。光武帝が即位すると、徴召されて尚書令となり、關內侯に封ぜられる。のちに大司徒に就任した。建武十三（三七）年に没した（『後漢書』列傳十六 侯霸傳）。

（二）陳思王は、曹植、字を子建。沛國譙縣の人。曹操の子、曹丕の弟。父の寵愛を受けたが、兄との後継者争いに敗れる。曹丕が帝位に即くと、陳王に封ぜられ、排斥されて不遇な後半生を送った。謚は思王（『三國志』巻十九 陳思王植傳）。幼少のころから詩文に卓越した才能を発揮し、父兄とともに「三曹」と称され、建安文學の中心的な立場にあった。七歩の間での作詩を命ぜられ応じた逸話が知られる。詩に「贈白馬王彪」「七哀詩」、樂府に「美女篇」「白馬篇」、賦に「洛神賦」「幽思賦」などがある。

（三）潘尼は、字を正叔。潘岳の従子であり、あわせて兩潘と称された。祖父は「册魏公九錫文」を起草した潘勖。若いころより清潔な人柄で才能があり、おだやかで典雅な文章を著した。はじめ州の辟召に応じたが、老いた父の世話のために家に帰った。父の死後、晩年になってようやく出仕し、官は太常に至った（『晉書』巻五十五 潘岳傳附潘尼傳）。

（四）班固は、字を孟堅。班彪の子、班超の兄。父の遺稿を受け継いで撰した『漢書』ほか、白虎觀會議の記録をまとめた『白虎通』の編纂で著名。外戚竇憲の与党であったため、その失脚後は官を免ぜられ、またそれまで見逃されていた旧悪によって洛陽令に捕縛され、獄死した（『後漢書』列傳三十 班彪傳附班固傳）。

［現代語訳］

むかし侯霸《こうは》の子孫は、その祖父を家公と呼び、陳思王《ちんしおう》（曹植《そうち》）はその父を家父と呼び、母を家母と呼んだ。潘尼《はんじ》はその祖先を家祖と呼んだ。昔の人が行ったことは、今の人からすれば笑えるものである。今日、南北の風俗では、その祖父母および両親を言う際に、「家」と呼ぶ者はいない。田舎者だけが、これを言っている。およそ人と応対する際、自分のおじを言う場合には、序列に基づいてこれを呼ぶ。（そのときに）「家」と呼称しないのは、父より尊いことから、（尊重する意味で）あえて「家」と（付けて）呼ばないのである。およそ父方のおばや（自分の）姉妹・自分の娘を呼ぶ際、すでに嫁いでいれば、夫の氏をつけてこれを呼ぶ。未婚であれば、序列に基づいてこれを呼ぶ。礼によると他姓の一族になれば、「家」とは呼称できないことをいう。子孫についても「家」と（いう字を付けて）呼ぶことはできず、これを軽んじて省略したのである。蔡邕の書簡集では、そのおば・姉を「家姑」・「家姉」と呼び、班固《はんこ》の書簡集では、また「家孫」と呼んでいる。今日ではどちらも行われていない（呼び方である）。

【原文】

凡與人言、稱彼祖父母・世父母・父母及長姑、皆加尊字。自叔父母已下、則加賢字、尊卑之差也。王羲之書、稱彼之母与自称己母同、不云尊字。今所非也。

《訓読》

凡そ人と言ふには、彼の祖父母・世父母・父母及び長姑を稱するに、皆「尊」字を加ふ。叔父母より已下、則ち「賢」字を加ふるは、尊卑の差なり。王羲之（一）の書に、彼の母を稱するに自ら己の母を稱すると同じくして、「尊」字を云はず。今 非とする所なり。

（注）

（一）王羲之は、字を逸少、琅邪郡臨沂縣の人。王導の従子。官は右軍將軍、會稽內史に至った。中国書道の第一人者であり、「書聖」と称された。子の王獻之も能書家で、父とあわせて「二王」という（『晉書』巻八十 王羲之傳）。盧文弨によれば、王羲之の書簡や手記の中に、顔之推の記すような記述は見えないという。

［現代語訳］

およそ人と応対する場合、相手の祖父母・伯父伯母・父母および父の長姉を呼称する際には、いずれも「尊」の字を加える。叔父叔母より以下の場合に、「賢」の字を加えるのは、尊卑の差をつける（ためである）。王羲之《おうぎし》の書簡には、相手の母を呼称するのも自分の母を呼称するのと同じようにして、「尊」の字を（加えて）呼称していない。今日では誤りとする。

【原文】

南人冬至・歲首、不詣喪家。若不修書、則過節束帶以申慰。北人至歲之日、重行弔禮。禮無明文、則吾不取。南人賓至不迎、相見捧手而不揖、送客下席而已。北人迎送並至門、相見則揖。皆古之道也。吾善其迎揖。

《訓読》

南人は冬至・歲首には、喪家に詣らず。若し書を修めざれば、則ち節を過ぎて束帶（一）して以て慰を申《の》ぶ。北人は至歲（二）の日には、重ねて弔禮を行ふ。禮に明文無ければ、則ち吾は取らず。南人は賓 至るも迎へず、相 見るに手を捧《ささ》ぐるも揖せず、客を送るに席を下るのみ。北人は迎送並びに門に至り、相 見れば則ち揖す。皆 古の道なり。吾 其の迎揖を善しとす。

（注）

（一）束帶は、禮服。王利器は、『論語』公冶長を「赤也束帶立於朝、可使與賓客言也」と引いた上で、「束帶、所以示敬意」という。

（二）至歲は、冬至と歲首の二節をいう（王利器注）。

［現代語訳］

南人は冬至と年始の元日には、喪中の家を訪問しない。もし（弔慰の）手紙を出していないのならば、（冬至・元日の）時節を過ぎてから禮服を着て弔慰を述べる。北人は冬至・元日の日に、重ねて弔禮を行う。禮（に関する經典）に明文がなければ、わたしは採用しない。南人は賓客がやって来ても出迎えず、顔を合わせたら手を胸元で組むだけでお辞儀せず、客を送り出すにも席を下りるだけである。北人は送迎ともに門まで出向き、顔を合わせればお辞儀する。（これは）どちらも昔に行われていた方式である。わたしは出迎えたりお辞儀する方が好ましい。

【原文】

昔者、王侯自稱孤・寡・不穀。自茲以降、雖孔子聖師、與門人言皆稱名也。後雖有臣・僕之稱、行者蓋亦寡焉。江南輕重、各有謂號、具諸書儀。北人多稱名者、乃古之遺風、吾善其稱名焉。

《訓読》

昔者《いにしへ》、王侯は自ら孤・寡・不穀と稱す(一)。茲《こ》れより以降、孔子は聖師なりと雖も、門人と言ふにも皆 名を稱するなり。後に臣・僕の稱有りと雖も、行ふ者は蓋し亦た寡《すく》なし。江南の輕重、各〻謂號有り、諸〻の書儀(二)に具はる。北人 名を稱する者多きは、乃ち古の遺風にして、吾 其の名を稱するを善しとす。

（注）

（一）『老子』第三十九章に、「是以侯王自稱孤・寡・不穀。此非以賤爲本耶。非乎」とあり、ここはそれを踏まえる（盧文弨注）。

（二）書儀について、盧文弨・王利器は、「書儀」を冠する書名を『隋書』經籍志ないし『新唐書』藝文志から列挙し、そのいずれかであると考える。しかし、ここでは宇野や宇都宮が述べるように、「書儀」なる題名の書籍ではなく、「作法の書」と解する。

［現代語訳］

その昔、王侯は自らを孤・寡・不穀と称した。これより地位の低いのものは、孔子のような聖師であっても、門人と語る際にはいつも（自らの）名を称した。のちに臣や僕といった一人称が登場したとはいえ、（それらを）使用する者はおそらく少なかっただろう。江南においては（身分の）低い者と高い者には、それぞれ（に応じた）一人称があり、諸々の作法の書に詳しく記載されている。北方の人で名を一人称とする者が多いのは、昔の遺風であって、わたしには名を一人称とする方が好ましい。

【原文】

言及先人、理當感慕。古者之所易、今人之所難。江南人事不獲已、須言閥閱、必以文翰、罕有面論者。北人無何便爾話說、及相訪問。如此之事、不可加於人也。人加諸己、則當避之。名位未高、如爲勳貴所逼、隱忍方便、速報取了。勿使煩重、感辱祖父。若沒、言須及者、則斂容肅坐、稱大門中、世父・叔父則稱從兄弟門中、兄弟則稱亡者子某門中。各以其尊卑・輕重爲容色之節、皆變於常。若與君言、雖變於色、猶云亡祖・亡伯・亡叔也。吾見名士、亦有呼其亡兄弟爲兄子・弟子門中者、亦未爲安貼也。北土風俗、都不行此。太山羊偘、梁初入南。吾近至鄴、其兄子肅訪偘委曲。吾答之云、卿從門中在梁、如此如此。肅曰、是我親第七亡叔、非從也。祖孝徵在坐、先知江南風俗、乃謂之云、賢從弟門中。何故不解。

《訓読》

言 先人に及べば、理 當に感慕すべし。古者の易しとする所は、今人の難しとする所なり。江南の人は事 已むを獲ず、須らく閥閲(一)を言ふべければ、必ず文翰を以てし、面のあたりに論ずる者有ること罕なり。北人は何《いくばく》も無くして便ち爾《しか》く話說し、及び相 訪問す。此の如きの事は、人に加ふ可からざるなり。人 諸《これ》を己に加ふれば、則ち當に之を避くべし。名位 未だ高からずして、如し勳貴の逼(二)る所と爲れば、隱忍も方便にして、速やかに報取し了《をは》れ。煩重して、祖父を感辱せしむること勿かれ。若し沒して、言 須らく及ぶべき者あらば、則ち容を斂め肅坐して、「大門中」と稱し、世父・叔父なれば則ち「從兄弟門中」と稱し、兄弟なれば則ち「亡者の子 某門中」と稱す。各〻其の尊卑・輕重を以て容色の節を爲し、皆 常に變ず。若し君と言へば、色に變ずと雖も、猶ほ「亡祖」・「亡伯」・「亡叔」と云ふなり。吾 名士を見るに、亦た其の亡兄弟を呼びて「兄子・弟子門中」と爲す者有り、亦た未だ安貼と爲さざるなり。北土の風俗は、都《すべ》て此れを行はず。太山の羊侃（三）、梁の初めに南に入る。吾 近ごろ鄴に至るに、其の兄の子の肅（四） 侃の委曲を訪ふ。吾 之に答へて云ふ、「卿の從門中の梁に在るや、此の如く此の如し」と。肅曰く、「是れ我が親（五）の第七亡叔にして、從に非ざるなり」と。祖孝徵（六） 坐に在り、先に江南の風俗を知り、乃ち之に謂ひて云はく、「賢の從弟門中なり。何の故に解せざる」と。

（注）

（一）閥閲は、盧文弨は『史記』巻十八 高祖功臣侯者年表より「明其等曰伐、積日曰閲」と引いた上で、「閥與伐同。此閥閲言家世」といい、家筋・家柄の意味に解している。おそらく、閥は祖先の官籍や家格を記した簿閥、閲は首実検を指す貌閲のことであろう。

（二）勳貴は、高歡あるいは宇文泰らとともに新政権を構築した功労者たちを指す。いわゆる叩きあげの武将のこと。対照的に、皇帝にとり入って分不相応な待遇を得た成りあがり者を恩倖という。これに漢人貴族が加わり、隋唐初期、政界は三つ巴の闘争場と化したという。川勝義雄『魏晋南北朝』（講談社学術文庫、二〇〇三年）を参照。

（三）羊侃は、字を祖忻、泰山梁甫の人。後漢の南陽太守羊續の後裔。当初は北魏に仕えたが、大通三（五二九）年、梁に帰属し、使持節・散騎常侍・都督瑕丘征討諸軍事・安北將軍となった。太清二（五四八）年に侯景の乱が起こると、よく戦ったが、同年に病死した（『梁書』巻三十九 羊侃傳）。なお、『顔氏家訓』慕賢第七には、侯景の乱当時の羊侃のことが記されている。

（四）肅は、羊肅。父の羊深は、梁州刺史をつとめた羊祉の第二子。武定年間（五四三～五五〇）の末、儀同・開府・東閤祭酒となった（『魏書』巻七十七 羊深傳）。

（五）親とは、漢魏以来、親戚の呼称の上に「親」の字を加えることで、直系もしくは親近の親戚関係を示す（王利器注）。

（六）祖孝徵は、祖珽。孝徵は字。范陽遒の人。天性聡明で、文章や四夷語と得意とし、音律・陰陽・占侯・医薬・絵画などの諸事に通じた。北斉の文宣帝の秘書丞となり、後主（高緯）のときに尚書左僕射となった（『北齊書』巻三十九 祖珽傳）。

［現代語訳］

先代のことを言及する際に、道理として追慕（の情）を示すべきである。昔の人にとって容易なものは、今の人にとっては難しいものである。江南の人はやむを得ぬ事情により、（先代の）官籍・家筋を述べねばならぬ場合、必ず文書にし、面と向かって話すことはめったにない。北方の人は（不幸があってから）ほどなくしてすぐに話し、さらに相手もそれを尋ねたりする。このようなことは、他人に対して行ってはならない。他人がこれを自分に対して行ってきたら、（応答を）避けるべきである。（自分の）名声と地位がまだ高くないときに、もし武勲で出世した人物から尋ねられたら、我慢することもひとまずの手立てであるから、すばやく手短に応答しなさい。だらだらとして、父祖を辱しめてはならない。もし故人について、言及せねばならないときは、容姿を整え居住まいを正しつつ、「大門中」と呼び、世父《おじ》・叔父の場合は「従兄弟門中」と呼び、兄弟の場合は「亡者の子の某門中」と呼びなさい。それぞれ尊卑や軽重によって表情に節度をもうけ、いずれも通常のときと変えるのである。もし君主と話すときは、表情を変えても、やはり「亡祖」・「亡伯」・「亡叔」という。わたしが著名の人物を見たところ、また亡き兄弟を「兄子・弟子門中」と呼ぶものがおり、どうもしっくりこない。北方の風俗では、まったくこれを行わない。太山《たいざん》郡の羊侃《ようがん》は、梁の初期に南方に入ってきた。わたしが近ごろ鄴《ぎょう》に行ったところ、羊侃の兄の子の羊肅《ようしゅく》は羊侃についての詳しいことを（わたしに）尋ねてきた。わたしはこれに、「きみの従門中（亡き叔父）が梁にいたころは、かくかくしかじかであった」と答えた。羊肅は、「その人はわたしの親（直系の親族）にあたる七番目の亡叔であり、従（傍系）ではありません」と言った。祖孝《そこう》徵《ちょう》が同席しており、以前より江南の風俗を知っていたので、かれに、「あなたの従弟門中（亡き叔父）のことだよ。どうして分からないのかね」と言った。

【原文】

古人皆呼伯父・叔父、而今世多單呼伯・叔。從父兄弟姉妹已孤、而対其前、呼其母爲伯叔母、此不可避者也。兄弟之子已孤、与他人言、對孤者前、呼爲兄子・弟子、頗爲不忍。北土人多呼爲姪。案爾雅・喪服經・左傳、姪雖名通男女、並是對姑之稱。晉世已來、始呼叔・姪。今呼爲姪、於理爲勝也。

《訓読》

古人は皆 伯父叔父と呼び、而して今世は多く單に伯・叔と呼ぶ。從父兄弟姉妹 已に孤なれば、而ち其の前に對して、其の母を呼びて伯叔母と爲すは、此れ避く可からざる者なり。兄弟の子 已に孤なれば、他人と言ふに、孤者の前に對して、呼びて兄子・弟子と爲すは、頗る忍びずと爲す。北土の人 多く呼びて姪と爲す。爾雅[一]・喪服經[二]・左傳[三]を案ずるに、姪 名は男女を通ずと雖も、並びに是れ姑に對するの稱なり。晉世已來、始めて叔・姪と呼ぶ。今 呼びて姪と爲すは、理に於て勝れりと爲すなり。

（注）

（一）『爾雅』釋親に、「女子謂晜弟之子爲姪」とある。

（二）『儀禮』喪服に、「姪丈夫婦人報。傳曰、姪者何也。謂吾姑者、吾謂之姪」とある。

（三）『春秋左氏傳』僖公 傳十五年に、「姪其從姑」とある。

［現代語訳］

昔の人はみな伯父・叔父と呼び、今は多く（の人が）単に伯・叔と呼ぶ。従父兄弟姉妹（といった父方のいとこ）がすでに父を亡くしていた場合、その（人の）面前で、かれらの母を伯叔母と呼ぶのは、避けられぬことである。兄弟の子がすでに父を亡くしていた場合、他人と話す際に、父を亡くした者の前で、兄の子・弟の子と呼ぶのは、はなはだ忍びない。北方の人の多くは姪と呼ぶ。『爾雅《じが》』（釋親）・（『儀禮』）喪《そう》の經・『春秋左氏傳《しゅんじゅうさしでん》』（僖公《きこう》 傳十五年）を調べてみると、姪という呼称は男でも女でも通用するとはいえ、どちらも（父方の）姑《おば》に対する呼称である。晉代以来になって、はじめて叔・姪と呼んだ。今日、姪と呼ぶのは、理屈としてすぐれている。

【原文】

別易會難。古人所重。江南餞送、下泣言離。有王子侯、梁武帝弟、出爲東郡、與武帝別。帝曰、我年已老、與汝分張。甚以惻愴、數行淚下。侯遂密雲、赧然而出。坐此被責、飄颻舟渚、一百許日、卒不得去。北間風俗、不屑此事。歧路言離、歡笑分首。然人性自有少涕淚者、腸雖欲絶、目猶爛然。如此之人、不可強責。

《訓読》

別るるは易く會ふは難し。古人の重んずる所なり。江南の餞送は、泣を下して離を言ふ。王子侯有り、梁の武帝の弟にして、出でて東郡(一)を爲《をさ》めんとし、武帝と別る。帝曰く、「我年已に老い、汝と分張せん」と。甚だ以て惻愴し、數行涙下る。侯遂に密雲にして、赧然として出づ。此に坐して責められ、舟渚に飄颻すること、一百日許《ばか》り、卒に去るを得ず。北間の風俗は、此の事を屑《いさぎよ》しとせず。歧路に離を言ひ、歡笑して分首す。然るに人の性は自づから涕涙少なき者有り、腸は絶たんと欲すと雖も、目は猶ほ爛然たり。此の如きの人は、強ひて責む可からず。

（注）

（一）東郡は、ここでは建康以東の郡のこと。呉郡や會稽郡の類である。秦・漢代に置かれた東郡は、現在の河南省濮陽にあたり、梁の版図外である（錢大昕注）。

［現代語訳］

別れるのはたやすく再会するのは難しい。（これは）むかしの人が重んじたことである。江南での送別（の風習）は、泣を流して別れ（の辞）を言う。王子の諸侯がおり、梁の武帝の弟で、出向して（建康の）東方の郡を治めることになり、武帝と別れることになった。武帝は、「わたしはもう年老いて、おまえと別れるのだ」と言った。たいそう悲しみ、涙がはらはらとこぼれた。侯は（悲しい気持ちこそ募っていたが）ついに泣くことなく、顔を赤らめて退出した。このために機嫌を損ねて責められ、舟つき場では百日ほどもぶらぶらし、けっきょく出発できなかった。北方の風俗では、このような別れ方を肯定しない。わかれ道で別離の辞を言い、笑って別れるものである。しかし、人の性質として涙の少ない者もおり、（ひどく悲しんで）腸が絶ち切れんばかりであっても、目ははっきりとしたままだということもある。このような人は、むやみに責めたててはならない。

【原文】

凡親屬名稱、皆須粉墨、不可濫也。無風教者、其父已孤、呼外祖父母與祖父母同、使人爲其不喜聞也。雖質於面、皆當加外以別之。父母之世叔父、皆當加其次第以別之。父母之世叔母、皆當加其姓以別之。父母之群從世叔父母及從祖父母、皆當加其爵位若姓以別之。河北士人、皆呼外祖父母爲家公・家母。江南田里間亦言之。以家代外、非吾所識。

《訓読》

凡そ親屬の名稱は、皆 須らく粉墨（一）すべく、濫す可からざるなり。風教無き者は、其の父 已に孤なれば、外祖父母を呼ぶこと祖父母と同じくし、人をして其れが爲に聞くを喜ばざらしむるなり。面のあたりに質《ただ》すと雖も、皆 當に外を加へて以て之を別つべし。父母の世叔父は、皆 當に其の次第を加へて以て之を別つべし。父母の世叔母は、皆 當に其の姓を加へて以て之を別つべし。父母の群從世叔父母及び從祖父母は、皆 當に其の爵位 若しくは姓を加へて以て之を別つべし。河北の士人は、皆 外祖父母を呼びて家公・家母と爲す。江南の田里の間も亦た之を言ふ。家を以て外に代ふるは、吾の識る所に非ず。

（注）

（一）粉墨は、修飾すること（盧文弨注）。

［現代語訳］

およそ親族の名称は、みな修飾すべきであり、むやみに用いてはならない。風習を知らぬ者は、父を亡くした子について、外祖父母（母方の祖父母）と祖父母（父方の祖父母）の呼び方を同じくしてしまい、聞いている者を良い気分にはさせない。（こういうときは）面と向かっていても、みな外（の字を）を付け加えてこれを区別すべきである。父母の世叔父（父母にとっての父方の兄弟）は、みなその順序（を示す語）を付け加えてこれを区別すべきである。父母の世叔母（父母にとっての父方の兄弟の妻）は、みなその姓を付け加えてこれを区別すべきである。父母の群從世叔父母（父母にとっての父方のいとことその妻）および從祖父母（父母にとっての父方のまたいとことその妻）は、みなその爵位もしくは姓を付け加えてこれを区別すべきである。河北の士人は、みな母方の祖父母を家公・家母と呼ぶ。江南の田舎の間でもこのように呼ぶ。家（という字）を外（という字）に代えるのは、わたしは知らない。

【原文】

凡宗親世數、有從父、有從祖、有族祖。江南風俗、自茲已往、高秩者、通呼爲尊、同昭穆者、雖百世猶稱兄弟。若對他人稱之、皆云族人。河北士人、雖三二十世、猶呼爲從伯・從叔。梁武帝嘗問一中土人曰、卿北人、何故不知有族。答云、骨肉易疏、不忍言族耳。當時、雖爲敏對、於禮未通。

《訓読》

凡そ宗親の世數、從父有り、從祖有り、族祖有り。江南の風俗、茲れより已往、高秩（一）の者は、通じて呼びて尊と爲し、昭穆（二）を同じくする者は、百世と雖も猶ほ兄弟と稱す。若し他人に對して之を稱すれば、皆 族人と云ふ。河北の士人は、三二十世と雖も、猶ほ呼びて從伯・從叔と爲す。梁の武帝 嘗て一中土の人（三）に問ひて曰く、「卿は北人なるも、何の故に族有るを知らざる」と。答へて云ふ、「骨肉は疏んじ易く、族と言ふに忍びざるのみ」と。當時、敏對と爲すと雖も、禮に於て未だ通ぜず。

（注）

(一) 高秩は、王利器は「秩、官秩」と解し、宇野精一は「それ（族祖）より上の世代」と解する。ここは宇野説が妥当であろう。
(二) 昭穆は、宗廟や木主を並べる順序のこと。太祖の廟を中央にして、父の廟を左に置いてこれを昭といい、子の廟を右に置いてこれを穆という。王利器は、昭穆制度の解説および『禮記』王制に基づいて天子・諸侯らの廟数のことに言及したうえで、「此言同昭穆、猶今言同一個老祖宗之意」と述べる。また、宇野精一は、「世代のこと」とし、宇都宮清吉は、「同じ御先祖をお祀りする同世代の者同士」と解釈する。ここは宇野説に従う。
(三) 一中土の人とは、夏侯亶のこと。字は世龍、譙郡譙の人。南齊の車騎將軍夏侯詳の長子。南齊の初めに起家して奉朝請となり、のち梁に仕えて多くの官を歴任、晩年には平北將軍となった。大通三（五二九）年に没し、車騎將軍を追贈された（『梁書』巻二十八 夏侯亶傳）。なお、『梁書』の本傳に、「高祖謂亶曰、夏侯溢於卿疏近。亶答曰、是臣從弟。高祖知溢於亶已疏、乃曰、卿傖人、好不辨族從。亶對曰、臣聞服屬易疏、所以不忍言族。時以爲能對」とあり、『顏氏家訓』と同様の逸話が見える。

［現代語訳］

およそ親族の世代については、従父（父の兄弟）があり、従祖（祖父の兄弟）があり、族祖（曾祖父の兄弟）がある。江南の風俗では、これより上の、遠い先祖の世代は、すべて尊と（いう字を付けて）呼び、世代を同じくする者は、たとえ百代経っても兄弟と呼ぶ。もし他人に対してこれを呼ぶ場合は、みな族人という。河北の士人は、三十世・二十世と経ていても、従伯・従叔と呼ぶ。梁の武帝はかつて北方から来たある人に、「そなたは北方の人であるのに、どうして族（という呼び方）があることを知らないのか」と質問した。（その人は）「肉親は疎遠になりやすく、族などと呼ぶのはたえられません」と答えた。当時、（これは）すばらしい返答と言われたが、礼としては筋が通らない。

【原文】

吾嘗問周弘讓曰、父母中外姊妹、何以稱之。周曰、亦呼爲丈人。自古未見丈人之稱施於婦人也。吾親表所行、若父屬者、爲某姓姑、母屬者、爲某姓姨。中外丈人之婦、猥俗呼爲丈母、士大夫謂之王母・謝母云。而陸機集有與長沙顧母書、乃其從叔母也。今所不行。

《訓読》

吾嘗て周弘讓(一)に問ひて曰く、「父母の中外(二)姊妹は、何を以て之を稱する」と。周曰く、「亦た呼びて丈人と爲す」と。古より未だ丈人の稱 婦人に施すを見ざるなり。吾が親表の行ふ所は、父の屬の者は、某姓の姑と爲し、母の屬の者は、某姓の姨と爲すが若し。中外の丈人の婦は、猥俗 呼びて丈母と爲し、士大夫は之を王母・謝母と謂ふと云ふ。而して陸機(三)の集に長沙の顧母に與ふる書有り、乃ち其の從叔母なり。今の行はれざる所なり。

（注）

(一) 周弘讓は、汝南安城の人。性質は簡素にして、博学多通であった。茅山に隠れて招聘に応じなかったが、のちに侯景に仕えて中書侍郎となった。陳の天嘉年間（五六〇～五六六年）の初め、領太常卿・光祿大夫となり、金章紫綬を加えられた（『陳書』巻二十四 周弘正傳、『南史』巻三十四 周朗傳附周弘讓傳）。

（二）中外は、中表ともいい、内外の意。姑の子を外兄弟、舅の子を内兄弟というため、中表と称する（王利器注）。

（三）陸機は、西晉時代の呉郡の人、字を士衡。「呉の四姓」の筆頭である陸氏の出身で、呉の滅亡以降、晉の太康末年に弟の陸雲とともに上洛した。のちに讒言により司馬穎の怒りを買い、弟ともども刑死した。文章制作にすぐれ、弟の雲とともに「二陸」と称された。とくに論・賦・樂府を得意とした。『文選』収録作数の最も多い人物である（『晉書』巻五十四 陸機傳）。高橋和巳「陸機の伝記とその文学（上・下）」（『中国文学報』一一・一二、一九五九年・一九六〇年）も参照。なお、顧母に与えた書簡については、『顔氏家訓』文章篇第九にて、古典の誤引例として触れられている。文章篇の注（八）一五五頁も参照。

［現代語訳］

わたしはかつて周弘讓《しゅうこうじょう》に、「父の姉妹と母の姉妹は、何と呼称しますか」と尋ねた。周弘讓は、「丈人と呼びます」と答えた。（しかし）昔から丈人という呼称を婦人に使ったのを見たことがない。わたしの父方の親戚と母方の親戚が行っているのは、父の姉妹であれば、「某姓の姑」といい、母の姉妹であれば、「某姓の姨《い》」というようなものである。父方および母方の年長者の妻は、民間の風習では「丈母」と呼び、士大夫はこれを「王母」・「謝母」と呼ぶという。陸機《りくき》の文集には「長沙の顧母に與ふる書」というものがあり、（顧母という女性は）陸機の従叔母（父より年下の父のいとこの妻）である。今日では（かかる呼び方は）行われていない。

【原文】

齊朝士子、皆呼祖僕射爲祖公、全不嫌有所渉也。乃有對面以相戲者。

《訓読》

齊朝の士子は、皆 祖僕射を呼びて祖公と爲し、全く渉る所有るを嫌はざるなり。乃ち對面して以て相 戲るる者有り。

［現代語訳］

北齊の士人の子弟は、みな祖僕射《そぼくや》（祖珽）を祖公《そこう》と呼び、まったくもって（それが祖父の呼称と）関係していることを厭わない。なんと（本人と）面と向かってふざける者までいた。

【原文】

古者、名以正體、字以表德。名終則諱之、字乃可以爲孫氏。孔子弟子記事者、皆稱仲尼。呂后微時、嘗字高祖爲季。至漢、爰種字其叔父曰絲。王丹與侯霸子語、字霸爲君房。江南至今不諱字也。河北士人全不辨之、名亦呼爲字、字固呼爲字。尙書王元景兄弟、皆號名人、其父名雲、字羅漢、一皆諱之。其餘不足怪也。

《訓読》

古者、名づけて以て體を正し、字して以て德を表す。名は終はれば則ち之を諱（二）み、字は乃ち以て孫の氏と爲す可し。孔子の弟子の事を記す者、皆 仲尼(二)と稱す。呂后(三) 微なりし時、嘗て高祖(四)に字して季と爲す。漢に至りて、爰種(五) 其の叔父に字して絲と曰ふ。王丹(六) 侯霸の子と語るに、霸に字して君房と爲す。江南は今に至るも字を諱まざるなり。河北の士人 全く之を辨《わきま》へず、名も亦た呼びて字と爲し、字は固より呼びて字と爲す。尙書の王元景の兄弟(七)、皆 名人と號せられ、其の父の名は雲(八)、字は羅漢、一に皆 之を諱む。其の餘は怪しむに足らざるなり。

(注)

(一) 盧文弨によれば、『春秋左氏傳』桓公 傳六年の文に基づくという。当該箇所には、「周人以諱事神、名終將諱之」とある。

(二) 仲尼という呼称は、『論語』などに頻出し、枚挙にいとまがない。

(三) 呂后は、前漢の高祖劉邦の皇后。諱は雉。山陽單父の人。惠帝と魯元公主の生母。人となりは剛毅で、劉邦の覇業をよく助け、とくに韓信・彭越・黥布など異姓諸侯王の謀殺に辣腕を振るった。劉邦の死後、生子の惠帝が即位すると、皇太后として十六年間にわたって漢の実権を掌握した（『漢書』巻三 高后紀）。なお、呂后が劉邦を字の「季」で呼んだことは、『史記』巻八 高祖本紀に、「高祖卽自疑、亡匿、隱於芒・碭山澤巖石之節。呂后與人倶求、常得之。高祖怪問之。呂后曰、季所居上常有雲氣、故從往常得季」とある。

(四) 高祖は、劉邦。字は季。漢の初代皇帝。高祖は通称で、廟號は太祖、嗒號は高帝。在位前二〇六～一九五年。沛縣豐邑中陽里の人。陳勝・吳廣の乱を機に挙兵し、前二〇二年の垓下の戦いで項羽を破って漢を建国した（『史記』巻八 高祖本紀、『漢書』巻一 高帝紀）。

(五) 爰種は、前漢文帝期の人。官は常侍騎となった。叔父の爰盎が吳の相として赴任する際、厳しい政治を控えるよう忠告した（『史記』巻一百一 袁盎列傳、『漢書』巻四十九 爰盎傳）。なお、爰盎を字の「絲」で呼んだことは、『漢書』巻四十九 爰盎傳に、「種謂盎曰、吳王驕日久、國多姦。今絲欲刻治、彼不上書告君、則利劍刺君矣。南方卑溼、絲能日飮、亡何、說王毋反而已。如此幸得脫」とある。

(六) 王丹は、字を仲回、京兆の人。高潔な人物として知られ、官は太子少傅に至った（『後漢書』列傳十七 王丹傳）。なお、王丹が侯霸を字の「君房」で呼んだことは、『後漢書』列傳十七 王丹傳に、「時大司徒侯霸欲與交友、及丹被徵、遣子昱候於道。昱迎拜車下、丹下荅之。昱曰、家公欲與君結交、何爲見拜。丹曰、君房有是言、丹未之許也」とある。

(七) 王元景兄弟は、王昕《おうきん》・王晞《おうき》のこと。兄の王昕は、字を元景といい、北海劇の人。前秦の苻堅に仕えて丞相となった王猛の六世孫。母は清河の崔氏出身であり、若いころより学問と読書を好んだ。北魏の汝南王悅に辟されて騎兵參軍となり、東萊太守を経て常侍に遷った。のち北齊に仕えるも、郭子默に讒言されて文宣帝の怒りを買い、殺された（『北齊書』巻三十一 王昕傳）。弟の王晞は、字を叔朗という。兄と同じく学問を好んだ。北齊に仕えたが、その滅亡後は北周に仕えて儀同大將軍・太子諫議大夫となった。隋の開皇元（五八一）年、洛陽に卒す（『北齊書』巻三十一 王昕傳附王晞傳）。

(八) 雲は、王雲。字を羅漢。北海劇の人。王昕・王晞兄弟の父。北魏の仕えて名望があり、冠軍將軍・尙書・兗州刺史・征虜將軍などを歴任した。熙平二（五一七）年に没し、平南將軍・豫州刺史を追贈された（『魏書』巻三十三 王憲傳附王雲傳）。

［現代語訳］

むかしは、名を付けて姿を正し、字を付けて徳を表した。名は（その人が）亡くなるとこれを諱み、字は（公子某・公孫某などの某の部分を）孫の氏号にすることができた。孔子の弟子でその言行を記した者は、みな（孔子を）「仲尼《ちゅうじ》」と呼んでいる。呂后《りょこう》が微賤であったとき、かつて高祖《こうそ》（劉邦《りゅうほう》）を「季《き》」と字で呼んだ。漢代に至って、爰種《えんしゅ》はその叔父を「絲《し》」と字で呼んだ。王丹《おうたん》は侯霸の子と語った際、侯霸を字で「君房《くんぼう》」と呼んだ。江南では今に至るも字を諱まない。河北の士人はまったく名と字を区別せず、名を字として呼び、字はもとより字のまま呼んだ。尚書の王元景《おうげんけい》の兄弟は、いずれもすぐれた人物と称された。父の名は雲《うん》といい、字を羅漢《らかん》といって、（兄弟は雲と羅漢の字を）いずれも諱みはばかった。その他（の人）は不思議とするまでもない。

【原文】

禮閒傳云、斬縗之哭、若往而不反。齊縗之哭、若往而反。大功之哭、三曲而偯。小功・緦麻、哀容可也。此哀之發於聲音也。孝經云、哭不偯。皆論哭有輕重・質文之聲也。禮以哭有言者爲號。然則哭亦有辭也。江南喪哭、時有哀訴之言耳。山東重喪、則唯呼蒼天、期功以下、則唯呼痛深。便是號而不哭。

《訓読》

禮の閒傳（一）に云ふ、「斬縗の哭は、往《ゆ》きて反らざるが若し。齊縗の哭は、往きて反るが若し。大功の哭は、三曲して偯《い》す。小功・緦麻は、哀容あれば可なり。此れ哀しみの聲音に發するものなり」と。孝經（二）に云ふ、「哭して偯せず」と。皆 哭に輕重・質文の聲有るを論ずるなり。禮は哭に言有る者を以て號と爲す。然らば則ち哭にも亦た辭有るなり。江南の喪哭は、時に哀訴の言（三）有るのみ。山東（四）の重喪（五）は、則ち唯だ蒼天と呼《さけ》び、期功（六）以下は、則ち唯だ痛深と呼ぶ。便ち是れ號して哭せず。

（注）

（一）引用部分は、『禮記』閒傳に、「斬衰之哭、若往而不反。齊衰之哭、若往而反。大功之哭、三曲而偯。小功・緦麻、哀容可也。此哀之發於聲音者也」とあり、ほぼ同文である。斬縗・齊縗・大功・小功・緦麻は、いずれも喪服であり、それぞれ三年・一年・九ヵ月・五ヵ月・三ヵ月の喪の際に着る。

（二）引用部分は、『孝經』喪親章に、「孝子之喪親也、哭不偯、禮無容、言不文……」とあり、同文である。

（三）哀訴の言は、王利器注に引く郝懿行によれば、北方の人は婦人のみ哀訴の言を発し、男子は行わないという。

（四）山東は、河北を指す（王利器注）。

（五）重喪は、重い喪、すなわち親の喪（宇野注）。

（六）期功は、王利器注によれば、期服（一年間の喪）および大功・小功をいう。すなわち、一年以下の服喪のこと。

［現代語訳］

『禮記』閒傳《かんでん》に、「斬縗《ざんさい》の（服を着けた人の）哭声は、行って帰らないもののようである。齊縗《しさい》の（人の）哭声は、行ってまた帰るようである。大功《たいこう》の（人の）哭声は、（一回に）三たび曲折して声をゆっくり引きのばす。小功《しょうこう》・緦麻《しま》（の人の哭声）は、哀しげな表情を伴ってよい。これは（心中の）哀しみが声音となって表れたものである」とある。『孝經《こうきょう》』（喪親章）に、「哭声をあげても引きのばさない」とある。いずれも哭声に軽重や実質と形式（の違い）があることを論じている。礼では哭するときに言葉を伴うものを號という。それならば哭するときにもまた言葉があろう。江南における喪の哭し方は、ときに哀訴の言葉を入れることがある。山東（北方）における（親が死んだときのような）重い喪は、ただ「蒼天」と叫ぶだけで、一年以下の喪では、ただ「痛深」と叫ぶ。これは大声で叫んで哭さないものである。

【原文】

江南凡遭重喪、若相知者、同在城邑、三日不弔則絶之。除喪、雖相遇則避之。怨其不已憫也。有故及道遙者、致書可也。無書亦如之。北俗則不爾。江南凡弔者、主人之外、不識者不執手。識輕服而不識主人、則不於会所而弔、他日修名詣其家。

《訓読》

江南は凡そ重喪に遭ひ、若し相知る者、同に城邑に在り、三日して弔せざれば則ち之を絶つ。喪を除きて、相遇ふと雖も則ち之を避く。其の己を憫まざるを怨めばなり。故有り及び道の遙かなる者、書を致せば可なり。書無きも亦た之の如し。北俗は則ち爾らず。江南は凡そ弔する者、主人の外は、識らざる者には手を執らず。輕服(一)を識りて主人を識らざれば、則ち会所に於て弔せず、他日に名(二)を修めて其の家に詣る。

（注）

（一）輕服は、服喪の期間の軽い者（宇野注）。

（二）名は、王利器と宇野精一は名刺の意味に解し、宇都宮清吉は名目と解している。ここは王・宇野の説に従う。

［現代語訳］

江南ではおよそ親の喪に遭遇した場合、もし知人が、同じ城邑にいて、三日経っても弔問に来なければ交際を絶つ。喪が明けて、出会ったとしてもこれを避ける。（これは）自分を憐れんでくれなかったことを残念に思うからである。理由があったり遠方にいる者であれば、（弔慰の）文書を送ればそれでよい。文書を送らない場合もまた先のとおり（絶交するの）である。北方の習俗はこうではない。江南では弔問する者はすべて、喪主以外に対して、面識のない者には手を執らない。服喪期間の軽い人には面識があって喪主と面識がない場合は、式場で弔問せず、別の日に名刺を送ってその家を訪問する。

【原文】

陰陽説云、辰爲水墓、又爲土墓。故不得哭。王充論衡云、辰日不哭、哭則重喪。今無教者、辰日有喪、不問輕重、擧家清謐、不敢發聲、以辭弔客。道書又曰、晦歌朔哭、皆當有罪、天奪其算。喪家朔望、哀感彌深。寧當惜壽、又不哭也。亦不諭。

《訓読》

陰陽説に云ふ、「辰を水墓と爲し、又 土墓と爲す(一)。故に哭するを得ず」と。王充(二)の論衡(三)に云ふ、「辰日は哭せず、哭すれば則ち喪を重ぬ」と。今 教無き者、辰日に喪有れば、輕重を問はず、家を擧げて清謐にし、敢て聲を發せず、以て弔客を辭す。道書(四)に又 曰く、「晦に歌ひ朔に哭すれば、皆 當に罪有るべし、天 其の算を奪ふ」と。喪家は朔望に、哀感すること彌〻《いよいよ》深し。寧んぞ當に壽を惜しみ、又 哭せざるべけんや。亦た諭らず。

(注)

(一) 趙曦明はこれを、「水土倶長生於申、故墓倶在辰」と解釈する。一方、宇野精一・宇都宮清吉はともに不詳としており、よく分からない。あるいは『日書』より派生した思想に基づくものか。

(二) 王充は、字を仲任、会稽上虞の人。幼くして孤となり、郷里で孝を称された。のちに京師に行き、太學で学び、班彪に師事した。家貧しく、洛陽の市場で売られていた書物を見て暗記し、ついに博く百家の言に通じたという。著書に『論衡』がある(『後漢書』列傳三十九 王充傳)。その思想については、大久保隆郎『王充思想の諸相』(汲古書院、二〇一〇年)を参照。

(三)『論衡』は、後漢の王充の著。全三十巻。内容は、批判主義・実証主義的精神に基づき、讖緯思想を排し、また儒家・法家の矛盾を指摘し、はては宇宙論に及び、漢代思想史上に異彩を放つ存在として注目される。綿本誠『論衡』(明徳出版社、一九八三年)を参照。引用部分は、『論衡』辯崇篇に、「辰日不哭。哭有重喪」とあり、ほぼ同文である。

(四) 道書は、盧文弨は「道家之書」と解釈する。また朱亦棟は、『抱朴子』内篇巻六 微旨篇に「或曰、敢問欲修長生之道、何所禁忌。抱朴子曰、禁忌之至急、在不傷不損而已。按易内戒及赤松子經及河圖記命符皆云、天地有司過之神、隨人所犯輕重、以奪其算。……」とあることを引いたうえで、「此道書之説也」という。宇都宮清吉は、かかる朱説を踏まえ、「顏氏もおそらくは『抱朴子』に依ったかも知れない」と述べる。

[現代語訳]

陰陽(家の)説に、「辰の日には水の墓とし、また土の墓とする。したがって哭することができない」とある。王充《おうじゅう》の『論衡《ろんこう》』(辯崇《べんすう》篇)に、「辰の日は哭さない。哭せばまた(死人が出て)喪を重ねることになる」とある。今日、教養のない者は、辰の日に喪があれば、(その人の地位の)軽重を問わず、一家で静かに過ごし、あえて声を出さず、弔問客を断る。道家の書物にはまた、「晦日に歌い朔日に哭するものは、みな罪を受け、天はその寿命を奪う」とある。喪のあった家では一日や十五日に、哀しみがますます深くなる。どうして寿命を惜しみ、哭さずにいてよいものか。よく分からない。

【原文】

偏傍之書、死有歸殺。子孫逃竄、莫肯在家。畫瓦書符、作諸厭勝。喪出之日、門前然火、戸外列灰、祓送家鬼、章斷注連。凡如此比、不近有情。乃儒雅之罪人、彈議所當加也。

《訓読》

偏傍の書(一)に、「死すれば歸殺有り」と。子孫逃竄して、肯て家に在るもの莫し。瓦に畫き符に書きて、諸々の厭勝(二)を作る。喪出づるの日、門前に火を然《も》やし、戸外に灰を列ね、家鬼を祓送し、章もて注連を斷つ(三)。凡そ此の如きの比《たぐひ》、情有るに近からず。乃ち儒雅の罪人にして、彈議の當に加ふべき所なり。

(注)

(一)偏傍之書は、盧文弨によれば、正書でないものをいい、宇野精一は、民間の俗本と解する。ここは宇野の解釈に従う。

(二)厭勝《ようしょう》は、古代の呪術・まじないの一種。周法高によれば、呪詛をもって人を従わせることをいう。

(三)劉盼遂は、「以稻草之標繩爲注連」と述べて、注連を藁で作ったしめなわと解し、宇野精一・宇都宮清吉も同様に解釈する。一方、王利器は『正統道藏』所收の『赤松子章暦』を引いた上で、「謂上章以求斷絕亡人之殃注復連也」と述べる。ここは王説の方が妥当であろう。上章とは道教における上章儀礼のことで、章は道士が天にたてまつるために使用される文書である。また注とは注訟、すなわち地獄で裁かれる死者たちが、その苦しみに堪えかねて、自己の苦痛を子孫たちにふりむけることを指すものであろう。これを踏まえて、本文の「章斷注連」は、(天に)上奏文を奉じて死者のもたらす禍いを断ち切るの意味に取っておく。なお、上章儀礼については、森由利亞「道教と死――天上の権威と死者世界」(吉原浩人編『東洋における死の世界』、春秋社、二〇〇六年)を参照。

[現代語訳]

民間の俗本に、「死ぬと霊魂が帰って来る」とある。(そうなったら)子孫は逃げ隠れ、決して家の中にいようとはしない。(そして)瓦に絵を描き符に字を書いて、まじないの札を作る。出棺の日に、門前で火を燃やし、戸外に灰を並べ、家に迷い込んだ死霊を祓って送り出し、(天に)上奏文を奉じて死者のもたらす禍いを断ち切る。およそこのような類は、まともな人間(のすること)からはほど遠い。教養ある人がとがめ、弾劾すべきことである。

【原文】

已孤而履歲、及長至之節、無父拜母、祖父母・世叔父母・姑・兄・姊、則皆泣。無母拜父、外祖父母・舅・姨・兄・姊、亦如之。此人情也。

《訓読》

已に孤にして歲を履み(一)、長至(二)の節に及べば、父無きは母を拜し、祖父母・世叔父母・姑・兄・姊は、則ち皆泣く(三)。母無きは父を拜し、外祖父母・舅・姨・兄・姊も、亦た之の如し。此れ人の情なり。

(注)

（一）履歳は、元旦のこと（王利器注）。
（二）長至は、周法高は夏至と解し、王利器は冬至と解する。ここは前者に従う。
（三）盧文弨は、『説文解字』十一上二 水部 泣字により、「泣、無聲出涕也」と引く。これに従えば、本文の当該箇所は声をあげずに泣くことの意。

［現代語訳］

親を亡くして元旦を迎え、夏至の日になったとき、父がいなければ母に拝礼し、（父方の）祖父母・世叔父母（父の兄弟とその妻）・姑（父方のおば）・兄・姉は、みな（声を出さずに）泣く。母がいなければ父に拝礼し、母方の祖父母・舅（母方のおじ）・姨（母方のおば）・兄・姉も、また同様に泣く。これこそ人の情である。

【原文】

江左朝臣子孫、初釋服、朝見二宮、皆當泣涕、二宮爲之改容。頗有膚色充澤、無哀感者、梁武薄其爲人、多被抑退。裴政出服、問訊武帝、貶瘦枯槁、涕泗滂沱。武帝目送之曰、裴之禮不死也。

《訓読》

江左の朝臣の子孫、初めて服を釋《と》き、二宮(一)に朝見するや、皆 當に泣涕すべく、二宮 之が爲に容を改む。頗る膚色充澤し、哀感無き者有らば、梁武 其の人と爲りを薄《うと》んじ、多く抑退せらる。裴政(二) 服より出で、武帝に問訊するに、貶瘦枯槁、涕泗滂沱たり。武帝 之を目送して曰く、「裴之禮(三) 死せざるなり」と。

（注）
（一）二宮は、帝と太子のこと（盧文弨注）。ここでは梁の武帝とその太子蕭綱（のちの簡文帝）を指す。
（二）裴政は、河東聞喜の人。裴之禮の子。博覧強記で、梁に仕えて夷陵侯・給事黄門侍郎となる。江陵陥落後は西魏に入り、宇文泰より員外散騎侍郎の官を授けられ、盧辯とともに『周禮』に基づく六官の官制を建て、朝儀を整えた。のち隋に仕えると、律令を修定した（『北史』巻七十七 裴政傳）。
（三）裴之禮は、字を子義、河東聞喜の人。梁の武帝が無遮會を開いた際、儛象が突進してきてみな逃げ散じたが、臧盾とともに動じなかったことで賞賛され、壯勇將軍・北徐州刺史・盾兼中領軍將軍となった。のち少府卿となり在官中に卒した（『梁書』巻二十八 裴邃傳附裴之禮傳、『南史』巻五十八 裴邃傳附裴之禮傳）。

［現代語訳］

江南の朝臣の子孫は、服喪を終えて、帝と太子に朝見する際には、みな泣かねばならず、帝と太子はこのために容姿を改める。すこぶる肌の色つやが良くて、哀しみの感情の見えない者がいたら、梁の武帝はその人となりを嫌い、多くの者が抑え退けられた。裴政《はいせい》は服喪を終え、武帝のもとを尋ねたところ、やつれて生気がなく、涙や鼻水をぼろぼろと流した。武帝はこれを目で見送り、「裴之禮《はいしれい》は死んでおらぬ」とおっしゃった。

【原文】

二親既沒、所居齋寢、子與婦弗忍入焉。北朝頓丘李構、母劉氏夫人亡後、所住之堂、終身鏁閉、弗忍開入也。夫人、宋廣州刺史纂之孫女、故構猶染江南風教。其父獎爲揚州刺史、鎭壽春遇害。構嘗與王松年・祖孝徵數人同集談讌。孝徵善畫、遇有紙筆、圖寫爲人。頃之、因割鹿尾、戲截畫人以示構。而無他意。構愴然動色、便起就馬而去。舉坐驚駭、莫測其情。祖君尋悟、方深反側。當時罕有能感此者。吳郡陸襄、父閑被刑、襄終身布衣蔬飯、雖薑菜有切割、皆不忍食。居家惟以掐摘供廚。江寧姚子篤、母以燒死、終身不忍噉炙。豫章熊康、父以醉而爲奴所殺、終身不復嘗酒。然禮緣人情、恩由義斷、親以噎死、亦當不可絕食也。

《訓読》

二親 既に沒し、居る所の齋寢は、子と婦とは入るに忍びず。北朝の頓丘の李構(一)は、母の劉氏夫人の亡くなりし後、住む所の堂、終身鏁閉し、開入するに忍びざるなり。夫人は、宋の廣州刺史纂(二)の孫女なれば、故に構 猶ほ江南の風教に染む。其の父の獎(三)は揚州刺史と爲り、壽春に鎭して害に遇ふ。構 嘗て王松年(四)・祖孝徵ら數人と同に集まりて談讌す。孝徵 畫を善くし、遇ゝ紙筆有り、圖寫して人を爲す。頃《しばら》之《くして》、鹿尾を割くに因りて、戲れに畫人を截《き》りて以て構に示す。而して他意無し。構 愴然として色を動かし、便ち起ちて馬に就きて去る。舉坐 驚駭するも、其の情を測るもの莫し。祖君 尋悟し、方《はじ》めて深く反側す。當時、能く此れに感ずる者有ること罕なり。吳郡の陸襄(五)は、父の閑(六) 刑せられ、襄 終身 布衣蔬飯し、薑菜と雖も切割有れば、皆 食らふに忍びず。居家 惟だ掐摘《かふてき》を以て廚に供す。江寧の姚子篤(七)は、母の燒死せるを以て、終身 炙を噉《く》らふに忍びず。豫章の熊康(八)は、父の醉ひて奴の殺す所と爲るを以て、終身 復た酒を嘗めず。然るに禮は人の情に緣り、恩は義に由りて斷つ(九)。親の噎死せるを以て、亦た當に食を絕つ可からざるべきなり。

(注)

(一) 李構は、字を祖基、頓丘の人。李奬の子。若いころより方正をもって称せられ、開府參軍、譙州刺史を歴任した(『北齊書』卷三十五 李構傳、『北史』卷四十三 李崇傳附李構傳)。

(二) 纂は、劉纂。劉宋期の廣州刺史というが、史書に記録が見えず、詳細は不明。

(三) 奬は、李奬、字を遵穆。李平の子。容貌魁偉で才度に秀でた。中書侍郎、吏部郎中、相州刺史を経、元叉が専横すると、引き立てられたが、靈太后が政権を奪い返すと官爵を剥奪された。孝莊帝の初め、散騎常侍・河南尹に任じられ、元顥入洛後は尚書右僕射を兼務した。元顥の命により徐州を慰労したが、かえって殺害され、首は洛陽に伝えられた(『魏書』卷六十五 李平傳附李奬傳、『北史』卷四十三 李崇傳附李奬傳)。

(四) 王松年は、王遵業の子。主簿、通直散騎侍郎、尚書郎中を歴任し、魏收が『魏書』を撰定すると、その内容を批判したため、文宣帝の怒りを買った。孝昭帝期に給事黄門侍郎となり、武成帝期には散騎常侍を加官され、また御史中丞を兼ねた(『北齊書』卷三十五 王松年傳、『北史』卷三十五 王慧龍傳附王松年傳)。

(五) 陸襄は、字を師卿、吳郡吳の人。陸閑の子。天監三(五〇四)年、起家して著作佐郎となる。昭明太子に仕え、太子付きの官を歴任した。侯景の乱に巻き込まれ、それが平定されたのち、七十歳で没した。弱冠のときに家禍に遭い、一生涯、蔬食と布衣を貫き、音楽を聴かなかったという（『梁書』巻二十七 陸襄傳、『南史』巻四十八 陸慧曉傳附陸襄傳）。

（六）閑は、陸閑、字は遐業。呉郡呉の人。陸慧曉の兄の子。南齊に仕えて揚州別駕となった。永元中（四九九～五〇一）、刺史の始安王蕭遙光が乱を起こした際に逮捕され、逆謀に無関係であるという報告が届く前に処刑された（『南史』巻四十八 陸慧曉傳附陸閑傳）。

（七）姚子篤は、史書に記録がなく、詳細は不明。

（八）熊康は、史書に記録がなく、詳細は不明。

（九）恩由義斷は、池田恭哉は、『禮記』喪服四制の「門内之治、恩揜義。門外之治。義斷恩」に基づくと指摘する。池田恭哉「顔之推と『顔氏家訓』・『冤魂志』—両著作に籠められた顔之推の意図—」（『南北朝時代の士大夫と社会』研文出版、二〇一八年に所収）を参照。また、顔之推における「恩」と「義」の関係についても同論文を参照。

［現代語訳］

両親が没すると、暮らしていた居間と寝室には、子や嫁は入るに忍びない。北朝の頓丘《とんきゅう》の李構《りこう》は、母の劉氏が亡くなった後、住んでいた堂を、生涯閉鎖したままにし、開けて入るのに忍びなかった。夫人は、宋の廣州刺史劉纂《りゅうさん》の孫娘であったため、李構はやはり江南の風俗に染まっていた。父の李奬《りしょう》は揚州刺史となり、壽春《じゅしゅん》にとどまっていて殺害された。李構はかつて王松年《おうしょうねん》・祖孝徴ら数人とともに集まって語り合った。祖孝徴は絵を描くことを得意とし、たまたま紙と筆があったので、人間を描いた。しばらくして、（酒の肴である）鹿尾を割こうとして、戯れに描かれた人間を切って李構に示した。別に他意はなかった。李構は悲しげな様子になって顔色を変え、すぐに立ちあがると馬に乗り去っていった。座中の者は驚いたが、その心情を推しはかれるものはいなかった。祖君は思い当たることがあって、深く煩悶した。当時これに感じ入る者はほとんどいなかった。呉郡の陸《りく》襄《じょう》は、父の陸閑《りくかん》が死刑に処せられたので、生涯、粗衣粗食を貫き、薑《しょうが》であっても刃物で切ったものであれば、いずれも食べるに忍びなかった。普段はただ指でちぎったものを食卓に供した。江寧《こうねい》の姚子篤《ようしとく》は、母が焼死したことから、生涯あぶり肉を食べなかった。豫章《よしょう》の熊康《ゆうこう》は、父が酔っ払って奴隷に殺されたことから、生涯、酒を口にしなかった。しかし、禮とは人の情によるものであり、恩愛は義によって断たれることもある。親が食べ物を喉に詰まらせて死んだからといって、食事を絶つことなど当然できるわけがない。

【原文】

禮經、父之遺書、母之杯圈、感其手口之澤、不忍讀用。政爲常所講習、讎校繕寫、及偏加服用、有迹可思者耳。若尋常墳典、爲生什物、安可悉廢之乎。既不讀用、無容散逸、惟當緘保、以留後世耳。

〈訓読〉

禮經（一）に、「父の遺書、母の杯圈は、其の手口の澤を感じて、讀用するに忍びず」と。政に常に講習し、讎校繕寫する所、及び偏へに服用を加へ、迹の思ふ者有るが爲《ため》なるのみ。尋常の墳典（二）、生を爲すの什物の若きは、安んぞ悉く之を廢す可けんや。既に讀用せざれば、散逸を容《ゆる》すこと無く、惟だ當に緘保して、以て後世に留むべきのみ。

(注)

(一)『禮記』玉藻に、「父沒而不能讀父之書。手澤存焉爾。母沒而杯圈不能飲焉。口澤之氣存焉爾」とあるのに基づく。

(二)墳典は、一般に用いられる書籍のこと(王利器注)。

[現代語訳]

禮經《れいけい》(『禮記』玉藻)に、「父の遺した書物や、母の(使用していた)杯と椀は、手垢や口の触れた後を感じて、読んだり使ったりするのに忍びない」とある。確かに普段(父が)勉強し、校讐《こうしゅう》や清書した書物や、(母が)一人で使用していた器物には、追慕の痕跡が残っているからであろう。(しかし)普通の書物や、日常生活品といった類については、どうしてすべて廃棄できようか。使用しないものは、散逸せぬよう、封をして保管し、後世(の子孫)に残しておくべきである。

【原文】

思魯等第四舅母親、呉郡張建女也。有第五妹、三歳喪母。靈床上屏風、平生舊物、屋漏沾溼、出曝曬之。女子一見、伏床流涕。家人怪其不起、乃往抱持。薦席淹漬、精神傷怛、不能飲食、將以問醫。醫診脈云、腸斷矣。因爾便吐血、數日而亡。中外憐之、莫不悲歎。

《訓讀》

思魯らの第四舅の母親は、呉郡の張建(一)の女なり。第五妹有り、三歳にして母を喪《うしな》ふ。靈床(二)上の屏風、平生の舊物、屋漏りて沾溼《てんしつ》し、出して之を曝曬す。女子一見するや、床に伏して流涕す。家人其の起きざるを怪しみ、乃ち往きて抱持す。薦席は淹漬し、精神は傷怛して、飲食すること能はず、將《も》(三)ちて以て醫に問ふ。醫脈を診て云ふ、「腸斷てり」と。爾《それ》に因りて便ち血を吐き、數日にして亡す。中外之を憐れみ、悲歎せざるは莫し。

(注)

(一)張建は、不明。おそらく呉郡の名族たる「呉の四姓」出身であろう。なお、「呉郡」の前にある「親」字について、宇野精一は、直系あるいは親近の意味を示す語といい、「親呉郡」と読んでいる。しかし、ここでは採らない。

(二)靈床は、靈座のこと。亡人の靈位(位牌)を供えておく台と敷物(王利器注)。

(三)將は、持つの意(周法高注)。

[現代語訳]

顔思魯《がんしろ》たちの四番目の舅の母親は、呉郡の張建《ちょうけん》の娘であった。五番目の妹がおり、三歳の時に母を亡くした。(母の)遺体のある床の枕もとに置かれていた屏風は、生前に使っていた遺品であったが、雨漏りで濡れてしまったので、外に出して乾かしていた。彼女はそれをちらりと見ると、床に伏して泣いた。(すると)家の人は彼女が起きあがらないのを怪しみ、行って抱き起こした。敷物がぐっしょり濡れ、気を失っており、飲食することもできず、(彼女を)抱えて医者に診てもらった。医者は脈を診察して、「腸が断ち切れています」と言った。これにより彼女は吐血し、数日のうちに亡くなった。家族も親族もこれを憐み、悲嘆しない者はなかった。

【原文】

禮云、忌日不樂。正以感慕罔極、惻愴無聊、故不接外賓、不理衆務耳。必能悲慘自居、何限於深藏也。世人或端坐奧室、不妨言笑、盛營甘美、厚供齋食、迫有急卒、密戚・至交、盡無相見之理、蓋不知禮意乎。

《訓読》

禮（一）に云ふ、「忌日には楽しまず」と。正に感慕極まり罔く、惻愴して聊《たの》しむ無き（二）を以て、故に外賓に接せず、衆務を理《をさ》めざるのみ。必ず能く悲慘に自ら居れば、何ぞ深く藏《かく》るるに限らんや。世人或いは奧室に端坐し、言笑を妨げず、盛んに甘美を營み、厚く齋食を供するも、急卒（三）有るに迫り、密戚・至交、盡く相見るの理無きは、蓋し禮の意を知らざるか。

（注）

（一）『禮記』祭義に、「君子有終身之喪、忌日之謂也。忌日不用、非不祥也」とあるのに基づく。

（二）無聊は、王利器は、『楚辭』九思の「心煩悶憤兮意無聊」の句を引き、その王逸注の「聊、樂也」を引く。これに従えば、聊は、楽しむの意。

（三）急卒は、盧文弨によれば、「卒、與猝同」という。慌ただしい、急ぐの意。

［現代語訳］

『禮記』（祭義）に、「忌日（親の命日）には楽しまない」とある。ちょうどその日には追慕の思いが極まることなく、悼み悲しんで楽しむことがないため、来客にも応接せず、仕事もしないのである。きっと悲しみの気持ちを抱き続けているのなら、何も深く引きこもるばかりではない。世の人は奥の部屋に座りこみ、談笑を楽しみ、盛大にごちそうを作り、（それを）精進料理としてすすめているのに、急な用事に追われ、身近な親戚や親しい友人が訪問しても、まったく面会しないという理屈は、おそらく禮の意味を知らないのではないか。

【原文】

魏世、王修母以社日亡。來歲社日、修感念哀甚。鄰里聞之、爲之罷社。今二親喪亡、偶値伏臘分至之節、及月小晦後、忌之外、所經此日、猶應感慕、異於餘辰、不預飲讌・聞聲樂及行遊也。

《訓読》

魏の世、王修（一）の母社日（二）を以て亡す。來歲の社日、修感念し哀しむこと甚だし。鄰里之を聞き、之が爲に社を罷む。今二親喪亡し、偶〻伏臘（三）・分至の節（四）、及び月小の晦の後（五）に値ひ、忌の外、經る所の此の日、猶ほ應に感慕し、餘辰に異なり、飲讌・聲樂を聞く及び行遊に預らざるべきなり。

（注）

（一）王修は、王脩。字を叔治、北海營陵の人。本篇の注（五）四三頁の王修とは別人。孔融に召し出されて主簿となり、また袁譚に召し出されて別駕従事となった。袁氏滅亡後は曹操に仕え、魏建国後、大司農・郎中令に昇った（『三國志』巻十一 王脩傳）。なお、『三國志』王脩傳には、「年七歳喪母。母以社日亡、來歳鄰里社、脩感念母、哀甚。鄰里聞之、爲之罷社」とあり、本文はこれに基づく。

（二）社日は、土地の神を祭る日。立春または立秋後の第五の戊の日を、それぞれ春社・秋社という。本文の社日が春社・秋社のどちらかは不明（王利器注）。

（三）伏臘は、夏と冬の祭り。盧文弨の引く陰陽書に、「從夏至後第三庚爲初伏、第四庚爲中伏、立秋後初庚爲後伏、亦謂之末伏」とある。これに従えば、夏至後の第三の庚の日を初伏、第四の庚の日を中伏、立秋後の最初の庚の日を後伏あるいは末伏という。伏臘については、中村裕一『中国古代の年中行事 第二冊 夏』（汲古書院、二〇〇九年）および『中国古代の年中行事 第四冊 冬』（汲古書院、二〇一一年）を参照。

（四）分至は、春分・秋分および夏至・冬至のこと（盧文弨注）。

（五）月小晦後は、盧文弨は、「蓋謂親或以月大尽亡、而所值之月只有二十九日、乃月小之晦日、即以爲親之忌日所経也」と述べ、宇野精一は、「意味不明」とし、宇都宮清吉は、「忌月の晦前後の三日間」と解する。月小は、小の月（二十九日）のことか。

［現代語訳］

曹魏のころ、王修《おうしゅう》の母は社の祭りの日に亡くなった。次の年の社の祭りの日に、王修は（母を）追慕し悲しむ程度が激しかった。隣里はこれを聞き、かれのために祭りを取りやめた。両親が亡くなってからも、夏と冬の祭り・春分と秋分および夏至と冬至の節、また小月の晦日後がやって来るが、命日以外に、このような日を迎えたら、やはり追慕して、他の厄日とは異なり、宴会や音楽を聴いたり行遊などをしてはならない。

【原文】

劉縚・緩・綏兄弟、並爲名器。其父名昭、一生不爲照字、惟依爾雅火旁作召耳。然凡文與正諱相犯、當自可避。其有同音異字、不可悉然。劉字之下、即有昭音。呂尚之兒、如不爲上、趙壹之子、儻不作一、便是下筆即妨。是書皆觸也。

《訓読》

劉縚(一)・緩(二)・綏(三)の兄弟は、並びに名器爲り。其の父の名は昭(四)なれば、一生 照の字を爲さず、惟だ爾雅に依りて火旁もて召を作るのみ。然るに凡そ文 正諱と相 犯せば、當に自づから避く可し。其の同音異字有るは、悉くは然る可からざるなり。劉字の下は、即ち昭の音有り。呂尚の兒、如《も》し上を爲さず、趙壹の子(五)、儻《も》し一を作らざれば、便ち是れ筆を下すに即ち妨げあり。是れ書に皆 觸るるなり。

（注）

（一）劉縚は、字を言明。劉昭の子。学問を好み、三禮に通じた。大同年間（五三五～五四六年）、尚書祠部郎となったが、ついで職を去り、二度と仕えなかった（『梁書』巻四十九 文學上 劉昭傳、『南史』巻七十二 文學 劉昭傳附劉紹傳）。

（二）緩は、劉緩。字を含度、劉紹の弟。若くして名を知られた。安西湘東王の記室となり、また西府（江陵）の文学サロンでは首座にあった。のち通直郎に除せられ、鎭南湘東王の中錄事に遷り、また江州に隨府した（『梁書』巻四十九 文學上 劉昭傳、『南史』巻七十二 文學 劉昭傳附劉緩傳）。

（三）綏は、劉綏。劉昭の子というが、不詳。

（四）昭は、劉昭。字を宣卿、平原高唐の人。梁の武帝に仕えて通直郎となった。宮中の図書を閲覧して注釈の不備を補い、范曄の『後漢書』に司馬彪『續漢書』の志を補成し『集注後漢』百八十巻を完成した（『梁書』巻四十九 文學上 劉昭傳）。小林岳『後漢書劉昭注李賢注の研究』（汲古書院、二〇一三年）を参照。

（五）趙壹は、字を元叔、漢陽郡西縣の人。才能を鼻にかけ傲慢な性格であり、郡の上計吏のとき、司徒の袁逢に敬礼を尽くさなかった。一方で、その袁逢や羊陟・皇甫規からは評価された。州郡はいずれも就礼を尽くして招聘し、十度も三公府に辟召されたが、いずれも就官せず家で卒した。著作に「刺世疾邪賦」「窮鳥賦」などがある（『後漢書』列傳七十下 文苑下 趙壹傳）。

［現代語訳］

劉紹《りゅうとう》・劉緩《りゅうかん》・劉綏《りゅうすい》兄弟は、いずれも立派な人物であった。かれらの父の名は昭《しょう》であったため、（兄弟は）一生「照」の字を書くことなく、ただ『爾雅《じが》』に従い火偏の召（「炤《しょう》」）を書い（て代用し）た。そもそも文を書いていて諱字そのものに遭遇したら、当然避けるべきである。（しかし）同音異字の場合、すべてを避けられるものではない。（例えば）「劉」字の下部（の「釗《しょう》」字）には、「昭」の音がある。呂尚《りょしょう》の子が、もし（「尚」と同音の）「上《しょう》」を書かず、趙《ちょう》壹《いつ》の子が、もし（「壹」と同音の）「一《いつ》」を書かないとしたら、筆を執ってもすぐ妨げられる。これでは文を書くことはすべて（諱字の禁忌に）触れることになってしまう。

【原文】

嘗有甲設讌席、請乙爲賓。而旦於公庭見乙之子、問之曰、尊侯早晩顧宅。乙子稱其父已往。時以爲笑。如此比例、觸類愼之、不可陷於輕脫。

《訓読》

嘗て甲 讌席を設け、乙に賓爲《た》らんと請ふこと有り。而して旦《あした》に公庭に於て乙の子を見、之に問ひて曰く、「尊侯は早晩 宅を顧みらるるや」と。乙の子 其の父 已に往けりと稱す。時に以て笑と爲す（一）。此の如き比例は、類に觸れ之を愼み、輕脫に陷る可からず。

（注）

（一）この話柄の解釈は諸説ある。林思進は、「下云時以爲笑者、蓋笑其不審早晩、不顧望而対、遽云已往。所謂、陷於輕脱、此耳」と述べ、劉盼遂は、「此甲問乙子、乙將以何時可以枉過、乙子不悟、答以其父已往、遂成笑柄」と述べる。宇野精一は、かかる説を踏まえたうえで、「いつごろ」という問いに対して、時間的に正確に答えるべきだったのに、軽率な答えをして笑われたものと解釈する。一方、宇都宮清吉は、「往」が「逝」と通じ、六朝人の間でタブー視されたと指摘する。ここは宇都宮の指摘を踏まえ、「往」がすでに逝去したと捉えるのが妥当であろう。

［現代語訳］

かつて甲という人が（自宅で）宴席を設け、乙という人を客として招待した。そしてその朝に役所の広間で乙の子を見かけ、「お父上はいつごろ拙宅に来ますかな」と尋ねた。（すると）乙の子は、父はすでに往きましたと答えた。（これは）当時の笑い話になった。このような例は、同類のものに出会ったら慎重に考え、軽率であってはならない。

【原文】

江南風俗、兒生一期、爲製新衣、盥浴裝飾、男則用弓矢・紙筆、女則刀尺・鍼縷、並加飲食之物、及珍寶・服玩、置之兒前、觀其發意所取、以驗貪廉・愚智。名之爲試兒。親表聚集、致讌享焉。自茲已後、二親若在、毎至此日、嘗有酒食之事耳。無教之徒、雖已孤露、其日皆爲供頓、酣暢聲樂、不知有所感傷。梁孝元年少之時、毎八月六日載誕之辰、常設齋講。自阮修容薨歿之後、此事亦絶。

《訓読》

江南の風俗に、兒 生まれて一期なれば、爲に新衣を製し、盥浴裝飾し、男なれば則ち弓矢・紙筆を用ひ、女なれば則ち刀尺・鍼縷（一）、並びに飲食の物、及び珍寶・服玩を加へ、之を兒の前に置き、其の意を發して取る所を觀、以て貪廉・愚智を驗《ため》す。之を名づけて試兒と爲す。親表 聚集し、讌享を致す。茲れより已後、二親 若し在《いま》せば、此の日に至る毎に、嘗《つね》に酒食の事有るのみ。教へ無きの徒は、已に孤露たりと雖も、其の日に皆 供頓を爲し、酣暢聲樂して、感傷する所有るを知らず。梁の孝元 年少の時、八月六日の載誕の辰（二）毎《ごと》に、常に齋講（三）を設く。阮修容（四）の薨歿せしよりの後、此の事も亦た絶ゆ。

（注）

（一）刀は、剪刀のこと。鍼は、古くは箴に作り、針のこと。縷は、線のこと（盧文弨注）。

（二）載誕は、生誕の意。周法高は、『文選』巻十八 嵇叔夜「琴賦」を「披重壤以誕載兮」と引き、その李善注に、「載、生也」とあるのを引く。

（三）齋講は、宇野精一は、「精進料理の宴会」と解し、宇都宮清吉は、「おときの会食」と解す。ここは宇野の解釈に従う。

（四）阮修容は、諱を令嬴。本姓は石、會稽餘姚の人。齊の始安王遙光に輿入れし、その敗死後は、東昏王寶巻の後宮に入った。蕭衍が建康を平定すると、その後宮に入り、天監七（五〇八）年八月、世祖元帝を生んで修容となった。大同六（五四〇）年六月、六十七歳で薨去。文宣太后と追贈された（『梁書』巻七 皇后 高祖阮脩容傳）。

［現代語訳］

江南の風俗では、子が生まれて一歳の誕生日を迎えると、新しい着物を仕立て、湯浴みさせて着飾ってやり、男子ならば弓矢と紙筆、女子ならば（裁縫用の）はさみと物差しと鍼《はり》と縷《いと》、そして飲食物や、珍しいお宝とおもちゃを揃えて、これらを子の前に置き、（子が）意思を示して手に取ったものを見て、これにより欲張りかそうでないか愚かか賢いかを試す、これを名づけて試児という。（この時には）親族一同が集まり、宴会を開く。これより以後、両親がもし健在であれば、誕生日が来るごとに、つねにこのような宴会を催す。（ところが）無教養な者の中には、すでに親と死別していても、誕生日にはみながごちそうを用意して、酒を飲み歌い騒いで、（親が健在だったころを思い起こし）感傷に浸るということがない。梁の元帝《げんてい》が年少のころには、八月六日のご生誕日のたびに、いつも精進料理の宴会を開いていた。（しかし、母の）阮修容《げんしゅうよう》が亡くなられてからは、この会もまた廃止となった。

【原文】

人有憂疾、則呼天地・父母、自古而然。今世諱避、觸途急切。而江東士庶、痛則稱禰。禰是父之廟號、父在無容稱廟、父歿何容輒呼。蒼頡篇有倄字、訓詁云、痛而謼也。音羽罪反。今北人痛則呼之。聲類、音于耒反。今南人痛或呼之。此二音隨其鄕俗、並可行也。

《訓読》

人 憂疾有らば、則ち天地・父母(一)を呼《さけ》ぶは、古よりして然り。今世は諱避し、觸途急切(二)なり。而して江東の士庶、痛ければ則ち禰と稱す。禰は是れ父の廟號なれば、父 在せば廟と稱す容《べ》き無く、父 歿するも何ぞ輒ち呼ぶ容けんや。蒼頡篇(三)に倄字有り、訓詁に云ふ、「痛くして謼《さけ》ぶなり。音は羽罪の反」と。今 北人 痛ければ則ち之を呼ぶ。聲類(四)に、「音は于耒の反」と。今 南人 痛ければ或いは之を呼ぶ。此の二音は其の鄕俗に隨ひて、並びに行はる可きなり。

（注）

（一）天地父母は、盧文弨注は『史記』巻八十四 屈原傳の、「夫天者、人之始也。父母者、人之本也。人窮則反本。故勞苦倦極、未嘗不呼天也。疾痛慘怛、未嘗不呼父母也」という文を引く。

（二）觸途急切は、盧文弨注に、「言今世以呼天呼父母爲觸忌也。蓋嫌於有怨恨祝詛之意、故不可也」とあり、天や父母を叫ぶことに怨恨・呪詛の意味を持つ疑いがあるため、禁忌であるという。

（三）蒼頡篇は、字書。前漢の閭里書師が、李斯の著とされる『蒼頡』七章に、趙高の著とされる『爰歷』六章、胡母敬の著とされる『博學』七章を併せ、『蒼頡篇』五十五章としたという（『漢書』巻三十 藝文志）。現在は散逸し、『玉函山房輯佚書』等に輯本がある。

（四）聲類は、字書。三國曹魏の李登の撰。全十巻。（『隋書』巻三十二 經籍志一、『舊唐書』經籍志上、『新唐書』巻五十七 藝文志一）。現在は散逸したが、『玉函山房輯佚書』『漢學堂叢書』などに輯本がある。

［現代語訳］

人に憂いや病気がある場合、天地や父母を呼ぶのは、昔からそうであったことである。（しかし）今世では忌み嫌われ、禁忌に触れて厳しく止められている。ところで江東の役人と平民は、痛ければ「禰」と言う。禰とは父の廟号であり、父が健在であれば廟（に祭られたときの称）を呼ぶことは許されず、父が亡くなっていたとてどうしてたやすく呼ぶことができようか。『蒼頡篇《そうけつへん》』に「侑《こう》」という字があり、その訓詁は、「痛い時に叫ぶ言葉である。音は羽罪の反である」という。今日、北方の人は痛ければこのように叫ぶ。『聲類《せいるい》』に、「(「侑」字の)音は于耒の反である」とある。今日、南方の人は痛ければこのように叫ぶ者もいる。この二音はその郷里の習慣にしたがって、並存してもよいだろう。

【原文】

梁世、被繫劾者子孫・弟姪、皆詣闕三日、露跣陳謝。子孫有官、自陳解職。子則草屩・麤衣、蓬頭・垢面、周章道路、要候執事、叩頭流血、申訴冤枉。若配徒隸、諸子並立草庵於所署門、不敢寧宅、動經旬日、官司驅遣、然後始退。江南諸憲司彈人事、事雖不重、而以教義見辱者、或被輕繫而身死獄戶者、皆爲怨讎、子孫三世不交通矣。到洽爲御史中丞、初欲彈劉孝綽。其兄溉先與劉善、苦諫不得。乃詣劉涕泣、告別而去。

《訓読》

梁の世、繫劾せらるる者の子孫・弟姪、皆 闕に詣ること三日、露跣もて陳謝す。子孫の官有るは、自ら職を解かれんことを陳ぶ。子は則ち草屩・麤衣もて、蓬頭・垢面して、道路に周章し、執事を要候し、叩頭して血を流し、冤枉を申訴す。若し徒隸に配せらるれば、諸子 並びに草庵を署する所の門に立て、敢て宅に寧んぜず。動《やや》もすれば旬日を經、官司 驅遣して、然る後に始めて退く。江南の諸憲司の人事を彈ずるに、事は重からずと雖も、而るに教義を以て辱めらるる者、或いは輕繫せられて身 獄戶に死する者は、皆 怨讎と爲り、子孫三世 交通せず。到洽(一) 御史中丞と爲り、初め劉孝綽(二)を彈ぜんと欲す。其の兄の溉(三) 先に劉と善く、苦諫するも得ず。乃ち劉に詣りて涕泣し、別れを告げて去る。

(注)

(一) 到洽は、字を茂沿、彭城武原の人。到溉の弟。才学があり、任昉からは、「此子日下無雙」と賞歎された。太子舍人、國子博士、尚書吏部郎などを経て御史中丞に遷ると、「勁直」と号された(『梁書』巻二十七 到洽傳、『南史』巻二十五 到彥之傳附到洽傳)。劉孝綽を弾劾する話は、『梁書』と『南史』の本傳に見える。

(二) 劉孝綽は、彭城の人。名は冉。幼いころより聡明で、七歳にしてよく文を綴り、神童と称された。沈約・任昉・范雲および昭明太子に評価され、『文選』編纂に際し主導的な役割を果たした。当時、何遜とともに「何劉」と称された。しかし奔放な言動による免官を繰り返し、官は祕書監にとどまった。(『梁書』巻三十三 劉孝綽傳、『南史』巻三十九 劉勔傳附劉孝綽傳)。

(三) 溉は、到溉、字を茂灌。幼くして孤貧となったが、弟の到洽とともに聡明で才学があり、任昉に評価されて名を広めた。その文才は高く、当時の人は溉・洽兄弟を二陸に比したという(『梁書』巻三十四 到溉傳、『南史』巻二十五 到彥之傳附到溉傳)。

［現代語訳］

梁代には、逮捕弾劾された者の子孫や弟姪は、みな宮城にやって来て三日間、裸足のままで陳謝した。子孫で官職のあるものは、自ら解職を申し出た。子は草履や粗衣を身に着け、ぼさぼさの髪に垢まみれの顔のまま、道路でうろうろして、担当の役人を待ち受け、叩頭して血を流しながら、無実の罪であることを訴える。もし懲役刑に処せられたら、子供たちはいずれも（その罪人が）配属された役所の門前に草庵を作り、あえて自宅に落ち着くものはいない。ともすれば十日も経ち、役人が追い払うことで、ようやく退きさがる。江南の役人たちが人事を弾劾する際、事件が重くないとしても、道徳上のことで恥辱を受ける者、あるいは軽微な拘禁を受けて獄中死する者は、みな（世間から人からすれば）仇敵となり、子孫三世にわたって交際しない。到洽《とうこう》が御史中丞《ぎょしちゅうじょう》になったとき、当初は劉孝綽《りゅうこうしゃく》を弾劾しようとした。兄の到漑《とうがい》は以前から劉孝綽と仲が良く、とても（弟を）諫めたが聞き入れられなかった。そこで劉孝綽のもとに行って涙を流し、別れを告げて去った。

【原文】

兵凶戰危、非安全之道。古者、天子喪服以臨師、將軍鑿凶門而出。父祖・伯叔、若在軍陣、貶損自居、不宜奏樂讌會及婚冠吉慶事也。若居圍城之中、憔悴容色、除去飾玩、常爲臨深履薄之狀焉。

《訓読》

兵は凶にして戰は危ふく（一）、安全の道に非ず。古者《いにしへ》、天子は喪服して以て師に臨み、將軍は凶門（二）を鑿ちて出づ。父祖・伯叔、若し軍陣に在らば、貶損して自ら居り、宜しく奏樂讌會及び婚冠吉慶の事をすべからざるなり。若し圍城の中に居れば、容色を憔悴し、飾玩を除去し、常に深きに臨み薄きを履む（三）の狀を爲す。

（注）

（一）盧文弨注が『漢書』巻四十九 鼂錯傳に、「兵、凶器。戰、危事也。以大爲小、以強爲弱、在俛仰之間耳」とあることを引くように、これに基づくものか。

（二）凶門は、北門のこと。趙曦明は『淮南子』兵略に、「主親操斧鉞授將軍、將辭而行、乃爪鬋設明衣、鑿凶門而出」とあることを引き、王利器は、兵略の許愼注に、「凶門、北出門也。將軍之出、以喪禮處之、以其必死也」とあることを引く。これらに基づけば、將軍は主君から斧鉞を授けられたのち、爪を切り、喪服を着て喪礼を行い、それから凶門をくぐって出撃し、必死の覚悟を示したという。

（三）臨深履薄は、『詩經』小雅 小旻に、「如臨深淵、如履薄冰」とあることに基づく。その毛傳には、「（如臨深淵）恐隊也。（如履薄冰）恐陷也」とある。禍いを恐れる態度をいう。

［現代語訳］

兵は凶器で戦争は危事であり、安全な手段ではない。そのむかし、天子は喪服を着て軍を閲兵し、將軍は凶門をくぐって（そこから）出た。父や祖父やおじたちが、もし従軍していたら、（残った者たちは）控えめにつとめ、音楽の演奏や宴会および成人式・結婚などの吉事を行ってはならない。もし包囲された城内にいたら、憔悴した姿をし、飾り物を取っ払い、つねに深淵に臨み薄氷を履むかのような（禍いを恐れる）様子を浮かべる。

【原文】

父母疾篤、醫雖賤雖少、則涕泣而拜之、以求哀也。梁孝元在江州、嘗有不豫。世子方等、親拜中兵參軍李猷焉。

《訓読》

父母の疾篤ければ、醫 賤なりと雖も少なりと雖も、則ち涕泣して之を拜し、以て哀を求むるなり。梁の孝元 江州に在るや、嘗て不豫なる有り。世子の方等（一）、親《みづか》ら中兵參軍の李猷（二）を拜す。

（注）

（一）方等は、蕭方等。字を實相。梁の元帝の長子。母の徐妃が嫉妬深さゆえに元帝からの寵愛を失ったため、元帝に嫌われ、太子に立てられなかった。河東王蕭譽の討伐に出陣し、敗死した。享年二十二（『梁書』巻四十四 世祖二子 忠壯世子方等傳）。

（二）李猷は、史書に記録が見えず、詳細は不明。

［現代語訳］

父母の病気が重くなったときは、医者が卑賤の身で若いとしても、涙を流して拝礼し、哀れみを求め（て診察を依頼す）る。梁の元帝《げんてい》が江州にいたころ、かつて危篤になった。世子の蕭方等《しょうほうとう》は、みずから中兵參軍《ちゅうへいさんぐん》の李猷《りゆう》に拝礼し（て診察を依頼し）た。

【原文】

四海之人、結爲兄弟、亦何容易。必有志均義敵、令終如始者、方可議之。一爾之後、命子拜伏、呼爲丈人、申父友之敬。身事彼親、亦宜加禮。比見北人、甚輕此節、行路相逢、便定昆季、望年觀貌、不擇是非。至有結父爲兄、託子爲弟者。

《訓読》

四海の人、結びて兄弟と爲るは（一）、亦た何ぞ容易なる。必ず志 均しく義 敵し、終はりをして始めの如くならしむる者有れば、方《はじ》めて之を議す可し。一たび爾るの後（二）、子に命じて拜伏せしめ、呼びて丈人と爲し、父友の敬を申《の》べしむ。身づから彼の親に事ふるに、亦た宜しく禮を加ふべし。比《このごろ》 北人（三）を見るに、甚だ此の節を輕んじ、行路に相逢ひて、便ち昆季を定め、年を望み貌を觀、是非を擇ばず。父を結びて兄と爲し、子を託して弟と爲す者有るに至る。

（注）

（一）四海之人皆爲兄弟は、周法高によれば、『論語』顔淵の「四海之內、皆兄弟也」を反対の意に用いたものという。

（二）爾は、如此の意（周法高注）。

（三）南北朝期における北方人の義兄弟結合については、谷川道雄「北朝末～五代の義兄弟結合について」（『東洋史研究』三九—二）を參照。谷川は、「Ⅰ、国家・政治集団の首長レベルにおいて、Ⅱ、政治的社会的支配層の間において、Ⅲ、無名の武人世界において、という風に、六朝末から五代末までの約四百年間には、社会のあらゆる次元で、義兄弟結合が行なわれた」とする。

［現代語訳］

四海の人が、（縁を）結んで兄弟となるのは、また容易なことではあるまい。目的が一致し主義が同じで、終始一貫したものがあれば、そこで初めてこれを話し合うことができる。一度そのようになった後で、子に命じて平伏させ、「丈人」と呼ばせ、父の友人としての敬意を尽くさせるべきである。みずからもまた相手の親に仕える際には、やはり（同様の）禮を尽くすべきである。このごろ北方の人を見ると、たいそうこの節義を軽んじ、道すがらに会って、すぐに兄弟（の序列）を定め、年齢や容貌を見て、（縁組みすることの）是非を選びとろうとしない。父（のような年齢の人）と縁組みして兄とし、子（のような年齢の人）にかこつけて弟とする者がいる始末である。

【原文】

昔者、周公一沐三握髮、一飯三吐餐、以接白屋之士、一日所見者七十餘人。晉文公以沐辭豎頭須、致有圖反之誚。門不停賓、古所貴也。失教之家、閽寺無禮、或以主君寢食嗔怒、拒客未通。江南深以爲恥。黃門侍郎裴之禮、號善爲士大夫、有如此輩、對賓杖之。其門生・僮僕接於他人、折旋俯仰、辭色應對、莫不肅敬、與主無別也。

《訓読》

昔者、周公（一）一たび沐して三たび髮を握り、一たび飯ひて三たび餐を吐き、以て白屋の士に接し、一日に見る所の者は七十餘人。晉の文公（二）沐を以て豎の頭須（三）を辭し、圖反の誚有るを致す。門に賓を停めざるは、古の貴ぶ所なり。教を失ふの家は、閽寺も禮無く、或いは主君の寢食嗔怒を以て、客を拒みて未だ通ぜず。江南は深く以て恥と爲す。黄門侍郎の裴之禮は、善く士大夫を爲す（四）と號し、此の如きの輩有れば、賓に對して之を杖す。其の門生・僮僕の他人に接するに、折旋俯仰、辭色應對、肅敬せざるは莫く、主と別無きなり。

（注）

（一）『史記』巻三十三 魯周公世家の「我文王之子、武王之弟、成王之叔父、我於天下亦不賤矣。然我一沐三捉髮、一飯三吐哺、起以待士、猶恐失天下之賢人。子之魯、愼無以國驕人」を踏まえる。立派な人材を求めるのに熱心なこと。

（二）文公は、春秋時代の晉の君主。名は重耳。獻公の子。驪姫の乱が起こると、讒言をうけて出奔し、十九年もの間、諸国を流浪した。のちに秦の穆公の助力により帰国を果たし、即位するが、このときすでに六十二歳に達していた。齊の桓公について、二人目の覇者となった（『史記』巻三十九 晉世家）。

（三）頭須は、春秋時代の晉の人。里鳧須《りふしゅ》ともいう。文公重耳に仕えた小役人で、蔵の番人を務めた。文公が亡命すると蔵の財貨を盗み取り、それを全部使って文公の帰国運動をした（『春秋左氏傳』僖公 傳二十四年）。本文にある「圖反の誚」とは、沐浴中の文公が頭須の面会を断った際、頭須が文公の下僕に、「沐則心覆、心覆則圖反。宜吾不得見也」（『春秋左氏傳』僖公 傳二十四年）と言ったことに基づく。沐浴中に髪を洗う際に頭を下げることで、心も反対になるという意味である。

（四）爲は、宇野精一は「もてなす」と読み、宇都宮清吉は、「待遇する」と解する。ここは前者に従う。

［現代語訳］

その昔、周公は一度の沐浴中に三度も髪を握って（水をしぼり）、一度の食事中に三度も口の中の食べ物を吐き出してから、在野の士に接し、一日に七十人余りも会った。晉の文公《ぶんこう》は沐浴中に小臣の頭須《とうしゅ》（の来訪）を断り、（頭を下げて洗髪すると心が逆さになり、考えまで普段と逆になるという）図反《とはん》のそしりを招いた。門前に賓客を待たせないのは、昔の人が尊んだことである。教養を失った家では、門番すらも礼をわきまえず、あるいは主君が寝食中であったり怒っていることを理由に、客を拒んで通さないことがある。江南ではこれを深く恥とする。黄門侍郎《こうもんじろう》の裴之禮は、よく士大夫をもてなすと称され、このような（無礼をはたらく）人がいると、賓客を前にして杖で打ちすえる。その門生や召使いが他人に接するときは、立ち居振る舞いや、言葉遣いと顔色と応対について、慎み深くせぬものはなく、主人と（接するときと）違いがなかった。

（高橋康浩・西念咲和希・成田優子）

【原文】

慕賢第七

古人云、千載一聖、猶旦暮也、五百年一賢、猶比髆也。言聖賢之難得、疏闊如此。儻遭不世明達君子、安可不攀附景仰之乎。吾生於亂世、長於戎馬、流離播越、聞見已多。所値名賢、未嘗不心醉魂迷、向慕之也。人在少年、神情未定。所與款狎、熏漬陶染、言笑舉動、無心於學、潜移暗化、自然似之。何況操履藝能、較明易習者也。是以與善人居、如入芝蘭之室、久而自芳也。與惡人居、如入鮑魚之肆、久而自臭也。墨翟悲於染絲、是之謂矣。君子必愼交遊焉。孔子曰、無友不如己者。顏・閔之徒、何可世得。但優於我、便足貴之。

《訓読》

慕賢第七

古人[一]云ふ、「千載に一聖あるも、猶ほ旦暮のごとく、五百年に一賢あるも、猶ほ髆を比《なら》ぶるがごとし[二]」と。聖賢の得難く、疏闊なること此の如きを言ふ。儻《も》し不世明達の君子に遭はば、安《いづく》んぞ之を攀附景仰せざる可けんや。吾 亂世に生まれ、戎馬に長じ、流離播越して、聞見すること已《はなは》だ多し。値《あ》ふ所の名賢、未だ嘗て心醉魂迷し、之を向慕せずんばあらざるなり。人 少年に在りて、神情 未だ定まらず。與に款狎する所は、熏漬陶染[三]して、言笑舉動、學ぶに心無く、潜《ひそ》かに移り暗に化し、自然に之に似る。何ぞ況んや操履藝能の、較明にして習ひ易き者をや。是を以て善人と居れば、芝蘭の室に入り、久しくして自づから芳しきが如きなり。惡人と居れば、鮑魚の肆《みせ》に入り、久しくして自づから臭きが如きなり[四]。墨翟[五]絲を染むるに悲しむとは、是れ之の謂なり。君子は必ず交遊を愼む。孔子[六]曰く、「己に如《し》かざる者を友とすること無かれ」と。顏[七]・閔[八]の徒は、何ぞ世〻に得可けんや。但だ我より優《すぐ》るれば、便ち之を貴ぶに足る。

(注)

(一) 盧文弨は、『孟子外書』性善辨篇に、「千年一聖、猶旦暮也」とあり、および『鬻子』第四に、「聖人在上、賢士百里而有一人、則猶無有也。王道衰微、暴亂在上、賢士千里而有一人、則猶比肩也」とある文などに基づくとするが、正確な出典は不詳。宇都宮清吉は、『孟子外書』は六朝時代には間々引用されたらしいが、疑問の多い書物であると述べている。

(二) 不世は、非常の意。周法高は、『後漢書』列傳六十四下 袁紹傳附袁譚傳より、「損先公不世之業」と引き、その李賢注より、「不世、猶言非常也」と引く。

(三) それぞれ熏炙、漸漬、陶冶、濡染の意（王利器注）。

(四) 趙曦明は、『孔子家語』六本第十五に基づくとし、周法高も同篇より、「與善人居、如入芝蘭之室、久而不聞其香、卽與之化矣。與不善人居、如入鮑魚之肆、久而不聞其臭、亦與之化矣」と引く。一方、王利器は、『說苑』雜言篇（『孔子家語』とほぼ同文）を引用した上で、「僞家語本此」と指摘する。

(五) 墨翟は、墨子。墨家の祖。『史記』卷七十四 孟子荀卿列傳は、宋の大夫であるとし、また孔子の時の人とも、その後の人ともするが、實在は不詳。その思想は『墨子』に集約されている。なお、「染絲」の逸話は、『墨子』所染に、「子墨子言見染絲者而

歎曰、染於蒼則蒼、染於黃則黃。所入者變、其色亦變。五入必而已、則爲五色矣。故染不可不愼也」とある。
(六)『論語』學而に、「無友不如己者」とあるのに基づく。
(七)顔は、顔回、春秋時代の魯國の人。字を子淵。孔子の弟子。いわゆる四科十哲の一人で、徳行に秀でた。孔子の弟子中最も優れ、その後継者と目されていたが、師に先立って早卒した(『史記』巻六十七 仲尼弟子列傳)。
(八)閔は、閔損。字は子騫。孔子の十五歳年下の弟子。孝行で知られ、『論語』先進には、「孝哉、閔子騫」との孔子の言葉が伝わる。また四科十哲の一人として、顔回とともに徳行を称された(『史記』巻六十七 仲尼弟子列傳)。

[現代語訳]

慕賢第七

昔の人は、「千年に一人聖人が現れても、一日の朝夕のようであり、五百年に一人賢者が現れても、肩を並べて出てくるようだ」と言った。聖人や賢者は得がたく、かくも非常に稀であることをいう。もし非常に明達な君子に遭遇したら、どうして(その人に)すがり慕い仰がずにいられようか。わたしは乱世に生まれ、戦争の中で成長し、流浪して故郷を離れさまよったことで、とても多くのものを見聞した。出会った立派な賢人に対しては、いつも心酔して魂が迷い、その人を敬慕せぬことはなかった。人は年少の頃には、精神と感情がまだ確立していない。狎れ親しんだ人には、染みこむように感化され、言葉使いや動作は、無意識に学び取り、人知れず移り気付かぬうちに近づき、自然とその人に似る。ましてや品行や学問技能など、明白で習いやすいものはなおさらである。このため善人と一緒にいるのは、(香り高い)霊芝と蘭の置かれた室内に入るようなものであり、しばらくすると自然に芳しくなる(ように善人と同化する)。悪人と一緒にいるのは、干物の店に入るようなものであり、しばらくすると自然に臭くなる(ように悪人と同化する)。墨翟《ぼくてき》が糸を染めているのを見て悲しんだのは、このような理由である。君子は必ず交友を大事にする。孔子《こうし》は、「自分に及ばない者を友人にしてはいけない」と言った。顔回《がんかい》・閔損《びんそん》といった(賢)人たちは、どうしていつの時代にも得られようか。ただ自分よりも優れていれば、その人を尊重するに足る。

【原文】

世人多蔽、貴耳賤目、重遙輕近。少長周旋、如有賢哲、毎相狎侮、不加禮敬。他郷異縣、微藉風聲、延頸企踵、甚於飢渴。校其長短、覈其精麤、或彼不能如此矣。所以魯人謂孔子爲東家丘。昔虞國宮之奇、少長於君、君狎之、不納其諫、以至亡國。不可不留心也。

《訓読》

世人 蔽多く、耳を貴び目を賤しみ、(一) 遙かなるを重んじ近きを輕んず。少長 周旋するに、如し賢哲有れども、毎に相 狎侮《かぶ》して、禮敬を加へず。(二) 他郷異縣に、(三) 微《かす》かに風聲を藉《か》れば、頸《くび》を延ばし踵《きびす》を企《つまだ》て、(四) 飢渴よりも甚だし。其の長短を校《くら》べ、其の精麤を覈《くら》ぶれば、或いは彼 此の如きこと能はず。魯人 孔子を謂ひて東家の丘と爲す所以なり。(五) 昔 虞國の宮之奇(六)は、少くして君に長じたれば、君 之に狎れ、その諫めを納れず、以て國を亡ぼすに至る。心を留めざる可からず。

（注）

（一）貴耳賤目は、耳学問を重視して自分の目で見ることをおろそかにすること。『文選』巻三 張平子「東京賦」に、「若客所謂、末學膚受、貴耳而賤目者也」とあることに基づく。また王利器は、『抱朴子』外篇巻三十九 廣譬篇より、「貴遠而賤近者、常人之用情也。信耳而遺目者、古今之所患也」と引く。顔之推は、当時の耳学問を重視する風潮を厳しく批判する。顔之推の学問観については、吉川忠夫「顔之推論」（『六朝精神史研究』同朋舎、一九八四年に所収）、池田恭哉「顔之推における家と国家―学問を媒介として」（『南北朝時代の士大夫と社会』研文出版、二〇一八年に所収）を参照。

（二）盧文弨は、「禮記曲禮上、賢者狎而敬之。又曰、禮不踰節、不輕侮、不好狎。鄭注、爲傷敬也」と述べる。賢者は親しくなっても敬意を失わないものであり、また節度を踏み外さず、他人を侮らず、なれなれしくしないことを礼とする。本文はこの曲禮上篇を踏まえたものであろう。

（三）他郷異縣は、盧文弨によれば、蔡邕の詩に見えるという。王利器は、盧説を踏まえた上で、『文選』巻二十七「飲馬長城窟行」より、「他郷各異縣、輾轉不可見」と引く。

（四）延頸企踵は、首を伸ばし爪立って遠くを見ること。転じて、切望するの意。『漢書』巻七十八 蕭望之傳に、「天下之士、延頸企踵」とあるのに基づく。

（五）東家丘は、孔子を軽んじた表現。劉盼遂は、『文選』巻四十一上 陳孔璋「爲曹洪與魏文帝書」の張銑注より、「魯人不識孔子聖人、乃云、我東家丘者、吾知之矣」と引いた上で、「所據較詳」と述べる。

（六）宮之奇は、春秋時代の虞の大夫。晉が虢を伐つ際、虞の領内通過を求めてきたので、「脣亡びて歯寒し」という諺を出して拒否するよう虞公を諫めた。しかし聞き入れられず、虞の滅亡を察して出奔した（『春秋左氏傳』僖公 傳五年）。なお、宮之奇の人となりについては、『春秋左氏傳』僖公 傳二年に、「宮之奇之爲人也、懦而不能強諫。且少長於君、君暱之、雖諫、將不聽」とある。また、虞が滅びる話は、『春秋左氏傳』僖公 傳五年に、「晉侯復假道於虞以伐虢。宮之奇諫曰、虢、虞之表也。虢亡、虞必從之。晉不可啓。寇不可翫。一之謂甚。其可再乎。諺所謂、輔車相依、脣亡齒寒者、其虞虢之謂也。公曰、晉、吾宗也。豈害我哉。……弗聽。許晉使。宮之奇以其族行。曰、虞不臘矣。在此行也。晉不更擧矣。……冬十二月丙子朔、晉滅虢。虢公醜奔京師。師還、館于虞、遂襲虞滅之。……」とある。

［現代語訳］

世間の人の多くは道理に暗く、耳（で聞くもの）を重視して目（で見ること）を賤しみ、遥か遠くのものを重んじて近くのものを軽視している。年少者と年長者が交友するに、もし賢人がいても、なれなれしくして侮り、禮節や敬意を尽くそうとしない。（ところが自分のいる場所と違う）他の郷里や縣に、わずかでも高い評判を聞けば、首を伸ばし踵をあげて爪先立ちになり、飢え渇いた人よりも甚だしい（ほどにその賢人を切望する）。（賢人たちの）長短や精粗を比較してみると、向こうの人はこちらに及ばないということもある。（これは）魯の人が孔子のことを「東隣りの家の丘《きゅう》」といった理由である。むかし虞國の宮之奇《きゅうしき》は、幼いころから君主のそばで育ったので、君主はかれに狎れ親しみ、その諫言を納れず、そのため虞國の滅亡を招いた。（このことは）必ず留意せねばならない。

【原文】

用其言、棄其身、古人所恥。凡有一言一行、取於人者、皆顯稱之、不可竊人之美、以爲己力。雖輕雖賤者、必歸功焉。竊人之財、刑辟之所處。竊人之美、鬼神之所責。

《訓読》

其の言を用ひ、其の身を棄つる（一）は、古人の恥づる所なり。凡そ一言一行も、人に取る者有れば、皆之を顯稱し、人の美を竊みて、以て己の力と爲す（二）可からず。輕なりと雖も賤者なりと雖も、必ず功を歸す。人の財を竊むは、刑辟の處する所なり。人の美を竊むは、鬼神の責むる所なり。

（注）

（一）趙曦明は、『春秋左氏傳』定公 傳九年に、「鄭駟歂殺鄧析、而用其竹刑。君子謂子然於是不忠。……故用其道不棄其人。詩云、蔽芾甘棠、勿翦勿伐、召伯所茇。思其人猶愛其樹、況用其道而不恤其人乎」とある文章が典拠であるとする。鄭の駟歂《しせん》が鄧析を殺しておきながら、鄧析が竹簡に記しておいた刑法を採用したため、それを君子に批判された話である。

（二）以爲己力は、『春秋左氏傳』僖公 傳二十四年に、「竊人之財、猶謂之盜。況貪天之功、以爲己力乎」とあることに基づく。

［現代語訳］

その（人の）言葉を採用しておきながら、当人を斥けるのは、昔の人が恥じたことである。およそわずかな言葉や行いであっても、人から取るものがあれば、みなこれを明らかにして称揚し、人の良いところを盗んでおきながら（それを）自分の力としてはならない。身分が低くとも卑賤な者であろうとも、必ず功績を（その人に）帰するものである。人の財物を盗めば、刑罰に処される。人の良いところを盗めば、鬼神の咎めを受ける。

【原文】

梁孝元前在荊州、有丁覘者。洪亭民耳、頗善屬文、殊工草隷。孝元書記、一皆使之、軍府輕賤、多未之重、恥令子弟以爲楷法。時云、丁君十紙、不敵王褒數字。吾雅愛其手迹、常所寶持。孝元嘗遣典籤惠編送文、章示蕭祭酒。祭酒問云、君王比賜書翰。及寫詩筆、殊爲佳手。姓名爲誰。那得都無聲問。編以實答。子雲歎曰、此人後生無比、遂不爲世所称、亦是奇事。於是聞者少復刮目。稍仕至尚書儀曹郎、末爲晉安王侍讀。隨王東下、及西臺陷歿、簡牘湮散、丁亦尋卒於揚州。前所輕者、後思一紙、不可得矣。

《訓読》

梁の孝元 前に荊州に在りしとき（一）、丁覘なる（二）者有り。洪亭の民のみなるも、頗る能く文を屬《つづ》り、殊に草隷に工《たくみ》なり。孝元の書記（三）、一に

皆 之を使ふも、軍府(四)の輕賤にして、多く未だ之をば重んぜず、子弟をして以て楷法(五)と爲さしむるを恥づ。時に云ふ、「丁君の十紙は、王褒(六)の數字に敵せず」と。吾 雅《もと》より其の手迹を愛し、常に寶持する所なり。孝元 嘗て典籤(七)の惠編(八)を遣はして文章を送り、蕭祭酒(九)に示さしむ。祭酒 問ひて云ふ、「君王 比《このごろ》 書翰を賜はる。詩を寫すの筆に及びては、殊に佳手爲り。姓名 誰と爲す。那《なん》ぞ都《すべ》て聲問無きを得るや」と。編 實を以て答ふ。子雲 歎じて曰く、「此の人 後生に比無く、遂に世の稱する所と爲らざるは、亦た是れ奇事なり」と。是に於て聞く者少しく復た刮目す。稍く仕へて尚書儀曹郎(一〇)に至り、末に晉安王(一一)の侍讀(一二)と爲る。王に隨ひて東下するも、西臺(一三)の陷沒するに及びて、簡牘湮散し、丁も亦た尋いで揚州に卒す。前に輕んぜし所の者、後に一紙を思ふも、得可からず。

(注)

(一)『梁書』卷五 元帝紀に、「普通七年、出爲使持節都督荊・湘・郢・益・寧・南・梁六州諸軍事、西中郎將、荊州刺史」とあることから、元帝が荊州にいた時期は、五二六年以降と見られる。

(二) 丁覘は、洪亭の人。正史に記録が見えない。李詳は唐の張彥遠『法書要錄』を引き、丁覘は智永と同時代の人で、隸書に巧みであり、世間では「丁眞永草」と称されたという。

(三) 書記について、盧文弨は、『後漢書』志二十四 百官一に、「記室令史、主上章・表報・書記」とあることを引く。これによれば後漢の記室令史に相当し、様々な文書を担当するものをいう。

(四) 軍府は、元帝が当時、都督六州諸軍事であったことからこのようにいう(王利器注)。

(五) 楷法は、字を習う者がお手本とするもの(王利器注)。

(六) 王褒は、字を子淵。琅邪臨沂の人。史伝を博覧し、よく文を綴り、草書と隸書に巧みであった。初め梁に仕えて吏部尙書・左僕射に至った。江陵が陷落すると、長安に連行され、その後は北朝に仕えた。文学にも秀で、北周では庾信と並んで才名が最も高かった(『梁書』卷四十一 王規傳附王褒傳、『周書』卷四十一 王褒傳)。

(七) 典籤は、官名。州鎭長官及び長史以下の州鎭官僚の行動の監察(報告)と監督を職掌とする。越智重明「典籤考」(『東洋史研究』一三―六、一九五五年)を参照。

(八) 惠編は、人名。正史に記録が見えず、詳細は不明。

(九) 蕭祭酒は、蕭子雲。字は景喬、蘭陵の人。妻は王褒のおば。祭酒は國子祭酒のことで、国立大学の総長に相当する。書に通じ、鍾繇・王羲之の書体を学んで、草書・隸書および飛白体に巧みであった。三十歳で起家して祕書郎となり、累遷して、大同二(五三六)年に員外散騎常侍・國子祭酒・領南徐州大中正となった。その後、仁威將軍、東陽太守、宗正卿などを経て、太清元(五四七)年に再び國子祭酒・領南徐州大中正となる。侯景の乱が起こると晉陵に逃がれたが、太清三(五四九)年、顯雲寺で餓死した。享年六十三。著書に『晉書』一百一十卷、『東宮新記』二十卷がある(『梁書』卷三十五 蕭子恪傳附蕭子雲傳、『南史』卷四十二 齊高帝諸子上 蕭子雲傳)。

(一〇) 尙書儀曹郎は、官名。尙書省の属官(『隋書』卷二十六 百官上 梁)。

(一一) 晉安王は、蕭綱、字は世纘。のちの簡文帝。天監五(五〇六)年、晉安王に封ぜられた。中大通三(五三一)年に兄の昭明太子が没したことで、皇太子となる。のちに侯景の乱で武帝が餓死すると、太清三（五四九）年、侯景に擁立されて即位したが、やがて侯景に殺された。艶麗な詩風を好み、宮體詩と呼ばれる詩体をなしたことで知られる（『梁書』巻四 簡文帝紀）。

（二）侍讀は、官名。常員はなく、太子や諸王に經學を講導することを職掌とした（『新唐書』巻四十九上 百官四上 東宮官、巻四十九下 百官四下 王府官）。

（三）西臺は、梁の元帝による江陵政権のこと。天正元（五五二）年に侯景を倒した元帝は、建康に入らぬまま江陵で即位した。しかし、西魏によって承聖三（五五四）年に滅ぼされた。この間を西臺という。

［現代語訳］

梁《りょう》の元帝《げんてい》がかつて荊州に駐在していたとき、丁覘《ていてん》なる者がいた。洪亭《こうてい》の一庶民にすぎなかったが、たいそうよく文をつづり、とくに草書と隷書に巧みであった。元帝は書記として、もっぱらこの人を用いたが、役所内では身分が低くて、多くの者はかれを重んずることなく、子弟たちには（丁覘の字を）習字の手本とさせることを恥とした。当時（の人々は）、「丁君の十枚の書は、王褒《おうほう》の数文字にも及ばない」と言った。（しかし）わたしはもともとかれの筆跡を好み、いつも大事に持っていた。元帝はかつて典籤《てんせん》の恵編《けいへん》を派遣して文章を送り、蕭祭酒《しょうさいしゅ》（蕭子雲《しょうしうん》）に見せたことがある。祭酒は、「殿下はこのごろわたしに書簡を賜わった。詩を書き写しておられる筆跡については、とりわけ見事である。何という姓名の人が書いているのか。どうして（これほどの人物の）名声がまったく知られていないのであろうか」と尋ねた。恵編は実情を答えた。蕭子雲は歎息して、「この人物は後世に比べるものがなく、ついに世間から称賛されないとは、これもおかしなことだ」と言った。かくて（この話を）聞いた者は多少なりとも（丁覘を）見直すようになった。次第に昇進して尚書儀曹郎《しょうしょぎそうろう》となり、末年には晉安王《しんあんおう》（蕭綱《しょうこう》）の侍讀《じとく》となった。王に随って東に去ったが、江陵政権が陥落すると、その書簡や文書は失われてしまい、丁君もまたやがて揚州にて卒した。以前かれを軽視していた者たちは、後に一枚の紙でもと思っ（て探し求め）たが、入手することはできなかった。

【原文】

侯景初入建業、臺門雖閉、公私草擾、各不自全。太子左衞率羊侃、坐東掖門、部分經略、一宿皆辦、遂得百餘日、抗拒兇逆。於時、城內四萬許人、王公・朝士不下一百、便是恃侃一人安之。其相去如此。古人云、巢父・許由、讓於天下。市道小人、爭一錢之利。亦已懸矣。

《訓読》

侯景（一） 初めて建業に入るや、臺門は閉づと雖も、公私 草擾し、各〻自ら全くせず。太子左衞率の羊侃（二）、東掖門（三）に坐し、部ごとに分ちて經略し、一宿にして皆 辦ず。遂に百餘日、兇逆に抗拒するを得たり。時に於て、城內に四萬許《ばか》りの人あり、王公・朝士は一百を下らざるも、便ち是れ侃一人を恃みて之に安んず。其の相 去ること此の如し。古人云ふ、「巢父（四）・許由（五）は、天下を讓る。市道の小人は、一錢の利を爭ふ」と。亦た已《はなは》だ懸《へだ》たれり。

（注）

（一）侯景は、字を萬景、朔方あるいは雁門の人。膂力があり騎射に巧みで、当初は北魏に仕えて北鎮の守備兵をしていた。六鎮の乱の際、爾朱榮に仕えて台頭し、北魏の分裂後は東魏の高歡に仕えた。高歡の死後に叛くも敗れ、梁の武帝に帰順する。東魏と梁の和議が成立しかけると、今度は梁に叛旗を翻し、建康を陥落させて武帝を幽閉、餓死させた。傀儡として簡文帝を擁立するも、のちに弑殺。さらに擁立した予章王から禪讓を承けて帝位に即き、国号を漢とした。しかし、太始二（五五二）年、梁の元帝が派遣した陳覇先と王僧弁に敗れて建康を追われ、その逃亡中に殺された。しかし侯景によって梁は壊滅的な打撃を受け、わずか五年後に滅亡を迎える（『梁書』巻五十六 侯景傳）。竹田龍兒「侯景の亂についての一考察」（『史学』二九―三、一九五六年）、吉川忠夫『侯景の乱始末記―南朝貴族社会の命運』（中公新書、一九七四年）も参照。

（二）太子左衞率は、官名。東宮の武官長に相当する。太子衞率は左右に各一人おり、左衞率は果毅・統遠・立忠・建寧・陵鋒・夷寇・祚德の七營を領す。二率はそれぞれ殿中將軍十人、員外將軍十人、正員司馬四人を置き、また員外司馬督官がいる（『隋書』巻二十六 百官上 梁）。

（三）東掖門は、宮城の正面の脇にある小門。王利器は、『資治通鑑』巻一百六十六 梁紀二十二の胡三省注より、「臺城正南端門、其左・右二門曰東・西掖門」と引く。

（四）巣父は、堯の時代の隠者。木の上に住んでいたため、巣父という。許由が耳を洗った川を汚れたとして渡らなかったという（『高士傳』巻上）。

（五）許由は、堯の時代の隠者。堯から天下を譲られようとした際、その話だけでも耳が汚れたとして、潁川で耳を洗って拒否したという（『史記』巻六十一 伯夷叔斉列傳）。

［現代語訳］

侯景《こうけい》が以前に建業《けんぎょう》に攻め入ったとき、宮城の門は閉じられていたが、天子・民草ともに混乱し、各々自らの安全を保てなかった。太子《たいし》左衞率《さえいそつ》の羊侃《ようがん》は、（宮城の南面の東端にある）東掖門《とうえきもん》に居座り、部隊を分けて治め、一夜にしてみな処理した。かくて百余日にわたって、反乱軍に抵抗し防ぐことができた。この時、城内には四万人ほどおり、王公や朝臣は百人を下らなかったが、羊侃ただ一人を恃んで安逸を保った。（羊侃と王公朝臣たちの器量は）これほどまでにかけ離れていた。昔の人は、「巣父《そうほ》・許由《きょゆう》は、天下を辞讓した。市場にいる小人は、（わずか）一銭の利益を争っている」と言った。これもまた（器量が）非常にかけ離れている。

【原文】

齊文宣帝、卽位數年、便沈湎縱恣、略無綱紀。尙能委政尙書令楊遵彥、內外淸謐、朝野晏如、各得其所、物無異議、終天保之朝。遵彥後爲孝昭所戮、刑政於是衰矣。斛律明月、齊朝折衝之臣、無罪被誅、將士解體、周人始有吞齊之志。關中至今譽之。此人用兵、豈止萬夫之望而已哉。國之存亡、係其生死。

《訓読》

齊の文宣帝(一)は、即位すること數年にして、便ち沈湎縱恣し、略《ほ》ぼ綱紀無し。尚ほ能く政を尚書令(二)の楊遵彦(三)に委ね、内外 清謐にして、朝野 晏如たりて、各〻其の所を得、物に異議無く、天保(四)の朝を終ふ。遵彦 後に孝昭(五)の戮する所と爲り、刑政 是に於て衰へり。斛律明月(六)は、齊朝の折衝の臣なるも、罪無くして誅せられ、將士解體し、周人始めて齊を吞むの志有り。關中は今に至るまで之を譽む。此の人の用兵は、豈に止《た》だ萬夫の望のみならんや。國の存亡は、其の生死に係はる。

(注)

(一) 文宣帝は、高洋、字は子進。高歡の次男。東魏の齊王となって実権を握ると、天保元(五五〇)年、孝靜帝から帝位を禪讓されて北齊を建国し、初代皇帝(在位、五五〇~五五九年)となった。即位当初は政術に留意し、柔然・突厥・契丹を伐つなどすぐれた手腕を発揮した。しかし、在位六、七年で、酒色に耽り、暴虐な振る舞いが増え、多くの臣下を殺害した。天保十(五五九)年、三十一歳で崩御(『北齊書』巻四 文宣帝紀)。

(二) 尚書令は、官名。尚書省の長官。南北朝期の尚書省は、政務実行機関であり、長官の尚書令は事実上の宰相であった。

(三) 楊遵彦は、楊愔。弘農華陰の人。六歳で史書を学び、十一歳で詩・易を受け、左氏春秋を好んだ。当初は北魏に仕えたものの、官を辞して隠棲し、のち高歡に帰順して東魏・北齊に仕えた。天保九(五五八)年に尚書令となり、文宣帝の臨終の際に太子高殷を託されたが、帝位を狙う常山王高演によって殺害された(『北齊書』巻三十四 楊愔傳、『北史』巻四十一 楊播傳附楊愔傳)。

(四) 天保は、文宣帝期の元号。五五〇年から五五九年までの十年を指す。

(五) 孝昭は、北齊の孝昭帝(在位、五六〇~五六一年)。高歡の第六子の高演。字は延安。文宣帝の同母弟。乾明元(五六〇)年、楊愔・燕子獻らを殺害し、高殷を廢して帝位に即くと、文宣帝期までの方針を改め、勳貴に配慮した政治を行った。翌年、高殷を殺害するが、自らも落馬事故の傷により二十七歳で崩じた(『北齊書』巻六 孝昭帝紀)。

(六) 斛律明月は、斛律光、明月は字。朔州勅勒部の人。斛律金の子。若いころより騎射に巧みで、武藝により名を知られた。東魏・北齊に仕え、巧みな用兵で北周軍をたびたび破るなど、勳貴層の重鎮として活躍した。一方で、漢人貴族の祖珽と折り合いが悪く、武平三(五七二)年、祖珽に陥れられて殺害された。建徳六(五七七)年に北周が北齊を併吞すると、上柱國・崇國公を追贈された(『北齊書』巻四十二 斛律金傳附斛律光傳、『北史』巻五十四 斛律金傳附斛律光傳)。

[現代語訳]

北齊の文宣帝《ぶんせんてい》は、即位して数年経ったころ、酒色におぼれて好き勝手に振る舞い、ほぼ規律がなかった。それでもなお尚書令《しょうしょれい》の楊遵彦《ようじゅんげん》に政治を委ねたので、中央と地方は清潔平静、朝廷と民間は安穏であり、それぞれがふさわしい境遇を得て、世事に異議もなく、天保《てんぽう》の御代は(大過なく)終わった。楊遵彦がのちに孝昭帝《こうしょうてい》に殺害されると、刑罰や政治(の秩序)はかくて衰退していった。斛律明月《こくりつめいげつ》は、北齊における(敵の矛先をくじくような)折衝の臣下であったが、無実の罪で誅殺され、その統率していた軍は離反した。北周の人はそこでようやく北齊を併吞する志を抱いた。關中では今に至るまで斛律明月のことを褒めたたえている。この人の用兵は、単に（指揮下にいた）多くの兵士たちにとっての希望というだけではなかった。（北齊という）国家の存亡が、かれの生死にかかわっていたのである。

【原文】

張延雋之爲晉州行臺左丞、匡維主將、鎭撫疆埸、儲積器用、愛活黎民、隱若敵國矣。群小不得行志、同力遷之。既代之後、公私擾亂。周師一舉、此鎭先平。齊亡之迹、啓於是矣。

《訓読》

張延雋（一）の晉州行臺左丞（二）と爲るや、主將を匡維し、疆埸《きやうえき》を鎭撫し、器用を儲積し、黎民を愛活し、隱として敵國の若し（三）。群小 志を行ふを得ず、力を同《とも》にして之を遷す。既に代はるの後、公私 擾亂す。周師 一たび擧ぐるや、此の鎭 先《ま》づ平らぐ。齊 亡ぶるの迹、是に啓《ひら》けり。

（注）

（一）張延雋は、不詳。宇野精一は、『北周書』孝義傳に張元の父としてみえる同名の人は別人であろうと指摘する。なお、孝義傳には「延儁」とある。一方、『資治通鑑』巻一百七十二 陳紀六に、「先是、晉州行臺左丞張延雋、公直勤敏、儲偫有備、百姓安業、疆埸無虞。諸嬖倖惡而代之、由是公私煩擾」とあるが、嚴式誨は、これを『顏氏家訓』に基づいていると指摘する。

（二）晉州行臺左丞は、官名。晉州の副知事。晉州は山西省。行臺は元来、政府の臨時出張機関であるが、この時代は違った機能をもつという（宇野注）。

（三）隱如敵國について、趙曦明は、『後漢書』列傳八 吳漢傳より、「吳公差彊人意、隱若一敵國矣」と引き、王利器は、その李賢注より、「隱、威重之貌。言其威重若敵國」と引く。一方、宇野精一は、あたかも独立国のような勢力があったと解し、宇都宮清吉は、正に堂々たる一国家の実力に価いする程強力なものであったと解する。ここは王利器が引く李賢注の解釈に従う。

［現代語訳］

張延雋《ちょうえんしゅん》は北齊の晉州《しんしゅう》行臺《こうだい》左丞《さじょう》となったところ、よく州の主将を輔佐し、国境を鎮撫し、日用器具を備蓄し、民草を愛護したことで、（晉州は）威厳があってまるで一敵国のようであった。（しかし、）小人どもはみずからの思うところを実行できないので、協力して張延雋を追いやってしまった。（左丞が）交代されてのち、公私ともに混乱に陥った。北周軍がいったん兵を起こすと、この晉州は真っ先に平定された。北齊滅亡の道は、ここから始まったのである。

（高橋康浩・西念咲和希・成田優子）

【原文】

巻第三　勉學

勉學第八

自古明王・聖帝猶須勤學、況凡庶乎。此事遍於經史、吾亦不能鄭重、聊舉近世切要、以啟寤汝耳。士大夫子弟、數歳已上、莫不被教、多者或至禮・傳、少者不失詩・論。及至冠婚、體性稍定、因此天機、倍須訓誘。有志尚者、遂能磨礪、以就素業、無履立者、自茲墮慢、便爲凡人。人生在世、會當有業。農民則計量耕稼、商賈則討論貨賄、工巧則致精器用、伎藝則沈思法術、武夫則慣習弓馬、文士則講議經書。多見士大夫、恥涉農商、羞務工伎、射則不能穿札、筆則纔記姓名、飽食醉酒、忽忽無事、以此銷日、以此終年。或因家世餘緒、得一階半級、便自爲足、全忘修學。及有吉凶大事、議論得失、蒙然張口、如坐雲霧、公私宴集、談古賦詩、塞默低頭、欠伸而已。有識旁觀、代其入地、何惜數年勤學、長受一生愧辱哉。

《訓読》

勉學第八

古より明王・聖帝だに猶ほ須く學に勤むべし、況んや凡庶をや。此の事 經史に遍く、吾も亦た鄭重にする能はず、聊か近世の切要を擧げて、以て汝を啟寤するのみ。士大夫の子弟、數歳より已上は、教へられざるは莫く、多き者は或いは禮・傳に至り、少き者も詩・論を失はず。冠婚に至るに及ぶや、體性 稍〻定まれば、此の天機に因りて、倍〻須く訓誘すべし。志尚有る者は、遂に能く磨礪して、以て素業に就き、履立無き者は、茲より墮慢して、便ち凡人と爲る。人生 世に在りては、會《かなら》ず當に業有るべし。農民は則ち耕稼を計量し、商賈は則ち貨賄(一)を討論し、工巧は則ち器用を致精にし、伎藝は則ち法術を沈思し、武夫は則ち弓馬に慣習し、文士は則ち經書を講議す。多く士大夫を見るに、農商に渉るを恥ぢ、工伎に務むるを羞ぢ、射は則ち札《さね》を穿つ能はず(二)、筆は則ち纔かに姓名を記すのみ(三)、飽食醉酒して、忽忽として事無く、此を以て日を銷《け》し、此を以て年を終ふ。或いは家世の餘緒に因り、一階半級を得れば、便ち自ら足れりと爲し、全く修學を忘る。吉凶の大事有りて、得失を議論するに及びては、蒙然として口を張り、雲霧に坐するが如く(四)、公私の宴集に、古を談じ詩を賦すれば、塞默低頭して、欠伸(五)するのみ。有識 旁觀すれば、其れに代はりて地に入らんとす(六)。何ぞ數年の勤學を惜しみ、長らく一生の愧辱を受けんや。

(注)

(一)『周禮』天官冢宰 大宰に、「以九職任萬民……六曰商賈、阜通貨賄」とある記述を踏まえる。

(二)『春秋左氏傳』成公 傳十六年の「潘尫之黨與養由基蹲甲而射之、徹七札焉」を踏まえた表現である。

(三)『史記』巻七 項羽本紀の「書足以記姓名而已」を踏まえた表現である。

(四)『世說新語』賞譽篇の「王仲祖・劉眞長造殷中軍談。談竟、倶載去。劉謂王曰、淵源眞可。王曰、卿故墮其雲霧中」を踏まえた表現である。

(五)『儀禮』士相見禮に、「凡侍坐於君子、君子欠伸、問日之早

晏、以食具告、改居、則請退可也」とあり、その注に「志倦則欠、體倦則伸」とある。

（六）盧文弨は、『孔子家語』を踏まえた表現とする。また王利器は『北齊書』許惇傳より、当該人物を許惇と推定する。

［現代語訳］

勉學第八

古《いにしえ》より明王や聖帝ですらなお学問に励むもの、まして凡人ならばなおさらである。このようなことは經書にも史書にも遍く見えるのだから、わたしもまた繰り返し言うことはせず、いささか最近の実例を挙げて、お前たちを啓発するばかりである。士大夫の子弟なら、数歳を越えれば、教育を受けない者はなく、よく教わる者は禮經《れいけい》や春秋《しゅんじゅう》三傳《さんでん》の学習まで進み、しないものでも『詩經《しきょう》』や『論語《ろんご》』を学ばぬことはない。成人し婚礼を結ぶ年ともなれば、身体も精神もほぼ安定するから、天与の機を活かし、ますますよく教え導いていかねばならない。志の高い者は、こうしてよく磨きあげて、為すべきことの素地を作りあげるのだが、志のない者は、これより堕落して、凡人となる。人は生きて世に在るからには、必ず為さねばならないことがある。農民ならば収穫の時期や量を目算できなければならず、商人ならば商品を値踏みできなければならず、職人ならば道具をより巧みに使いこなさねばならず、技術者ならば工法についてよく考えねばならず、武人ならば弓馬に親しみ、文人ならば經書を講義しなければならない。しかしわたしがさんざん見てきた士大夫たちは、農事や商業に関わることを恥とし、技術を磨くことを嫌がり、弓をとってはこざね一つ射ち抜けず、筆を取っても姓名を記すのみで、食に飽いて酒に酔い、ぼんやりと為すこともなく、日々を無為に過ごし、年を終えるものもある。あるいは先祖代々の威光によって、そこそこの官位にありつければ、もはや十分だとして、まるで学問に務めることを忘れてしまう。（その結果）吉凶定かならぬ大事に当たり、利害を決さねばならぬという時に、ぼんやりと口を開け、雲霧の裏《うち》にあるかのようになり、公私の宴席で、歴史を談ずるにも詩作に興じるにも、黙り込んで頭を垂れ、あくびをしたり伸びをしたりするだけである。識者であれば端から見ていて、代わりに穴に入りたくなる。どうして数年の学問を惜しんで、一生ものの恥辱を受けるようなことがあってよいものだろうか。

【原文】

梁朝全盛之時、貴遊子弟、多無學術。至於諺云上車不落則著作、體中何如則祕書。無不熏衣剃面、傅粉施朱、駕長簷車、跟高齒屐、坐棊子方褥、憑斑絲隱囊、列器玩於左右、從容出入、望若神仙。明經求第、則顧人答策。三九公讌、則假手賦詩。當爾之時、亦快士也。及離亂之後、朝市遷革、銓衡・選擧、非復曩者之親。當路秉權、不見昔時之黨。求諸身而無所得、施之世而無所用。被褐而喪珠、失皮而露質、兀若枯木、泊若窮流、鹿獨戎馬之間、轉死溝壑之際。當爾之時、誠駑材也。有學藝者、觸地而安。自荒亂已來、諸見俘虜、雖百世小人、知學論語・孝經者、尚爲人師。雖千載冠冕、不曉書記者、莫不耕田養馬。以此觀之、安可不自勉耶。若能常保數百卷書、千載終不爲小人也。

《訓讀》

梁朝全盛の時、貴遊の子弟、多く學術無し(一)。諺に「車に上り落ちざれば則ち著作(二)、體中何如といへば則ち祕書(三)」と云ふに至る。衣に熏し面を剃り、粉を傅《つ》け朱を施し、長簷車に駕し、高齒屐を跟《は》き、棊子方褥に坐し、斑絲隱囊に憑《よ》り、器玩を左右に列ねざるは無く、從容として出入し、望めば神仙の若し(四)。明經(五)の求第も、則ち人を顧《やと》ひて策に答へ、三九(六)の公讌も、則ち手を假りて詩を賦す。爾《そ》の時に當りては、亦た快士なり。離亂の後、朝市も遷革するに及び、銓衡・選擧は、復た曩者の親に非ず。當路の權を秉るは、昔時の黨を見ず。諸を身に求むれども得る所無く、之を世に施さんとすれども用ふる所無し。褐を被れども珠を喪ひ(七)、皮を失ひて質を露にし(八)、兀として枯木の若く、泊として窮流の若く、戎馬の間に鹿獨し(九)、溝壑の際に轉死す(一〇)。爾の時に當りては、誠に駑材なり。學藝有る者は、地に觸れるとも安し。荒亂より已來、諸〻の俘虜せらるるもの、百世の小人と雖も、論語・孝經を知學する者は、尙ばれて人の師と爲り、千載の冠冕と雖も、書記を曉《し》らざる者は、田を耕し馬を養はざるは莫し。此を以て之を觀れば、安んぞ自ら勉めざる可けんや。若し能く常に數百卷の書を保たば、千載も終に小人と爲らざるなり。

（注）

（一）『周禮』地官司徒下 師氏に、「掌國中失之事、以教國子弟。凡國之貴遊子弟學焉」とあり、その鄭注に「子弟、王公之子弟。遊、無官司者」とある記述を踏まえる。

（二）著作は、著作左郎。著作郎の補佐として、國史の編纂や起居注の作成を職掌とする。なお著作郎とする說もあるが、梁の起家官は著作佐郎である（『隋書』卷二十八 百官志下、『通典』卷二十六 職官八）。

（三）祕書は、祕書郎中。宮中の圖書の管理を職掌とする。祕書郎とする說もあるが、起家官の著作佐郎と同品となるのは祕書郎中である（『隋書』卷二十七 百官志中、『通典』卷二十六 職官八）。

（四）『後漢書』列傳五十八 郭太傳に、「郭太……乃游於洛陽。……後歸鄉里、衣冠諸儒送至河上、車數千兩。林宗唯與李膺同舟而濟、衆賓望之、以爲神仙焉」とある記述を踏まえる。

（五）明經は、鄉擧里選における科のうちの一つ。郡國より經書に通じた者を察挙する。前漢武帝に始まり、後漢では人口十万人以上の郡県からは五人、未満であれば三人といったように、定員が決まっていた（『後漢書』本紀三 章帝紀）。策は、皇帝の諮問。

（六）三九は、三公九卿の略。諸大臣を指す。なお梁の武帝の時の三公は太尉・司徒・司空、九卿は太常卿・宗正卿・司農卿・太府卿・少府卿・太僕卿・衞尉卿・廷尉卿・大匠卿・光祿卿・鴻臚卿・大舟卿の十二卿であり、「九」は必ずしも実数とは限らない（『隋書』卷二十六 百官上、『通典』卷二十五 職官七）。

（七）『老子』第七十章に、「知我者希、則我者貴、是以聖人被褐懷玉」とある記述を踏まえる。

（八）『法言』吾子篇に、「敢問質。曰、羊質而虎皮、見草而說、見豺而戰、忘其皮之虎也」とある記述を踏まえる。

（九）鹿獨は、不詳。盧文弨は、『禮記』王制篇の正義に「無子曰獨。獨、鹿也。鹿無所依也」とある「鹿」であり、張華「拂舞賦」に「獨漉獨漉、水深泥濁」とある「獨漉」の顚倒したものと推測する。郝懿行は、『荀子』成相篇の「頸以獨鹿、弃之江」との類似を指摘しつつも、意味が通らないため、当時にはこの語に「流浪」の意味があったものと推測する。

(一〇)『孟子』梁惠王下に、「凶年饑歳、君之民老弱轉乎溝壑、壯者散而之四方者、幾千人矣」とある記述を踏まえる。

[現代語訳]

梁《りょう》朝の全盛時、貴人の子弟は、多く学問が無かった。(そのありさまは)諺に、「車に乗れたら著作左郎《ちょさくさろう》、機嫌が聞けたら祕書郎中《ひしょろうちゅう》」と言われるほどであった。衣服には香を焚きしめ顔を剃り、白粉を塗り紅をさし、大きな車蓋のついた車に乗り、高下駄を履き、碁石模様の座布団に座り、斑絲飾りのクッションに寄りかかり、手慰みの物を左右にならべぬ者はなく、悠然と出仕して、遠目には神仙のようであった。明經《めいけい》に挙げられた者ですら、人を雇って策問《さくもん》に応え、三公九卿《さんこうきゅうけい》が宴を行うにも、人の手を借りて詩を作るほどであった。その当時は、それでも立派な人とされたのである。侯景《こうけい》の乱の後、朝廷も移り変わった今では、人事も選挙も、もはや以前の縁故にはよらない。登用され権勢にある人に、往年の貴族の一派の者はいない。我が身に頼ろうにも持ち合わせはなく、世に役立たせようにも使い道がない。(老子のように)下々の衣を着たとて心中に珠があるわけでなし、皮を失い本質をあらわにすれば、はげ上がること枯れ木のごとく、むなしきこと小川のごとく、戦乱の世を漂流し、どぶのふちに骸《むくろ》をさらすこととなる。この時代となっては、まこと無能の人である。(一方)学藝のある者は、どのような地にあっても安泰である。戦乱より以来、多くの者が俘虜にされたが、代々無冠の人でも、『論語《ろんご》』や『孝經《こうきょう》』を学んでいた者は、尊ばれて教師となり、代々大官を出した家の者でも、書物に明るくない者は、小作となり馬養となるしかなかった。こうしたことから考えても、どうして自ら励まずにいられようか。もし常に数百巻の書物を保有しておれたなら、千年のちでも小人となることはないのである。

【原文】

夫明六經之指、涉百家之書、縱不能增益德行、敦厲風俗、猶爲一藝、得以自資。父兄不可常依、鄉國不可常保。一旦流離、無人庇廕、當自求諸身耳。諺曰、積財千萬、不如薄伎在身。伎之易習而可貴者、無過讀書也。世人不問愚智、皆欲識人之多、見事之廣。而不肯讀書、是猶求飽而嬾營饌、欲暖而惰裁衣也。夫讀書之人、自羲・農已來、宇宙之下、凡識幾人、凡見幾事。生民之成敗好惡、固不足論、天地所不能藏、鬼神所不能隱也。

《訓読》

夫れ六經の指を明らかにし、百家の書に涉れば、縱《たと》ひ德行を增益し、風俗を敦厲する能はざれども、猶ほ一藝と爲して、以て自ら資くるを得。父兄も常には依る可からず、鄉國も常には保つ可からず。一旦流離すれば、人の庇廕無く、當に自ら諸《これ》を身に求むべきのみ。諺に曰(一)ふ、「積財千萬は、薄伎 身に在るに如かず」と。伎の習ひ易くして貴ぶべき者、讀書に過ぐるものは無きなり。世人 愚智を問はず、皆 人を識ることの多く、事を見ることの廣きを欲す。而して肯へて讀書せざるは、是れ猶ほ飽くを求めて營饌を嬾《おこた》り、暖を欲して裁衣を惰《おこた》るがごときなり。夫れ讀書の人は、羲(二)・農(三)より已來、宇宙の下、凡そ幾人を識るや、凡そ幾事を見るや。生民の成敗好惡は、固より論ずるに足らず、天地も藏《かく》すこと能はざる所、鬼神も隱すこと能はざる所なり。

（注）
（一）諺について、宇都宮清吉は、『太公家教』によると推測する。『太公家教』には「積財千萬、不如明解經書。良田千頃、不如薄藝隨軀」とある。これについて幼学の会（編）『太公家教注解』（汲古書院、二〇〇九年）は、宇都宮の推測が正しいとすれば、『太公家教』の最初の引用事例であるという。しかし、『太公家教』自体は、中唐のころの成書とされており、先後関係については定めがたい。なお『太公家教』については、入矢義高「「太公家教」校釈」（『東洋思想論集 福井博士頌寿記念』福井博士頌寿記念論文集刊行会、一九六〇年所収）を参照。
（二）羲は、伏羲。伝説上の聖王で、三皇の一人。人類に狩猟と牧畜を教えたという。庖羲など異称も多い。
（三）農は、神農。伝説上の聖王で、三皇の一人。人類に農業と医薬の知識を教えたという。

［現代語訳］
そもそも（読書をして）六經《りくけい》の要旨に通じ、百家の書にも目を通せば、たとえ徳ある行いをする機会を増やさせ、世俗を教化することはできなかったとしても、我が一藝となし、我が身を助けることはできる。父や兄とていつでも頼りになるとは限らず、故郷も祖国もいつまでもあるとは限らない。ひとたび流浪の身となれば、他人の助けなどなく、我が身だけを頼りとするしかないのである。諺に、「貯蓄が千万あるよりも、職の手に付く方がまし」という。職能のうち習得しやすくかつ貴ぶべきものといえば、読書に優るものはない。世間では馬鹿でも利口でも、みな多くの人のことを知り、多くの事績に触れたいと思っている。それでいてあえて読書をしないというのは、腹を満たしたいのに料理を作るのを面倒がり、暖を取りたいのに布を裁って服を作りもしないのと同じである。いったい読書をする人は、伏羲《ふくぎ》や神《じん》農《のう》より以来、宇宙の下の、どれだけの人を知ることができるだろう、どれだけの事績に触れられるだろう。（読書によって知識を求めれば）人間の成功や失敗に時々の流行を知ることなどは、言うまでもなく、天地ですらしまい込んではおけず、鬼神ですら隠しきれない（ほどの知識を得られる）のである。

【原文】
有客難主人曰、吾見、彊弩・長戟、誅罪安民、以取公侯者有矣。文義習吏、匡時富國、以取卿相者有矣。學備古今、才兼文武、身無祿位、妻子飢寒者、不可勝數。安足貴學乎。主人對曰、夫命之窮達、猶金玉・木石也。脩以學藝、猶磨瑩・雕刻也。金玉之磨瑩、自美其鑛璞、木石之段塊、自醜其雕刻。安可言木石之雕刻、乃勝金玉之鑛璞哉。不得以有學之貧賤、比於無學之富貴也。且負甲爲兵、咋筆爲吏、身死名滅者如牛毛、角立傑出者如芝草。握素披黃、吟道咏德、苦辛無益者如日蝕、逸樂名利者如秋荼。豈得同年而語矣。且又聞之、生而知之者上、學而知之者次。所以學者、欲其多知明達耳。必有天才、拔羣出類、爲將則闇與孫武・呉起同術、執政則懸得管仲・子產之教、雖未學書、吾亦謂之學矣。今子卽不能然。不師古之蹤跡、猶蒙被而臥耳。

《訓読》

客有り主人に難じて曰く、「吾見る、彊弩・長戟もて、罪を誅し民を安んじ、以て公侯を取る者有り。文義 習へるの吏にして(一)、時を匡し國を富ませて、以て卿相を取る者有り。學は古今を備へ、才は文武を兼ぬるも、身に祿位無く、妻子 飢寒する者、勝げて數ふ可からず。安《いづく》んぞ學を貴ぶに足らんや」と。主人 對へて曰く、「夫れ命の窮達は、猶ほ金玉・木石のごときなり。脩むるに學藝を以てするは、猶ほ磨瑩・雕刻のごときなり。金玉の磨瑩せらるは、自ら其の鑛璞を美しくし、木石の段塊は、自ら其の雕刻を醜くす。安んぞ木石の雕刻は、乃ち金玉の鑛璞に勝れりと言ふ可けんや。有學の貧賤を以て、無學の富貴に比ぶるを得ざるなり。且つ甲を負ひて兵と爲り、筆を咋《か》みて吏と爲るも、身死して名滅する者は牛毛の如く、角立して傑出する者は芝草の如し。素を握り黄を披《ひら》き、道を吟じ德を詠ずるも、苦辛して益無き者は日蝕の如く、逸樂して名利ある者は秋荼の如し。豈に同年にして語るを得んや(二)。且つ又 之を聞けり、「生まれながらにして之を知る者は上、學びて之を知る者は次なり(三)」と。學ぶ所以は、其の多知明達を欲するのみ。必ず天才有りて、羣を拔き類より出で(四)、將と爲れば則ち闇くとも孫武・吳起と術を同じくし、政を執れば則ち懸《へだた》れども管仲・子產の教を得れば、未だ書に學ばずと雖も、吾も亦た之を學びたりと言はん(五)。今 子は卽ち然る能はず。古の蹤跡を師とせざるは、猶ほ被を蒙りて臥すがごときのみ」と。

（注）

（一）『大戴禮記』保傅篇に、「不習爲吏、視已成事」とある記述を踏まえる。事務に熟達した吏のこと。

（二）『漢書』巻三十一 項籍傳に引く賈誼の「過秦論」に、「試使山東之國、與陳涉度長絜大、比權量力、則不可同年而語矣」とある記述を踏まえる。

（三）『論語』季子篇に、「生而知之者上也。學而知之者次也。困而學之者又其次也。困而不學、民斯爲下矣」とある。

（四）『孟子』公孫丑上に、「有若曰、豈惟民哉。麒麟之於走獸、鳳凰之於飛鳥、太山之於丘垤、河海之於行潦、類也。聖人之於民、亦類也。出於其類、拔乎其萃、自生民以來、未有盛於孔子也」とある記述を踏まえる。

（五）『論語』學而篇に、「子夏曰、賢賢易色、事父母能竭其力、事君能致其身、與朋友交、言而有信、雖曰未學、吾必謂之學矣」とある記述を踏まえる。

［現代語訳］

客が主人を論難して、「わたしの知るところでは、強弩《きょうど》と長戟《ちょうげき》で、罪ある者を誅して民を安んじ、公侯の位に至った者がおります。法令に明るい練達の吏で、時代を正し國を富ませ、卿相《けいしょう》に至った者もおります。（しかし）学問は古今に通じ、才覚は文武を兼ねても、爵祿《しゃくろく》を得られず、妻子が苦しんでいる者も、数え切れません。どうして学問を尊重するに足りましょうか」とした。主人は答えて、「そもそも天命により貧窮するか栄達するかは、金玉や木石（が生まれながらに異なること）と同じようなものです。学藝によって身を修めるのは、磨いたり雕刻したりするようなものです。金玉が磨かれたなら、おのずとそのあらがねを美しくする（ように、富貴となる天命にある者が学問すればますます栄える）ものですし、木石のはしくれであれば、おのずと雕刻したところで醜くなる（ように、貧窮する天命にある者は学問しても貧しくなる）ものです。貧窮する天命にある学者が、富貴の天命を受けた学者に優るわけもありません。それでも学問をして貧窮する者を、無学でも富貴な者と比べることは間違いです。それに甲冑を着こんで兵卒となり、筆を舐めて吏として仕え、身は死に名は滅んだ者は牛の毛のように多く、そのうち頭角を現し傑出した者は霊芝のように少ないものです。簡帛を手にして書物を開き、道を歌い徳を詠じたものの、苦労しただけで何らの恩恵も受けられなかった者は日蝕のようにまれで、楽しんで名誉も財産も得た者は秋ののげしのように無数です。どうして並べて語れるものでしょうか。さらにこう聞きます、「生まれながらに知る者は上、学んで知る者はこれに次ぐ」と。学問をするのは、多くを知り道理に通じる人物になろうとするからです。もし天賦の才があって、群を抜いて傑出し、将となれば（兵書に）暗くとも孫武《そんぶ》や呉起《ごき》と戦術を同じくし、政治を執れば（經學を）知らずとも管仲《かんちゅう》・子産《しさん》の教えを行えるというのであれば、読書して学んでいないとしても、わたしもまたその人を「学んだ」と言うでしょう。今あなたはそうではありません。古の事跡を師としないのでは、ふとんをかぶって寝ているのと変わりませんよ」と言った。

【原文】

人見鄰里親戚有佳快者、使子弟慕而學之、不知使學古人、何其蔽也哉。世人但知跨馬被甲、長[1]（弰）〔稍〕・彊弓、便云我能爲將。不知明乎天道、辯乎地利、比量逆順、鑒達興亡之妙也。但知承上接下、積財聚穀、便云我能爲相。不知敬鬼事神、移風易俗、調節陰陽、薦擧賢聖之至也。但知私財不入、公事夙辦、便云我能治民。不知誠己刑物、執轡如組、反風滅火、化鴟爲鳳之術也。但知抱令守律、早刑晩捨、便云我能平獄。不知同轅觀罪、分劍追財、假言而姦露、不問而情得之察也。爰及農・商・工・賈・役奴隷・釣魚・屠肉・飯牛・牧羊、皆有先達、可爲師表。博學求之、無不利於事也。

〔校勘〕

1．抱經堂叢書本は、「弰」につくるが、王利器本により「稍」に改める。

《訓読》

人は鄰里の親戚に佳快有る者を見るや、子弟をして慕はせて之を學ばしむるも、古人に學ばしむるを知らざるは、何ぞ其れ蔽ならんや。世人は但だ馬に跨り甲を被り、長稍・彊弓あるを知れば、便ち我 能く將と爲らんと云ふ。天道に明らかにし、地利を辯《わきま》へ、逆順を比量し、興亡の妙を鑒達するを知らざるなり。但だ上を承け下に接し、財を積み穀を聚むるを知れば、便ち我 能く相と爲らんと云ふ。鬼を敬し神に事へ、風を移し俗を易へ、陰陽を調節し、賢聖を薦擧するの至れるを知らざるなり。但だ私財は入れず、公事は夙に辦ずるを知れば、便ち我 能く民を治む(一)と云ふ。己を誠にし物を刑し、轡を執ること組《お》るが如く、風を反し火を滅し(二)、鴟を化し鳳爲(三)らんとするの術を知らざるなり。但だ令を抱へ律を守り、早に刑して晩に捨するを知るのみにして、便ち我 能く獄を平らかにすと云ふ。轅を同じくして罪を觀(四)、劍を分ちて財を追《かえ》し(五)、假言して姦 露れ(六)、問はずして情得らる(七)の察を知らざるなり。爰《ここ》に農・商・工・賈・役奴隷・釣魚・屠肉、飯牛・牧羊に及ぶまで、皆 先達有りて、師表と爲す可し。博く學びて之を求むれば、事に利あらざる無きなり。

(注)

(一)『呂氏春秋』先己篇に、「詩曰、執轡如組。孔子曰、審此言也、以可爲天下」とあることを踏まえた表現である。

(二)『後漢書』列傳六十九上 儒林上 劉昆傳に、「時縣連年火災、昆輒向火叩頭、多能降雨止風」とあることを踏まえた表現である。

(三)『後漢書』列傳六十六 循吏 仇覽傳に、「時考城令河內王渙、政尙嚴猛、聞覽以德化人、署爲主簿。謂覽曰、主簿聞陳元之過、不罪而化之。得無少鷹鸇之志邪。覽曰、以爲、鷹鸇不若鸞鳳。渙謝遣曰、枳棘非鸞鳳所棲、百里豈大賢之路。今日、太學曳長裾、飛名譽、皆主簿後耳。以一月奉爲資。勉卒景行」とあることを踏まえた表現である。

(四)『春秋左氏傳』成公 傳十七年に、「郤犨與長魚矯爭田。執而梏之。與其父母妻子同一轅」とあることを踏まえた表現である。

(五)『太平御覽』卷六百三十九に引く『風俗通』に、「沛郡有富家公、資二千餘萬。小婦子年纔數歲頃、失其母、又無親近。其女不賢。公因痛思念恐爭其財、兒必不全。因呼族人、爲遺令書、悉以財屬女、但遺一劒。云、兒年十五、以還付之。其後又不肯餘兒、詣郡自言求劒。時太守大司空何武也。得其辭、因錄女及婿省其手書。……悉奪取財以與子」とあることを踏まえた表現である。

(六)『魏書』卷六十六 李崇傳に、「壽春縣人苟泰有子三歲、遇賊亡失、數年不知所在。後見在同縣人趙奉伯家、泰以狀告。各言己子、並有鄰證。郡縣不能斷。崇曰、此易知耳。令二父與兒各在別處、禁經數旬、然後遣人告之曰、君兒遇患、向已暴死、有敎解禁、可出奔哀也。苟泰聞卽號咷、悲不自勝。奉伯咨嗟而已、殊無痛意。崇察知之、乃以兒還泰」とあることを踏まえた表現である。

(七)『晉書』卷五十四 陸雲傳に、「人有見殺者、主名不立、(陸)雲錄其妻、而無所問。十許日遣出、密令人隨後、謂曰、其去不出十里、當有男子候之與語、便縛來。既而果然。問之具服、云與此妻通、共殺其夫、聞妻得出、欲與語、憚近縣、故遠相要候。於是一縣稱其神明」とあることを踏まえた表現である。

[現代語訳]

世間の人は近隣の親戚によくできた者がいるのを見ると、子弟にこの者を慕わせて学ばせるが、古人に学ばせることを知らないのは、何と物が見えていないことか。世間の人はただ馬にまたがり甲冑《かっちゅう》を着て、長矛《ちょうぼう》と強弓の使い方を知った程度で、わたしは将軍になれると言う。(将軍たるもの)天道を明察し、地の利を知悉し、正道と詭道《きどう》を推しはかり、興亡の妙に習熟しなければならないことを知らないのである。ただ上意を受け下達して、国庫を潤し租税を集める方法を知った程度で、わたしは宰相になれるなどと言う。(宰相たるもの)鬼神に敬事して、風俗を教化し、陰陽を調節し、賢者や聖人を推薦することいかに巧みでなければならないかを知らないのである。ただ私財を蓄えず、公務を速やかに処理する方法を知った程度で、わたしは民を治められるなどと言う。誠実に務め模範となり、馬の手綱を操ること織物を繰るように、風向きをかえて火を消し（た劉昆）、フクロウのように親不孝な子を感化し鳳のように徳のある政治を目指す（仇覽の仁）術を知らないのである。ただ律令の条文だけを守り、すみやかに処刑し遅く赦免する方法を知った程度で、わたしの裁きは公平であるなどと言う。轅《ながえ》を同じくして罪を観るように、剣を託された子に財産を返し、方便を用いて嘘をあばき、尋問せずとも情実を看破したものたちの明察ぶりを知らないのである。このように農民・行商人・職人・商店主・雑役奴隷・魚獲り・屠殺人・牛飼い・羊飼いに至るまで、どの職にもみな先達はいるもので、手本としなければならない。（読書により）広く学び師を求めれば、物事に役立たないことなどないのである。

【原文】

夫所以讀書學問、本欲開心明目、利於行耳。未知養親者、欲其觀古人之先意承顏、怡聲下氣、不憚劬勞、以致甘腝、惕然慙懼、起而行之也。未知事君者、欲其觀古人之守職無侵、見危授命、不忘誠諫、以利社稷、惻然自念、思欲效之也。素驕奢者、欲其觀古人之恭儉節用、卑以自牧、禮爲教本、敬者身基、瞿然自失、斂容抑志也。素鄙吝者、欲其觀古人之貴義輕財、少私寡慾、忌盈惡滿、賙窮卹匱、赧然悔恥、積而能散也。素暴悍者、欲其觀古人之小心黜己、齒弊舌存、含垢藏疾、尊賢容衆、苶然沮喪、若不勝衣也。素怯懦者、欲其觀古人之達生委命、彊毅正直、立言必信、求福不回、勃然奮厲、不可恐懾也。歷茲以往、百行皆然。縱不能淳、去泰去甚。學之所知、施無不達。世人讀書者、但能言之、不能行之、忠孝無聞、仁義不足。加以斷一條訟、不必得其理。宰千戸縣、不必理其民。問其造屋、不必知楣横而梲豎也。問其爲田、不必知稷早而黍遲也。吟嘯談謔、諷咏辭賦、事既優閑、材增迂誕、軍國經綸、略無施用。故爲武人・俗吏所共嗤詆、良由是乎。

《訓読》

夫れ讀書し學問する所以は、本より心を開き目を明らかにし、行に利せんと欲するのみ。未だ親を養ふを知らざる者は、其の古人の意に先んじて顏を承(一)け、聲を怡《やわ》らげ氣を下(二)し、劬勞を憚らずして、以て甘腝を致すを觀、惕然として慙懼し、起きて之を行はんと欲するなり。未だ君に事ふるを知らざる者は、其の古人の職を守りて侵すこと無く、危きを見て命を授け、誠諫を忘れず、以て社稷に利せんとするを觀、惻然として自ら念ひ、思欲して之に效《なら》はんと欲するなり。素より驕奢なる者は、其の古人の恭儉にして用を節し、卑《ひく》くして以て自ら牧(三)し、禮は教の本爲り、敬は身の基たるを觀、瞿然として自失し、容《かたち》を斂め志を抑へんことを欲するなり。素より鄙吝なる者は、其の古人の義を貴びて財を輕んじ、私を少なくして慾を寡《すく》なくし(四)、盈つるを忌みて滿つるを惡《にく》み、窮するを賙《にぎ》はして匱《とぼ》しきに卹《めぐ》むを觀、赧然として悔恥し、積みて能く散ぜんことを欲するなり。素より暴悍なる者は、其の古人の小心にして己を黜(六)け、齒弊れて舌存(五)し、垢を含み疾を藏し、賢を尊んで衆を容るを觀、苶然として沮喪し、衣に勝へざるが如(七)くならんことを欲するなり。素より怯懦なる者は、其の古人の生に達し命に委ね、彊毅正直、立言すれば必ず信あり(八)、福を求めて回《よこしま》ならざる(九)を観、勃然として奮厲し、恐慴す可からざらんことを欲するなり。茲を歴て以往、百行皆然り。縦《たと》ひ淳なること能はずとも、泰を去り甚を去れば(一〇)、之を學びて知る所、施して達せざるは莫し。世人の讀書する者は、但だ能く之を言へども、之を行ふ能はず、忠孝聞こゆる無く、仁義足らず。加以《しかのみならず》一條の訟を斷ずれども、必ずしも其の理を得ず。千戶の縣に宰たれども、必ずしも其の民を理《をさ》めず。其の造屋を問へども、必ずしも楣は橫にして梲は豎にするを知らざるなり。其の田を爲《をさ》むるを問へども、必ずしも稷早くして黍遲きを知らざるなり。吟嘯して談謔し、諷詠して辭賦し、事既に優閑なれば、材は迂誕を增し、軍國の經綸、略〻施用するところ無し。故に武人・俗吏の共に嗤詆する所と爲るも、良《まこと》に是に由るかな。

（注）

（一）『禮記』祭義に、「曾子曰、是何言與。是何言與。君子之所爲孝者。先意承志、諭父母於道、參直養者也」とあることを踏まえた表現である。

（二）『禮記』內則に、「父母有過、下氣怡色、柔聲以諫。諫若不入、起敬起孝、說則復諫」とあることを踏まえた表現である。

（三）『周易』謙に、「象曰、謙謙君子、卑以自牧也」とあることを踏まえた表現である。

（四）『老子』第十九章に、「少私寡欲」とあることを踏まえた表現である。

（五）『春秋左氏傳』宣公傳十五年に、「諺曰、高下在心、川澤納汙、山藪藏疾、瑾瑜匿瑕、國君含垢。天之道也」とあることを踏まえた表現である。

（六）『論語』子張篇に、「君子尊賢而容衆、嘉善而矜不能」とあることを踏まえた表現である。

（七）『禮記』檀弓下に、「(趙)文子其中退然、如不勝衣」とあることを踏まえた表現である。

（八）『論語』子路篇に、「言必信」とあることを踏まえた表現である。

（九）『詩經』大雅旱麓に、「豈弟君子、求福不回」とあることを踏まえた表現である。

（一〇）『老子』第二十九章に、「聖人去甚、去奢、去泰」とあることを踏まえた表現である。

［現代語訳］

そもそも読書し学問する理由は、心を開き目を明らかにして、（志を）実行しやすくするためである。まだ親への孝行について知らない者は、古人の言う（親の）意図を察して気持ちに適い、声を和らげて気持ちを静め、苦労をいとわず、おいしくお肉を並べるということを見て、おそれいって恥ずかしくなり、起きたら身なりを整え親に仕えようと思う。まだ主君に仕えることを知らない者は、古人が自分の職務を守って他人の職分を侵さず、危機となれば命を預け、意を尽くした直諫を忘れず、国家に利益をもたらそうとするのを見て、悲しんで自ら願い、古人のありように習いたいと思う。もともと驕り高ぶっていた者は、古人の謙虚な姿勢で物を大切にし、身を低くして自制し、礼は教えの根本、敬は身の基とあるのを見て、驚いて自失し、態度をあらため我欲をおさえようと思う。もともとけちな者は、古人の義を貴んで財を軽んじ、私利私欲をおさえ、充ち満ちるのを嫌い、困窮する者に援助するというのを見て、顔を赤らめて悔い、蓄えたのちによい使い方をしたいと思う。もともと乱暴な者は、古人が小心翼々として己を戒め、歯は固いからぼろぼろとなるが舌は柔らかいから残るという、(また) 多少のよごれは敢えて見ないふりをして、賢者を尊んで人の意見を受け入れるという姿勢を見て、気が萎えてぐったりし、着物の重さにすら耐えられないかのような態度であろうと思う。もともと臆病な者は、古人がよく生きることを知って天命に委ね、毅然として正直に務め、言葉を発すれば必ず信じられ、自分だけ福を求めて邪にならないのを見て、わきあがるように奮励し、恐れを知らないようになりたいと思う。読書体験を経てからは、すべての行いがみなそのようになる。たとえ十分とはいかなくとも、度を超したものは除きさるから、学んで知ったことについては、行えば上手くいかないことはない。世間の人の読書する者は、よく読書したことは言うけれども、学んだことを実践することができず、忠孝の人物がいるとも聞えず、仁義の心も足りない。それどころか一条で終わるような訴訟を裁かせても、理路整然とはいかない。千戸の小県で長を務めることになっても、民を治められるわけでもない。部屋の作り方についてたずねても、楣《はり》は水平にして梲《うだち》は垂直にすることも皆がみな知っているわけではない。田のことを聞いても、稷《あわ》は春に収穫し黍《きび》は夏にするということも知らない。(清談の徒のように) 吟じて嘯き諧謔を談論し、(文学にかまけて詩歌を) 詠じ歌って賦を作り、成す事は優雅に過ぎ、題材は現実とかけ離れて、軍隊や国家の経綸に、ほぼ役に立つところがない。それゆえ武人や俗吏に共にあざ笑われるのも、まこと実践に結びつかない学問をしているからである。

【原文】

夫學者所以求益耳。見人讀數十卷書、便自高大、凌忽長者、輕慢同列、人疾之如讎敵、惡之如鴟梟。如此以學自損。不如無學也。

《訓読》

夫れ學は益を求むる所以なるのみ。(一) 人の數十卷の書を讀むを見るに、便ち自ら高大とし、長者を凌忽し、同列を輕慢し、人の之を疾《にく》むこと讎敵の如く、之を惡むこと鴟梟の如し。此の如くして以て學ばば、自ら損す。學ぶこと無きに如かざるなり。

(注)

(一)『論語』憲問篇に、「闕黨童子將命。或問之曰、益者與。子曰、吾見其居於位也、見其與先生並行也。非求益者也、欲速成者也」とある記述を踏まえる。

[現代語訳]

そもそも学問とは (自己を) 益するためのものである。(しかし) 数十巻ほど書を読んだ人を見ると、たちまち自ら驕り高ぶり、年長者を馬鹿にし、同輩を侮蔑して、人に憎まれること仇敵のようで、人に憎まれること悪鳥のようである。このように学問をすると、自己を損なう。(そうであれば) 学ばない方がましである。

【原文】

古之學者爲己、以補不足也。今之學者爲人、但能説之也。古之學者爲人、行道以利世也。今之學者爲己、脩身以求進也。夫學者猶種樹也。春玩其華、秋登其實。講論・文章、春華也、脩身利行、秋實也。

《訓読》

古の學ぶ者は己の爲にすとは、以て足らざるを補ふなり。今の學ぶ者は人の爲にすとは、但だ能く之を說くなり(一)。古の學ぶ者は人の爲にし、道を行ひて以て世を利するなり。今の學ぶ者は己の爲にし、身を脩めて以て進を求むるなり。夫れ學ぶ者は猶ほ樹を種うるがごときなり。春は其の華を玩《め》で、秋は其の實を登《と》る。講論・文章は、春の華なり、身を脩め行に利するは、秋の實なり。

〔注〕

（一）『論語』憲問篇に、「子曰、古之學者爲己、今之學者爲人」とある記述を踏まえる。

［現代語訳］

古の学ぶ者は己のために学んだというのは、己に足りないところを補うために学んだのである。今の学ぶ者は他人のために学ぶというのは、ただ学んだことを人に説くということである。古の学ぶ者は他人のために学び、道を行い世の役に立とうとした。今の学ぶ者は己のために学び、身を修めて栄達を求めている。学問というのは樹を植えるようなもので、春にはその花を愛で、秋にはその実を収穫する。議論し文章を作るのが春の花であり、身を修めて行いの助けとするのが秋の実である。

【原文】

人生小幼、精神專利、長成已後、思慮散逸、固須早教、勿失機也。吾七歲時、誦[1]（黿）靈光殿賦、至於今日、十年一理、猶不遺忘。二十之外、所誦經書、一月廢置、便至荒蕪矣。然人有坎壈、失於盛年、猶當晚學、不可自棄。孔子云、五十以學易、可以無大過矣。魏武・袁遺、老而彌篤、此皆少學而至老不倦也。曾子七十乃學、名聞天下。荀卿五十、始來遊學、猶爲碩儒。公孫弘四十餘、方讀春秋、以此遂登丞相。朱雲亦四十、始學易・論語、皇甫謐二十、始受孝經・論語。皆終成大儒、此並早迷而晚寤也。世人婚冠未學、便稱遲暮、因循面牆、亦爲愚耳。幼而學者、如日出之光、老而學者、如秉燭夜行。猶賢乎瞑目而無見者也。

〔校勘〕

1．王利器本により、「黿」の一字を省く。

《訓読》

人生まれて小幼なりしは、精神専ら利《と》けれども、長成して已後、思慮散逸すれば、固より須らく早に教へ、機を失ふ勿からしむべきなり。吾七歲の時、靈光殿の賦(一)を誦み、今日に至るまで、十年に一たび理め、猶ほ遺忘せず。二十の外、誦する所の經書は、一月廢置せば、便ちに荒蕪に至る。然れども人に坎壈有り、盛年を失へど、猶ほ當に晚學すべし、自棄すべからず。孔子は、「五十にして以て易を學べば、以て大過無かる可し」と云ふ(二)。魏武・袁遺は、老ひて彌〻篤し。(三)此れ皆 少くして學びて老に至るも倦まざるものなり。曾子は七十にして乃ち學び、名 天下に聞こゆ。荀卿は五十にして始めて來りて遊學し、(四)猶ほ碩儒と爲る。公孫弘は四十餘にして方《はじ》めて春秋を讀み、(五)此を以て遂に丞相に登る。朱雲も亦た四十にして始めて易・論語を學び、(六)皇甫謐は二十にして始めて孝經・論語を受く。(七)皆 終に大儒と成れば、此れ並びに早に迷ひて晩に寤れるものなり。世人 婚冠して未だ學ばざれば、便ち遲暮と稱するも、因循面牆するは、亦た愚爲るのみ。幼くして學ぶは、日 出づるの光の如く、老いて學ぶは、燭を秉りて夜に行くが如し。猶ほ瞑目して見る無き者に賢れるなり。

(注)

(一) 靈光殿の賦は、後漢の王逸の作。『文選』巻十一に収録される。

(二) 『論語』述而篇に、「子曰、加我數年、五十以學易、可以無大過矣」とある。

(三) 『三國志』巻一 武帝紀注引『英雄記』に、「太祖稱、長大而能勤學者、惟吾與袁伯業耳。語在文帝典論」とある。

(四) 『史記』巻七十四 荀卿列傳に、「荀卿、趙人。年五十始來游學於齊曾子」とある。

(五) 『漢書』巻五十八 公孫弘傳に、「年四十餘、乃學春秋雜說」とある。

(六) 『漢書』巻六十七 朱雲傳に、「年四十、乃變節從博士白子友受易、又事前將軍蕭望之受論語、皆能傳其業」とある。

(七) 皇甫謐は、安定郡朝那縣の人、字は士安。終生、官に仕えず、玄晏先生と号して、『帝王世記』などの著述につとめた。門下からは、摯虞などの学者を輩出した(『晉書』巻五十一 皇甫謐傳)。『晉書』巻五十一 皇甫謐傳に、「年二十、不好學、游蕩無度、或以爲痴。嘗得瓜果、輒進所後叔母任氏。……因對之流涕。謐乃感激、就鄉人席坦受書、勤力不怠」とある。

[現代語訳]

人は生まれて幼少のうちは、精神が鋭いものだが、成長してからは、思慮が拡散してしまうため、若いうちに教えこみ、機会を逃してはならないものである。わたしは七歳の時に、「靈光殿《れいこうでん》の賦《ふ》」を暗誦し、今日に至るまで、十年に一度読み返す程度でも、まだ忘れたことはない。二十歳を過ぎてからは、覚えた經典は、一カ月もすると忘れ、身につかない。しかしながら人には困窮の時があるもので、最も良い時期が過ぎたからといって、なお成人学習に励むべきであり、自棄してはならない。孔子は、「五十歳を過ぎ『周易』を学べば、大きな過ちはなかろう」と言った。曹操《そうそう》と袁遺《えんい》とは、年を取って益々勉学に篤かった。これらはみな若くして学び老いても倦まない者たちである。曾子《そうし》は七十歳から勉学を始め、その名を天下に響かせた。荀卿《じゅんけい》は五十歳から齊に遊学し、碩儒《せきじゅ》となった。公孫弘《こうそんこう》は四十余歳にして『春秋』を読み、『春秋』によりかくて丞相にまで登った。朱雲《しゅうん》もやはり四十歳ではじめて『周易』と『論語』とを学び、皇甫謐《こうほひつ》は二十歳ではじめて『孝經』と『論語』を教わった。みな最後には大儒となっており、これはいずれも若いうちは迷ったが遅れて悟った者である。世間では成人し結婚するまで学ばなかったなら、手遅れと言われるが、ぐずぐずと壁の前に立っているのは、なお愚かである。幼くして学ぶのは、日が昇るときの光のように勢いがあるが、老いてから学ぶのは、ろうそくを手に夜道を行くように細々とした歩みである。だがしかし目をつむって学ぼうとしない者よりははるかに良い。

【原文】

學之興廢、隨世輕重。漢時賢俊、皆以一經、弘聖人之道、上明天時、下該人事、用此致卿相者多矣。末俗已來不復爾。空守章句、但誦師言、施之世務、殆無一可。故士大夫子弟、皆以博涉爲貴、不肯專儒。梁朝皇孫以下、總丱之年、必先入學、觀其志尚、出身已後、便從文史、略無卒業者。冠冕爲此者、則有何胤・劉瓛・明山賓・周捨・朱异・周弘正・賀琛・賀革・蕭子政・劉縚等。兼通文史、不徒講說也。洛陽亦聞崔浩・張偉・劉芳、鄴下又見邢子才。此四儒者、雖好經術、亦以才博擅名。如此諸賢、故爲上品。以外率多田野閒人、音辭鄙陋、風操蚩拙、相與專固、無所堪能。問一言輒酬數百、責其指歸、或無要會。鄴下諺云、博士買驢、書劵三紙、未有驢字。使汝以此爲師、令人氣塞。孔子曰、學也祿在其中矣。今勤無益之事、恐非業也。夫聖人之書、所以設敎。但明練經文、粗通注義、常使言行有得、亦足爲人。何必仲尼居、卽須兩紙疏義。燕寢講堂、亦復何在。以此得勝、寧有益乎。光陰可惜、譬諸逝水。當博覽機要、以濟功業。必能兼美、吾無間焉。

《訓読》

學の興廢は、世の輕重に隨ふ。漢時の賢俊は、皆 一經を以て、聖人の道を弘め、上は天時を明らかにし、下は人事を該《か》ね、此れを用《もっ》て卿相に致りし者多し。末俗より已来は復た爾《しか》らず。空しく章句を守り、但だ師言を誦するも、之を世務に施せば、殆ど一の可なるも無し。故に士大夫の子弟は、皆 博涉を以て貴と爲し、肯へて儒を專らにせず。梁朝は皇孫より以下、總丱の年に、必ず先づ學に入り、其の志尚を觀、身を出しより已後は、便ち文・史に從ふも、略ぼ業を卒へる者無し。冠冕して此を爲せし者は、則ち何胤(一)・劉瓛・明山賓(二)・周捨(三)・朱异(四)・周弘正(五)・賀琛(六)・賀革(七)・蕭子政(八)・劉縚ら有り。文史を兼通するも、徒に講說せざるなり。洛陽にも亦た崔浩(九)・張偉(一〇)・劉芳(一一)あるを聞き、鄴下にも又 邢子才(一二)を見る。此の四儒なる者は、經術を好むと雖も、亦た才博を以て名を擅にす。此の如き諸賢は、故より上品と爲す。以外は率ね田野の閒人多く、音辭は鄙陋、風操は蚩拙(一三)、相 與に專固にして、堪能なる所無し。一言を問へば輒ち數百を酬ゆるも、其の指歸を責むれば、或いは要會無し。鄴下の諺に云ふ、「博士 驢を買ふに、劵を書すること三紙にして、未だ驢の字有らず(一四)」と。使《も》し汝 此を以て師と爲さば、人をして氣 塞がらしむ。孔子曰く、「學ぶや祿は其の中に在り」と。今は無益の事に勤むるも、恐らくは業に非ざるなり。夫れ聖人の書、敎を設くる所以なり。但だ經文に明練し、注義に粗通し、常に言行をして得る有らしめば、亦た人爲るに足る。何ぞ必ずしも「仲尼 居る(一五)」に、卽ち兩紙の疏義を須《もち》ひんや。燕寢と講堂と、亦た復た何ぞ在らん。此を以て勝を得るとも、寧ぞ益有らんや。光陰 惜しむべし、諸を逝水に譬ふ(一六)。當に機要を博覽して、以て功業を濟すべし。必ず能く美を兼すれば、吾 間《そし》るところ無し(一七)。

(注)

(一) 何胤は、字を子季、廬江郡灊縣の人。沛國の劉瓛に師事し、『周易』『禮記』『毛詩』に通じたが、辭職して若邪山雲門寺に居住した(『梁書』卷五十一 處士 何點傳附何胤傳)。

(二) 明山賓は、字を孝若、平原郡鬲縣の人。梁の五經博士の選任を掌り、國子祭酒として、『吉禮儀注』『禮儀』『孝經喪禮服義』を著した（『梁書』巻二十七 明山賓傳）。

(三) 周捨は、字を昇逸、汝南郡安成縣の人。尙書祠部郎となり、儀禮・法律などを兼掌した（『梁書』巻二十五 周捨傳）。

(四) 朱异は、字を彥和、吳郡錢唐縣の人。五經にあまねく通じ、高祖に『孝經』『周易』の義を解いた。朝儀・國典・詔誥・勅書を兼掌した（『梁書』巻三十八 朱异傳）。

(五) 周弘正は、字を思行、汝南郡安成縣の人。叔父の周捨に養われる。梁の國子祭酒となり、士林館で講義した。『周易講疏』『論語疏』『莊子疏』『老子疏』『孝經疏』を著した（『陳書』巻二十四 周弘正傳）。

(六) 賀琛は、字を國寶、會稽郡山陰縣の人。「三禮」に通じ、通事舍人から累遷して禮儀に携わった。『三禮講疏』『五經滯義』などを著した（『梁書』巻三十八 賀琛傳）。

(七) 賀革は、字を文明、會稽郡山陰縣の人。「三禮」に通じ、『孝經』『論語』『毛詩』『春秋左氏傳』を修め、湘東王の儒林祭酒となった（『梁書』巻五十 儒林 賀瑒傳附賀革傳）。

(八) 蕭子政は、梁の都官尙書。『周易義疏』『繫辭義疏』を著した（『隋書』巻三十二 經籍一）。

(九) 崔浩は、字を伯深、清河郡東武城の人。北魏に仕えて、官は司徒に至ったが、國史を著して鮮卑族の忌避に触れて、誅殺された（『魏書』巻三十五 崔浩傳）。

(一〇) 張偉は、字を仲業、太原郡中都縣の人。諸經に通じ、鄉里に講授し、門人を教化した（『魏書』巻八十四 儒林 張偉傳）。

(一一) 劉芳は、字を伯文、彭城郡の人。經義に精通し、とくに音訓に詳しく、『周官』『儀禮』『尙書』『春秋公羊傳』『春秋穀梁傳』『國語』『後漢書』の音を著した（『魏書』巻五十五 劉芳傳）。

(一二) 邢子才は、邢卲。子才は字、河間郡鄚縣の人。五經の章句に意を尽くした（『北齊書』巻三十六 邢卲傳）。

(一三) 蚩拙は、無知で劣っていること。蚩を無知とすることは、『詩經』衞風 氓に、「氓之蚩蚩」とあることを踏まえている。

(一四) 『論語』衞靈公篇に、「子曰、君子謀道、不謀食、耕也餒在其中矣。學也祿在其中矣。君子憂道、不憂貧」とあり、同文。

(一五) 『孝經』開宗明義章第一に、「仲尼居」とあり、同文。鄭玄は、講堂に居るとし、王肅は閒居しているという。

(一六) 『論語』子罕篇に、「子在川上曰、逝者如斯夫。不舍晝夜」とあることを踏まえている。

(一七) 『論語』泰伯篇に、「子曰、禹吾無間然矣。菲飲食、而致孝乎鬼神。惡衣服、而致美乎黻冕。卑宮室、而盡力乎溝洫。禹吾無間然矣」とある表現を踏まえている。

[現代語訳]

学問が盛んになるか否かは、時代が（学問を）重んじるか否かによる。漢《かん》のときの俊賢は、みな一つの經書を極めて、聖人の道を広め、上は天の時を明らかにし、下は人の事を兼ねて、これにより宰相や大臣に至った者が多かった。末世の風俗になってからはそうではない。いたずらに一章一句の言葉の意味を守り、ただ師の言葉を暗唱するが、これを世の中の政治に行うと、なに一つうまくいくことがない。そのため士大夫の子弟は、みな（学問を）博く渉りあることを貴び、あえて經學だけを専門にしない。梁朝では皇孫をはじめ、総角《あげまき》の（六、七）歳になると、必ずまず学校に入り、その志望をみて、仕官したのちには、すぐに文學や史書に携わるが、ほぼ学業を終えるものはない。成人以降も学問を続けたものは、何胤《かいん》・劉瓛《りゅうけん》・明山賓《めいさんぴん》・周捨《しゅうしゃ》・朱异《しゅい》・周弘正《しゅうこうせい》・賀琛《がちん》・賀革《がかく》・蕭子政《しょうしせい》・劉縚《りゅうとう》たちである。（かれらは）文章と史書にも兼ね通じていたが、いたずらに（知識をひけらかし）講説することはなかった。（西魏の都の）洛陽でもまた崔浩《さいこう》・張偉《ちょうい》・劉芳《りゅうほう》が評判高く、（北齊の都の）鄴《ぎょう》にもまた邢子才《けいしさい》がいた。これら四名の儒者は、經學を好んだが、また才能が多方面に及ぶことで名声をほしいままにしていた。このような賢人たちは、もちろん上品である。それ以外はおおむね田舎の学者先生が多く、言葉は田舎くさく下品で、人柄は無知で劣っており、いずれも専門バカで頑固で、優れた才能を持ち合わせていない。何か一つ尋ねるとそのたびに数百語で答えるものの、その要点を求めると、さっぱり要領を得ない。鄴の諺《ことわざ》に、「博士が驢《ろば》を買うと、書券を三枚書いても、まだ驢の字が出てこない」とある。もし汝《おまえ》たちがこの手合いを師とすれば、そばの人まで息が詰まってしまう。孔子は（『論語』衛靈公篇に）、「学べば俸祿はその中にある」と言っている。今は（このような手合いに学んで）無益な事に努めても、恐らくは生業とはなるまい。そもそも聖人の經書は、教えを設けるためのものなのである。ただ經文に明らかに習熟し、注義にだいだい通じて、いつも言行の指針を得ることができれば、また人として十分である。どうして必ず（『孝經』冒頭の）「仲尼 居る」という文章の意味に、二枚に及ぶ疏義《そぎ》を用いることがあろう。（孔子が居る場所が）燕寝《えんしん》（休憩する私室）であろうと講堂と、また何のことがあろうか。こうしたことで勝ちを得ても、どうして益があろう。時間は惜しむべきもので、（孔子は『論語』子罕篇で、その速さを）逝《ゆ》く河の流れに譬《たと》えている。重要なところを博く覧て、それにより功業を成すべきである。（広い学問と功業の）両方を兼ねることができれば、吾《わたし》は文句のつけようがない。

【原文】

俗間儒士、不涉羣書、經緯之外、義疏而已。吾初入鄴、與博陵崔文彥交遊。嘗說王粲集中難鄭玄尙書事。崔轉爲諸儒道之。始將發口、懸見排蹙。云、文集只有詩賦・銘誄。豈當論經書事乎。且先儒之中、未聞有王粲也。崔笑而退、竟不以粲集示之。魏收之在議曹、與諸博士議宗廟事。引據漢書、博士笑曰、未聞漢書得證經術。收便忿怒、都不復言。取韋玄成傳、擲之而起。博士一夜、共披尋之、達明乃來謝曰、不謂玄成如此學也。

《訓読》

俗間の儒士は、羣書に涉らず、經緯(一)の外は、義疏(二)あるのみ。吾 初めて鄴に入るや、博陵の崔文彥(三)と交遊す。嘗て王粲(四)の集の中に鄭玄の尙書を難ずるの事あるを說く。崔 轉じて諸儒の爲に之を道《い》ふ。始めて將に口を發《ひら》かんとして、排蹙せらるるに懸せり。云ふ、「文集は只だ詩賦・銘誄有るのみ。豈に當に經書の事を論ずべけんや。且つ先儒の中に、未だ王粲有るを聞かざるなり」と。崔 笑ひて退き、竟に粲の集を以て之に示さず。魏收の議曹に在るや、諸博士と與に宗廟の事を議す。漢書(五)を引き據らんとせば、博士 笑ひて曰く、「未だ漢書の得て經術を證するを聞かず」と。收 便ち忿怒し、都《すべ》て復た言はず。韋玄成(六)の傳を取り、之を擲《なげう》ちて起つ。博士 一夜に、共に之を披き尋ね、達明に乃ち來り謝して曰く、「謂《おも》はざりき玄成 此の如き學あるを」と。

（注）

（一）緯は、緯書。前漢末以降、主として今文學派により擬作された。經の解釈書である緯、未来予言である讖からなる。鄭玄の經典解釈において、諸經を体系化するために用いられた。池田秀三「緯書鄭氏学研究序説」（『哲学研究』五四八、一九八三年）を参照。

（二）南北朝時代に主として著された、漢魏のころに經典につけた注をさらに説明する書籍群。唐の孔穎達が編纂した「五經正義」は義疏學の成果をまとめたものである。

（三）崔文彦は、詳細不明。王利器は、『北史』に記載される崔育王（字は文豹）と兄弟ではと推測する。

（四）王粲は、字を仲宣、山陽郡高平縣の人。三公を務めた曾祖父の王龔、祖父に王暢を持つ漢の名門出身。後漢末の大儒蔡邕に目をかけられ、その蔵書を託された。また文人としても有名で、建安七子の一人に数えられる。「登樓賦」「七哀詩」など多くの詩文が『文選』に収録される（『三國志』巻二十一 王粲傳）。

（五）漢書は、後漢の班固の著。前漢の高祖から王莽に至る前漢の歴史を扱う。漢の『尚書』たらんとして、『史記』と重複する前漢の初めから王莽までを記した。渡邉義浩「『漢書』における『尚書』の継承」（『早稲田大学大学院文学研究科紀要』六一―一、二〇一六年）を参照。また、孫の顔師古が書いた『漢書』注については、渡邉義浩「班孟堅の忠臣―顔師古『漢書』注にみる「史」の「経」への回帰」（『東洋文化研究所紀要』一七二、二〇一七年）を参照。

（六）韋玄成は、前漢元帝の丞相。字は少翁。諸儒を会して天子の禮を論議した。なお、韋氏は代々禮・尚書・詩に通じた学者の家系で、父の韋賢も宣帝の丞相に登っている（『漢書』巻七十三 韋玄成傳）。

［現代語訳］

世俗の儒者は、諸書を渉猟せず、經書《けいしょ》と緯書《いしょ》以外は、義疏《ぎそ》を読むだけである。わたしは鄴《ぎょう》に入ると、博陵《はくりょう》郡の崔文彦《さいぶんげん》と交遊した。かつて王粲《おうさん》の文集の中に鄭玄《じょうげん》の『尚書《しょうしょ》』注を論難する文章があることを語った。崔文彦はまた諸儒にこれを話した。崔文彦が話を始めると、途端に反論された。「文集はただ詩賦《しふ》や銘誄《るいめい》が載っているだけです。どうして經書のことを論ずることなどできましょう。それに先儒の中に、王粲がいるなど聞いたこともありません」と言った。崔文彦は笑って退席して、ついに王粲の文集をかれらに示さなかった。（また）魏收《ぎしゅう》が議曹《ぎそう》にいたとき、博士たちと宗廟《そうびょう》の事を議した。『漢書』を引用し典拠としようとすると、博士たちは笑って、「かつて『漢書』が經學を論証できると聞いたことがありません」と言った。魏收は直ちに怒ると、みなまで言わなかった。韋玄成傳《いげんせい》を取り、これを（座に）投げて退席した。博士たちは一夜をかけて、共にこれを繙き尋ね、明け方になって魏收のもとに赴き、「韋玄成にこのような学問があるとは思いませんでした」と陳謝した。

【原文】

夫老莊之書、蓋全眞養性、不肯以物累己也。故藏名柱史、終蹈流沙、匿跡漆園、卒辭楚相。此任縱之徒耳。何晏・王弼、祖述玄宗、遞相誇尚、景附草靡。皆以農・黄之化、在乎己身、周・孔之業、棄之度外。而平叔以黨曹爽見誅、觸死權之網也。輔嗣以多笑人被疾、陥好勝之穽也。山巨源以蓄積取譏、背多藏厚亡之文也。夏侯玄以才望被戮、無支離擁腫之鑒也。荀奉倩喪妻、神傷而卒、非鼓缶之情也。王夷甫悼子、悲不自勝、異東門之達也。嵆叔夜排俗取禍、豈和光同塵之流也。郭子玄以傾動專勢、寧後身外己之風也。阮嗣宗沈酒荒迷、乖畏途相誡之譬也。謝幼輿贓賄黜削、違棄其餘魚之旨也。彼諸人者、並其領袖、玄宗所歸。其餘桎梏塵滓之中、顚仆名利之下者、豈可備言乎。直取其清談・雅論剖玄析微、賓主往復娛心悅耳。非濟世成俗之要也。洎於梁世、茲風復闡、莊・老・周易、總謂三玄。武皇・簡文、躬自講論。周弘正奉贊大猷、化行都邑、學徒千餘、實爲盛美。元帝在江・荊間、復所愛習、召置學生、親爲教授、廢寢忘食、以夜繼朝。至乃倦劇愁憤、輒以講自釋。吾時頗預末筵、親承音旨。性既頑魯、亦所不好云。

《訓読》

夫れ老(一)莊(二)の書は、蓋し眞を全くし性を養ひ、肯へて物を以て己を累はさざるなり。故に名を柱史に藏して、終に流沙を蹈み、跡を漆園に匿して、卒に楚相を辭す。此れ任縱の徒なるのみ。何晏(三)・王弼(四)は、玄宗を祖述し、遞ひに相 誇尚して、景附 草靡す。皆 農(五)・黄(六)の化を以て、己が身に在りとし、周(七)・孔の業は、之を度外に棄つ。而るに平叔の曹爽(八)に黨するを以て誅せらるるは、權に死するの網(九)に觸るるなり。輔嗣の多く人を笑ふを以て疾《にく》まるるは、勝を好むの穽(一〇)に陥るるなり。山巨源(一一)の蓄積を以て譏を取るは、多く藏すれば厚く亡ふの文(一二)に背くなり。夏侯玄(一三)の才望を以て戮せらるるは、支離擁腫の鑒(一四)を無みするなり。荀奉倩(一五)の妻を喪ひ、神 傷きて卒するは、缶を鼓す情(一六)に非ざるなり。王夷甫(一七)の子を悼み、悲しみ自ら勝へざるは、東門の達(一八)に異なりなり。嵆叔夜(一九)の俗を排して禍を取るは、豈に和光同塵の流(二〇)ならんや。郭子玄(二一)の以て專勢に傾動するは、寧ぞ身を後にし己を外にすの風(二二)ならんや。阮嗣宗(二三)の酒に沈し荒迷するは、途を畏れて相 誡むの譬(二四)に乖くなり。謝幼輿(二五)の贓賄して黜削せらるるは、其の餘魚を棄つるの旨(二六)に違ふなり。彼の諸人なる者は、並びに其の領袖にして、玄宗の歸する所なり。其の餘は塵滓の中に桎梏し、名利の下に顚仆する者、豈に備《つぶ》さに言ふ可けんや。直《た》だ其の清談・雅論の玄を剖き微を析《ひら》き、賓主往復の心を娛ませ耳を悅ばしむるに取るのみ。世を濟ひ俗を成すの要に非ざるなり。梁の世に洎《およ》び、茲の風 復た闡《ひら》き、莊・老・周易、總べて三玄と謂ふ。武皇・簡文は、躬《みづか》自ら講論す。周弘正(二七)は大猷を奉贊して、化 都邑に行はれ、學徒千餘、實に盛美と爲す。元帝の江・荊の間に在るや、復た愛習する所にして、學生を召置し、親ら教授を爲して、寢を廢し食を忘れ、夜を以て朝に繼ぐ。乃ち倦劇愁憤あれば、輒ち講を以て自ら釋くに至る。吾 時に頗る末筵に預り、親しく音旨を承く。性 既に頑魯にして、亦た好まざる所とし か云ふ。

(注)

(一) 老は、『老子』。道家の祖である老子の著と仮託される。現行本は、王弼注本と河上公注本の二本であるが、馬王堆・郭店などから『老子』の発見が相次ぎ、現行本との比較・校注が進んでいる。池田知久『老子―その思想を読み尽くす』（講談社、二〇一七年）を参照。

（二）荘は、『荘子』。荘子は、荘周、字は子休。宋の蒙の人とされる。現行本は、西晉の郭象が五十二巻本の雑駁な部分を削って三十三巻（内篇七・外篇十五・雑篇十一）に整理したもので、内篇が最も古く、とくに逍遙遊篇・齊物論篇の二巻は荘周の思想の精髄を伝える。池田知久『荘子』（講談社、二〇一四年）を参照。

（三）何晏は、字は平叔、荊州南陽郡の人。『周易』『老子』『荘子』の「三玄」を思想の中心に置き、儒教の枠内で老荘思想を復活する玄學を創始、『論語集解』を著したが、曹爽と共に司馬懿に殺された。渡邉義浩「浮き草の貴公子　何晏」（『大久保隆郎教授退官紀念論集　漢意とは何か』東方書店、二〇〇一年、『三国政権の構造と「名士」』汲古書院、二〇〇四年に所収）を参照。

（四）王弼は、字は輔嗣、山陽郡高平縣の人。何晏と並称される曹魏の玄學者。その著『老子注』二巻は、老子注釈の古典として重んぜられる。また『周易注』六巻は、老荘学の論理を儒家の經典解釈に応用したものである。加賀栄治『中国古典解釈史』魏晋篇（勁草書房、一九六四年）を参照。

（五）農は、神農。伝説上の帝王で、「三皇」の一人。人類に農業と医薬の知識を教えたという。

（六）黄は、黄帝。姓を公孫、名を軒轅といい、伝説上の帝王。炎帝を阪泉に破り、蚩尤を涿鹿で殺して帝位に就いたとされる。『史記』では、夏・殷・周の始祖はすべて黄帝の子孫とされている（『史記』巻一　黄帝本紀）。

（七）周は、周公旦。治家第五の注（三）二九頁を参照。周を建国した兄の武王を政治的に補佐し、その死後は摂政として兄の子である成王をもり立て、反乱者を征伐し、禮制を定め、周王朝の基盤を完成させた。孔子が私淑した人物であり、儒家の聖人の一人（『史記』巻三十三　魯周公世家）。

（八）曹爽は、字を昭伯、豫州沛國譙縣の人。曹眞の子。病床の明帝曹叡の遺託を得て、都督中外諸軍事・錄尙書事となり、軍事・政治を掌握した。何晏・夏侯玄を腹心として重用したが、正始の政変で司馬懿に殺された（『三國志』巻九　曹眞傳附曹爽傳）。

（九）『史記』巻八十四　賈誼傳に、「夸者死權兮、品庶馮生」とあることを踏まえた表現である。

（一〇）『孔子家語』觀周篇に、「好勝者、必遇其敵」とあることを踏まえた表現である。

（一一）山巨源は、山濤。巨源は字、司隸河内郡懷縣の人。嵆康・阮籍らと交遊したが、司馬氏の姻戚であるため官に就き、吏部尙書となり、人事を掌った。その人事基準を示した「山公啓事」については、渡邉義浩「『山公啓事』にみえる貴族の自律性」（『中国文化―研究と教育』六七、二〇〇九年、『西晉「儒教国家」と貴族制』汲古書院、二〇一〇年に所収）を参照。

（一二）『老子』第四十四章に、「多藏必厚亡」とあることを踏まえた表現である。ただし、山濤は清貧で知られるため、蓄財に関する記述は誤りであろう。

（一三）夏侯玄は、字を泰初、沛國譙縣の人。夏侯尙の子。従兄の曹爽政権のもと、皇帝権力の再編のため九品中正制度の改革を目指したが、正始の政変の後、司馬師に殺害された（『三國志』巻九　夏侯淵傳附夏侯玄傳）。

（一四）『荘子』人間世篇に、「支離疏者、……上有大役、則支離以有常疾」とあり、逍遙遊篇に、「吾有大樹、人謂之樗。其大本擁腫而不中繩墨、其小枝卷曲而不中規矩、立之塗、匠者不顧。今子之言、大而無用、衆所同去也」とあることを踏まえた表現である。

(一五) 荀奉倩は、荀粲。奉倩は字、潁川郡潁陰県の人、荀彧の子。女性は「色を以て主」とすべしと主張し、「色」のある曹洪の娘を娶ったが、やがて妻が卒し、悲痛の思いを抑えきれず、一年あまりで病死した(『世説新語』惑溺第三十五注引『粲別傳』)。

(一六)『莊子』至樂篇に、「莊子妻死、惠子弔之。莊子則方箕踞鼓盆而歌」とあることを踏まえた表現である。

(一七) 王夷甫は、王衍。夷甫は字、琅邪郡臨沂縣の人。王敦・王導の族兄。清談に励み、国家運営に力を尽くさず、西晉の滅亡を招いた(『晉書』巻四十三 王衍傳)。

(一八)『戰國策』秦策三に、「梁人有東門吳者、其子死而不憂」とあることを踏まえた表現である。

(一九) 嵆叔夜は、嵆康。叔夜は字、譙國銍縣の人。友人の阮籍と共に、鋭い論調によって偽善的な風潮を敢然と批判した。魏室と姻戚関係にあったため、司馬氏に憎悪されて死刑に処せられた。渡邉義浩「嵆康の革命否定と権力」(『早稲田大学大学院文学研究科紀要』六〇—一、二〇一五年、『「古典中国」における文学と儒教』に所収)を参照。

(二〇)『老子』第四章に、「挫其鋭、解其紛、和其光、同其塵」とあることを踏まえた表現である。

(二一) 郭子玄は、郭象。子玄は字、河南の人。清談をよくし、『莊子』に注をつけたが、高官となって権勢を誇示した。渡邉義浩「郭象の『莊子注』と貴族制—魏晉期における玄学の展開と君主権力」(『六朝学術学会報』一三、二〇一二年)を参照。

(二二)『老子』第五十一章に、「是以聖人後其身而身先、外其身而身存」とあることを踏まえた表現である。

(二三) 阮嗣宗は、阮籍。嗣宗は字、兗州陳留郡尉氏縣の人。曹魏の末に形骸化した儒教とそれを利用する司馬氏に反発して、禮制を無視し、酒に韜晦した。また、「詠懷詩」を著し、自己の心情を吐露した。渡邉義浩「呻吟する魂 阮籍」(『中華世界の歴史的展開』汲古書院、二〇〇二年、『三国政権の構造と「名士」』前掲に所収)を参照。

(二四)『莊子』達生篇に、「夫畏塗者、十殺一人、則父子兄弟相戒也。必盛卒徒而後敢出焉、不亦知乎。人之所取畏者、衽席之上、飲食之間、而不知爲之戒者、過也」とあることを踏まえた表現である。

(二五) 謝幼輿は、謝鯤。幼輿は字、陳郡陽夏縣の人。謝安の伯父。父の謝衡が儒學から玄學に尊重する学問を改めたことを承け、『老子』『周易』を尊重し、自らを阮籍に準えた(『晉書』巻四十九 謝鯤傳)。

(二六)『莊子』博喩篇に、「莊周憂得魚之方多」とあることを踏まえた表現である。

(二七) 周弘正は、字は思行。汝南郡安城縣の人。東晉の周顗の九世孫。『老子』『周易』に通じ、梁の元帝から「一時の名士」と称えられた。陳の國子祭酒、尚書右僕射となり、東宮で『論語』『孝經』を講義した(『陳書』巻二十四 周弘正傳)。

[現代語訳]

そもそも『老子《ろうし》』『莊子《そうし》』の書は、おそらく人間の本真を保全し性を養い、物によって自己を煩わせないものである。このため(老子は)名を倉庫番に隠して、最後は西方の砂漠に入り、(莊子は)事跡を漆園の官吏に隠して、最後は楚の宰相を辞退した。かれらは気ままで無責任な連中である。何晏《かあん》と王弼《おうひつ》は、玄學を祖述し、相次いで互いに褒めあったので、（多くの者が）影が従い草が靡《なび》くように追随した。みな神農《じんのう》や黄帝《こうてい》の化身となり、（かれらが）わが身に体現したとし、周公旦《しゅうこうたん》と孔子《こうし》の事業は、これを視座の外に棄てた。しかし（何晏、字は）平叔《へいしゅく》が曹爽《そうそう》の党として誅殺されたことは、（権力に奢る者は）権力に死ぬという網に引っかかったものである。（王弼、字は）輔嗣《ほし》が多く人を笑いものにして憎まれたことは、勝ちを好む者（は敵に遇う）の陥穽に落ちたものである。山巨源《さんきょげん》（山濤）が蓄財により誹りを受けたのは、多く蔵する者は必ず厚く失うという文に背くものである。夏侯玄《かこうげん》が才能と名声をもちながら殺戮されたのは、支離《しり》（せむし男）や擁腫《ようしゅ》（こぶだらけの大木）の（無能であるから生を全うするという）鑑を無視するものである。荀奉倩《じゅんほうせん》（荀粲）が妻を失い、神が傷ついて卒したのは、（莊子が妻の死後）缶《ふ》をたたいて（歌ったという）情とは異なる。王夷甫《おういほ》（王衍）が子を悼み、悲しんで自ら耐えられない様子は、東門（呉）の達観とは異なる。嵆叔夜《けいしゅくや》（嵆康）が世俗を排しながら禍を受けたのは、どうして和光同塵の一派といえようか。郭子玄《かくしげん》（郭象）が権勢に傾いたのは、（『老子』のいう）その身を後にし自分を外にするという風潮であろうか。阮嗣宗《げんしそう》（阮籍）が酒に溺れ正体をなくすのは、道を恐れて（飲食坐作の間も）慎むというたとえに背いている。謝幼輿《しゃようよ》（謝鯤）が不正な財産を隠して退けられたのは、（莊子が）その余分な魚を棄てた主旨と違っている。かれらたちは、並びにその領袖であり、玄學の帰する所である。（かれらですらこの有り様では）その残りの（浮き世の）塵《ちり》や滓《かす》の中につなぎ止められ、名声と利益の下にひれ伏している者など、どうして詳細に言うべき必要があろうか。ただその清談や雅論が暗い微細な部分を明らかにし、賓客と主人と（で議論を）往復する心を楽しませ耳を悦ばせるに過ぎないだけである。（玄學は）世を済い風俗を整えるための要《かなめ》ではない。梁の世におよび、玄學の風がまた起こり、『莊子』・『老子』・『周易』を、まとめて「三玄」と言った。梁の武帝《ぶてい》や簡文《かんぶん》帝《てい》は、自ら玄學を講論した。周弘正《しゅうこうせい》も天子のお考えに賛同して、感化は行き渡り、学徒は千余にのぼり、まことに盛んであった。元帝《げんてい》が江州や荊州におられるときにも、また玄學を愛習して、学生を召き置き、親しく教授して、寝食を忘れ、夜から朝に及んだ。そしてたいへん疲れたり憂憤があると、そのたびに講論を行い自ら気晴らしをされた。吾《わたし》も何度か（ご講論の）末席に預かり、親しくお声を拝聴した。（しかし、わたしは）性が頑迷固陋であり、玄学は好むところとはならなかった。

【原文】

齊孝昭帝、侍婁太后疾、容色憔悴、服膳減損。徐之才爲灸兩穴、帝握拳代痛、爪入掌心、血流滿手。后既痊愈、帝尋疾崩、遺詔、恨不見山陵之事。其天性至孝如彼、不識忌諱如此。良由無學所爲。若見古人之譏欲母早死而悲哭之、則不發此言也。孝爲百行之首、猶須學以脩飾之。況餘事乎。

《訓読》

齊の孝昭帝、婁太后（一）の疾めるに侍し、容色 憔悴し、服膳 減損す。徐之才（二） 爲に兩穴に灸するに、帝 拳を握り痛に代へ、爪 掌心に入り、血 流れて手に滿つ。后 既に痊愈するも、帝 尋《つ》いで疾みて崩ず。遺詔して、「山陵の事を見ざるを恨む」と。其の天性の至孝なること彼の如きも、忌諱を識らざること此の如し。良《まこと》に無學の爲す所に由る。若し古人(三)の母 早に死して之を悲哭せんと欲するを譏りたるを見れば、則ち此の言を發せざりしなり。孝は百行の首爲れば(四)、猶ほ須らく學びて以て之を脩飾すべし。況んや餘事をや。

(注)

(一)婁太后は、名を昭君。高歡の妻。子の高洋が北齊を建国すると、皇太后となった。高洋だけではなく、兄の高澄、弟の高演(孝昭帝)、高湛(武成帝)・高淯(襄城王)・高濟(博陵王)を生んだ(『北齊書』巻九 神武婁后傳)。

(二)徐之才は、丹陽の人。父の徐雄は医術で知られ、その術を継承し、婁太后を危篤から救った。尚書令となり、西陽郡王に封建された(『北齊書』巻二十五 徐之才傳)。

(三)『淮南子』說山訓に、「東家母死、其子哭之不哀、西家子見之、歸謂其母曰、社何愛速死、吾必悲哭社。夫欲其母之死者、雖死亦不能悲哭矣。謂學不暇者、雖暇亦不能學矣」とあることを踏まえている。

(四)『玉海』巻十一に引く鄭玄の孝經序に、「孝爲百行之首」とあることを踏まえた表現である。

[現代語訳]

北齊《ほくせい》の孝昭帝《こうしょうてい》は、婁《ろう》皇太后の病気を看護し、顔貌は憔悴し、食膳の数は減った。徐之才《じょしさい》が(皇太后の)ために二つのつぼに灸を据えると、孝昭帝は拳を握って(皇太后の)の痛みを代わろうとし、爪が掌に食い込み、血が流れ手に満ちるほどであった。皇太后は快癒したものの、孝昭帝が続けて病に倒れ崩御した。その遺詔には、「(母上の)陵墓を整えられなかったことが恨めしい」とあった。天性の至孝であったことこれほどなのに、(親の死を口にするという)禁忌を知らないこともこのようであった。まことに無学がそうさせたのである。もし古人の「母が早く死んでくれたら悲しみ嘆いて孝行できるのに」という言葉への批判を知っていれば、このような言葉を遺さなかったであろう。孝は百行の第一であれが、それですら学んで脩飾しなければならないのである。まして他のことは言うまでもない。

【原文】

梁元帝、嘗爲吾說、昔在會稽、年始十二、便已好學。時又患疥、手不得拳、膝不得屈。閑齋張葛幃、避蠅獨坐、銀甌貯山陰甜酒、時復進之、以自寬痛、率意自讀史書、一日二十卷、既未師受、或不識一字、或不解一語、要自重之、不知厭倦。帝子之尊、童稚之逸、尚能如此。況其庶士、冀以自達者哉。

《訓読》

梁の元帝、嘗て吾が爲に說くに、「昔 會稽に在るや、年 始めて十二、便ち已に學を好む。時に又 疥を患ひ、手は拳するを得ず、膝は屈するを得ず。閑齋に葛幃を張り、蠅を避け獨り坐し、銀甌に山陰の甜酒を貯へ、時に復た之を進めて、以て自ら痛みを寛らげ、意に率ひて自ら史書を讀むこと、一日二十卷、既に未だ師受あらざれば、或いは一字を識らず、或いは一語を解せざれば、要《もと》めて自ら之を重ね、厭倦を知らず」と。帝子の尊、童稚の逸にして、尚ほ能く此の如し。況んや其れ庶士の冀はくは以て自ら達せんとする者をや。

［現代語訳］

梁の元帝が、かつて吾《わたし》のために語って、「むかし會稽《かいけい》郡にいたころ、十二歳になったばかりで、早くもすでに学問を好んでいた。このときはまた疥癬《かいせん》を患って、手は拳を握れず、膝は曲げられなかった。この閑静な書斎に葛の蚊帳を張り、羽虫を避けて一人座し、銀のかめに山《さん》陰《いん》の甜酒《てんしゅ》を貯え、時々にこれを嘗めながら、自らの苦痛を和らげ、気のむくままに史書を読むこと、一日に二十巻であったが、もとより師について学んでないので、この一字を知らず、この一語が分からないこともあったが、自ら何度も読み重ねて、飽きることがなかった」とおっしゃった。皇子という尊い身、童子という若さでも、なおこのようである。まして庶士で自ら高見に達しようと願うものであればなおさらである。

【原文】

古人勤學、有握錐投斧、照雪聚螢、鋤則帶經、牧則編簡。亦爲勤篤。梁世、彭城劉綺、交州刺史勃之孫、早孤家貧、燈燭難辦、常買荻尺寸折之、然明夜讀。孝元初出會稽、精選寮寀、綺以才華、爲國常侍兼記室、1〔殊蒙禮遇〕、終於金紫光祿。義陽朱詹、世居江陵、後出揚都。好學、家貧無資、累日不爨、乃時呑紙以實腹。寒無氈被、抱犬而臥。犬亦飢虚、起行盜食。呼之不至、哀聲動鄰。猶不廢業、卒成學士、官至鎭南錄事參軍、爲孝元所禮。此乃不可爲之事、亦是勤學之一人。東莞臧逢世、年二十余、欲讀班固漢書、苦假借不久、乃就姊夫劉緩、乞丐客刺・書翰紙末、手寫一本。軍府服其志尙、卒以漢書聞。

〔校勘〕

1．抱經堂叢書本は、この四字を欠くが、知不足齋叢書本にはあり、王利器本の指摘に従って補う。

《訓読》

古人の學に勤むるや、錐を握り(一)斧を投げ(二)、雪に照し(三)螢を聚め(四)、鋤《す》けば則ち經を帯び(五)、牧すれば則ち簡を編む(六)もの有り。亦た勤篤と爲す。梁の世に、彭城の劉綺(七)は、交州の刺史たる勃の孫、早くして孤にして、家は貧しく、燈燭 辨じ難く、常に荻の尺寸なるを買ひて之を折り、明を然《もや》して夜に讀む。孝元 初めて會稽に出ずるや、寮寀を精選す。綺 才華を以て、國常侍兼記室(八)と爲り、殊に禮遇を蒙り、金紫光祿(九)に終る。義陽の朱詹(一〇)は、世〻江陵に居り、後に揚都に出づ。學を好むも、家貧にして資無く、累日 爨《かし》がず。乃ち時に紙を呑みて以て腹を實たす。寒にも氈被無く、狗を抱きて臥す。犬も亦た飢虚すれば、起き行きて食を盜む。之を呼ぶも至らざれば、哀聲 鄰を動かす。猶ほ業を廢せず、卒に學士と成り、官は鎭南の錄事參軍(一一)に至り、孝元の禮する所と爲る。此れ乃ち爲す可からざるの事なれど、亦た是れ學に勤むるの一人なり。東莞の臧逢世は、年二十余、班固の漢書を讀まんと欲するも、假借 久しからざるに苦しみ、乃ち姊の夫たる劉緩に就き、客刺・書翰の紙末を乞《こ》丐ひて、手づから一本を寫す。軍府 其の志尙に服す。卒に漢書を以て聞こゆ。

（注）

（一）『戰國策』秦策一に、「（蘇秦）讀書欲睡、引錐自刺其股、血流至足」とあることを踏まえた表現である。

（二）『太平御覽』卷七百六十三に、「（廬江）七賢傳曰、文黨字仲翁、與人俱入山取木、謂侶人曰、吾欲遠學、先試投斧高木上、斧當柱、乃投之。斧果止。因之、長安受經」とあることを踏まえた表現である。

（三）『太平御覽』卷十二に、「宋齊語曰、孫康家貧、常映雪讀書」とあることを踏まえた表現である。

（四）『晉書』卷八十三 車胤傳に、「（車胤）家貧不常得油、夏月則練囊盛數十螢火以照書、以夜繼日焉」とあることを踏まえた表現である。

（五）『漢書』卷五十八 兒寬傳に、「（兒寬）時行賃作、帶經而鉏、休息輒讀誦、其精如此」とあることを踏まえた表現である。

（六）『漢書』卷五十一 路溫舒傳に、「父爲里監門。使溫舒牧羊、溫舒取澤中蒲、截以爲牒、編用寫書」とあることを踏まえた表現である。

（七）劉綺は、彭城郡の人。交州刺史の劉勃の孫。家が貧しく、荻を燃やして夜に学び、梁の元帝に用いられた。

（八）國常侍兼記室は、官名。ここでは、湘東王であった蕭繹（元帝）のもと、湘東王國の常侍と記室參軍を兼ねていること。

（九）金紫光祿は、官名。散官の金紫光祿大夫のこと。

（一〇）朱詹は、義陽郡の人。王利器は、『金樓子』に見える朱澹遠ではないかという。貧乏で紙を食べてお腹を満たしながら学び、梁の元帝に仕え、鎭南錄事參軍となった。

（一一）錄事參軍は、官名。ここでは、鎭南將軍であった蕭繹（元帝）の錄事參軍である。

［現代語訳］

古人が学問を修める（ときに苦労した事例）には、（蘇秦が）錐《きり》を握り（足に刺し眠気をこらえ）、（文黨が）斧を投げ（て遊学を決意し）たり、（孫康が）窓の雪に照らし（車胤が）蛍を集め（明かりを採り）、（兒寛が畑に）鍬を入れるのに經書を帯び、（路溫舒が）羊を追うのに簡牘《かんとく》を編んだという話がある。これはまた（学問に）篤く勤めたものと言えよう。梁の世では、彭城《ほうじょう》郡の劉綺《りゅうき》は、交州《こうしゅう》刺史《しし》の劉勃《りゅうぼつ》の孫だが、若くして父を失い、家は貧しく、明かりを買うのが難しく、いつも荻の一尺ばかりのものを買ってこれを折り、燃やして明かりをとって夜に読書をした。孝元帝《こうげんてい》が初めて會稽《かいけい》に出ると、立派な属吏を精選したが、劉綺は才能により、國常侍兼記室《こくじょうじけんきしつ》となって、ことに礼遇され、金紫光祿大夫《きんしこうろくたいふ》となった。義陽《ぎよう》郡の朱詹《しゅせん》は、代々江《こう》陵《りょう》に住んでいたが、後に揚都《ようと》（建康）に移り住んだ。学問を好んだが、家が貧しく学資が無く、何日も飯を炊くことができず、なんと時には紙を食べて腹を満たした。寒くても毛布が無いので、犬を抱いて寝た。犬もまた腹が減っているので、起き出して盗み食いに行く。朱詹が呼んでも帰って来ない時などは、その悲しげな声に隣近所も涙した。それでもなお学業を止めることなく、ついに学士となり、鎭南《ちんなん》將軍の錄事參軍《ろくじさんぐん》に至り、孝元帝に礼遇された。これはなかなかできないことで、かれもまた学に勤めたものの一人と言えよう。東莞《とうかん》の臧逢世《ぞうほうせい》は、二十数歳のとき、班固の『漢書』を読みたいと思ったが、そう長くは借りていられないのに苦慮し、姉の夫である劉緩《りゅうかん》に名刺や書簡の紙くずをもらい、手ずから一本を書写した。軍府はその志の高さに感服した。ついには『漢書』の学で名を成した。

【原文】

齊有宦者內參田鵬鸞、本蠻人也。年十四五、初爲閹寺、便知好學、懷袖握書、曉夕諷誦。所居卑末、使役苦辛、時伺間隙、周章詢請。每至文林館、氣喘汗流、問書之外、不暇他語。及覩古人節義之事、未嘗不感激沈吟久之。吾甚憐愛、倍加開奬。後被賞遇、賜名敬宣、位至侍中開府。後主之奔青州、遣其西出、參伺動靜、爲周軍所獲。問齊主何在、紿云、已去。計當出境。疑其不信、歐捶服之、每折一支、辭色愈厲、竟斷四體而卒。蠻夷童丱、猶能以學成忠。齊之將相、比敬宣之奴不若也。

《訓読》

齊に宦者の內參(一)たる田鵬鸞有り、本は蠻人なり。年十四五、初めて閹寺と爲り、便ち學を好むを知り、懷袖に書を握り、曉夕 諷誦す。居る所 卑末なれば、使役に苦辛するも、時に間隙を伺ひては、周章して詢請す。文林館(二)に至る每に、氣喘ぎ汗流れ、書を問ふの外は、他語に暇あらず。古人の節義の事を覩るに及びては、未だ嘗て感激沈吟して之を久しくせずんばあらず。吾 甚だ憐愛し、倍〻開奬を加ふ。後に賞遇せられ、名を敬宣と賜り、位は侍中開府(三)に至る。後主(四)の青州に奔るや、其れをして西に出だしめ、動靜を參伺せしむるに、周軍の獲らふる所と爲る。齊主 何にか在ると問へば、紿《あざむ》きて云ふ、「已に去れり。計るに當に境を出でんとすべし」と。其の信ならざるを疑ひ、歐捶して之を服せんとするも、一支を折る每に、辭色 愈〻厲しく、竟に四體を斷たれて卒す。蠻夷の童丱すら、猶ほ能く學を以て忠を成せり。齊の將相、敬宣の奴に比すも若かざるなり。

(注)

(一) 內參は、官名。宮中の侍者。

(二) 文林館は、学校。北齊の後主三(五六七)年、祖珽の上奏により、「文學」の士を招き建てた(『北齊書』卷四十五 文苑傳)。顏之推は、そこの中心的な学者であった。

(三) 侍中開府は、官名。『北齊書』『北史』は「開府中侍中」につくる。「中侍中」は、宦官の就く侍中のこと。

(四) 後主は、ここでは北齊の第五代皇帝。高緯。暗愚で知られ、とくに斛律光を粛清し、蘭陵王高長恭を自殺に追い込んでから軍事力が衰退し、北周に侵略された。後主は、国内を逃げ回るが、承光元(五七七)年、子の幼主高恆と共に北周軍に捕らわれ、北齊は滅亡した。

[現代語訳]

北齊に宦官の內參である田鵬鸞《でんほうらん》という者がおり、もとは蠻夷であった。十四、五歳で、はじめて宦官となり、学問を好むことを知り、懐に書を握り、朝も夕も読みふけった。地位が卑しいため、使い走りに苦労したが、暇をみつけては、あちこちに出かけ教えを請うた。文林《ぶんりん》館《かん》に来るたびに、息せき切って汗を流し、書物について質問する以外は、よけいな事を喋らなかった。古人の節義の話を読むたびに、感激して沈吟し繰り返し続けないことはなかった。吾《わたし》もたいそう目をかけ、ますます励ましてやった。のちに優遇され、名を敬宣《けいせん》と賜り、位は侍中開府《じちゅうかいふ》に至った。後主《こうしゅ》が青州《せいしゅう》に逃げると、西に派遣され、動静を伺っていると、北周軍に捕らえられた。齊主はどこだと問われると、欺いて、「すでに去られました。おそらくもう国境を出たころでしょう」と言った。（北周軍は）それを信ぜず、拷問して吐かせようとしたが、手足を折られるたびに、態度も言葉もますます激しく、ついには四肢を断たれて卒した。蠻夷の少年ですら、学問によって忠義を成した。北齊の將軍や大臣は、敬宣のような奴隷にすら及ばない。

【原文】

鄴平之後、見徙入關。思魯嘗謂吾曰、朝無祿位、家無積財。當肆筋力、以申供養。每被課篤、勤勞經史、未知爲子可得安乎。吾命之曰、子當以養爲心、父當以學爲教。使汝棄學徇財、豐吾衣食、食之安得甘、衣之安得暖。若務先王之道、紹家世之業、藜羹・縕褐、[1]（吾自安）〔我自欲〕之。

〔校勘〕

1．抱經堂叢書本は「吾自安」につくるが、知不足齋叢書本をはじめ諸本は「我自欲」につくる。王利器本に従って改める。

《訓讀》

鄴 平らぐの後(一)、徙されて關に入る。思魯(二) 嘗て吾に謂ひて曰く、「朝に祿位無く、家に積財無し。當に筋力に肆《つと》めて、以て供養を申《いた》すべし。每に課せらるること篤く、經史に勤勞するも、未だ子爲るものの安きを得可けんや」と。吾 之に命じて曰く、「子は當に養を以て心と爲すべく、父は當に學を以て教と爲すべし。汝をして學を棄て財に徇《したが》はしめ、吾が衣食を豐かにせしむるも、之を食らひて安《いづく》んぞ甘きを得ん、之を衣《き》て安んぞ暖きを得ん。若し先王の道に務め、家世の業を紹がば、藜羹・縕褐も、我 自ら之を欲す」と。

（注）

（一）鄴が平定され、北齊が滅ぼされた承光元（五七七）年、顏之推をはじめとする十八人は、北周の武帝に従って、長安に移住させられた（『北齊書』卷四十二 陽休之傳）。

（二）思魯は、顏思魯。顏之推の長男、顏師古の父。よく家業を継いで儒學・史學に明るく、房玄齡・虞世南らと共に李世民に仕え、秦王府記室參軍事に至った。妻とは折り合いが悪く、子の諫止も聞かなかったため、帝にたしなめられたという（『新唐書』卷百九十八 顏師古傳）。

〔現代語訳〕

鄴《ぎょう》が平定された後、移住させられ函谷關を入（り、長安に来）た。（長男の）思魯はあるとき吾《わたし》に、「朝廷に官職を得るつてがなく、家に財産もありません。筋肉により（労働に）励んで、（父上の）お世話をすべきでしょう。いつも厳しく教育を受け、經書と史書に励んで参りましたが、いまだ子として（勤めも果たさず）甘んじていてよいものでしょうか」と言った。わたしは思魯に命じて、「子は親孝行を心がけるべきであり、父は学問を教えるべきものである。おまえに学問を捨てて金を稼がせ、わたしの衣食が満たされたとして、そんな食事がどうして美味いものか、そんな衣服がどうして暖かいものか。もし先王の道に務め、我が家業を継いで代々伝えてくれれば、藜《あかざ》の吸い物や粗末な着物も、わたしは進んでそれを欲しがろう」と言った。

【原文】

書曰、好問則裕。禮云、獨學而無友、則孤陋而寡聞。蓋須切磋相起明也。見有閉門讀書、師心自是、稠人廣坐、謬誤羞慙者多矣。穀梁傳稱、公子友與莒挐相搏、左右呼曰孟勞。孟勞者、魯之寶刀名、亦見廣雅。近在齊時、有姜仲岳、謂、孟勞者、公子左右、姓孟、名勞、多力之人、爲國所寶。與吾苦諍。時清河郡守邢峙、當世碩儒、助吾證之、赧然而伏。又三輔決錄云、靈帝殿柱題曰、堂堂乎張、京兆田郎。蓋引論語、偶以四言、目京兆人田鳳也。有一才士、乃言、時張京兆及田郎二人皆堂堂耳。聞吾此說、初大驚駭、其後尋媿悔焉。江南有一權貴、讀誤本蜀都賦注。解蹲鴟、芋也、乃爲羊字。人饋羊肉、答書云、損惠蹲鴟。擧朝驚駭、不解事義。久後尋迹、方知如此。元氏之世、在洛京時、有一才學重臣、新得史記音、而頗紕繆。誤反顓頊字、頊當爲許錄反、錯作許緣反、遂謂朝士言、從來謬音專旭、當音專翾耳。此人先有高名、翕然信行。期年之後、更有碩儒、苦相究討、方知誤焉。漢書王莽贊云、紫色䵷聲、餘分閏位。謂以僞亂眞爾。昔吾嘗共人談書、言及王莽形狀。有一俊士、自許史學、名價甚高、乃云、王莽非直鴟目虎吻、亦紫色蛙聲。又禮樂志云、給太官挏馬酒。李奇注、以馬乳爲酒也、揰挏乃成。二字並從手、揰挏、此謂撞擣挺挏之、今爲酪酒亦然。向學士又以爲、種桐時、太官釀馬酒乃熟。其孤陋遂至於此。太山羊肅、亦稱學問、讀潘岳賦周文弱枝之棗、爲杖策之杖、世本容成造歷以歷、爲碓磨之磨。

《訓讀》

書に曰く、(一)「問を好めば則ち裕《ひろ》し」と。禮に云ふ、(二)「獨學して友無くば、則ち孤陋にして寡聞なり」と。蓋し須らく切磋して相 起こすべきこと明らかなり。門を閉ぢて讀書し、心を師とし自ら是とするも、稠人 廣坐すれば、謬誤して羞慙する者有るを見ること多し。穀梁傳に稱すらく、(三)「公子友と莒挐と相搏《う》ち、左右 呼んで曰く「孟勞」と」と。孟勞とは、魯の寶刀の名にして、亦た廣雅に見ゆ。(四)近ごろ齊に在りし時、姜仲岳なるもの有り、謂へらく、「孟勞とは、公子の左右、姓は孟、名は勞、多力の人、國の寶とする所と爲る」と。吾と苦諍す。時に清河郡守の邢峙、(五)當世の碩儒にして、吾を助けて之を證せば、赧然として伏す。又 三輔決錄に云ふ、(六)「靈帝(七) 殿柱に題して(八)曰く、「堂堂乎たり張、京兆の田郎」」と。蓋し論語を引きて、偶〻四言を以て、京兆の人田鳳に目せしなり。一才士有り、乃ち言ふ、「時に張京兆及び田郎の二人は皆《とも》に堂堂たるのみ」と。吾の此の說を聞き、初めは大いに驚駭し、其の後 尋ねて愧悔せり。江南に一權貴有り、誤本の「蜀都の賦」(九)の注を讀む。「蹲鴟、芋なり」と解するを、乃ち羊の字と爲せり。人 羊肉を饋《おく》るに、答書に云ふ、「蹲鴟を損惠せらる」と。朝を擧げて驚駭し、(一〇)事義を解せず。久しくして後に尋迹し、方《はじ》めて此の如きを知る。元氏の世、洛京に在りし時、一才學の重臣有り、新たに史記音(一一)を得たるも、而ち頗る紕繆あり。誤りて顓頊の字に反して、頊は當に許錄の反と爲すべきを、錯《あやま》りて許緣の反に作る。遂に朝士に謂ひて言ふ、「從來 謬りて專旭と音せしも、當に專翾と音すべきのみ」と。此の人 先に高名有れば、翕然として信行す。期年の後、更に碩儒有り、苦《つと》めて相 究討し、方めて誤を知れり。漢書の王莽の贊(一二)に云ふ、「紫色・䵷聲、餘分の閏位」と。謂へらく僞を以て眞を亂すのみ。昔 吾れ嘗て人と共に書を談じ、言ひて王莽の形狀に及ぶ。一俊士の、自ら史學を許し、名價甚だ高きもの有りて、乃ち云ふ、「王莽は直《た》だ鴟目虎吻なるのみに非ず、亦た紫色蛙聲なり」と。又 禮樂志に云ふ、「太官に挏馬酒を給す」と。李奇の注に、「馬乳を以て酒を爲るなり、揰挏して乃ち成る」と。二字 並に手に從ひ、揰挏(一三)とは、此れ撞擣して之を挺挏するを謂ひ、今の酪酒を爲るも亦た然り。向の學士 又 以《い》爲へらく、「桐を種うる時に、太官馬酒を釀して乃ち熟す」と。其の孤陋なること遂に此に至る。太山の羊肅も、亦た學問を稱せらるるも、潘岳の賦の(一四)「周文の弱枝の棗」を讀みて、杖策の杖と爲し、世本の(一五)「容成 歷を造る」の歷を以て、碓磨の磨と爲す。

(注)

(一)『尙書』仲虺之誥篇に、「予聞曰、能自得師者王、謂人莫己若者亡。好問則裕、自用則小」とあり、同文。

(二)『禮記』學記篇に、「獨學而無友、則孤陋而寡聞」とあり、同文。

(三)『春秋穀梁傳』僖公元年に、「公子友謂莒挐曰、吾二人不相說、士卒何罪。屛左右而相搏。公子友處下。左右曰孟勞。孟勞者。魯之寶刀也。公子友以殺之。然則何以惡乎紿也。曰棄師之道也」とある。

(四)廣雅は、字書。曹魏の張揖の撰。『爾雅』にならって訓詁を記す。三卷（『隋書』卷三十二 經籍志一）。

(五)邢峙は、字を士峻、河間郡鄚縣の人。「三禮」『春秋左氏傳』に通じ、國子助教として太子に經を授けた。國子博士の後、清河太守となり、家で卒した（『北齊書』卷四十四 儒林 邢峙傳）。

(六)三輔決錄は、書名。後漢末の趙岐の撰。趙岐は、京兆長陵の出身で、官は太僕に至った（『後漢書』列傳五十四 趙岐傳）。

(七)靈帝は、後漢第十二代皇帝の劉宏（位、一六八～一八九年）。竇太后とその父竇武が解瀆亭侯家より迎えて擁立した。即位当初から政情不安定で、竇武や陳蕃たちによる宦官誅滅計画とその失敗、第二次黨錮事件の発生、黄巾の乱の勃発など、政局は混迷を極めた。黄巾の乱の平定以降は、鴻都門學の設置、西園八校尉の創設など見るべき施策も多い（『後漢書』本紀八 靈帝紀）。

(八)『論語』子張篇に、「曾子曰、堂堂乎張也、難與竝爲仁矣」とある。

(九)蜀都の賦は、三都の賦の一部。臨淄の人である西晉の左思（字を太沖）が十年の歳月を注いだ大作「三都の賦」は、魏・呉・蜀三国の首都の繁華のさまを写実的に描く美文で「洛陽の紙価を高める」という言葉が生まれるほど人々に読まれたという。

(一〇)元氏は、北魏の支配者拓抜氏のこと。北魏が洛陽に遷都したのは、太和十八（四九四）年、元氏と改姓したのは、太和二十（四九六）年のことである。

(一一)史記音は、書名。『隋書』經籍志に著録されるものは、梁の軽車録事参軍の鄒誕生の著作。宇都宮は、この年代に北方に伝わっていたか疑問であるとする。

（一二）王莽は、字を巨君。前漢元帝の外戚。社会不安の広がる中、儒教を利用して前漢を簒奪し、新（八～二五年）を建国。強引な復古政策を行ったことから、各地で反乱を招き、ついには更始帝の軍に敗れ、滅亡した（『漢書』巻九十九 王莽傳）。渡邉義浩『王莽―改革者の孤独』（大修館書店、二〇一二年）を参照。

（一三）原注に、捶は「都孔反」、挏は「達孔反」とある。

（一四）潘岳は、字を安仁。中牟の人。西晉の文人で、「賈謐二十四友」の一人、司馬允のクーデタ失敗の際、友人の石崇と共に処刑された（『晉書』巻三十三 石苞傳ほか）。

（一五）世本は、書名。劉向の撰。黄帝以来、春秋の時までの諸侯・大夫の系譜を述べる。『漢書』巻三十 藝文志に、「世本十五篇」と著録される。

［現代語訳］

『尚書《しょうしょ》』（仲虺之誥篇）には、「問うことを好めば豊か（な人物）になるとある。『禮記《らいき》』（學記篇）には、「独学で友人もいないと、ひとりよがりになり知識が狭くなる」とある。学ぶには切磋琢磨して互いに高めあうべきことは明らかである。門を閉じて読書し、吾が心を師として自分を良しとしたばかりに、大勢の集まる場に出で、間違いを犯して恥をかく者を見ることが多い。『春秋穀梁傳《こくりょうでん》』（僖公元年）は、「公子友と莒挐《きょど》とが組みうち合うと、左右の者は「孟勞《もうろう》」と叫んだ」とある。孟勞とは、魯の宝刀の名で、『廣雅《こうが》』にも見える。さきごろ北齊《ほくせい》にいたとき、姜仲岳《きょうちゅうがく》というものがいて、「孟勞とは、公子の側近の者で、姓が孟で、名が勞、力が強く、国の宝とされていた」と言った。それで吾《わたし》と言い争いになった。このとき清河《せいが》郡守の邢《けい》峙《じ》、当世の碩儒であったが、吾《わたし》に助力し論証してくれたので、（姜仲岳も）恥じいって承服した。また『三輔決録《さんぽけつろく》』には、「靈帝《れいてい》が宮殿の柱に題して、「（『論語』子張篇にいう）堂堂たるかな張やとは、京《けい》兆《ちょう》の田郎のことである」と書いた」とある。これは『論語』を引用して、たまたま四言であるので、京兆の人である田鳳《でんほう》に人物評語を与えたものである。ある才士がおり、「そのころ張京兆と田郎という二人がともに堂々たる人物であった」と言っていた。吾《わたし》のこの説を聞き、初めは大いに驚いていたが、その後に調べて後悔していた。江南にさる権門の方がいて、誤字のある本で「蜀都《しょくと》の賦《ふ》」の注を読んでいた。（その本は）「蹲鴟とは、芋である」と解釈すべきものを、（芋の字を）羊の字に作っていた。ある人が羊肉を贈ると、お礼状に、「蹲鴟のご恵贈をいただき」とあった。朝廷の皆が驚き、意味を理解できなかった。しばらくして尋ね調べたところ、はじめて顚末がわかったのである。元《げん》氏の世に、洛陽にいたころ、ある才学の重臣がおり、新たに『史記音《しきおん》』を入手したが、たいそう間違いがあった。顓《せん》頊《ぎょく》の字に間違った半切をつけ、頊は許録の反とすべきところを、誤って許緣の反にしていた。かくて朝士に、「これまで誤って専旭と発音してきたが、專翾と発音すべきである」と言った。この人は以前から高名であったため、みなそうであったと信じた。しばらくして、さらに碩儒がおり、苦心して討議をし、はじめて誤りを知らしめた。『漢書』の王莽《おうもう》傳の贊《さん》には、「（王莽は色でいえば半端な）紫色（声でいえば音程を外れた邪音である）䵷聲、（国家で言えばあまりの）餘分の閏位であった」とある。意味としては偽者が本物を乱したということである。むかし吾《わたし》がかつて人と書物を語って、王莽の容貌に及んだ。とある俊才で、自ら史學に詳しいと称し、名声もたいそう高い者が、「王莽はただ鴟目（フクロウのような目）で虎吻（虎のような口元）であるばかりか、顔が紫色で蛙のような声をしていた」と言った。また禮樂志には、「太官（大膳職）に挏馬酒《とうばしゅ》を給す」とある。李奇《りき》の注には、「馬の乳を酒とするもので、揰挏《とうとう》してできる」とある。二字はともに手偏であり、揰挏とは、（羊の胃で作った水筒に入れて）つき動かして揺すりながら作ることであり、今の酪酒を作る時もそうする。さきの俊才は、また「桐を植える時分に、太官が馬酒をかもして熟成させる」と言っていた。その独りよがりはこれほどのものであった。泰山《たいざん》の羊肅《ようしゅく》も、学問ができると言われていたが、潘岳《はんがく》の賦の「周文の弱枝《じゃくし》の棗《なつめ》」を読んで、（枝を）杖策《じょうさく》の杖とし、『世《せ》本《ほん》』の「容成《ようせい》 歴《こよみ》を造る」の歴を、碓磨《たいま》（うす）の磨としていた。

【原文】

談說製文、援引古昔、必須眼學、勿信耳受。江南閭里間、士大夫或不學問、羞爲鄙朴、道聽塗說、強事飾辭。呼徵質爲周鄭、謂霍亂爲博陸、上荊州必稱陝西、下揚都言去海[1]（邦）〔郡〕。言食則餬口、道錢則孔方、問移則楚丘、論婚則宴爾、及王則無不仲宣、語劉則無不公幹。凡有一二百件。傳相祖述、尋問莫知原由、施安時復失所。莊生有乘時鵲起之說。故謝朓詩曰、鵲起登吳臺。吾有一親表、作七夕詩云、今夜吳臺鵲、亦共往填河。羅浮山記云、望平地樹如薺。故戴暠詩云、長安樹如薺。又鄴下有一人詠樹詩云、遙望長安薺。又嘗見謂矜誕爲夸毗、呼高年爲富有春秋。皆耳學之過也。

〔校勘〕

1．抱經堂叢書本は「邦」につくるが、知不足齋叢書本をはじめ諸本は「郡」につくる。王利器本に従って改める。

《訓読》

談說し文を製するに、古昔を援引するは、必ず須らく眼學すべく、耳受を信ずること勿かれ。江南の閭里の間、士大夫 或いは學問せざるも、鄙朴爲るを羞じ、道聽塗說[一]して、事を強ひ辭を飾る。質を徵するを呼びて周鄭[二]と爲し、霍亂を謂ひて博陸[三]と爲し、荊州に上れば必ず陝西[四]と稱し、揚都に下れば海郡[五]に去ると言ふ。食を言へば則ち餬口[六]、錢を道《い》へば則ち孔方[七]、移を問へば則ち楚丘[八]、婚を論ずれば則ち宴爾[九]、王に及べば則ち仲宣ならざるは無く、劉を語れば則ち公幹ならざるは無し。凡そ一二百件有り。傳へて相 祖述し、尋問すれも原由を知ること莫く、施安の時も復た所を失ふ。莊生[一〇]に「時に乘じて鵲 起つ」の說有り。故に謝朓[一一]の詩に曰く、「鵲 起ちて吳臺に登る」と。吾に一親表有り、七夕の詩を作りて云ふ、「今夜 吳臺の鵲、亦た共に往きて河を塡めん」と。羅浮山記に云ふ、「平地を望めば樹 薺の如し」と。故に戴暠の詩に云ふ、「長安の樹 薺《なずな》の如し」と。又 鄴下に一人有り、詠樹詩に云ふ、「遙かに望む長安の薺」と。又 嘗て矜誕を謂ひて夸毗と爲し、高年を呼びて春秋を富有すと爲すを見る。皆耳學の過なり。

（注）

（一）『論語』陽貨篇に、「子曰、道聽而塗說、德之棄也」とあることを踏まえた表現である。

（二）『春秋左氏傳』隱公 傳三年に、「周・鄭交質」とあることを踏まえた表現である。

（三）霍亂は、大腸カタル。前漢の宰相霍光は博陸侯に封建されていることを踏まえた表現である。

（四）周代の「分陝」（召公が陝より西、周公が陝より東を主管したこと）を踏まえた表現である。

（五）『尚書』禹貢篇に、「淮・海惟揚州」とあることを踏まえた表現である。

（六）『春秋左氏傳』隱公 傳十一年に、「而使餬其口於四方」とあることを踏まえた表現である。

（七）魯褒の「錢神論」に、「親愛如兄、字曰孔方」とあることを踏まえた表現である。

（八）『春秋左氏傳』閔公 傳二年に、「僖之元年、齊桓公、遷邢于夷儀、二年、封衞于楚丘」とあることを踏まえた表現である。

（九）『詩經』邶風 谷風に、「宴爾新昏、如兄如弟」とあることを踏まえた表現である。

（一〇）『太平御覽』巻九百二十一に、「莊子曰、……得時則蟻行、失時則鵲起也」と残る『莊子』の逸文を踏まえた表現である。

（一一）謝朓は、字を玄暉、陳郡陽夏縣の人。竟陵王・蕭子良の西邸に集った文人「竟陵八友」の一人であり、同じく八友の仲間である沈約・王融らとともに「永明體」と呼ばれる詩風を生み出した。網祐二『中国中世文学研究―南斉永明時代を中心として』（新樹社、一九六〇年）を参照。

［現代語訳］

談論し文章を著す際に、故事を引用するときは、必ず自分の目で原典を確かめ、人に聞いたままを信じてはならない。江南の社会の間では、士大夫は学問もないのに、田舎じみたのも恥として、道路で聞いてそのまま途中で話すように、無理をして言辞を飾っていた。人質を取ることを「周鄭」と言い、霍乱のことを「博陸《りくはく》」と言い、荊州へ上るには必ず「陝西《せんせい》」と言い、揚都《ようと》へ下るには「海郡へ去る」と言う。食事を言うのに「餬口《ここう》」とし、銭を言うのに「孔方」とし、転居の様子をうかがうのに「楚丘《そきゅう》はどうですか」と聞き、婚姻を決めるのに「宴爾《えんじ》はいかがですか」と聞き、王と言うときは（「建安の七子」の王粲《おうさん》の字を取って）「仲宣《ちゅうせん》」としないことはなく、劉と言うときは（「建安の七子」の劉楨《りゅうてい》の字を取って）「公幹《こうかん》」としないことはない。この手の例が百も二百もある。伝え聞き言い伝えて、由来を聞いても淵源を知る者なく、使い方もおかしくなっていく。『莊子』には「時に乗じて鵲が起つ」という言葉がある。だから謝朓《しゃちょう》の詩に、「鵲が起ったころに呉臺に登り」という表現されるのである。（しかし）吾《わたし》の母方のいとこが、「七夕の詩」を作ると、「今夜 呉臺の鵲が、共にかけゆき河を埋め」などとする。また（袁宏《えんこう》の）「羅浮山記《らふざんき》」には、「平地を望めば樹々も薺《なずな》のようで」とある。だから戴暠《たいこう》の詩に、「長安の樹も薺のようで」という表現がある。（しかし）また北齊のある者が、「詠樹詩」を作ると、「遥かに望むは長安の薺」などとする。またかつて矜誕《そんだい》のことを夸毗《ていねい》といい、高齢者を「春秋に富む」とする者も見た。みな耳学問による過ちである。

【原文】

夫文字者、墳籍根本。世之學徒、多不曉字。讀五經者、是徐邈而非許愼。習賦誦者、信褚詮而忽呂忱。明史記者、[1]專（皮）〔徐〕・鄒而廢篆籒。學漢書者、悅應・蘇而略蒼・雅。不知書音是其枝葉、小學乃其宗系。至見服虔・張揖音義則貴之、得通俗・広雅而不屑。一手之中、向背如此。況異代各人乎。

〔校勘〕

1．顔師古『漢書』注の敍例に皮氏は見当たらず、「專皮・鄒」では、皮に該当者がいない。諸家の説に従い「徐」の誤りとした。

《訓讀》

夫れ文字なる者は、墳籍の根本なり。世の學徒、多くは字に曉《あきら》かならず。五經を讀む者は、徐邈(一)を是として許愼(二)を非とす。賦誦を習ふ者は、褚詮(三)を信じて呂忱(四)を忽《ゆるが》せにす。史記に明らかならんとする者は、徐(五)・鄒を專らにして篆籀を廢す。漢書を學ぶ者は、應(六)・蘇(七)を悦びて蒼(八)・雅(九)を略《はぶ》く。書音は是れ其の枝葉、小學は乃ち其の宗系なるを知らず。服虔(一〇)・張揖(一一)の音義を見れば則ち之を貴び、通俗(一二)・廣雅を得て屑《いさぎよ》しとせざるに至る。一手の中すら、向背すること此の如し。況んや異代の各人をや。

（注）

(一) 徐邈は、字を仙民、東莞郡姑幕縣の人。『春秋穀梁傳』に注を附したほか、『五經音訓』を著した（『晉書』巻九十一 儒林 徐邈傳）。

(二) 許愼は、字を叔重、汝南郡召陵縣の人。『說文解字』の著者。博學で知られ、「五經無雙許叔重」と称された（『後漢書』列傳七十九下 儒林 許愼傳）。田中麻紗巳「許愼と古文学」（『舞鶴工業高等専門学校紀要』一〇、一九七五年、『両漢思想の研究』研文出版、一九八六年に所収）を参照。

(三) 褚詮は、褚詮之。劉宋の御史。『隋書』巻三十二 經籍志一に、「百賦音 十巻」が著録される。

(四) 呂忱は、字は伯雍、任城の人。晉の弦令。『隋書』巻三十二 經籍志一に、「字林 七巻」が著録される。

(五) 徐は、ここでは徐野民か。徐廣の可能性もある。

(六) 應は、應劭。後漢の学者。字は仲遠（援・瑗）。汝南郡南頓縣の人。博學で見聞が広く、靈帝のとき孝廉に挙げられた。泰山太守を務めていたおり、黄巾の大軍三十万を撃破する戦功をあげた。のち冀州牧の袁紹のもとに身を寄せ、袁紹の軍謀校尉に任命された。著書に『漢官儀』・『風俗通』があるほか、『漢書』に注解を施した（『後漢書』列傳三十八 應奉傳附應劭傳）。

(七) 蘇は、蘇林。曹魏の人、字を孝友。文帝の時に博士となり、安成亭侯に封ぜられている。『漢書』に関する注もあったが、むしろ『孝經』の注で知られる。

(八) 蒼は、三蒼、字書。前漢の閭里書師が、李斯の著とされる『蒼頡』七章に、趙高の著とされる『爰歷』六章、胡母敬の著とされる『博學』七章を併せ、『蒼頡篇』、またの名を『三蒼』五十五章としたという

(九) 雅は、ここでは『爾雅』『廣雅』『小爾雅』の総称。

(一〇) 服虔は、後漢末の儒者。字は子愼。河南滎陽の人。中平年間の末に九江太守となった。『春秋左氏傳解誼』を著すなど、多くの著作を残した（『後漢書』列傳六十九下 儒林 服虔傳）。

(一一) 張揖は、曹魏の博士。『埤蒼』『古今字詁』『廣雅』といった字書を著した（『隋書』巻三十二 經籍志一）。

(一二) 通俗は、通俗文。『隋書』巻三十二 經籍志一には、「通俗文一巻 服虔撰」と著録されるが、その仮託であることが、書證篇に論ぜられる。

（一三）廣雅は、字書。曹魏の張揖の撰。『爾雅』にならって訓詁を記す。三巻（『隋書』巻三十二 經籍志一）。

［現代語訳］

そもそも文字は、典籍の根本である。（しかし）世の学徒は、多く字に暗い。五經を読む者は、徐邈《じょばく》の説を正しいとして許愼《きょしん》を否定する。賦の詠唱を習う者は、褚詮《ちょせん》を信奉して呂忱《りょしん》を粗末にする。『史記』を知ろうとする者は、徐氏や鄒誕生《すうたんせい》ばかりを重んじて篆文や籀文（という古文字）を無視する。『漢書』を学ぶ者は、應劭《おうしょう》や蘇林《そりん》を喜び「三蒼《さんそう》」や「雅書《がしょ》」を省く。音韻は典籍の枝葉であり、小學《しょうがく》（文字学）こそが樹幹であることを知らないのである。服虔《ふくけん》や張揖《ちょうしゅう》の音義を見ればありがたがるのに、（同じ著者の文字学の本である）『通俗文《つうぞくぶん》』や『廣雅《こうが》』を得て励もうとはしない。同一人の手に成るものすら、背を向けることこの有様である。ましてや時代と人を異にすればなおさらである。

【原文】

夫學者貴能博聞也。郡國・山川、官位・姓族、衣服・飲食、器皿・制度、皆欲根尋得其原本。至於文字、忽不經懷。己身姓名、或多乖舛、縱得不誤、亦未知所由。近世有人爲子制名。兄弟皆山傍立字、而有名峙者。兄弟皆手傍立字、而有名機者。兄弟皆水傍立字、而有名凝者。名儒・碩學此例甚多。若有知吾鍾之不調、一何可笑。

《訓読》

夫れ學者は能く博聞なるを貴ぶなり。郡國・山川、官位・姓族、衣服・飲食、器皿・制度、皆 根尋して其の原本を得んと欲す。文字に至りては、忽《ゆるが》せにして懷《おもひ》を經ず。己が身の姓名すら、或いは多くは乖舛し、縱《たと》ひ誤らざるを得るも、亦た未だ由る所を知らず。近世 人の子の爲に名を制《さだ》む有り。兄弟 皆 山傍に字を立つるに、峙と名づくる者有り。(一) 兄弟 皆 手傍に字を立つ、而るに機と名づくる者有り。(二) 兄弟 皆 水傍に字を立つるに、凝と名づくる者有り。(三) 名儒・碩學すら此の例 甚だ多し。若し吾が鍾の調はざるを知る(四)こと有れば、一に何ぞ笑ふ可けんや。

（注）

（一）王利器の注は、諸家を引いて『説文解字』に「峙、躇也。从止寺聲」とあっても峙字はなく、峙は峙の正字であることを論じる。また、名を峙とする者として先に登場した邢峙を例に挙げる。ただし邢峙に兄弟がいるのかは不詳。

（二）盧文弨は、上文にあわせて機は機に作るべきだとするが、上文と違い機は機の正字というわけではない。なお王利器は、安成康王の簫秀の子が機、字は智通および推、字は智進であることを指摘する（『梁書』巻二十二 太祖五王傳）。

（三）盧文弨は、注（二）と同じ理由で凝は凝に作るべきだとする。なお嚴式誨は、北斉の高祖高歓の王子が澄・洋・浚・淹・湫・渙・淯・湝・湜・濟・凝・潤・洽であり、高凝が顔之推の指摘に当たるとする（『北齊書』巻二 高祖十一王列傳）。

（四）『呂氏春秋』長見篇に、「晉平公鑄爲大鐘、使工聽之、皆以爲調矣。師曠曰、不調、請更鑄之。平公曰、工皆以爲調矣。師曠

曰、後世有知音者、將知鐘之不調也。臣竊爲君恥之。至於師涓、而果知鐘之不調也。是師曠欲善調鐘、以爲後世之知音者也」とあることを踏まえた表現である。

［現代語訳］

そもそも学者は博聞であることを尊ぶ。郡國や山川、官位や姓族、衣服や飲食、什器や制度など、みなその名の根本を尋ね尽くして原形を明らかにしようとする。（しかし）文字については、いい加減にして思いを寄せない。自分の姓名ですら、中には誤っていることも多く、たとえ誤っていなくても、その言われを知らない。ちかごろは子のために名を規則づける人もいる。兄弟にみな山偏の字を付けているのに、峙と名付ける者がある。兄弟にみな手偏の字を付けているのに、機と名付ける者がいる。兄弟にみなさんずいの字を付けているのに、凝と名付ける者がいる。名儒・碩学でもこうした例はたいへん多い。もし自分の名で「鍾の調《ととの》はざるを知る」ことになれば、どうして笑っておられようか。

【原文】

吾嘗從齊主幸幷州、自井陘關入上艾縣。東數十里、有獵閭村。後百官受馬糧、在晉陽東百餘里亢仇城側。並不識二所本是何地。博求古今、皆未能曉。及檢字林・韻集、乃知獵閭是舊巤餘聚、亢仇舊是䜪𧮫亭、悉屬上艾。時太原王劭、欲撰郷邑記注。因此二名聞之、大喜。

《訓読》

吾 嘗て齊主の幷州に幸するに從ひ(一)、井陘關より上艾縣に入る。東すること數十里に、獵閭村有り。後に百官 馬糧を受けたるは、晉陽の東百餘里の亢仇城の側に在り。並《とも》に二所の本は是れ何の地なるかを識らず。博く古今に求むるに、皆 未だ曉らかにする能はず。字林・韻集(二)を檢するに及び、乃ち獵閭は是れ舊《もと》の巤餘聚、亢仇は舊の是れ䜪𧮫亭にして、悉く上艾に屬するを知る。時に太原の王劭(三)、郷邑記注(四)を撰せんと欲す。因りて此の二名もて之に聞《まう》せば、大いに喜ぶ。

（注）

（一）趙曦明は、『北齊書』巻四 文宣帝紀に「天保九年六月乙丑、帝自晉陽北巡」とあることを引き、これに当てる。

（二）『韻集』は、音韻の書。『隋書』經籍志には同名の書籍が三点収録され、選者不明の十巻本、段弘の八巻本も見えるが、おそらく晉の安復令の呂靜による六巻本が顏之推のこれにあたる（『隋書』巻三十二 經籍一）。現在は散逸。なお、李登の『聲類』とともに、清濁・宮羽を分別した初めての書だが、全く典拠を示さないことで見識を損なっており、詩賦の作成に使いづらいとの評価がある（『隋書』巻七十六 潘徽傳引『韻纂』序）。

（三）王劭は、字を君懋。はじめ北齊に仕えて太子舍人・待詔文林館となり、博覧と称された。隋では員外散騎侍郎となって起居注を修め、經書・緯書・天文・佛教の知識を駆使して『皇隋靈感志』などを撰述した。煬帝の時、祕書少監となり、在官中に死んだ。著書に『讀書記』、『隋書』などがある（『隋書』巻六十九 王劭傳）。

（四）『郷邑記注』は、不詳。ただ、上艾は漢代には太原郡に属していた（『後漢書』志二十　郡國二　常山國）。おそらく王劭の本貫である太原郡の郷邑に関する書物であろう。

［現代語訳］

吾《わたし》はかつて齊主（文宣帝）が幷州《へいしゅう》に行幸するのに従い、井陘關《せいけいかん》より上艾縣《じょうがいけん》に入った。東に進むこと数十里のところに、獵閭《りょうりょ》村があった。また後ほど（随従する）百官が馬糧を受けたのは、晉陽《しんよう》の東百里あまりの亢仇《こうきゅう》城の側であった。ともに二所が元々どこの地なのか分からなかった。博く古今の書より探したものの、誰も明らかにできなかった。『字林』と『韻集《いんしゅう》』を探したところ、「獵閭」は元の䜌餘《りょうよ》聚《しゅう》、「亢仇」は元の䜆訅亭《ばんきゅうてい》で、どちらも上艾県に属していたことが分かった。ちょうど太原の王劭《おうしょう》が『郷邑記注《きょうゆうきちゅう》』を撰述しようとしていた。そこでこの二つの名を教えると、たいそう喜んだ。

【原文】

吾初讀莊子、螝二首。韓非子曰、蟲有螝者、一身兩口、爭食相齕、遂相殺也。茫然不識此字何音、逢人輒問、了無解者。案爾雅・諸書、蠶蛹名螝。又非二首兩口貪害之物。後見古今字詁、此亦古之虺字。積年凝滯、豁然霧解。

《訓読》

吾　初め莊子を讀むに、「螝二首」あり。(一)韓非子に曰く、「蟲に螝なる者有り、一身に兩口、食を爭ひて相　齕み、遂に相　殺すなり」と。(二)茫然として此の字の何の音なるかを識らず、人に逢へば輒ち問ふも、了として解く者無し。爾雅(三)・諸書を案ずるに、蠶蛹を螝《き》と名づく。又二首にして兩口貪害の物に非ず。後に古今字詁(四)を見れば、此れも亦た古の「虺《き》」字なり。積年の凝滯、豁然として霧解す。

（注）

（一）「螝二首」の語は現行の『莊子』には見えない。王利器は、『一切經音義』に引く『莊子』に、「虺二首」とあることを指摘する。

（二）『韓非子』說林下篇に、「蟲有蚘者、一身兩口、爭食相齕也、遂相殺」とあり、字句に異同がある。

（三）『爾雅』釋蟲に、「螝、蛹」とあり、その原注に「蠶蛹……螝、音𪚥」とある。『爾雅』に従うなら「き」と読むことになる。しかし、知不足齋叢書本の原注には「音潰」とあり、その場合には「かい」となる。

（四）『古今字詁』は、張揖の撰（『隋書』巻三十二　經籍志一）。しかるに「虺」であるからといって、二首兩口が了解される理由はよくわからない。

［現代語訳］

わたしが初めて『莊子《そうし》』を読んだとき、「螝二首」なる一節があった。『韓非子《かんぴし》』には、「虫の中には螝というものがいて、一つの体に二つの口、食べ物を争って互いに噛み合い、終いには互いを殺すのである」とあった。何やらぼんやりしていてこの字は何と発音するのかもわからず、人に会うたびに尋ねていたのだが、はっきりこれと解説してくれる者はいなかった。『爾雅《じが》』やその他の字書を見ても、カイコの蛹のことを螝と呼ぶとある。これまた二首二口で互いを害する生物ではない。後に『古今字詁《ここんじこ》』を見ると、これもまた古い「風」字だとあった。積年のわだかまりが、ぱっと消えていった。

【原文】

嘗遊趙州、見栢人城北有一小水。土人亦不知名。後讀城西門徐整碑、云、洦流東指。衆皆不識。吾案説文、此字古魄字也。洦、淺水皃。此水漢來本無名矣。直以淺貌目之、或當即以洦爲名乎。

《訓讀》

嘗て趙州に遊び、柏人城の北に一小水有るを見る。土人も亦た名を知らず。後に城の西門の徐整(一)の碑を讀むに、云ふ、「洦流 東指す」と。皆 識らず。吾 説文を案ずるに、此の字 古の魄《はく》字なり。「洦は、淺水の皃」と(二)。此の水 漢來 本より名無きか。直だ淺貌の之を目するを以て、或いは當に卽ち洦を以て名と爲せるか。

(注)

(一) 徐整は、三國呉の太常卿。『毛詩譜』三卷、『孝經默注』一卷など經書の注釋を殘した(『隋書』卷二十七 經籍志一、卷二十八 經籍志二)。また『舊唐書』卷二十六 經籍上には、『三五曆記』二卷、『通曆』二卷など、曆法の書も見える。ただし、著書に『豫章烈士傳』三卷、『豫章舊志』八卷があるところを見ると、豫章郡の出身であり、そのまま呉に仕えたとするなら、柏人城に碑文が残ることの説明はつかない。

(二)『説文解字』十一上に、「淺水也。从水百聲」とある。段注は、「古魄字也」が今本では誤脱している可能性を示唆する。

[現代語訳]

かつて趙州に旅して、柏人《はくじん》城の北に小さな川があるのを見た。土地の人も名は知らないという。後に城の西門にある徐整《じょせい》の碑を読んでみると、「洦流は東へ向かう」とあった。誰もこの「洦」の字が読めない。わたしが『説文解字《せつもんかいじ》』を調べてみると、この字は古の「魄《はく》」の字であるようだ。「洦は、浅い水流の様子」という。この川には漢より以来もとから名が無いのではないか。(徐整は)ただ川の浅い様子を見て、あるいは洦をその名としたのではあるまいか。

【原文】

世中書翰、多稱勿勿。相承如此、不知所由。或有妄言此忽忽之殘缺耳。案説文勿者、州里所建之旗也、象其柄及三斿之形、所以趨民事。故忽遽者稱爲勿勿。

《訓讀》

世中の書翰、「勿勿」と稱するもの多し。相 承くること此の如くして、由る所を知らず。或いは「此れ忽忽の殘缺なるのみ」と妄言するもの有り。案ずるに説文の勿は、「州里の建つる所の旗なり、其の柄及び三斿の形に象り、民事を趣《うなが》す所以なり。故に忽遽の者 稱して「勿勿」と爲す」と(一)。

(注)

(一)『説文解字』九下に、「州里所建旗。象其柄、有三游。襍帛幅

乍異、所㠯趣民、故遽偁勿勿、凡勿之屬皆从勿」とある。王利器注では、吾丘衍によれば『説文解字』の悤字に、「悤、多遽悤悤也。从囱。从心」とあるから、顔之推の説には見落としがあり、また顔之推の「觀我生賦」に「悤悤」が見え、顔之推本人も俗例を用いていることを指摘する。

[現代語訳]

世間の書翰には、「勿勿」と書いているものが多い。みなそのように伝承されていると知るだけで、そう書く理由を知らない。ある者は、「これは忽忽から字が欠けたものである」などと妄言を吐く。案ずるに『説文解字』の勿字には、「州里が建てる旗であり、その柄と三枚のはたあしの形を象り、民に仕事を急がせるものである。このため急の返事を要する者が「勿勿」と書く」とある。

【原文】

吾在益州、與數人同坐。初晴日明、見地上小光。問左右、此是何物。有一蜀豎、就視荅云、是豆逼耳。相顧愕然、不知所謂。命取將來、乃小豆也。窮訪蜀土、呼粒爲逼、時莫之解。吾云、三蒼・説文、此字白下爲匕、皆訓粒。通俗文、音方力反。衆皆歡悟。

《訓読》

吾 益州に在りて、數人と同坐す。初めて晴れて日 明にして、地上の小光を見る。左右に問ふ、「此れや是れ何物ぞ」と。一蜀豎有り、就きて視て荅へて云ふ、「是れ豆逼《とうひやく》なるのみ」と。相 顧みて愕然とし、謂ふ所を知らず。命じて取り將《も》ちて來たらしめば、乃ち小豆なり。蜀土に窮訪すれば、粒を呼びて逼と爲すも、時に之を解する莫し。吾 云ふ、「三蒼・説文に、此の字 白下に匕に爲り、皆に粒と訓ず(一)。通俗文に、「音は方力の反」と」と。衆は皆 歡悟す。

(注)

(一)『説文解字』五篇下に、「皀、穀之馨香也。象嘉穀在裹中之形。匕所㠯扱之。或説皀、一粒也。凡皀之屬皆从皀。又讀若香」とある。

[現代語訳]

わたしは益州にあり、数人と同席していた。はじめて晴れて日が照ると、地上に小さく光るものがある。周囲の人に、「あれはなんだろうね」と聞いた。すると蜀の童僕が、じっと見て、「あれは豆逼です」と答えた。顔を見合わせて愕然とし、言葉が出てこない。命じて取ってこさせると、小豆であった。蜀の土地の人々に聞いて回ると、粒のことを逼と呼ぶことがわかったが、それが何故かを解説してくれる者はなかった。わたしは、『三蒼』や『説文解字』だと、この字はともに「白」の下に「匕」の形で、両方とも粒の意味にしている。そして『通俗文』には、「(皀) 音は方力の反」とある」と言った。場の者はみな納得した。

【原文】

愍楚友壻竇如同、從河州來、得一青鳥、馴養愛翫。擧俗呼之爲鶡。吾曰、鶡出上黨、數曾見之、色竝黄黑、無駁雜也。故陳思王鶡賦云、揚玄黃之勁羽。試檢說文、鴒雀似鶡而靑、出羌中。韻集、音分。此疑頓釋。

《訓読》

愍楚(一)の友壻たる竇如同、河州より來りて、一靑鳥を得て、馴養愛翫す。擧俗 之を呼びて鶡《ふん》と爲す。吾 曰ふに、「鶡は上黨に出で、數〻曾て之を見るに、色は竝びに黃黑、駁雜無きなり。故に陳思王の「鶡賦」に云ふ、「玄黃の勁羽を揚ぐ」と(二)。試みに說文を檢ずれば、「鴒《ふん》雀は鶡に似て靑く、羌中に出づ」と(三)。韻集は、「音分」と。此の疑頓《とみ》に釋けり。

(注)

(一) 愍楚は、顏愍楚、之推の次男。隋に仕えて通事舍人となり、圖書を校訂した。隋末の混乱に巻き込まれ、朱粲に投降したところ、食われた。著書に『證俗音略』二卷がある(『舊唐書』卷四十六 經籍上、卷五十六 朱粲傳、卷六十一 溫大雅傳)。

(二) 鶡賦は、曹植の賦。武官が鶡の羽を挿すのはその勇猛さになぞらえてのことだと歌う。引用部分は、「戴毛角之雙立、揚玄黃之勁羽」とある。

(三)『說文解字』は、「鴒、鴒雀也。佀鶡而靑、出羌中。从鳥介聲」としている。また、『漢書』卷八十九 循吏傳の「時京兆尹張敞舍鶡雀飛集丞相府」の顏師古注に、「蘇林曰、令虎賁所著鶡也。師古曰、蘇說非也。此鶡音芬、字本作鴒、此通用耳。鴒雀大而色靑、出羌中、非武賁所著也。武賁鶡色黑、出上黨、以其鬬死不止、故用其尾飾武臣首云。今時俗人所謂鶡雞者也、音曷、非此鴒雀也」とある。『說文解字』段注は、顏氏一族が文字を取り違えた可能性を指摘し、郝懿行は伝刻の誤りで、顏氏に非はないとする。顏氏の家訓である以上、「分」で読むべきであろう。

[現代語訳]

(次男の)愍楚《びんそ》のあいむこである竇如同《とうじょどう》が、河州から来て、一羽の青い鳥を捕まえ、世話して愛玩していた。世間の者はこれを鶡《ふん》と呼んでいた。わたしが思うに、鶡は上黨《じょうとう》に産出し、かつて何度も見たことがあるが、色はどれも黄色がかった黒で、まだら模様はなかった。だから陳思王の「鶡賦」に、「玄黄色の強き羽を掲げ」とあるのだ。試みに『說文解字』を引いてみたところ、「鴒《ふん》雀は鶡に似て青く、羌の土地に産出する」とあった。『韻集』は、「音は分」としていた。この疑問はあっさり解けたのである。

【原文】

梁世有蔡朗、諱純。既不涉學、遂呼蓴爲露葵、面牆之徒、遞相倣效。承聖中、遣一士大夫聘齊、齊主客郎李恕問梁使曰、江南有露葵否。答曰、露葵是蓴、水鄕所出。食者綠葵菜耳。李亦學問、但不測彼之深淺、乍聞無以覈究。

《訓読》

梁の世に蔡朗(一)なるもの有り、純を諱む。既に學に涉らざれば、遂に蓴《じゅん》を呼びて露葵と爲し、面牆の徒(二)、遞《たが》ひに相 倣效す。承聖中、一士大夫をして齊に聘せしむるに、齊の主客郎（三）たる李恕（四）梁使に問ひて曰く、「江南に露葵有りや否や」と。答へて曰く、「露葵は是れ蓴なり、水鄉の出す所なり。食する者は綠葵菜なるのみ」と。李も亦た學問あるも、但だ彼《か》の深淺を測らず、聞き乍《なが》らにして以て覈究する無し。

（注）

（一）蔡朗は、不詳。梁代の人。

（二）『尙書』周官に、「不學牆面」とあり、『論語』陽貨篇に、「子謂伯魚曰、女爲周南・召南矣乎。人而不爲周南・召南、其猶正牆面而立也與」とある記述を踏まえる。

（三）主客郎は、官名、尙書に属し、諸々の客人の接待を職掌とする（『隋書』巻二十二 百官志中）。

（四）李恕は、不詳。李慈銘は、『北史』巻四十三 李崇傳に見える李庶のこととする。

［現代語訳］

梁のころ蔡朗《さいろう》という者がおり、純の字を避けていた。ただ学問をやらないので、蓴菜《じゅんさい》（の蓴を純と同音だからと避け）露葵と呼び、学問のない連中が、お互いこれをまねした。承聖《しょうせい》年間（五五二〜五五五年）に、ある士大夫を北齊《ほくせい》に使いに出すと、北齊の主客郎《しゅかくろう》の李恕《りじょ》は、この梁の使者に、「江南にも露葵はございますか」と尋ねた。使者は、「露葵というのは蓴菜のこと、水鄉たる江南の産出するところでございます。貴方がお食べになっているのは綠葵菜です」と答えた。李恕も学問はあったのだが、相手の学が深いか浅いかまで確かめず、聞き流して真相究明をしなかった。

【原文】

思魯等姨夫彭城劉靈、嘗與吾坐、諸子侍焉。吾問儒行・敏行曰、凡字與諮議名同音者、其數多少、能盡識乎。答曰、未之究也。請導示之。吾曰、凡如此例、不預研檢、忽見不識、誤以問人、反爲無賴所欺。不容易也。因爲說之、得五十許字。諸劉歎曰、不意乃爾。若遂不知、亦爲異事。

《訓読》

思魯ら姨夫たる彭城の劉靈（一）と、嘗て吾が坐を與にし、諸子侍す。吾儒行・敏行（二）に問ひて曰く、「凡そ字の諮議（三）の名と音を同じくする者、其の數の多少、能く盡く識らんや」と。答へて曰く、「未だ之を究めざるなり。請ふらくは之を導示せよ」と。吾曰く、「凡そ此の如き例、預《あらかじ》め研檢せずんば、忽ち不識を見《あらは》し、誤りて以て人に問へば、反りて無賴の欺く所と爲る。容易ならざるなり」と。因りて爲に之に說き、五十許字を得たり。諸劉歎じて曰く、「意《おも》はざりき乃ち爾れるを。若し遂に知らざれば、亦た異事を爲さん」と。

（注）

（一）劉靈は、彭城の人。雜藝篇によれば、寫真の法（スケッチ）に優れていたという。

（二）儒行と敏行は、劉靈の子という以外、不詳。

（三）諮議は、諮議參軍。府に属し、府内の監察および諸事の諮問に答える（『通典』巻三十一 職官十三）。なお品秩は所属する府に準ずる。劉靈がどこの諮議であったかは不明。

［現代語訳］

（長男の）思魯《しろ》たちが叔母の夫である彭城《ほうじょう》の劉靈《りゅうれい》と、かつてわたしの座を共にしたことがあり、劉靈の子たちも同席していた。わたしは（劉靈の子の）儒行《じゅこう》と敏行《びんこう》に、「諮議《しぎ》（である劉靈）どのの名と発音が同じである字は、その数がどれくらいか、すべてを知っているかね」と尋ねた。（二人は）「まだ知り尽くしておりません。ぜひご教授ください」と答えた。わたしは、「およそこうした類のことは、あらかじめよく調べておかないと、おもわず不見識をさらすことになり、うっかり人に尋ねると、かえって無教養な者に嘘を教えられたりする。難しいものだよ」と言った。そこで二人のために「靈」と同音の字を説くと、五十字ほどになった。かれらは嘆息して、「こんなにあるとは思いませんでした。もし教えていただかなければ、たいへんなことになっていました」と言った。

【原文】

校定書籍、亦何容易。自揚雄・劉向、方稱此職耳。觀天下書未徧、不得妄下雌黄。或彼以爲非、此以爲是、或本同末異、或兩文皆欠、不可偏信一隅也。

《訓読》

書籍を校定するは、亦た何ぞ容易ならん。揚雄（一）・劉向（二）よりは、方に此の職を稱するのみ。天下の書を観ること未だ徧《あまね》からざれば、妄りに雌黄（三）を下すを得ず。或いは彼れ以て非と爲し、此れ以て是と爲し、或いは本同じくして末異なり、或いは兩文皆 欠くれば、一隅を偏信ずる可からざればなり。

（注）

（一）揚雄は、前漢の思想家・文学者。益州蜀郡成都縣の人、字は子雲。博覧強記で辭賦に巧みであり、劉歆らとともに天祿閣で校書し、また王莽のために符命を偽造した。著書に『周易』を模した『太玄經』や、『論語』を模した『法言』などがある（『漢書』巻八十七上下 揚雄傳上下）。

（二）劉向は、前漢の学者。沛國の人、字は子政、楚元王劉交の子孫。春秋學を修め災異の解釈に通じ、『洪範五行傳論』を著した。また、宮中の圖書を校勘して分類目録「別録」を作った。事業は子の劉歆と、揚雄らに引きつがれ、「七略」として結実した（『漢書』巻三十六 楚元王傳付劉向傳）。

（三）雌黄は、絵具。宇野精一は、ヒ素と硫黄の化合物で、色は黄、当時は紙の色が黄色かったため、これを上塗りして文字を消した、とする。

［現代語訳］

書籍を校定するのは、容易なことではない。揚雄《ようゆう》や劉向《りゅうきょう》以降のものは、官職としてそれを名乗っているだけである。天下の書物を見ることがすべてでなければ、みだりに雌黄《しおう》を加えてはならない。あちらの本では誤りと思われても、こちらの本では正しく思われ、あるいは書き出しが同じでも最後が異なり、あるいはともに欠けているのであるから、わずかな事例だけを妄信してはならないのである。

（池田雅典・渡邉義浩）

【原文】

卷第四　文章　名實　涉務

文章第九

夫文章者、原出五經。詔・命・策・檄、生於書者也。序・述・論・議、生於易者也。歌・詠・賦・頌、生於詩者也。祭・祀・哀・誄、生於禮者也。書・奏・箴・銘、生於春秋者也。朝廷憲章、軍旅誓誥、敷顯仁義、發明功德、牧民建國、施用多途。至於陶冶性靈、從容諷諫、入其滋味。亦樂事也。行有餘力、則可習之。然而自古文人、多陷輕薄。屈原露才揚己、顯暴君過。宋玉體貌容冶、見遇俳優。東方曼倩、滑稽不雅。司馬長卿、竊貲無操。王褒過章僮約。揚雄德敗美新。李陵降辱夷虜。劉歆反覆莽世。傅毅黨附權門。班固盜竊父史。趙元叔抗竦過度。馮敬通浮華擯壓。馬季長佞媚獲誚。蔡伯喈同惡受誅。吳質詆忤鄉里。曹植悖慢犯法。杜篤乞假無厭。路粹隘狹已甚。陳琳實號麤疎。繁欽性無檢格。劉楨屈強輸作。王粲率躁見嫌。孔融・禰衡誕傲致殞。楊修・丁廙扇動取斃。阮籍無禮敗俗。嵆康凌物凶終。傅玄忿鬬免官。孫楚矜誇凌上。陸機犯順履險。潘岳乾沒取危。顏延年負氣摧黜。謝靈運空疎亂紀。王元長凶賊自詒。謝玄暉侮慢見及。凡此諸人、皆其翹秀者、不能悉紀、大較如此。至於帝王、亦或未免。自昔天子而有才華者、唯漢武・魏太祖・文帝・明帝・宋孝武帝、皆負世議、非懿德之君也。自子游・子夏・荀況・孟軻・枚乘・賈誼・蘇武・張衡・左思之儔、有盛名而免過患者、時復聞之、但其損敗居多耳。每嘗思之、原其所積、文章之體、標擧興會、發引性靈、使人矜伐。故忽於持操、果於進取。今世文士、此患彌切。一事愜當、一句清巧、神厲九霄、志凌千載、自吟自賞、不覺更有傍人。加以砂礫所傷、慘於矛戟、諷刺之禍、速乎風塵、深宜防慮、以保元吉。

《訓読》

卷第四　文章　名實　涉務

文章第九

夫れ文章なる者は、原《もと》 五經より出づ。詔・命・策・檄は、書より生ぜし者なり。序・述・論・議は、易より生ぜし者なり。歌・詠・賦・頌は、詩より生ぜし者なり。祭・祀・哀・誄は、禮より生ぜし者なり。書・奏・箴・銘は、春秋より生ぜし者なり（一）。朝廷の憲章、軍旅の誓誥は、仁義を敷顯し、功德を發明して、民を牧《をさ》め國を建つれば、施用するに途《みち》多し。性靈（二）を陶冶し、諷諫を從容せしむるに至りては、其の滋味（三）に入る。亦た樂事なり。行ひて餘力有れば、則ち之を習ふ可し（四）。然り而して古より文人は、多く輕薄に陷る（五）。屈原（六）は才を露《あらは》し己を揚げて、君の過を顯暴す。宋玉（七）は體貌容冶なるも、俳優に遇せらる。東方曼倩（八）は、滑稽にして雅ならず。司馬長卿（九）は、貲を竊《ぬす》みて操無し。王褒（一〇）は 過 僮約に章《あら》はる。揚雄（一一）は 德 美新に敗る。李陵（一二）は降りて夷虜に辱めらる。劉歆（一三）は莽世を反覆せんとす。傅毅（一四）は權門に黨附す。班固（一五）は父の史を盜竊す。趙元叔（一六）は 抗竦 度に過ぐ。馮敬通（一七）は浮華にして擯壓せらる。馬季長（一八）は佞媚して誚を獲たり。蔡伯喈（一九）は惡に同じくして誅を受く。吳質（二〇）は鄕里に詆忤せらる。曹植（二一）は悖慢にして法を犯す。

杜篤(二二)は假を乞ひて厭くこと無し。路粹(二三)は隘狹なること已甚《はなは》だし。陳琳(二四)は實に麤疎と號せらる。繁欽(二五)は性に檢格無し。劉楨(二六)は屈強にして輸作せらる。王粲(二七)は率躁にして嫌はる。孔融(二八)・禰衡(二九)は誕傲にして殞を致す。楊修(三〇)・丁廙(三一)は扇動して斃を取る。阮籍(三二)は無禮にして俗を敗る。嵆康(三三)は物を凌ぎて終を凶にす。傅玄(三四)は忿鬬して官を免ぜらる。孫楚(三五)は矜誇すること上を凌ぐ。陸機(三六)は順を犯して險を履む。潘岳(三七)は乾沒して危を取る。顏延年(三八)は氣を負ひて摧黜せらる。謝靈運(三九)は空疎にして紀を亂す。王元長(四〇)は凶賊にして自ら詒《のこ》す。謝玄暉(四一)は侮慢して及せらる。凡そ此の諸人は、皆 其の翹秀(四二)なる者にして、紀を悉《つ》くすこと能はざるも、大較《おほよそ》此の如し。帝王に至るも、亦た或いは未だ免れず。昔より天子にして才華有る者は、唯だ漢武(四三)・魏太祖(四四)・文帝(四五)・明帝(四六)・宋孝武帝(四七)のみなるも、皆 世議に負《そむ》きて、懿德の君に非ざるなり。子游(四八)・子夏(四九)・荀況(五〇)・孟軻(五一)・枚乘(五二)・賈誼(五三)・蘇武(五四)・張衡(五五)・左思(五六)の 儔《ともがら》より、盛名有りて過患を免るる者は、時に復た之を聞くも、但だ其の損敗するもの多きに居るのみ。每嘗《つね》に之を思ひ、其の積む所に原づくに、文章の體は、興會を標擧し(五七)、性靈を發引すれば、人をして矜伐ならしむ。故に持操(五八)を忽せにして、進取を果たす。今世の文士、此の患 彌《いよ》〻切なり。一事愜當、一句清巧なれば、神は九霄に厲《のぼ》り、志は千載を凌ぎ、自ら吟じ自ら賞して、更に傍人有るを覺えず。加ふるに砂礫の傷つくる所の、矛戟より慘、諷刺の禍の、風塵より速なるを以てすれば、深く宜しく防慮して、以て元吉(五九)を保つべし。

(注)

(一) 諸文体の起源を五經に配当する考え方は、劉勰『文心雕龍』にもとづく。『文心雕龍』宗經篇には、「故論説辭序、則易統其首。詔策章奏、則書發其源。賦頌歌讚、則詩立其本。銘誄箴祝、則禮總其端。紀傳盟檄、則春秋爲根」とある。ここで顏之推は明らかに劉勰の着想を踏襲しているが、その分類に関しては『文心雕龍』と異なるところがある。

(二) 性靈について、盧文弨注は、「天然之美也。陶冶而成之」とする。なお『漢書』巻二十三 刑法志には、「夫人肖天地之貌、懷五常之性、聰明精粹、有生之最靈者也」とある。

(三) 滋味は、鍾嶸『詩品』序に、「五言居文詞之要、是衆作之有滋味者也」とある。なお盧文弨注は、滋味を嗜學のこととする。

(四) 『論語』學而には、「子曰、弟子入則孝、出則弟、謹而信、汎愛衆而親仁、行有餘力、則以學文」とある。この「文」について、馬融は「古之遺文」とし、皇侃は「先王遺文」すなわち「五經六籍」であるとして、いずれも学問、とくに經學のこととみているが、顏之推はこれを經書から派生した文章一般のこととしている。

(五) 同様の指摘は、曹丕「與吳質書」にも、「觀古今文人、類不護細行、鮮能以名節自立」とある。

(六) 屈原は、戰國楚の人。名は平。号は靈均。懷王のもとで三閭大夫となったが、讒言により疎んじられると「離騷」を制作してその心情を述べた。頃襄王の代に再び讒言により長沙に左遷された。憂苦の末、五月五日、汨羅に身を投じた(『史記』巻八十四 屈原傳)。『楚辭』の代表的制作者とされ、著作には「離騷」「九歌」「天問」「九章」「遠遊」「卜居」「漁夫」などがある。門下には宋玉・唐勒・景差がいるとされる。ただし屈原は、近代においては、その実在が疑われることもある。屈原と『楚辭』については、牧角悦子『中国古代の祭祀と文学』(創文社、二〇〇六年)を参照。なお「露才揚己」の語は、王逸『楚辭章句』序には、班固が屈原を評して述べた語とされる。

(七) 宋玉は、戰國楚の人。屈原の弟子であり『楚辭』中の「九辯」「招魂」の制作者とされる。このほか、著作には「風賦」「高唐賦」「神女賦」「登徒子好色賦」「對楚王問」などがある。なお「體貌容冶」に関連して、宋玉「登徒子好色賦」には「玉爲人、體貌閑麗、口多微辭、又性好色」との言がある。

(八) 東方曼倩は、前漢の人。名は朔。機知に富んだ言動で知られ、太中大夫となったが、枚皐らとともに道化扱いされ、政論が採用されることはなかった。著作には「答客難」「非有先生論」がある（『漢書』巻六十五 東方朔傳）。劉向によれば、東方朔についての当時の評価は、「朔口諧倡辯、不能持論、喜爲庸人誦說、故令後世多傳聞者」というものであった。

(九) 司馬長卿は、前漢の人。名は相如。景帝のとき武騎常侍となったが、官を辞して梁の孝王の客となり従遊した。孝王の没後、成都に帰郷する際に、臨邛の富豪卓王孫の娘である卓文君と出逢い、駆け落ちをした。のちに武帝に文才を見出されて郎となり、官は中郎將・孝文園令と進んだが、病のため退いた。辭賦にすぐれ、「上林賦」「子虛賦」「大人賦」「長門賦」などの作がある（『漢書』巻五十七 司馬相如傳）。なお「竊貲無操」に関連して、『文心雕龍』程器篇には、「相如竊妻而受金」とある。宇都宮注は「富人の娘と駆落《かけお》ちし、多少の策を弄して多額の持参金と共にその娘と結婚」した問題を指摘する。このほか本傳には、「以訾爲郎、事孝景帝、爲武騎常侍」とあり、顔師古は、「訾讀與貲同。貲、財也。以家財多得拜爲郎也」と注している。これによれば、財貨を納めて官位を得たということである。

(一〇) 王褒は、前漢の人。字は子淵。宣帝のとき、益州刺史の王襄のもとで文才が評価され、のちに諫議大夫に抜擢された。著作には「洞簫賦」「四子講德論」や『楚辭』所収の「九懷」などがある。また奴隷売買を題材とした滑稽文「僮約」があり、『初學記』に収載された。『南齊書』巻五十二 文學傳論には、「王褒僮約、束晳發蒙、滑稽之流、亦可奇瑋」とある。なお「僮約」については、宇都宮清吉「僮約研究」（『名古屋大学文学部研究論集』五、一九五三年、のちに『漢代社会経済史研究』弘文堂、一九五五年に所収）参照。

(一一) 揚雄は、前漢の人。字は子雲。辭賦により名声を得て、成帝のときに郎中となった。同郷の司馬相如に倣った作を多く制作した。「甘泉賦」「河東賦」「羽獵賦」などの賦や「解嘲」「劇秦美新」などが知られる。このほかの著作には『論語』を模倣した『法言』、『易』を模倣した『太玄經』、各地の方言を収録した『方言』があるほか、亡佚書には『訓纂篇』（字書）や『蜀王本紀』（雑傳）があり、その才能は多岐に及んだ（『漢書』巻八十七 揚雄傳）。「劇秦美新」は漢を簒奪した王莽の新王朝を賛美する内容をもつため、後世にしばしば非難の対象となった。揚雄の「劇秦美新」については、渡邉義浩「揚雄の「劇秦美新」と賦の正統化」（『漢学会誌』五二、二〇一三年、のちに『「古典中国」における文学と儒教』汲古書院、二〇一五年に所収）参照。

(一二) 李陵は、前漢の人。字は少卿。前漢の名将李廣の孫。李廣利軍を救うために匈奴に奇襲をかけたが、大軍に囲まれ降伏した。「降辱夷虜」はこのことを指す。当時、漢朝では李陵への批判が起こり、一族が処刑され、彼を弁護した司馬遷は宮刑に処せられた。その後、昭帝期には漢朝から呼び戻されるが帰らず、晩年を胡地で過ごした（『漢書』巻五十四 李廣傳附李陵傳）。

（一三）劉歆は、前漢の人。のちに名を秀、字を穎叔と改めた。劉向の末子。父とともに祕書の領校に従事し、群書を六部に類別し、図書目録『七略』を著した。律暦に関する『鐘律書』『三統暦』などの著作もある。王莽のもとに國師となり、政治改革を推進するなどして重用されたが、のちに莽新の転覆を謀り、これに失敗して自殺した。「反覆莽世」はこのことを指す（『漢書』巻三十六 劉歆傳）。劉歆の律暦思想については、堀池信夫『漢魏思想史研究』（明治書院、一九八八年）参照。

（一四）傅毅は、後漢の人。字は武仲。後漢の章帝期に班固・賈逵・崔駰らと文筆の名声を競った（『後漢書』列傳七十上 文苑上 傅毅傳）。曹丕『典論』論文には、班固が弟の班超宛書簡において、傅毅について「下筆不能自休」と評したことが「文人相輕」の例として載る。

（一五）班固は、風操篇の注（四）四八頁を参照。ここでの「盜竊父史」とは、父・班彪の著作『後傳』を引き継いで『漢書』として集大成したことを指す。また、辭賦を得意とし、「西都賦」「東都賦」「幽通賦」などの作がある。

（一六）趙元叔は、趙壹。才を恃んで傲慢であり、郷人から指弾されて罪を被った。風操篇の注（五）六八頁も参照。なお「抗竦」について、王利器注は「高抗竦立」とする。

（一七）馮敬通は、後漢の人。名は衍。幼くして奇才あり、弱冠にして博く群書に通じた。光武帝に帰して、曲陽令・司隷従事を歴任した。多く貴顕の者と交遊したが、のちに隠居した（『後漢書』列傳十八 馮衍傳）。なお『文心雕龍』程器篇には、「敬通之不循廉隅」とある。

（一八）馬季長は、後漢の人。名は融。校書郎・郎中・議郎や武都太守・南部太守などを歴任した。驕慢ではあったが当代随一の大儒であり、盧植や鄭玄の師となった。著作には『周易傳』『尙書傳』『毛詩傳』『禮記注』『喪服經傳注』『周官傳』などの經書注釈のほか、『老子』『淮南子』や「離騷」にも注釈を施した（『後漢書』列傳五十 馬融傳）。池田秀三「馬融私論」（『東方学報』五二、一九八〇年）参照。なお『文心雕龍』程器篇には、「馬融黨梁而黷貨」との言がある。

（一九）蔡伯喈は、蔡邕。風操篇の注（三）四五頁を参照。「同惡受誅」とは、董卓に抜擢されたために、のちに連座して獄死したことを指す。

（二〇）呉質は、三國魏の人。字は季重。單家の出身ながら文才によって評価を得て、貴戚の間に遊遨した。とくに曹丕の寵愛を受けていたことは、『文選』に収載された両者の往返書簡に明らかである。ただしその出自と言動とは、郷人の批判の対象となった（『三國志』巻二十一 王粲傳）。呉質については、髙橋康浩「犖犖たる呉質」（三国志学会編『狩野直禎先生米寿記念 三国志論集』汲古書院、二〇一六年）参照。

（二一）曹植は、風操篇の注（二）四七頁を参照。「悖慢犯法」については、『三國志』巻十九 陳思王植傳に、「黄初二年、監國謁者潅均希指、奏植醉酒悖慢、劫脅使者、有司請治罪。帝以太后故、貶爵安郷侯」との記載がある。

（二二）杜篤は、後漢の人。字は季雅。大司馬呉漢の卒に際して光武帝が誄文を制作させた際に、獄中にあってこれを制作し、最もすぐれていたために刑を免ぜられた。著作には「明世論」がある（『後漢書』列傳七十上 文苑上 杜篤傳）。なお『文心雕龍』程器篇には、「杜篤之請求無厭」との言がある。

（二三）路粋は、後漢の人。字は文蔚。建安年間（一九六〜二二〇年）に尚書郎・軍謀祭酒となり、記室をつかさどる。曹操の命により孔融の罪を指弾した上奏文を著し、孔融は誅せられた（『後漢書』列傳六十　孔融傳）。

（二四）陳琳は、後漢の人。字は孔璋。建安七子の一人。はじめは袁紹に仕え、のちに曹操に帰順した。文章に卓抜し、とくに上奏文を得意とした。「爲袁紹檄豫州」は痛罵された曹操本人すらも感動せしめたという。ほか著作には「飲馬長城窟行」「答東阿王牋」などがある（『三國志』巻二十一　王粲傳）。同傳注引『魏略』には、「孔璋實自麤疏」とある。なお『文心雕龍』程器篇には、「孔璋惚恫以麤疎」とある。

（二五）繁欽は、後漢の人。字は休伯。文才機辯で知られ、詩賦を得意とした。官は丞相主簿（『三國志』巻二十一　王粲傳）。同傳注引『魏略』には、「休伯都無格檢」とある。

（二六）劉楨は、後漢の人。字は公幹。建安七子の一人。曹操により丞相掾屬に任ぜられ、五官將文學となった。礼節から逸脱することがあり、曹丕の宴で夫人の甄氏に拝礼せずに罪を得た。『三國志』巻二十一　王粲傳注引『典略』に、「太子嘗請諸文學、酒酣坐歡、命夫人甄氏出拜。坐中衆人咸伏、而楨獨平視。太祖聞之、乃收楨、減死輸作」とある。著作に「公讌詩」「雜詩」のほか、多数の贈答詩がある。なお「輸作」は徒刑（拘禁と労役）のこと。

（二七）王粲は、後漢の人。字は仲宣。建安七子の一人。十七歳で蔡邕の知遇を得た。乱を避けて劉表を頼ったが、重用されず不遇であった。劉表の死後に曹操の幕下に入り、侍中に至ったが病没した。建安七子の第一と評され、とくに辭賦を得意とした。著作には「登樓賦」や「七哀詩」「從軍詩」などがある（『三國志』巻二十一　王粲傳）。なお『三國志』巻二十三　杜襲傳には、「粲性躁競」とあり、『文心雕龍』程器篇には、「仲宣輕脆以躁競」とある。王粲については、安藤信廣「王粲の文学――宮廷詩人と流民の視座」（『日本文学』一〇三、二〇〇七年、のちに『庾信と六朝文学』創文社、二〇〇八年に所収）参照。

（二八）孔融は、後漢の人。字は文擧。建安七子の一人。董卓への意見具申を原因として北海相に赴任したが、黄巾の襲来には無力であった。建安年間に都へ入り、少府・太中大夫を歴任した。しばしば曹操を批判し、過激な言動を繰り返していたために刑死した。著作には「薦禰衡表」「論盛孝章書」などがある（『後漢書』列傳六十　孔融傳）。なお『文心雕龍』程器篇には、「文擧傲誕以速誅」とある。孔融については、髙橋康浩「孔融の人物評價」（『六朝学術学会報』一四、二〇一三年）参照。

（二九）禰衡は、後漢の人。字は正平。才に任せ傲慢な振る舞いが多かった。曹操・劉表・黄祖のもとにあったがいずれでも不興を買い、最期は黄祖に殺された。「鸚鵡賦」を制作した（『後漢書』列傳七十下　文苑下　禰衡傳）。なお『文心雕龍』程器篇には、「正平狂憨以致戮」とある。

（三〇）楊修（楊脩）は、後漢の人。字は德祖。後漢随一の名門たる弘農の楊氏の出自で、太尉楊彪の子。建安年間中、孝廉に挙げられ郎中となり、のちに曹操の主簿となるが、曹操に忌まれて殺された。曹植ほか、孔融や禰衡と交遊した（『後漢書』列傳四十四　楊震傳附楊脩傳）。

（三一）丁廙は、三國魏の人。字は敬禮。曹植と親しく、曹操が曹植を後嗣としようとした際に、これに与したため、曹丕が即位した後に兄の丁儀とともに殺された（『三國志』巻十九　陳思王植傳注引『魏略』)。

(三二) 阮籍は、三國魏の人。字は嗣宗。竹林七賢の一人。魏の蔣濟・曹爽らに召され、その後は司馬懿・司馬昭に仕えた。母の死に際して酒肉を食らい、葬儀になると吐血するなど、無軌道にも見える奔放な言動を繰り返したが、それは複雑な時代を生きる韜晦の方法でもあった。「詠懐詩」をはじめとする多くの詩賦のほか、「大人先生傳」や玄學を論じた「通老論」「達荘論」「通易論」などがある(『晉書』巻四十九 阮籍傳)。阮籍については、大上正美『阮籍・嵆康の文学』(創文社、二〇〇〇年)を参照。

(三三) 嵆康は、三國魏の人。字は叔夜。竹林七賢の一人。魏の中散大夫。俗塵を避け、阮籍らとともに抽象的な談論(清談)に明け暮れた。鍾會による讒言により呂安と連座し、刑死した。処刑場にて七弦琴を求めて「廣陵散」を弾いたとの故事が伝わる。著作には「幽憤詩」「琴賦」などのほか「養生論」「釋私論」「聲無哀樂論」など、多くの論がある(『晉書』巻四十九 嵆康傳)。嵆康については、大上正美『阮籍・嵆康の文学』(前掲)を参照。

(三四) 傅玄は、西晉の人。字は休奕。樂府を得意として、西晉の雅樂・俗樂の作詞を手がけた。剛直な人柄で、他者と争い免官される一方で、御史中丞・司隷校尉などを歴任した。「忿鬬免官」については、『晉書』巻四十七 傅玄傳に、「初玄進陶、及入陶而抵玄以事、玄與陶争言諠譁、爲有司所奏、二人竟坐免官」とある。なお『文心雕龍』程器篇には、「傅玄剛隘而詈臺」とある。

(三五) 孫楚は、西晉の人。字は子荊。弁舌や文章を得意とした。また「漱石枕流」の故事で知られる。四十余歳にして石苞の軍事に参し、惠帝のときに馮翊太守となった。「矜誇凌上」は、『晉書』巻五十六 孫楚傳に、「楚既負其才氣、頗侮易於苞」とある。なお『文心雕龍』程器篇には、「孫楚狠愎而訟府」とある。

(三六) 陸機は、風操篇の注(三二)五六頁を参照。『文心雕龍』程器篇には、「陸機傾仄於賈郭」との言がある。

(三七) 潘岳は、西晉の人。字は安仁。幼少期から才覚をあらわして奇童と呼ばれ、眉目秀麗な容姿と華やかな文辞によって西晉文壇に名を馳せた。著作郎・散騎侍郎を経て黄門侍郎に至るが、のちに石崇とともに刑死した。哀傷の詩文を得意とし、妻の死を傷む「悼亡詩」が知られる(『晉書』巻五十五 潘岳傳)。『文心雕龍』程器篇には、「潘岳詭譸於愍懷」とある。潘岳については、高橋和巳「潘岳論」(『中国文学報』七、一九五七年)参照。

(三八) 顏延年は、劉宋の人。名は延之。孝武帝のときに金紫光祿大夫となり、顏光祿とも称される。著作に「五君詠」「秋胡九首」「陶徴士誄」などがある(『宋書』巻七十三 顏延之傳)。顏延之については、高橋和巳「顔延之の文学」(『立命館文学』一八〇、一九六〇年)参照。

(三九) 謝靈運は、劉宋の人。康樂侯を世襲したので、謝康樂とも称される。散騎常侍・永嘉太守・臨川内史などを歴任したが、後に中傷されて兵を起こし、反逆罪に問われて刑死した。著作に「山居賦」「登池上樓」「石壁精舍還湖中作」などの詩賦がある。(『宋書』巻六十七 謝靈運傳)。謝靈運については、安藤信廣「謝霊運の資性と文学」(『鎌田正博士八十寿記念漢文学論集』大修館書店、一九九一年、のちに『庾信と六朝文学』創文社、二〇〇八年に所収)参照。

(四〇) 王元長は、南齊の人。名は融。竟陵王蕭子良のもとに集う竟陵八友の一人。蕭子良の帝位擁立に失敗して獄死した。即興での文章制作にすぐれ、「三月三日曲水詩序」などの著作がある(『南

齊書』巻四十七 王融傳、『南史』巻二十一 王弘傳附王融傳）。

(四一) 謝玄暉は、南齊の人。名は朓。竟陵八友の一人。宣城太守となり、謝宣城とも称される。官は尚書吏部郎にまで至ったが、東昏侯の世に刑死した。「晩登三山還望京邑」などの著作がある（『南齊書』巻四十七 謝朓傳）。

(四二) 翹秀は、特にすぐれていること（宇野注）。盧文弨は、「翹、高貌。翹秀、謂其出拔尤異者」とする。

(四三) 漢武は、漢の武帝、劉徹（在位、前一四〇～前八七年）。太學を興して儒教を重視し、匈奴を斥け、西域諸国に通じて版図を拡大した。一方、内政は疲弊して漢初の経済的蓄積を失ったために、窮兵黷武の君とも評された（『漢書』巻六 武帝紀）。吉川幸次郎『漢の武帝』（岩波書店、一九四九年）参照。

(四四) 魏太祖は、魏の太祖、曹操。字は孟德。黄巾の乱の際に騎都尉として功を上げる。後に董卓を討ち、長安から洛陽へ移った後漢の獻帝を擁立し、袁紹を破り、華北を統一した。しかし建安十三（二〇八）年、赤壁において孫權・劉備連合軍に敗れ、以降中華は三国鼎立の時代となった。丞相・魏王に至るも自らは帝位には就かずに薨去し、子の曹丕が獻帝から禪讓を承けて魏を建国した（『三國志』巻一 武帝紀）。文人としてもとくに樂府において卓越し、建安文學の「三曹」に数えられる。著作では「短歌行」「歩出夏門行」ほか、『孫子』の注釈（「魏武注孫子」）でも有名。石井仁『曹操――魏の武帝』（新人物往来社、二〇〇〇年）を参照。

(四五) 文帝は、魏の文帝、曹丕（在位、二二〇～二二六年）。字は子桓。曹操の嫡子で、曹植の兄。五官中郎將・魏王太子を経て、曹操の死後、獻帝から禪讓を承けて魏を建国した（『三國志』巻二 文帝紀）。建安文學の「三曹」のひとりであり、詩賦を得意としたことは「燕歌行」などにより知られる。このほか、著作には『典論』があり、また類書『皇覽』の編纂を命じた。渡邉義浩「曹丕の『典論』と政治規範」（『三国志研究』四、二〇〇九年、のちに『「古典中国」における文学と儒教』前掲）を参照。

(四六) 明帝は、魏の明帝、曹叡（在位、二二六～二三九年）。字は元仲。曹丕の子。孫權が合肥を攻めると、帝自ら軍を率いてこれを撃った（『三國志』巻三 明帝紀）。なお、沈約『宋書』巻六十七 謝靈運傳論では、曹操・曹丕・曹叡を「三祖」と称し、陳思王曹植とあわせて、「至于建安、曹氏基命、三祖陳王、咸蓄盛藻。甫乃以情緯文、以文被質」と評している。

(四七) 宋孝武帝は、劉宋の孝武帝、劉駿（位、四五四年～四六四年）。字は休龍。文帝の第三子。長兄である太子劭が文帝を殺したために、これを討って即位した。中央集権化を推進する一方で、兄弟一族を殺害するなど、劉宋衰退の契機となった（『宋書』巻六 孝武帝紀）。

(四八) 子游は、孔子の弟子。姓は言、名は偃、字は子游。四科十哲の一人で「文學」を得意としたことが、『論語』先進に、「文學。子游、子夏」とある。この「文學」について、皇侃『論語義疏』は范寧の「文學、謂善先王典文」との言を引きつつ、「文學、指博學古文」と注している。

(四九) 子夏は、孔子の弟子。姓は卜、名は商、字は子夏。四科十哲の一人で「文學」を得意とした。

(五〇) 荀況は、戰國末の人。荀子。荀卿・孫卿ともいわれる。諸国を遊歴して、齊では稷下の学において祭酒を務めた。楚では春申君のもとに蘭陵令となった。弟子には韓非・李斯らがいる。その思想は『荀子』に記されている。

(五一) 孟軻は、戰國期、鄒の人。字は子輿、または子車。孟子。孔子の孫である子思の門人に学んだ。その思想は『孟子』に記されている。

(五二) 枚乘は、前漢の人。字は叔。吳王劉濞、梁孝王劉武に仕えた。景帝により弘農都尉に任じられたが、梁に戻り司馬相如らと交際し、多大な影響を与えた。著作には「七發」がある(『漢書』卷五十一 枚乘傳)。

(五三) 賈誼は、前漢の人。文帝期に博士官となり、大中大夫に至った。改暦や礼楽の興起など漢帝國の新政策を主張したが、周勃・灌嬰などの大臣に疎まれ、長沙に左遷された。そこで「弔屈原賦」「鵩鳥賦」を制作した。著作には、上奏文や政治・道德などに関する論説を収めた『新書』がある(『漢書』卷四十八 賈誼傳)。

(五四) 蘇武は、前漢の人。字は子卿。武帝期に中郎將として匈奴への使者となったが、捕らえられた。艱難辛苦の末に、昭帝期になって匈奴と和親した際に、蘇武の帰国が許された。抑留から十九年後のことであった(『漢書』卷五十四 蘇建傳附蘇武傳)。

(五五) 張衡は、後漢の人。字は平子。若くして五經・六藝に精通した。王侯以下の奢侈に対して、班固の「兩都賦」に擬して「兩京賦」を制作して諷諫した。また、天文・陰陽・暦數を得意として、水力で回転する渾天儀や候風地動儀(地震計)などを作成した。『靈憲』『算罔論』などの科学哲学的著作のほか、「東京賦」「西京賦」「南都賦」「思玄賦」などの賦がある(『後漢書』列傳四十九 張衡傳)。張衡については、堀池信夫『漢魏思想史研究』(明治書院、一九八八年)參照。

(五六) 左思は、西晉の人。字は太仲。寒門出身であるが文才により祕書郎となった。三國の都を主題とする「三都賦」は、人々がこぞって書写したために洛陽の紙価を高騰させた。このほかには「詠史詩」「招隱詩」などの著作がある(『晉書』卷九十二 文苑 左思傳)。

(五七) 標擧興會については、『宋書』卷六十七 謝靈運傳論に、「靈運之興會標擧」とあり、『文選』卷五十「宋書謝靈運傳論」李善注は、「興會、情興所會也」とする。『淮南子』要略訓に、「人間者、所以觀禍福之變、察利害之反、鑽脈得失之跡、標擧終始之壇也」とあるように、「標擧」とは高く掲げることである。

(五八) 持操は、『莊子』齊物論に、「罔兩問景曰、曩子行、今子止。曩子坐、今子起。何其無持操與」とあり、謝靈運「登池上樓」には、「持操豈獨古、無悶徵在今」とある。

(五九) 元吉は、『周易』坤卦六五の爻辭に、「黃裳、元吉」とある。孔穎達は「元、大也。以其德能如此、故得大吉也」とする。黃裳の臣下が適切に仕えることで、よい結果をもたらすのである。

[現代語訳]

卷第四 文章 名實 涉務

文章第九

そもそも文章とは、もとより五經に起因して生じたものである。詔・命・策・檄《げき》は、『尚書』から発生したものである。序・述・論・議は、『易經』から発生したものである。歌・詠・賦・頌《しょう》は、『詩經』から発生したものである。祭・祀・哀・誄《るい》は、『禮記』から発生したものである。書・奏・箴《しん》・銘は、『春秋』から発生したものである。天子の発布する諸制度、軍隊に発令される号令は、仁義をあまねく顕彰し、功徳をひろく顕揚し、それにより人々を統治し国家体制を確立するものであるから、さまざまな目的に利用される。（のみならず）人間の精神を磨き養ったり、婉曲な諫言を聞き入れさせるに至っては、（いよいよ）文章の滋味に達する。また喜ばしいことである。（だから）「行動してなお余力があるならば、そこで文章を学ぶのが良い」という。そうではあるけれど古来文人は、軽薄に陥る者が多かった。屈原《くつげん》は才能をひけらかして自身を誇示し、君主の過失を暴き立てた。宋玉《そうぎょく》は容姿が美麗であるが、俳優程度の処遇を受けていた。東方朔《とうほうさく》は、口先に巧みではあるが典雅ではなかった。司馬相如《しばしょうじょ》は、金目当ての駈け落ちをするなど節操がなかった。王褒《おうほう》の過失は「僮約」を執筆したことで明らかとなった。揚雄《ようゆう》の高徳は「劇秦美新」を執筆したことで損なわれた。李陵《りりょう》は投降して夷狄に辱められた。劉《りゅう》歆《きん》は王莽の世を（ひとたび仕えたにもかかわらず）転覆させようとした。傅毅《ふき》は権力者に媚び諂って追従していた。班固は父の史書を剽窃した。趙壹《ちょういつ》は尊大さが限度を超えていた。馮衍《ふうえん》は浅薄な人柄で排斥された。馬融《ばゆう》は権勢におもねったことで批判を受けた。蔡邕《さいよう》は（董卓と）悪声をともにして誅せられた。呉質《ごしつ》は郷里から誹謗中傷を受けていた。曹植《そうち》は道理にもとり驕傲として礼法を犯した。杜篤《ととく》は仮助《おめぐみ》を求めて満足することがなかった。路粋《ろすい》は常軌を逸して狭量であった。陳《ちん》琳《りん》はまことに粗忽者と呼ばれていた。繁欽《はんきん》は生まれつき節義がなかった。劉楨《りゅうてい》は強情であったため徒刑に処せられた。王粲《おうさん》は軽薄で気性が荒く憎まれていた。孔融《こうゆう》・禰衡《でいこう》は放埒な言動が死を招いた。楊《よう》修《しゅう》・丁廙《ていよく》は世を煽動したことで死を招いた。阮籍《げんせき》は礼法を無視して習俗を破壊した。嵆康《けいこう》は他者を軽視して不幸な死を遂げた。傅玄《ふげん》は（皇甫陶と）怒り争ったことで免官された。孫楚《そんそ》は上官を侮って驕り高ぶっていた。陸機《りくき》は反逆をおこなって険難を経験した。潘岳《はんがく》は栄達をむさぼり求めて危機を迎えた。顔延之《がんえんし》は才気を恃んで排斥された。謝靈運《しゃれいうん》は放恣な言動で綱紀を乱した。王融《おうゆう》は悪逆なる者として自身の名を残した。謝朓《しゃちょう》は軽蔑していた者から追及を受けた。すべてこれらの人々は、いずれも時人に卓絶した者であり、記述し尽くすことはかなわないといっても、大要は以上の通りである。帝王となろうとも、またある者は（同様の欠点を）逃れることはできなかった。昔から天子であってすぐれた才智を有する者は、ただ漢の武帝《ぶてい》（劉徹）・魏の太祖《たいそ》（曹操）・文帝《ぶんてい》（曹丕）・明帝《めいてい》（曹叡）・劉宋の孝武帝《こうぶてい》（劉駿）だけであったが、いずれも世間の批判を受けており、有徳の君主ではない。子游《しゆう》・子夏《しか》・荀況《じゅんきょう》・孟軻《もうか》・枚乗《ばいじょう》・賈誼《かぎ》・蘇武《そぶ》・張衡《ちょうこう》・左思《さし》といった人々より以降、偉大な栄誉がありながら災難を逃れた者は、しばしば聞くことがあるけれども、それでも挫折する者が多い状況である。常々このことについて考え、積み上げた学識知見にもとづいてみると、文章の特質は、関心事を高く掲げ、精神を発揚させるので、制作者自身を驕り高ぶらせることになる。だから節義を疎かにして、進んで功名を取るようになるのである。現在の文人には、この弊害がますます深刻化している。（表現において）一事が適切さを得て、一句が精妙であると、精神は天にも飛翔し、志操は千年を乗り越え（るほどに思い上がり）、自ら吟詠しては自ら賛嘆して、まったく周囲に他人がいることに思い至らないほどである。そのうえに「砂や小石による傷が、矛戟《ほこ》よりも酷烈であり、諷刺の災厄が、風塵よりも迅速に身に及ぶ」ことからすると、周到に思慮を備えて、それによりすぐれた結果を維持するのがよい。

【原文】

學問有利鈍、文章有巧拙。鈍學累功、不妨精熟。拙文研思、終歸蚩鄙。但成學士、自足爲人。必乏天才、勿強操筆。吾見世人、至無才思、自謂清華、流布醜拙、亦以衆矣。江南號爲詅癡符。近在幷州、有一士族。好爲可笑詩賦、誂擎邢・魏諸公。衆共嘲弄、虛相讚說、便擊牛釃酒、招延聲譽。其妻、明鑒婦人也。泣而諫之。此人歎曰、才華不爲妻子所容。何況行路。至死不覺。自見之謂明。此誠難也。

《訓讀》

學問に利鈍有り、文章に巧拙有り。學に鈍なるも功を累ぬれば、精熟するを妨げず。文に拙なれば思を研するも、終に蚩鄙に歸す。但《も》し學士と成れば、自づから人爲るに足る。必《も》し天才に乏しければ、強ひて筆を操ること勿かれ。吾 世人を見るに、才思無きに至るまで(一)、自ら清華(二)と謂《おも》ひ、醜拙を流布すること、亦た以《はなは》だ衆《おほ》し。江南 號して詅癡符(三)と爲す。近ごろ幷州に在りて、一士族有り。好《よ》く笑ふ可きの詩賦を爲《つく》り、邢・魏(四)の諸公を誂擎す。衆 共に嘲弄し、虛しく相《たが》ひに讚說すれば、便ち牛を擊ち酒を釃して、聲譽を招延す。其の妻は、明鑒の婦人なり。泣きて之を諫む。此の人歎じて曰く、「才華は妻子の容るる所と爲らず。何ぞ況んや行路をや」と。死に至るまで覺らざらん。自ら見るを之 明と謂ふ(五)。此れ誠に難きなり。

(注)

(一)才思は、文章制作に必要な才能と構成力をいう。

(二)清華は、文章が清高かつ華麗であること。『晉書』卷三十一 左貴嬪傳に、「言及文義、辭對清華」とあり、『北史』卷五十 辛德源傳に、「文章綺豔、體調清華」とある。

(三)詅癡符は、自らの愚鈍であることをひけらかす貼り札。転じて、稚拙な文章を名文らしく吹聴して恥をさらすことをいう。宇野注は「馬鹿売り出しの看板」とする。

(四)邢・魏は、邢邵と魏收を指す。邢邵は、北魏から北齊の人。字は子才。魏收は、北魏から北齊の人。字は伯起。溫子昇とあわせて北朝の三才子と称された。邢邵は「文章典麗」、魏收は「辭藻富逸」といわれた(『北齊書』卷三十六 魏收傳、同卷三十七 邢邵傳)。

(五)『老子』第三十三章には、「知人者智、自知者明」とある。また『韓非子』喩老篇には、「知之難、不在見人、在自見。故曰、自見之謂明」とある。

[現代語訳]

学問には利発な者と遅鈍な者があり、文章には精巧な者と稚拙な者がある。学問に遅鈍であっても経験を積み重ねるならば、精通することに差し障りはない。(しかし)文章に稚拙であればいくら思索を緻密にしても、結果的に(文章は)拙劣なところに帰着する。もし学識を有する者ともなれば、もとより一人前とするに足りる。(けれども文章に関しては)もしも天与の才能に欠けているならば、無理に筆をとってはならない。(ところが)世間の人々を見てみると、才能も構成力もない者に至るまで、(誰もが)自分自身(の文章)を清高で華麗だと見なして、(実際には)劣悪な文章を広めてしまうことも、またとても多いのである。江南ではこのことを詅痴符《はじしらず》と呼んでいる。先日幷州《へいしゅう》にいた際に、ある士族の家柄の者がいた。しばしばおかしな詩賦を制作しては、（当時名声の高かった）邢邵《けいしょう》や魏収《ぎしゅう》といったすぐれた人物を嘲笑していた。人々も一緒になってあざ笑い、根拠もなく互いにおだて上げたところ、（その男は）ただちに牛を殺し酒を漉して、声望のある人々を宴席に招待してしまった。その男の妻は、すぐれた鑑識をもつ女性であった。泣きながらこれを諫めた。（それなのに）この男が嘆きながら言うには、「（わたしの）才能は妻子の理解できるところではなかった。ましてや見知らぬ人ならなおさらである」と。（このような人間は）死ぬまで（文章に稚拙であることに）気づかないであろう。自分自身を理解していることを「明」という。これはまことに困難なことである。

【原文】

學爲文章、先謀親友、得其評裁、知可施行、然後出手。愼勿師心自任、取笑旁人也。自古執筆爲文者、何可勝言。然至於宏麗精華、不過數十篇耳。但使不失體裁、辭意可觀、便稱才士。要須動俗蓋世、亦俟河之清乎。

《訓読》

文章を爲《つく》るを學ぶには、先づ親友に謀りて、其の評裁を得、施行す可きを知りて、然る後に手より出す。愼みて心を師とし自ら任じて、笑を旁人に取ること勿かれ。古より筆を執りて文を爲る者、何ぞ勝げて言ふ可けんや。然れども宏麗精華に至りては、數十篇に過ぎざるのみ。但《も》し體裁（一）を失はずして、辭意觀る可からしむれば、便ち才士と稱す。須らく俗を動かし世を蓋《おほ》ふべきを要《もと》むるは、亦た河の清むを俟たんや（二）。

（注）

（一）文章の體裁ということについて、たとえば『宋書』巻六十七謝靈運傳論には、「延年之體裁明密」とある。顔延之の制作する文章は、その構成様式が明晰かつ緻密であったということである。なお、おなじく顔延之について『詩品』中品には、「體裁綺密、然情喩淵深」との評言がある。

（二）『春秋左氏傳』襄公 傳八年には、子駟が周詩（逸詩）を引いて「俟河之清、人壽幾何」と述べたことが載る。杜預注には、「人壽促而河清遲」とある。俟河之清とは、黄河が澄みわたるのを待つ時間、すなわち途方もなく長い時間がかかる、ということである。

［現代語訳］

文章制作を学ぶには、まずは親友に意見を求めて、論評や判定をもらい、公表してもよいことがわかって、そのあとではじめて発表するのである。決して自身の判断のままに（文章を公表）して、他人に嘲笑されることがあってはならない。古来筆をとって文章を制作した者は、そのすべてには余すところなく言及のしようがない（ほどにたくさんの者がいた）。しかし雄壮華麗な文章となると、わずか数十篇にすぎないほどであった。もしも（文章の）構成様式に誤りがなく、意味内容が綿密に理解できるように制作するならば、それだけで才人と評価できる。（しかし、それにとどまらず）必ずや世間を動かして天下を圧倒できるほどの文章を求めようとするならば、黄河が澄みわたるのを待つほど（に途方もなく長い時間がかかる）であろう。

【原文】

不屈二姓、夷・齊之節也。何事非君、伊・箕之義也。自春秋已來、家有奔亡、國有呑滅、君臣固無常分矣。然而君子之交、絶無惡聲。一旦屈膝而事人、豈以存亡而改慮。陳孔璋居袁裁書、則呼操爲豺狼。在魏製檄、則目紹爲虵虺。在時君所命、不得自專。然亦文人之巨患也。當務從容消息之。

《訓読》

二姓に屈せざるとは、夷・齊(一)の節なり。何れに事ふるも君に非ざら(二)んとは、伊・箕(三)の義なり。春秋より已來、家には奔亡有り、國には呑滅有れば、君臣に固より常分無し(四)。然り而して君子の交は、絶ゆるも惡聲無し(五)。一旦 膝を屈して人に事ふれば、豈に存亡を以てして慮を改めんや。陳孔璋 袁(六)に居りて書を裁すれば、則ち操を呼びて「豺狼(七)」と爲す。魏に在りて檄を製すれば、則ち紹を目して「虵虺(八)」と爲す。時君の命ずる所に在りて、自ら專らにするを得ず。然れども亦た文人の巨患なり。當に務めて從容として之を消息すべし。

(注)

(一) 夷・齊は、殷末周初を生きた伯夷・叔齊の兄弟を指す。二人は父の孤竹君の跡を譲り合い、文王を慕って周へ移動したが、周の武王が殷の紂王を討とうとしたため、これを諫めた。しかし聞き入れられることはなく、武王は殷を滅ぼした。そこで二人は周に仕えることを恥として、首陽山に隠れ、山中で餓死した（『史記』巻六十一 伯夷列傳）。なお『孟子』公孫丑には、「非其君不事、非其民不使。治則進、亂則退、伯夷也」とある。

(二) 『孟子』公孫丑には、「何事非君、何使非民。治亦進、亂亦進、伊尹也」とある。また『孟子』萬章に、「伊尹曰、何事非君、何使非民。治亦進、亂亦進」とある。

(三) 伊・箕は、伊尹と箕子を指す。伊尹は、殷の宰相。湯王に仕えて殷の創建に貢献したが、湯王の没したあと、外丙・中壬・太甲・沃丁の三世四代に仕えた。箕子は、殷の王族。紂を諫めて聞き入れられなかったが、隠逸を避け、狂人のふりをして奴隷に身を落とした（『史記』巻三 殷本紀）。これは、奴隷であってもひとたび仕えた者を離れない、ということである。

(四) 『春秋左氏傳』昭公 傳三十二年には、「社稷無常奉、君臣無常位、自古以然」とある。

(五) 『戰國策』燕策には、「臣聞、古之君子、交絶不出惡聲。忠臣去國、不潔其名」とある。

(六) 袁は、袁紹のこと。袁紹は、後漢の人。字は本初。後漢きっての名門たる汝南の袁氏の出。靈帝の没後、宦官を皆殺しにし、董卓を長安に逃走させて冀州を中心に勢力を増大した。のちに曹操と対立し、官渡の戦いで大敗した（『三國志』巻六 袁紹傳）。

(七) 豺狼は、山犬とオオカミ。貪欲・残酷な者を喩えていう。実際に、『文選』巻四十四 陳孔璋「爲袁紹檄豫州」には、「操豺狼野心、潛包禍謀。乃欲摧橈棟梁、孤弱漢室」とある。

(八) 虵虺は、大蛇と蝮。人を害する者を喩えていう。ただし諸家の指摘するように、これに該当する陳琳の文章は、現存しない。

[現代語訳]

二王朝に仕えないのは、伯夷《はくい》・叔齊《しゅくせい》の節義である。どちらの君主に仕えたとしても（いずれも自分自身にとっての）君主であるとするのは、伊尹《いいん》・箕子《きし》の節義である。春秋以降、臣下には逃亡があり、国家には滅亡があるので、君臣関係にはもとより恒常不変の分限があるわけではない。そうではあるが君子の関係は、絶縁しても悪口を言わないものである。あるとき膝を曲げて人に仕えたのであれば、どうして（君主の）存亡を原因として（君主に対する）考えを改めることがあるだろうか。陳琳《ちんりん》は袁紹《えんしょう》のもとにあって書簡を執筆し、曹操《そうそう》のことを「豺狼《さいろう》」と呼んだ。（しかし、その後）魏にいる際に檄文《げきぶん》を制作すると、袁紹のことを「虵虺《じゃき》」と評した。（これは）その時々の君主が命じたことであるから、自分自身の独断でおこなうことはできない。しかしこのことはやはり文人にとって大きな患難である。必ずや落ち着いて状況を勘案（して、そのうえで執筆）しなければならない。

【原文】

或問揚雄曰、吾子少而好賦。雄曰、然。童子彫蟲篆刻、壯夫不爲也。余竊非之曰、虞舜歌南風之詩、周公作鴟鴞之詠。吉甫・史克雅・頌之美者。未聞皆在幼年累德也。孔子曰、不學詩、無以言。自衞返魯、樂正、雅・頌各得其所。大明孝道、引詩證之。揚雄安敢忽之也。若論詩人之賦麗以則、辭人之賦麗以淫、但知變之而已、又未知雄自爲壯夫何如也。著劇秦美新、妄投於閣、周章怖慴、不達天命。童子之爲耳。桓譚以勝老子、葛洪以方仲尼、使人歎息。此人直以曉算術、解陰陽、故著太玄經、數子爲所惑耳。其遺言餘行、孫卿・屈原之不及、安敢望大聖之清塵。且太玄今竟何用乎。不啻覆醬瓿而已。

《訓読》

或ひと揚雄に問ひて曰く、「吾子 少《おさな》くして賦を好むか」と。雄曰く、「然り。童子の彫蟲篆刻(一)にして、壯夫は爲さざるなり」(二)と。余竊かに之を非として曰《おも》へらく、虞舜は南風の詩を歌ひ(三)、周公は鴟鴞の詠を作る(四)。吉甫(五)・史克(六)は雅・頌の美なる者なり。未だ皆 幼年に在りて徳を累《わずら》はすを聞かざるなりと。孔子曰く、「詩を學ばざれば、以て言ふこと無し(七)」。「衞より魯に返りて、樂 正しく、雅・頌 各〻其の所を得たり」(八)と。大いに孝道を明らかにせんとして、詩を引きて之を證す(九)。揚雄 安んぞ敢へて之を忽せにせんや。「詩人の賦は麗にして以て則り、辭人の賦は麗にして以て淫る(一〇)」と論ずるが若きは、但だ之を變《べん》ずるを知るのみにして、又 未だ雄の自ら壯夫たるの何如なるかを知らざるなり。劇秦美新(一一)を著し、妄りに閣より投じ(一二)、周章怖慴として、天命に達せず。童子の爲《しわざ》なるのみ。桓譚の以て老子に勝ると(一三)し、葛洪の以て仲尼に方《くら》ぶる(一四)は、人をして歎息せしむ。此の人は直だ算術を曉り、陰陽を解するを以て、故に太玄經(一五)を著すも、數子 惑ふ所と爲るのみ。其の遺言餘行は、孫卿・屈原にも之 及ばず、安んぞ敢へて大聖の清塵を望まんや。且つ太玄は今竟に何にか用ひんや。啻《ただ》に醬瓿を覆(一六)ふならざるのみ。

（注）

（一）彫蟲篆刻は、秦の八體のうちの蟲書や篆書（大篆・小篆）、刻符を彫りつけ、あるいは筆で記すこと。児童にとって文字を習得するための初歩的な学習法であった。転じて、文章制作に際して過度に字句を修飾することを指す。

(二)『法言』吾子篇には、「或問、吾子少而好賦。曰、然。童子彫蟲篆刻。俄而曰、壯夫不爲也」とある。

(三)虞舜は、舜。序致篇の注(三)二頁を参照。「南風」の制作は、『禮記』樂記に、「昔者舜作五弦之琴、以歌南風」とある。鄭玄は「南風、長養之風也。以言父母之長養己。其辭未聞也」と注する。『孔子家語』辯樂解第三十五は、その辭が「南風之薫兮、可以解吾民之慍兮。南風之時兮、可以阜吾民之財兮」であるとするが、これは後世の偽作とされる。

(四)周公は、周公旦。治家篇の注(三)二一九頁を参照。「鴟鴞」は『毛詩』豳風に所収され、その詩序には「鴟鴞、周公救亂也。成王未知周公之志、公乃爲詩以遺王。名之曰鴟鴞焉」とある。

(五)吉甫は、周の尹吉甫を指す。後娶篇の注(一)二二頁を参照。『詩經』大雅の「崧高」「烝民」「韓奕」「江漢」の諸篇は、尹吉甫が宣王を称揚するために制作した詩である。

(六)史克は、周の史克を指す。『毛詩』魯頌の「駉」は、史克が僖公を称揚するために制作した詩である。

(七)『論語』季氏には、孔子の子である伯魚の言として、「嘗獨立、鯉趨而過庭。曰、學詩乎。對曰、未也。曰、不學詩、無以言也。鯉退而學詩」とあり、孔子が詩を学ぶことを重要視していたことがわかる。

(八)『論語』子罕には、「子曰、吾自衞反於魯、然後樂正、雅頌各得其所」とある。なお鄭玄によれば、これは哀公十一年の冬のことである。

(九)大明孝道、引詩證之とは、『孝經』を指す(趙曦明注)。実際に『孝經』の各章の末尾は、多く『詩經』を引用している。

(一〇)『法言』吾子篇には、「詩人之賦麗以則、辭人之賦麗以淫」とある。李軌注は「詩人之賦」について、「陳威儀、布法則」とし、「辭人之賦」については、「奢侈相勝、靡麗相越、不歸於正也」とする。「詩人」とは『詩經』の古典的正統性を継承する制作者を指し、単に言語の華美のみを追求する「辭人」とは区別される。和久希「辞人の位置—沈約『宋書』謝霊運伝論考」(『中国学の新局面』日本中国学会、二〇一二年。同氏『六朝言語思想史研究』汲古書院、二〇一七年に所収)参照。なお『文心雕龍』情采篇には、「昔詩人什篇、爲情而造文。辭人賦頌、爲文而造情。何以明其然。蓋風雅之興、志思蓄憤、而吟詠情性、以諷其上。此爲情而造文也。諸子之徒、心非鬱陶、苟馳夸飾、鬻聲釣世。此爲文而造情也。故爲情者、要約而寫眞、爲文者、淫麗而煩濫」とある。

(一一)「劇秦美新」は、秦の政治を批判し、また漢を簒奪した王莽の新王朝を賛美する内容をもち、後世にしばしば非難の対象となった。なお『顔氏家訓』文章篇に「揚雄德敗美新」とあることは既出。「劇秦美新」については、渡邉義浩「揚雄の「劇秦美新」と賦の正統化」(『漢学会誌』五二、二〇一三年、のちに『「古典中国」における文学と儒教』前掲)を参照。

(一二)王莽は即位の後、符命の元を絶つことによって皇権を神秘化しようとして、符命に言及する者を捕らえた。その際、揚雄は無関係であったにもかかわらず、逃げられないことを恐れ、閣上から身を投じた。『漢書』巻八十七 揚雄傳に、「時雄校書天祿閣上、治獄事使者來、欲收雄。雄恐不免、迺從閣上自投下、幾死。莽聞之曰、雄素不與事、何故在此間」とある。

(一三) 桓譚は、前漢末から後漢初の人。字は君山。五經に通じ、文章や琴を得意とした。著作に『新論』がある。『漢書』巻八十七揚雄傳には、桓譚が揚雄について、「昔老聃著虛無之言兩篇、薄仁義、非禮學。然後世好之者、尙以爲過於五經、自漢文景之君及司馬遷皆有是言。今揚子之書、文義至深、而論不詭於聖人。若使遭遇時君、更閲賢知、爲所稱善、則必度越諸子矣」と述べたことが載る。

(一四) 葛洪は、東晉の人。字は稚川。仙道を学んだ。著作には『抱朴子』『神仙傳』などがある（『晉書』巻七十二 葛洪傳）。『抱朴子』尙博篇には、「世俗率神貴古者而黷賤同時。……是以仲尼不見重於當時、大玄見嗤薄於比肩也」とある。道士としての葛洪の詳細は、養生篇の注(二六) 二〇二頁を参照。

(一五)『太玄經』は、揚雄の著書。經書『周易』を模倣して執筆された。『周易』では陰陽の二原理であったものを、『太玄經』では天地人の三原理として、これを四つ重ねたものを「首」とする。これにより『周易』の六十四卦（二の六乗）に対して、『太玄經』では八十一首（三の四乗）が得られる。『太玄經』の数理構造については、辛賢『漢易術数論研究』（汲古書院、二〇〇二年）を参照。

(一六) 覆醬瓿は、味噌甕を覆うための蓋にすること。『漢書』巻八十七 揚雄傳には、劉歆が『太玄經』を評して、「空自苦。今學者有祿利、然尙不能明易、又如玄何。吾恐後人用覆醬瓿也」と述べたことが載る。劉歆の評言に対して、顏之推はそれにも及ばないものであると評しているのである。

［現代語訳］

ある人が揚雄《ようゆう》に問いかけて言うには、「あなたは幼いころに賦（の制作）を好んでいたか」と。揚雄は「その通りである。（ただし賦は）子供の手習いであって、立派な大人は制作しない」と述べた。私が個人的にこの発言を過誤として思うことには、舜《しゅん》は南風《なんぷう》の詩を詠じ、周公《しゅうこう》は鴟鴞《しきょう》の詠を制作した。尹吉甫《いんきつほ》と史克《しこく》は（『詩經』の）雅《が》・頌《しょう》の雄篇を残した者である。（しかし彼らについては）まだ誰一人として（各篇の制作が）幼年時代のことだったとか（各篇の制作により）高徳を毀損したなどといったことは聞かない。孔子は、「詩を学ばなければ、適切なことが言えない」と述べた。（また孔子は）「衞から魯に帰国して、樂が正しく調律され、（それにともなって）雅・頌もそれぞれが本来あるべき姿になった」と述べた。（さらに孔子が）あまねく孝道を明らかにしようとした際には、詩を引用して論証としている。揚雄はどうしてわざわざこれらのことを疎かにするのだろうか。（かれが）「詩人の賦は美麗であって正統的威儀を有しており、辭人の賦は美麗でありながら節度を失う」と論じていたことからは、ただ両者の区別が理解できるだけであって、まだ揚雄が自分自身を「立派な大人」としていることの理由は理解できない。（揚雄は）「劇秦美新《げきしんびしん》」を著したり、むやみに楼閣から投身しようとしたり、慌てふためいたり恐れおののいたりして、天命には届きようもない。（彼自身の言葉を用いるならば）「子供」の行為なのである。桓《かん》譚《たん》が揚雄を老子よりすぐれているとし、葛洪《かっこう》が揚雄を孔子になぞらえているのは、後人を嘆かせてしまう。揚雄はわずかに数学を理解し、陰陽を理解しているだけで、『太玄經《たいげんけい》』を執筆したが、いくらかの人が混乱するだけであった。揚雄が遺した言行は、荀況《じゅんきょう》や屈原《くつげん》にさえも及ばないのに、どうしてことさらに最高度の聖人によるすぐれた遺風と比較できようか。また『太玄經』は現在において結局何の役に立つだろうか。わずかに味噌甕を覆うための蓋ほどの価値すらもないのである。

【原文】

齊世有席毗者。清幹之士、官至行臺尚書。嗤鄙文學、嘲劉逖云、君輩辭藻、譬若榮華。須臾之翫、非宏才也。豈比吾徒千丈松樹、常有風霜、不可凋悴矣。劉應之曰、既有寒木、又發春華、何如也。席笑曰、可哉。

《訓読》

齊の世に席毗(一)なる者有り。清幹の士にして、官は行臺尚書(二)に至る。文學を嗤鄙し、劉逖(三)を嘲りて云ふ、「君が輩の辭藻は、譬へば榮華(四)の若し。須臾の翫にして、宏才に非ざるなり。豈に吾が徒の千丈の松樹(五)の、常に風霜有るも、凋悴す可からざるに比せんや」と。劉 之に應へて曰く、「既に寒木有りて、又た春華を發《ひら》かば、何如」と。席笑ひて曰く、「可なるかな」と。

(注)

(一) 席毗は、北齊の人。詳細は未詳。『北史』巻六十二 尉遲迥傳に、「徐州總管司錄席毗、與前東平郡守畢義緒據兗州及徐州之蘭陵郡、亦以應迥」とあり、『北史』巻百 序傳・李禮成に、「伐齊之役、從帝圍晉陽、齊將席毗羅精兵拒帝、禮成力戰擊退」とある。なお知不足齋叢書本以外の各本は「席毗」を「辛毗」に作るが、辛毗は三國魏の人であるため当たらない（趙曦明注）。

(二) 行臺尚書に関連して、『隋書』百官志には、「行臺、在令無文。其官置令・僕射。其尚書丞郎、皆隨權制而置員焉。其文未詳」とある。宇野注は、「知事のような職務。本来は中央機関の出張事務所長」とする。なお、古賀昭岑「北朝の行台について（その一～その三）」("The Oriental studies", vol. 3, 5, 7., 1974-1979.) 参照。

(三) 劉逖は、北齊の人。字は子長。中書侍郎となり、のちに北周に聘せられた。『北齊書』巻四十五 文苑 劉逖傳には、「逖在遊宴之中、卷不離手、値有文籍所未見者、輒終日諷誦、或通夜不歸。其好學如此。亦留心文藻、頗工詩詠」とある。

(四) 榮華は、生い茂る草や咲き誇る花。『爾雅』釋草に、「木謂之華、草謂之榮」とある。知不足齋叢書本は「榮華」を「朝菌」に作る。『莊子』逍遙遊には、「朝菌不知晦朔」とある。これについて『經典釋文』は支遁の説を引いて「一名舜英」とし、木槿《むくげ》のこととする。木槿は朝に花を咲かせるが、夜には萎む性質をもつ。王利器注はこれらが同一のものであるとみている。

(五) 千丈松樹とは、高くそびえ立ち、国家の柱石となるさまを指す。『世說新語』賞譽第八に、「庾子嵩目和嶠、森森如千丈松、雖磊砢有節目、施之大廈、有棟梁之用」とある。また、席毗の発言の背景には、『論語』子罕の「子曰、歲寒、然後知松栢之後彫也」との言がある。

［現代語訳］

北齊の時代に席毗《せきひ》という者がいた。すぐれた才能の持ち主で、官位は行臺尚書《こうだいしょうしょ》に至った。文學を嘲罵し、劉逖《りゅうてき》をあざけって言うには、「君たちの文彩は、喩えるなら旺盛な草花のようである。ひとときの鑑賞物であって、偉大な才能ではない。どうしてわれわれの（いわば）千丈もの高さの松の木が、日頃から風や霜にさらされても、萎んでしまわないのと比較できようか」と。劉逖が応答して言うには、「すでに寒木があるうえに、さらに春に花を開くとしたら、どうだ」と。席毗は笑いながら言った、「よいではないか」と。

【原文】
凡爲文章、猶人乘騏驥。雖有逸氣、當以銜勒制之。勿使流亂軌躅、放意塡坑岸也。

《訓読》
凡そ文章を爲《つく》るは、猶ほ人の騏驥(一)に乗るがごとし。逸氣(二)有りと雖も、當に銜勒(三)を以て之を制すべし。軌躅(四)を流亂し、意に放《まか》せて坑岸に塡《うづ》めしむること勿かれ。

（注）
（一）騏驥は、千里を駆ける名馬。駿馬。文章制作を騎馬になぞらえることには、曹丕『典論』論文が建安七子を評して「咸以自騁驥騄於千里、仰齊足而並馳。以此相服、亦良難矣」と述べたものがある。
（二）逸氣は、俊逸の気（王利器注）。周囲に卓越した気勢をいう。『文選』巻四十二 魏文帝「與吳質書」には、「公幹有逸氣、但未遒耳」とある。
（三）銜勒は、轡のこと。『孔子家語』執轡第二十五に、「夫德法者、御民之具、猶御馬之有銜勒也」とある。
（四）軌躅は、先人の実践してきた軌跡。『漢書』巻一百上 敍傳上に、「伏周孔之軌躅」とあり、その鄭氏注には、「躅、迹也」とある。

［現代語訳］
そもそも文章制作とは、人が駿馬に乗るようなものである。すぐれた気勢を有していても、轡《くつわ》を用いて制御しなくてはならない。（先人の）軌跡を移り乱したり、恣意のままに（走らせて）溝や崖に落としてしまうことがあってはならない。

【原文】
文章當以理致爲心腎、氣調爲筋骨、事義爲皮膚、華麗爲冠冕。今世相承、趨末棄本、率多浮豔。辭與理競、辭勝而理伏。事與才爭、事繁而才損。放逸者流宕而忘歸、穿鑿者補綴而不足。時俗如此、安能獨違。但務去泰去甚耳。必有盛才重譽、改革體裁者。實吾所希。

《訓読》
文章は當に理致(一)を以て心腎と爲し、氣調(二)を筋骨と爲し、事義を皮膚と爲し、華麗を冠冕と爲すべし(三)。今世の相承するもの、末に趨りて本を棄つれば、率《おほむ》ね浮豔(四)多し。辭と理と競へば、辭 勝りて理 伏す。事と才と爭へば、事 繁くして才 損なはる。放逸する者は流宕して歸るを忘れ、穿鑿する者は補綴するも足らず。時俗(五) 此の如ければ、安んぞ能く獨り違はんや。但だ務めて泰を去り甚を去るのみ。必ず盛才重譽にして、體裁を改革する者有らん。實に吾が希《ねが》ふ所なり。

（注）

（一）理致は、文章におけるすじみち、論理性をいう。『晉書』巻三十三 王祥傳に、「祥在正始、不在能言之流。及與之言、理致清達、將非以德掩其言乎」とある。王利器注はこれを「義理情致」と解する。

（二）氣調は、文章における気品や風格を指す。王利器注はこれを「氣韻才調」と解する。

（三）文章の構成要素を身体に配当する考え方は、劉勰『文心雕龍』にもとづく。『文心雕龍』附會篇には、「必以情志爲神明、事義爲骨髓、辭采爲肌膚、宮商爲聲氣」とある。

（四）浮豔は、深みがなくて艶やかなこと。王利器注はこれを「輕浮華豔」と解する。『陳書』巻二十七 江總傳には、「總篤行義、寛和溫裕、好學、能屬文、於五言七言尤善。然傷於浮豔」とある。

（五）去泰去甚に関しては、『老子』第二十九章に、「聖人去甚、去奢、去泰」とある。いずれも過分・過当を避けることである。

［現代語訳］

文章は論理性を心臓や腎臓と見なし、気品風格を靭帯や骨格と見なし、意味内容を皮膚と見なし、修辞性を冠冕《かんべん》と見なすべきである。（しかしながら）現代の継承者たちは、末端に奔走して本源を放棄してしまったので、おおよそ軽薄で華美な者が多くなった。文飾と論理とが競合するとなると、文飾が優先して論理は屈服してしまう。意味内容と文才とが競合するとなると、意味内容が繁雑となって文才は（それらを語り尽くせずに）摩耗してしまう。（文章制作において）放恣に傾く者は遠方を彷徨して帰ることを忘れ、（反対に）些事に拘泥する者はひとまとめにしようとしてもできなくなってしまう。時代の趨勢がこのようであるならば、どうして一人だけでこれに背反することができようか。ただ極端に陥らないように努力しなくてはならない。きっと豊かな才能と高い名声を有して、文章の構造を変革する者が出現するだろう。心からわたしが願うところである。

【原文】

古人之文、宏材逸氣、體度風格、去今實遠。但緝綴疎朴、未爲密緻耳。今世音律諧靡、章句偶對、諱避精詳、賢於往昔多矣。宜以古之製裁爲本、今之辭調爲末。並須兩存、不可偏棄也。

《訓読》

古人の文は、宏材逸氣（一）、體度風格（二）、今を去ること實に遠し。但だ緝綴疎朴にして、未だ密緻と爲らざるのみ。今世は音律は諧靡（三）し、章句は偶對（四）し、諱避は精詳にして、往昔に賢《まさ》るもの多し。宜しく古の製裁を以て本と爲し、今の辭調もて末と爲すべし。並《みな》須らく兩存すべく、偏棄す可からざるなり。

（注）

（一）宏材は、文章を構成するための豊かな才能をいう。『晉書』巻七十二 郭璞傳の贊に、「景純通秀、夙振宏材」とある。逸氣は、周囲に卓越した気勢をいう。

（二）體度は、文章の容貌、構造を指す。王利器注は「體態風度」と解する。風格は、文章の格調を指す。王利器注は「風標格範」と解する。『文心雕龍』議對篇には、「亦各有美、風格存焉」とある。
（三）音律諧靡とは、音律の整合性が図られ、調和的で華やかな音調を有していること。なお王利器注は「和諧靡麗」とする。
（四）章句偶對は、文章において対句が多く用いられたことをいう。王利器注は「偶配對稱」とする。なお、当時盛行していた四六駢麗文は、まさしく音律の整合性や対偶の多用を特徴とするものであった。

［現代語訳］

古人の文章は、豊かな才能と卓越した気勢にもとづき、すぐれた構造や格調を有しており、現代（の文章）とは遠く隔たっている。ただ（古人は）筆致が素朴であって、まだ緻密とはなっていなかっただけである。現代では音律が整合性を有し、章句が対偶をなし、避諱も詳密になるなど、従来よりすぐれている点も多い。（そこで文章制作に際しては）従来の制作方法を根幹として、現代の言語の音調を末節とするのがよい。必ず（従来と現代との）すべてを両存させなくてはならず、一方だけを棄却してはならないのである。

【原文】

吾家世文章、甚爲典正、不從流俗。梁孝元在蕃邸時、撰西府新文、訖無一篇見錄者。亦以不偶於世、無鄭・衞之音故也。有詩・賦・銘・誄・書・表・啓・疏二十卷。吾兄弟始在草土、並未得編次、便遭火盪盡、竟不傳於世。衒酷茹恨、徹於心髓。操行見於梁史文士傳及孝元懷舊志。

《訓読》

吾が家世(一)の文章は、甚だ典正爲りて、流俗に從はず。梁の孝元 蕃邸に在りし時(二)、西府新文(三)を撰するに、訖《つひ》に一篇として錄せらるる者無し。亦た世に偶せずして、鄭・衞の音(四)無きを以ての故なり。詩・賦・銘・誄・書・表・啓・疏二十卷有り。吾が兄弟 始め草土(五)に在れば、並《みな》未だ編次することを得ざるに、便ち火に遭ひて盪盡し、竟に世に傳はらず。衒酷茹恨、心髓に徹す。操行は梁史の文士傳(六)及び孝元の懷舊志(七)に見ゆ。

（注）

（一）家世について、宇都宮注は、「恐らくは父とか亡父とかいう語を意識的に避けている」と指摘する。本条の行論からすると、やはりここは、直接には顔之推の父である顔協を指していると思われる。
（二）在蕃邸時は、元帝がまだ湘東王に封ぜられていたころ（五一四年～五四七年）を指す。王利器注は、「蕃邸、指湘東王」としている。
（三）西府新文は、書名。『隋書』巻三十五 經籍志四には梁の蕭淑の撰とする。おそらくは、蕭繹が諸官吏の文章を蕭淑に編纂させたものであろう（盧文弨注）。
（四）鄭・衞之音については、『禮記』樂記に、「五者皆亂、迭相陵、謂之慢。如此、則國之滅亡無日矣。鄭・衞之音、亂世之音也。比於慢矣」とある。また当時の樂に関連して、『南齊書』巻四十六 蕭恵基傳には、「自宋大明以來、聲伎所尙、多鄭衞淫俗、雅樂正聲。鮮有好者」とある。

(五) 草土について、盧文弨注は、「草土、謂在苫凷之中也」と解する。苫凷は、藁を編んで筵として、土塊を枕とする喪禮である。

(六) 梁史文士傳について、趙曦明注は『梁書』巻五十 文學傳とみて、顔之推の父である顔協の事績を引く。劉盼遂は『隋書』巻三十三 經籍志二に記載のある許亨『梁史』のこととする。

(七) 孝元懷舊志は、元帝の撰書である『懷舊志』を指す。『隋書』巻三十三 經籍志二に著録されている。

[現代語訳]

わたしの家系の文章は、きわめて典雅であって、世俗に従うものではなかった。梁の元帝(蕭繹)が湘東王《しょうとうおう》であった時分に、『西府新文《せいふしんぶん》』を編纂した際、とうとう一篇たりとも採録されなかった。これもまた世俗に迎合せずに、鄭・衞の(低俗な)音調をもたなかったことによるのである。(その文章は)詩・賦・銘・誄《るい》・書・表・啓・疏におよび全二十巻であった。わが兄弟(顔之儀・顔之推)はかつて服喪中であったので、兄弟のいずれもがまだ編纂することがかなわないうちに、戦火に見舞われて全滅してしまい、とうとう世間に広まらなかった。恨みを抱くこと、骨髄にまで染み入るほどである。行迹は『梁史』文士傳と元帝『懷舊志《かいきゅうし》』に見えている。

【原文】

沈隱侯曰、文章當從三易。易見事、一也。易識字、二也。易讀誦、三也。邢子才常曰、沈侯文章、用事不使人覺、若胸憶語也。深以此服之。祖孝徵亦嘗謂吾曰、沈詩云、崖傾護石髓。此豈似用事邪。

《訓読》

沈隱侯(一)曰く、「文章は當に三易に從ふべし。事を見易きは、一なり。字を識り易きは、二なり。讀誦し易きは、三なり」と。邢子才常に曰く、「沈侯の文章は、事を用ふるも人をして覺らしめざること、胸憶の語の若きなり」と。深く此を以て之に服す。祖孝徵も亦た嘗て吾に謂ひて曰く、「沈詩に云ふ、崖傾きて石髓(二)を護ると。此れ豈に事を用ふるが似《ごと》きや(三)」と。

(注)

(一) 沈隱侯は、沈約を指す。沈約、字は休文。劉宋・南齊・梁の三代に仕えた。齊初に文恵太子のもとで太子家令となり、中書郎や黄門侍郎を歴任し、梁の武帝が即位すると尙書左僕射となった。また竟陵王蕭子良のもとに集う竟陵八友の中心的人物で、齊梁期の文壇に多大な影響を与えた。彼の提唱した聲律理論を四聲八病説と呼び、この理論にもとづいた詩文が盛行し、永明體と称された。著作には『宋書』のほか、数多くの詩文がある(『梁書』巻十三 沈約傳)。なお、稀代麻也子『『宋書』のなかの沈約―生きるということ』(汲古書院、二〇〇四年)参照。

(二) 石髓は、石鍾乳の異名。いしのち。炭酸カルシウムを含む泉水が滴下し、その石灰質が凝固して下垂したもの。石髓は仙山に守り隠され、仙人のみがよくこれを服したとされる。

(三) 沈約の詩句は、一見平易な表現に見えるが、実際には嵇康と王烈との故事がふまえられている。王烈は、晉の人。字は長休。『神仙傳』では三百歳以上生きたとされる。『晉書』巻四十九嵇康傳には、「康又遇王烈、共入山。烈嘗得石髓如飴、即自服半、餘半與康。皆凝而爲石」とある。なお『文選』巻二十二沈休文「遊沈道士館」には、「朋來握石髓、賓至駕輕鴻」とあり、その李善注に引く袁宏「竹林名士傳」には、「王烈服食養性。嵇康甚敬信之、隨入山。烈嘗得石髓、柔滑如飴、即自服半、餘半取以與康、皆凝而爲石」とある。

[現代語訳]

沈約《しんやく》が言うには、「文章は三つの平易ということに従わなければならない。意味内容がわかりやすいことが、第一である。文字がわかりやすいことが、第二である。音読しやすいことが、第三である」と。邢邵《けいしょう》がいつも言うには、「沈約の文章は、典拠を使用していても人にそれと気付かせないで、あたかも心に抱いたままの言葉である（と思わせてしまう）。このことによってかれには深く敬服している」と。祖珽《そてい》もまたかつてわたしに語りかけたことには、「沈約の詩に、「崖が斜めに傾いて石髄を庇っている」とある。この句がどうして故事を利用しているように見えるだろうか」と。

【原文】

邢子才・魏收俱有重名。時俗準的、以爲師匠。邢賞服沈約而輕任昉、魏愛慕任昉而毀沈約。每於談讌、辭色以之。鄴下紛紜、各有朋黨。祖孝徵嘗謂吾曰、任・沈之是非、乃邢・魏之優劣也。

《訓読》

邢子才・魏收は俱に重名有り。時俗は準的(一)して、以て師匠と爲す。邢は沈約を賞服して任昉(二)を輕んじ、魏は任昉を愛慕して沈約を毀《そし》る。每に談讌に於ては、辭色 之を以てす(三)。鄴下 紛紜として、各〻朋黨有り。祖孝徵 嘗て吾に謂ひて曰く、「任・沈の是非は、乃ち邢・魏の優劣なり」(四)と。

(注)

(一) 準的は、模範・目標として仰ぐこと。王利器注は、「準的、猶今言標準目的」とする。

(二) 任昉は、南齊から梁の人。字は彥昇。竟陵王蕭子良のもとに集う竟陵八友の一人。文章を得意として、沈約とは「任筆沈詩」と併称された。官は黃門侍郎や吏部郎中を経て、新安太守となった（『梁書』巻十四 任昉傳）。

(三) 辭色以之は、顔面を紅潮させるほどに議論が白熱することをいう。王利器注は「辭色以之、猶今言爭得面紅耳熱」と解する。

(四) このことは、『北齊書』巻三十七 魏收傳にも記載がある。『北齊書』は魏收が邢邵や溫子昇とともに知られていたことを述べ、そのうえで、「議論更相訾毀、各有朋黨。收每議陋邢邵文。邵又云、江南任昉、文體本疏、魏收非直模擬、亦大偸竊。收聞乃曰、伊常於沈約集中作賊、何意道我偸任昉。任・沈俱有重名、邢・魏各有所好。武平中、黃門郎顔之推以二公意問僕射祖珽、珽答曰、見邢・魏之臧否、即是任・沈之優劣」とする。

［現代語訳］
邢邵《けいしょう》と魏収《ぎしゅう》はともに高い名声を有していた。世人は（彼らを）目標として仰ぎ、かれらを師匠と見なしていた。邢邵は沈約《しんやく》を敬慕して任昉《じんぼう》を軽視し、魏収は任昉を欽慕して沈約を批判していた。常々顔を合わせて談論を交わしては、顔面を紅潮させるほどであった。鄴《ぎょう》下では（このことをめぐって議論が）入り乱れ、それぞれに派閥があった。祖珽がかつて私に語りかけたことには、「任昉と沈約の是非は、まさに邢邵と魏収の優劣である」と。

【原文】
呉均集有破鏡賦。昔者、邑號朝歌、顏淵不舍。里名勝母、曾子斂襟。蓋忌夫惡名之傷實也。破鏡乃凶逆之獸。事見漢書。爲文幸避此名也。比世往往見有和人詩者、題云敬同。孝經云、資於事父以事君而敬同。不可輕言也。梁世費旭詩云、不知是耶非。殷澐詩云、飄颺雲母舟。簡文曰、旭既不識其父、澐又飄颺其母。此雖悉古事、不可用也。世人或有文章引詩伐鼓淵淵者。宋書已有屢遊之誚、如此流比、幸須避之。北面事親、別舅摛渭陽之詠、堂上養老、送兄賦桓山之悲、皆大失也。舉此一隅、觸塗宜愼。

《訓読》
呉均集(一)に破鏡賦(二)有り。昔者《むかし》、邑 朝歌(三)と號すれば、顏淵は舍《やど》らず。里 勝母(四)と名づくれば、曾子は襟を斂《をさ》む(五)。蓋し夫の惡名の實を傷《そこな》ふを忌めばなり。破鏡は乃ち凶逆の獸なり。事は漢書(六)に見ゆ。文を爲《つく》るに幸《ねが》はくは此の名を避けよ。比世(七) 往往にして人の詩に和する者有るを見るに、題して敬同と云ふ(八)。孝經に云ふ(九)、「父に事ふるに資りて以て君に事へて敬同じ」と。輕言す可からざるなり。梁世 費旭(一〇)の詩に云ふ、「是か非かを知らず」と。殷澐(一一)の詩に云ふ、「飄颺たり雲母の舟」と。簡文曰く、「旭は既に其の父を識らず(一二)、澐は又た其の母を飄颺す(一三)」と。此れ悉く古事なりと雖も、用ふ可からざるなり。世人或いは文章に詩の「鼓を伐つ 淵淵たり(一四)」を引く者有り。宋書に已に屢遊の誚《そしり》有れば(一五)、此の如きの流比は、幸《ねが》はくは須く之を避くべし。北面して親に事ふるも、舅に別るるに渭陽の詠(一六)を摛《の》べ、堂上に老を養ふも、兄を送るに桓山の悲(一七)を賦するは、皆 大失なり。此の一隅を擧ぐれば、觸塗 宜しく愼むべし。

（注）
（一）呉均は、梁の人。字は叔庠。沈約に文才を認められ、多くの詩文を残した。当時、彼の詩体に倣う者が多く出現し、世に呉均體と称された（『梁書』卷四十九 文學上 呉均傳、『南史』卷七十二 文學 呉均傳）。呉均集については『隋書』卷三十五 經籍志四に、「呉均集二十卷」が著録されるが、現在に伝わらない。
（二）破鏡賦は、呉均の制作した賦とされるが、現在に伝わらない。
（三）朝歌は、地名。殷の武乙がこの地に移り、のちに紂がここに遷都したとされ、世に殷墟という。周の武王が紂を討ち、この地に康叔を封じて衞國を建てた。春秋戰國時代を通じて、抗争の多い地であった。
（四）勝母は、地名。曾參は孝心が厚かったため、この名称を忌み、その門に入らなかったとされる。
（五）同様の言は『漢書』卷五十一 鄒陽傳に見えている。ただしそここには、「里名勝母、曾子不入、邑號朝歌、墨子回車」とあり、曾參と墨翟のこととする。勝母については顔師古が、「曾子至孝、以勝母之名不順、故不入也」とし、朝歌については晉灼が、「紂作朝歌之音。朝歌者、不時也」と注をつけている。

(六)破鏡については、『漢書』巻二十五 郊祀志に、「古天子常以春解祠、祠黃帝用一梟・破鏡」とある。孟康は注において、「梟、鳥名、食母。破鏡、獸名、食父。黃帝欲絕其類、使百吏祠皆用之。破鏡如貙而虎眼」とする。

(七)比世とは、近年、このごろ。王利器注は、「比世、猶言比來、今世也」と解する。

(八)題云敬同について、現存する詩文からは、とくにそのような傾向は見られない。陳直は、「六朝人和詩題、大致稱同・和・奉和・仰和四名詞、稱敬同者尚少見。或作者寫詩給友朋時、有此謙稱、至編集時又刪去敬而歟」と推論する。

(九)『孝經』士章に、「資於事父以事母而愛同、資於事父以事君而敬同」とある。唐の玄宗御注は、「資、取也。言愛父與母同、敬父與君同」とする。敬同は、父子君臣といった人倫の根幹に関する語であるため、顔之推はこれをみだりに汎用してはならないとするのである。

(一〇)費旭は、周法高本は費昶に作る。王利器注・宇野注・宇都宮注もこれを費昶のことであるとする。費昶は、梁の人。樂府を得意として鼓吹曲を制作した。その著作は『玉臺新詠』『樂府詩集』に採録されている(『南史』巻七十二 文學 費昶傳)。ただし現存する費昶の詩句には「不知是耶非」の語は見えていない。

(一一)殷澐は、未詳。周法高は、殷芸・褚澐の二説を挙げるが、定かではない。殷芸は、梁の人。字は灌蔬。群書に通じ、天監中に祕書監司徒長史となった(『梁書』巻四十一 殷芸傳)。褚澐は、梁の人。字は士洋。音律を解し、湘東王諮議參軍となった(『南史』巻二十八 褚裕之傳附褚澐傳)。なお、いずれにしても「颻颺雲母舟」の詩句は現存しない。

(一二)「不知是耶非」という詩句は、漢武帝が李夫人を思い制作した詩にもとづく。『漢書』巻九十七 外戚傳には、「是邪非邪、立而望之。偏何姍姍其來遲」との言がある。陳直は、六朝期において「耶」字は「爺」字の略字であったとする。盧文弨・劉盼遂は、「耶」を「爺」の俗称であるとする。そうであるならば「不知是耶非(是か非かを知らず)」は「不知是耶非(知らず是れ耶《ちち》なるか非《いな》かを)」と読めてしまうことになる。そのことを指摘して、蕭綱は「既不識其父」と述べたのである。

(一三)雲母舟は、雲母(ケイ酸塩鉱物)で船首を装飾した舟をいう。とくに、漢成帝が趙飛燕との遊覧のために制作させたものが知られる。「雲」は「澐」と同音であるため、詩句「颻颺雲母舟(颻颺たり雲母の舟)」は「颻颺澐母舟(澐の母の舟を颻颺す)」と聞こえてしまう。そのことを指摘して、蕭綱は「又颻颺其母」と述べたのである。

(一四)『詩經』小雅 采芑に、「顯允方叔、伐鼓淵淵、振旅闐闐」とある。毛傳に、「淵淵、鼓聲也」とあるように、淵淵は太鼓の鳴る音をいう。太鼓をドンドンと打ち鳴らすことで、軍旅の士気を奮わせるのである。

(一五)宋書已有屢遊之誚は、諸家の解釈にも混乱があり、正確なところは不明。そもそも『宋書』には「屢遊」の語が見えておらず、『金樓子』雜記に、「宋玉戲太宰屢游之談。後人因此流遷、反語至相習。至如太宰之言屢游、鮑照之伐鼓、孝綽步武之談、韋粲浮杜之説、是中太甚者、不可不避耳」とあることから、「宋書」は「宋王」もしくは「宋主」の誤りであり（宋玉は不当）、劉裕を指すとされる（周法高注）。周法高注によれば「屢游之談」とは「劉裕」二字の反切の声母・韻母を組み替え、反語として「屢遊」を得るという言葉遊びを指す。これを『詩經』小雅 釆芑の「伐鼓」に適用すると、「腐骨」（周法高引崔氏説）あるいは「父骨」（周法高注）などの反語が得られる。よって避けるべきであるという。なお『文心雕龍』指瑕篇には、「近代辭人、率多猜忌。至乃比語求蚩、反音取瑕、雖不屑於古、而有擇於今焉」との批判がある。

（一六）渭陽は、『詩經』秦風「渭陽」を指す。詩序には、「渭陽、康公念母也。康公之母、晉獻公之女。文公遭麗姬之難。未反而秦姫卒。穆公納文公。康公時爲大子。贈送文公于渭之陽。念母之不見也。我見舅氏、如母存焉」とある。これは母がすでに没した状況下での言であり、これをみだりに汎用してはならない。

（一七）桓山之悲に関連して、『孔子家語』顔回第十八には、「顔回侍側、聞哭者之聲甚哀。子曰、回汝知此何所哭乎。對曰、回以此哭聲、非但爲死者而已、又有生離別者也。子曰、何以知之。對曰、回聞桓山之鳥、生四子焉。羽翼既成、將分于四海、其母悲鳴而送之。哀聲有似於此。謂其往而不返也。回竊以音類知之。孔子使人問哭者、果曰、父死家貧、賣子以葬、與之長決。子曰、回也善於識音矣」とある。これは父の死亡、そしてその葬送のために子を売るという悲痛を述べるものであり、これをみだりに汎用してはならない。嚴式誨は、この内容にもとづき、『顏氏家訓』本文の「送兄」は「送兒」のほうが適切であるとする。しかし一方、池田恭哉は、顔之推の同時代には「桓山之悲」の故事が、親子間の別れよりも、巣立つ兄弟鳥たちの別れに着目されて使用されていたことを指摘し、「送兒」に改める必要は無いという。池田恭哉「「桓山之悲」について—典故と用法」（『南北朝時代の士大夫と社会』研文出版、二〇一八年に所収）を参照。

［現代語訳］

『呉均集《ごきんしゅう》』には「破鏡賦《はきょうふ》」がある。むかし、都邑で「朝歌《ちょうか》」と名づけられたところには、顔回《がんかい》は宿泊しなかった。村里で「勝母《しょうぼ》」と名づけられたところでは、曾參《そうしん》は襟を正した。思うに（両者の行為は）このような悪名が現実を毀損することを避けたためである。「破鏡」とは悪逆なる禽獣の名である。このことは『漢書』（巻二十五郊祀志）に見えている。文章制作に際してはこうした名を避けることが望まれる。最近はいたるところで他人の詩に応酬する者がいるのを目にするが、（その応酬詩には）「敬同《けいどう》」と題してある。『孝經《こうきょう》』（士章）には、「父に従うことにもとづいて（同様にして）君主に従い（両者の）敬は同じである」との言がある。軽々しく口にしてはならない。梁代の費昶《ひちょう》の詩には、「是か非かを知らず」とある。殷澐《いんうん》の詩には、「吹き上げる風にただよう雲母の舟」とある。簡文帝が言うには、「費昶はすでに自身の父がわからずにいて、殷澐はまた自身の母を揺さぶっている」と。これらの例はすべて故事にもとづくけれども、使用してはならないのである。世人にはことによると文章に『詩經』（小雅 釆芑）の「太鼓をドンドンと打ち鳴らす」を引用する者がある。『宋書』にすでに「屢遊」に関する非難があるので、このような類例は、必ずや回避したいと願うものである。北方を向いて親に従いつつも、舅との別れに際して『詩經』（秦風 渭陽）の詠歌を述べつらねたり、母屋で老人の世話をしつつも、兄を送り出すに際して桓山《かんざん》の悲歌を吟じたりするのは、みな大変な過失である。これら一端をここに挙げておいたので、関連する事態にも用心したほうがよい。

【原文】

江南文制、欲人彈射。知有病累、隨卽改之。陳王得之於丁廙也。山東風俗、不通擊難。吾初入鄴、遂嘗以此忤人、至今爲悔。汝曹必無輕議也。

《訓読》

江南の文制は、人の彈射(一)を欲す。病累有るを知れば、隨ひて卽ち之を改む。陳王は之を丁廙に得たり(二)。山東の風俗は、擊難(三)に通ぜず。吾初めて鄴に入るに、遂に嘗て此を以て人に忤《さから》ひ、今に至るまで悔を爲す。汝が曹 必ず輕議すること無かれ。

(注)

(一) 彈射について、王利器注は、「猶言指摘・批評」とする。『三國志』巻四十二 孟光傳には、「吾好直言、無所回避。每彈射利病、爲世人所譏嫌疑」との言がある。

(二) このことについて、『文選』巻四十二 曹子建「與楊德祖書」には、「世人之著述、不能無病。僕常好人譏彈其文。有不善者、應時改定。昔丁敬禮常作小文、使僕潤飾之。僕自以才不過若人、辭不爲也。敬禮謂僕、卿何所疑難。文之佳惡、吾自得之。後世誰相知定吾文者邪。吾常歎此達言、以爲美談」とある。

(三) 擊難について、王利器は、「攻擊責難也」とする。

[現代語訳]

江南の文章制作は、他者の批評を求める。(そこで)瑕疵があることがわかると、すぐさまこれを訂正する。曹植《そうち》はこのことを丁廙《ていよく》に教えられた。山東の因習は、非難することに通暁していなかった。わたしがはじめて鄴を訪れた際、かくてある日このことで他者とうまくかみ合わず、今となっても後悔している。おまえたちは(山東にあっては)決して軽々しく評論をしてはならない。

【原文】

凡代人爲文、皆作彼語、理宜然矣。至於哀傷凶禍之辭、不可輒代。蔡邕爲胡金盈作母靈表頌曰、悲母氏之不永、然委我而夙喪。又爲胡顥作其父銘曰、葬我考議郎君。袁三公頌曰、猗歟我祖、出自有嬀。王粲爲潘文則思親詩云、躬此勞悴、鞠予小人。庶我顯妣、克保遐年。而並載乎邕・粲之集。此例甚衆。古人之所行、今世以爲諱。陳思王武帝誄、遂深永蟄之思。潘岳悼亡賦、乃愴手澤之遺。是方父於蟲、匹婦於考也。蔡邕楊秉碑云、統大麓之重。潘尼贈盧景宣詩云、九五思飛龍。孫楚王驃騎誄云、奄忽登遐。陸機父誄云、億兆宅心、敦敘百揆。姊誄云、俔天之和。今爲此言、則朝廷之罪人也。王粲贈楊德祖詩云、我君餞之、其樂洩洩。不可妄施人子、況儲君乎。

《訓読》

凡そ人に代はりて文を爲《つく》るに、皆 彼の語を作《な》すは、理として宜しく然るべし。哀傷凶禍の辭に至りては、輒ち代はる可からず。蔡邕胡金盈（一）の爲に母靈表頌を作りて曰く、「母氏の永からざるを悲しむ、然も我を委《す》てて夙に喪《うしな》ふ」（二）と。又胡顥（三）の爲に其の父の銘を作りて曰く、「我が考《ちち》議郎君を葬す」（四）と。袁三公（五）の頌に曰く、「猗歟《ああ》我が祖、有嬀より出づ」（六）と。王粲 潘文則の爲に思親詩に云ふ、「躬《みづか》ら此に勞悴し、予が小人を鞠《やしな》ふ。庶はくは我が顯妣、克く遐年を保て」と。而れども並《みな》邕・粲の集に載せらる。此の例 甚だ衆し。古人の行ふ所なるも、今世 以て諱と爲す（七）。陳思王の武帝の誄に、「遂に永蟄の思を深くす」（八）と。潘岳の悼亡賦に、「乃ち手澤（九）の遺を愴《いた》む」（一〇）と。是れ父を蟲に比べ、婦《つま》を考《ちち》に匹《くら》ぶるなり。蔡邕の楊秉（一一）の碑に云ふ、「大麓（一二）の重きを統ぶ」（一三）と。潘尼の盧景宣に贈る詩に云ふ、「九五 飛龍を思ふ」（一四）と。孫楚の王驃騎の誄に云ふ、「奄忽として登遐す」（一五）と。陸機の父の誄に云ふ、「億兆 心を宅《よ》せ、敦く百揆を敍す」（一六）と。姊の誄に云ふ、「天の和に俔《たと》ふ」（一七）と。今 此の言を爲せば、則ち朝廷の罪人なり。王粲の楊德祖に贈る詩に云ふ、「我が君 之を餞《おく》る、其の樂しきこと洩洩たり」（一八）と。妄りに人の子に施す可からず、況んや儲君をや。

（注）

（一）胡金盈は、胡廣の娘。

（二）「然委我而夙喪」について、現行の『蔡中郎集』は、「胡委我以夙喪」に作る（盧文弨注）。

（三）胡顥は、胡廣の孫。名は寧。

（四）当該文は散逸し、現行の『蔡中郎集』には見えていない。

（五）袁氏は陳郡の出身。嬀姓であり、舜の子孫。ゆえに後文に「有嬀」の語がある（宇野注）。袁三公については、後漢末の高官で袁氏を称した人だが、誰か不明（宇都宮注）。

（六）当該文は散逸し、現行の『蔡中郎集』には見えていない。

（七）このことについて、宇都宮注は、「以上顔氏がここに挙例したものは、何れも他人の亡父母のこと、あるいは他人の亡祖の出自を述べたもの、こういう文章は代作者が自身のタブーに触れるので、今日の時代では殊に書きにくいと言っている」とする。

（八）『藝文類聚』巻十三 帝王部三 魏武帝に所収される「魏陳王曹植武帝誄」には、「潛闥一扃、尊靈永蟄」とある。また『文心雕龍』指瑕篇には、「陳思之文、羣才之俊也。而武帝誄云、尊靈永蟄。明帝頌云、聖體浮輕。浮輕有似於胡蝶、永蟄頗疑於昆蟲。施之尊極、豈其當乎」とある。

（九）手澤は、『禮記』玉藻に、「父沒而不能讀父之書、手澤存焉爾」とあり、その鄭玄注に、「孝子見親之器物、哀惻不忍用也」とある。手澤とは、亡き父の蔵書に残存しているその痕跡・面影のことをいう。

（一〇）このことに関連して、『文心雕龍』指瑕篇には、「潘岳爲才、善於哀文。然悲内兄、則云感口澤、傷弱子、則云心如疑。禮文在尊極、而施之下流。辭雖足哀、義斯替矣」とある。

（一一）楊秉は、後漢の人。字は叔節。「四世太尉」を称された弘農楊氏の出。楊震の子。豫・荊・徐・兗州の刺史を歴任し、延熹年間に太尉となった。『後漢書』列傳四十四 楊震傳附楊秉傳）。

（一二）大麓について、『尚書』舜典「納于大麓、烈風雷雨弗迷」の孔安國傳に「麓、錄也。納舜使大錄萬幾之政、陰陽和、風雨時、各以其節、不有迷錯愆伏、明舜之德合於天」とある。舜が天子になる前の試練として大麓にあったことから、攝政のことを意味する（宇野注）。楊秉は三公となったので、大麓といったのだが、大麓の意味は天子になる前提としての攝政であるから、普通の三公より尊かつ重である。普通の三公に用いるのは濫用であろう（宇都宮注）。

（一三）当該文は散逸し、現行の『蔡中郎集』には見えていない。

（一四）九五思飛龍は、『周易』乾卦九五の爻辞「九五、飛龍、在天。利見大人」にもとづく。王弼注には、「龍德在天、則大人之路亨也」とある。九五は君位を示し、飛龍は聖人が起こり天子となることをいう（趙曦明注）。これをみだりに汎用してはならない。

（一五）登遐とは、天子の崩御をいう。『禮記』曲禮に、「告喪曰、天王登假」とあり、鄭玄注は、「告、赴也。登、上也。假、已也。上已者、若僊去云耳」とする。登遐とは、天子の崩御を告げる際の言辞であり、これをみだりに汎用してはならない。

（一六）億兆は『尚書』泰誓に、「受有億兆夷人」とあり、百揆は『尚書』舜典に、「納于百揆、百揆時敍」とある。億兆や百揆は、いずれも天子の場合にしか用いない語であり、これをみだりに汎用してはならない。

（一七）『詩經』大雅 大明に、「大邦有子、俔天之妹」とあり、鄭箋には、「既使問名、還則卜之、又知大姒之賢、尊之如天之有女弟」とある。周の文王・武王に対する賛辞であり、これをみだりに汎用してはならない。

（一八）其樂洩洩について、『春秋左氏傳』隱公 傳元年には、「公入而賦、大隧之中、其樂也融融。姜出而賦、大隧之外、其樂也洩洩。遂爲母子如初」とある。鄭の莊公と母の姜氏の不和が解消されたとき、両者が歌った和解の詩句である。ゆえにみだりに汎用してはならない。

［現代語訳］

　そもそも他者に代わって文章を制作する際に、皆（成り代わる）対象者の言辞をなすことは、理として当然そのようにあるべきである。（しかし）哀悼や禍害に関する表現となると、安易に代作してはならない。蔡邕《さいよう》が胡金盈《こきんえい》のために「母靈表頌」を制作して言うには、「母君の永年でないことを悲しむ、しかもわたしを棄てて早くに死別してしまった」と。さらに胡顥《ここう》のためにその父の銘文を制作して言うには、「我が父君の議郎を埋葬する」と。（さらにまた）袁三公の頌に言うには、「ああ我が祖先こそは、嬀氏《ぎし》から出現した」と。王粲《おうさん》が潘《はん》文則《ぶんそく》のために制作した「思親詩」に言うには、「自ら苦労して、私たち子供を養った。我が亡き母君よ、どうか長命を保ち続けてほしいと願っていたのに」と。（これらの文章は）みな（代作者である）蔡邕・王粲の別集に収載された。このような例はきわめて多い。古人のおこなっていたことではあるが、現在ではこれを忌避している。曹植による曹操の誄文《るいぶん》には、「そのまま永く地中にあらんとの思いを深くした」とある。潘岳《はんがく》の悼亡賦《とうぼうふ》には、「そこで使用した痕跡が残っていることを悲しんだ」とある。これらは（曹植の用いた「永蟄」の語は）父を虫に比擬し、（潘岳の用いた「手澤」の語は）妻を父に同一視している。蔡邕による楊秉《ようへい》の碑文に言うには、「大麓《たいろく》の重任を治めていた」と。潘尼《はんじ》による盧景宣《ろけいせん》に贈る詩に言うには、「九五にして飛龍を思う」と。孫楚《そんそ》による王驃騎《おうひょうき》の誄文に言うには、「たちまちのうちに崩御された」と。陸機による父の誄文に言うには、「万民が心を寄せ、ひたすら百官を秩序立てた」と。（同じく陸機による）姉の誄文に言うには、「天の和に喩える」と。今このような言説をなすのであれば、朝廷の罪人となってしまう。王粲による楊修《ようしゅう》に贈る詩に言うには、「我が君主が酒食をともにして見送った、のびのびと楽しいものであった」と。（これらの言辞は不敬にあたるために）むやみに人の子に使用してはならない、まして皇太子（に対して）ならなおさらのことだ。

【原文】

挽歌辭者、或云古者虞殯之歌、或云出自田横之客。皆爲生者悼往告哀之意。陸平原多爲死人自歎之言。詩格既無此例、又乖製作本意。

《訓読》

挽歌の辭は、或ひとは古者の虞殯の歌(一)と云ひ、或ひとは田横の客(二)より出づと云ふ。皆 生者の往を悼み哀を告ぐるの意と爲す。陸平原 多く死人の自ら歎くの言を爲《つく》る(三)。詩格 既に此の例無く、又 製作の本意に乖くなり。

（注）

（一）『春秋左氏傳』哀公 傳十一年に、「將戰、公孫夏命其徒、歌虞殯」とあり、杜預注には、「虞殯、送葬歌曲」とある。

（二）田横は、秦から前漢の人。齊王田榮の弟。漢が天下をとると自殺した（『史記』巻九十八 陽陵侯傅寛傳、『漢書』巻三十三 田儋傳）。その死に際しては、従者が哀痛に堪えずに悲歌を作ったとされる。崔豹『古今注』には、「薤露・蒿里、並喪歌也。田横自殺、門人傷之、爲作悲歌、言人命如薤上之露、易晞滅也」とある。

（三）しかし実際には、陸機による挽歌詩は死者が自ら悲嘆するという内容をもつものではない。ただ一点「廣宵何寥廓、大暮安可晨。人往有反歳、我行無歸年」との詩句のみがそれに該当するという（趙曦明注）。『文選』には陸機による「挽歌詩」三首が収録されている。

［現代語訳］

挽歌《ばんか》の歌辞は、ある人は昔の葬送の歌辞であると言い、ある人は田《でん》横《おう》の従者に由来すると言う。（しかし）どちらにしても生者が死者を追悼して哀惜の情を表明するものとみなしている。陸機《りくき》は死者が自分自身（の死）を悲嘆する言辞を多く制作している。詩文制作の法式として以前にこのような例がないばかりではなく、制作の本来の意図からも逸脱するものである。

【原文】

凡詩人之作、刺箴・美頌、各有源流。未嘗混雜、善惡同篇也。陸機爲齊謳篇、前敍山川・物產・風敎之盛、後章忽鄙山川之情、殊失厥體。其爲吳趨行、何不陳子光・夫差乎。京洛行、胡不述赧王・靈帝乎。

《訓読》

凡そ詩人の作は、刺箴・美頌、各〻源流有り。未だ嘗て混雜して、善惡 篇を同じくせざるなり。陸機 齊謳篇(一)を爲るに、前に山川・物產・風敎の盛を敍べ、後に忽ち山川を鄙しむの情を章《あらは》すは、殊に厥の體を失ふ。其の吳趨行(二)を爲るに、何ぞ子光・夫差を陳べざるや。京洛行(三)に、胡ぞ赧王・靈帝を述べざるや。

（注）

（一）『文選』巻二十八 陸士衡 齊謳行の篇題下注において、張銑は、「此爲齊人謳歌國風也。其終篇亦欲使人推分直進、不可苟有所營」と述べている。ただし陸機「齊謳行」の内容は、実際には顔之推が指摘するような反転・転倒をもたない。陸機「齊謳行」には、「鄙哉牛山歎、未及至人情」との言があるが、これは景公を批判するものであり、齊國の山川を誹るものではない（王利器）。

（二）『文選』巻二十八 陸士衡 呉趨行の篇題下注において、劉良は、「此曲、呉人歌其土風也」とする。

（三）京洛行は、散逸して、現在に伝わらない。

［現代語訳］

そもそも詩人による文章制作には、諷刺訓戒や称賛頌辞、それぞれに根拠がある。いままでは（両者が）入り乱れて、毀誉が一篇中にともにあることなどはなかった。（ところが）陸機《りくき》は「齊謳篇《せいおうへん》」を制作したが、前半部では齊國の景観や産物や教化の美点を順序立てて述べ、後半部でいきなり齊國の景観を蔑視する心情を露見させるのは、まったく文章制作の体裁に背反している。陸機は「呉趨行《ごすうこう》」を制作したが、どうして（呉王である）子光《しこう》や夫差《ふさ》について言及しなかったのか。「京洛行《けいらくこう》」では、どうして（周の）郝王《かくおう》や（後漢の）靈帝《れいてい》について言及しなかったのか。

【原文】

自古宏才博學、用事誤者有矣。百家雜說、或有不同、書儻湮滅、後人不見。故未敢輕議之。今指知決紕繆者、略舉一兩端以爲誡。詩云、有鷕雉鳴。又曰、雉鳴求其牡。毛傳亦曰、鷕、雌雉聲。又云、雉之朝雊、尚求其雌。鄭玄注月令亦云、雊、雄雉鳴。潘岳賦曰、雉鷕鷕以朝雊。是則混雜其雄雌矣。詩云、孔懷兄弟。孔、甚也。懷、思也。言甚可思也。陸機與長沙顧母書、述從祖弟士璜死、乃言、痛心拔腦、有如孔懷。心既痛矣、卽爲甚思、何故方言有如也。觀其此意、當謂親兄弟爲孔懷。詩云、父母孔邇。而呼二親爲孔邇、於義通乎。異物志云、擁劍狀如蟹、但一螯偏大爾。何遜詩云、躍魚如擁劍。是不分魚蟹也。漢書、御史府中列柏樹、常有野鳥數千、棲宿其上、晨去暮來。號朝夕鳥。而文士往往誤作烏鳶用之。抱朴子說、項曼都詐稱得仙、自云、仙人以流霞一杯與我飲之、輒不飢渴。而簡文詩云、霞流抱朴椀。亦猶郭象以惠施之辨爲莊周言也。後漢書、囚司徒崔烈、以鋃鐺鏁。鋃鐺、大鏁也。世間多誤作金銀字。武烈太子亦是數千卷學士、嘗作詩云、銀鏁三公腳、刀撞僕射頭。爲俗所誤。

《訓読》

古より宏才博學なるも、事を用ふるに誤る者有り。百家雜說して、或いは同じからざるもの有るも、書儻《も》し湮滅すれば、後人は見ず。故に未だ敢へて之を輕議せず。今 決《さだ》めて紕繆なるを指知する者は、略《ほぼ》一兩の端を擧げて以て誡と爲す。詩に云ふ、「鷕として雉の鳴く有り」と。又 曰く、「雉 鳴きて其の牡《おす》を求む」と。毛傳に亦た曰く、「鷕は、雌雉の聲なり」[一]と。又 云ふ、「雉の朝に雊く、尙ほ其の雌を求む」[二]と。鄭玄[三] 月令に注して亦た云ふ、「雊は、雄雉の鳴くなり」[四]と。潘岳の賦に曰く、「雉 鷕鷕として以て朝に雊く」[五]と。是れ則ち其の雄雌を混雜するなり。詩に云ふ、「孔《はなは》だ兄弟を懷ふ」[六]と。孔は、甚なり。懷は、思なり。言《いふこころ》 は甚だ思ふ可きなりと。陸機の長沙の顧母に與ふる書に、從祖弟の士璜の死を述べて、乃ち言ふ、「心を痛め腦を拔くこと[七]、孔懷の如きもの有り」[八]と。心は既に痛めば、卽ち甚だ思ふを爲すに、何の故に方《まさ》に「有如」と言ふや。其の此の意を觀るに、當に親兄弟を孔懷と爲すと謂《おも》ふべし。詩に云ふ、「父母孔だ邇《ちか》し」[九]と。而れども二親を呼びて孔邇と爲さば、義に於て通ぜんや。異物志[一〇]に云ふ、「擁劍は 狀 蟹の如し、但だ一螯の偏大なるのみ」[一一]と。何遜[一二]の詩に云ふ、「躍魚 擁劍の如し」[一三]と。是れ魚蟹を分かたざるなり。漢書に、「御史府の中の列柏樹に、常に野鳥數千有りて、其の上に棲宿し、晨に去りては暮に來たる。朝夕鳥と號す」[一四]と。而れども文士は往往にして誤りて烏鳶に作りて之を用ふ。抱朴子に説く、「項曼都 詐りて仙を得たりと稱し、自ら云ふ、「仙人 流霞一杯を以て我に與へて之を飮めば、輒ち飢渴せず」[一五]と」と。而れども簡文の詩に云ふ、「霞は流る 抱朴の椀」[一六]と。亦た猶ほ郭象[一七]の惠施[一八]の辨を以て莊周[一九]の言と爲すがごときなり[二〇]。後漢書に、「司徒崔烈を囚らへ鋃鐺を以て鏁す」[二一]と。鋃鐺とは、大鏁なり。世間 多く誤りて金銀の字に作る。武烈太子[二二]も亦た是れ數千卷の學士[二三]なるも、嘗て詩を作りて云ふ、「銀鏁す 三公の腳、刀撞す 僕射の頭」と。俗の誤る所に爲《つく》ればなり。

（注）

（一）『詩經』邶風 匏有苦葉に、「有瀰濟盈、有鷕雉鳴。濟盈不濡軌、雉鳴求其牡」とある。また毛傳には、「鷕、雌雉聲也」とある。鷕とは、メスがオスを求めて鳴く声を指す。

（二）『詩經』小雅 小弁に、「鹿斯之奔、維足伎伎。雉之朝雊、尙求其雌」とある。なお鄭箋には、「雊、雉鳴也」とある。雊とは、オスがメスを求めて鳴く声を指す。

（三）鄭玄は、後漢の人。字は康成。はじめ京師洛陽の太學で『京氏易傳』『公羊傳』などの今文學を学び、のちに東郡の張恭祖から『周禮』『禮記』『左傳』などの古文學を学んだ。その後は馬融の門下となり、讖緯や暦數を学んだ。四十歳で故郷に帰り、緯書の注釈や『六藝論』の執筆に従事した。四十九歳で黨錮の禁を受け、著述に専念して『周禮注』『儀禮注』『禮記注』を完成させた。晩年には『尙書』『毛詩』『論語』『周易』に注したとされるが、『毛詩箋』以外は佚文を残すのみである（『後漢書』列傳二十五 鄭玄傳）。鄭玄については、間嶋潤一『鄭玄と『周礼』―周の太平国家の構想』（明治書院、二〇一〇年）参照。

（四）『禮記』月令・季冬之月に、「鴈北鄕、鵲始巢、雉雊、雞乳」とあり、その鄭注には、「皆記時候也。雊、雉鳴也。詩云、雉之朝雊、尙求其雌」とあり、顏之推の指摘にある「雄」字を欠く。

（五）『文選』卷九 潘安仁「射雉賦」に、「天泱泱以垂雲、泉涓涓而吐溜。麥漸漸以擢芒、雉鷕鷕而朝鴝」とある。徐爰注は、「鷕、雉聲也。又云、雉之朝雊、尙求其雌。雌雉不得言鴝。顏延年以潘爲誤用也。案詩有鷕雉鳴、則云求牡、及其朝鴝、則云求雌。今云鷕鷕朝雊者、互文以擧、雄雌皆鳴也」とする。

（六）『詩經』小雅 常棣に、「死喪之威、兄弟孔懷。原隰裒矣、兄弟求矣」とある。

（七）拔腦とは、茫然とすること（宇野注）。

（八）陸機による当該書簡は、すでに散逸している。『太平御覽』巻六百九十五 服章部十二はその佚文「士璜亡、恨一襦少、便以機新襦衣與之」を採録する。なお『顔氏家訓』風操第六にも同書簡への言及がある。風操篇の注（三）五六頁を参照。

（九）『詩經』周南 汝墳に、「魴魚頳尾、王室如燬。雖則如燬、父母孔邇」とある。毛傳には「孔甚、邇近也」とある。

（一〇）異物志について、『隋書』巻三十三 經籍志二は、後漢の議郎である楊孚の撰として「異物志一巻」を著録する。

（一一）擁劍とは、劍をいだくこと。転じて爪（はさみ）の大きな蟹を指す。『文選』巻五 左太沖「吳都賦」の劉逵注には『異物志』の引用として、「擁劍、蟹屬也。從廣二尺許、有爪、其螯偏大。大者如人大指、長二寸餘、色不與體同。持正黄而生光明。常忌護之如珍寶矣。利如劍、故曰擁劍。其一螯尤細、主取食、出南海・交趾」との言がある。

（一二）何遜は、梁の人。字は仲言。劉宋の何承天の曾孫。若くして文才を范雲や沈約に認められた。当時、彼の文章は劉孝綽と並称された。『梁書』巻四十九 文學上 何遜傳、『南史』巻三十三 何承天傳附何遜傳）。

（一三）何遜「渡連圻」に、「魚遊若擁劍、猿掛似懸瓜」という言辞がある。

（一四）「鳥」字と「烏」字の混同について。顔之推は『漢書』の当該部分の引用を「鳥」字に統一して、近人がこれを「烏」字に誤るという。しかし現行の『漢書』では「烏」字に作る。『漢書』巻八十三 朱博傳には、「是時、御史府吏舍百餘區井水皆竭。又其府中列柏樹、常有野烏數千棲宿其上、晨去暮來。號曰朝夕烏、烏去不來者數月、長老異之」とある。宋祁は、「浙本亦作鳥。予謂鳥字當作烏字」とする。陳直は両字が筆写の際に往々にして混同されることを指摘し、顔之推のようにこれを鳥字に定めてしまうことを保留している。

（一五）『抱朴子』内篇巻二十 祛惑篇には、「曼都曰、在山中三年精思、有仙人來迎我、共乘龍而昇天。良久、低頭視地、杳杳冥冥、上未有所至、而去地已絶遠。龍行甚疾、頭昂尾低、令人在其脊上、危怖嶮巇。及到天上、先過紫府、金牀玉几、晃晃昱昱、眞貴處也。仙人但以流霞一杯與我、飲之輒不饑渴」とある。

（一六）蕭綱による当該詩は、すでに散逸している。

（一七）郭象は、西晉の人。字は子玄。幼少期より老莊に親しみ、談論を得意として「王弼の亜」と称せられた。王衍のもとで弁舌の才を発揮していたが、のちに太傅主簿となった。著作には『莊子注』がある（『晉書』巻五十 郭象傳）。

（一八）惠施は、戰國期の人。宋の出身で、魏の惠王に仕えた。『漢書』巻三十 藝文志には、名家に「惠子一巻」を著録するが、これは現在に伝わらない。彼の思想は、現在では主に『莊子』天下篇に所収された莊周との対話からうかがえる。

（一九）莊周は、戰國期の人。宋の出身で、漆園の官吏とされる。また、楚の威王に宰相として招かれたがこれを辞したともされる。その思想は『莊子』に記される（『史記』巻六十三 莊子傳）。

（二〇）『莊子』天下篇の郭象注には、「昔吾未覽莊子、嘗聞論者爭夫尺棰連環之意、而皆云莊生之言、遂以莊生爲辯者之流。案此篇較評諸子、至于此章、則曰其道舛駁、其言不中、乃知道聽塗說之傷實也」とある。

（二一）『後漢書』列傳四十二 崔駰傳附崔寔傳には、「獻帝初、鈞與袁紹俱起兵山東、董卓以是收烈付郿獄、錮之、鋃鐺鐵鎖。卓既誅、

拜烈城門校尉。及李傕入長安、爲亂兵所殺」とある。

（二）武烈太子は、蕭方等を指す。風操篇の注（一）七三頁を参照。

（三）數千巻學士について、王利器注は、「謂讀數千巻書之學士」とする。

［現代語訳］

古来すぐれた才智と広角的な知見を有していても、典拠を引用する際に誤用する者がいる。さまざまな文献が多様な説を展開していて、図らずも異説があるにしても、書物がもしも散逸してしまったならば、後人は見ることができない。だからこれまでとりたてて軽々しくこのことを議論してこなかった。いま必ず誤解であると指摘できるものについては、わずかにひとつふたつの末端的事例を挙げることで訓戒とする。『詩經』（邶風 匏有苦葉）に言うには、「鷕と雉が鳴いている」と。さらに（同篇に）言うには、「雉が鳴いて牡を求めている」と。毛傳《もうでん》にもまた言うには、「鷕《ケンケン》とは、雌雉の鳴き声である」と。さらに（『詩經』小雅 小弁に）言うには、「雉が朝に鳴いている、またその雌を求めている」と。鄭玄《じょうげん》が『禮記《らいき》』月令《がつりょう》に注釈を施してまた言うには、「雊《コンコン》とは、雄雉の鳴き声である」と。潘岳の「射雉賦」に言うには、「雉がケンケンと朝に鳴く」と。これらは雉の雄雌が入り乱れた事例である。『詩經』（小雅 常棣）に言うには、「孔《はなは》だ兄弟を懐《おも》う」と。孔とは、甚である。懐とは、思である。（『詩經』の引用詩句の）意味は篤実に兄弟を思い合うことができるということである。陸機《りくき》による長沙の顧母《こぼ》宛書簡に、従祖弟《またいとこ》の士璜《しおう》の死に言及して、そこで言うには、「心を痛め茫然とすること、篤実に思い合うようなものがある」と。心がすでに痛惜しているならば、それこそが篤く思うことであるのに、どうしてみだりに「ようなものがある」と言うのであろうか。陸機の文意を検討すると、おそらくは親兄弟のことを孔懐と見なしたのであろう。『詩經』（周南 汝墳）に言うには、「父母はすぐ近くにいる」と。しかし両親を呼ぶのに孔邇だとしても、それで意味が通じるだろうか。『異物志《いぶつし》』に言うには、

「擁剣は形状が蟹のようであり、（擁剣のほうが）わずかに一方のハサミが大きいだけである」と。何遜《かそん》の詩に言うには、「（水面から）跳ね上がった魚は擁剣のようである」と。これは魚と蟹とを区別していないのである。『漢書』（朱博傳）には、「御史府敷地内の柏並木には、平生は野鳥が数千羽もおり、樹上に宿り、朝方に飛び去っては夕刻にやってくる。（そこでこれを）朝夕鳥と呼んでいた」とある。しかし文人はときどき文字を誤写して烏鳶（の烏字）としてこれを引用している。『抱朴子《ほうぼくし》』（祛惑篇）に言うには、「項曼都《こうまんと》は仙境を得たと詐称して、みずから言うには、仙人が流霞酒一杯を私に与えてこれを飲んだところ、たちまち飢えや渇きを覚えなくなった」と。しかし簡文帝（蕭綱）の詩に言うには、「霞は抱朴の椀にたなびく」と。これもまた郭象《かくしょう》が恵施《けいし》の議論を荘周《そうしゅう》の言説と見なしたのと同じである。『後漢書』（崔寔傳）には、「司徒《しと》の崔烈《さいれつ》を捕らえて拘束具を用いて縛りあげた」とある。銀鐺とは、大きな鎖である。（しかし）世間では多くの者が（銀字を）間違えて金銀の（銀）字に作っている。武烈太子（蕭方等）もまた数千巻を読破した学者ではあるが、かつて詩を制作して言うには、「銀の鎖で重臣の足を縛りあげ、刀で宰相の頭を突いた」と。俗本の誤記したところに依拠して制作したからである。

【原文】

文章地理、必須愜當。梁簡文雁門太守行乃云、鵞軍

攻日逐、燕騎蕩康居。大宛歸善馬、小月送降書。蕭子暉隴頭水云、天寒隴水急、散漫俱分瀉。北注徂黄龍、東流會白馬。此亦明珠之類、美玉之瑕。宜愼之。

《訓読》

文章の地理は、必ず須らく愜當すべし。梁の簡文の雁門太守行に乃ち云ふ、「鵞軍(一)日逐(二)を攻め、燕騎(三)康居(四)を蕩《やぶ》る。大宛(五)善馬を帰《おく》り、小月(六)降書を送る(七)」と。蕭子暉(八)の隴頭水(九)に云ふ、「天寒くして隴水急に、散漫して倶に分瀉す。北に注ぎては黄龍(一〇)に徂《ゆ》き、東に流れては白馬(一一)に會す」と。此れ亦た明珠の類、美玉の瑕(一二)なり。宜しく之を愼むべし。

（注）

（一）鵞軍とは、鵞（ガチョウ）が並んで行く陣形。春秋時代中原の宋の軍（宇都宮注）。『春秋左氏傳』昭公 傳二十一年には、「十一月癸未、公子城以晉師至。曹翰胡會晉荀吳・齊苑何忌・衞公子朝救宋。丙戌、與華氏戰于赭丘。鄭翩願爲鸛、其御願爲鵞」とあり、杜預注には、「鸛、鵞、皆陣名」とある。

（二）日逐とは、匈奴の王名。蒙古にあって西域諸国を管領する。『漢書』巻九十四 匈奴傳には、「狐鹿姑單于立、以左大將爲左賢王、數年病死、其子先賢撣不得代、更以爲日逐王。日逐王者、賤於左賢王。單于自以其子爲左賢王」とある。

（三）燕騎とは、戰國時代中原北境の兵（宇都宮注）。燕については、『戰國策』燕策に、「蘇秦將爲從、北說燕文侯曰、燕東有朝鮮遼東、北有林胡樓煩、西有雲中九原、南有呼沱易水。地方二千餘里、帯甲數十萬、車七百、乘騎六千匹、粟支十年」とある。

（四）康居は、漢魏期の西域の国名。現在のキルギス共和国の地。

（五）大宛は、漢魏期の西域の国名。現在のウズベキスタン共和国の地。

（六）小月は、月氏族の一部。大夏に臣服して河北に都した大月氏に対して、甘肅西部の故地に留まる者を小月氏という。

（七）当該詩句は、蕭綱の作ではなく、梁の褚翔によるものである（王利器注）。褚翔「雁門太守行」には、「戎車攻日逐、燕騎蕩康居、大宛歸善馬、小月送降書」とある。なお蕭綱「從軍行」には、「白雲隨陣色、蒼山答鼓聲。迤邐觀鵞翼、參差覩雁行。先平小月陣、卻滅大宛城。善馬還長樂、黄金付水衡」との言がある。

（八）蕭子暉は、梁の人。字は景光。蕭子恪・蕭子雲の弟。官は儀同從事、中騎長史（『梁書』巻三十五 蕭子恪傳）。

（九）蕭子暉による「隴頭水」は、すでに散逸している。

（一〇）黄龍とは、東北部熱河省の地。『宋書』巻七十六 朱脩之傳には、「後鮮卑馮宏稱燕王、治黄龍城」とある。

（一一）白馬とは、北方四川省の地。『漢書』巻九十五 西南夷傳には、「自駹以東北、君長以十數、白馬最大、皆氐類也」とある。

（一二）明珠之類、美玉之瑕に関連して、『淮南子』說林訓には「治鼠穴而壞里閭、潰小皰而發痤疽、若珠之有纇、玉之有瑕、置之而全、去之而虧」とあるが、顏之推は意味を転倒させて用いている。いわゆる断章引句である。

［現代語訳］

文章中の地理は、必ず（事実に即して）適正なものとしなくてはならない。梁の簡文帝《かんぶんてい》（蕭綱）の「雁門太守行《がんもんたいしゅこう》」に言うには、「鵞軍《がぐん》の陣形で日逐《にっちく》（王）を攻撃し、燕騎《えんき》の戦法で康居を撃破した。（すると）大宛《たいえん》は善馬を譲渡し、小月《しょうげつ》（氏國）は降伏文書を送ってきた」と。蕭子暉《しょうしき》の「隴頭水《ろうとうすい》」に言うには、「気候が冬になって隴水の流れが速くなり、一面に拡散して揃って分流をはじめた。北方に注いでは黄龍に向かい、東に流れては白馬にて合流する」と。これもまた宝珠の傷や美玉の傷である。用心したほうがよい。

【原文】

王籍入若耶溪詩云、蟬噪林逾靜、鳥鳴山更幽。江南以爲文外斷絕、物無異議。簡文吟詠、不能忘之。孝元諷味、以爲不可復得、至懷舊志載於籍傳。范陽盧詢祖、鄴下才俊、乃言、此不成語。何事於能。魏收亦然其論。詩云、蕭蕭馬鳴、悠悠旆旌。毛傳曰、言不諠譁也。吾每歎此解有情致。籍詩生於此耳。

《訓読》

王籍(一)の若耶溪に入るの詩に云ふ、「蟬噪《さわ》ぎて 林逾〻静かに、鳥鳴きて 山更に幽《ふか》し」と。江南 以て文外斷絕(二)と爲し、物に異議無し。簡文は吟詠して、之を忘る能はず。孝元は諷味して、以て復た得可からずと爲し、懷舊志の籍の傳に載するに至る。范陽の盧詢祖(三)は、鄴下の才俊なるも、乃ち言ふ、「此れ語を成さず。何ぞ能を事とせん」と。魏收も亦た其の論を然りとす。詩(四)に云ふ、「蕭蕭として馬鳴く、悠悠たる旆旌」と。毛傳に曰く(五)、「諠譁ならざるを言ふなり」と。吾 每に此の解の情致有るを歎ず。籍の詩は此より生ずるのみ。

（注）

（一）王籍は、梁の人。字は文海。王僧佑の子。文才を任昉や沈約に認められた。南齊末に外兵記室であったが、梁の天監年間に湘東王諮議參軍となり、中散大夫に転じた（『梁書』巻五十 文學傳下 王籍傳、『南史』巻二十一 王弘傳附王籍傳）。

（二）文外斷絕とは、一般的水準に対して大きく卓越した秀作であることをいう評語。ただし『梁書』巻五十 文學 王籍傳では、「文外獨絕」とする。

（三）盧詢祖は、北齊の人。盧恭道の子。文章にすぐれ、秀才に挙げられたのち、一日に二十余人のために表を制作したことが知られる。のちに司徒記室となったが、人物評価を多くおこなったために嫉まれた（『北史』巻三十 盧誕傳）。

（四）『詩經』小雅 車攻に、「蕭蕭馬鳴、悠悠旆旌」とある。

（五）前注の「蕭蕭馬鳴、悠悠旆旌」への毛傳には、「言不讙譁也」とある。

［現代語訳］

王籍《おうせき》の「若耶溪に入るの詩」に言うには、「蟬が騒がしく鳴いて林はますます静まりかえり、鳥が鳴いて山は一段と奥深いものとなる」と。江南ではこれを文外断絶と評して、異議を唱える者はなかった。簡文帝（蕭綱）は（当該詩を）朗誦しては、この詩境が忘れられなかった。元帝（蕭繹）は暗誦し玩味しては、これほどの詩句は二度と得られないだろうと見て、『懷舊志《かいきゅうし》』の王籍の傳に収載するに至った。范陽《はんよう》の盧詢祖《ろじゅんそ》は、鄴における俊英であったけれども、（否定的に見て）言うことには、「これは詩語として成立していない。どうして（わざわざ彼の）才能を俎上に乗せることがあろうか」と。魏收もまた盧詢祖の論を正しいとした。（そうではあるが）『詩經』（小雅 車攻）に言うには、「物寂しげに馬が鳴き、物静かに旗が揺れている」と。毛傳に言うには、「騷然としていないことを述べるものである」と。わたしはかねてよりこの解釈が情趣を満たしていることに賛嘆してきた。王籍の詩はこのような意境から生じたに違いない。

【原文】

蘭陵蕭愨、梁室上黃侯之子、工於篇什。嘗有秋詩云、芙蓉露下落、楊柳月中疎。時人未之賞也。吾愛其蕭散、宛然在目。潁川荀仲擧、琅邪諸葛漢、亦以爲爾。而盧思道之徒、雅所不愜。

《訓読》

蘭陵の蕭愨(一)は、梁室の上黃侯の子にして、篇什に工《たくみ》なり。嘗て秋詩(二)有りて云ふ、「芙蓉は 露 下に落ち、楊柳は 月中に疎たり」と。時人 未だ之を賞《たふと》ばざるなり。吾 其の蕭散、宛然として目に在るを愛《め》づ。潁川の荀仲擧(三)、琅邪の諸葛漢(四)も、亦た以て爾りと爲す。而れども盧思道(五)の徒は、雅《もと》より愜《かな》はざる所なり。

（注）

（一）蕭愨は、北齊の人。字は仁祖。南朝梁に生まれたが、天保年間に北齊に入ると、武定年間に太子洗馬となり、後主のときに齊州錄事參軍となり、文林館に待詔、のちに隋の記室參軍となった（『北齊書』卷四十五 文苑 蕭愨傳）。

（二）秋詩は、秋思詩のこと。陳直は、「蕭愨原詩現存、題爲秋思」として、顏之推が「思」字を脱したことを指摘する。

（三）荀仲擧は、北齊の人。字は士高。梁に仕えて南沙令となり、のちに義寧太守となった（『北齊書』卷四十五 文苑 荀仲擧傳）。

（四）諸葛漢は、隋の人。名は潁。初めは梁に仕えていたが、侯景の乱を契機として北齊に入り、のちに隋の煬帝のもとで著作郎となった。著作に『洛陽古今記』などがある（『隋書』卷七十六 文學 諸葛潁傳、『北史』卷八十三 文苑 諸葛潁傳）。

（五）盧思道は、隋の人。字は子行。河節の刑子才に師事していた。官は北齊の散騎常侍、北周の儀同三司を経て、隋初には散騎侍郎となった（『隋書』卷五十七 盧思道傳、『北史』卷三十 盧觀傳）。

［現代語訳］

蘭陵《らんりょう》の蕭氏の蕭愨《しょうかく》は、梁皇族の上黃侯である蕭曄《しょうよう》の子であり、詩歌の制作を得意としていた。かつて「秋詩」がありそこで言うには、「蓮の花は露が下に滴り、柳の葉は月光の中でまばらに映る」と。当時の人々はまだこの詩句を尊重していなかった。わたしはその清爽とした情景が、くっきりと目に浮かぶのを大切に思っていた。潁川の荀仲擧《じゅんちゅうきょ》、琅邪の諸葛漢《しょかつかん》も、また同様の評価をなしていた。しかし盧思道《ろしどう》とその周りには、もともと満足できるものではなかった。

【原文】

何遜詩實爲清巧、多形似之言。揚都論者、恨其每病苦辛、饒貧寒氣、不及劉孝綽之雍容也。雖然、劉甚忌之、平生誦何詩、常云、蘧車響北闕、懂懂不道車。又撰詩苑、止取何兩篇。時人譏其不廣。劉孝綽當時既有重名。無所與讓、唯服謝朓。常以謝詩置几案間、動靜輒諷味。簡文愛陶淵明文、亦復如此。江南語曰、梁有三何、子朗最多。三何者、遜及思澄・子朗也。子朗信饒清巧。思澄遊廬山、每有佳篇。並爲冠絕。

《訓読》

何遜の詩は實に清巧爲りて、形似(一)の言多し。揚都の論者は、其の每に苦辛に病み、貧寒の氣を饒《あま》せば、劉孝綽の雍容に及ばざるを恨むなり(二)。然りと雖も、劉 甚だ之を忌み、平生 何詩を誦するや、常に云ふ、「蘧車の北闕に響く(三)とは、憧憧(四)たる不道の車ならん」と。又た詩苑(五)を撰するに、止だ何の兩篇を取るのみ。時人 其の廣からざるを譏る。劉孝綽は當時既に重名有り。與に讓る所無きも、唯だ謝朓に服するのみ。常に謝詩を以て几案の間に置き、動靜に輒ち諷味す。簡文の陶淵明(六)の文を愛すること、亦《ま》復た此の如し。江南の語に曰ふ、「梁に三何有り、子朗(七) 最も多なり(八)」と。三何とは、遜及び思澄(九)・子朗なり。子朗は信に清巧に饒《ゆた》かなり。思澄は廬山に遊ぶや、每に佳篇有り。並《みな》 冠絕(一〇)と爲す。

(注)

(一) 形似とは、対象に密着した細緻な表現をいう。『宋書』巻六十七 謝靈運傳論には、「相如巧爲形似之言、班固長於情理之說、子建・仲宣以氣質爲體」とあり、『詩品』上品・張協には「其源出於王粲。文體華淨、少病累。又巧構形似之言」とある。『文心雕龍』物色篇には、「自近代以來、文貴形似。窺情風景之上、鑽貌草木之中。吟詠所發、志惟深遠。體物爲妙、功在密附。故巧言切狀、如印之印泥。不加雕削、而曲寫毫芥。故能瞻言而見貌、即字而知時也」とある。

(二) 劉孝綽の評価について、『梁書』巻三十三 劉孝綽傳には王融の言として、「融每言曰、天下文章、若無我、當歸阿士。阿士、孝綽小字也」とある。雍容については、班固「兩都賦」序に、「雍容揄揚、著於後嗣、抑亦雅頌之亞也」とあり、その呂向注に、「雍、和。容、緩」とある。

(三) 蘧車響北闕とは、何遜「早朝」詩の詩句。『藝文類聚』巻三十九 禮部中 朝會には、「詰旦鍾聲罷、隱隱禁門通。蘧車響北闕、鄭履入南宮。宿霧開馳道、初日照相通。風胥徒紛驛、騶御或西東」とある。蘧車とは、蘧伯玉の車。『列女傳』仁智篇には、「靈公與夫人夜坐、聞車聲轔轔。至闕而止、過闕復有聲。公問夫人曰、知此爲誰。夫人曰、此必蘧伯玉也」とある。『禮記』曲禮に、「大夫士、下公門、式路馬」と規定されるように、君主の御門の前では下車することが禮であり、蘧伯玉はこれを遵守していた。しかし何遜の詩句「蘧車響北闕」では、蘧伯玉の車が北門で鳴り響く、となり、典拠に反することになる。

(四) 憧憧に関して、憧字は、知不足齋叢書本の原注には「呼麥反」とある。『玉篇』には「乖戾也。頑也」とある。わからずや(宇野注)、無神経な奴(宇都宮注)との解もある。

(五) 劉孝綽の撰になる『詩苑』は散逸し、現在に伝わらない。

(六) 陶淵明は、東晉から劉宋の人。名は潛。四十一歳で彭澤縣令を辞したのちに、隠棲生活を送った。「歸去來辭」はこのときの帰郷の喜びを述べたものである。「形影神」「飲酒」「詠貧士」「讀山海經」などの詩のほか、「五柳先生傳」「桃花源記」「自祭文」

などの著作を残した（『宋書』巻九十三 隱逸 陶潛傳、『晉書』巻九十四 隱逸 陶潛傳、『南史』巻七十五 隱逸上 陶潛傳）。

（七）子朗は、何子朗を指す。何子朗は、梁の人。字は世明。豊かな文才を有していたが、二十四歳で没した。官は員外散騎侍郎（『梁書』巻五十 何思澄傳附何子朗傳、『南史』巻七十二 何尙之傳附何子朗傳）。

（八）『梁書』巻五十 何思澄傳には、「初思澄與宗人遜及子朗倶擅文名。時人語曰、東海三何、子朗最多。思澄聞之曰、此言誤耳。如其不然、故當歸遜。思澄意謂宜在己也」とある。

（九）思澄は、何思澄を指す。何思澄は、梁の人。字は元靜。文章を得意とした。官は武陵王の錄事參軍（『梁書』巻五十 何思澄傳、『南史』巻七十二 何尙之傳附何思澄傳）。

（一〇）冠絶について、王利器は、「爲時冠首、斷絶流輩」とする。『宋書』巻七十三 顏延之傳には、「文章之美、冠絶當時」とある。

［現代語訳］

何遜《かそん》の詩はたしかに精妙であり、対象に密着した精緻な言辞を多用していた。建康の論客は、かれがつねに窮乏に苦しみ、（詩にも）困窮した気風が過剰だったので、劉孝綽《りゅうこうしゃく》の温和な様子に肩を並べられないことを残念に思っていた。（世評は）そのようであったけれども、劉孝綽自身はきわめて何遜を嫌っており、普段から何遜の詩を口に出しては、そのたびごとに、「蘧伯玉《きょはくぎょく》の車が北門に響きわたる」との言は、（実際にそうであれば）頑迷で道理に背いた車だろう」と言っていた。さらに『詩苑《しえん》』を編纂した際には、わずかに何遜の詩の二篇を採録しただけであった。当時の人々は劉孝綽の（度量の）狭い

ことを非難した。劉孝綽は当時すでに高い名声を有していた。誰にも遠慮することがなかったが、ただ謝朓《しゃちょう》に対しては敬服していた。いつも謝朓の詩を机の間に置き、日常の起居動止に際していつも暗誦し玩味していた。簡文帝《かんぶんてい》（蕭綱）の陶淵明《とうえんめい》の文章を愛好することも、また同様であった。江南の俗諺に言うには、「梁には三何があって、何《か》子朗《しろう》が最もすぐれている」と。三何とは、何遜と何思澄《かしちょう》・何子朗である。何子朗はたしかに精妙な表現が豊穣である。何思澄は廬山《ろざん》に行くたびごとに、いつも名篇を制作した。すべて卓抜であると見なされた。

（和久希）

【原文】

名實第十

名之與實、猶形之與影也。德藝周厚、則名必善焉。容色姝麗、則影必美焉。今不脩身而求令名於世者、猶貌甚惡而責妍影於鏡也。上士忘名、中士立名、下士竊名。忘名者、體道合德、享鬼神之福祐、非所以求名也。立名者、脩身愼行、懼榮觀之不顯、非所以讓名也。竊名者、厚貌深姦、干浮華之虛稱、非所以得名也。

《訓読》

名實第十

名の實に與《お》けるは、猶ほ形の影に與《お》けるがごときなり。德藝 周厚なれば、則ち名 必ず善し。容色 姝麗なれば、則ち影 必ず美《うるは》し。今 身を脩めずして令名を世に求むる者は、猶ほ貌 甚だ惡くして妍影を鏡に責《もと》むるがごときなり。上士は名を忘れ(一)、中士は名を立て(二)、下士は名を竊む(三)。名を忘るる者は、道を體し德と合して、鬼神の福祐を享くれば、名を求むる所以に非ざるなり。名を立つる者は、身を脩め行ひを愼みて、榮觀の顯れざるを懼るれば、名を讓る所以に非ざるなり。名を竊む者は、貌を厚くし姦を深くして、浮華(四)の虛稱を干《もと》むれば、名を得る所以に非ざるなり。

(注)

(一) 盧文弨は、「忘名」の事例として、『後漢書』列傳七十三 逸民法眞傳に、「法眞名可得聞、身難得而見、逃名而名我隨、避名而名我追、可謂百世之師者矣」とある用例を挙げる。

(二) 盧文弨は、「立名」の事例として、『楚辭』離騷に、「老冉冉其將至兮、恐脩名之不立」とある用例を挙げる。

(三) 盧文弨は、「竊名」の事例として、『逸周書』官人解に、「規諫而不類、道行而不平、曰竊名者也」とある用例を挙げる。

(四) 浮華は、実を伴わない表面的な華美。

［現代語訳］

名實第十

名声と実態との関係は、あたかも形と影との関係のようである。徳と才能が十分であれば、名声は必ず立派なものとなる。容貌と顔色が美しければ、映し出される像は必ず美しくなる。今、身を修めず良い評判を世間に求める人は、容貌が醜悪でありながら美しい虚像を鏡に求めるようなものである。上士は名声を顧みず、中士は名声を築き、下士は名声を盗む。名声を気にとめない人は、道を体得し徳と一体となり、神霊の祝福を受けるので、名声を求めることはない。名声を立てる人は、身を修め行いを慎んで、栄誉が顕れないことを恐れるので、名声を拒むことはない。名声を盗む人は、容貌を立派にし邪《よこしま》な気持ちを深め、浮華を求めるので、名声を得ることはないのである。

【原文】

人足所履、不過數寸、然而咫尺之途、必顚蹶於崖岸、拱把之梁、每沈溺於川谷者、何哉。爲其旁無餘地故也。君子之立己、抑亦如之。至誠之言、人未能信、至潔之行、物或致疑。皆由言行・聲名無餘地也。吾每爲人所毀、常以此自責。若能開方軌之路、廣造舟之航、則仲由之言信、重於登壇之盟、趙熹之降城、賢於折衝之將矣。

《訓読》

人足の履む所は、數寸に過ぎず、然れども咫尺の途、必ず崖岸に顚躓し、拱把の梁(一)、每《つね》に川谷に沈溺す者《とは》、何ぞや。其の旁らに餘地無きが爲の故なり。君子の己を立つるや、抑〻亦た之の如し。至誠の言は、人 未だ信ずる能はず、至潔の行も、物の或いは疑ひを致す。皆言行・聲名の餘地無きに由るなり。吾 人の毀る所と爲る每に、常に此れを以て自ら責む。能く方軌の路(二)を開き、造舟の航(三)を廣むれば、則ち仲由の言の信なること(四)、登壇の盟よりも重く、趙熹の城を降すこと(五)、折衝の將よりも賢なるが若し。

(注)

(一) 拱把の梁は、一本の木の橋のこと(王利器注)。

(二) 方軌の路は、車が並走できる道のこと。『漢書』巻三十四 韓彭英盧吳傳に、「今井陘之道、車不得方軌、騎不得成列」とあり、それに対する顏師古注に、「方軌、謂併行也」とある。

(三) 造舟の航は、舟を並べた上に板を渡して作る浮き橋のこと(王利器注)。

(四) 仲由は、孔子の弟子。字は子路、または季路。いわゆる孔門十哲のひとり。孔子より九歳年少。勇を好み正義感が強い一方、直情径行であり、しばしば同輩からも侮られたが、孔子はその率直さを愛した。最期は衞の内乱に巻き込まれ殺された(『史記』巻六十七 仲尼弟子列傳)。本文の故事は、小邾の大夫である射が魯に出奔した際、大国の魯との盟ではなく子路との約束を求めたことを指す(『春秋左氏傳』哀公 傳十四年)。

(五) 趙熹は、字は伯陽。光武帝に仕え太尉に至り、遺詔によりその喪禮を定めた。明帝期に一度罷免されるが、のち復官して章帝の太傅・錄尙書事を務めた。本文の故事は、籠城する舞陰の李氏が「信義に厚い趙熹に降りたい」と述べ、交渉相手に当時弱冠に満たない趙熹を求めたことを指す(『後漢書』列傳十六 趙熹傳)。

[現代語訳]

人の足が履む幅は、ほんの数寸に過ぎないのに、しかし幅の狭い道では、必ず崖に足を取られ、木一本を横たえただけの橋では、常に谷川に(落ちて)沈み溺れるのは、何故か。その傍に余地が無いためである。君子が身を立てることも、そもそもこれと同じである。至誠の言葉を、世人は信じ切ることができず、至潔の行動は、事によって疑念を抱かせる。すべて言行・名声に余地が無いことに由来するのである。わたしは世人に謗られるたび、常にこのことで自分を責めた。方軌の道を開き、造船の渡しを広めること(で余地を生むこと)ができれば、(愚直なはずの)子路《しろ》の言葉の誠実さが、壇に登り行う(正式な)盟約よりも重く、(若輩のはずの)趙熹《ちょうき》が城を降伏させたことが、折衝を行う将よりも賢明であったようになれよう。

【原文】

吾見世人、淸名登而金貝入、信譽顯而然諾虧。不知後之矛戟、毀前之干櫓也。虙子賤云、誠於此者形於彼。人之虛實・眞僞在乎心、無不見乎迹、但察之未熟耳。一爲察之所鑒、巧僞不如拙誠、承之以羞大矣。伯石讓卿、王莽辭政、當於爾時、自以巧密。後人書之、留傳萬代、可爲骨寒毛豎也。近有大貴、以孝著聲。前後居喪、哀毀踰制、亦足以高於人矣。而嘗於苫塊之中、以巴豆塗臉、遂使成瘡、表哭泣之過。左右童豎、不能掩之。益使外人謂其居處・飲食、皆爲不信。以一僞喪百誠者、乃貪名不已故也。

《訓讀》

吾 世人を見るに、清名 登りて金貝(一)入り、信譽 顯れて然諾 虧く。後の矛戟、前の干櫓を毀つを知らざるなり(二)。虙子賤云ふ(三)、「此《ここ》に誠たれば彼《かなた》に形《あらは》る(四)」と。人の虛實・眞僞は心に在るも、迹に見《あらは》れざるは無く、但だ之を察するに未だ熟せざるのみ。一たび察の鑒みる所と爲れば、巧僞は拙誠に如かず(五)、之に承くるに羞《はぢ》を以てすること(六)大ならん。伯石 卿を讓り(七)、王莽 政を辭《ことは》るや(八)、爾《そ》の時に當たりては、自ら巧の密なりと以《おも》はん。後人 之を書して、萬代に留傳するや、骨寒く毛豎《た》つ(九)と爲す可きなり。近ごろ大貴有りて、孝を以て聲を著す。前後して喪に居るや、哀毀は制を踰え、亦た以て人より高しとするに足る。而るに嘗て苫塊(一〇)の中に於て、巴豆(一一)を以て臉に塗り、遂に瘡を成し、哭泣の過を表す。左右の童豎(一二)、之を掩ふ能はず。益〻外の人をして其の居處・飲食を謂ひ、皆 不信を爲さしむ。一僞を以て百誠を喪ふ者は、乃ち名を貪ること已まざるが故なり。

（注）

（一）金貝は、金銭のこと。『說文解字』六下 貝部 貝字に、「古者、貨貝而寶龜、至周而有泉、到秦廢貝行錢」とある。

（二）『韓非子』難勢篇に、「客曰、人有鬻矛與楯者、譽其楯之堅、物莫能陷也。俄而又譽其矛曰、吾矛之利、物無不陷也。人應之曰、以子之矛陷子之楯何如。其人弗能應也。以爲不可陷之楯、與無不陷之矛、爲名不可両立也」とある、矛盾の故事を踏まえた表現である。

（三）虙不齊は、宓不齊ともいう。孔子の弟子。字は子賤。孔子より四十歳年少であり、單父の地に仕えた。才能があり、民を仁愛した。なお『顏子家訓』書證第十七には、虙不齊の姓が「虙」か「宓」のいずれが正しいかを論じる段落がある。書證篇の注（四）二五三頁を參照。

（四）『呂氏春秋』審應覽 具備に、「巫馬旗歸、告孔子曰、宓子之德至矣。……敢問宓子何以至於此。孔子曰、丘嘗與之言曰、誠乎此者刑乎彼。宓子必行此術於亶父也」とある。

（五）『韓非子』說林篇上に、「故曰、巧詐不如拙誠。樂羊以有功見疑、秦西巴以有罪益信」とあることに基づく。主のために我が子を喰らって功を立てた樂羊がむしろ疑われ、主が捕らえた子鹿を憐れんで母鹿に返した秦西巴がかえって信用されたことをいう。

（六）『周易』恆卦 九三の爻辭に、「九三 不恆其德、或承之羞、貞吝」とあることに基づく。

（七）伯石は、公孫段。春秋鄭の卿で、鄭の穆公の孫。權勢をかさに着て傲慢に振る舞った。卿を拜命する際、本心を偽って形だけの三讓したため、時の宰相子產の不興を買ったという。『春秋左氏傳』襄公 傳三十年に、「使大史命伯石爲卿、辭。大史退、則請命焉。復命之、又辭。如是三、乃受策入拜。子産是以惡其爲人也」とある。

(八) 王莽は、勉學篇の注(三)一一三頁を参照。ここでは王莽が哀帝即位に際して、政権を返上しようとして慰留されたことを指す。『漢書』巻九十九 王莽傳に、「哀帝卽位、尊皇太后爲太皇太后。太后詔莽就第、避帝外家。莽上疏乞骸骨、哀帝遣尚書令詔莽曰、……。又遣丞相孔光、大司空何武、左將軍師丹、衛尉傅喜白太后曰、皇帝聞太后詔、甚悲。大司馬卽不起、皇帝卽不敢聽政。太后復令莽視事」とある。

(九) 骨寒く毛豎つとは、恥のあまり身に総毛立つこと(宇野注)。

(一〇) 苫の上に寝て土くれを枕にするという服喪中の生活を表す。苫は、薦《こも》のこと。『禮記』問喪に、「寢苫枕塊、哀親之在土地」とある。

(一一) 巴豆は、ハズというトウダイグサ科の植物。皮膚に塗ると炎症を起こす(宇野注・宇都宮注)。

(一二) 豎は、成人していない子供の召し使い。盧文弨は、「豎、小使之未冠者」とする。

[現代語訳]

わたしが世の中の人々を見るに、清廉との名声がありながら(裏では)賄賂を収め、信用と名誉が知れ渡りながら(実際には)約束を反故にする。隠した矛(のごとき醜悪な利己心)が、表向きの盾(のごとき見せかけの世評)を壊す(ようにいずれは露見する)ことを知らないのだ。虙子賤は、「こちらが誠実であれば周囲もまたそうとなる」と言った。人の虚実・真偽は心に在っても、行動に表出しないものはなく、(その偽りが露呈しないのは人々が)ただこれを察するのに未熟であるだけなのである。一度でも見抜かれれば、巧偽は拙誠に如かず(と言うように)、これに恥辱を与えることは大であろう。伯石《はくせき》が卿を断り、王莽《おうもう》が執政を辞退したことは、その当時では、内心でうまくやったと考えたであろう。(しかし)後世がこれを記録し、幾世にも伝え残すとなれば、(恥のあまり)身に総毛立つはずである。近ごろ大変高貴な人物がおり、孝によって名声が知られていた。そして(親の)喪に服すと、嘆き悲しみ痩せ衰えることは禮を越え、人より抜きん出ていた。しかしかつて服喪の最中に、(有毒の)巴豆《はとう》を下瞼に塗り、そうして腫れ物をつくり、哭泣がひとしおであったかのように偽った。(しかし)傍に仕える童子は、これを隠し通すことができなかった。(そのため)人々はいよいよその人物の日頃の生活を言い合って、すべて信用しなくなった。一度の偽りで百の誠を失ったのは、名声を貪ることが限りないためなのである。

【原文】

有一士族、讀書不過二三百卷、天才鈍拙、而家世殷厚。雅自矜持、多以酒犢・珍玩交諸名士。甘其餌者、遞共吹嘘。朝廷以爲文華、亦嘗出境聘。東萊王韓晉明、篤好文學、疑彼製作、多非機杼、遂設讌言、面相討試。竟日歡諧、辭人滿席、屬音賦韻、命筆爲詩。彼造次卽成、了非向韻。衆客各自沈吟、遂無覺者。韓退歎曰、果如所量。韓又嘗問曰、玉珽杼上終葵首、當作何形、乃答云、珽頭曲圜、勢如葵葉耳。韓既有學忍笑。爲吾說之。

《訓読》

一士族有り、書を讀むこと二三百卷を過ぎず、天才は鈍拙なるも、而も家は世〻殷厚なり。雅《つね》に自ら矜持し、酒櫝(一)・珍玩を以て諸〻の名士と交はること多し。其の餌を甘しとする者は、遞《たが》ひに共に吹嘘す。朝廷 以て文華と爲し、亦た嘗て境を出して聘《と》はしむ。東萊王の韓晉明(二)、文學を篤好す。彼の製作、多く機杼(三)に非ざるを疑ひ、遂に讌言を設け、面《まみ》えて相 討試せんとす。竟日 歡諧し、辭人 席に滿ち、音を屬し韻を賦し、筆に命じて詩を爲す。彼 造次に卽ち成すも、了に向韻に非ず。衆客は各〻自ら沈吟し、遂に覺る者無し。韓は退き歎じて曰く、「果たして量りし所の如し」と。韓 又 嘗て問ひて曰く、「玉珽の杼の上の終葵の首(四)とは、當《は》た何の形を作《な》す」と、乃ち答へて云ふ、「珽頭 曲圜にして、勢《いきほひ》 葵葉の如きのみ(五)」と。韓 既に學有りて笑ふを忍ぶ。吾の爲に之を説く。

(注)

(一) 酒櫝は、子牛と酒のこと(王利器注)。

(二) 韓晉明は、北齊建国の功臣韓軌の子。父の爵位を継ぎ、天統年間には東萊王に改封された。勲貴の子弟のなかでもとくに学問に専心し、また賓客を招き大いに宴会することを好んだ。風雅な暮らしを愛し、朝廷が要職に就けようとしても固辞し続けたという(『北齊書』卷十五 韓軌傳附韓晉明傳)。

(三) 機杼は、機織りのことで、ここでは著述行為の比喩。文章を織物に喩えることからこのように言う。王利器は、同様の比喩の例として、省事第十二に、「機杼既薄、無以測量」とあるを引く。

(四) 玉珽は、天子が用いる笏。大圭とも。韓晉明の質問は、『周禮』冬官考工記 玉人に、「大圭長三尺、杼上終葵首。天子服之」とあるうちの「終葵」を解釈を問うたものである。その鄭玄注に、「王所搢大圭也、或謂之珽。終葵、椎也。爲推於其杼上、明無所屈也」とある。つまり、玉珽の 杼《もちて》 の上部は終葵(椎《つち》)のかたちである、というのが正しい答えになろう。

(五) 前注のとおり韓晉明の問いは、『周禮』鄭玄注を踏まえると思えるが、おそらくこの士族は「終葵」の文字面から、葵の葉に似たかたちと考えて「曲圜」と答えたのだろう。

[現代語訳]

ある士人がおり、書物を読むことは二三百巻に過ぎず、才能は愚鈍であったが、しかし生家は代々大変に裕福であった。(かれは)常に自尊心が高く、子牛と酒や珍しい賞玩物によって様々な名士とよく交流した。その餌を喜ぶ者は、互いに(その士人を)褒めそやした。朝廷はこれを文學に優れるとし、ある時には国境を出て(他国に)使者として赴かせた。東萊王《とうらいおう》の韓晉明《かんしんめい》は、文學を篤く好んでいた。かの士人の作品は、ほとんどが偽作ではないかと疑い、そして宴会し語らい合う席を設け、直接(彼の力量を)試そうとした。終日楽しく戯れ、文人たちは座にあふれ、(おのおのに)韻字がわりあてられ、筆を奔らせて詩を作った。かの士人はすぐさま仕上げたが、結局どの時代の韻の法則とも違っていた。(しかし)客人たちはおのおの没頭していたため、(士人の詩の下作ぶりに)気づく者はなかった。韓晉明は退出すると溜め息をついて、「やはり思っていた通りであった」と言った。韓晉明はまたある時に(その士人に、「玉珽の 杼《もちて》 の上が終葵とは、一体どのような形であろうか」と問うと、なんと、「斑の先端は楕円であり、形は葵の葉のようになっているのです」と答えた。韓晉明はもともと学があるので（見当違いな答えを）笑うのをこらえた。（その後）わたしのためにこのことを話してくれた。

【原文】

治點子弟文章、以爲聲價、大弊事也。一則不可常繼、終露其情。二則學者有憑、益不精勵。

《訓読》

子弟の文章を治點(一)して、以て聲價と爲さしむるは、大いなる弊事なり。一に則ち常には繼ぐ可からざりて、終に其の情を露す。二に則ち學ぶ者 憑《たの》む有れば、益〻精勵せず。

(注)

(一) 治點は、文章の乱れを添削して修正すること（王利器注）。

[現代語訳]

子弟の文章を添削して、それによって名声と価値を得させることは、大変な弊害である。第一にいつまでも（添削を）続けられるわけもなく、最後には内情が露見する。第二に学ぶ者は依存するものがあれば、いよいよ怠ける。

【原文】

鄴下有一少年、出爲襄國令。頗自勉篤、公事經懷、每加撫卹、以求聲譽。凡遣兵役、握手送離、或齎梨棗・餅餌、人人贈別、云、上命相煩、情所不忍。道路飢渴、以此見思。民庶稱之、不容於口。及遷爲泗州別駕、此費日廣、不可常周。一有僞情、觸塗難繼、功績遂損敗矣。

《訓読》

鄴下に一少年有り、出でて襄國令(一)と爲る。頗る自ら勉篤し、公事經《つね》に懷ひ、每《つね》に撫卹を加へ、以て聲譽を求む。凡そ兵役を遣はすに、手を握りて離るるを送り、或いは梨棗・餅餌を齎《もたら》し、人人に別れに贈り、云ふ、「上命 相 煩はすは、情の忍びざる所なり。道路に飢渴せば、此れを以て思ひを見よ」と。民庶の之を稱ふること、口を容れず。遷りて泗州(二)別駕(三)と爲るに及び、此の費 日ごとに廣く、常には周くす可からず。一たび僞情有らば、觸塗 繼ぎ難く、功績 遂に損敗す。

(注)

(一)『魏書』巻一百六 地形志二上 司州 北廣平郡に、「襄國、秦為信都、項羽更名。二漢屬趙國、晉屬、後併任」とある。

(二)『隋書』巻三十一 地理志下 下邳郡に、「下邳郡。後魏置南徐州、梁改爲東徐州、東魏又改曰東楚州、陳改爲安州、後周改爲泗州」とある。

(三) 別駕は、別駕從事。州の屬吏。州の長たる刺史が郡國を巡察する際に先導し、あわせて衆事を統括する。巡察の際に刺史とは別の傳車に乗るためこう呼ばれた。『通典』巻三十二 職官十四

に、「州之佐吏、漢有別駕、治中、主簿、功曹書佐、簿曹、兵曹、部郡國従事史、典郡書佐等官。……別駕従事史一人、従刺史行部、別乗一乗傳車、故謂之別駕、漢制也。歴代皆有」とある。

［現代語訳］

鄰にある若者がおり、赴任して襄國《じょうこく》縣令となった。非常に自ら励み、公務を常に考え、いつも慰問と救済を施し、良い評判を求めた。（民を）兵役に送るに際しては、手を握って見送り、時には梨や棗・餅に贈り、ひとりひとりに餞別とし、「上命が皆を煩わせることは、気の毒でたまらない。道中で飢えたり喉が渇いたら、これらで思いを汲んでほしい」と言った。民がこれを賞賛したのは、言うまでもない。（ところが任地が）遷って泗州別駕《ししゅうべつが》となると、（縣とは違って広いので）この費用が日ごとに嵩み、常に欠かさずというわけにはいかなくなった。一度でも偽善を施せば、いつでもどこでもとはできぬのだから、功績はこうして駄目になる。

【原文】

或問曰、夫神滅形消、遺聲・餘價、亦猶蟬殻・虵皮、獸迒・鳥迹耳。何預於死者。而聖人以爲名教乎。對曰、勸也。勸其立名、則獲其實。且勸一伯夷、而千萬人立清風矣、勸一季札、而千萬人立仁風矣、勸一柳下惠、而千萬人立貞風矣、勸一史魚、而千萬人立直風矣。故聖人欲其魚鱗鳳翼、雜沓參差、不絶於世。豈不弘哉。四海悠悠、皆慕名者、蓋因其情而致其善耳。抑又論之、祖考之嘉名・美譽、亦子孫之冕服・牆宇也。自古及今、獲其庇廕者亦衆矣。夫修善立名者、亦猶築室樹果。生則獲其利、死則遺其澤。世之汲汲者、不達此意。若其與魂爽倶昇、松栢偕茂者、惑矣哉。

《訓読》

或ひと問ひて曰く、「夫れ神 滅し形 消ゆれば（一）、遺聲・餘價も、亦た猶ほ蟬殻・虵皮、獸迒・鳥迹なるがごときのみ。何ぞ死者に預からん。而るに聖人以て名教を爲すや」と。對へて曰く、「勸むなり。其の名を立つるを勸むれば、則ち其の實を獲ん。且つ一伯夷（二）を勸むれば、千萬人 清風を立て、一季札（三）を勸むれば、千萬人 仁風を立て、一柳下惠（四）を勸むれば、千萬人 貞風を立て、一史魚（五）を勸むれば、千萬人 直風を立つ。故に聖人 其の魚鱗鳳翼の、雜沓參差して（六）、世に絶えざらんことを欲す。豈に弘からずや。四海 悠悠として、皆 名を慕ふとは、蓋し其の情に因りて其の善を致すのみ。抑〻又 之を論ずれば、祖考の嘉名・美譽も、亦た子孫の冕服・牆宇なり（七）。古より今に及ぶまで、其の庇廕を獲る者も亦た衆し。夫れ善を修め名を立つるとは、亦た猶ほ室を築き果を樹うるがごとし。生きては則ち其の利を獲、死しては則ち其の澤《めぐみ》を遺す。世の汲汲たる者、此の意に達せず。其の魂爽（八）と倶に昇り、松柏（九）と偕《とも》に茂るが若き者は、惑へるかな」と。

（注）

（一）神（霊魂）が滅び、形（肉体）が消えるという本文の内容は、形神一体論の中で「神滅」を説く范縝の『神滅論』における、「或問、子云神滅、何以知其滅也。答曰、神卽形也。形卽神也。是以形存則神存、形謝則神滅也」を踏まえたもの。

（二）伯夷は文章篇の注（一）一三六頁を参照。本文は、『孟子』萬章下に、「孟子曰、伯夷、目不視惡色、耳不聽惡聲。非其君不事、非其民不使。治則進、亂則退。横政之所出、横民之所止、不忍居也。思與郷人處、如以朝衣朝冠坐於塗炭也。當紂之時、居北海之濱、以待天下之清也。故聞伯夷之風者、頑夫廉、懦夫有立志」とあることを踏まえた表現である。

（三）季札は、春秋呉の人。呉王壽夢の末子。餘昧の弟。呉王継承を固辞し、延陵に封建された。齊の晏嬰や鄭の子産と親交を結び、謹慎保身を説いた（『史記』巻三十一 呉太伯世家）。

（四）柳下恵は、展禽のこと。春秋魯の大夫。柳下に封建され、恵と諡されたので柳下恵という。孔子からその賢才と廉直を称賛され（『論語』衛靈公・微子）、孟子には「聖之和者也」と評された（『孟子』万章章句下）。

（五）史魚は、史鰌。魚は字。春秋衛の大夫。臨終の際に、蘧白玉を引き立てて彌子瑕を退けられなかったことを悔やみ、自分の喪儀を廟堂で執り行わないよう遺言したという（『漢書』巻六十五 東方朔傳 顔師古注、『韓詩外傳』巻七）。また『論語』衛靈公には、「子曰、直哉史魚。邦有道如矢、邦無道如矢」とある。

（六）魚鱗や鳳翼は、立派な人物がひしめくことのたとえ。『漢書』巻四十五 蒯通傳に、「天下之士雲合霧集、魚鱗雜襲」とあり、その顔師古注に、「雜襲猶雜沓、言相雜而累積」とある。あるいは『後漢書』本紀一 光武帝紀 建武元年に、「天下士大夫捐親戚、弃土壤、從大王於矢石之間者、其計固望其攀龍鱗、附鳳翼、以成其所志耳」とある。

（七）冕服と牆宇は、禮服と屋敷の意。つまり子孫の地位と財産を言う（宇野注）。

（八）魂爽は、魂魄のこと。『春秋左氏傳』昭公 傳二十五年に、「心之精爽、是謂魂魄、魂魄去之、何以能久」とある（王利器注）。

（九）松柏は、ここでは松や柏が色を変えないように長久なるもののたとえ。『詩經』小雅 天保に、「如松柏之茂、無不爾或承」とあり、その鄭箋に、「如松柏之枝葉、常茂盛青青相承、無衰落也」とある。

［現代語訳］

ある人が、「そもそも魂魄が滅び肉体が消えれば、生前の名声も価値も、あたかも蟬の抜け殻・蛇の皮、獣の足跡・鳥のあとのようなものです。死者にとって何の意味がありましょう。聖人はなにゆえに名教を立てたのでしょう」と問うた。（わたしは）答えて、「奨励するためである。その名を立てることを奨励すれば、その実を伴うであろう。しかも一人の伯夷《はくい》を奨励すれば、幾千の人々が清の気風を立て、一人の季札《きさつ》を奨励すれば、幾千の人々が仁の気風を立て、一人の柳《りゅう》下恵《かけい》を奨励すれば、幾千の人々が貞の気風を立て、一人の史魚《しぎょ》を奨励すれば、千万の人々が直の気風を立てるだろう。そのため聖人はその魚鱗や鳳翼（とでもいうべき立派な人物たち）が、ひしめき合って入り混じり、世に絶えることがないことを望んだ。なんと遠大なことであろう。天下に数多の人々が、みな名声を慕うのは、思うにかかる情によってその善を行うのである。そもそもさらにこれを論ずれば、父祖のよき名声や立派な誉れは、また子孫の榮達（のもとい）なのである。古今、その余慶を被る者も多い。そもそも善を修め名を立てるということは、あたかも家を築いて果樹を植えるかのようだ。生きている時はその利を得て、死んだ後はその恵みを残すのである。世間で

（名声を立てることにのみ執着して）汲々としている者は、この考えに辿り着いていていない。（あまつさえ）魂魄とともに昇仙するだの、松柏とともに久遠に生きるだのという輩は、何とも愚かではないか」と言った。

（初海正明）

【原文】

涉務第十一

士君子之處世、貴能有益於物耳。不徒高談虛論、左琴右書、以費人君祿位也。國之用材、大較不過六事。一則朝廷之臣、取其鑒達治體、經綸博雅。二則文史之臣、取其著述憲章、不忘前古。三則軍旅之臣、取其斷決有謀、強幹習事。四則藩屏之臣、取其明練風俗、清白愛民。五則使命之臣、取其識變從宜、不辱君命。六則興造之臣、取其程功節費、開略有術。此則皆勤學守行者、所能辨也。人性有長短、豈責具美於六塗哉。但當皆曉指趣、能守一職、便無媿耳。

《訓読》

涉務第十一

士君子の世に處するや、能く物に益有ることを貴ぶのみ。徒に高談虛論（一）し、琴を左にし書を右にして、以て人君の祿位を費やさざるなり。國の用材は、大較《おほむね》六事に過ぎず。一は則ち朝廷の臣、其の治體に鑒達し、經綸（二）にして博雅なるを取る。二は則ち文史の臣、其の憲章を著述し、前古を忘れざるを取る。三は則ち軍旅の臣、其の斷決にして謀有り、強幹習事なるを取る。四は則ち藩屏（三）の臣、其の風俗を明練し、清白にして民を愛するを取る。五は則ち使命の臣、其の變を識り宜しきに從ひ、君命を辱めざる（四）を取る。六は則ち興造（五）の臣、其の功を程《はか》り（六）費を節し、開略にして術有るを取る。此れ則ち皆 學に勤め行ひを守る者、能く辨ずる所なり。人の性に長短有り、豈に六塗に具美するを責《もと》めんや。但だ當に皆 指趣（七）を曉《さと》り、能く一職を守らば、便ち媿づること無きのみ。

（注）

（一）高談虛論は、ここでは清談。清談については、福井文雅「清談の概念とその解釈とについて」（『日本中国学会報』二〇、一九六八年）を参照。

（二）經綸は、『周易』屯卦 象傳に、「雲雷屯、君子以經綸」とあることに基づく。

（三）藩屏は、もともとは周を守る囲いとなる諸侯のこと。『詩經』大雅 板の「价人維藩、大師維垣、大邦維屏、大宗維翰」の鄭箋に、「王當用公卿諸侯及宗室之貴者、爲藩屏垣幹、爲輔弼、無疏遠之也」とある。ここではそれに擬して、地方官を指す。

（四）君命を辱めずとは、『論語』子路に、「使於四方、不辱君命」とあることに基づく。

（五）興造は、土木工事のこと（王利器注）。

（六）功を程るとは、工事の作業量を計ること。功は工に通じる。

（七）指趣は、旨意のこと（王利器注）。

［現代語訳］

涉務第十一

君子が世に立つにあたっては、実際に役立つことを大切にするだけである。いたずらに清談《せいだん》を行い、琴を左に書を右に置いて、主君（から）の俸給と官位を無駄にすべきでない。国家に有用な人材は、おおよそ六つだけである。第一には朝廷《ちょうてい》の臣で、政治の大本を知り尽くし、天下を治められ所作の正しい人物を採る。第二には文史《ぶんし》の臣で、法度典章を著述し、いにしえの出来事を忘れない人物を採る。第三には軍旅《ぐんりょ》の臣で、果断であって謀をめぐらし、根気強く有能で熟練した人物を採る。第四には藩屏《はんぺい》の臣で、その（土地の）風俗をよく知り、清廉潔白で民を愛する人物を採る。第五には使命《しめい》の臣で、状況の変化にさとく臨機応変に行動し、主君の命令をけがさぬ人物を採る。第六には興造《こうぞう》の臣で、作業量を計り費用を節約し、計略を用い技のある人物を採る。以上はすべて学問に努め行いを慎重にする者であれば、わきまえられていることである。人の適性には長短があり、六つの才能が立派にそなわっていることを要求できまい。ただ誰でも（自分の仕事の）趣旨を理解し、（六つと言わず）一つ職分を守ることができれば、それだけで恥じることはないのである。

【原文】

吾見世中文學之士、品藻古今、若指諸掌、及有試用、多無所堪。居承平之世、不知有喪亂之禍、處廟堂之下、不知有戰陳之急、保俸祿之資、不知有耕稼之苦、肆吏民之上、不知有勞役之勤。故難可以應世經務也。晉朝南渡、優借士族。故江南冠帶、有才幹者、擢爲令僕已下、尙書郎・中書舍人已上、典掌機要。其餘文義之士、多迂誕・浮華、不涉世務。纖微過失、又惜行捶楚。所以處於淸高、蓋護其短也。至於臺閣令史・主書・監帥・諸王籤省、並曉習吏用、濟辦時須。縱有小人之態、皆可鞭杖肅督。故多見委使、蓋用其長也。人每不自量、擧世怨梁武帝父子、愛小人而疏士大夫、此亦眼不能見其睫耳。

《訓読》

吾 世中の文學の士を見るに、古今を品藻(一)するは、諸《これ》を掌に指す(二)が若きも、試用有るに及びては、多く堪ふる所無し。承平(三)の世に居りては、喪亂の禍有るを知らず、廟堂(四)の下に處りては、戰陳の急有るを知らず、俸祿の資を保ちては、耕稼の苦有るを知らず、吏民の上に肆(五)にしては、勞役の勤有るを知らず。故に以て世に應じ務を經《をさ》む可きこと難し。晉朝 南渡(六)して、士族を優借(七)す。故に江南の冠帶、才幹有る者は、擢でて令僕(八)より已下、尙書郎(九)・中書舍人より已上と爲り、機要を典掌す。其の餘の文義の士、多く迂誕・浮華にして、世務に捗《わた》らず。纖微の過失は、又 捶楚(一〇)を行ふを惜しむ。淸高に處る所以は、蓋し其の短(一一)を護らるればなり。臺閣(一二)の令史(一三)・主書(一四)・監帥(一五)・諸王の籤省(一六)に至りては、並びに吏用を曉習し、時須を濟辦す。縱《たと》ひ小人の態有るとも、皆 鞭杖もて肅督(一七)すべし。故に多く委使せらるは、蓋し其の長を用ひらるればなり。人 毎《つね》に自ら量(一八)らず、世を擧げて梁の武帝の父子、小人を愛して士大夫を疎んずるを怨むは、此も亦た眼 其の睫を見る能は(一九)ざるがごときのみ。

（注）

（一）品藻は、『漢書』巻八十七下 揚雄傳下の顏師古注に、「品藻者、定其差品及文質」とある。

（二）諸を掌に指すは、『論語』八佾に、「子曰、不知也。知其說者之於天下也、其如示諸斯乎。指其掌」とあることに基づく。

（三）承平は、太平の長くつづくこと（王利器注）。

（四）廟堂の下は、宗廟の堂の下のこと。実戦の前に、ここで作戦を練った。たとえば『孫子』始計に、「夫未戰而廟算勝者、得算多也」とある。宇野精一は、朝廷のこととするが、取らない。

（五）肆は、踞のこと（『廣雅』釋詁三）。ここでは踞肆、つまりおごりたかぶるの意味（王利器注）。

（六）晉は、とくに南渡前を西晉、南渡後を東晉と呼ぶ。

（七）優借は、優待すること（王利器注）。

（八）令僕は、尙書令と尙書僕射（尙書令の副官）のことで、官名（王利器注）。

（九）尙書郎は、官名。文章の起草をする官（『晉書』巻二十四 職官志）。

（一〇）捶と楚は、それぞれ杖で撃つことと、鞭打ちに用いる荊のこと。なお西晉期に、武帝司馬炎が『禮記』を典拠として五品官以上の者を刑の対象でなくしたことは、渡邉義浩「西晋における五等爵制と貴族制の成立」（『史学雑誌』一一六―三、二〇〇七年、『西晉「儒教国家」と貴族制』汲古書院、二〇一〇年、所収）を参照。

（一一）短を護るとは、『魏書』巻八十四 儒林 陳奇傳に、「雅性護短、因以爲嫌。嘗衆辱奇、或爾汝之、或指爲小人」とあることに基づく。

（一二）臺閣は、尙書のこと（王利器注）。

（一三）令史は、官名。尙書の下役で文章を司る（『後漢書』志二十六 百官志三）。

（一四）主書は、官名。中書に属し、文書を司る（『通典』巻二十一 職官典三）。

（一五）監帥は、官名。『魏書』巻六十七 崔光傳に、「廚兵幕士、方履敗穿、晝喧夜凄、罔所覆藉、監帥驅捶、泣呼相望」とある。

（一六）籤は、籤帥のことで、官名。省は、省事のことで、官名（盧文弨注）。籤帥とは、典籤のこと。慕賢篇の注（七）八〇頁を参照。省事について、王利器は、『資治通鑑』巻一百五十四 梁紀十 高祖武皇帝十 中大通二年の条の胡注に「省事、蓋猶今之通事」とあることを引く。通事は、通訳官のこと。宇都宮清吉は、省事は同じく都督州刺史の属官で実務を処理決裁した下級事務官としている。

（一七）鞭杖肅督は、鞭打ったり監督したりすること（宇野注）。

（一八）梁の武帝が旧来の甲族層のみならず、次門層の士人をも支配者層に抜擢した天監の改革などを指すか。天監の改革については、越智重明「梁の天監の改革と次門層」（『史学研究』九七、一九六六年）、宮崎市定『九品官人法の研究 科挙前史』（中央公論社、一九九七年）を参照。

（一九）『史記』巻四十一 越王句踐世家に、「吾不貴其用智之如目、見豪毛而不見其睫也」とあることに基づく。

［現代語訳］

わたしが思うに世の中の「文學」の士は、古今（の人物）を品評するのは、手のひらの上を指し示すようにする（ほど得意である）が、（かれらが現実の政治に）登用されると、任に堪えられないことが多い。長い太平の世にあっては、争乱が存在することを知らず、宗廟の堂下（での軍議）に落ち着いては、戦場に差し迫った事態のあることを知らず、俸祿の保証があるので、農耕の苦しさを知らず、俗吏や庶民の上におごり、苦労して働くことを知らない。だから（「文學」の士は）その時世に応じられず務めを果たせないのである。晉朝は南遷すると、家柄の良い貴族を優待した。それで江南の貴族のうち才能のあるものは、抜擢されて尙書省《しょうしょ》の長官・次官より以下、尙書郎や中《ちゅう》書舎人《しょしゃじん》より以上（の官職）となり、政治の重要なところを司る。その他の（このような地位に任ぜられない）「文義」の士は、多くは口ばかりで放縦で、その時なすべき役目に励まない。小さな過失でも、鞭打たれずにすんだ。（かれらが）高い地位にとどまっているのは、思うにその短所を庇われているからであろう。（これに対して）尚書の令史《れいし》や主書《しゅしょ》・監帥《かんすい》・籤帥《せんすい》や省事《しょうじ》に至っては、そろって官吏としての仕事に精通し、その時々の務めをわきまえ行った。仮に（かれらに）小人のふるまいがあったとしても、みな鞭打たれ監督される。したがって多くの場合に任され使われたのは、思うに（かれらのそうした）便利さが利用されたからであろう。人は常に自分（の状態）を推量することはできず、世の人々が皆「梁の武帝父子が、小人を重んじ士大夫を疎んじた」とそしることは、これはただ「眼は自分の睫毛を見ることができない」というだけのことである。

【原文】

梁世士大夫、皆尚褒衣・博帶、大冠・高履、出則車輿、入則扶侍、郊郭之內、無乘馬者。周弘正爲宣城王所愛、給一果下馬、常服御之。擧朝以爲放達。至乃尚書郎乘馬、則糺劾之。及侯景之亂、膚脆骨柔、不堪行步、體羸氣弱、不耐寒暑、坐死倉猝者、往往而然。建康令王復、性既儒雅、未嘗乘騎。見馬嘶歕陸梁、莫不震懾、乃謂人曰、正是虎。何故名爲馬乎。其風俗至此。

《訓読》

梁の世の士大夫は、皆 褒衣・博帶、大冠・高履を尙び、出でては則ち車輿、入りては則ち扶侍、郊郭の內に、馬に乘る者無し。周弘正 宣城王[一]の愛する所と爲り、一の果下馬[二]を給はり、常に之に服御す。朝を擧げて以て放達[三]と爲す。乃ち尙書郎にして馬に乘らば、則ち之を糺劾するに至る。侯景の亂に及び、膚は脆く骨は柔く、行步に堪えず、體は羸く氣は弱く、寒暑に耐えず、倉猝に坐して死する者は、往往にして然り。建康[四]の令の王復[五]は、性既に儒雅にして、未だ嘗て騎に乘らず。馬の嘶歕[六] 陸梁[七]するを見、震懾せざる莫く、乃ち人に謂ひて曰く、「正に是れ虎なり。何の故に名づくに馬と爲すか」と。其の風俗 此に至る[八]。

（注）

（一）宣城王は、蕭大器、梁の簡文帝の嫡長子。字は仁宗、諡は哀太子。中大通四（五三二）年に宣城郡王に封じられた。太清三（五四九）年、簡文帝を廃した侯景により殺害された（『梁書』巻三 武帝紀下、巻四 簡文帝紀、巻八 哀太子傳）。

（二）果下馬は、濊國特産の馬。後漢の桓帝の時に献上された。高さが三尺で、乗ったまま果樹の下を行くことができる程小さいことから、果下馬という（『三國志』巻三十 東夷傳 濊）。

（三）放達は、勝手気ままなこと。本来は反世俗的な行為をしつつも、現実に抗おうとする営みであったが、次第に単なる放蕩と混同されるようになったことは、蜂屋邦夫「戴逵について—その芸術・学問・信仰」（『東洋文化研究所紀要』七七、一九七九年）を参照。南北朝の貴族たちの間でこれが好まれたことは、李濟滄「兩晉交替期における放達の風氣について」（『東洋史苑』五四、一九九九年）を参照。

（四）建康は、南朝歴代の首都であり、丹陽郡の江寧、現在の南京のこと。秦代には秣陵と呼ばれており、三國孫呉のとき建業と名を改めた。その後、西晉に建鄴となり、さらに愍帝の諱（司馬鄴）を避けて建康と改められた。

（五）王復は、建康令。守屋美都雄『六朝門閥の一研究―太原王氏系譜考』（日本出版協同、一九五一年）には、王復は見えない。

（六）嘶歕は、いななくこと。『説文解字』巻九3 欠部には「歕、吹氣也」とあり、歕の字は噴の意味である（王利器注）。

（七）陸梁は、跳躍すること（盧文弨注）。

（八）「建康令王復」より「其風俗至此」までの文章がない本も存在するが、王利器に従い知不足齋叢書本より補った。

［現代語訳］

梁の世の士大夫は、皆そでの広い衣と幅広の帯、大きな冠と高下駄を貴んで、外出すれば車に乗って、家居であれば側仕えがおり、城郭の内では、馬に乗るものはいない。周弘正《しゅうこうせい》は宣城王《せんじょうおう》に寵愛され、一頭の果下馬《かかば》を賜り、いつもそれを馬車馬として（自分で）馭していた。朝廷中がこのことを放達だとした。ましてや尚書郎であって馬に乗ろうものなら、批判弾劾されるに至った。侯景の亂が起こると、（士大夫たちの）肌や骨は柔らかく脆く、歩行に堪えられず、体も気もか弱く、寒さ暑さに耐えられず、あわただしさの中で何もできず死ぬものは、往々にしてこのようであった。建康縣令の王復《おうふく》は、生まれつき上品な儒者先生で、一度も馬に乗ったことがなかった。馬がいななき飛び跳ねるのを見て、たいへんおそれて、そして人に「まったくもってこれは虎である。どうして馬などと名付けたのか」と言った。その風俗はここまで（ひどいもの）になった。

【原文】

古人欲知稼穡之艱難、斯蓋貴穀務本之道也。夫食爲民天、民非食不生矣。三日不粒、父子不能相存。耕種之、茠鉏之、刈穫之、載積之、打拂之、簸揚之、凡幾涉手、而入倉廩。安可輕農事而貴末業哉。江南朝士、因晉中興、南渡江、卒爲羈旅、至今八九世、未有力田、悉資俸祿而食耳。假令有者、皆信僮僕爲之、未嘗目觀起一墢土、耘一株苗。不知幾月當下、幾月當收、安識世間餘務乎。故治官則不了、營家則不辦。皆優閑之過也。

《訓読》

古人 稼穡の艱難（一）を知らんと欲するは、斯れ蓋し穀を貴び本を務むるの道なればなり。夫れ食は民の天爲り、民 食らふに非ずんば生きず。三日 粒せずんば、父子 相 存する能はず（二）。之を耕種し、之を茠鉏し、之を刈穫し、之を載積し、之を打拂し（三）、之を簸揚し、凡そ幾《いく》涉手《ばく》して、而して倉廩に入る。安んぞ農事を輕んじて末業（四）を貴ぶ可けんや。江南の朝士、晉の中興（五）するに因り、南のかた江を渡り、卒に羈旅と爲り、今に至るまで八九世、未だ田に力《つと》むること有らず、悉く俸祿を資《と》りて食むのみ。假令《たとひ》有る者も、皆 僮僕に信《まか》せ之を爲さしめ、未だ嘗て目もて一墢土（六）を起こし、一株苗を耘《くさぎ》るを觀ず。幾月に當に下すべく（七）、幾月に當に收むべきかを知らず、安んぞ世間の餘務を識らんや。故に官を治むれば則ち了《さと》らず、家を營まば則ち辦ぜず。皆 優閑の過なり。

（注）

（一）稼穡の艱難は、農夫の艱難のこと（『尚書』無逸 僞孔傳）。当時の農業技術については『齊民要術』などに詳しい。

（二）存すは、ここでは見舞うという意味（『漢書』巻四 文帝紀 元年 顔師古注）。

（三）打拂とは脱穀すること。『漢書』巻九十九中 王莽傳の、「必躬載拂」の顔師古注には、「拂音佛、所以撃治禾者也。今謂之連枷」とあり、これは、『説文解字』六上 木部 柫字の説解にある「撃禾連枷也」に基づくと考えられる。拂と柫が通用することは、『方言』五の、「或謂之拂」の戴震疏に、「拂、柫亦通用」とあり、また『荀子』性惡篇の、「則兄弟相拂奪矣」の楊倞注に、「或曰、拂字從木旁弗、撃也。拂與柫通」とあることから明らかである。故に打拂とは、からさお（連枷）によって穀物を打ち籾を落とすことをいう。

（四）末業は、商業のことで、本である農業に対して使われている（王利器注）。

（五）晉の中興は、前趙の劉曜により西晉が滅ぼされた後、三一七年に司馬睿（元帝）が建康で即位して東晉を再興したこと。

（六）一墢《いっぱつ》は、耜《すき》で耕す広さの二倍の土地。つまり一尺四方を言う。『國語』周語上に「王耕一墢」とあり、その韋昭注に「一墢、一耦之墢也。耜廣五寸、二耜爲耦。一耦之墢、広尺深尺」とある（王利器注）。

（七）下すは、種をおとすこと（王利器注）。

［現代語訳］

昔の人が農夫の苦労を知ろうとしたのは、思うにこれが穀物を尊び（生の）根本を追求する道だからであろう。そもそも食というのは民にとっての天であり、民は食べねば生活できない。三日も米を食べられなければ、父も子も互いに会いにも行けない。（穀物を作るには）耕し種をまき、草や根を刈り、収穫し、積載し、脱穀し、箕でふるい分け、（これら）すべて（に携わる）多くの人の手を経て、そうして穀物倉に収まる。（それで）どうして農業を軽んじて商業を尊ぶことができようか。江南の朝廷の官吏は、晉が（司馬睿によって）再び興ったことで、南下し長江を渡って、ついに旅住まいとなり、今に至るまで八・九世代、田仕事に力を尽くしたことはなく、みな俸禄を頼りに生活しているだけである。仮に田地を持つ者であっても、すべて召使いにまかせ作業をさせて、一墢の土を起こすのも、一株の苗を間引くのも今まで一度も目にしたことがない。何月に種を落とし、何月に収穫するのかも知らず、どうして世間の雑務を知ることができようか。ゆえに政務を執っても理解できず、家政をとってもさばけないのである。（これらは）すべて有閑による咎である。

（滝口雅依子）

【原文】

卷第五　省事　止足　誡兵　養生　歸心

省事第十二

銘金人云、無多言、多言多敗。無多事、多事多患。至哉、斯戒也。能走者奪其翼、善飛者減其指、有角者無上齒、豐後者無前足。蓋天道不使物有兼焉也。古人云、多爲少善、不如執一。鼫鼠五能、不成伎術。近世有兩人、朗悟士也。性多營綜、略無成名、經不足以待問、史不足以討論、文章無可傳於集錄、書迹未堪以留愛翫、卜筮射六得三、醫藥治十差五、音樂在數十人下、弓矢在千百人中。天文・畫繪・棊博・鮮卑語・胡書・煎胡桃油・鍊錫爲銀、如此之類、略得梗槩皆不通熟。惜乎、以彼神明、若省其異端、當精妙也。

《訓読》

卷第五　省事　止足　誡兵　養生　歸心

省事第十二

金人に銘して云く、「多言する無かれ、言多ければ敗るること多し。多事する無かれ、事多ければ患ひ多し」(一)と。至れる哉、斯の戒めや。能く走る者は其の翼を奪はれ、善く飛ぶ者は其の指を減らされ、角有る者は上齒無く、後を豐かにする者は前足無し。蓋し天道 物をして焉を兼ぬること有らしめざるなり(二)。古人云へらく、「少善を爲すこと多きは、一を執るに如かず」(三)と。鼫鼠《せきしょ》 五能なるも、伎術を成さず。近世に兩人有り、朗悟士なり。性 營綜すること多きも、略ぼ成名無く、經は以て待問するに足らず、史は以て討論するに足らず、文章は集錄に傳ふ可きこと無く、書迹は未だ以て愛翫《あいがん》を留むるに堪へず、卜筮は六を射ひて三を得、醫藥は十を治して五を差《たが》へ、音樂は數十人の下に在り、弓矢は千百人の中に在り。天文・畫繪・棊博・鮮卑語(四)・胡書(五)・胡桃油を煎じること(六)、錫を鍊りて銀を爲ること(七)、此の如き(八)の類は、略ぼ梗槩《こうがい》なるを得るも皆 通熟せず。惜しいかな、彼の神明なるを以て、若し其の異端(九)を省けば、當に精妙なるべからん。

(注)

(一)『說苑』敬愼篇に、「孔子之周、觀於太廟右陛之前、有金人焉、三緘其口而銘其背曰、古之愼言人也、戒之哉。戒之哉。無多言、多口多敗。無多事、多事多患」とあるのを典拠とする。

(二)『大戴禮記』易本命篇に、「四足者無羽翼、戴角者無上齒。無角者膏而無前齒、有角者脂而無後齒」とあり、また『漢書』卷五十六 董仲舒傳に、「夫天亦有所分予、予之齒者去其角、傅其翼者兩其足」とあるのを典拠とする。

(三)『荀子』勸學篇に、「梧鼠五技而窮」とあるのを典拠とする。ただ、「梧」という字については楊倞注に、「梧鼠當爲鼫鼠。蓋本誤爲鼫字。傳寫又誤爲梧耳」とあるように、もともと「鼫」に誤っていたものが、伝写の過程で「梧」に誤ったという。これは、『大戴禮記』勸學篇に、「鼫鼠五伎而窮」ことからも立証されることである。また、「五能」については、『周易正義』卷四 晉卦に引く蔡邕『勸學篇』の注に、「能飛不能過屋、能緣不能窮木、能游不能度谷、能穴不能掩身、能走不能先人」とある。

(四)鮮卑語は、鮮卑の言葉。『北齊書』卷二十一 高乾傳附高昂傳に、「高祖每申令三軍、常鮮卑語、昂若在列、則爲華言」とあり、また『北齊書』卷二十四 孫搴傳に、「高祖大悅、即署相府主簿、專典文筆。又能通鮮卑語、兼宣傳号令、當煩劇之任、大見賞重」とある。

（五）胡書は、未詳。王利器は、胡書は鮮卑文字であるとする。鮮卑文字については、川本芳昭「鮮卑の文字について」『東アジア古代における諸民族と国家』（汲古書院、二〇一五年）を参照。しかし、川本も指摘するが、現在に至るまで鮮卑文字は発見されていない。また、王利器が胡書＝鮮卑文字とする根拠は薄弱であり、さらに本文の「胡書」の二文字は知不足齋叢書本にしか見えない。これらを踏まえれば、胡書＝鮮卑文字とすること、また鮮卑文字が存在するということ自体、疑うべきである。

（六）煎胡桃油は、胡桃油を煎じて絵具を作ること。『北齊書』巻三十九 祖珽傳に、「元康因薦珽才學、幷解鮮卑語。……善爲胡桃油以塗畫、乃進之長廣王、因言、殿下有非常骨法、孝徵夢殿下乘竜上天」とあり、盧文弨はここを根拠に、鮮卑語や胡桃油を煮ることは、当時尊ばれたとする。『顏氏家訓』の記述を踏まえれば、この見解に従うべきである。

（七）錫を精錬して銀を作ること。いわゆる、黄白術か。『抱朴子』巻十六 黄白篇に、「金樓先生所從青林子受作黃金法先鍛錫、方廣六寸、厚一寸二分、以赤鹽和灰汁、令如泥、以塗錫上、令通厚一分、累置於赤土釜中。率錫十斤、用赤鹽四斤、合封固其際、以馬通火熅之、三十日、發火視之、錫中悉如灰狀、中有累累如豆者、卽黃金也」とある。

（八）神明は、言い表すことのできないこと。『周易正義』巻八 繫辭下に、「於是始作八卦、以通神明之德者言、萬事云爲皆是神明之德。若不作八卦、此神明之德閉塞幽隱。既作八卦則而象之。是通達神明之德也」とある。

（九）異端は、ここでは本筋を離れた学問のこと。『論語』爲政に、「子曰、攻乎異端、斯害也已」とある。

［現代語訳］

巻第五　省事　止足　誡兵

省事第十二

銅像に銘文が彫られていて、「多言することのないように、発言が多ければ損なうことが多い。多事することのないように、余計なことが多ければ心配事が多くなる」とある。行き届いているね、この戒めは。よく走る者は翼を奪われ、よく飛ぶ者は指を減らされ、角がある者は犬歯が無く、後ろ足が強い者は前足が無い。思うに天道は物にこれ（二物目）を兼ねさせることはないのである。古人は、「小さい善を多く行うのは、一つ（の善）を行うのに及ばない。ねずみは五能であっても、（一つの）わざとすることができない」と言っている。ちかごろに二人の人がおり、（どちらも）賢くて理解が早い者である。（しかし）生まれながら研究熱心ではあるが、ほとんど名声を得ることはなく、經學は質問に答えられるほどではなく、史學は討論するほどのものではなく、文章は集め書き記して伝えるべきほどのものではなく、書は秘蔵して留めおくにたえず、占いは六回行って三回当たる程度であり、医薬は十回治療して五回は間違え、音樂は数十人の下にあり、弓矢は千百人の中にある。天文・絵画・囲碁や双六・鮮卑語・胡書・胡桃油を煎じる、錫を精錬して銀を作る、これらのようなことは、大体できるようになってもすべて通暁しない。惜しいことだ、かれらの言い表すことのできないような才能で、もしその異端を退けたならば、きわめて奥深くなるであろう。

【原文】

上書陳事、起自戰國、逮於兩漢、風流彌廣。原其體度、攻人主之長短、諫諍之徒也。訐群臣之得失、訟訴之類也。陳國家之利害、對策之伍也。帶私情之與奪、遊說之儔也。總此四塗、賈誠以求位、鬻言以干祿、或無絲毫之益、而有不省之困、幸而感悟人主、爲時所納、初獲不貲之賞、終陷不測之誅、則嚴助・朱買臣・吾丘壽王・主父偃之類甚衆。良史所書、蓋取其狂狷一介、論政得失耳、非士君子守法度者所爲也。今世所覩、懷瑾瑜而握蘭桂者、悉恥爲之。守門詣闕、獻書言計、率多空薄、高自矜夸、無經略之大體、咸糠華之微事、十條之中、一不足採、縱合時務、已漏先覺、非謂不知、但患知而不行耳。或被發姦私、面相酬証、事途迴穴、翻懼愆尤。人主外護聲教、脫加含養、此乃僥倖之徒、不足與比肩也。

《訓讀》

上書して事を陳ぶるは、戰國[一]より起こり、兩漢[二]に逮び、風流 彌々廣し。其の體度を原ぬるに、人主の長短を攻むるは、諫諍の徒なり。群臣の得失を訐《あば》くは、訟訴の類なり。國家の利害を陳ぶるは、對策の伍なり。私情の與奪を帶ぶるは、遊說の儔なり。總て此の四塗、誠を賈りて以て位を求め、言を鬻《ひさ》ぎて以て祿を干《もと》め、或いは絲毫の益無く、而れども省られざるの困有り、幸ひにして人主を感悟し、時の納るる所と爲り、初め不貲の賞を獲るも、終に不測の誅に陷れば、則ち嚴助[三]・朱買臣[四]・吾丘壽王[五]・主父偃[六]の類 甚だ衆からん。良史の書する所、蓋し其の狂狷一介を取り、政の得失を論ずるのみなれば、士君子の法度を守る者の爲す所に非ざるなり。今の世に覩る所、瑾瑜を懷きて蘭桂を握る者[七]、悉く之を爲すを恥づ。守門 闕に詣り、書を獻じて計を言ふも、率ね空薄多く、高く自ら矜夸するも、經略の大體無く、咸 糠華の微事にして、十條の中、一も採るに足らず、縱ひ時務に合ふも、已に先覺に漏し、知らずと謂ふに非ず、但だ知るを患ひて行はざるのみ。或いは姦私を發せられ、面に相 酬証するも、事途 迴穴し、翻って愆尤を懼る。人主 外に聲教を護り、脫《ある》いは含養を加ふるも、此れ乃ち僥倖の徒にして、與に肩を比ぶるに足らざるなり。

（注）

（一）戰國は、戰國時代。晉が韓・魏・趙に分裂した紀元前四〇三年から、秦が六國を統一した紀元前二二一年までを指す。

（二）兩漢は、前漢・後漢。前漢は高祖劉邦によって建てられた紀元前二〇六年から王莽により簒奪された紀元八年までを指し、後漢は、光武帝劉秀が再興した紀元二五年から、禪讓により魏が成立する二二〇年までを指す。

（三）嚴助は、嚴忌の子であり、會稽郡吳縣の人。本来の名は莊助だが、『漢書』では明帝の諱を避けて嚴助とする。武帝の側近として用いられ、最も早く出世した。その後、淮南王劉安と親交を結び、のちにともに謀反を企むが発覚。武帝は罪を軽くすることを望んだが、廷尉の張湯が反対し、嚴助は死罪に処せられた（『漢書』巻六十四上 嚴助傳）。

（四）朱買臣は、字を翁子といい、吳の人。微賤な生まれであったが嚴助に見いだされ、武帝に中大夫に抜擢された。その後、任官と免官を繰り返し、丞相長史となる。廷尉の張湯が嚴助を害したことを憎み、それに対し張湯も買臣のことを快く思わず、非常に仲が悪かった。最終的に、張湯のことを讒言し、自殺に追い込むことに成功するが、買臣自身も武帝により誅殺される（『漢書』巻六十四上 朱買臣傳）。

（五）吾丘壽王は、字を子贛といい、趙の人。董仲舒より伝授された春秋の学を究める。それにより侍中中郎、さらには光祿大夫侍中となり、黄金十斤を賜う名誉を受けたが、事に坐して誅殺された（『漢書』巻六十四上 吾丘壽王傳）。

（六）主父偃は、齊國臨菑の人。縱横家や易・春秋などを学び、各地に遊説するもなかなか認められなかったが、匈奴に関する献策などにより徐樂・嚴安らとともに郎中となり、同年中に中大夫に昇った。その後も朔方郡の設置などの献策を行ったが、最期は諸侯に賄賂を受けて齊王を自殺させたとの冤罪により、誅殺された（『漢書』巻六十四上 主父偃傳）。

（七）才能を持った君子を指す。「懷瑾瑜」は、『楚辭』九章に、「懷瑾握瑜兮、窮不知所示」とあるのを踏まえ、また「握蘭桂」は、「茝蘭桂樹、鬱彌路只」とあるのを踏まえる。

［現代語訳］

上書して意見を（君主に）陳べることは、戰國《せんごく》時代から始まり、兩漢《りょうかん》に及んで、益々流行した。その様態を見てみると、君主の長所や短所を責めるのは、諫争の徒である。群臣の成功と失敗を攻撃するのは、訴訟の徒である。国家の利害を陳述するのは、献策の徒である。個人的な感情の賜与と剥奪（の権）を身にまとうのは、遊侠の徒である。すべてこの四つの道筋は、誠実さを売って官位を求め、言葉を売り渡して俸禄を求め、ある人は極めて僅かな利益も無く、しかしながら（自身の功績が）顧みられないという苦しみがあり、運良く君主を感動させて悟らせ、時宜を得て、初めには量ることのできない報賞を得ても、最終的に図らずも誅殺されれば、嚴助《げんじょ》・朱買臣《しゅばいしん》・吾丘《ごきゅう》壽王《じゅおう》・主父偃《しゅほえん》の類（になるもの）がとても多くなるだろう。良史に（かれらが）記録されているのは、思うに理想を抱くも実行が伴わずに頑なその一途で真っすぐな心意気を採用して、政治の得失を論ずる（ため）だけであって、（かれらのような行動は）士君子の規範を守る者の行うところではない。今の世の中を見ると、才能を持った君子は、みな（上記のことを）行うことを恥じている。門番（程度の身分の者）が宮闕《きゅうけつ》に詣《いた》り、書を献上して大計を言うも、だいたい空疎で軽薄なものが多く、高く自分自身で才能を誇るも、計画に本質が伴わず、みな粗悪で価値の無い小事であり、十のうち、一つとして採用する価値もなく、たとえその時の政治状況に合ったとしても、すでに先に気づいている者がいて、知らないというわけではなく、ただ知っていることを思い悩み行かなかっただけである。ある人は不正を暴かれ、面と向かって互いに（罪と潔白を）証明しあい、事の筋道はあべこべになり、逆に咎を受けることを恐れることになる。君主が外に天子の徳化を守り、そうして（それが）あらわになってたまたま涵養を加えても、これは思いがけなく幸運を得た輩であり、ともに（士君子たちに）肩を並べるには足らないのである。

【原文】

諫諍之徒、以正人君之失爾。必在得言之地、當盡匡贊之規。不容苟免偷安、垂頭塞耳。至於就養有方、思不出位。干非其任、斯則罪人。故表記云、事君、遠而諫、則諂也。近而不諫、則尸利也。論語曰、未信而諫、人以爲謗己也。

《訓読》

諫諍の徒は、以て人君の失を正すのみ。必ず言ふを得るの地に在らば、當に匡贊の規を盡くすべし。容《まさ》に苟くも免れ安きを偷《ぬす》み、頭を垂れて耳を塞ぐべからず。就養 方有りて(一)、思ふこと位を出でざるに至る。(二)其の任に非ざるを干《おか》せば、斯れ則ち罪人なり。故に表記に云へらく、「君に事ふるに、遠くして諫むるは、則ち諂ひなり。近くして諫めざるは、則ち利を尸るなり」(三)と。論語に曰く、「未だ信ぜられずして諫むれば、人 以て己を謗ると爲すなり」(四)と。

(注)

(一)『禮記』檀弓上に、「事親有隱而無犯、左右就養無方、服勤至死致喪三年。事君有犯而無隱、左右就養有方、服勤至死方喪三年」とあるのを典拠とし、また鄭玄注に、「不可侵官」とある。

(二)『周易』艮卦 象傳に、「艮君子以思不出其位」とあるのを典拠とし、その注に、「各止其所不侵官也」とある。

(三)『禮記』表記に、「子曰、事君遠而諫、則諂也。近而不諫、則尸利也」とあるのを典拠とする。

(四)『論語』子張に、「君子信而後勞其民、未信則以爲厲己也。信而後諫、未信則以爲謗己也」とあるのを典拠とする。

[現代語訳]

諫争の徒は、君主の失態を正しくさせることだけに集中すべきである。諫言を言うことのできる地位にあるのであれば、当然（君主を）匡し助けるという模範をつくすべきである。（また）かりにも（安全な地位に）免れ安寧を不正にぬすみ、（従順に）頭を下げて耳を塞ぐべきでは無い。仕え方には限度があって、職分には限界がある。そのつとめにないという罪を犯せば、これはつまり罪人なのである。そのため『禮記《らいき》』表記に、「君主に仕える際に、遠い場所から諫めるのは、こびへつらっていることである。近い場所にいるのに諫めないのは、利を貪っていることである」とある。（また）『論語』子張に、「まだ信頼されていないのに諫めれば、人は己を譏っていると思うであろう」とある。

【原文】

君子當守道崇德、蓄價待時。爵祿不登、信由天命。須求趨競、不顧羞慚、比較材能、斟量功伐、厲色揚聲、東怨西怒。或有劫持宰相瑕疵而獲酬謝。或有諠聒時人視聽、求見發遣。以此得官、謂爲才力、何異盜食致飽、竊衣取溫哉。世見躁競得官者、便言、弗索何獲。不知時運之來、不求亦至也。見靜退未遇者、便謂、弗爲胡成。不知風雲不[1](與)〔興〕、徒求無益也。凡不求而自得、求而不得者、焉可勝算乎。

〔校勘〕

1．抱經堂叢書本は「與」につくるが、王利器本により「興」に改める。

《訓読》

君子は當に道を守り徳を崇び、價を蓄へて時を待つべし。爵祿登らざるは、信《まこと》に天命に由る。趨競を須求《もと》め、羞慚を顧みず、材能を比較し、功伐を斟量し、色を厲しくして聲を揚げ、東に怨み西に怒る。或いは宰相の瑕疵を劫持して酬謝を獲るもの有り。或いは時人の視聽を諠聒し、發遣せらるるを求むるもの有り。此れを以て官を得て、才力の爲と謂ふは、何ぞ食を盜みて飽に致し、衣を竊みて溫を取ると異ならんや。世に躁競して官を得る者を見るに、便ち言へらく、「索めざれば何をか獲ん」(一)と。時運來たらば、求めずとも亦た至るを知らざるなり。靜退して未だ遇せざる者を見るに、便ち謂へらく、「爲さざれば胡ぞ成らん」(二)と。風雲興らざれば、徒らに求むるも益無きを知らざるなり。凡そ求めずして自ら得、求めて得ざる者は、焉くんぞ勝げて算ふ可けんや。

(注)

(一)『春秋左氏傳』昭公 傳二十七年に、「上國有言曰、不索何獲」とあるのを典拠とする。

(二)『尚書』太甲下に、「弗慮胡獲。弗爲胡成」とあるのを典拠とする。

[現代語訳]

君子は道理を守り徳を崇び、(自分の)価値を蓄えて時を待たなければならない。官爵や秩祿が昇らないのは、疑いようも無く天命によるのである。(それがわからない者は)名利を争って求め、恥も顧みず、才知と能力を(他人と)比べて、功労をくみはかり、血相を変えて声を奮い立たせ、東《あちら》に恨んで西《こちら》に怒る。ある人は宰相の短所に目をつけ脅して報酬を得ている。ある人は人々の耳目を掻き立て、官位につけられることを求めている。これにより官職を得て、(それを)才能のためであるというのは、どうして食べ物を盗んで満腹になり、衣服を盗んで暖をとることと異なるであろうか。世の中の先を争って官職を得ようとする人を見ていると、(その者が)言うには、「求めなければどうして得られようか」とのことである。(かれらは)時流が来れば、求めることが無くても(向こうから)やってくるということを知らないのである。(また)動かずに退いたままでいてまだ時宜に合わず不遇な者を見ていると、(その者が)言うには、「しなければどうして成りましょうか」とのことである。(かれらは)時勢がくみしないと、いたずらに求めても利益がないことを知らないのである。そもそも求め無くとも自然と得た者と、求めても得られなかった者とは、(どちらも)数えきることができない。

【原文】

齊之季世、多以財貨託附外家、諠動女謁。拜守宰者、印組光華、車騎輝赫、榮兼九族、取貴一時。而爲執政所患、隨而伺察、既以利得、必以利殆。微染風塵、便乖肅正、坑穽殊深、瘡痏未復。縱得免死、莫不破家、然後噬臍、亦復何及。吾自南及北、未嘗一言與時人論身分也。不能通達、亦無尤焉。

《訓読》

齊の季世(一)、財貨を以て外家に託附し、女謁(二)を諠動するもの多し。守宰を拜する者、印組 光華にして、車騎 輝赫し、榮 九族を兼ね、貴を一時に取る。而して執政の患ふる所と爲り、隨ひて伺察するも、既に利を以て得たれば、必ず利を以て殆《あやふ》し。微かに風塵に染れば、便ち粛正に乖《そむ》くも、坑穽 殊に深く、瘡痏 未だ復せず。縱ひ死を免るるを得るも、家を破らざるは莫く、然る後に噬臍するも、亦復《ま》た何ぞ及ばん。吾 南より北に及び、未だ嘗て一言も時人と身分を論ぜざるなり。通達する能はざるも、亦た尤《とが》無し。

（注）

（一）齊の季世は、北齊（五五〇～五七七年）の末期を指す。ここではとくに後主が親政を開始した天統四（五六八）年以後、さらに具体的には陸令萱・穆提婆の専横を指すか。両者は、和士開・祖珽などとともに権力を握り、敵対する趙郡王叡を殺害し、武平元（五七一）年に勃発した琅邪王儼のクーデタに対しても、後主に対して執拗に働きかけをし、琅邪王を殺させた。その過程で協力関係にあった和士開を殺し、皇后冊立問題では祖珽すらも追い落として穆皇后を立てることに成功した。陸令萱・穆提婆の権勢は、「自武平之後、令萱母子勢傾内外矣」（『北齊書』巻五十 恩倖 穆提婆傳）とされた。詳細は、谷川道雄「北斉政治史と漢人貴族」（『名古屋大学文学部研究論集』二六、一九六二年、『増補隋唐帝国形成史論』筑摩書房、一九九八年に収録）を参照。

（二）女謁は、宮中において権勢をふるう力のある女子。ここでは前述の陸令萱を暗に指すか。陸令萱は、後主の乳母となり、乾阿妳と称された。そして、皇太后胡氏の寵愛を受け、後宮の中では専権状態であったという。

〔現代語訳〕

北齊《ほくせい》の末、財貨を使って外戚に頼り、権勢を振るう女子に（自分たちに有利な）行動をさせる者が多かった。官職を得た者は、印紱はきらびやかに、車馬は輝き、栄華は九族に及び、権力を一時掌握した。そうして政治を行う上での患いとなり、即座に取り調べるも、（官職やその栄華を）豊かさで得たために、必ず豊かさで立場を危うくするのである。すこしでも悪事に染まれば、たやすく粛正より逃れても、人を陥れる罠はとても深く、その傷跡はまだ回復しない。たとえ死罪を免れることができても、その一族を破滅させないことはなく、その後に後悔しても、またどうして（その後悔が）間に合うであろうか。吾《わたし》は南朝より北朝に及び、未だかつて一言も人々と家柄や社会的地位を論じることはなかった。あまり順調に出世はできなかったが、また責められることもなかった。

【原文】

王子晉云、佐饔得嘗、佐鬬得傷。此言爲善則預、爲惡則去、不欲黨人非義之事也。凡損於物、皆無與焉。然而窮鳥入懷、仁人所憫。況死士歸我、當棄之乎。伍員之託漁舟、季布之入廣柳、孔融之藏張儉、孫嵩之匿趙岐、前代之所貴、而吾之所行也。以此得罪、甘心瞑目。至如郭解之代人報讎、灌夫之横怒求地、游俠之徒、非君子之所爲也。如有逆亂之行、得罪於君親者、又不足卹焉。親友之迫危難也、家財己力、當無所吝。若横生圖計、無理請謁、非吾敎也。墨翟之徒、世謂熱腹、楊朱之侶、世謂冷腸。腸不可冷、腹不可熱。當以仁義爲節文爾。

《訓読》

王子晉(一) 云へらく、「饔を佐くれば嘗を得、鬪を佐くれば傷を得たり」(二)と。此れ善を爲せば則ち預り、惡を爲せば則ち去る、人の義に非ざるの事に黨《くみ》するを欲せざるを言ふなり。凡そ物に損ふは、皆與《あづか》ること無し。然れども窮鳥 懐に入れば、仁人の憫む所となる。況んや死士 我に歸せば、當に之を棄つべけんや。伍員(三)の漁舟に託し、季布(四)の廣柳に入り、孔融(五)の張儉(六)を藏し、孫嵩(七)の趙岐(八)を匿すは、前代の貴ぶ所にして、吾の行ふ所なり。此れを以て罪を得るも、甘心瞑目(九)す。郭解(一〇)の人に代りて讎に報い、灌夫(一一)の横に地を求むるに怒るが如きに至りては、游俠(一二)の徒にして、君子の爲す所に非ざるなり。逆亂の行有り、罪を君親に得る者が如きは、又 卹《うれ》ふるに足らず。親友の危難に迫るや、家財己力、當に吝《を》しむ所無かるべし。横に圖計を生じ、理無くして謁を請ふが若きは、吾が教へに非ざるなり。墨翟の徒、世に熱腹と謂ひ、楊朱(一三)の侶、世に冷腸と謂ふ。腸は冷なる可からず、腹は熱なる可からず。當に仁義を以て節文(一四)を爲すべきのみ。

（注）

（一）王子晉は、周の靈王の太子。笙を吹くのがうまく、その音は鳳凰の鳴き声のようであったという（『列仙傳』王子喬）。

（二）『國語』周語下に、「又曰、佐饔者嘗焉、佐鬬者傷焉」とあるのを典拠とする。

（三）伍員は、伍子胥、春秋末の人。楚の平王の太子建に見いだされ、楚に仕えた。しかし、太子建が費無忌に讒言されたため、ともに宋に出奔する。宋でも苦難は続き、太子建は鄭の定公に殺害され、伍子胥は追手から逃亡し、その途上で一人の漁父に助けられる。本文はこれを指す。その後、呉王闔閭のもとで楚を打ち破り、亡き平王の墓を暴いて死体に鞭打ち、恨みを晴らした。しかし、のちに呉王夫差の怒りを買って、自殺した（『史記』巻六十六 伍子胥傳）。

（四）季布は、秦末漢初の武将。楚の人。任俠で知られ、項羽に従って転戦した。項羽が敗れると、懸賞金をかけられてその首を求められたが、濮陽の周氏に匿われその献策に従い、髭をそり、粗末な服を着、廣柳車に乗って魯の朱家に売られた。そうして難を逃れ、後に高祖に用いられて、惠帝・文帝に仕えた（『史記』巻一百 季布傳）。

（五）孔融は、文章篇の注（二六）一二九頁を参照。本文の逸話は、宦官の弾圧から逃れ兄の孔褒を頼ってきた張儉を、孔融が兄の不在にも拘らず、その切迫したさまを見て独断で匿ったことを指す。のちに孔褒が獄に下されると、孔融は兄の罪をかばって死刑になろうとしたため、さらに名声を得たという（『後漢書』列傳六十 孔融傳）。

（六）張儉は、字を元節といい、山陽高平の人。最初茂才にあげられたが、時の州刺史を不適任と考え、郷里に帰る。延熹八（一六五）年、中常侍の侯覽を弾劾し、黨人として追われることとなる。その途上で孔融に救われたものの、一族は根絶やしにされた。その後、衞尉となるも、曹操の専横を見、政治に関与せず、八十四歳で死去した（『後漢書』列傳五十七 黨錮 張儉傳）。

（七）孫嵩は、北海國安丘の人。市で亡命中の趙岐を見、複壁の中に匿った。のちに、趙岐と劉表に推挙されて、青州刺史となった（『後漢書』列傳五十四 趙岐傳）。

（八）趙岐は、京兆尹長陵縣の人、字を邠卿。黨人の一人。延熹元年、中常侍の唐衡の兄である唐玹に追われたが、孫嵩によって匿われ、事なきを得る。その後、獻帝の東遷を助け、太僕に任じられて諸縣を慰撫し、袁紹と公孫瓚の争いを調停した。のち太常に任じられたが、建安六（二〇一）年、卒した。その著述した『孟子章句』は、現存する最古の『孟子』注である（『後漢書』列傳五十四　趙岐傳）。

（九）甘心瞑目は、甘んじて死を受け入れること。『後漢書』列傳十四　馬援傳に、「吾受厚恩、年迫餘日索、常恐不得死國事。今獲所願、甘心瞑目」とある。

（一〇）郭解は、字を翁伯といい、河内郡軹縣の人。義や任俠によって名を知られ、多くの少年などが彼をしたい、その下に集まった。富豪を茂陵に徙すおり、かれの家は貧しく対象者には当たらなかったが、その声望を恐れられ、結局徙されることとなった。その後は、任俠に基づく高い声望があだとなり、御史大夫の公孫弘の議により族誅された（『史記』巻一百二十四　游俠　郭解傳）。

（一一）灌夫は、字を仲孺といい、潁陰の人。若いころに父とともに従軍し、父が殺害されても喪に服さず敵將をやぶり、名を知られた。親子同然の信義を結んだ魏其の土地を丞相の田蚡が要求してきた際には、その横暴さに激怒し、その恨みを買うことを恐れずにこれを拒絶した（『史記』巻一百七　魏其武安侯列傳）。

（一二）游俠とは、民間秩序の維持者として高く評価されながら、一方では国家秩序をみだすものとして非難された者の総称。かれらは、「任俠的な気風」を背景にして、血縁関係にない相手と「任俠的な結合関係」を結ぶ。そしてその関係性は、社会のあらゆる階層にまとわりつき、固定化された「家父長的奴隷制」の内部において、人と人との個人的な結合関係を構成したという。増淵龍夫「漢代における民間秩序の構造と任俠的習俗」（『一橋論叢』二五―一、一九五一年、『中国古代の社会と国家』弘文堂、一九六〇年に所収）を参照。

（一三）楊朱は、『列子』楊朱　楊子引注引『釋文』によれば、字は子居。墨翟よりもやや後の人物で、「愛己（個人主義）」を説き、墨家の説と天下を二分したという。『列子』楊朱には、かれに仮託した諸説が収録されている。

（一四）節文は、仁義を折衷すること。池田恭哉「溥天之下、莫非王士」攷―隱逸と節義」（『中国思想史研究』三四、二〇一三年。同氏『南北朝時代の士大夫と社会』研文出版、二〇一八年に所収）を参照。

［現代語訳］

王子晉《おうじしん》は、「料理を手伝えば味見ができ、喧嘩を手助けすれば傷を得る」と述べている。これは善を行えば（恩恵に）預り、悪を行えば（恩恵が）去る、人義に反することに関与することを欲しないと述べているのである。そもそも物に損害を与えることは、みな関わってはいけない。けれども追い詰められた鳥が懐に入ってくれば、仁者は憐れむものである。まして命がけの志士が自分を頼ってきた際に、これを捨てることなどできようか。伍員《ごうん》がその運命を漁父に託し、季布《きふ》が廣柳《こうりゅう》に入り（保護され）、孔融《こうゆう》が張儉《ちょうけん》を隠し、孫嵩《そんすう》が趙岐《ちょうき》を匿すことなどは、先代の尊ぶことであり、吾《わたし》の行うところである。このようなことを行って罪を得ても、甘んじて死を受け入れよう。（反対に）郭解が他人に代わって仇に報い、灌夫が決まりにもとって土地を求めることに怒り狂うようなものにいたっては、游俠の徒（が行うようなこと）であり、君子の行うことでは無い。道理にそむいた行いが有り、罪を君主や親に得るような者については、また憐れむ価値はない。親友が苦難に陥ったとき、家財や己の力は、けちけちすることなどないようにすべきである。欲しいままに陰謀を図り、道理が無いのに請託を願うようなことは、吾の教えではない。墨翟《ぼくてき》の徒は、世の中では「熱腹」といわれ、楊朱《ようしゅ》の徒は、世の中では「冷腸」といわれている。腸が冷たいのはよろしくなく、腹が熱いのもまたよろしくない。（そのような輩は）仁義によって内には節度を失わずにするべきである。

【原文】

前在修文令曹、有山東學士與關中太史競歷、凡十餘人、紛紜累歲、內史牒付議官平之。吾執論曰、大抵諸儒所爭、四分并減分兩家爾。歷象之要、可以晷景測之。今驗其分至薄蝕、則四分疏而減分密。疏者則稱、政令有寬猛、運行致盈縮。非算之失也。密者則云、日月有遲速、以術求之、預知其度。無災祥也。用疏則藏姦而不信、用密則任數而違經。且議官所知、不能精於訟者、以淺裁深、安有肯服。既非格令所司、幸勿當也。舉曹貴賤、咸以爲然。有一禮官、恥爲此讓、苦欲留連、強加考覈。機杼既薄、無以測量。還復採訪訟人、窺望長短、朝夕聚議、寒暑煩勞、背春涉冬、竟無予奪。怨誚滋生、赧然而退、終爲內史所迫。此好名之辱也。

《訓読》

前に修文の令曹(一)に在りしとき、山東の學士と關中の太史(二)と競歷(三)すること有り、凡そ十餘人、紛紜にして歳を累ね、內史(四)牒して議官に付して之を平《さだ》めんとす。吾 論を執りて曰く、「大抵の諸儒の爭ふ所は、四分(五)并びに減分の兩家のみ。歷象の要、晷景《きえい》を以て之を測る可し。今 其の分至薄蝕を驗すれば、則ち四分は疏にして減分(六)は密なり。疏者は則ち稱すらく、「政令に寬猛有れば、運行 盈縮を致す。算の失に非ざるなり」と。密者は則ち云へらく、「日月に遲速有り、術を以て之を求むれば、預め其の度を知りて、災祥無きなり」と。疏を用ふれば則ち姦を藏して信あらず、密を用ふれば則ち數に任せて經に違ふ。且つ議官の知る所は、訟ふる者より精なること能はずして、淺きを以て深きを裁くは、安んぞ肯へて服すること有らんや。既に格令の司る所に非ず、幸ひに當すること勿からん」と。擧曹の貴賤、咸以て然りと爲す。一禮官有り、此の讓るを爲すを恥ぢ、苦だしく留連を欲し、強ひて考覈を加ふ。機杼 既に薄く、以て測量する無し。還《ま》た復た訟ふる人を採訪し、長短を窺望し、朝夕 聚議し、寒暑に煩勞し、春に背き冬を涉り、竟に予奪無し。怨誚 滋生し、赧然として退き、終に內史の迫る所と爲る。此れ名を好むの辱しめなり。

（注）

（一）修文は、祖珽が中心となり、多数の文学士を招聘し、「文林館待詔」として修文殿で『修文殿御覽』を撰述させたことを指し、令曹は文林館の事務局を指すか（宇野注）。尾崎康「北斉の文林館と修文殿御覧」（『史学』四〇、一九六七年）も参照。

（二）太史は、太史曹、官名。令・丞を各々二人置き、司曆は二人、監候は四人置かれ、曆法、天文、漏刻、視祲にはそれぞれ博士と生員がおかれた（『隋書』巻二十八　百官志下）。

（三）競歴は、暦法論争。武平七（五七六）年に、董峻・鄭元偉が宋景業の作成した天保暦を非難して始まった論争を指す。この論争は、劉孝孫・張孟賓らも参戦し、議論が交わされたが、いざ日食の起こる時刻を当てるという段階になると、どの意見もすべて不正解で、結局暦法が定まらないうちに、北齊は滅んだ（『隋書』巻十七　律暦志中）。

（四）内史は、官名。隋の初期に中書を改めて内史としたという。厳密に考えれば、この時期は北齊なので、内史ではなく中書監・中書令という北魏の制度を継承していたはずである。中書省は、重要機密・御前の音楽を司った。中書監・中書令は各々一人、侍郎四人。また、伶官西涼部直長、伶官西涼四部、伶官龜茲四部、伶官清商部直長、伶官清商四部を司り、舍人省を兼任した。中書舍人・中書主書は各々十人（『隋書』巻二十七　百官志中　後齊、『通典』巻二十一　職官三）。

（五）四分は、四分暦。四分暦は、一朔望月（一箇月）の長さを、二九・五三〇八五日とし、一年を三百六十五日と四分の一と定める暦法の総称。大橋由紀夫「後漢四分暦の成立過程」（『数学史研究』九三、一九八〇年）、藪内清『中国の天文暦法（増補版）』（平凡社、一九九〇年）を参照。また、四分暦は、『續漢書』志二　律暦中に、「四分暦本起圖讖」とあるように、讖緯と密接に絡み合った暦であった。前注にあげた武平七年の暦法論争における天保暦は、『隋書』巻十七　律暦中に、「後齊文宣受禪、命散騎侍郎宋景業協圖讖、造天保暦」とあるように、これもまた讖緯と結びついた暦であった。それに関し、藪内清は、「（北朝では）儒家的な受命改制のイデオロギーは衰微したが、それに代って再び讖緯思想が盛んとなり、これに刺激を受けて改暦が政治の面にとりあげられた」という。つまり、顔之推がここで天保暦を「四分」と述べるのは、天保暦が思想的に、そして当然ながら暦法として四分暦を受けているためであろう。

（六）減分は、定朔法による暦。ここではおそらく劉洪の乾象暦を指す。減分主張者は、「日月に遲速有り、術を以て之を求む。其の度を預知すれば、災祥無きなり」と述べ、顔之推は、「減分」を用いると、「數に任せて經に違ふ」と述べる。つまり、「減分」は、日食が必ず朔に起こることを予見できるので、經書にあるような晦日や二日にも日食がおこるという事実と合わなくなる、すなわち、「減分」は經書（『春秋公羊傳』隱公　傳三年に、「三年春、王二月己巳、日有食之。何以書。記異也。日食則曷爲或日或不日。或言朔或不言朔。曰、某月某日朔、日有食之者、食正朔也。其或日或不日、或失之前、或失之後。失之前者、朔在前也。失之後者、朔在後也」とある）の記述と違うため、顔之推は、「數に任せて經に違ふ」と述べるのである。右のように、定朔を行う暦法は、乾象暦に見える。ただ、これにより月の大小を決めることを提案したのは、何承天の元嘉暦が最初である。しかし、元嘉暦の定朔は、大月・小月が連続しておこること、經書の記述に違うことから反対され、何承天自らが撤回し、元嘉暦においては採用されなかった。

［現代語訳］

以前（吾が）修文館《しゅうぶんかん》の令曹《れいそう》の位にあったとき、山東の学士と關中の太史《たいし》が暦法を競うことがあり、（その人数は）おおよそ十余人で、混乱したまま年月を重ね、内史《だいし》が辞令を下して議官に就けてこれを定めようとした。吾は持論を主張して、「大抵の諸儒が争っているのは、四分《しぶん》ならびに減分《げんぶん》の両家だけである。天体運動の要点は、日の影によって測量することができる。今これで春分・秋分・夏至・冬至や日食・月食を調べてみれば、四分は疎漏であり減分は精密である。四分暦を推す者は、「政令には寛や猛があり、それが影響して（天体の）周期的なめぐりは満ちたり減ったりすることになる。計算が間違えているのではない」という。減分暦主張者は、「太陽や月には遅かったり早かったりがあり、技術によってこれを計算すれば、それをあらかじめ知ることができ、災異《さいい》と瑞祥《ずいしょう》は起こらない」と述べる。疎漏な方を採用すれば間違いを隠しているとして信用がなく、精密な方を用いれば計算に任せることになり經書に書いてあることと違ってしまう。そのうえ議官の知っている知識は、学者の議論より正確ではないのだから、浅い知識によって深い知識を裁けば、どうして自ら進んで裁定に服することなどあろうか。この問題は法令によって決めることではなく、どうか裁定を下すことのないように」と述べた。役所の全員が、みな賛成であるとした。（しかしながら）一人の儀禮の担当者が、吾の提案を実行することを恥じ、しつこく（議論を）引き延ばそうとし、無理やり調査を加えた。（しかし）腹案は大したことがなく、議論するには値しなかった。また繰り返し是非を論じあった者を訪問し、（四分暦と減分暦の）長短を窺い、朝も夕も集まって会議をし、寒いときも暑いときも苦労して、春から冬をこえ一年を経過したが、最終的にその是非の判断はできなかった。（みなに）怨み辛みが生まれてきて、（担当者は）顔を赤くして恥じて退いたが、結局は内史に詰問されることとなった。これは名声を好んで事業を好むことの（ために生じた）辱めである。

（長谷川隆一）

【原文】

止足第十三

禮云、欲不可縱、志不可滿。宇宙可臻其極、情性不知其窮。唯在少欲知足、爲立涯限爾。先祖靖侯戒子姪曰、汝家書生門戶、世無富貴。自今仕宦、不可過二千石。婚姻勿貪勢家。吾終身服膺、以爲名言也。

《訓読》

止足第十三

禮に云へらく、「欲は縱にす可からず、志は滿たす可からず(一)」と。宇宙は其の極《きわみ》(二)に臻《いた》る可きも、情性は其の窮《きわみ》を知らず。唯だ欲を少くし足るを知り、爲に涯限を立つるに在るのみ。先祖の靖侯(三)子姪を戒めて曰く、「汝の家は書生の門戶にして、世〻富貴無し。今より宦に仕ふるも、二千石(四)を過ぐ可からず。婚姻は勢家を貪る勿れ(五)」と。吾終身 服膺し、以て名言と爲すなり。

(注)

(一)『禮記』曲禮上に、「敖不可長、欲不可從、志不可滿、樂不可極」とあるのを典拠とする。

(二) 欲を少なくして充足であることを知ること。『佛垂般涅槃略說教誡經』に、「當知多欲之人。多求利故苦惱亦多。少欲之人無求無欲則無此患。……知足之法卽是富樂安穩之處。知足之人雖臥地上猶爲安樂。不知足者雖處天堂亦不稱意。不知足者雖富而貧。知足之人雖貧而富」(大正藏卷十二)とある。

(三) 靖侯は、顏含、字を弘都といい、琅邪莘の人、之推の九世祖。時の権力者王導に対し百官が跪拝すべきとの議論がおこった際、顏含は、「王公雖重、理無偏敬」と述べて、やんわりと反対したという。九三歳にして死去し、靖侯と謚された(『晉書』卷八十八 孝友 顏含傳)。

(四) 二千石は、郡太守相当の官位の総称。顏含の時代よりも遡るが、『三國志』卷九 夏侯尙傳附夏侯玄傳に、「淸河王經亦與允俱稱冀州名士。甘露中爲尙書、坐高貴鄕公事誅。始經爲郡守、經母謂經曰、汝田家子、今仕至二千石、物太過不祥、可以止矣。經不能從、歷二州刺史、司隸校尉、終以致敗」とあるように、この当時から家柄が卑しかったり、財力のない家の人士が、高い官位につくことは戒められていたようである。

(五)『景定建康志』卷四十三「右光祿大夫西平靖侯顏府君碑」に、「王處明君之外弟、爲子允之求君女婚、桓溫君夫人從甥也、求君小女婚。君並不許、曰、吾與茂倫于江上相得、言及知舊、抆淚敍情、茂倫曰、唯當結一婚姻耳。吾豈忘此言。溫負氣好名、若其大成、傾危之道、若其敗也。罪及姻黨。爾家書生爲門、世無富貴、終不爲汝樹禍。自今仕宦不可過二千石、婚嫁不須貪世位家」とあり、また、『全唐文』卷三百三十九 顏眞卿「晉侍中右光祿大夫本州大中正西平靖侯顏公大宗碑」に、「桓溫求婚、以其盛滿不許。因誡子孫曰、自今任官不可過二千石、婚姻勿貪世家」とある。ちなみに、「晉侍中右光祿大夫本州大中正西平靖侯顏公大宗碑」は、『四部備要』所収の『三長物齋叢書』の『顏魯公文集』にも収録される。宮崎洋一「『顏魯公文集』内容一覧」(『文教国文学』四六、二〇〇二年)を参照。

[現代語訳]

『禮記《らいき》』曲禮上《きょくらい》に、「欲望はほしいままにしてはいけない、志は満足させてはいけない」とある。宇宙はそのはてに達することができるが、情性はその終わりを知ることはできない。（人にできるのは）ただ欲望は少なくても満足できることを自覚し、そのために限度を設けることのみにある。（吾の）先祖の靖侯《せいこう》様（顔含）は子や甥を戒めて、「お前たちの家は学業をなす家であり、代々富豪ではない。今から官職に就いたとしても、二千石を越してはならない。婚姻するには権勢のある一族を求めることのないように」と述べた。吾は終生大切に心がけ、その言葉を名言であると心に刻んだ。

【原文】

天地鬼神之道、皆惡滿盈。謙虚冲損、可以免害。人生衣趣以覆寒露、食趣以塞飢乏耳。形骸之內、尚不得奢靡、己身之外、而欲窮驕泰邪。周穆王・秦始皇・漢武帝、富有四海、貴爲天子、不知紀極、猶自敗累、況士庶乎。常以、二十口家、奴婢盛多、不可出二十人、良田十頃、堂室纔蔽風雨、車馬僅代杖策、蓄財數萬、以擬吉凶急速。不啻此者、以義散之、不至此者、勿非道求之。

《訓読》

天地鬼神の道（一）、皆 満盈なるを惡む。謙虚冲損（二）なれば、以て害を免る可し。人 生くるに衣は以て寒露を覆ふに趣り、食は以て飢乏を塞ぐに趣るのみ。形骸の內すら、尚ほ奢靡を得ず、己が身の外なれば、驕泰を窮めんと欲せんや。周の穆王（三）・秦の始皇（四）・漢の武帝は、富は四海を有ち、貴は天子と爲りて（五）、紀極を知らず（六）、猶ほ自ら敗累す、況んや士庶をや。常に以《おも》へらく、「二十口の家、奴婢 盛多なるも、二十人を出づ可からず、良田は十頃、堂室は纔かに風雨を蔽ひ、車馬は僅かに杖策に代へ、財 數萬を蓄へて、以て吉凶急速に擬す。此れに啻《とど》まらざる者は、義を以て之を散らし、此れに至らざる者は、道に非ずして之を求むる勿れ」と。

（注）

（一）天地鬼神の道は、『周易』謙卦 彖傳に、「天道虧盈而益謙、地道變盈而流謙、鬼神害盈而福謙」とあるのを典拠とする。

（二）謙虚冲損は、謙遜して心を虚しくしてへりくだること。冲は、『老子』四十五章に、「大盈若沖、其用不窮」とあるように、「むなしい」という意味で解釈する。

（三）穆王は、姫滿、周の第五代王、父は昭王。位についた当初、伯臩に命じて臩命を作り、国は安定した。しかし、臣下の反対を押し切って犬戎を征伐し、四白狼四白鹿を得て帰るも、夷狄が服することはなかった。また、諸侯の中にも不和が発生した。その後、甫刑を制定し、五十五歳で崩じた（『史記』巻四 周本紀）。

（四）始皇は、始皇帝、名は嬴政（もしくは趙政・趙正）。在位は前二二一～二一〇年。秦王として六国を統一し、中国史上初の皇帝となる。郡縣制の施行や焚書・坑儒による思想統制、度量衡の統一など、統一国家としての中華の礎を築いた（『史記』巻六 秦始皇本紀）。焚書・坑儒などを取り上げて、暴君とする評価が一般的だが、近年の研究ではそれも見直されつつある。鶴間和幸『人間・始皇帝』（岩波書店、二〇一五年）を参照。

（五）『孟子』萬章上に、「富、人之所欲、富有天下、而不足以解憂。貴、人之所欲、貴爲天子、而不足以解憂」とある。

（六）『春秋左氏傳』文公 傳十八年に、「聚斂積實、不知紀極」とある。

［現代語訳］

天地や鬼神の道は、みな満ち足りることを憎む。（したがって我々は）謙遜して心をむなしくしてへりくだれば、害を免れることができる。人が生きるのに衣服は冷たい露を覆い遮ることに足り、食事は飢餓を防ぐ程度を取る。自分自身の身体でさえ、贅沢をすることができないのであり、まして身体を超えた所となれば、おごり高ぶることを追求することを欲するなどできようか。周の穆王《ぼくおう》・秦の始皇帝《しこうてい》・漢の武帝《ぶてい》は、その富は天下を保ち、その尊きことは天子となり、限界を知らず、（しかしながらかれらでさえ）自分自身のことで敗れ去るのである、まして士や庶ではどうなるであろうか。（吾《わたし》は）常に、「二十口の家では、奴隷たちは多くとも、二十人を越えることがあってはならず、良田は十頃《けい》で、家屋は風雨を防ぐ程度、車馬は杖に代わる程度で、財産数万（銭）を蓄え、それで慶事や凶事ならびに突発的な出費に当てる。これにとどまらない者は、義によって妥当性を鑑みてこれを消えてなくし、これに至らない者は、道理に外れたことによってこれを求めることのないように」と思っている。

【原文】

仕宦稱泰、不過處在中品。前望五十人、後顧五十人、足以免恥辱、無傾危也。高此者、便當罷謝、偃仰私庭。吾近爲黄門郎、已可收退。當時羇旅、懼罹謗讟、思爲此計、僅未暇爾。自喪亂已来、見因託風雲、徼倖富貴、旦執機權、夜塡坑谷、朔歡卓・鄭、晦泣顔・原者、非十人五人也。愼之哉。愼之哉。

《訓読》

仕宦して泰らかなるに稱《かな》ふは、處ること中品に在るに過ぎず。前に五十人を望み、後に五十人を顧れば、以て恥辱を免れ、危きに傾く無きに足るなり。此れより高き者は、便《ただ》ちに當に罷謝し、私庭に偃仰すべし。吾 近ごろ黄門郎（一）と爲り、已に收退す可し。當時 羇旅（二）にして、謗讟《ぼふとふ》に罹るを懼れ、此の計を爲さんと思ふも、僅かに未だ暇あらざるのみ。喪亂（三）より已来、風雲に因託して、富貴を徼倖し、旦に機權を執るも、夜には坑谷に塡じ、朔には卓（四）・鄭（五）を歡ぶも、晦には顔（六）・原（七）に泣く者、十人五人に非ざるを見るなり。之を愼めや。之を愼めや。

（注）

（一）黄門郎は、給事黄門侍郎、官名。門下省の下、侍中とともに六人置かれた（『隋書』巻二十七 百官志中）。顔之推が黄門侍郎となったのは、北齊の末期である（『北齊書』巻四十五 文苑 顔之推傳）。

（二）羇旅は、流浪の身のこと。当時、顔之推は南朝から北朝へと生活の場を移し、流浪の身であった。顔之推は二十四歳の時、梁が西魏に滅ぼされたことで關中に徙され、その後西魏を脱出して北齊に仕えた。

（三）喪亂は、太清二（五四八）年の侯景の乱を指す。ちなみに顔之推は、天保二（五五一）年から翌々年まで侯景に幽閉された。

（四）卓は、蜀の卓氏。元々は趙において製鉄で財を成していたが、秦が趙を破った際に徙された。しかし前にも増して財を成し、その様子は君主に準えられるほどであったという（『史記』巻一百二十九 貨殖列傳）。

（五）鄭は、程鄭。本貫地は山東。製鉄業で名を知られ、その富は卓氏に匹敵したという（『史記』巻一百二十九 貨殖列傳）。

（六）顔は、顔回のこと。慕賢篇の注（七）七七頁を参照。

（七）原は、原憲。字を子思といい、春秋魯の人、孔子の弟子。草葺きの小さな家に住み貧しい生活に甘んじながらも、仁義の教えを実践した。孔子は魯の子寇となったときに、憲を家邑の宰とした（『史記』巻六十七 仲尼弟子列傳、『莊子』讓王篇）。

[現代語訳]

官に仕えて安定的でいるためには、中品の位を超えないことである。前に五十人をみて、後に五十人を振り返る、そうしていれば恥辱を免れ、危機に陥らないのに足りる。これより（位が）高い者は、ただちに官職をやめて去り、屋敷に閑暇無事にすべきである。吾は少し前に黄門郎となったが、その時に官職から退くべきであった。（しかし）その当時は流浪の身で、中傷に遭うことを恐れ、この計略を行おうと思ったが、少しの暇もなかった。侯景の亂以来、時勢によって、富豪（になること）を分不相応にも求め、夜明けに強権をとるも、夜には深い谷の底にしずみ（失脚し）、明け方に卓氏・鄭氏（のように富豪であること）を喜ぶも、晩には顔淵《がんえん》・原思《げんし》（のように貧乏であること）に泣く者は、十人や五人ではないのを見ている。これを慎むように。これを慎むように。

（長谷川隆一）

【原文】

誡兵第十四

顔氏之先、本乎鄒・魯、或分入齊、世以儒雅爲業、偏在書記。仲尼門徒、升堂者七十有二、顔氏居八人焉。秦・漢・魏・晉、下逮齊・梁、未有用兵以取達者。春秋之世、顔高・顔鳴・顔息・顔羽之徒、皆一鬪夫耳。齊有顔涿聚、趙有顔冣、漢末有顔㫟、[1]（宋有顔延之）〔晉有顔延〕、並處將軍之任、竟以顚覆。漢郎顔駟、自稱好武、更無事迹。顔忠以黨楚王受誅、顔俊以據武威見殺。得姓已来、無清操者、唯此二人、皆罹禍敗。頃世亂離、衣冠之士、雖無身手、或聚徒衆、違棄素業、徼倖戰功。吾既羸薄、仰惟前代、故寘心於此。子孫誌之。孔子力翹門關、不以力聞、此聖證也。吾見今世士大夫、纔有氣幹、便倚賴之、不能被甲執兵、以衞社稷。但微行險服、逞弄拳擊。大則陷危亡、小則貽耻辱、遂無免者。

〔校勘〕

1．抱經堂叢書本は「宋有顔延之」に作るが、錢大昕はこれを誤りとする。たしかに顔延之の経歴を踏まえれば、かれが「處將軍之任、竟以顚覆」の一例として挙げられるのは不自然である。錢大昕に従って改める。注（一〇）も参照。

《訓読》

誡兵第十四

顔氏の先は、鄒・魯を本とし、或いは分れて齊に入り、世〻儒雅を以て業と爲せしこと、偏く書記に在り。仲尼の門徒、堂に升る者七十有二(一)、顔氏居るもの八人なり(二)。秦・漢・魏・晉より、下は齊・梁に逮《およ》ぶまで、未だ兵を用ひて以て達を取る者有らず。春秋の世、顔高(三)・顔鳴(四)・顔息(五)・顔羽(六)の徒、皆一鬪夫なるのみ。齊に顔涿聚(七)有り、趙に顔冣(八)有り、漢末に顔㫟(九)有り、晉に顔延(一〇)有り、並びに將軍の任に處るも、竟に以て顚覆す。漢の郎(一一)たる顔駟(一二)、自ら武を好むと稱するも、更に事迹無し。顔忠(一三)は楚王(一四)に黨《くみ》するを以て誅を受け、顔俊(一五)は武威に據るを以て殺さる。姓を得て已来、清操無き者、唯だ此の二人のみにして、皆禍敗に罹《かか》る。頃世亂離するや、衣冠の士、身手無きと雖も、或いは徒衆を聚め、素業(一六)を違棄し、戰功を徼倖す。吾既に羸せ薄く、仰ぎて前代を惟ひ、故に心を此に寘《お》く。子孫之を誌せ(一七)。孔子の力門關を翹ぐるも、力を以て聞こえず、此れ聖の證なり。吾今の世の士大夫を見るに、纔《わづ》かに氣幹(一八)有れば、便ち之に倚賴し、甲を被り兵を執るも、以て社稷を衞ること能はず(一九)。但だ微行險服し、拳擊を弄するを逞しくするのみ。大なれば則ち危亡に陷り、小なれば則ち耻辱を貽《のこ》し、遂に免るる者無し。

（注）

（一）堂に升る者は、六藝（禮・樂・射・御・書・數）に通じた孔子の高弟たちを指す。ただ、その人数にはブレがある。『史記』巻六十七 仲尼弟子列傳では、「孔子曰、受業身通者七十有七人、皆異能之士也」とあるように、七十七人が挙げられている。そのほかでは、七十人説がある。『孟子』公孫丑上に、「以德服人者、中心悅而誠服也、如七十子之服孔子也」とあり、その他には『呂氏春秋』孝行覽 遇合篇などがこの説をとる。対して、七十二人説は、『史記』巻四十七 孔子世家に、「孔子以詩書禮樂教、弟子蓋三千焉、身通六藝者七十有二人」とあり、その他には、『後漢書』列傳五十下 蔡邕傳 釋誨などがこの説をとる。

(二) 顔氏の八人とは、孔子の高弟として堂に升った顔姓の八人を指す。『史記』巻六十七 仲尼弟子列傳によれば、顔回・顔無繇・顔幸・顔高・顔祖・顔之僕・顔噲・顔何の八人。

(三) 顔高は、魯の人。六鈞の重さをかけることのできる弓を持っていた。陽州の人がふいに攻めてきた時、他人の弓を奪って射殺した逸話がある(『春秋左氏傳』定公 傳八年)。

(四) 顔鳴は、春秋魯の人。林雍に右役を務めることを恥と思われ、また、苑何忌に林雍が撃たれて耳を失うとその場から逃走した。最終的に、敵地から逃げ帰った林雍に気づかず、三回齊の軍に攻め入ったという(『春秋左氏傳』昭公 傳二十六年)。

(五) 顔息は、魯の人。顔高と同じ戦に参加し、敵兵を射て眉間に矢を当てて射殺した(『春秋左氏傳』定公 傳八年)。

(六) 顔羽は、孟懿子の子である泄の御者。孟懿子から、「私は顔羽には及ばない」と評された(『春秋左氏傳』哀公 傳十一年)。

(七) 顔涿聚は、齊の大夫。田成子が海に出遊した際、諸大夫に対し、「帰ると言う者は斬る」と述べた。それに対し顔涿聚は、国内で反乱が起こる可能性があると諫言。田成子の逆鱗に触れて処罰されかけたが、はたして帰還してみると顔涿聚の言うとおり反乱が起こりかけていたという(『韓非子』十過篇)。

(八) 顔冣は、戰國末期の趙の將軍。趙の大將である李牧が誅殺され、司馬尚が免ぜられると、かれらに代わって趙忽と共に將軍となった。しかし、秦に大敗し秦の將軍王翦によって趙王と共に捕虜となった(『史記』巻四十三 趙世家、巻八十一 李牧傳)。

(九) 顔良は、後漢末期の群雄である袁紹麾下の將軍。官渡の戦いで先陣として曹操軍の前線の白馬を攻めた。しかし、当時曹操幕下にいた關羽に討たれた。袁紹軍を代表する將軍であったが、荀彧は「一夫の勇」と評価している(『三國志』巻十 荀彧傳、巻三十六 關羽傳)。

(一〇) 顔延は、東晉末期の王恭配下の將軍。王恭が桓玄らとともに建康に迫ったとき、司馬元顯の誘いに乗って裏切った劉牢之に斬り殺された(『晉書』巻八十四 王恭傳、『宋書』巻四十七 劉敬宣傳)。なお校勘で示した通り、この一文は底本では「宋有顔延之」に作る。顔延之は、劉宋孝武帝期の人で、「五君詠」「秋胡九首」「陶徴士誄」などの著作で名を馳せた文人。文章篇の注(三六)一三〇頁も参照。また錢大昕の指摘を踏まえれば、この誤謬には以下の二つの可能性が考えられる。第一に、顔延の記事が『宋書』にあることから、「晉」とすべきところを顔之推が「宋」と誤り、後にその誤謬に引きずられて「顔延」が「顔延之」となった可能性、第二に、「顔延」の名前がより著名な「顔延之」に書き間違われ、後にその誤謬に引きずられて「晉」が「宋」に書き換えられた可能性である。

(一一) 郎とは、郎官。議郎・中郎(比六百石)、侍郎(比四百石)、郎中(比三百石)の総称。「郎」は宮中の廊下の意味で、郎官はその廊下にひかえ皇帝の側近くに仕えた(『後漢書』志二十五 百官二)。

(一二) 顔駟は、前漢文帝から武帝期に郎官であり、江都の人。長く郎官にあり、老いてはいたが、武帝に見出され、會稽都尉になった(『後漢書』列傳四十九 張衡傳「思玄賦」の李賢注に引く『漢武故事』、『元和姓纂』巻四)。

（一三）顔忠は、前漢の人。楚王劉英と共に反乱を企てたとして誅殺された（『後漢書』列傳十二 馬武傳、列傳三十二 光武十王 楚王英傳、『續漢書』志十一 天文中）。

（一四）楚王は、後漢初の楚王劉英。光武帝の子。母の許氏が寵愛を受けなかったため、小國の楚に封ぜられた。黄老思想や佛教を好み、方士と交際して符瑞や圖讖を偽作したため、明帝の永平十三（七〇）年に、大逆罪に問われ、自殺した（『後漢書』列傳三十二 光武十王 楚王英傳）。

（一五）顔俊は、後漢末期の武威の人。建安二十四年、反乱を起こし、張掖の和鸞、酒泉の黄華、西平の麴演らとともに自ら将軍を名乗り、互いに攻撃し合った。そのとき顔俊は、曹操に人質を送り助けを求めたが、張既の静観策を曹操が採用したことから、最期は和鸞に敗北した（『三國志』巻十五 張既傳）。

（一六）素業は、「儒雅を以て業と爲す」こと、つまり、儒家の学問を修めて生業とすること。『隋書』巻四十六 張煚傳に、「周代公卿、類多武將、唯羨以素業自通、甚爲當時所重」とあり、『北史』巻三十三 李裔傳に、「子雄少慷慨有大志、陜州破、因隨周軍入長安。家世並以學業自通、子雄獨習騎射。其兄子旦讓之曰、棄文尚武、非士大夫素業」とある。

（一七）『列子』說符に、「孔子之勁、能拓國門之關、而不肯以力聞」とあるのを典拠とする。

（一八）氣幹は、気骨と才能。『北史』巻九 周本紀に、「肱任俠有氣幹」とあり、『北史』巻二十三 于栗磾傳に、「子暉、字宣明、后母弟也。少有氣幹」とある。

（一九）『禮記』檀弓下に、「仲尼曰、能執干戈以衞社稷、雖欲勿殤也、不亦可乎」とあるのを踏まえる。

［現代語訳］

誡兵第十四

顔氏の先祖は、鄒・魯を本貫地とし、あるいは分かれて齊《せい》に入り、代々儒家の学問（を修めること）をなりわいとしていたこと、ひろく書籍に記されている。仲尼《ちゅうじ》の門徒は、六藝《りくげい》に通じた者は七十二人、顔氏は（その中に）八人いる。秦・漢・魏・晉から、下は齊・梁におよび、いまだに武を用いて高位にあるものはいない。春秋の世に、顔高《こう》・顔鳴《がんめい》・顔息《がんそく》・顔羽《がんう》の徒は、みな一人の軍人であるだけであった。齊には顔涿聚《がんたくしゅう》がおり、趙には顔寂《がんさい》がおり、漢末には顔良《がんりょう》がおり、晉には顔延《がんえん》がおり、みな將軍の任にあったが、最終的に身を滅ぼした。漢の郎である顔駟《がんし》は、自分で武を好むと称揚したが、まったく事跡がない。顔忠《がんちゅう》は楚王（の事件）に関与したことによって誅に伏し、顔《がん》俊《しゅん》は武威に拠って反乱を起こしたため殺害された。姓を得て以来、清節なき者は、ただこの二人だけであって、両人とも災禍にあったのである。近ごろ世の中の政治が混乱すると、士大夫たちは、（自らに）技芸がなくとも、あるいは兵衆を集め、儒家の学問を修めることを棄て、戦功を分を越えて求めている（者もいる）。吾は痩せて力もないが、顔氏の（軍事に与った）先祖たちを考え見、ために軍事に対しては慎重になるようにしている。子孫よこれを心にとどめるように。（『列子』說符篇にあるように）孔子の力は關門を持ち上げるほどであったが、（世に）力によって（世に）聞こえたわけではない、これは聖人の証である。吾が今の世の士大夫を見ると、少し気骨と才能があれば、たちどころにこれに頼み、鎧を身に着けて軍の指揮をとるも、社稷を守ることはできない。ただ忍び歩いて怪しい身なりをして、暴力をふるうことに満足するだけである。（その行動が）大きければ滅亡することとなり、小さければ辱めを残し、結局（災禍を）免れる者などいないのである。

【原文】

國之興亡、兵之勝敗、博學所至、幸討論之。入帷幄之中、參廟堂之上、不能爲主盡規以謀社稷、君子所恥也。然而毎見文士、頗讀兵書、微有經略。若居承平之世、睥睨宮闈、幸災樂禍、首爲逆亂、詿誤善良。如在兵革之時、構扇反覆、縱横說誘、不識存亡、強相扶戴。此皆陷身滅族之本也。誡之哉。誡之哉。

《訓読》

國の興亡、兵の勝敗は、博學の至る所なれば、幸に之を討論す。帷幄の中に入り、廟堂の上に參じ、主の爲に盡規して以て社稷を謀ること能はざるは、君子の恥づる所なり。然して文士を見る毎に、頗（一）や兵書を讀み、微かに經略有るのみ。若し承平の世に居れば、宮闈を睥睨し、災を幸《よろこ》び禍を樂み、首として逆亂を爲し、善良を詿誤す（二）。如し兵革の時に在らば、反覆を構扇し、縱横に說誘し、存亡を識らざるも、強ひて相 扶戴す。此れ皆 身を陷れ族を滅ぼすの本なり。之を誡めんかな。之を誡めんかな。

（注）

（一）王利器は、「頗」と「微」が対応していると指摘し、「頗」を「やや」と読むべきであるとする。下段の「今世士大夫、但不讀書、卽稱武夫兒」を踏まえれば、従うべき見解である。

（二）『漢書』巻六十八 霍光傳に、「謀爲大逆、欲詿誤百姓」とある。

［現代語訳］

国の興亡、兵の勝敗は、学識の広い者の守備範囲なので、幸いにも議論することができる。陣営の中に入り、朝廷に参内し、主のために力を謀計に尽くして社稷のために働くことはできないのは、君子の恥じることである。しかしながら（吾が）文士を見てみる度に、少しばかり兵書を読むだけで、国家の大計を持つものは少ない。もし太平の世にいれば、後宮を窺い見、災禍を楽しみ、先頭に立って反逆を行い、善良（なもの）をだます。もし戦争時であれば、反覆を煽動し、四方に説き誘い、見通しはないのに、無理やり互いに（皇帝を）擁立する。これはすべて身を貶めて一族を滅亡させる元凶である。これを誡めるように。これを誡めるように。

【原文】

習五兵、便乘騎、正可稱武夫爾。今世士大夫、但不讀書、卽稱武夫兒、乃飯囊酒甕也。

《訓読》

五兵（一）を習ひ、便ち騎に乘らば、正に武夫と稱す可きのみ。今の世の士大夫、但だ讀書せざるのみにして、卽ち武夫兒と稱す。乃ち飯囊酒甕（二）なり。

（注）

（一）五兵は、戈・殳・戟・酋矛・弓矢（夷矛）を指す。『周禮注疏』巻三十二 夏官 司兵の鄭玄が引く鄭衆注に、「五兵者、戈殳戟酋矛夷矛者、此謂車之五兵」とある。また、『周禮注疏』巻三十二 夏官 司兵の鄭玄注には、「歩卒之五兵、則無夷矛而有弓矢」とある。

（二）『抱朴子』外篇 巻四十七 彈禰篇に、「荀彧猶強可與語、過此以往、皆木梗泥偶、似人而無人氣、皆酒瓮飯囊耳」とあるのを典拠とする。

［現代語訳］

五種の兵器（戈・殳・戟・酋矛・弓矢〈夷矛〉）を習い、そして馬に跨がってこそ、軍人と呼ぶことができる。（けれど）今の世の士大夫は、ただ読書をしないだけで、軍人の子であると称している。つまり（禰衡のいうように）飯袋や酒を入れるかめのように役に立たない輩である。

（長谷川隆一）

【原文】

養生第十五

神仙之事、未可全誣。但性命在天、或難鍾値。人生居世、觸途牽縶。幼少之日、既有供養之勤。成立之年、便增妻孥之累。衣食資須、公私驅役。而望遁跡山林、超然塵滓、千萬不遇一爾。加以金玉之費、鑪器所須、益非貧士所辦。學如牛毛、成如麟角。華山之下、白骨如莽。何有可遂之理。考之內教、縱使得仙、終當有死。不能出世、不願汝曹專精於此。若其愛養神明、調護氣息、愼節起臥、均適寒暄、禁忌食飮、將餌藥物、遂其所稟、不爲夭折者、吾無間然。諸藥餌法、不廢世務也。庾肩吾常服槐實、年七十余、目看細字、鬚髮猶黑。鄴中朝士、有單服杏仁・枸杞・黃精・朮・車前得益者甚多、不能一一說爾。吾嘗患齒、搖動欲落、飮食熱冷、皆苦疼痛。見抱朴子牢齒之法、早朝叩齒三百下爲良、行之數日、卽便平愈、今恆持之。此輩小術、無損於事、亦可脩也。凡欲餌藥、陶隱居太淸方中總錄甚備。但須精審、不可輕脫。近有王愛州、在鄴學服松脂、不得節度、腸塞而死。爲藥所誤者甚多。

《訓読》

養生(一)第十五

神仙の事、未だ全くは誣とす可からず。但だ性命(二)は天に在り(三)、或いは鍾値(四)し難し。人は生まれて世に居れば、途に觸れて(五)牽縶(六)す。幼少の日、既に供養の勤め有り。成立の年、便ち妻孥の累《わずら》ひを增す。衣食の資須(七)、公私の驅役(八)あり。而れども山林に遁跡(九)し、塵滓(一〇)を超然とするを望むは、千萬に一も遇はざるのみ。加へて以て金玉の費(一一)、鑪器の須《もち》ふる所は、益々貧士の辦ずる所に非ず。「學ぶものは牛毛の如く、成るものは麟角の如し」(一二)と。「華山の下、白骨 莽の如し」(一三)と。何ぞ遂《と》ぐ可きの理有らんや。之を內教(一四)に考ふるに、縱使《たと》ひ得仙するも、終に當に死 有るべし。世を出づる能はざれば、汝が曹の專ら此に精なるを願はず。其の神明を愛養し、氣息を調護し、起臥を愼節し、寒暄(一五)を均適し、食飲を禁忌し、藥物を將餌(一六)し、其の稟くる所を遂げ、夭折を爲さざるが若きは、吾 間然とすること無し(一七)。諸々の藥餌の法は、世務を廢せざるなり(一八)。庾肩吾(一九)は常に槐實(二〇)を服し、年七十余にして、目は細字を看、鬚髮は猶ほ黑し。鄴中の朝士、杏仁(二一)・枸杞(二二)・黃精(二三)・朮(二四)・車前(二五)を單服し益を得る者有ること甚だ多く、一一に說く能はざるのみ。吾 嘗て齒を患ひ、搖動して落ちんと欲し、熱冷を飲食するに、皆 疼痛に苦しむ。抱朴子(二六)の牢齒の法(二七)に、早朝に叩齒(二八)すること三百下《か》(二九)して良と爲すを見、之を行ふこと數日にして、卽ち便ち平愈し、今も恆に之を持す。此の輩の小術は、事を損ふ無く、亦た脩む可きなり。凡そ藥を餌せんと欲すれば、陶隱居(三〇)の太淸方中の總錄(三一)は甚だ備はる。但だ須らく精審すべく、輕脫す可からず。近きは王愛州(三二)有り、鄴に在りて松脂(三三)を服するを學ぶも、節度するを得ず、腸塞がりて死す。藥の誤る所と爲る者甚だ多し(三四)。

(注)

(一) 養生について、王利器注では『道藏』に『抱朴子養生論』一卷があることに触れるが、この書の内容は主に『抱朴子』中の養生に関する語の抜粋であり、また、『隋書』經籍志・『舊唐書』經籍志・『新唐書』藝文志には著録されておらず、『宋史』藝文志子類の神仙類に、「抱朴子養生論一巻」とあるだけである。したがって、唐代ごろに成立した書と考えられる。加えて、『顏氏家訓』中には、本篇に限らず『抱朴子』の内容と関連する記述があるが、それらと類似する内容はいずれも、『抱朴子養生論』にはない。顏之推は『抱朴子』そのものを目にしていたようである。Schipper, Kristofer and Verellen. Franciscus (eds.). (2004). *The Taoist Canon: A Historical Companion to the Daozang* 〈*Daozang Tongkao*〉. Chicago and London: The University of Chicago Press. を参照。なお『抱朴子』については本篇の注(三六)二〇二頁を参照。

(二) 性命は、ここでは寿命の意。嵇康「養生論」に「誠知性命之理、因輔養以通也」、『北齊書』巻四十二 文苑 顏之推傳所載の「觀我生賦」に「荷性命之重賜、銜若人以終老」とある。

(三) 嵇康「養生論」には、「夫神仙雖不目見、然記籍所載、前史所傳、較角而論之、其有必矣。似特受異氣、禀之自然、非積學所能致也。至於導養得理、以尽性命、上獲千餘歳、下可數百年、可有之耳」とあり、神仙になれるかどうかはその人の素質によって決まっているが、正しく養生を行えば、長くて千余歳、短くても数百歳まで生きることができるとする。一方、『抱朴子』では、内篇巻十六 黄白篇に、「龜甲文曰、我命在我不在天、還丹成金億万年。古人豈欺我哉」とあるように、自身の生命は天によって決定されるものではなく、金丹を行うことによって不老長生を達成できるとの主張が見られる。本篇における顏之推の養生に対する立場は、天によって定められた寿命を日々の節制によって全うしようとするものである。

(四) 鍾値は、「相値」あるいは「種値」に作る本もあるが、王利器注には、歸心篇に「鍾」と「値」とが対句的に用いられている文があるのを引き、「鍾値」とするのが適切であるとしており、この見解に従う。「鍾値し難し」の句について、宇野は「予測し難い意」と注をつけ、宇都宮は「神仙術を以てしても不老長寿の願いが叶うかどうかは判らない」と訳している。『春秋左氏傳』昭公 傳二十一年の「天子省風以作樂、器以鍾之」という記述に、服虔は「鍾、聚也。以器聚音」と註を付けており、鍾には、あつめる、合わせるの意味がある。したがって、鍾値とは、禍福が自身の身に集まり、それが自らの行いの善悪に相応することと解釈した。

(五) 途に觸れてとは、いろいろな場面で、様々なことで、の意。一説には觸途と觸塗とを同じ意味の語とし、けがす、けがれるの意にとることもあるが、宇野の注ではこの二字を「どこにでも」と解釈し、宇都宮の訳では「種々のことで」としている。『顏氏家訓』中にはほかに、風操篇第六に、「今世諱避、觸途急切」とあり、また、文章篇第九に、「擧此一隅、觸塗宜慎」、名實篇第十に、「一有僞情、觸塗難繼、功績遂損敗矣」とある。そのほか、『南齊書』巻七 東昏侯紀には、「而禀質凶愚、発於稚齒。爰自保姆、迄至成童、忍戾昏頑、觸途必著」、梁の慧皎の著した『高僧傳』巻十四 序錄には、「頃日余觸途多昧、且獲披来帙斯文在斯」とある。これらの『顏氏家訓』とそれに近い時代の用例を見ると、宇野や宇都宮の解釈が妥当だと思われる。

(六) 縶牽とは、つなぎとめるの意。『詩經』小雅 有客に、「有客宿宿、有客信信、言授之縶、以縶其馬」とあり、鄭箋に「縶、絆也」とある。

(七) 資須は、用いて需要を満たすこと。『宋書』巻五十七 蔡廓傳に「公祿賞賜、一皆入軌、有所資須、悉就典者請焉」とある。また、『晉書』巻七十五 范汪傳に、「凡荒郡之人、星居東西、遠者千餘、近者數百、而擧召役調、皆相資須」とある。ここでは、衣食の必要をまかなうために金を使うことと解釈した。

(八) 驅役とは、奔走し役使すること。『文選』巻二十六 潘安仁 在懷縣作詩に、「驅役宰両邑、政績竟無施」とある（王利器注）。

(九) 遁跡とは、神仙修行を行うために、世俗の世界を避けて山林などに隠遁すること。『抱朴子』では、內篇巻四 金丹篇に、「又按仙經、可以精思合作仙藥者、有華山・泰山・霍山・恆山・嵩山……、此皆是正神在其山中、其中或有地仙之人」とあるように、名山で金丹術を行うべきであると述べる。また、これらの山々には地仙が住むとも言われている。

(一〇) 塵滓とは、汚れた俗世間のこと。『南史』巻十七 劉敬宣傳の論に、「咸能振拔塵滓、自致封侯」とある。また勉學第八に、「彼諸人者、並其領袖、玄宗所歸。其余桎梏塵滓之中、顚仆名利之下者、豈可備言乎」とある。

(一一) 金丹術に多くの費用を必要とすることについては、『抱朴子』內篇巻十六 黃白篇に、「但患知此道者多貧、而藥或至賤而生遠方、非亂世所得也。若戎瀚鹵咸皆賤物、清平時了不直錢、今時不限價直而買之無也」、「餘貧苦無財力、又遭多難之運、有不已之無賴、兼以道路梗塞、藥物不可得、竟不遑合作之。餘今告人言、我曉作金銀、而躬自飢寒、何異自不能行、而賣治躄之藥、求人信之、誠不可得。然理有不如意、亦不可以一概斷也」とあり、また內篇巻四 金丹篇などにもこうした主旨の記述は見られる。

(一二) 「學如牛毛、成如麟角」は、学ぶ者は数多くともそれを成就する者がごくわずかであることを言う。『抱朴子』巻十三 極言篇に、「若夫睹財色而心不戰、聞俗言而志不沮者、萬夫之中、有一人爲多矣。故爲者如牛毛、獲者如麟角也」、『抱朴子』外篇 自敍に「然亦是不急之末學、知之譬如麟角鳳距、何必用之」とある。また、『太平御覽』巻一百三十七 人事部諺下に引く、曹魏の蔣濟『萬機論』に「學者如牛毛、成者如麟角」、『魏書』巻八十五 文苑傳序に「肅宗歷位、文雅大盛、學者如牛毛、成者如麟角」とある。勉學第八にも、「且負甲爲兵、咋筆爲吏、身死名滅者如牛毛、角立傑出者如芝草」とある。

(一三) 「華山之下、白骨如莽」は、華山の麓には、得仙の志を遂げられなかった者たちの死体が散らばっているという意味。『抱朴子』內篇巻十七 登涉篇に、「凡爲道合藥、及避亂隱居者、莫不入山。然不知入山法者、多遇禍害。故諺有之曰、太華之下、白骨狼藉」とある。太華とは華山のこと。注（九）を參照。

(一四) 內教とは、仏教のこと。歸心第十六に、「內外両教、本爲一體、漸積爲異、深淺不同。內典初門、設五種禁。外典仁義禮智信、皆与之符」とある。ここで內教は、在家信者に五戒を科す佛教を言い、外教とは仁義禮智を説く儒教を言うことが分かる。

(一五) 寒暄とは、寒さと暖かさの意。『申鑒』俗嫌に、「故喜怒哀樂思慮、必得其中所以養神也。寒暄盈虛消息必得其中所以養體也」とある。

(一六) 將餌とは、服薬して身体を養うこと。『詩經』小雅 四牡の「王事靡盬、不遑將父」の毛傳では「將、養也」と解說されており、將は養に同じ。

(一七) 『論語』泰伯に、「子曰、禹、吾無間然矣。菲飲食、而致孝乎鬼神。惡衣服、而致美乎黻冕。卑宮室、而尽力乎溝洫。禹、吾無間然矣」とあることに基づく。

(一八)『抱朴子』内篇巻四 金丹篇に、「然道与世事不並興、若不廢人間之務、何得修如此之志乎」とあるように、『抱朴子』は宮仕えなど世俗的な務めをしながら、不老長生を成すことの困難を繰り返し言う。それに対し、顔之推は世俗に身をおきながら養生を行うことを説く。

(一九)庾肩吾は、字は子愼。庾陵の弟。晉安王蕭綱(後の簡文帝)の國常侍・參軍をつとめたが、侯景の乱の時に、江陵の湘東王繹(元帝)に帰属した(『梁書』巻四十九 文學 庾於陵傳附庾肩吾傳)。

(二〇)槐實は、エンジュの果実のこと。『本草經集注』(尚志鈞・尚元勝輯校『本草経集注輯校本』(人民衛生出版社、一九九四年)を参看)では、諸薬を玉石、草木、蟲獸などに区分し、上品・中品・下品に分けている。槐實は草木上品に置かれ、「味苦、酸、鹹、寒、無毒。主治五内邪氣熱、止涎唾、補絶傷、治五痔。火瘡、婦人乳瘕、子臟急痛」(巻三)とある。『抱朴子』内篇巻十一 仙藥篇には、槐實を使った不老長生薬の作り方が書かれており、「槐子以新甕合泥封之、二十余日、其表皮皆爛、乃洗之如大豆。日服之、此物主補腦、久服之、令人髪不白而長生」とある。

(二一)杏仁は、アンズの種のこと。『本草經集注』では「杏核人」の名で果部藥物下品に置かれ、「味甘、苦、溫、冷利、有毒。主治咳逆上氣、雷鳴、喉痹、下氣、產乳、金創、寒心。賁豚、驚癇、心下煩熱、風氣去來、時行頭痛、解肌、消心下急、殺狗毒」(巻七)とある。

(二二)枸杞は、ナス科の小低木のこと。『本草經集注』では草木上品に置かれ、「味苦、寒、根大寒、子微寒、無毒。主治五内邪氣、熱中、消渇、周痹。風濕、下胸脇氣、客熱、頭痛、補內傷、大勞、噓吸、堅筋骨、強陰、利大小腸。久服堅筋骨、輕身、耐老、耐寒暑」(巻三)とある。『抱朴子』仙藥篇には、「或云仙人杖、或云西王母杖、或名天精、或名卻老、或名地骨、或名苟杞也」とある。

(二三)黄精は、カギクルマエビナルコユリのこと。『本草經集注』では草木上品に置かれ、「味甘、平、無毒。主補中益氣、除風濕、安五藏。久服輕身、延年、不饑」(巻三)とある。『抱朴子』仙藥篇には、黄精で作った薬について、「而服之日可三合、非大有役力者不能辨也。服黄精僅十年、乃可大得其益耳」とある。

(二四)朮は、オオバナオケラやホソバナオケラの根茎のこと。『本草經集注』では草木上品に置かれ、「味苦、甘、溫、無毒。主治風寒濕痹、死肌、痙、疸、止汗、除熱、消食」(巻三)とある。『抱朴子』仙藥篇には、「斷穀人止可息肴糧之費、不能獨令人長生也。問諸曾斷穀積久者云、差少病痛、勝於食穀時。其服朮及餌黄精、又禹余糧丸、日再服、三日、令人多氣力、堪負担遠行、身輕不極」とあり、穀物を絶って朮や黄精を服餌するべきことを説く。

(二五)車前は、オオバコ科の多年草のこと。『本草經集注』では車前子の名で草木上品に置かれ、「味甘、鹹、寒、無毒。主治氣癃、止痛、利水道小便、除濕痹。男子傷中、女子淋瀝、不欲食、養肺、強陰、益精、令人有子、明目、治赤痛。久服輕身、耐老」(巻三)とある。『抱朴子』内篇巻十五 雜應篇では、「惟服食大藥、則身輕力勁、勞而不疲矣。若初入山林、體未全實者、宜以雲珠粉、百華醴、玄子湯洗腳、及虎胆丸、朱明酒、天雄鶴脂丸、飛廉煎秋芒、車前、沢瀉散、用之旬日、不但涉遠不極、乃更令人行疾、可三倍於常也」といい、大薬に位置づけている。

（二六）『抱朴子』は、葛洪の著。葛洪は、丹陽句容の人。字は稚川。左慈―葛玄―鄭隱―葛洪という師弟関係の系譜によって神仙方術を継承し、自らを抱朴子と号し、『神仙傳』や『抱朴子』などを著述した（『晉書』巻七十二 葛洪傳）。後に道教では、従祖の葛玄と合わせて二葛と称され、初期道教の重要人物と見なされた。『抱朴子』内外篇は、西晉が亡び東晉が成立した三一七年に完成した。外篇は儒家に属し、世情の良否や処世について述べる。一方、内篇は道家に属し、「神仙可以學致」という語に見られるように自らの実践によって不老不死に到達することができるという信念に基づき、金丹術を最上とする諸方術を記す。大淵忍爾『初期の道教』（創文社、一九九一年）を参照。

（二七）牢齒之法は、『抱朴子』雜應篇では「堅齒の道」と呼ばれ、「或問堅齒之道。抱朴子曰、能養以華池、浸以醴液、淸晨建齒三百過者、永不搖動。其次則含地黃煎、或含玄胆湯、及蛇脂丸、礬石丸、九棘散。則已動者更牢、有蟲者卽愈。又服靈飛散者、則可令既脱者更生也」とある。

（二八）叩齒は、『無上祕要』巻六十六 叩齒品に引く『洞眞上太隱書經』に、「叩齒之法、左左相叩、名曰折天鍾。右右相叩、名曰折天埏。中央上下相對叩、名曰鳴天鼓。若卒遇凶惡不祥、當折天鐘三十過。若經山辟邪、威神大祝、當椎天埏。若存思念道、致眞招靈、當鳴天鼓」とあるように、邪を払い神仙を招くための方術であり、道教儀禮によく用いられている。しかし、本文中で顏之推が「叩齒」と呼んでいるものは単なる健康法と思われ、おそらくは『抱朴子』が言う「建齒」に相応するか。

（二九）陶隱居とは、梁の道士陶弘景のこと。字は通明、謚は貞白先生。丹陽秣陵の人。『梁書』巻五十一 處士傳などに記録がある。幼いころに葛洪『神仙傳』を読んで養生の志を立て、句曲山に居して、華陽隱居と号した。梁の武帝とも交友があった。東晉中頃に茅山で行われた神降しの記録を集成した『眞誥』、得道のための実践方法を説いた『登眞隱訣』、弟子の周子良による神仙との交感を記録した『周氏冥通記』などを著し、上清經の教義の整理を行なった。唐代の道士李渤による『眞系』（『雲笈七籤』巻五に所収）では、茅山派の第九代宗師とされる。また、『神農本草經』に『名醫別錄』を付し注釈を施して『本草經集注』を編纂した。かれの服食法は、実用的な草木系薬物の利用を重視し、金丹による不老長生には否定的である。吉岡義豊『永生への願い―道教』（淡交社、一九七〇年）、石井昌子『道経学の研究―陶弘景を中心に』（国書刊行会、一九八〇年）を参照。

（三〇）下は、回数を表す助数詞。

（三一）『太清方』については、該当書未詳。『隋書』巻三十四 經籍志三 子部 醫方類の中には、「太清」の名を冠する陶弘景撰述の書として「太清草木集要二卷」、「太清諸丹集要四卷」の二書が著録されており、これらと関係があるのかもしれない。

（三二）王愛州については、未詳。ただし愛州は、梁代にあった州名であると思われることから（『梁書』巻三 武帝紀 普通四年六月）「愛州刺史の王某」を指すものと考えられる。

（三三）松脂は、『本草經集注』では草木上品に置かれ、「味苦、甘、溫、無毒。主治癰疽、惡瘡、頭瘍、白禿、疥瘙、風氣、安五藏、除熱」（巻三）とある。

（三四）『文選』巻二十九 驅車上東門に、「服食求神仙、多爲藥所誤」とある。

［現代語訳］

養生第十五

神仙《しんせん》方術《ほうじゅつ》についてのことは、すべてが偽りだというわけではない。しかし寿命は天によって定められており、禍福が（その人自身の言行と）相応しにくいこともある。人は生まれてから世にあれば、あちこちで煩わしい諸事が付きまとう。幼いころより、父母を養って大切にする。成長して一人前の年齢になると、妻子を持って世俗的なわずらいが増える。衣食には金がかかり、公事にも私事にも奔走する。しかし山林に隠逸し、汚れた俗世間からは離れようと望むものは、千万人に一人も見かけない。しかも（金丹術の材料となる）金や玉をそろえるための費用や、使用する鼎や匙などの器具は、いよいよ貧しい者がどうこう言えるものではない。「学ぶ者は牛の毛のように数多いが、それを成就する者は麒麟の角のように稀である」と言われる。「（仙人が住むといわれ、得仙のための修行の地でもある）華山《かざん》の麓には、（得仙を目指しながらも死んだ者たちの）白骨が生い茂る草のようにたくさん散らばっている」とも聞く。どうして（不老長生を）成就できる道理があるだろうか。このことを佛教に照らして考えてみると、仮に仙人になったとしても、結局は死ぬはずである。（死を免れて神仙となり）この世界を脱することができないのであれば、おまえ達がひたすらに（不老長生の術に）熱中することを（わたしは）望まない。（しかし）もし自己のこころを大切に養い、呼吸を整え保ち、日常生活を注意深く節制し、寒暖を適切に整え、飲食の禁止事項を守り、薬物を服餌して、本来定められた寿命をまっとうし、若死にしないのならば、わたしは（そうした方術を）批難しない。様々な服薬の方法は、世俗的な勤めを捨て去って行うものではない。庾肩吾《ゆけんご》はいつも槐の実を服用し、七十余歳になっても、その目は細かい字を読み、髭や頭髪は依然として黒々としていた。鄴の役人たちは、杏仁・枸杞《くこ》・黄精《おうせい》・朮《じゅつ》・車前《しゃぜん》をもっぱら服用して効用を得た者がとても多く、一つ一つの事例を挙げて述べることができないほどである。わたしはかつて歯痛を患い、ぐらぐらして抜け落ちそうになり、熱い物を飲み食いしても冷たい物を飲み食いしても、いつも痛みに苦しんだ。『抱朴子《ほうぼくし》』に書かれている牢歯《ろうし》の法に、早朝に叩歯《こうし》を三百回行えばよくなるとあるのを読んで、この方法を数日間実践するとすぐに治り、今でもいつもこの方法を続けている。このような小術は、他の物事に損害を与えないので、習得するがよい。総じて薬物を服餌しようとする際には、陶弘景《とうこうけい》の『太清方《だいせいほう》』にある總録がとても詳しい。しかしよく調べ、疎かにしてはならない。最近では王愛州《おうあいしゅう》という者が、鄴で松脂を服餌する方法を学んだが、節制をすることができずに、腸が塞がって死んだ。薬餌の間違いを犯す者は、とても多いのである。

【原文】

夫養生者先須慮禍、全身保性、有此生然後養之、勿徒養其無生也。單豹養於內而喪外、張毅養於外而喪內。前賢所戒也。嵇康著養生之論、而以傲物受刑。石崇冀服餌之徵、而以貪溺取禍。往世之所迷也。

《訓読》

夫れ養生なる者は先に須く禍を慮り、身を全くし性を保ち、此の生有りて然る後に之を養ふべく、徒らに其の生無きを養ふ勿かれ。[一]單豹は内に養ひて外を喪ひ、張毅は外に養ひて内を喪ふ。前賢の戒むる所なり。嵆康は養生の論(二)を著し、而れども物に傲るを以て刑を受く。石崇(三)は服餌の徵を冀ひ、而れども貪溺を以て禍を取る。往世の迷ふ所なり。

(注)

(一) 單豹・張毅については、『莊子』達生篇に、「魯有單豹者、巖居而水飲、不與民共利、行年七十而猶有嬰兒之色。不幸遇餓虎、餓虎殺而食之。有張毅者、高門縣薄、無不走也、行年四十而有內熱之病以死。豹養其內而虎食其外、毅養其外而病攻其內、此二子者、皆不鞭其後者也」とあり、單豹は世俗を避け、無欲恬淡で養生しながらも虎に食い殺された人物で、張毅は人付き合いに奔走して、周囲に心を配りながらも病にかかって若死にした人物である。両者の故事は、身体の内外どちらかに偏重するのではなくその調和するところに養生の道があることを示す。『抱朴子』にも單豹・張毅の故事は見えるが、それは抱朴子批判に立つ者の言葉の中にあらわれる。內篇卷二 論仙篇には、神仙について抱朴子に問う者の言葉として「夫苦心約己、以行無益之事、鏤冰雕朽、終無必成之功。……無爲握無形之風、捕難執之影、索不可得之物、行必不到之路、棄榮華而涉苦困、釋甚易而攻至難、有似喪者之逐遊女、必有兩失之悔、單張之信偏見、將速內外之禍也」とあり、また外篇卷一 嘉遁篇では、隱逸に否定的な立場をとる赴勢公子の言として「務乎單豹之養內、未睹暴虎之犯外也」とある。

(二) 「養生論」は、曹魏の嵆康が著した論。『文選』卷五十三所收。嵆康については文章篇の注(三三)一三〇頁を参照。「養生論」では、神仙となるのはその素質を持つ者のみであり、決して学問を積み重ねて至れるものではないが、ただし「導養」の理を正しく守って定められた寿命を全うすれば、千年以上生きることも可能であるとされる。そして、情欲を除いて自然に生きることによって精神を調和させることが説かれる。

(三) 石崇は、字を季倫。渤海南皮の人。二十余歳で修武令となり、名声を得て散騎郎から城陽太守となる。孫呉討伐の功で安陽鄉侯に封ぜられ、黃門郎に至った。勉学を好み、病があれば自ら治療したという(『晉書』卷三十三 石苞傳附石崇傳)。なお、石崇の服餌に関しては、『文選』卷四十五 石季倫 思歸引序に、「又好服食咽氣、志在不朽、然有凌雲之操」とある。また非常に豪奢な生活ぶりで知られ、『世說新語』汰侈第三十、仇隟第三十六に多くの逸話が載せられている。

[現代語訳]

そもそも養生というものは、先にまず身の災禍を心配し、身体と性質を保全し、その生命の保証を得た後に養生を行うべきであり、有る保証もない生命を無駄に養うべきではない。單豹《ぜんひょう》は身体の内を養って身体の外側のことを失い、張毅《ちょうき》は身体の外側のことを大切にして身体の内を失なった。前の賢人たちが戒めるところである。嵆康《けいこう》は養生の論を著述したが、傲慢であったので死罪を被った。石崇《せきすう》は服薬の効用を得ようと望んだが、貪欲であったために災いを受けた。昔の人々の誤つところである。

【原文】

夫生不可不惜、不可苟惜。涉險畏之途、干禍難之事、貪欲以傷生、讒慝而致死、此君子之所惜哉。行誠孝而見賊、履仁義而得罪、喪身以全家、泯軀而濟國、君子不咎也。自亂離已來、吾見名臣・賢士、臨難求生、終爲不救、徒取窘辱、令人憤懣。侯景之亂、王公・將相、多被戮辱、妃主・姬妾、略無全者。唯吳郡太守張嵊、建義不捷、爲賊所害、辭色不撓。及鄱陽王世子謝夫人、登屋詬怒、見射而斃。夫人、謝遵女也。何賢智操行若此之難、婢妾引決若此之易。悲夫。

《訓読》

夫れ生は惜しまざる可からず、苟くも惜しむ可からず。險畏の途を渉り、禍難の事を干《をか》し、貪欲にして以て生を傷つけ、讒慝にして死を致すは、此れ君子の惜しむ所ならんや。誠孝(一)を行ひて賊に見《まみ》え、仁義を履みて罪を得、身を喪ひて以て家を全くし、軀《からだ》を泯《ほろ》ぼして國を濟《すく》ふは、君子 咎めざるなり。亂離(二)より已来、吾 名臣・賢士を見るに、難に臨みて生を求むれども、終に救はれず、徒らに窘辱を取り、人をして憤懣せしむ。侯景の亂に、王公・將相は、多く戮辱せられ、妃主・姬妾、略ぼ全き者無し。唯だ吳郡太守の張嵊(三)のみ、義を建てて捷《か》たず、賊の害する所と爲れども、辭色 撓《みだ》れず。鄱陽王の世子の謝夫人(四)に及びては、屋に登り詬怒し、射られて斃《たふ》る。夫人は、謝遵(五)の女《むすめ》なり。何ぞ賢智の操行は此くの若く難く、婢妾(六)の引決(七)は此くの若く易きや。悲しきかな。

（注）

（一）誠孝は、忠孝に同じ。顔之推が隋の文帝の父である楊忠の諱を避けたため（王利器注）。

（二）亂離とは、争乱の憂いのこと。『詩經』小雅 四月に、「亂離瘼矣、爰其適歸」とあり、その毛傳に、「離、憂」とある。また『顏子家訓』雜藝第十九には、「別有博射、弱弓長箭、施於準的、揖讓昇降、以行禮焉。防禦寇難、了無所益。亂離之後、此術遂亡」とある。

（三）張嵊は、字を四山、諱を忠貞。『顏氏家訓』では吳郡太守とあるが、本傳によれば吳興太守である。侯景によって建康が陥落したときに、逃げようとする御史中丞の沈浚に、「賊臣憑陵、社稷危恥、正是人臣效命之秋。今欲收集兵力、保據貴鄉。若天道無靈、忠節不展、雖復及死、誠亦無恨」と説得して挙兵する。征東將軍の栄誉にも、「朝廷危迫、天子蒙塵、今日何情、復受榮號」と固辞して奮戦、最期は賊の降伏勧告を一蹴して殺された（『梁書』卷四十三 張嵊傳）。

（四）鄱陽王世子とは、梁文帝の第十子である鄱陽王蕭恢の孫、蕭嗣のこと。侯景の乱では兵を叱咤して奮闘したが、流矢にあたって陣没した（『梁書』卷二十二 太祖五王 鄱陽忠烈王恢傳付子嗣傳）。その夫人については、『南史』卷五十二 梁宗室下に、「妻子爲任約所禽」とあるのみで、本文で言及される逸話は見当たらない。趙曦明注は、『南史』に脱略があると述べている。

（五）謝遵は、蕭嗣の夫人の父。それ以外は未詳。

（六）婢妾とは、下女や侍女を指す言葉だが、ここでは本文中に蕭嗣の夫人が例として挙げられているので、婦女と訳出した。

（七）引決は、責任を取って自殺すること。『文選』卷四十一 司馬子長 報任少卿書に、「不能引決自裁」とあり、李善注に「言不能引志決列、以自裁毀」とある。

〔現代語訳〕

そもそも生命は大切にしないわけにはいかないが、いいかげんに大切にすべきではない。危険な道に足を踏み入れ、災難に身を投じ、欲深いことによって生命を損ない、よこしまなことをして死を招くようなことは、君子が残念に思うところである。忠孝を尽くして賊に殺され、仁義を実践して罪を得、我が身を棄てて家を守り、自らの身体を顧みずに国を救うようなことは、君子は悲しまない。世の中が乱れてから、名臣や賢士といえば、艱難にあたって生きながらえようとしたが、とうとう救われず、むなしく苦しみ辱められて、人々の憤慨を被っている。侯景の亂では、王侯や將軍・宰相は、多くの者が殺され辱められ、妃や公主・姫や妾は、ほとんどの者が無事ではいられなかった。（そんな中で）ひとり呉郡《ごぐん》太守である張嵊《ちょうしょう》だけは、義を守って敗れ、賊によって殺されたが、（最期まで）その言葉と顔色は乱れなかった。また鄱陽《はよう》王の後継ぎの妻である謝夫人は、屋根に登って怒り罵り、弓矢に当たって死んだ。この夫人は、謝遵《しゃじゅん》の娘である。どうして賢士にとって品徳を守ることがこのように難しく、婦女にとって自ら責任をとって死にゆくことがこのように簡単に行われるのだろうか。悲しいことである。

（冨田絵美）

【原文】

歸心第十六

三世之事、信而有徵。家世歸心。勿輕慢也。其間妙旨、具諸經論。不復於此、少能讚述。但懼汝曹猶未牢固、略重勸誘爾。

《訓読》

歸心第十六(一)

三世《さんぜ》の事(二)、信にして徵《しるし》有り(三)。家世〻歸心す。輕慢《きょうまん》すること勿かれ。その間の妙旨は、諸〻の經論(四)に具はれり。此《ここ》に復せざるも、少しく能く讚《たす》け述べん。但だ汝《なんじ》が曹の猶ほ未だ牢固ならざるを懼れ、略ぼ重ねて勸誘するのみ。

(注)

(一) 歸心篇は、後代の複数の佛教関係典籍に引用される。道宣（五九六～六六七年）撰『廣弘明集《こうぐみょうしゅう》』歸正篇第一、一元宗本撰（明、嘉靖から隆慶年間）『歸元直指集《きげんじきししゅう》』北齊黃門侍郎 歸心辨惑篇二十四は、部分的に文言の異同は確認されるが、広範囲にわたる引用が確認される。その他、短い箇所を引用するものには、次のものがある。法琳（五七二～六四〇年）撰『辯正論《べんしょうろん》』九箴篇第六には、『顏氏家訓』養生篇の文句と組み合わされて引用される。『辯正論』の引用する箇所は、『廣弘明集』辯惑篇第二にもそのまま引用される。また、彥琮《げんそう》（五五七～六一〇年）撰『唐《とう》護法沙門法琳別傳《ごほうしゃもんほうりんべつでん》』、祥邁《しょうまん》（元代、生卒不詳）撰『辯僞錄《べんぎろく》』巻第二、弘贊（一六一一～一六八五年）撰『解惑篇《げわくへん》』巻上之下、淨挺（一六一五～一六八四年）撰『學佛考訓《がくぶつこうくん》』等も挙げられる。さらに『御定駢字類編《ぎょていべんじるいへん》』（一七二六年）巻六十四 居處門八 塔にも引用される。道宣は「詞釆卓然、迥張物表」（『廣弘明集』序）と、祥邁は「雲開日朗」（『辯僞錄』）と評する。また、王應麟（一二二三～一二九六年）は「倣屈子天問之意」（『困學紀聞《こんがくきぶん》』）と指摘する（王利器注）。以上の諸本と本編の文章の異同については、校勘で網羅するにはいささか煩瑣であったため、注目に値するものを選んで注に書き足した。

また、歸心篇に関する主な先行研究としては以下のものがある。吉川忠夫「中国の排仏論」（『南都仏教』三四、一九七五年、『六朝精神史研究』同朋舍、一九八四年に所収）、宇都宮清吉「顏氏家訓帰心篇覚書き」（『名古屋大学文学部研究論集』四四、一九六七年）、勝村哲也「顏氏家訓帰心篇と冤魂志をめぐって」（『東洋史研究』二六―三、一九六七年）、小南一郎「顏之推「冤魂志」をめぐって―六朝志怪小説の性格」（『東方学』六五、一九八三年）、石本道明「顏之推「帰心篇」と楚辞「天問」と」（『国学院中国学会報』五四、二〇〇八年）、池田恭哉「顏之推における『顏氏家訓』と『冤魂志』」（『中国思想史研究』三五、二〇一四年、『南北朝時代の士大夫と社会』研文出版、二〇一八年に所収）、渡邉義浩「顏之推の仏教信仰」（『東洋の思想と宗教』三四、二〇一七年）。

(二) 過去・現在・未来の三世における因果応報に関する教説のこと。

(三) 同形式の表現は『漢書』巻二十七 五行志第七上に、「叔向曰、君子之言、信而有徵」とある。また、僧肇《そうじょう》（三七四～四一四年）撰『注維摩詰經《ちゅうゆいまきつきょう》』巻第一 並序に、「是以無垢之名、信而有徵」（大正蔵巻三十八）とあり、寶亮（四四四～五〇九年）等撰『大般涅槃經《だいはつねはんぎょう》 集解《しゅうげ》』には僧宗（四三八～四九六年）の言を引用して、「是故擧果、信而有徵」（大正藏巻三十七）とある。

（四）經論は、佛の説いた經典と、後代の論師による論書のこと。

［現代語訳］

歸心第十六

（佛教の説く、過去・現在・未来の）三世《さんぜ》に関する教説は、信じるに足るものでありその証拠もある。（我が顔氏の）家では代々（その教説に）帰依してきた。（したがって、お前達も）軽んじてはならない。そこにひそむ妙なる趣旨は、諸々の（佛教の）經典《きょうてん》や論書《ろんしょ》の中に具わっている。今ここに繰り返すことはしないが、少しばかり補って述べることとしよう。ただお前達が未だに（帰依の）堅固でないことを懼れて、いささか重ねて（帰依を）勧めるのみである。

【原文】

原夫四塵・五廕剖析形有、六舟・三駕運載羣生。萬行歸空、千門入善、辯才智惠、豈徒七經・百氏之博哉。明非堯舜・周孔所及也。內外兩教、本爲一體、漸積爲異、深淺不同。內典初門、設五種禁。外典仁・義・禮・智・信、皆與之符。仁者、不殺之禁也。義者、不盜之禁也。禮者、不邪之禁也。智者、不酒之禁也。信者、不妄之禁也。至如畋狩・軍旅・燕享・刑罰、因民之性不可卒除。就爲之節、使不淫濫爾。歸周・孔而背釋宗、何其迷也。

《訓読》

原《たず》ぬるに夫れ四塵（一）・五廕（二）は形有を剖析し、六舟（三）・三駕（四）は羣生を運載す。萬行《まんぎやう》は空に歸せしめ（五）、千門（六）は善に入らしむ。辯才智惠（七）、豈に徒だに七經（八）・百氏の博きのみならんや。明らかに堯舜・周孔の及ぶ所に非ざるなり（九）。內外《ないげ》の兩教（一〇）は、本一體爲るも、漸積（一一）して異なりを爲し、深淺は同じからず。內典の初門、五種の禁を設く（一二）。外典の仁・義・禮・智・信、皆 之と符す（一三）。仁とは、不殺の禁なり。義とは、不盜の禁なり。禮とは、不邪の禁なり。智とは、不酒の禁なり。信とは、不妄の禁なり。畋狩《でんしゅ》・軍旅・燕享《えんきょう》・刑罰の如きに至りては、民の性に因りて卒《にはか》に除く可からず。就ち之が節を爲して、淫濫せざらしむるのみ（一四）。周・孔に歸して、釋宗に背くは、何ぞ其の迷へるや。

（注）

（一）四塵《しじん》とは、色形（色《しき》）、香り（香《こう》）、味わい（味《み》）、触感（觸《そく》）のことで、眼根、鼻根、舌根、身根という各感覚器官（根《こん》）の認識対象である。

（二）五廕《ごおん》とは、または五陰、五蘊《ごうん》とも言う。色形（色《しき》）、感受作用（受《じゅ》）、表象作用（想《そう》）、意志作用（行《ぎょう》）、認識作用（識《しき》）のことである。色形は人間の肉体であり、後四者は精神作用である。

（三）六舟《ろくしゅう》とは、布施《ふせ》、持戒《じかい》、忍辱《にんにく》、精進《しょうじん》、禪定《ぜんじょう》、智慧《ちえ》の六波羅蜜《ろっぱらみつ》、あるいは六度《ろくど》のことで、それらの完成により果報を得ることができると説く。なお管見の限り、六舟という語は、『顏氏家訓』に先行する佛教関係の文献には確認されない。後代のものになるが道宣撰『大唐內典錄《だいとうないてんろく》』に、「故生死大海浩汗無涯、非夫六舟無以超越。是以智士信六度爲超生之本。故登舟而大濟。斯道顯然」（大正蔵第五十五巻）とある。また道世撰『法苑珠林《ほうおんじゅりん》』種姓部第三 述意部第一に、「愍彼四流之漂、運斯六度之舟也」（大正藏第五十三巻）や破齋篇第九十 引証部第二に、「漂浪四暴海、難逢六度舟」（大正藏第五十三巻）とある。その他に梁の簡文帝『大法頌序』、陳の宣文帝『懺文』が挙げられる（王利器注）。また先行するあるいは同時代の文献としては、佛教の影響が指摘される金明七眞撰『洞玄霊宝三洞奉道科戒営始《どうげんれいほうさんどうほうどうかかいえいし》』（H. Y. 一一一七）等の道教文献を挙げることができる。

（四）三駕《さんが》とは、修行の果報へと導く三種の教法を指し、三乗のことである。「駕」という字を用いるのは、『法華經《ほけきょう》』譬喩品第三に示される三車火宅の譬えに由来する。具体的には、羊車を以て譬えられる聲聞乗《しょうもんじょう》、鹿車を以て譬えられる緣覺乗《えんがくじょう》、牛車を以て譬えられる菩薩乗《ぼさつじょう》の三種である。なお『法華經』自身は、三乗を超越した教説として、大白牛車《だいびゃくごしゃ》に譬えられる。三乗を三駕という語によって表す例としては、先の六舟と同様、『顏氏家訓』に先行する佛教関係の文献には確認されない。後代の李通玄《りつうげん》（六三五～七三〇年）撰『新華嚴經論』に「以法華經會三乘權學来歸佛乘實法界故。門前三駕且受權乘。露地白牛方明實德」（大正藏第三十六巻）とある。また六舟と同様、『三洞奉道科戒營始』等の道教文献に用例が確認される。

（五）萬行とは、仏教の説くあらゆる修行のことである。空とは、仏教が説く真実の一つであり、あらゆる存在するものがそれ固有の本質を欠くこと（存在するものは固有の本質に関して空である）を意味する。なお、近似した表現として、寶亮等撰『大般涅槃經集解』に「萬行歸眞」（大正藏第三十七巻）とある。

（六）千門とは、多くの法門の意味で、佛教が説くあらゆる教法を指す（王利器注）。

（七）辯才《べんさい》とは、佛や菩薩が持つ説法における弁舌の巧みさのことである。『法華經』五百弟子授記品に説かれる四無礙智《しむげち》、『阿毘達《あびだる》摩《ま》倶舎論《くしゃろん》』分別智品に説かれる四無碍解《しむげげ》の解説に詳しい。四無礙解とは、法無碍解（教法を示す名・句・文に関して滞りの無い智）、義無碍解（教法の意味内容に関して滞りの無い智）、詞無碍解（諸方の言語に通じている智）、辯無碍解（自在に説法する智）の四つである。

（八）七經とは、『詩經』、『書經』、『禮』、『周易』、『春秋』、『論語』、『孝経』を指す。『廣弘明集』辯惑篇第二は、「七經」を「六經」（大正藏第五十二巻）に作る。

（九）『辯正論』は、「孔所及也」を「孔老莊所及」（大正藏第五十二巻）と作る。『廣弘明集』辯惑篇第二は、『辯正論』と同じ。同歸正篇第一は、「孔老莊之所及也」（大正藏第五十二巻）と作る。『辯僞錄』は、「孔老莊所能及也」（大正藏第五十二巻）と作る。

（一〇）内とは佛教の經典や論書（內典）を指し、外とは七經や諸子百家の説（外典）を指す。

（一一）『廣弘明集』歸正篇第一は、「積」を「極」に作る。また、王利器は「積」を「極」として注を付ける。王利器は、謝靈運の『辨宗論』に基づき、「漸」は佛教、「極」は儒教を指すと解釈する。宇野は、中國禪宗に南頓北漸の区別があることに言及し、「漸」は儒教、「極」は佛教を指すと解釈する。

（一二）五種禁とは、不殺生戒、不偸盗戒《ふちゅうとうかい》、不邪淫戒、不飲酒戒《ふおんじゅかい》、不妄語戒のことである。『廣弘明集』歸正篇第一では、「五種之禁」（大正藏第五十二巻）と作る。佛教の五戒と儒教の五常とが一致するとの説（五戒五常説）は、北魏の曇靖《どんせい》が高宗文成帝（在四五二〜四六五年）のころに、佛教復興を期して撰述したとされる疑僞經『提謂波利經《だいいはりきょう》』に初めて見られる。『顏氏家訓』に見られる五戒と五常の対応関係は、同時代の天台大師智顗《ちぎ》（五三八〜五九七年）撰・灌頂《かんじょう》録『金光明經文句《こんこうみょうきょうもんぐ》』等に見られる。しかし同じ智顗の『仁王護國般若經疏《にんのうごこくはんにゃきょうしょ》』等では、不偸盜戒と智を、不邪淫戒と義、不飲酒戒と禮を対応付ける。また顏之推は、沈約（四四一〜五一三年）の説を参照している可能性も指摘される。道端良秀「中国仏教に於ける五戒と五常の問題」（『印度学仏教学研究』四―二、一九五六年）を参照。

（一三）『廣弘明集』歸正篇第一は、「外典仁義禮智信皆與之符」を「與外書仁義禮智信五常符同」（大正藏第五十二卷）に作る。

（一四）『禮記』坊記に、「禮者因人之情、而爲之節文、以爲民坊者也」とある。

［現代語訳］

もとより四塵《しじん》や五陰《ごおん》（に関する教説）は形有る（外的世界及び人間などの）ものを分析するものであり、六波羅蜜《ろっぱらみつ》や三乗は多くの人々を載せ果報まで運ぶことができる。あらゆる修行は（人々を）空《くう》（という真理）に至らしめ、またすべての教説は（人々を）善に至らしめる。（仏の教説を）説く才能や智慧は、七經や諸子百家の説の広さに収まるものではない。それは明らかに堯《ぎょう》や舜《しゅん》・周公や孔子の及ぶところではない。佛教と儒教の両教は、本来一体のものであるが、（両者は）次第に異なるに至り、（教説の）浅深は同じではなくなった。（例えば）佛教における初段階の教説に、五戒《ごかい》がある。儒教で説く仁・義・禮・智・信（の五常）は、皆この（五戒）と符合する。（すなわち）仁は、不殺生戒《ふせっしょうかい》である。義は、不偸盗戒《ふちゅうとうかい》である。禮は、不邪淫戒《じゃいんかい》である。智は、不飲酒戒《ふおんじゅかい》である。（そして）信は、不妄語戒《ふもうごかい》である。（国家の公的行事としての）狩猟・戦争・宴席・刑罰のようなものに至っては、そもそも人々の本性に基づくものであるから、直ちに排除することはできない。そこでこれ（狩猟など）に節度を設けて、道理からはずれさせないようにするにとどめる。周公や孔子に帰依して、佛の教えに違背するのは、なんたる迷いであろうか。

【原文】

俗之謗者、大抵有五。其一、以世界外事及神化無方、爲迂誕也。其二、以吉凶禍福或未報應、爲欺誑也。其三、以僧尼行業多不精純、爲姦慝也。其四、以糜費金寶減耗課役、爲損國也。其五、以縱有因緣[1]（如）〔而〕報善惡、安能辛苦今日之甲、利益後世之乙乎、爲異人也。今並釋之於下云。

〔校勘〕

1．抱經堂叢書本は「如」に作るが、『廣弘明集』歸正篇（大正藏卷五十二 一〇七頁）に従い「而」に改める。

《訓読》

俗の謗る者、大抵 五有り。(一)其の一は、世界の外事(二)なること及び神化の方無きことを以て、迂誕と爲すなり。其の二は、吉凶禍福の或いは未だ報應せざるを以て、欺誑と爲すなり。其の三は、僧尼の行業の多く精純ならざるを以て、姦慝と爲すなり。其の四は、金寶を糜費し課役を減耗するを以て、國を損ふと爲すなり。其の五は、縱ひ因縁有りて善惡に報ゆとも、安んぞ能く今日の甲を辛苦し、後世の乙を利益せんやといふを以て、異人と爲すなり。今並びに之を下に釋して云ふ。

(注)

(一) 顔之推は本篇において、世俗に行なわれる佛教批判を五項に分けた上でそれぞれに釋を与えている。これらの五項は、魏晉南北朝時代に行なわれてきた排佛論の争点をおおよそ踏襲するものだが、かれの議論の特徴としては、第三項・第四項において教理上の問題だけではなく、僧団のあり方に関する問題を取り上げている点、第二項において佛教の應報説にもとづき運命決定論を整合的に解決しながらも、第五項では應報説を個人の問題ではなく中國の伝統的な家族主義から捉えている点などが挙げられる。前注所掲の吉川忠夫の研究も参照。

(二) ここでいう世界は、佛教語。衆生の住むところ。佛教では、須彌山を中心とした四大洲を一世界とし、十億の世界が集まった三千大千世界によって全宇宙が構成されているとされる。宇都宮・宇野は、「世界」を現世やこの世界を指すと解釈する。しかし、後段に「故信凡人之臆説、迷大聖之妙旨、而欲必無恆沙世界、微塵數刼也」とあるのと同じ意味で解釈し、現世も含めた三千大千世界として訳出した。

[現代語訳]

世間の(佛教に対する)批判には、おおよそ五種がある。第一に、(佛教の説く)三千大千《さんぜんだいせん》世界《せかい》は(自分にとって)はるかあずかり知らない事であり神変不可思議は極まりないために、でたらめだと思っている。第二に、(佛教では因果應報を説いているが)吉凶禍福には(自らの行動に対する)報いがまだ現れていない場合もあるので、嘘だという。第三に、僧尼で修行している者には純粋でない者が多いので、よこしまだとする。第四に、金銀財宝を浪費して税金や労役を消耗しているため、国家に損害を与えていると考えている。第五に、もし因果の法則というものがあって(人の行いの)善悪に報いるとしても、どうして現世の甲が苦労することによって、来世の乙に利益をもたらすだろうかといって、(甲から乙への輪廻轉生を信じずに)別人だと見なしている。今これらすべての見解について以下に釈明を述べる。

【原文】

釋一曰。夫遙大之物、寧可度量。今人所知、莫若天地。天爲積氣、地爲積塊、日爲陽精、月爲陰精、星爲萬物之精、儒家所安也。星有墜落、乃爲石矣。精若是石、不得有光、性又質重、何所繫屬。一星之徑、大者百里、一宿首尾、相去數萬。百里之物、數萬相連、闊狹從斜、常不盈縮。又星與日月、形色同爾、但以大小爲其等差。然而日月又當石也。石既牢密、烏兔焉容。石在氣中、豈能獨運。日・月・星辰、若皆是氣、氣體輕浮、當與天合、往來環轉、不得錯違、其間遲疾、理宜一等。何故日・月・五星・二十八宿、各有度數、移動不均。寧當氣墜、忽變爲石。地既滓濁、法應沈厚、鑿土得泉、乃浮水上。積水之下、復有何物。江河百谷、從何處生。東流到海、何爲不溢。歸塘・尾閭、渫何所到。沃焦之石、何氣所然。潮汐去還、誰所節度。天漢懸指、那不散落。水性就下、何故上騰。天地初開、便有星宿。九州未劃、列國未分、翦疆區野、若爲躔次。封建已來、誰所制割。國有增減、星無進退、災祥禍福、就中不差。乾象之大、列星之夥、何爲分野、止繫中國。昴爲旄頭、匈奴之次。西胡・東越、彫題・交阯、獨棄之乎。以此而求、迄無了者。豈得以人事尋常、抑必宇宙外也。

《訓読》

釋一に曰ふ(一)。夫れ遙大(二)の物、寧んぞ度量す可けんや。今人の知る所、天地に若くは莫し(三)。天は積氣爲り、地は積塊爲り(四)、日は陽精爲り、月は陰精爲り(五)、星は萬物の精爲るは(六)、儒家の安んずる所なり(七)。星 墜落する有れば、乃ち石爲り(八)。精 若し是れ石なれば、光有るを得ず、性も又 質 重ければ、何ぞ繫屬する所ならん。一星の徑、大なる者は百里、一宿の首尾、相 去ること數萬。百里の物、數萬もて相 連なり、闊狹從斜は、常に盈縮せず。又 星と日月とは、形色 同じきのみなりて、但だ大小を以て其の等差と爲す。然らば而《すなは》ち日月も又 當に石なるべきなり。石 既に牢密なれば、烏兔 焉んぞ容れんや(九)。石 氣の中に在れば、豈に能く獨り運らんや。日・月・星辰、若し皆 是れ氣なれば、氣の體は輕浮にして、當に天と合し、往來環轉するに、錯違するを得ず、其の間の遲疾、理 宜しく一等なるべし。何の故に日月・五星(一〇)・二十八宿(一一)、各〻度數有り、移動 均しからざるか。寧んぞ當に氣 墜ちて、忽ち變じて石と爲るべけんや。地既に滓濁なれば(一二)、法 應に沈厚なるべけれども、土を鑿ちて泉を得れば、乃ち水上に浮く。積水の下、復た何物か有らん。江河百谷、何處に從りて生ぜん。東流して海に到れば、何爲れぞ溢れざらん。歸塘(一三)・尾閭(一四)、渫《も》れて何所にか到らん。沃焦の石(一五)、何れの氣の然《も》やす所ならん。潮汐の去還、誰の節度する所ならん。天漢は懸指して、那ぞ散じて落ちざらん。水の性は下に就くも、何の故にか上騰せん。天地初めて開くや、便ち星宿有り。九州(一六) 未だ劃《くぎ》らず、列國 未だ分かれざるも、疆を翦り野を區《わか》ち、若爲《いかに》して躔次せん。封建より已來、誰の制割する所ならん。國に增減有れども、星に進退無ければ、災祥禍福(一七)、中に就きて差《たが》はざらん。乾象の大なる、列星の夥しきは、何爲れぞ分野は、止だ中國のみに繫がらんや。昴(一八)は旄頭爲り、匈奴の次なり。西胡(一九)・東越(二〇)・彫題(二一)・交阯(二二)、獨り之を棄てんや。此を以て求むれば、迄《つひ》に了《さと》る者無し。豈に人事の尋常を以て、宇宙(二三)の外を抑必するを得んや。

(注)

(一) 以下の三段は、『法苑珠林』巻第四 日月篇第三 星宿部第二(大正藏第五十三巻)に引用される。宇都宮清吉は、本段に該博な天文の知識が披露されていることから、歸心篇の執筆は、隋の開皇年間に行なわれていた天文論争に顏之推が関わっていたころと推測している。この説に従えば、本編は顏之推の最晩年に書かれたことになる。前注所掲の宇都宮清吉の研究を参照。

(二)『法苑珠林』は、「大」を「天」に作る。

(三)『法苑珠林』は、「莫若天地」の後に「俗云」の二字あり。

(四)『廣弘明集』と『法苑珠林』は、「地爲積塊」の四字なし。

(五)『晉書』巻十二 天文志中 七曜に、「日爲太陽之精」「月爲太陰

之精」とある。『法苑珠林』は、「月爲陰精」の四字なし。

(六)『説文解字』巻八 晶部に、「曐、萬物之精、上爲列星」とある。曐は星に同じ。

(七)『法苑珠林』は、「家」を「敎」に作る(大正藏巻五十三)。

(八)『春秋左氏傳』僖公 傳十六年に、「十六年春、隕石于宋五、隕星也」とある。この記述にある「隕石」が本当に星だったのかについては、『論衡』説日篇などに議論が見られる。

(九)『淮南子』精神訓に、「日中有踆烏、而月中有蟾蜍」とある。

(一〇)五星とは、太白(金星)・歳星(木星)・辰星(水星)・熒惑(火星)・鎮星(土星)のこと。

(一一)二十八宿とは、赤道に沿って不等間隔に設けられた二十八個の区分(宿)と、その区分の基準となる星のこと。月は一日の間に一つの宿を通過すると仮定される。春秋時代中頃に成立したと考えられ、漢代以降は、これによって天体の赤道經度を表示した。

(一二)『淮南子』天文訓に、「天墜未形、馮馮翼翼、洞洞灟灟、故曰太昭。道始于虚霩、虚霩生宇宙、宇宙生氣。氣有涯垠、清陽者薄靡而爲天、重濁者凝滯而爲地」とある。

(一三)歸塘は、また歸墟ともいう。『列子』湯問に、「渤海之東不知幾億万里、有大壑焉、實惟無底之谷、其下無底、名曰歸墟。八紘九野之水、天漢之流、莫不注之、而無增無減焉」とあるように、渤海の東にあり、あらゆる川の水が注ぎ込み続ける底のない谷とされる。

(一四)尾閭とは、『莊子』秋水篇に、「天下之水、莫大於海、萬川歸之、不知何時止而不盈。尾閭泄之、不知何時已而不虚」とあるように、すべての川の水が集まった海から、海水を絶え間無く漏らし続けるところとされる。

(一五)沃焦の石とは、東の海にあるという扶桑のさらに東にある、大きさ四万里、厚さ四万里の、海水が尽きることなく注ぎ続ける石のこと。沃燋ともいい、尾閭の別名である(『文選』巻五十三 嵆叔夜「養生論」李善注)。郭璞著と伝えられる『玄中記』には、東海南方三万里にある山の名で、そこに注ぎ込んだ海水は消える、とある。

(一六)九州とは、全世界と等値された中國全土を、九つの州に分割して捉えるもの。『尚書』禹貢(冀・兗・青・徐・揚・荊・豫・梁・雍)、や『周禮』職方氏(揚・荊・豫・青・兗・雍・幽・冀・幷)などにそれぞれ九つの州の名が見られる。こうした考え方は、春秋後期から戰國時代にかけて、人々の地理的知識の増大を背景に成立したと考えられている。

(一七)分野とは、天をいくつかに分割して地上の州や国の位置と対応させ、天象の予兆を見ることによって各地域の吉凶を予知する、天人相關思想の一種。最も代表的なのは、木星の周天周期十二年(正確には、一一・八六年)に基づく十二次で、玄枵、娵訾、降婁、大梁、實沈、鶉首、鶉火、鶉尾、壽星、大火、析木の十二の星(黄道十二宮)を周末の国名や漢の州名と対応させている。『晉書』天文志によれば、これは班固が『三統曆』の十二次を地上の十二の区域に当てはめて詳しく述べたものであり、また費直や蔡邕にもこれに関する著作があるという。分野説には他に、二十八宿に基づき、日月の運行によって吉凶を予見する方法もある。本文の「天地初めて開くや、便ち星宿有り」からの議論は、二十八宿に基づく分野説を踏まえたものである。

(一八)昴は、あるいは「髦頭」ともいう。星の名。すばる。二十八星宿の一つで、西方に位置する白虎七宿の第四星。『史記』巻二十

七　天官書に、「昴曰髦頭、胡星也、爲白衣會」とあり、胡（前漢のころは匈奴を指す）に対応する星であると言われている。

（一九）西胡は、後漢から唐代に用いられていた、西域の諸族に対する呼称。胡はもともと匈奴の呼称で、匈奴よりも東に住んでいた民族を東胡と呼び、匈奴の西方に住んでいた民族を西胡と呼んでいたが、後漢以降は葱嶺以東の西域の諸族を総称して西胡といった。鄯善・車師・龜茲・于闐・焉耆・疏勒・姑墨・大宛・蒲類・狐胡（孤胡）・烏孫・大小月支などが含まれ、これらの諸族は主に遊牧などを行っていた。

（二〇）東越とは、越王勾踐の后裔であると伝えられている民族。秦・漢代に、現在の浙江省東南部や福建省北部に分布していた。『史記』巻一百一十四に、東越列傳がある。『廣弘明集』と『法苑珠林』は、「越」を「夷」に作る（大正藏第五十二巻、第五十三巻）。

（二一）題は額のことであり、彫題とは、額に入墨することをいう。また、この風習を持つ南方の民族の呼び名でもある。『禮記』王制に、「南方曰蠻、雕題交趾、有不火食者矣」とある。

（二二）交阯とは、今の広東省とベトナム北部の地域をいう。交趾ともいう。紀元前一一一年に前漢の武帝が南越國を滅ぼして、今のベトナム北部に交趾・九眞・日南の三郡を建て、交趾刺史部を設置して十三刺部の一つとした。その後、交州（現在の広西チワン族自治区とベトナム北部）に属していたが、後漢末の混乱期には、交阯太守の士燮の統治を受けた。太康元（二八〇）年に西晉が中國を統一して以降、交州は南朝各朝代により統治された。隋の時代に交趾郡の郡治として交趾縣が設置された後、唐のころに交州が縮小し、この地域が交州と呼ばれた。武徳七（六二四）年には交州都督府、儀鳳四（六七九）年には安南都護府と改称され、以後は安南と称されることとなった。

（二三）宇宙とは、『淮南子』に初めて見られる言葉で、齊俗訓には、「往古來今謂之宙、四方上下謂之宇、道在其間、而莫知其所」とあり、時間的広がりと空間的広がりを合わせて指す。一方で原道訓には、「横四維而含陰陽、紘宇宙而章三光。甚淖而滒、甚纖而微」とあり、またしばしば「天地」の語と並び使われていることから、時間としての意味はなく、もっぱら空間的な広がりをいう場合もあると考えられる。本文の場合も、天地と同義で、空間的な広がりを意味する語であろう。

［現代語訳］

釈明の第一に以下のように述べる。そもそも巨大な物は、どうして計測することができようか。当代の人の知識の中では、（その大きさが）天地に勝るものはない。天とは氣の集まりであり、地とはつちくれの集まりであり、日とは陽の精であり、月とは陰の精であり、星とは万物の精であるというのは、儒家が定めていることである。（ところで）星が墜落すれば、石である。精がもし石であれば、光輝くこともできず、また（石のように）性質が重いのであれば、どうやって（天に）つながれているのだろうか。ひとつの星の周囲は、その大きさは百里あり、ひとつの宿の初めから終りまでは、数万里離れている。百里の物体が、数万里の距離に列《なら》んでおり、その間隔や位置関係は、伸び縮みすることはない。また星と日月とは、形や色が同じなのであり、その大小によって区別されているだけある。したがって日月も石に違いない。石は堅固で隙間無いものだから、（もし星や太陽や月が石であれば、太陽の中にいるという）烏や（月の中にいるという）兎は、どうしてその中に入ることができようか。石が（天の）氣の中にあるのだとすれば、どうして（天の中で石だけが）独自に運行できるだろうか。（あるいは）日・月・星辰が、もしすべて気であるとするならば、氣の様態は軽くて浮かんでいるので、きっと天とひとつになって、その往き来して運るのには、互いに異なることがなく、運行の早さは、理論上は同一であるはずだ。どうして日・月・五星・二十八宿には、それぞれに運行の決まりがあり、その動きは同じではないのだろうか。どうして氣が墜落して、突然石に変わるのだろうか。地の氣は沈殿して濁っているので、決まりとしては重く沈まなくてはならないが、土を掘れば泉が出てくるのであれば、水上に浮いているということである。集まった水の下には、何があるのだろう。たくさんの河川は、どこから生まれてくるのだろう。河川は東に流れて海に到達するのに、どうして海は溢れないのだろう。（万川の流れ込むという）歸塘《きとう》や（その水を漏らしながらしているという）尾閭《びりょ》では、水はどこに漏れ出て行くのだろう。沃焦《ようしょう》の石は、なんの氣によって燃えているのだろう。潮の満ち引きは、誰が規範づけているのだろうか。天の川は天に掛かっているのに、どうしてばらばらになって落ちてしまわないのだろうか。水の性質は下に向かっていくものなのに、どうして天にのぼっているのだろうか。天地が開闢するとすぐに、星座ができた。（そのころ）九州はいまだ区分されず、列國もまだ分立してなかったのに、（すでに二十八宿が）区切られていて（それに応じる）地域の境界が別れているとしたら、どうやって天体は運行したのだろうか。（諸侯が）封建されてから、誰が区分したのだろうか。国の数には増減があるけれど、星には進退がないのであれば、（それぞれの諸侯の）吉凶禍福は、みな中くらいで違いが無いだろう。巨大な天象、幾多の星々が、どうして分野説の上では、ただ中國だけと関係するのだろうか。（二十八宿のうち）昴は旄頭のことであり、匈奴に配当されるという。（そうならば）西胡《せいこ》・東越《とうえつ》・彫題《ちょうだい》・交阯《こうし》（などの他の諸族）だけは、無視するのだろうか。こうしたことを追求すれば、結局解る者はいない。どうして人間社会の常識で、（こうしたことよりもさらに広い）宇宙の外部のことを把握することができようか。

【原文】

凡人之信、唯耳與目、耳目之外、咸致疑焉。儒家説天、自有數義。或渾、或蓋、乍宣、乍安。斗極所周、管維所屬、若所親見、不容不同。若所測量、寧足依據。何故信凡人之臆説、迷大聖之妙旨、而欲必無恆沙世界・微塵數刼也。而鄒衍亦有九州之談。山中人不信有魚大如木、海上人不信有木大如魚。漢武不信弦膠、魏文不信火布。胡人見錦、不信有蟲食樹吐絲所成。昔在江南、不信有千人氈帳、及來河北、不信有二萬斛船。皆實驗也。

《訓読》

凡そ人の信ずるは、唯だ耳と目とのみなりて、耳目の外は、咸疑ひを致す。儒家天を説くに、自づから數義有り。或いは渾(一)、或いは蓋(二)、乍《ある》いは宣(三)、乍《ある》いは安(四)。斗極の周らす所(五)、管維の屬ぬる所(六)、若し親ら見る所なれば、同じからざる容《べ》からず。若し測量する所なれば、寧んぞ依據するに足らんや。何の故にか凡人の臆説を信じ、大聖の妙旨を迷とし、而して必ず恆沙(七)の世界・微塵の數刼(八)の無からんことを欲するや。而も鄒衍[九]も亦た九州の談[一〇]有り。山中の人は魚の大なること木の如き有るを信ぜず、海上の人は木の大なること魚の如き有るを信ぜず。漢武は弦膠[一一]を信ぜず、魏文は火布[一二]を信ぜず。胡人は錦を見て、蟲の樹を食らひ絲を吐きて成す所なるを信ぜず[一三]。昔 江南に在りては[一四]、千人の氈帳有るを信ぜず、河北に來るに及びては、二萬斛の船有るを信ぜず。皆 實驗なり。

(注)

(一) 渾は、渾天説。大地を中心としてそのまわりを天球が回転するという宇宙構造論。漢代にはじまったと考えられ、後漢の張衡が渾天儀（渾儀）を完成させ、「渾天儀」を著して渾天説を体系的に述べた。「渾天儀」には、「渾天如鷄子、天體圓如彈丸、地如鷄中黄、孤居於內。天大而地小、天表裏有水、天之包地、猶殼之裹黄。天地各乘氣而立、載水而浮」（『全後漢文』巻五十五）とあり、渾天は鶏の卵のようなもので、天は弾丸のように丸く、地は鶏の卵の黄身のように、天の内部にぽつんと位置していると述べる。また、天の表裏には水があり、天と地とはそれぞれ、気に乗って立ち、水に載って浮かんでいるのだという。藪内清『中国中世科学技術史の研究』（角川書店、一九六三年）参照。

(二) 蓋は、蓋天説。天は天蓋のように地を覆っているという宇宙構造論。蓋天説を体系的に述べている『周髀算經』においては、二つの異なる説が含まれている。第一の説は、天と地とを平行な平面と見なすもので、第一次蓋天説と呼ばれ、その起源は先秦にさかのぼると考えられる。これに対して、第二蓋天説は、天地ともに曲面と考えるもので、漢代にあらわれた渾天説の影響のもとに、前漢末から後漢にかけて発展したものであると考えられる。『晉書』巻十一 天文志上には、「天似蓋笠、地法覆槃、天地各中高外下。北極之下爲天地之中、其地最高、而滂沲四隤、三光隱映、以爲晝夜。天中高於外衡冬至日之所在六萬里。北極下地高於外衡下地亦六萬里、外衡高於北極下地二萬里。天地隆高相從、日去地恆八萬里」とあり、第二蓋天説の概要を知ることができる。これによれば、天と地とは、それぞれ雨よけの笠と裏返した皿のように、中心が盛り上がり外縁が落ち込んだ曲面であるという。そして、その天地の中心は北極の下で、中心と外縁との高低差は六万里あり、日（天の誤りか）と地とは八万里離れているとされる。藪内清前掲書参照。

(三) 宣は、宣夜説。『晉書』巻十一 天文志上に、渾天説・蓋天説とともに挙げられている古の天文説であるが、漢の靈帝の時には、すでに伝わっていなかったという。ただし『晉書』には、宣夜説についての漢の郗萌による記述が残されており、天は了として質のないものであり、それは無限の彼方に広がっており、七曜は天に付着しているものではなくて虚空に浮かび、その運行は気によるものであると説かれている。藪内清前掲書参照。

(四) 安は、安天説。晉の成帝のとき、會稽の虞喜が宣夜説をもとに「安天論」を著して主張した理論。天の高さは無窮であり、地の深さは測り得ないものであり、天体は天と離れて運行すると説く。藪内清前掲書参照。

(五) 『史記』巻二十七 天官書に、「斗爲帝車、運于中央、臨制四鄕。分陰陽、建四時、均五行、移節度、定諸紀、皆繫於斗」と、北極星は天の中央にあって天体の運行や陰陽や五行四時の巡りなどをつかさどっているとの記述が見られる。

(六) 管維は、天と地の間にあって、地を吊っている綱。地維ともいう。地の四隅に報徳（東北）・常羊（東南）・背陽（西南）・蹄通（西北）の四維があり、これが切れると、地が傾くという（『淮南子』天文訓）。

（七）恆沙は、佛教語。恆河沙數ともいう。ガンジス川（恆河）の砂の数ほどの莫大な数の比喩。もともとは鳩摩羅什（三四四〜四一三）訳『金剛般若波羅蜜經』に、「須菩提、如恆河中所有沙數、如是沙等恆河、於意云何。是諸恆河沙寧爲多不。須菩提言、甚多。世尊、但諸恆河尚多無數、何況其沙。須菩提、我今實言告汝。若有善男子善女人、以七寶滿爾所恆河沙數三千大千世界、以用布施、得福多不」（大正藏第八巻）とあるのに基づく。

（八）微塵數刼は、佛教語。微塵とは目で見ることのできる最小のもの。微塵刼とは、微塵の数が分からないほどに極めて長い時間。

（九）鄒衍は、戰國時代末期の齊の人で、稷下の学士の代表的な人物。『史記』では騶衍とも。孟子の影響を受けて、陰陽説と五行説を合わせて宇宙の生成を論じ、それに基づいて歴代国家の交代を説明する五徳終始説や、従来の九州説に述べられる中國とは、天下の八十一分の一にすぎないとする大九州説を唱えた（『史記』巻七十四　孟子荀卿列傳）。『漢書』巻三十　藝文志　諸子略陰陽家の中に、鄒衍の著作として「鄒子四十九篇」「鄒子終始五十六篇」とあるが、いずれも伝わらない。

（一〇）九州說は、ここでは鄒衍の說く、いわゆる大九州說をいう。もともと九州說は、全世界と等値された中國全土を九つの州に分割して捉えようとする說であった。これに対して、鄒衍はより広大な地理的世界観をもつ大九州說を唱えた。大九州說では、禹の九州全体を一つの州として赤縣神州と名付け、これと同規模のものが九つ集まって小九州を形成し、その周囲を裨海（小さい海）が取りまき、さらに小九州と同規模のものが九つ集まって大九州を形成し、その周囲を瀛海（大海）が取りまいているとする。

（一一）弦膠は、切れた弓弩の弦や折れた刀剣を繫ぐための膠のこと。連金泥、續弦膠とも言う。漢の武帝に関する故事は、『太平御覽』巻七十九　兵部、及び『雲笈七籤』巻二十六　十洲　鳳麟洲、及び『道藏』洞玄部などが収める『十記洲』に見られるが、『漢魏叢書』所収の『海內十洲記』では確認できない。『太平御覽』所引『十洲記』によれば、天漢二（前九九）年に西國王の使者が漢の武帝に献上したのだという。

（一二）火布は、火浣布のこと。火に投じても燃えることなく汚れだけが洗われることからこの名で言う。魏の文帝は、火浣布の実在を信じずに、その旨を『典論』に記し、明帝がそれを石に刻んで顕彰したところ、後に西域から実物がもたらされたために、天下の人に笑われたという（『三國志』巻四　齊王紀　裴注引干寶『搜神記』）。このことは、『抱朴子』內篇巻四　論仙篇でも言及されている。

（一三）『藝文類聚』巻六十五　產業部上　蠶が引く郭璞『玄中記』には、「大月氏有牛、名曰日及。割取肉一二斤、明日瘡愈。漢人入國、示之以爲珍異。漢人曰、吾國有蟲、大如小指、名曰蠶。食桑葉、爲人吐絲。外國復不信有之」とある。この故事は『金樓子』志怪篇にも同様に見られる。

（一四）『法苑珠林』は、「昔在江南」を「吳人身在江南」に作る（大正藏第五十三巻）。

［現代語訳］

人々が信じているのは、ただ（自分の）耳と目だけで、見聞きした以外のことは、みな疑ってかかる。儒家が天について説明するのには、いくつかの理論がある。渾天説《こんてん》、蓋天説《がいてん》、宣夜説《せんや》、安天説《あんてん》などである。（天文の諸理論家が言うように）北極星が天体をめぐらせているところや、大きな綱が大地をつなぎ止めているところを、もし自分の目で見（て理論が作られ）たのであれば、（みなが）同じ意見になるはずだ。もし推測され（て理論が作られて）いるのであれば、どうして（それらの理論は）信じるに足りるだろうか。なぜ（人々は）単なる凡人の憶測を信じて、大聖人の奥深い教えを間違いとし、ガンジス川の砂粒の数ほどある世界や、微塵の數が分からなくなるほどの長大な時間を無いものと考えたがるのであろうか。一方で鄒衍《すうえん》にも（広大な地理的世界観を唱える）大九州説が有るのに。山にいる人は木のように大きな魚がいることを信じず、海にいる人は魚のように大きな木があることを信じない。漢の武帝は弦膠《げんこう》の存在を信じず、魏の文帝は火浣布《かかんふ》があることを信じなかった。西方の人は絹織物を見ても、虫が桑の木を食べて糸を吐いて作られたものであるとは信じなかった。かつて（わたしが）江南にいたときには、（人々は北方にあるような）千人もが入るほどの大きな毛氈《もうせん》の帳《とばり》があるとは信じなかったが、河北に来て以降は、（人々は南方にあるような）二万斛《こく》もが積めるほどの大きな船があるとは信じない。これはいずれも、（人々が）実際に目にしたかどうかなのである。

【原文】

世有祝師及諸幻術、猶能履火蹈刃、種瓜移井、倏忽之間、十變五化。人力所爲、尚能如此。何況神通感應、不可思量、千里寶幢、百由旬座、化成淨土、踊出妙塔乎。

《訓読》

世に祝師(一)及び諸幻術(二)有り、猶ほ能く火を履み刃を蹈み(三)、瓜を種へ(四)井を移し(五)、倏忽の間に(六)、十變五化す(七)。人力の爲す所なれども、尚ほ能くすること此くの如し。何ぞ況んや神通感應の、思量す可からず、千里の寶幢(八)、百由旬の座、淨土を化成し(九)、妙塔を踊出するをや(一〇)。

(注)

(一) 祝師は、生け贄を捧げるなどの方法で、鬼神から言葉を授かったり鬼神に請願を伝えたりする人のこと。巫祝。

(二) 幻術とは、奇術のこと。『漢書』巻六十一 張騫傳に、「而大宛諸國發使隨漢使來、吻漢広大、以大鳥卵及犛軒眩人獻於漢」とあり、顔師古が、「眩讀與幻同。卽今吞刀吐火、植瓜種樹、屠人截馬之術皆是也。本從西域來」と注を付けているように、このような奇術はしばしば、西域から来たものと考えられていた。また、『抱朴子』內篇卷三 對俗篇に、「若道術不可學得、則變易形貌、吞刀吐火、坐在立亡、興雲起霧、召致蟲蛇、合聚魚鱉、三十六石立化爲水、消玉爲臺、潰金爲漿、入淵不沾、蹴刃不傷。幻化之事、九百有餘。按而行之、無不皆効、何爲獨不肯信仙之可得乎」とあり、ここで諸々の奇術は「幻化之事」と呼ばれるとともに「道術（道を得た者が行える方術）」ともいわれているように、こうした奇術は神仙思想と結びつく場合も多い。

(三) 『捜神記』卷一に、「能入火不燒」とあるように、やけどせずに火の中に入る術のこと。

(四) 『抱朴子』內篇卷五 至理篇に、「善行氣者、……以炁禁白刃、

則可蹈之不傷、刺之不入」とあるように、刀の刃によって身体が傷つかないようにする術のこと。

(五)『捜神記』巻一に、「呉時有徐光者、嘗行術於市里。従人乞瓜、其主勿與、便從索瓣、杖地種之。俄而瓜生、蔓延、生花、成實。乃取食之、因賜觀者」とあるように、もともと何もなかったところに突然瓜を生育させる術のこと。『洛陽伽藍記』巻一 城内 景樂寺にも、「奇禽怪獸、舞抃殿庭、飛空幻惑、世所未睹。異端奇術、總萃其中。剝驢投井、植棗種瓜、須臾之間皆得食」と、奇術として「植棗種瓜」が述べられているように、奇術を詳しく述べるときに、しばしば用いられる言い回しである。

(六)『金樓子』志怪篇に、「益陽金人、杖築地而成井。遁水竹王、以劍撃石而出水」とあるように、もともと何もないところに水を出し、新しく井戸を作ることをいう。

(七)『廣弘明集』と『法苑珠林』は、「十變五化」を「千變万化」に作る(大正藏第五十二巻、第五十三巻)。

(八)由旬とは、距離の単位で、約七キロメートル。サンスクリット語yojanaの音訳で、くびきにつけるの意味から、牛に車をつけて一日ひかせる行程を表す。

(九)塔は、佛教語。もともとインドのストゥーパをいい、佛教における礼拝対象の原初的形態で、土や煉瓦の体積を意味する。中國では、ストゥーパの諸要素を採取しつつ中國本来の木造楼閣建築と合体させたものである。文献上で最初に塔の建築が確認できるのは、『三國志』巻四十九 劉繇傳に記載されている、丹楊の笮融が徐州に建てたという「浮圖祠」で、「垂銅槃九重、下爲重樓閣道、可容三千余人」とある。初期の寺院では佛殿と塔は一体化していたが、その後、佛舎利信仰が高まるにつれて、佛をまつる佛殿と佛舎利を安置する高塔とが機能的に分離され、南北朝時代の寺院では木造楼閣式の塔が、伽藍の中心をなしていた。

(一〇)化成・踊出とは、神通力によって幻を作り出すこと。鳩摩羅什訳『妙法蓮華經』巻三 化城喩品第七に、「作是念已、以方便力、於險道中過三百由旬、化作一城。……如彼導師、爲止息故、化作大城。既知息已、而告之言、寶處在近、此城非實、我化作耳」(大正藏第九巻)とある。ここでは、「化成」を「化作」と同じ意味に解釈した。また踊出については、『妙法蓮華經』巻四 見寶塔品第十一に、「爾時佛前有七寶塔、高五百由旬、縱廣二百五十由旬、從地踊出、住在空中、種種寶物而莊校之」とある。

[現代語訳]

世の中には祝師やいろいろな奇術を行う者がおり、火の中を歩き剣の上を渡り、(瞬く間に)瓜を実らせたり井戸水を湧き出させたりといった(不思議な事を起こし)、あっという間に、千変万化することのできる者さえいる。人の力で行うことですら、こうしたことが可能である。ましてや(佛の)神通力や感応力は、計り知ることのできるものではなく、高さ千里もある金銀で飾り立てた旗や、何百里もある敷物(が出現し)、浄土を顕現させ、すばらしいストゥーパを突然出現させたりもするのはなおさら有り得ることである。

【原文】

釋二曰。夫信謗之徵、有如影響。耳聞目見、其事已多。或乃精誠不深、業緣未感、時儻差闌、終當獲報耳。善惡之行、禍福所歸。九流百氏、皆同此論。豈獨釋典爲虛妄乎。項橐・顏回之短折、伯夷・原憲之凍餒、盜跖・莊蹻之福壽、齊景・桓魋之富強、若引之先業、冀以後生、更爲通耳。如以行善而偶鍾禍報、爲惡而儻値福徵、便生怨尤、卽爲欺詭、則亦堯・舜之云虛、周・孔之不實也。又欲安所依信而立身乎。

《訓讀》

釋二に曰ふ。夫れ信謗の徵は、有ること影響の如し(一)。耳に聞き目に見るに、其の事 已《はなは》だ多し。或いは乃ち精誠深からず、業緣(二)未だ感ぜざれば、時に儻は差闌(三)するも、終に當に報を獲べきのみ。善惡の行ひは、禍福の歸する所なり。九流百氏(四)、皆 此の論を同じくす。豈に獨り釋典のみ虛妄と爲さんや。項橐(五)・顏回の短折、伯夷・原憲の凍餒、盜跖(六)・莊蹻(七)の福壽、齊景(八)・桓魋(九)の富強、若し之を先業に引き、冀ふに後生を以てすれば、更に通ずと爲すのみ(一〇)。如し善を行へども禍報に偶鍾(一一)し、惡を爲せども福徵に儻値するを以て、便ち怨尤を生じ、卽ち欺詭と爲せば、則ち亦た堯・舜 之れ虛を云ひ、周・孔 之れ實ならざるなり。又 安所に依りて信じて身を立てんと欲せんや。

(注)

(一) 影響の如しとは、形に必ず影があり、音に必ず響きがあるように、一つのものが他のものに密接な因果や対応の関係を持つこと。『尚書』大禹謨に、「惠迪吉、從逆凶、惟影響」とあるのを典拠とする。

(二) 業緣は佛教語。果報を引き起こす原因となる行い。

(三) 闌は、晩に同じ。差闌は、報応が食い違ったり遅れたりする場合があることをいう(盧文弨注)。

(四) 九流百氏は、先秦から漢初の諸思想家のこと。九流の称は、『漢書』卷一百下 敍傳に、「劉向司籍、九流以別」と見え、これに対する顏氏古注に、「應劭曰、儒・道・陰陽・法・名・墨・縱橫・雜・農、凡九家」とある。つまり九流とは、『漢書』卷三十 藝文志 諸子略に挙げられた十家のうちの、小說家を除いた九家のこと。諸子略中には、「諸子十家、其可觀者、九家而已」と、この九つのみが見る価値があると述べられている。百氏とは、諸子百家のこと。

(五) 項橐とは、生まれてから七年にして孔子の師となったと記されている人物(『史記』卷七十一 甘羅傳)。あるいは項託ともいう。しかし文献史料には項橐が夭折したとの記録はない。しかし王利器は、「而項・楊無春彫之悲矣」(『抱朴子』內篇卷七 塞難篇)や、「故項子有含穗之嘆、楊烏有夙折之哀」(同外篇卷五十 自敍)、「顏・項夙夭」(『弘明集』卷一所收『正誣論』)という記述を引き、これらの項なる人物が項橐のことであるとする。

(六) 盜跖は、春秋時代の人とも、秦代の人とも、黃帝の時の人ともいわれる大盜賊。あるいは盜蹠ともいう。蛮行を働き仲間を数千人集めて天下に名を轟かせたが、寿命を全うしたという(『莊子』雜篇 盜跖第二十九、『史記』卷六十一 伯夷列傳)。

(七) 莊蹻は、戰國時代の楚の人。楚の莊王の裔であり、威王の時に將軍となって、巴蜀(今の四川省)・黔中(今の湖南省西部と貴州省東部)以西を略定し、滇池(今の雲南省昆明池)に至るまでを平定したが、秦の勢力が増したのを受けてその地で留まって滇王となった(『史記』卷一百一十六 西南夷列傳)。『淮南子』主術訓に、「明分以示之、則蹠・蹻之姦止矣」とあり、盜跖と並んで悪人として挙げられている。

（八）齊景は、春秋齊の景公のこと。靈公の子で、莊公の弟。名は杵臼。晏嬰や司馬穰苴を登用して齊の勢力を拡大したが、『史記』巻三十二　齊太公世家では、景公は王宮を修建し、狗馬を聚め、贅沢を好み、賦を厚くして刑を重くした暗君とされている。

（九）桓魋は、春秋宋の人で、孔子の弟子である司馬耕の兄。宋の景公の寵愛を受け、司馬となって軍事を取り仕切った（『春秋左氏傳』定公　傳十年）。宋を訪れた孔子の命を狙った（『史記』巻三十八　宋微子世家、巻四十七　孔子世家）。

（一〇）『周易』坤卦の「積善之家、必有餘慶。積不善之家、必有餘殃」の言葉のように、行いの善悪には必ず報いがあるという考え方は広く見られる。その一方で、『史記』巻六十一　伯夷列傳は、伯夷・叔齊・盗跖を例に、「余甚惑焉、儻所謂天道、是邪非邪」と述べて疑問を投じる。本文で述べられていることは、この司馬遷の問いかけへの回答と言えよう。

（一一）偶鍾は、思いも掛けず出会うこと。鍾には、あつめる、合わせるの意味がある。偶は、思いがけなく、たまたまの意。文型上対になっている「儻値」も同義に解釈した。養生篇の注（四）一九九頁も参照。

［現代語訳］

釈明の第二として以下のように述べる。そもそも佛教に対する信仰や非難の効験（が絶対に有るということ）は、形に必ず影があり音に必ず響きがあるようなものである。この耳で聞きこの目で見た事例はとても多い。信仰への誠実さが十分でなく、業縁が（應報に値するほどに）感受されていなければ、仮に食い違ったり遅れたりすることがあっても、最後には必ず應報を受けるはずである。善悪の行いは、禍福の原因となるものである。古の諸思想家は、いずれも同様にこうした主張をしている。（それなのに）どうしてただ佛教の教えだけを嘘だと考えるのだろうか。項橐《こうたく》や顔回《がんかい》が若死にし、伯夷《はくい》や原憲《げんけん》が寒さや飢えを耐え忍び、（その一方で）盗跖《とうせき》や荘蹻《そうきょう》が幸福や長寿を手に入れ、齊の景公《けいこう》や桓魋《かんたい》が財力と強勢を誇った（などの行いの善悪とその報いが一致しないように見える事例がある）のは、その原因は彼らの前世の業に由来し、前世の者が後世の彼らに報いが現れることを願って（善行や悪行をして）いたのだと考えれば、より合点のいく話になる。もし善いことをしても思いがけず災いに見舞われたり、悪いことをしても幸運に遭ったからといって、すぐに恨みを生じて、（佛教の因果應報の説を）偽りであると考えるのであれば、堯や舜も嘘を言っており、周公旦や孔子の言葉が本当ではなかったということになる。それでは誰の言葉を信頼し依拠して身を立てようというのだろうか。

【原文】

釋三曰。開闢已來、不善人多而善人少。何由悉責其精絜乎。見有名僧高行、棄而不説。若覩凡僧流俗、便生非毀。且學者之不勤、豈教者之爲過。俗僧之學經・律、何異士人之學詩・禮。以詩・禮之教、格朝廷之人、略無全行者。以經・律之禁、格出家之輩、而獨責無犯哉。且闕行之臣、猶求祿位。毀禁之侶、何慚供養乎。其於戒行、自當有犯。一披法服、已墮僧數、歳中所計齋講誦持、比諸白衣、猶不啻山海也。

《訓讀》

釋三に曰ふ。開闢より已來、不善の人は多けれども善人は少なし(一)。何に由りて悉く其の精絜(二)なるを責めんや。名僧の高行有るを見れども、棄てて説かず。若し凡僧の流俗を觀れば、便ち非毀を生ず。且つ學ぶ者の勤めざるは、豈に教ふる者の過と爲さんや。俗僧の經・律(三)を學ぶは、何ぞ士人の詩・禮を學ぶに異ならん。詩・禮の教へを以て、朝廷の人を格《ただ》せば、略ぼ行ひを全くする者無し。經・律の禁を以て、出家の輩を格せば、而して獨り犯す無きを責めんや。且つ行ひを闕くるの臣、猶ほ祿位を求む。禁を毀つの侶、何ぞ供養を慙ぢんや。其の戒行に於ては、自づから當に犯すこと有るべし。一たび法服を披《き》て、已に僧の數に墮つれば、歳中に計る所の齋講誦持(四)、諸々の白衣(五)に比ぶれば、猶ほ啻《た》だに山海なるのみならざるがごときなり。

(注)

(一)『莊子』胠篋篇に、「天下之善人少而不善人多」とあるのを典拠とする。

(二)絜は、古の潔の字。潔とする本もある(盧文弨注)。

(三)經・律は、佛教の典籍の分類である三藏のうち、佛の教説を記す經藏と、戒律を記す律藏のこと。

(四)齋講は、風操篇の注(三)六九頁を参照。佛法を講説するための、食事をともなう集会のことか。誦持は、經典を記憶してその教えを保持すること。誦經と持經。

(五)白衣は、出家者に対して、世俗の人を指す呼び方。インドでは佛教の出家者が緇衣(墨染めの僧衣)を着るのに対して、世俗の人が白色の服を着ていたことに由来する。『注維摩詰經』方便品第二に、「雖爲白衣、奉持沙門清淨律行」(大正藏第三十八巻)とある。

[現代語訳]

釈明の第三として以下のように述べる。天地が始まってよりこのかた、不善の人は多いけれど善人は少ない。(それなのに)どうして(僧尼には)すべて清廉潔白であるように求めるのだろうか。(人々は)優れた僧のすばらしい行いを見ても、無視して言及しない。(その一方で)もし凡庸な僧の卑俗な所を見ると、すぐに非難する。そのうえ学ぶ者が勤勉でないのは、どうして教える者の過ちであると言えようか。凡俗な僧が經典や戒律を学ぶのは、官吏が詩や禮を学ぶのとどう違うというのだろうか。詩や禮によって、朝廷の人々の行いを正しても、大方の人は(自らの)行いを完璧にはできない。仏教の經典や戒律の禁忌によって、出家した人々の行いを正したら、どうしてその場合だけ禁忌を犯す者がいないことを求めるのだろうか。そのうえ行いが完璧ではない臣下であっても、やはりより高い俸給や官位を求める。それなのに禁忌を破った僧は、どうして供養を受けるのを恥ずかしく思うことがあろうか。戒律を守って修行する上では、自然と禁忌を犯してしまうことはあるはずである。ひとたび法服を着て、幾多の僧の中に身を投じれば、年中取り行われている佛法の講説や誦經・持經(の努力)は、これを世俗の人々と比較すれば、山や海でさえ(それを喩えるには)足りないほどである。

【原文】

釋四曰。内教多途。出家自是其一法耳。若能誠孝在心、仁惠爲本、須達・流水、不必剃落鬚髮。豈令罄井田而起塔廟、窮編戸以爲僧尼也。皆由爲政不能節之、遂使非法之寺妨民稼穡、無業之僧空國賦算、非大覺之本旨也。

抑又、論之、求道者身計也。惜費者國謀也。身計國謀、不可兩遂。誠臣徇主而棄親、孝子安家而忘國。各有行也。儒有不屈王侯高尚其事、隱有讓王辭相避世山林。安可計其賦役、以爲罪人。若能[1]（偕）〔皆〕化黔首悉入道場、如妙樂之世・禳佉之國、則有自然稻米・無盡寶藏。安求田蠶之利乎。

〔校勘〕

1．抱經堂叢書本は「偕」に作るが、『廣弘明集』歸正篇（大正藏第五十二巻　一〇八頁）により「皆」に改める。

《訓読》

釋四に曰ふ。內教は途《みち》多し。出家は自づから是れ其の一法のみ。若し能く誠孝 心に在り、仁惠もて本と爲せば(一)、須達(二)・流水(三)、必ずしも鬚髮《しゅはつ》を剃落せず。豈に井田を罄《つ》くして塔廟を起し、編戸(四)を窮めて以て僧尼と爲さしめんや。皆 爲政 之を節する能はざるに由りて、遂に非法の寺をして民の稼穡を妨げ、無業の僧をして國の賦算を空しうせしむるは、大覺(五)の本旨に非ざるなり。

抑〻《そもそも》又、之を論ずるに、道《どう》を求むるは(六)身の計なり。費を惜しむは國の謀なり。身の計と國の謀とは、兩つながら遂ぐ可からず。誠臣は主に徇《したが》ひて親を棄て、孝子は家を安じて國を忘る(七)。各〻行ひ有るなり。儒に王侯に屈せず其の事を高尚にする有り、隱に王を讓り相を辭して世を山林に避くる有り(八)。安んぞ其の賦役を計りて、以て罪人と爲す可けんや。若し能く皆(九) 黔首を化して悉く道場に入れ、妙樂の世(一〇)・禳佉(一一)の國の如くならしめば、則ち自然の稻米・無盡の寶藏有らん。安んぞ田蠶《でんさん》の利を求めんや(一二)。

（注）

（一）『晉書』巻一百六 石季龍載記上に、「季龍下書曰、蓋古明王之理天下也。政以均平爲首、化以仁惠爲本。故能允協人和、緝熙神物」とある。なお、石虎（石季龍）は、佛圖澄《ぶっとちょう》（二三二～三八四）を尊崇し、佛教を信奉したことで知られる。

（二）須達とは、釋尊在世時のコーサラ国舍衞城《しゃえいじょう》の須達長者のことである。須達多、給孤獨《ぎっこどく》長者とも言う。釋尊とその教団のために祇園精舍を寄進した。北涼の曇無讖《どんむしん》（三八五～四三三）訳『大般涅槃經《だいはつねはんぎょう》』巻第二十九に、「時須達多白舍利弗、大德。此大城外何處有地、不近不遠多饒泉池。有好林樹花果鬱茂清淨閑予、我當於中爲佛世尊及比丘僧造立精舍」（大正藏第十二巻）とある。また南齊の求那毘地《ぐなびじ》（四〇三～五〇二頃）訳『佛說須達經』等も参照のこと。

（三）流水とは、流水長者のことで、釋尊の前生の一つである。枯れた池で苦しむ多くの魚を救うため、その池に水を流し込んだことからこのように称せられた。曇無讖訳『金光明經《こんこうみょうきょう》』流水長者子品第十六に、「時長者子遂便隨逐、見有一池其水枯涸。於其池中多有諸魚。時長者子見是魚已生大悲心。時有樹神示現半身、作如是言、善哉善哉。大善男子。此魚可愍汝可與水。是故號汝名爲流水。復有二緣名爲流水。一能流水。二能與水。汝今應當隨名定實」（大正藏第十六巻）とある。前注所揭の吉川忠夫の研究も参照。

(四) 編戸とは、社会の基本単位である家を戸として組織すること、また組織された人々を指す。

(五) 大覺とは、偉大な悟りを得た者、つまり佛のことである。例えば曇無讖訳『大般涅槃經』師子吼菩薩品第十一に、「覺知涅槃甚深義是故稱佛爲大覺」(大正藏第十二巻)とあり、また『注維摩詰經』見阿閦仏品第十二には、「佛者何也。蓋窮理盡性大覺之稱也」(大正藏第三十八巻)とある(趙曦明注)。また『阿育王經』『佛地論』ほか多数の用例がある。

(六) 求道とは、仏道すなわち佛教的な悟りを求めることである。

(七) いわゆる忠孝先後論争を踏まえる。儒教における忠と孝の衝突の問題については、尾形勇『中国古代の「家」と国家 皇帝支配下の秩序構造』(岩波書店、一九七九年)を参照。

(八) 堯から天下を譲り受けなかった許由(『莊子』譲王篇)や父から王位を継ぐことを拒んだ伯夷・叔齊(『史記』巻六十一 伯夷列傳)などが挙げられる。また莊周・顏闔も挙げられる(盧文弨注)。

(九) 黔首とは民のこと。『漢書』巻三十 藝文志に、「至秦患之、乃燔滅文章、以愚黔首」とあって、その顏師古注に、「秦謂人爲黔首、言其頭黑也」とある。また『漢書』巻七十二 鮑宣傳 顏師古注に、「孟康曰、黎民・黔首、黎黔皆黑也。下民陰類、故以黑爲號」とある。

(一〇) 妙樂の世については、例えば、畺良《きょうりょう》耶舍《やしゃ》(三八二~四四三年)訳『観無量壽經』に阿彌陀佛が住している西方極樂淨土について「見彼國土極妙樂事」とある(嚴式誨)。

(一一) 穰佉とは、佛教においては法輪(佛法の象徴)を以て世界を治める轉輪聖王《てんりんじょうおう》のことである。鳩摩羅什(三四四~四一三年)訳『佛說彌勒成大佛經』には、「其國爾時有轉輪聖王。名曰穰佉。有四種兵不以威武治四天下。具三十二大人相好」(大正藏第十四巻)とある(趙曦明)。なお、穰佉とは法螺貝を意味する śaṅkha の音訳である。

(一二) 『南史』巻七十 循吏 郭祖深傳に、「梁武時、上封事曰、都下佛寺五百餘所、窮極宏麗。僧尼十餘萬、資產豐沃。所在郡縣不可勝言。道人又有白徒、尼則皆畜養女、皆不貫人籍、天下戶口幾亡其半。向使偕化黔首、悉入道場、衣誰爲織、田誰爲耕、果有自然米稻、無盡寶藏乎」とある(王利器)。さらに曇無讖訳『佛說文陀竭王經』に、「是故鬱單曰地自然生成擣稻米、汝曹皆當共食之」とある。また王利器は、西晉法立・法炬共訳『大樓炭經』なども挙げる。顏之推の「若能皆化黔首悉入道場」から始まる言明は、吉川忠夫も指摘するように、非現実的な世界へ没入しているかのようである。一方で吉川は、北周武帝及び衞元嵩《えいげんすう》による寺院・僧尼さえも動員して富国強兵を目指そうとした現実主義的政策(平延大寺建立)、排仏運動への皮肉が込められているのか、とも論じる。

[現代語訳]

釈明の第四として以下のように述べる。佛教には(修行の)道が多くある。(よって)出家とは自ずからその中の一つということになる。もし心が誠実で孝順であり、慈しみを根本とするならば、須達《すだつ》長者や流水《るすい》長者のように、必ずしも剃髪することはない。どうして田地をつぶして塔廟を建て、民草をすべて僧や尼とさせることがあろうか。政治により(造寺や出家得度に)節度を与えることができないので、かくして非法の寺が民草の農事を妨げたり、無為徒食の僧が国の租税を浪費することになっているが、それは佛の本来の主旨ではない。

ところでまた、このことを論ずるには（以下のような議論もあろう。すなわち）、悟りを求めるとは個人的な目論見である。（一方で）国家財政を大切にすることは国家的な計略である。個人的な目論見と国家的な計略とを、両立することは難しい。忠臣は君主に従って自らの両親を棄て、（一方で）孝養ある子は自らの家を安定させて国家を忘れる。それぞれに為すべき行いがあるのである。儒者の中には王侯に屈服することなく（儒者として）為すべきことに誇りを持った者があり、隱者の中には王位を譲り宰相の職を辞退し山林に籠もり世間から遁れた者もある。どうしてその租税や夫役を調べあげて、そのことにより（彼らを）罪人とすることがあろうか。もしすべての民草を教化《きょうけ》し、悉く佛寺に入れて、（この世界が）極樂の世界や穰佉《しょうか》の国のようになるならば、たちまち自然の稲や尽きることの無い宝蔵があろう。どうして稲作や養蚕の利益を求めることがあろうか。

【原文】

釋五曰。形體雖死、精神猶存。人生在世、望於後身似不相屬。及其歿後、則與前身似猶老少・朝夕耳。世有魂神、示現夢想、或降童妾、或感妻孥、求索飲食、徵須福祐、亦爲不少矣。今人貧賤・疾苦、莫不怨尤前世不修功業。以此而論、安可不爲之作地乎。夫有子孫、自是天地間一蒼生耳、何預身事。而乃愛護、遺其基址。況於己之神爽、頓欲棄之哉。凡夫蒙蔽、不見未來。故言彼生與今非一體耳。若有天眼、鑑其念念隨滅、生生不斷、豈可不怖畏邪。又君子處世、貴能克己復禮、濟時益物。治家者欲一家之慶、治國者欲一國之良。僕妾・臣民、與身竟何親也。而爲勤苦修德乎。亦是堯・舜・周・孔、虚失愉樂耳。一人修道、濟度幾許蒼生。免脱幾身罪累。幸熟思之。汝曹若觀俗計、樹立門戸、不棄妻子、未能出家、但當兼修戒行、留心誦讀、以爲來世津梁。人生難得、無虚過也。

《訓読》

釋五に曰ふ。形體 死すと雖も、精神 猶ほ存す。人生 世に在るや、後身を望めば相 屬せざるに似たり。其の歿後に及べば、則ち前身と似たること猶ほ老少・朝夕のごときのみ。世に魂神有り、夢想に示現し、或いは童妾に降り、或いは妻孥に感じ、飲食を求索し、福祐を徵須すること、亦た少からずと爲す。今人 貧賤・疾苦あれば、前世に功業を修めざりしを怨尤《えんゆう》せざるは莫し(一)。此を以て論ぜば、安んぞ之が爲に地を作らざる可けんや。夫れ子孫有るは、自づから是れ天地の間一蒼生のみ、何ぞ身の事に預からん。而れども乃ち愛護して、其の基址を遺さん。況んや己の神爽(二)に於て、頓《とみ》に之を棄てんと欲せんや。

凡夫は蒙蔽して、未來を見ず。故に彼の生と今と一體に非ずと言ふのみ。若し天眼(三)有りて、其の念念隨ひて滅し、生生斷えざるに鑒みれば、豈に怖畏せざる可けんや。又 君子 世に處するや、能く己を克《つづ》めて禮に復り(四)、時を濟ひ物を益するを貴ぶ。家を治むる者は一家の慶を欲し、國を治むる者は一國の艮を欲す。僕妾・臣民、身と竟に何の親あらんや。而して爲に勤苦して德を修めんや。亦た是れ堯・舜・周・孔、虚しく愉樂を失ふのみ。一人 道を修めて、幾許の蒼生を濟度して、幾身の罪累を免脱せんや。幸はくは之を熟思せよ。汝《なんじ》が曹の若し俗計を觀て(五)、門戸を樹立して、妻子を棄てず、未だ出家すること能はずんば、但だ當に戒行(六)を兼ね修めて、心を誦と讀とに留め、以て來世の津梁(七)と爲すべし。人生(八)は得難し、虚しく過すこと無かれ。

(注)

(一)『論語』憲問に、「不怨天、不尤人」とある。

(二)『世說新語』文學第四 劉孝標注が引く孫楚「除婦服詩」に、「神爽登遐、忽已一周」とある。また盧文弨は、『春秋左氏傳』昭公 傳七年に、「子產曰、能。人生始化曰魄。既生魄。陽曰魂。用物精多、則魂魄強。是以、有精爽至於神明」とあることを挙げ、この中に出てくる精爽が神爽に当たるとする。盧文弨の意図は、本文中の神爽は精爽つまり精明な魂（精神的作用）魄（肉体的作用）であるということになろう。しかし、本文には神爽に先立ち精神や魂神という語があることから、ここでは特に死後の魂つまり精神的作用の連続性が問題になっていると考えられる。前注所掲の吉川忠夫の研究も参照。

(三)天眼とは、天人の眼で、五眼（肉眼・天眼・慧眼・法眼・佛眼）の一つである。天眼は、人々の生死を知ることができる。例えば、竺法護（二三九～三一六年）訳『光讚經』摩訶般若波羅蜜行空品第三に、「舍利弗又問。何謂開士大士得天眼儇。佛告舍利弗。其四大天王天上諸天眼。忉利天焰天兜術天尼摩羅天波羅尼蜜天。上至阿迦膩吒天諸天之眼。開士大士皆知之。其開士天眼。及四大天王。上至阿迦膩吒天。開士皆知之。其開士大士天眼。以此天眼。観見東方江河沙等佛世界衆生。終始皆悉知。乃至十方諸佛世界。悉観見衆生生死」（大正藏第八巻）とある。

(四)『論語』顔淵に、「克己復禮爲仁」とあって、『論語集解』はこれを「馬曰、克己約身。孔曰、復反也。身能反禮則爲仁矣」と解釈する。ここではそれに従って訓読した。

(五)『廣弘明集』歸正篇は、「汝曹若觀俗計、樹立門戶、不棄妻子、未能出家」を「人生居世。須顧俗計樹立門戶。不得悉棄妻子一皆出家」に作る。

(六)『廣弘明集』歸正篇は、「戒行」を「行業」に作る。

(七)『廣弘明集』歸正篇は、「津梁」を「資糧」に作る。

(八)『廣弘明集』歸正篇は、「人生」を「人身」に作る。

[現代語訳]

釈明の第五として以下のように述べる。肉体は死んで（消滅する）としても、精神は依然として存続するのである。人は生きている間、来世の身をはるかに望めば（それは現世の身とは）連続しないもののように思う。（しかし）その没後には、（その身が）前世の身と似ていることは少年と老人あるいは朝と夕とが（連続した関係に）あるようなものに他ならない。世の中には（死者の）魂（精神）があり、夢の中に現れたり、あるいは召使いや妾に乗り移ったり、あるいは妻子に取り憑いたりして、飲食を求め探し、また救済や恩恵を願い求めることも、珍しいことではない。今の人は貧困により身分が低いことで悩み苦しむことがあれば、前世に功徳や善行を修めなかったことを（自ら）恨み咎めないことはない。以上のことから論じるならば、どうして自身の（来世の幸福の）ために下地を作らないことがあろうか。さて子孫とは、もともと天地の間に存在する一人の民草に他ならず、どうして自分自身の事とするのか。そうではあるが（その子孫を）愛護して、かれらの基盤となるものを残そうとする。ましてや自分自身の魂（精神）に関して、直ちに（来世の）基盤となるものを捨ててしまおうとするであろうか。

凡夫は無知蒙昧であり、来世を見ることをしない。したがって来世と現世とは一体ではないと言うばかりである。もし天眼《てんげん》があって、一瞬一瞬に消滅し、また断絶することなく生起することを観察するならば、どうして恐れをなさないであろうか。また君子は世の中で生きていく上で、己を慎んで禮に立ち返り、時代を整え人々に有益なことを為すことを大切にする。家を治める者は一家の幸せを求め、国家を治める者は国の繁栄を望むものである。下僕や妾また臣民は、自分自身とは結局のところ如何なる関係も無い。そうであれば（どうして、彼らの）ために苦労して勤め励んで徳を修めようとするであろうか。またこのことは堯・舜や周公・孔子が、空しく（来世の）楽しみを失ったにすぎない。自分一人が（佛教の説く）道を修めて、どれほどの人々を救済し、どれほどの人々をその積み重なった罪業から解脱させることができるであろうか。（お前達には）このことを熟慮してほしい。お前達がもし世俗の事柄を見て、家柄を立派にし、妻子を捨てることなく、出家することができないならば、但だ戒を保つことを傍らに修め、心を讀經と暗誦とに留めて、それを以て来世への橋渡しとすることができるように勤めなさい。人生とは得がたいもので、虚しく過すことがあってはならない。

【原文】

儒家君子、尙離庖廚。見其生不忍其死、聞其聲不食其肉。高柴・折像未知內教、皆能不殺。此乃仁者自然用心。含生之徒、莫不愛命。去殺之事、必勉行之。好殺之人、臨死報驗、子孫殃禍、其數甚多。不能悉錄耳、且示數條於末。

《訓読》

儒家の君子、庖廚を離るるを尙ぶ。(一)其の生を見ては其の死を忍びず、其の聲を聞きては其の肉を食はず。高柴(二)・折像(三)未だ內教を知らざるも、皆能く殺さず。此れ乃ち仁者の自然の用心なり。含生の徒(四)、命を愛しまざる莫し。殺すを去るの事、必ず勉めて之を行へ。殺すを好むの人、死に臨みて報驗あり、子孫に殃禍あること、其の數甚だ多し。悉くは錄す能はざるのみ、且《しばら》く數條を末に示さん。

（注）

（一）「是乃仁術也。見牛未見羊也。君子之於禽獸也、見其生不忍見其死、聞其聲不忍食其肉。是以君子遠庖廚也」（『孟子』梁惠王上）を典拠とする。『孟子』の仁によって不殺を説くことは、前段にて儒教の仁と佛教の不殺生戒を対応させたことを受けている（本篇の注（二）二〇八頁）。本篇末の参校三も参照。ちなみに『禮記』玉藻には、「君無故不殺牛、大夫無故不殺羊、士無故不殺犬豕。君子遠庖廚、凡有血氣之類、弗身踐也」との表現もある。

（二）高柴は、字を子羔。春秋戰國時代の人。孔子の弟子で、孔子からは「柴や愚」と評された。また孝に篤く、法規に通じた（『論

語』先進、『孔子家語』七十二弟子解第三十八）。子羔の不殺は、『孔子家語』弟子行第十二に、「自見孔子、出入於戸、未嘗越履、往来過之、足不履影、啓蟄不殺、方長不折、執親之喪、未嘗見歯、是高柴之行也。孔子曰、柴於親喪、則難能也。啓蟄不殺、則順人道。方長不折、則恕仁也。成湯恭而以恕、是以日躋」とある。

（三）折像は、字を伯式。後漢の人。廣漢郡の出身。富豪の家に生まれたが、父の死後は禍を避けるため、あえて財を散じて家を衰えさせた。折像の不殺は、「像幼有仁心、不殺昆虫、不折萌牙」とある（『後漢書』列傳七十二上 方術 折像傳）。

（四）含生の徒は、生命のある者のこと（王利器注）。

［現代語訳］

儒家の君子は、厨房に近寄らないことを尊ぶ。その生きているものを見てはその死を（見ることを）忍びず、その声を聞いてはその肉を食べない。高柴《こうさい》・折像《せつしょう》はまだ佛教を知らなかったが、いずれも殺生をしなかった。これこそ仁者がおのずから持つ心構えである。生ける者に、命をあわれまないものはない。殺生を避けることは、必ず努めてこれを行え。殺生を好む人に、臨終に報いがあり、子孫に災禍があることは、その例はきわめて多い。すべてを記すことはできず、ひとまず数例を最後に示そう。

【原文】

梁世有人、常以鶏卵白和沐、云使髮光、毎沐輒二三十枚。臨死、髮中但聞啾啾數千鶏雛聲。

江陵劉氏、以賣鱓羹爲業。後生一兒、頭是鱓、自頸以下方爲人耳。

王克爲永嘉郡守、有人餉羊、集賓欲讌。而羊繩解、來投一客、先跪兩拜、便入衣中。此客竟不言之、固無救請。須臾、宰羊爲羹、先行至客。一臠入口、便下皮内、周行遍體、痛楚號叫、方復説之。遂作羊鳴而死。

《訓読》

梁世に人有り、常に鶏卵白を以て沐に和し、髮をして光らしむと云ひ、沐する毎に輒ち二三十枚《ばい》たり。死に臨み、髮中より但だ啾啾と數千の鶏雛の聲を聞く。

江陵の劉氏、鱓《うなぎ》の羹を賣るを以て業と爲す。後に一兒を生むに、頭は是れ鱓たり、頸より以下 方《はじ》めて人爲るのみ。

王克（一）の永嘉郡守（二）爲《た》りしに、人有りて羊を餉り、賓を集め讌せんと欲す。而して羊の繩 解け、來たりて一客に投じ、先づ跪き兩拜し、便ち衣中に入る。此の客 竟に之を言はず、固より救請すること無し。須臾《しばらくして》、羊を宰《ほふ》り羹と爲し、先行して客に至る。一臠をば口に入るや、便ち皮内に下り、周行して體を遍くす。痛楚して號叫し、方めて復た之を説く。遂に羊鳴を作《な》して死す（三）。

（注）

（一）王克は、琅邪王氏の裔。梁に仕えて司徒右長史・尚書僕射となるが、建康を陥落させた侯景に与し、太宰・侍中・錄尚書事に至った。このため侯景が滅びた後に、「王氏百世卿族、便是一朝而墜」と批判された（『南史』巻二十三 王彧傳）。

(二) 永嘉は、揚州に属する郡。東晉明帝期に臨海郡を割いて置かれた。永寧ほか五縣を領す（『宋書』巻三十五 州郡志一 揚州）。

(三) 本説話の類型と思しきものが『藝文類聚』や『太平御覽』に引かれる。『藝文類聚』巻九十四 獸部中には、「續搜神記曰、顧霈者、吳之豪士。送客置酒、有一沙門在坐。主人殺羊、羊繩斷、便走來入道人膝中、穿頭入袈裟下。道人不能救、卽將去殺之。既行炙、主人便先割以啖道人。道人食炙下喉、便自行道人皮中、痛毒不可忍。呼醫來針之、以數針貫其炙、猶動搖、乃破出之、是故一臠肉耳。道人於此得病、作羊鳴少時便死」とある。こちらでは舞台は三國孫吳の時代であり、また羊に祟り殺されるのが僧侶になっていることは注目すべきであろう。

［現代語訳］

梁代に人がおり、いつも卵白を洗髪に用いる米のとぎ汁に混ぜ、髪を黒々と光らせると言って、髪を洗うたびに（卵を割ること）二、三十個であった。臨終に、髪の中からひよひよと（姿は見えないのに）数千羽の雛の鳴き声だけが聞こえた。

江陵の劉氏は、鱓の羹を売ることを生業とした。後に一人の赤子が生まれると、頭は鱓であり、首から下だけが人のかたちであった。

王克《おうこく》が永嘉《えいか》郡守であったとき、人に羊を贈られ、賓客を集めて宴会をしようとした。しかし羊の縄が解け、（羊が）やってきてある客のもとで立ち止まり、まず跪いて両拝すると、衣の中に入った。しかしこの客はこれを言わず、（羊を）助けるよう求めることもなかった。しばらくして、羊を屠って羹とし、まずその客へ運ばれた。（その客が）肉を一口食べるや、（肉は）皮膚の内側にもぐり、身体中をめぐった。（客は）非常に痛がって泣き叫び、はじめて（さきほどの羊のことを）白状した。そのまま羊のように鳴いて死んだ。

【原文】

梁孝元在江州時、有人爲望蔡縣令。經劉敬躬亂、縣廨被焚、寄寺而住。民將牛酒作禮。縣令[1]以牛繫刹柱、屛除形像鋪設牀坐、於堂上接賓。未殺之頃、牛解徑來、至階而拜。縣令大笑、命左右宰之。飮噉醉飽、便臥簷下。稍醒而覺體痒、爬搔隱疹、因爾成癩十許年死。

［校勘］

1．抱經堂叢書本は「以牛繫刹柱」に作るが、『太平廣記』巻一百三十一 報應三十所引の『顏氏家訓』では、「以牛擊殺」に作る。

《訓読》

梁孝元(一)の江州に在りし時、人有りて望蔡縣令(二)と爲る。劉敬躬の亂(三)を經て、縣廨 焚かれ、寺に寄りて住む。民 牛酒を將《おく》り禮を作す。縣令 牛を以て刹柱に繫ぎ、形像を屛除し牀坐を鋪設し、堂上に賓と接す。未だ殺さざるの頃、牛 解け徑《ただ》ちに來、階に至りて拜す。縣令大いに笑ひ、左右に命じて之を宰らしむ。飮噉して醉飽し、便ち簷下に臥す。稍〻醒めて體の痒きを覺え、隱疹を爬搔し、爾に因りて癩と成り十許年にして死す(四)。

（注）

(一) 梁孝元は、梁の元帝。教子篇の注（五）八頁を参照。元帝は五四〇年から五四七年まで、都督江州諸軍事・鎭南將軍・江州刺史として江州にあった（『梁書』巻五 元帝紀）。

（二）望蔡は、江州豫章郡に屬する縣。後漢靈帝期に豫州汝南郡上蔡縣の民を当地に徙して上蔡縣と名付け、西晉武帝期に望蔡縣と改めた（『宋書』巻三十六 州郡志二 江州）。

（三）劉敬躬の乱は、大同八（五四二）年正月に安成郡の劉敬躬が起こした反乱。廬陵、豫章、新淦、柴桑へ侵攻し、同年三月に蕭繹（のちの元帝）に鎮圧された（『梁書』巻三 武帝紀下 大同八年）。

（四）『法苑珠林』巻六十四 漁獵篇が引く『梁京寺記』に趣の似た説話がある。「梁小莊嚴寺、在建康定陰里、本是晉零陵王廟地。天監六年、度禪師起造。時有鄒文立者、世以烹屠爲業。嘗欲殺一鹿、鹿跪而流淚。以爲不祥、卽加刳剖、鹿懷一麑尋當產育、就庖哀切有惻害心。因斯患疾、眉鬚皆落、身瘡並壞。因生慚愧深起悔責、乃求道度禪師、發露重懺。立大誓願、磬捨家資、迴買此地、爲立伽藍」（大正藏第五十三巻）。

［現代語訳］

梁の元帝が江州にいたとき、ある人が望蔡縣令となった。劉敬躬《りゅうけいきゅう》の乱を経て、縣の役所が焼かれ、寺に身を寄せて住んだ。民は牛と酒を贈って禮をしめした。縣令は牛を寺の柱に繫ぎ、佛像をどかして席を設け、堂上で賓客をもてなした。まだ殺す前に、牛が（縄を）解いてまっすぐに来て、きざはしに至って拝礼した。縣令は大いに笑い、左右の者に命じてこれを屠らせた。飲み食いして満腹になるや、軒下で眠った。すこし酔いが醒めると体の痒みを覚え、発疹をかきむしり、これのために癩病となって十年ばかりで死んだ。

【原文】

楊思達爲西陽郡守、値侯景亂。時復旱儉、饑民盜田中麥。思達遣一部曲守視、所得盜者、輒截手擊、凡戮十餘人。部曲後生一男、自然無手。

《訓読》

楊思達(一) 西陽郡守(二)と爲り、侯景の亂に値ふ。時に復た旱儉し、饑民 田中の麥を盜む。思達 一部曲を遣はし守視せしめ、得る所の盜者、輒ち手擊を截ち、凡そ十餘人を戮す。部曲 後に一男を生むに、自然に手無し(三)。

（注）

（一）侯景の乱当時の西陽郡守について、『梁書』巻五十六 侯景傳に「西陽太守羊思建爲殷州刺史」とあり、同じく巻三 武帝紀下 太淸二年に、「甲辰、豫州刺史羊鴉仁、殷州刺史羊思達、並棄城走」とある。この羊思達（羊思建）が楊思達のことか。

（二）西陽は、郢州に屬する郡。西晉惠帝期に弋陽郡を割いて置かれた。西陽縣ほか十縣を領す（『宋書』巻三十七 州郡志三 郢州）。

（三）本説話と趣が似た説話として、『太平廣記』巻一百三十一 報應三十が引く『述異記』に、「阮倪者、性特忍害、因醉出郭、見有放牛放、直探牛舌本、割之以歸、爲炙食之。其後倪生一子、無舌。人以爲牛之報也」とある。なお、『太平廣記』巻一百二十 報應十九は、この逸話の出典を顔之推『冤魂志』とする。しかし現在伝わる『冤魂志』の逸文はいずれも人の怨みが加害者に報いを与えるという構造をとり、本説話とは傾向が異なる。おそらく『太平廣記』が誤ったのであろう。

〔現代語訳〕

楊思達《ようしたつ》は西陽《せいよう》郡守となり、侯景の乱に見舞われた。折り悪く日照りで凶作になり、飢民が田の麦を盗んだ。思達は部曲を派遣して監視させ、捕まえた盗人は、みな腕を斬り落とし、およそ十余人を殺した。部曲で後に男児が生まれると、生まれつき手がなかった。

【原文】

齊有一奉朝請、家甚豪侈、非手殺牛、噉之不美。年三十許、病篤、（大見）〔見大〕[1]牛來。擧體如被刀刺、叫呼而終。

江陵高偉、隨吾入齊。數年、向幽州淀中捕魚。後病、毎見羣魚齧之而死。

〔校勘〕

1．抱經堂叢書本は「大見」に作るが、『太平廣記』巻一百三十一報應三十所引の『顔氏家訓』に従い、「見大」に改める。

《訓読》

齊に一奉朝請(一)有り、家 甚だ豪侈たりて、手づから殺せし牛に非ずんば、之を噉らふも美《うま》しとせず。年三十許《ばか》りにして、病篤く、大牛の來たるを見ゆ。擧體 刀もて刺さるるが如く、叫呼して終はる。

江陵の高偉、吾に隨ひて齊に入る。數年、幽州の淀中に魚を捕る。後に病み、毎に羣魚の之を齧るを見て死す。

（注）

（一）奉朝請は、官名。本官ではなく、外戚などに与えられる特別待遇。朝廷の行う儀礼に参加を許されたためにこう言う。北朝では、公主を娶った駙馬都尉に与えられた（『通典』巻二十六 職官十一 三都尉）。

〔現代語訳〕

北齊に一人の奉朝請《ほうちょうせい》がおり、家はたいへんに豪奢であり、手づから殺した牛でなければ、これを食べても美味いと思わなかった。三十歳ほどにして、病が重くなり、大牛が来るのを見た。（奉朝請は）全身が刀で刺されたかのようになり、絶叫して死んだ。

江陵《こうりょう》の高偉《こうい》は、吾《わたし》に随って北齊に入った。数年間、幽州の池で魚を捕えた。後に病み、いつも群れた魚が己を齧るのを見て死んだ。

【原文】

世有癡人、不識仁義、不知富貴並由天命。爲子娶婦、恨其生資不足、倚作舅姑之尊、虵虺其性、毒口加誣、不識忌諱、罵辱婦之父母。却成教婦不孝己身、不顧他恨。但憐己之子女、不愛己之兒婦。如此之人、陰紀其過、鬼奪其算。愼不可與爲鄰、何況交結乎。避之哉。

《訓読》

世に癡人有り、仁義を識らず、富貴 並びに天命に由る(一)を知らず。子の爲に婦を娶るに、其の生資の足らざるを恨み、倚《よこしま》に舅姑の尊を作し、其の性を虵虺《だき》とし、毒口もて加誣し、忌諱するを識らず、婦の父母を罵辱す。却りて婦をして己が身に不孝たらしむと成すも、他の恨を顧みず。但だ己の子女を憐れみ、己の兒婦を愛でず。此の如きの人、陰《ひそか》に其の過を紀され、鬼 其の算(二)を奪はん(三)。愼んで與に鄰と爲す可からず、何ぞ況んや交結せんや。之を避けんかな(四)。

(注)

(一)『論語』顏淵に、「司馬牛憂曰、人皆有兄弟、我獨亡。子夏曰、商聞之矣。死生有命、富貴在天。君子敬而無失、與人恭而有禮。四海之內、皆兄弟也。君子何患乎無兄弟也」とある。

(二)算は、三日分の寿命。行いの善悪と寿命の関係については、『抱朴子』內篇卷三 對俗篇に、「行惡事大者、司命奪紀、小過奪算、隨所犯輕重、故所奪有多少也。凡人之受命得壽、自有本數、數本多者、則紀算難盡而遲死、若所稟本少、而所犯者多、則紀算速盡而早死」とあり、同じく卷六 微旨篇に、「禁忌之至急、在不傷不損而已。按易內戒及赤松子經及河圖記命符皆云、天地有司過之神、隨人所犯輕重、以奪其算、算減則人貧耗疾病、屢逢憂患、算盡則人死、諸應奪算者有數百事、不可具論。又言身中有三尸、三尸之爲物、雖無形而實魂靈鬼神之屬也。欲使人早死、此尸當得作鬼、自放縱游行、享人祭酹。是以每到庚申之日、輒上天白司命、道人所爲過失。又月晦之夜、竈神亦上天白人罪狀。大者奪紀。紀者、三百日也。小者奪算。算者、三日也」とあって、罪の軽重に応じて「紀(三百日)」・「算(三日)」が奪われるとある。玉置重俊は、かかる『抱朴子』の倫理思想が、後世の功過格に代表される道教特有の倫理観の淵源のひとつになったとする。玉置重俊「『抱朴子』內篇に見える倫理思想」(『北海道情報大学紀要』十四、二〇〇二年)を参照。

(三)董正功『續顏氏家訓』に、「此言不俟三世、立卽有報、惡之之甚也。因亦戒貪」とある(王利器注)。

(四)趙曦明によれば、宋本ではこの段は涉務篇の末尾にあったという。趙曦明は、この段が因果を述べることを理由に歸心篇に置くのが正しいとする。一方、王利器は殺生を戒める「儒家君子、尙離庖廚」以下の内容とこの段がそぐわないため、歸心篇ではなく涉務篇にあるべきとする。

［現代語訳］

世に痴れ者がおり、仁義を知らず、富貴がともに天命によるのを知らない。子のために嫁を娶るに、その生活の費用が足りないと恨み、よこしまに舅姑を尊ばせ、その性を蛇のようだとし、悪口で侮辱し、慎むところを知らず、嫁の父母を罵倒して侮辱する。かえって嫁を己に不孝とさせているのに、その恨みを顧みない。ただ己の子女だけを憐れみ、その嫁を慈しまない。このような人には、（司命が）ひそかにその過ちを記し、鬼神がその寿命を奪うだろう。ゆめゆめ隣人とするべきではなく、まして交際などするべきではない。これに近寄ってはならない。

《参校》

一、顏之推と志怪小説

顏之推は、『冤魂志』・『集靈記』というふたつの志怪小説を編纂したという。『北齊書』顔之推傳には記録がないが、『隋書』巻三十三經籍志二 史 雜傳に、「集靈記、二十卷。顔之推撰。冤魂志、三卷。顔之推撰」とあり、ほか『舊唐書』・『新唐書』にも記載される。とくに前者の『冤魂志』は、『法苑珠林』に引用されるなど、佛教的な応報譚を採集した志怪小説とされる。『冤魂志』はすでに散逸して、『法苑珠林』・『太平廣記』所引の逸文を中心に収集した王國良『顔之推冤魂志研究』（文史哲出版社、一九九五年）がある。

現存する『冤魂志』説話は、ほとんどが「ある者を非業の死に追いやった加害者が、その者の引き起こす怪異に遇って報いを受けて死ぬ」という構造をとる。このため、事件はすべて人間同士の怨恨であり、また発生する應報は現世で完結する。ゆえに勝村哲也は、『冤魂志』の應報譚は実際は佛教の影響を受けておらず、『春秋』・『史記』以来の中国在来の応報観の範疇に留まるとする。

一方で池田恭哉は、『冤魂志』の編纂意図について、佛教の應報説を否定する士大夫たちに應報を証明するため、さらには儒教的な倫理観を強調するためと指摘する。そしてその理解を容易にするため、顔之推は採録する説話に佛教色を持たせず、儒教經典や正史を典拠に用いたという。また小南一郎は、應報の実在に対する切望が本書編纂の動機とし、『冤魂志』は「来生を含めた佛教的な因果応報には満足せず、現世のこの目でその應報を見たいという強い願望に貫かれている」とする。

二、歸心篇の應報譚

『冤魂志』同様、歸心篇の應報譚もまたすべて現世における應報である。前段落で前世・来世の存在を肯定しながら、それを証左するような説話をここで採ることはしない。勝村は、『冤魂志』と歸心篇を表裏一体、すなわち「冤魂志の記事は歸心篇に付されていても何ら不思議はない」と見なす。その上で、顔之推は、儒家的立場を貫徹しつつも佛教への信仰を持ちつづけ、佛教の應報説を否定しようとする儒家達に應報の証明をするため歸心篇・『冤魂志』を著した、とする。

たしかに歸心篇の應報譚は、典型的な佛教志怪小説である『冥祥記』に見られるような、佛教の教義や奇跡を端的に示す説話とは異なる。また、「王克」・「望蔡縣令」の説話は、原型と思われる説話と比較して佛教色が意図して削り落されているようである。士大夫に理解しやすいよう顔之推が佛教色を出さなかった、という『冤魂志』に対する池田の指摘は、歸心篇にも当てはまろう。

三、顔延之の応報観と不殺生観

顔之推より遡ること五世代の顔延之も、やはり佛教を厚く尊崇した。『弘明集』巻四（大正藏第五十二巻所収）に収録される何承天との書簡の応酬からは、かれの佛教理解、とくに應報説と不殺生戒に対する理解を見ることができる。

顔延之は、佛教の應報説を儒教のそれによって解釈しようとするなど、おおむね両者を同一視する。ただ佛教の應報は来世の当人自身に及ぶという点において、生存中の当人ないし死後の子孫にしか及ばない儒教の応報より優れる、とも言う。歸心篇の「釋五」にも通底する理解である。

一方、不殺生戒の問題については、顔延之は無用の殺生のみを戒める儒教の仁を批判し、生類すべての殺生を禁ずる佛教の不殺生戒の優位を主張する。それゆえ何承天が、「請問、不止者、將自己不殺耶、令受教咸同耶。若自己不殺、取足市鄽。故是遠庖廚意。必欲推之於編戸、吾見雅論之不可立矣」と『孟子』を典拠に疑問を呈すと、顔延之は、「不復委咎市鄽庖廚」と答え、佛教の不殺生とは自分が直接手を下さないだけでなく、教えを受けた者すべてが殺生を避けることであると述べた。すなわち、「君子遠庖廚」と表現される『孟子』の仁では、佛教の求める不殺生に至らないとするのである。本篇の注（一）二二七頁で述べた顔之推の不殺生観とは異なる理解と言えよう。

以上、顔延之の仏教理解については、小林正美「顔延之の儒仏一致論について」（『中国古典研究』十九・二十一・二十三、一九七三・一九七六・一九七八年。同氏『六朝仏教思想の研究』創文社、一九九三年に改題収録）を参照。

（佐藤晃・冨田絵美・袴田郁一）

【原文】

卷第六　書證

書證第十七

詩云、參差荇菜。爾雅云、荇、接餘也。字或爲莕。先儒解釋皆云、水草。圓葉・細莖、隨水淺深。今是水悉有之、黃花似蓴。江南俗亦呼爲猪蓴、或呼爲荇菜。劉芳具有注釋。而河北俗人多不識之、博士皆以參差者是莧菜、呼人莧爲人荇。亦可笑之甚。

《訓読》

卷第六　書證

書證第十七

詩に云ふ、「參差たる荇菜(一)」と。爾雅に云ふ、「荇は、接餘なり(二)」と。字 或いは莕に爲《つく》る。先儒の解釋 皆 云ふ、「水草なり。圓葉・細莖にして、水の淺深に隨ふ」と。今 是れ水に悉く之有り、黃花 蓴に似る。江南の俗も亦た呼びて猪蓴と爲し、或いは呼びて荇菜と爲す。劉芳(三)に具さに注釋有り。而るに河北の俗人 多く之を識らずして、博士 皆 參差たる者 是れ莧菜と以《おも》ひ、人莧を呼びて人荇と爲す。亦た笑ふ可きの甚だしきなり。

(注)

(一)『詩經』周南 關雎に、「參差荇菜、左右流之。窈窕淑女、寤寐求之。求之不得、寤寐思服。悠哉悠哉、輾轉反側。參差荇菜、左右采之。窈窕淑女、琴瑟友之。參差荇菜、左右芼之。窈窕淑女、鍾鼓樂之」とある。

(二)『爾雅』釋草に、「莕、接餘。其葉苻」とある。またその注に「叢生水中、葉圓、在莖端、長短隨水深淺、江東食之」とある。

(三)劉芳は、字を伯文、彭城郡の人。經義に精通し、とくに音訓に詳しかった(『魏書』卷五十五 劉芳傳)。勉學篇の(一一)九九頁も参照。また、劉芳の注釈書は、『隋書』卷三十二 經籍志一 經部 詩類に、「毛詩箋音證十卷。後魏太常卿劉芳撰」とある。

[現代語訳]

卷第六　書證

書證第十七

『詩經』に、「參差《しんさ》たる荇菜《こうさい》」とある。『爾雅《じが》』では、「荇《こう》は、接余《せつよ》の(はなじゅんさい)ことである」という。(荇という)字はまた莕とも書く。これまでの儒者の解釈はすべて「(荇は)水草である。丸い葉・細い茎で、(長さは)水の深さによって異なる」とする。今では(荇は)水のある所にはすべて生育しており、黄色い花は蓴《じゅんさい》に似ている。江南の世間の人も同様に(荇を)名付けて猪蓴といい、あるいは名付けて荇菜という。劉芳《りゅうほう》に詳しい注釈がある。しかし、河北の世間の人は多く劉芳の注釈を知らず、学者は皆、參差なるものとは莧菜《かんさい》(ひゆ)のことであると考え、人莧を名付けて人荇としている。一笑に付すべきことである。

【原文】

詩云、誰謂荼苦。爾雅・毛詩傳、並以荼苦菜也。又禮云、苦菜秀。案、易統通卦驗玄圖曰、苦菜生於寒秋、更冬歷春、得夏乃成。今中原苦菜、則如此也。一名游冬、葉似苦苣而細、摘斷有白汁、花黃似菊。江南別有苦菜、葉似酸漿、其花或紫或白、子大如珠、熟時或赤或黑、此菜可以釋勞。案、郭璞注爾雅、此乃蘵、黃蒢也。今河北謂之龍葵。梁世講禮者、以此當苦菜、既無宿根、至春子方生耳。亦大誤也。又高誘注呂氏春秋曰、榮而不實曰英。苦菜當言英、益知非龍葵也。

《訓読》

詩に云ふ(一)、「誰か茶《と》を苦しと謂ふや」と。爾雅・毛詩傳、並《とも》に茶を以て苦菜とす(二)。又 禮に云ふ(三)、「苦菜 秀《ひい》づ」と。案ずるに、易統通卦驗玄圖(四)に曰く、「苦菜 寒秋に生じ、冬を更《へ》て春を歴《へ》、夏を得て乃ち成る」と。今 中原の苦菜、則ち此の如きなり。一名は游冬、葉は苦苣に似て細く、摘斷すれば白汁有り、花は黃にして菊に似る。江南に別に苦菜有り、葉は酸漿に似、其の花 或いは紫 或いは白にして、子の大きさ珠の如く、熟する時 或いは赤 或いは黑にして、此の菜 以て勞を釋く可し。案ずるに、郭璞 爾雅に注して(五)、「此れ乃ち蘵、黃蒢なり」とす。今 河北は之を龍葵と謂ふ。梁の世に禮を講ずる者、此を以て苦菜に當つるも、既に宿根無く、春に至りて子 方《はじ》めて生ずるのみ。亦た大いなる誤りなり。又 高誘 呂氏春秋に注して曰く(六)、「榮《は》えて實らざるを英と曰ふ」と。苦菜 當に英と言ふべくして、益〻龍葵に非ざるを知るなり。

(注)

(一)『詩經』邶風 谷風に、「誰謂茶苦、其甘如薺。宴爾新昏、如兄如弟」とある。

(二)『爾雅』釋草篇に「茶、苦菜」とあり、前注に引く「谷風」の毛傳に、「茶、苦菜也」とある。

(三)『禮記』月令に、「(孟夏) 螻蟈鳴、蚯蚓出、王瓜生、苦菜秀」とある。

(四)『隋書』巻三十四 經籍志三 子部 五行類には、「易通統卦驗玄圖一卷」とあり、本文とは書名にやや異同がある。

(五)『爾雅』釋草に、「蘵、黃蒢」とあり、その郭璞注に、「蘵草、葉似酸漿、華小而白、中心黃。江東以作葅食」とある。

(六)『呂氏春秋』孟夏紀 四月に、「王菩生、苦菜秀」とあり、その高誘注に、「爾雅云、不榮而實曰秀、榮而不實曰英。苦菜當言英者也」とある。

[現代語訳]

『詩經』に、「誰が茶《にがな》を苦いというだろうか」とある。『爾雅』・毛傳はともに、茶は苦菜《にがな》であるとしている。また『禮記』に、「苦菜は実をつける」とある。考えるに、『易統通卦驗玄圖《えきとうつうかけんげんと》』に、「苦菜は晩秋に生え、冬を過ぎ春を過ぎ、夏となってようやく成長し終える」という。今の中原の苦菜も、このようである。別名は游冬《ゆうとう》(といい)、葉は苦苣《くきょ》(けしあざみ)に似て細く、摘み取れば白い汁が出て、花は黄色で菊に似ている。(一方で) 江南にもまた別に苦菜があり、葉は酸《さん》漿《しょう》(ほおづき) に似て、その花は紫色であったり白色であり、実の大きさは真珠の大きさ程であり、熟す時は赤色であったり黒色であり、この野菜は疲労を回復させる。考えるに、郭璞《かくはく》は『爾雅』に、「これはすなわち蘵《しょく》(いぬほおづき)、黃蒢である」という注をつけている。今は河北では苦菜を龍葵《りゅうき》という。(一方で) 梁の時代に『禮記』を講釈した者は、江南の苦菜を (『禮記』の言う) 苦菜に該当するものとしたが、（江南の苦菜は）元より宿根が無く、春になって実がはじめてなるだけである。（江南の苦菜を經書の言う苦菜と見なすことも）同様に大きな誤りである。さらに高誘《こうゆう》は『呂氏春秋《りょししゅんじゅう》』に注をつけて、「花を咲かせて実らないことを英《むだばな》という」といった。（『禮記』の）苦菜は（高誘がいう）英というべきであり、ますます（河北で苦菜と同一視される）龍葵でないことを知るのである。

【原文】

詩云、有杕之杜。江南本、並木傍施大。傳曰、杕、獨皃也。徐仙民、音徒計反。說文曰、杕、樹皃也。在木部。韻集、音次第之第。而河北本、皆爲夷狄之狄、讀亦如字。此大誤也。

《訓読》

詩に云ふ、（一）「有杕の杜」と。江南の本、並びに木傍に大を施す。傳に曰く、（二）「杕は、獨皃なり」と。徐仙民は、（三）徒計反と音す。說文に曰く、（四）「杕は、樹皃なり」と、木部に在り。韻集は、（五）次第の第と音す。而るに河北の本、皆 夷狄の狄に爲《つく》り、讀みも亦た字の如し。此れ大いなる誤りなり。

（注）

（一）『詩經』唐風 杕杜に、「有杕之杜、其葉湑湑。獨行踽踽。豈無他人、不如我同父。嗟行之人、胡不比焉。人無兄弟、胡不佽焉。有杕之杜、其葉菁菁。獨行睘睘。豈無他人、不如我同姓。嗟行之人、胡不比焉。人無兄弟、胡不佽焉」とある。

（二）『詩經』唐風 杕杜の毛傳に、「杕、特皃」とある。注の異同に関して、郝懿行は、「特」は「獨」と訓じ得ることから、顏之推が「獨」に改めたとする。

（三）徐仙民は、徐邈。仙民は字（『晉書』巻六十四 會稽文孝王道子傳）。勉學篇の（一）一一六頁を参照。

（四）『說文解字』六上 木部 杕字の説解に、「樹皃。从木大聲。詩曰、有杕之杜」とある。

（五）『韻集』なる韻書について、『隋書』巻三十二 經籍志一 經部小學類には、「韻集十卷」、「韻集六卷、晉安復令呂靜撰」、「韻集八卷、段弘撰」の三種を著録する。音辞篇の記述より推察するに顏之推の指す『韻集』とは、このうち呂靜（撰）のものを指すと考えられる。

［現代語訳］

『詩經』に、「有杕《ゆうてい》の杜」とある。江南の本は、いずれも（杕の字を）木偏に大とする。毛傳では、「杕は、独りのすがたである」という。徐仙民《じょせんみん》（徐邈）は、徒計の反としている。『說文解字』は、「杕は、樹のすがたである」といい、木部に採録している。『韻集《いんしゅう》』は、次第の第として（徐邈と同音で解釈して）いる。しかし河北の本は、いずれも（杕を）夷狄《いてき》の狄に作り、読みもまた（狄の）字の通りとしている。これはたいへんな誤りである。

【原文】

詩云、駉駉牡馬。江南書皆作牝牡之牡、河北本悉爲放牧之牧。鄴下博士見難云、駉頌既美僖公牧于坰野之事。何限騂騭乎。余答曰、案、毛傳云、駉駉、良馬腹幹肥張也。其下又云、諸侯六閑四種。有良馬・戎馬・田馬・駑馬。若作放牧之意、通於牝牡、則不容限在良馬獨得駉駉之稱。良馬、天子以駕玉輅、諸侯以充朝聘・郊祀、必無騂也。周禮圉人職、良馬、匹一人。駑馬、麗一人。圉人所養、亦非騂也。頌人擧其強駿者言之、於義爲得也。易云、良馬逐逐。左傳云、以其良馬二。亦精駿之稱、非通語也。今以詩傳良馬。通於牧騂、恐失毛生之意、且不見劉芳義證乎。

《訓読》

詩に云ふ(一)、「駉駉たる牡馬」と。江南の書は皆 牝牡の牡に作り、河北の本は悉く放牧の牧に爲《つく》る。鄴下の博士 見えて難じて云ふ、「駉の頌 既に僖公の坰野《けいや》に牧するの事を美す。何ぞ騂騭《そうしつ》に限らんや」と。余 答へて曰く、「案ずるに、毛傳に云ふ(二)、「駉駉たりとは、良馬の腹幹 肥張するなり」と。其の下に又 云ふ(三)、「諸侯 六閑四種。良馬・戎馬・田馬・駑馬有り」と。若し放牧の意に作り、牝牡に通ずれば、則ち良馬に限在するを容れずして獨り駉駉の稱を得るのみ。良馬、天子は以て玉輅に駕し、諸侯は以て朝聘・郊祀に充て、必ず騂無きなり。周禮の圉人の職に(四)、「良馬は、匹 一人。駑馬は、麗一人」と、圉人の養ふ所も、亦た騂に非ざるなり。頌人 其の強駿なる者を擧げて之を言ふ、義に於て得たりと爲すなり。易に云ふ(五)、「良馬 逐逐たり」と。左傳に云ふ(六)、「其の良馬を以て二《なら》べる」と。亦た精駿の稱にして、通語に非ざるなり。今 詩傳の良馬を以てす。牧騂に通ずれば、恐らく毛生の意を失ひ、且つ劉芳の義證(七)を見《あらは》さざらんや」と。

(注)

(一)『詩經』魯頌「駉」に、「駉駉牡馬、在坰之野」とある。

(二)『詩經』魯頌「駉」の毛傳に、「駉駉、良馬腹幹肥張也」とある。

(三)『詩經』魯頌「駉」の毛傳に、「諸侯六閑、馬四種。有良馬、有戎馬、有田馬、有駑馬」とある。

(四)『周禮』夏官司馬に、「圉人、良馬匹一人、駑馬麗一人」とある。

(五)『周易』大畜 九三に、「良馬逐」とある。

(六)『春秋左氏傳』宣公 傳十二年に、「趙旃以其良馬二。濟其兄與叔父」とある。

(七)義證は、ここでは、劉芳の『毛詩箋音義證』(『魏書』巻五十五 劉芳傳)のこと。

[現代語訳]

『詩經』に、「駉駉《けいけい》たる牡馬」とある。江南の書はいずれも牝牡の牡(牡馬)に作り、河北の本はみな放牧の牧(牧馬)に作る。鄴下の学者が(わたしと)会って批判して、「魯頌 駉はそもそも(魯の)僖公《きこう》が郊外の遠野に(馬を)放牧したことを褒めるものである。どうしてオスメスに限ることがあろうか」と言った。わたしは答えて、「考えるに、毛傳に、「駉駉たりとは、良馬の脇腹が肥え張ることである」とある。その下文にさらに、「諸侯は六閑に四種(の馬)がある。良馬・戎馬・田馬・駑馬がある」という(つまり駉駉とは「良馬」を形容する語である)。もし放牧の意とし、雌雄双方のことを指すとすると、「良馬」に限定して理解できず、ただ駉駉の呼び名を得るだけとなる。良馬とは、天子は玉輅《ぎょくろ》（天子の乗る車）に繋げ、諸侯は朝聘・郊祀に充当し、（そこには）必ず雌馬はいない。『周禮《しゅらい》』の圉人《ぎょじん》の職に、「良馬は、一頭に一人。駑馬は、二頭に一人」とある。圉人が養う馬も、同様に雌馬ではないのである。頌の詠み手は、その丈夫で足の速いことを挙げて良馬といったとすることが、頌の意を理解したことになると考える。『周易』では、「良馬は並び駆ける」という。『春秋左氏傳』では、「その良馬を並べる」という。（これらの良馬の用例も）同様に優れ足の速いことの呼び名であり、（雌馬に）通じる語ではないのである。（以上のことから）いま毛氏の『詩經』の傳の良馬による。（あなたの見解のように）雌馬を放牧したことに（この頌の意味が）通じるとしたら、おそらく毛先生の意を汲まず、その上、劉芳の『毛詩箋音義證《もうしせんおんぎしょう》』が説明するところを表さないであろう」といった。

【原文】

月令云、茘挺出。鄭玄注云、茘挺、馬薤也。說文云、茘似蒲而小、根可爲刷。廣雅云、馬薤、茘也。通俗文亦云馬藺。易統通卦驗玄圖云、茘挺不出、則國多火災。蔡邕月令章句云、茘似挺。高誘注呂氏春秋云、茘草挺出也。然則月令注茘挺爲草名、誤矣。河北平澤率生之。江東頗有此物、人或種於階庭、但呼爲旱蒲、故不識馬薤。講禮者、乃以爲馬莧。馬莧堪食、亦名豚耳、俗名馬齒。江陵嘗有一僧、面形上廣下狹。劉緩幼子民譽、年始數歲、俊晤善體物、見此僧云、面似馬莧。其伯父紹、因呼爲茘挺法師。紹親講禮名儒、尙誤如此。

《訓讀》

月令に云ふ（一）、「茘挺 出づ」と。鄭玄の注に云ふ（二）、「茘挺は、馬薤なり」と。說文に云ふ（三）、「茘は蒲に似て小さく、根は刷と爲す可し」と。廣雅に云ふ（四）、「馬薤は、茘なり」と。通俗文も亦た馬藺と云ふ。易統通卦驗玄圖に云ふ、「茘挺 出でざれば、則ち國 火災多し」と。蔡邕の月令章句に云ふ（五）、「茘は挺に似る」と。高誘 呂氏春秋に注して云ふ（六）、「茘草 挺出するなり」と。然らば則ち月令の注に茘挺を草名と爲すは、誤りなり。河北の平澤は率ね之を生ず。江東にも頗る此の物有り、人 或いは階庭に種ゑ、但だ呼びて旱蒲と爲し、故に馬薤を識らず。禮を講ずる者、乃ち以て馬莧と爲す。馬莧 食ふに堪へ、亦た豚耳と名づけ、俗は馬齒と名づく。江陵に嘗て一僧有り、面の形上は廣くて下は狹し。劉緩（七）の幼子の民譽、年始 數歲なるも、俊晤にして善く物を體し、此の僧に見えて云ふ、「面 馬莧に似る」と。其の伯父の紹（八）、因りて呼びて茘挺法師と爲す。紹 親ら禮を講ずる名儒なるも、尙ほ誤ること此くの如し。

（注）

（一）『禮記』月令に、「芸始生、茘挺出、蚯蚓結、麋角解、水泉動」とある。

（二）『禮記』月令の鄭注に「茘挺、馬韰也」とある。

（三）『說文解字』一下 艸部 茘字 說解に、「艸也。似蒲而小、根可作㕞。从艸劦聲」とある。

(四)『廣雅』釋草に、「馬䪅、茘也」とある。

(五)宇都宮注なども指摘するように、原文の「茘似挺」では明らかに文脈にそぐわないため、文章に欠があると思われる。ここでは宇都宮の訳に従った。

(六)『呂氏春秋』仲冬紀に、「芸始生、茘挺出、蚯蚓結、麋角解、水泉動」とあって、その高誘注には、「茘、馬茘。挺、生出也」とある。ただしこの現行の高誘注は本文が引くそれと文章が異なる。

(七)劉緩は、字を含度。安西湘東王の記室となり、また西府の文学サロンでは首座にあった。風操篇の(二)六八頁を参照。

(八)劉縚は、字を言明。学問を好み、三禮に通じた。大同年間(五三五～五四六年)、尚書祠部郎となったが、ついで職を去り、二度と仕えなかった。風操篇の(一)六七頁を参照。

〔現代語訳〕

『禮記』月令に、「茘挺《れいてい》が出る(茘《れい》が挺出《ていしゅつ》する)」とある。鄭玄《じょうげん》の注は、「茘挺は、馬薤《ばかい》である」としている。『説文解字』では、「茘は蒲《がま》に似ていて小さく、根は刷毛にすることができる」という。『廣雅』では、「馬薤は、茘である」という。『通俗文』も同様に馬藺《ばりん》という。『易統通卦驗玄圖』では、「茘の挺《くき》が出なければ、国に火災が多い」という。蔡邕《さいよう》の『月令章句《がつりょうしょうく》』では、「茘は挺ですっと生え出る」という。高誘《こうゆう》は『呂氏春秋』に注をつけて、「茘草が挺出するのである」という。以上のようであるならば『禮記』月令の鄭注が「茘挺」を草の名前とするのは、誤りである。河北の一般的な沢地ではおおむね茘を生やす。江東にも多くこの植物はあり、人によっては階前《きざはし》の庭に植え、ただ旱蒲《かんぼ》とだけ呼ぶので、そのため馬薤(という呼び名)を知らない。(江東の)『禮記』を講ずる者は、なんと(茘を)馬莧《ばけん》と見なしている。馬莧は食することができ、豚耳ともいい、世間では馬齒と呼ぶ。江陵にかつて一僧侶がおり、(その)顔の形が上は広く下は狭かった。劉緩《りゅうかん》の幼子の民譽《みんよ》は、生まれて数歳ながらも、俊英にして事物を形容するのが上手いため、この僧に会うと、「顔が馬莧に似ている」と言った。その伯父の劉縚《りゅうとう》は、そのため名付けて茘挺法師とした。劉縚は自身が『禮記』を説く名儒であるが、それでもなお間違えることはこのようであった。

【原文】

詩云、將其來施施。毛傳云、施施、難進之意。鄭箋云、施施、舒行皃也。韓詩亦重爲施施。河北毛詩皆云施施。江南舊本、悉單爲施。俗遂是之、恐爲少誤。

《訓読》

詩に云ふ(一)、「將《こ》ふ其れ來りて施施たれ」と。毛傳に云ふ(二)、「施施は、進み難きの意」と。鄭箋に云ふ(三)、「施施は、舒行の皃なり」と。韓詩も亦た重ねて施施に爲《つく》る。河北の毛詩は皆 施施と云ふ。江南の舊本は、悉く單《ひと》つにして施に爲《つく》る。俗 遂に之を是とするも、恐らくは少誤と爲す。

(注)

(一)『詩經』國風 丘中有麻に、「丘中有麻、彼留子嗟。彼留子嗟、將其來施施」とある。

(二)「丘中有麻」の毛傳に、「施施、難進之意」とある。

（三）「丘中有麻」の鄭箋に、「施施、舒行、伺間獨來見己之貌」とある。

［現代語訳］

『詩經』では、「どうかまたゆっくりとおいであれ（將ふ其れ來りて施施たれ）」という。毛氏の『詩經』傳では、「施施は、進むことが難しいの意味」という。鄭玄の箋《せん》では、「施施は、遅く進む様である」という。韓詩《かんし》も同様に（字を）重ねて施施に作る。河北の毛詩は皆、施施という。（一方で）江南の旧本は皆、字が一つであり施に作る。世間の人もその結果、江南の旧本のように施の一字とするものを正しいとするが、おそらくはやや間違っているように思われる。

【原文】

詩云、有渰萋萋、興雲祁祁。毛傳云、渰、陰雲皃。萋萋、雲行皃。祁祁、徐皃也。箋云、古者、陰陽和、風雨時、其來祁祁然、不暴疾也。案、渰已是陰雲、何勞復云興雲祁祁耶。雲當爲雨。俗寫誤耳。班固靈臺詩云、三光宣精、五行布序。習習祥風、祁祁甘雨。此其證也。

《訓読》

詩に云ふ（一）、「渰たる有りて萋萋たり、雲を興すこと祁祁たり」と。毛傳に云ふ（二）、「渰は、陰雲の皃なり。萋萋は、雲行の皃なり。祁祁は、徐ろの皃なり」と。箋に云ふ（三）、「古者《いにしへ》、陰陽 和し、風雨の時、其の來ること祁祁然として、暴疾ならざるなり」と。案ずるに、渰已に是れ陰雲なれば、何ぞ勞して復た「雲を興すこと祁祁たり」と云はんや。雲は當に雨に爲《つく》るべし。俗 寫して誤るのみ。班固の靈臺の詩に云ふ、「三光 精を宣《の》べ、五行 布《し》き序《つい》づ。習習たる祥風、祁祁たる甘雨（四）」と。此れ其の證なり。

（注）

（一）『詩經』小雅 大田に、「有渰萋萋、興雨祁祁。雨我公田、遂及我私」とある。

（二）「大田」の毛傳に、「渰、雲興貌。萋萋、雲行貌。祁祁、徐也」とある。

（三）「大田」の鄭箋に、「古者、陰陽和、風雨時、其來祈祈然而不暴疾。其民之心、先公後私、今天主雨於公田、因及私田爾。此言民怙君德、蒙其餘惠」とある。

（四）『文選』巻一 班孟堅「東都賦」附「靈臺詩」に、「三光宣精、五行布序、習習祥風、祁祁甘雨」とある。

［現代語訳］

『詩經』に、「空に雲があり雲が流れ、雲が流れることはゆっくりとしている（渰《えん》たる有りて萋萋《せいせい》たり、雲を興すこと祁祁《きき》たり）」とある。毛傳《もうでん》に、「渰は、雨雲のさまである。萋萋は、雲が進むさまである。祁祁は、ゆるやかなさまである」という。鄭箋《ていせん》に、「いにしえは、陰陽が和しており、風雨の時は、その（風雨の）来る様は静かであり、激しいことはないのである」という。考えるに、渰がすでに雨雲のさまを意味するのであれば、どうしてわざわざまた（下の句で）「雲を興すこと祁祁たり」というだろうか。雲は雨に作るべきである。世間の人が書き写して間違っただけである。班固《はんご》の靈臺《れいだい》の詩に、

「三光はくまなく輝き、五行は順に運行する。吉祥の風はそよそよと吹き、草木を潤す雨は静かに降る（三光 精を宣《の》べ、五行 布《し》き序《つい》づ。習習たる祥風、祁祁たる甘雨）」とある。これがその証拠である。

【原文】

禮云、定猶豫、決嫌疑。離騷曰、心猶豫而狐疑。先儒未有釋者。案、尸子曰、五尺犬爲猶。說文云、隴西謂犬子爲猶。吾以爲、人將犬行、犬好豫在人前待人。不得、又來迎候、如此往還、至于終日。斯乃豫之所以爲未定也。故稱猶豫。或以爾雅曰、猶如麂、善登木。猶、獸名也。既聞人聲、乃豫緣木、如此上下。故稱猶豫。

狐之爲獸、又多猜疑。故聽河冰無流水聲、然後敢渡。今俗云狐疑・虎卜、則其義也。

《訓読》

禮に云ふ(一)、「猶豫を定め、嫌疑を決す」と。離騷に曰く(二)、「心 猶豫して狐疑す」と。先儒 未だ釋く者有らず。案ずるに、尸子に曰く(三)、「五尺の犬を猶と爲す」と。說文に云ふ(四)、「隴西に犬の子を謂ひて猶と爲す」と。吾 以爲《おも》へらく、人 犬を將《ひき》ゐて行かんとし、犬 豫《あらかじ》め人の前に在りて人を待つを好む。得ざれば、又 來て迎へ候《ま》ち、此の如く往還し、終日に至る。斯 乃ち豫の未だ定まらずと爲す所以なり。故に猶豫と稱すと。或いは以《おも》へらく、爾雅に曰く(五)、「猶は麂《き》の如し、善く木に登る」と。猶は、獸の名なり。既に人の聲を聞けば、乃ち豫《あらかじ》め木に緣り、此くの如く上下す。故に猶豫と稱すと。

狐の獸爲る、又 猜疑多し。故に河冰に流水の聲無きを聽き、然る後に敢へて渡る。今 俗に「狐疑・虎卜(六)」と云ふは、則ち其の義なり。

（注）

（一）『禮記』曲禮上に、「所以使民決嫌疑、定猶豫也」とある。

（二）『楚辭』離騷に、「心猶豫而狐疑兮。欲自適而不可」、「欲從靈氛之吉占兮。心猶豫而狐疑」とある。

（三）尸子は、書名。『隋書』巻三十四 經籍志三 子部 雜家類に、「尸子二十卷、秦相衞鞅上客尸佼撰」とある。

（四）『說文解字』十上 犬部 猶字に、「玃屬。从犬酋聲。一曰隴西謂犬子爲猶」とある。

（五）『爾雅』釋獸に、「猶、如麂、善登木」とある。

（六）虎卜は、虎の風習。虎は爪で地を引っかいて、できた線により食物の有無とその方向を占うという（王利器注）。

［現代語訳］

『禮記』に、「猶豫を定め、嫌疑を決す」とある。『楚辭《そじ》』離騷《りそう》では、「心 猶豫して狐疑す」という。（猶豫の語について）歴世の儒者でまだ解き明かした者はいない。考えるに、『尸子《しし》』には、「五尺の犬を猶とする」という。『說文解字』には、「隴西《ろうせい》では犬の子を名付けて猶とする」という。わたしが思うに、人が犬を連れて行こうとすると、犬はあらかじめ人の前にいて人を待つことを好む。人が来ないと、また戻ってきて迎え待ち、このように行き来をして、一日が終わる。これが「豫」をまだ決定しないの意と考える理由である。ゆえに「猶豫」というのである。もしくは、『爾雅』に、「猶は麂《き》（おおのろ）に似て、巧みに木に登る」とある。（これによれば）猶は、動物の名である。人の声を聞いたならば、（身に危険が及ぶ前に）あらかじめ木に登る、このように登り下りをする。そのために「猶豫」というのである。

狐は獣として、とくに疑い深い。そのため凍った河でも水の流れる音がないことを確かめた上で、ようやく渡る。いま世間で「狐疑・虎《こ》卜《ぼく》」というのは、その意味である。

【原文】

左傳曰、齊侯痎、遂痁。說文云、痎、二日一發之瘧。痁、有熱瘧也。案、齊侯之病、本是間日一發、漸加重乎故、爲諸侯憂也。今北方猶呼痎瘧、音皆。而世間傳本、多以痎爲疥、杜征南亦無解釋、徐仙民音介。俗儒就爲通云、病疥、令人惡寒、變而成瘧。此臆說也。疥癬小疾、何足可論、寧有患疥轉作瘧乎。

《訓読》

左傳に曰く、(一)「齊侯 痎し、遂に痁す」と。說文に云ふ、(二)「痎は、二日に一たび發するの瘧なり。痁は、熱有るの瘧なり」と。案ずるに、齊侯の病、本は是れ間日に一たび發し、漸く重きを加ふるが故に、諸侯の憂ひと爲るなり。今 北方 猶ほ痎瘧と呼び、音は皆。而るに世間の傳本は、多く痎を以て疥と爲し、杜征南(三)も亦た解釋無く、徐仙民は介と音す。俗儒 就ち通ずと爲して云ふ、「疥に病めば、人をして惡寒し、變じて瘧と成さしむ」と。此れ臆說なり。疥癬は小疾にして、何ぞ論ず可きに足らん。寧ぞ疥に患ひ轉じて瘧と作《な》ること有らんや。

（注）

（一）『春秋左氏傳』昭公 傳二十年に、「齊侯疥、遂痁」とある。

（二）『說文解字』七下 疒部 痎字に「二日一發瘧。从疒亥聲」とある。

（三）杜征南は、西晉の征南將軍杜預のこと。字は元凱、京兆尹杜陵の人。蜀漢・孫吳の平定に功績を挙げたほか、儒者として一家の言を成し、『春秋左氏經傳集解』、『春秋釋例』を著した。諡は成（『晉書』卷三十四 杜預傳）。

［現代語訳］

『春秋左氏傳』では、「齊侯《せいこう》 痎《かい》し、遂に痁《てん》す」という。『說文解字』には、「痎は、二日に一度発症する瘧《おこり》である。痁は、発熱する瘧である」とある。考えるに、齊侯の病気は、もとは一日おきに一度発症し、次第に症状が重くなったので、諸侯が（齊侯の病気を）憂慮した。いま北方ではやはり痎瘧と呼び、（痎の）音は皆とする。しかし、世の中での伝本は、多く痎を疥とし、杜征南《とせいなん》にも解釈がなく、徐《じょ》仙民《せんみん》は介を音とする。世の中の儒者はそこで（痎と疥とは）通じるとし、「疥に罹《かか》れば、人に熱を出して寒気を感じ、高じて瘧にさせる」という。（しかし）これは確証のない説である。疥癬《かいせん》は軽い病気で、議論するに足らない。どうして疥に罹り、嵩じて瘧となることがあろうか。

【原文】

尙書曰、惟影響。周禮云、土圭測影、影朝、影夕。孟子曰、圖影失形。莊子云、罔兩問影。如此等字、皆當爲光景之景。凡陰景者、因光而生。故卽謂爲景。淮南子呼爲景柱。廣雅云、晷柱、挂景。並是也。至晉世葛洪字苑、傍始加彡、音於景反。而世間輒改治尚書・周禮・莊・孟從葛洪字、甚爲失矣。

《訓読》

尚書に曰く[一]、「影響の惟《ごと》し」と。周禮に云ふ[二]、「土圭もて影を測り、影は朝、影は夕」と。孟子に曰く[三]、「影を圖《えが》きて形を失ふ」と。莊子に云ふ[四]、「罔兩 影に問ふ」と。此らの如き字、皆 當に光景の景と爲すべし。凡そ陰景なる者は、光に因りて生ず。故に卽ち謂ひて景と爲す。淮南子は呼びて[五]景柱と爲す。廣雅に云ふ[六]、「晷柱は、挂景なり」と。並びに是なり。晉の世の葛洪の字苑に至り、傍に始めて彡を加へ、音は於景の反とす。而して世間 輒ち尚書・周禮・莊・孟を改治して葛洪の字に從ふは、甚だしく失と爲す。

(注)

(一)『尚書』大禹謨に、「禹曰、惠迪吉、從逆凶、惟影響」とある。

(二)『周禮』地官大司徒に、「以土圭之法測土深、正日景，以求地中。日南則景短多暑、日北則景長多寒、日東則景夕多風、日西則景朝多陰」とある。

(三)現行の『孟子』にこの一文は見えない。盧文弨によれば、『孟子外書』孝經第三「傳言失指、圖景失形、言治者尚覈實」を指すという。

(四)『莊子』齊物論に、「罔兩問景曰、曩子行、今子止、曩子坐、今子起、何其無特操與。景曰、吾有待而然者邪。吾所待又有待而然者邪。吾待蛇蚹、蜩翼邪。惡識所以然。惡識所以不然」とある。

(五)『淮南子』俶眞訓に、「至德之世、甘瞑於溷潣之域，而徙倚於汗漫之宇。提挈天地而委萬物、以鴻蒙爲景柱、而浮揚乎無畛之際」とある。

(六)『廣雅』釋天には、「晷柱、景也」とある。このため趙曦明注は、本文が引く「晷柱、挂景」の句のうち「挂」を衍字とする。

[現代語訳]

『尚書』には、「影響の惟《ごと》し」とある。『周禮』には、「土圭《どけい》もて影を測り、影は朝、影は夕」とある。『孟子』には、「影を圖《えが》きて形を失ふ」とある。『莊子』には、「罔兩《もうりょう》 影に問ふ」とある。これらのような（影の）字はみな、光景の景とするべきである。すべて陰景（かげ）とは、光により生じる。そのため（光により生じることを）名付けて景とする。『淮南子《えなんじ》』は名付けて景柱とする。『廣雅《こうが》』には、「晷柱《きちゅう》は、挂景《けいけい》である」とある。（『淮南子』と『廣雅』の用例は）ともに正しい。晉代の葛洪《かっこう》の『字苑《じえん》』に至り、（景の字の）旁に初めて「彡」を加え、（影の）音は於景の反とした。こうして世の人々が『尚書』・『周禮』・『莊子』・『孟子』などで（景の字を）書き改めて葛洪の（影の）字に従っていることは、たいへんな誤りである。

【原文】

太公六韜、有天陳・地陳・人陳・雲鳥之陳。論語曰、衞靈公問陳於孔子。左傳、爲魚麗之陳。俗本多作皁傍車乘之車。案、諸陳隊、並作陳・鄭之陳。夫行陳之義、取於陳列耳。此六書爲假借也。蒼・雅及近世字書、皆無別字、唯王羲之小學章、獨皁傍作車。縱復俗行、不宜追改六韜・論語・左傳也。

《訓読》

太公の六韜(一)に、天陳・地陳・人陳・雲鳥の陳(二)有り。論語に曰く(三)、「衞靈公 陳を孔子に問ふ」と。左傳に(四)、「魚麗の陳を爲す」と。俗本 多く皁傍に車乘の車に作る。案ずるに、諸〻の陳隊は、並びに陳・鄭の陳に作る。夫れ 行陳の義、陳列より取るのみ。此 六書の假借と爲すなり。蒼(五)・雅及び近世の字書、皆 別字無く、唯だ王羲之の小學章(六)のみ、獨り皁傍に車を作る。縱ひ復た俗 行ふも、宜しく六韜・論語・左傳を追改すべからざるなり。

(注)

(一)『隋書』巻三十四 經籍志三 子部 兵家類に、「太公六韜五卷、周文王師姜望撰」とある。姜望は、周の文王・武王を輔弼した賢臣、太公望呂尚のこと。

(二)以上の陣のことは、現行『六韜』の虎韜及び豹韜に見える。

(三)『論語』衞靈公に、「衞靈公問陳於孔子。孔子對曰、俎豆之事、則嘗聞之矣。軍旅之事、未之學也。明日遂行」とある。

(四)『春秋左氏傳』桓公 傳五年に、「曼伯爲右拒、祭仲足爲左拒、原繁・高渠彌、以中軍奉公、爲魚麗之陳、先偏後伍、伍承彌縫」とある。

(五)蒼は、三蒼、字書。勉學篇の(八)一一六頁を參照。

(六)『舊唐書』巻四十六 經籍志上 甲部 小學類に、「小學篇一卷、王羲之撰」とあって、『新唐書』にも採録される。ただし、『隋書』巻三十二 經籍志一 經部 小學類では「小學篇一巻、晉下邳內史王義撰」とされて、撰者が異なる。

[現代語訳]

太公望《たいこうぼう》の『六韜《りくとう》』では、天陳・地陳・人陳・雲鳥の陳がある。『論語』には、「衞靈公《えいのれいこう》は陣を孔子にたずねた(衞靈公 陳を孔子に問ふ)」とある。『春秋左氏傳』では、「魚麗《ぎょれい》の陣を形成した(魚麗の陳を爲す)」という。俗本は多く皁の側に車乘の車を記す(陣とする)。考えるに、多くの陳隊は、共に陳・鄭の陳に作る。そもそも行陳の意味は、陳列(の意味)から取っている。これは六書の假借である。『三蒼《さんそう》』・『廣雅《こうが》』及び近い時代の字書は皆、(陳の字の)他に字はなく、ただ王羲之《おうぎし》の『小學章《しょうがくしょう》』だけが、唯一皁の側に車(陣の字)を記している。仮にまた世の人々が(陳ではなく陣に作ることを)行うとも、『六韜』・『論語』・『春秋左氏傳』を後から書き改めるべきではないのである。

【原文】

詩云、黃鳥于飛、集于灌木。傳云、灌木、叢木也。此乃爾雅之文。故李巡注曰、木叢生曰灌。爾雅末章又云、木族生爲灌。族亦叢聚也。所以江南詩古本皆爲叢聚之叢。而古叢字似冣字、近世儒生、因改爲冣、解云、木之冣高長者。案、衆家爾雅及解詩無言此者、唯周續之毛詩注、音爲徂會反、劉昌宗詩注、音爲在公反、又祖會反。皆爲穿鑿、失爾雅訓也。

《訓読》

詩に云ふ(一)、「黄鳥 于《ここ》に飛び、灌木に集《つど》ふ」と。傳に云ふ(二)、「灌木は、叢木なり」と。此れ乃ち爾雅の文なり。故に李巡(三)の注に曰く、「木の叢生するを灌と曰ふ」と。爾雅の末章に又 云ふ(四)、「木の族生するを灌と爲す」と。族も亦た叢聚なり。江南の詩の古本 皆 叢聚の叢と爲す所以なり。而るに古の叢の字 冣の字に似れば、近世の儒生、因りて改めて冣と爲し、解して云ふ、「木の冣《もっと》も高長なる者」と。案ずるに、衆家の爾雅及び詩を解するに此れを言ふ者無く、唯だ周續之(五)の毛詩注に、音 徂會の反と爲し、劉昌宗(六)の詩注に、音 在公の反、又 祖會の反と爲すのみ。皆 穿鑿し、爾雅の訓を失ふと爲すなり。

(注)

(一)『詩經』周南 葛覃に、「葛之覃兮、施于中谷。維葉萋萋、黄鳥于飛。集于灌木、其鳴喈喈」とある。

(二)「葛覃」の毛傳に、「灌木、藂木也」とある。

(三)李巡は、後漢の宦官。汝南の人。熹平石經の発案者と言われ、『爾雅』に注を付けた(『後漢書』列傳六十八 宦者 呂強傳、『隋書』卷三十二 經籍志一 經部 小學類)。

(四)『爾雅』釋木に、「木族生爲灌」とある。

(五)周續之は、劉宋の人。字を道祖。雁門郡廣武の出身。「尋陽三隱」と称された隱者のひとり。『毛詩』の注釈のほか『公羊傳』注や「禮論」の著作があったという(『宋書』卷九十三 隱逸 周續之傳)。

(六)劉昌宗は、未詳。『隋書』卷三十二 經籍志一 經部に、「禮音三卷、劉昌宗撰」とあり、また『經典釋文』序錄に、「劉昌宗周禮・儀禮音各一卷、禮記音五卷」とあるなど、禮經の音注の記録は見られるものの、『詩經』の注釈に関しては不明。

[現代語訳]

『詩經』に、「黄鳥《うぐいす》は飛び交って、灌木《かんぼく》に集まる」とある。毛傳に、「灌木は、叢木のことである」とある。これは『爾雅』の文である。そのために李巡の『爾雅』注には、「木の叢生していることを灌という」とある。『爾雅』の末章にもまた、「木の族生していることを灌という」とある。族も同様に叢聚のことである。江南の『詩經』の古本がみな叢聚の叢とする理由である。しかし昔の叢の字は冣の字に似ているので、近い時代の儒者は、このために(叢の字を)冣と書き換えて、「木の冣《もっと》も高長なもの」と解釈する。考えるに、諸家の『爾雅』及び『詩經』を注釈にこれを言う者はなく、ただし周續之の『毛詩』注で、(冣の)音を徂會の反としており、劉昌宗の『詩經』の注で、(冣の)音を在公の反、また祖會の反とするものがあるだけである。いずれもこじつけであり、『爾雅』の解釈を見失っている。

【原文】

也是語已及助句之辭、文籍備有之矣。河北經傳、悉略此字。其間字有不可得無者。至如伯也執殳、於旅也語、回也屢空、風、風也、教也、及詩傳云、不戢、戢也。不儺、儺也、不多、多也、如斯之類、儻削此文、頗成廢闕。詩言、靑靑子衿。傳曰、靑衿、靑領也、學子之服。按、古者、斜領下連於衿、故謂領爲衿。孫炎・郭璞注爾雅、曹大家注列女傳、並云、衿、交領也。鄴下詩本、既無也字、羣儒因謬說云、青衿・青領、是衣兩處之名、皆以青爲飾。用釋青青二字、其失大矣。又有俗學、聞經傳中時須也字、輒以意加之、每不得所、益成可笑。

《訓読》

也は是れ語 已み及び句を助くるの辭にして、文籍に備《つぶ》さに之 有り。河北の經傳、悉く此の字を略す。其の間の字に無きを得可からざる者《ところ》有り。「伯也執殳（伯や殳《しゅ》を執《と》る）(一)」、「於旅也語（於《ここ》に旅し也《て》語る）(二)」、「回也屢空（回や屢《しば》〻空《むな》し）(三)」、「風、風也、教也（風は、風なり、教ふるなり）(四)」の如き、及び詩傳に、「不戢、戢也。不儺、儺也（戢《をさ》めざらんやとは、戢むるなり。儺《ふせ》がざらんやとは、儺ぐなり）(五)」、「不多、多也（多からざらんやとは、多きなり）(六)」と云ふ斯くの如きの類ひに至りては、儻《も》し此の文を削れば、頗る廢闕を成す。詩に言ふ(七)、「青青たる子が衿」と。傳に曰く(八)、「青衿、青領也、學子之服（青衿は、青領なり、學子の服）」と。按ずるに、古者《いにしへ》、斜領の下は衿に連なれり、故に領を謂ひて衿と爲す。孫炎(九)・郭璞は爾雅に注し、曹大家(一〇)は列女傳に注し、並びに云ふ(一一)、「衿は、交領なり」と。鄴下の詩の本、既に也の字無く、羣儒 謬說に因りて云ふ、「青衿・青領、是れ衣の兩處の名、皆 青を以て飾りと爲す」と。用《もつ》て青青の二字を釋く、其の失 大なり。又 俗學有り、經傳中に時に也の字を須《もち》ゐるを聞き、輒ち意を以て之を加ふるも、每《つね》に所を得ずして、益〻笑ふ可きと成る。

（注）

（一）『詩經』衞風「伯兮」に、「伯兮朅兮、邦之桀兮。伯也執殳、爲王前驅」とある。

（二）『儀禮』鄉射禮に、「古者於旅也語。凡旅、不洗。不洗者、不祭」とある。

（三）『論語』先進に、「子曰、回也其庶乎。屢空。賜不受命而貨殖焉。億則屢中」とある。

（四）『詩經』周南 關雎 小序に、「風、風也、教也。風以動之、教以化之」とある。

（五）『詩經』小雅 桑扈における「不戢不難」の毛傳に、「不戢、戢也。不難、難也」とある。

（六）『詩經』小雅 桑扈における「受福不那」の毛傳に、「那、多也。不多、多也」とあり、また『詩經』大雅「滇阿」における「矢詩不多」の毛傳に、「不多、多也」とある。

（七）『詩經』鄭風 に、「靑靑子衿、悠悠我心」とある。

（八）「子衿」の毛傳に、「靑衿、青領也、學子之所服」とある。

（九）『隋書』卷三十二 經籍志一 經部 小學類に、「爾雅七卷、孫炎注」とあり、また「梁有爾雅音二卷、孫炎・郭璞撰」とある。

（一〇）『隋書』卷三十三 經籍志二 史部 雜傳類に、「列女傳十五卷、劉向撰、曹大家注」とある。班昭は、後漢の人。字は惠班。班固・班超の妹。曹世叔に嫁いだため曹大家と呼ばれた。未完成であった『漢書』の表および天文志を補い、また「女誡」を著した（『後漢書』列傳七十四 列女 曹世叔妻傳）。

（一一）『爾雅』釋器に、「衣眥謂之襟」とあって、その郭璞注に「交領」とある。

［現代語訳］

也の字は語の区切れと句を助ける言葉であり、書物にはすべて也の字がある。（しかし）河北の經傳は、也の字を省略する。河北の經傳の間の字には（也の字が）無くては文意が通らない所がある。「伯也執殳（伯や殳《しゅ》を執《と》る）」、「於旅也語（於《ここ》に旅し也《て》語る）」、「回也屢空（回や屢《しば》〻空《むな》し）」、「風、風也、教也（風は、風なり、教ふるなり）」のよう、あるいは毛氏の『詩經』の傳における、「不戢、戢也。不儺、儺也（戢《をさ》めざらんやとは、戢むるなり。儺《ふせ》がざらんやとは、儺ぐなり）」、「不多、多也（多からざらんやとは、多きなり）」というこのような類例に至っては、もしに（也の）文字を削れば、たいへん文意を損ねるものとなる。（他の類例では）『詩經』では、「靑靑たる子が衿」という。傳では、「靑衿、靑領也、學子之服（靑衿は、靑領なり、學子の服）」という。考えるに、むかしは、斜領の下は衿に続いていていた、そのために領を名付けて衿とした。孫炎《そんえん》・郭璞《かくはく》は『爾雅』に注を付け、曹大家《そうたいこ》は『列女傳《れつじょでん》』に注を付け、ともに、「衿は、交領である」という。（しかし）鄴の『詩經』の本は、もはや「也」の字はなく、多くの儒者は誤った説によって、「靑衿・靑領は、衣服の（異なる）二つの箇所の名前であり、（衿と領とは）ともに靑色を飾り（の色）とする」という。これにより靑靑の二字を解釈している、その誤りは大きい。また俗学では、經傳の中に時に「也」の字を用いることを聞き、そのたびに自分の考えにより「也」の字を書き加えているが、常に（也の字の働きとして適切な）箇所を押さえておらず、（その内容は却って）ますます一笑に付すべきものとなる。

【原文】

易有蜀才注。江南學士、遂不知是何人。王儉四部目錄、不言姓名、題云、王弼後人。謝炅・夏侯該、並讀數千卷書、皆疑是譙周。而李蜀書、一名漢之書云、姓范、名長生、自稱蜀才。南方以晉家渡江後北間傳記皆名爲僞書、不貴省讀。故不見也。

《訓読》

易に蜀才[一]の注有り。江南の學士、遂に是れ何人なるかを知らず。王儉[二]の四部目錄、姓名を言はず、題して云ふ、「王弼の後人なり」と。謝炅[三]・夏侯該[四]は、並びに數千卷の書を讀み、皆 是れ譙周[五]ならんと疑ふ。而るに李蜀書、一名は漢之書に云ふ、「姓は范、名は長生、自ら蜀才と稱す」と。南方 晉家の江を渡りて後の北間の傳記を以て 皆名づけて僞書と爲し、省讀を貴ばず。故に見ざるなり。

（注）

（一）『隋書』卷三十二 經籍志一 經部 易に、「周易十卷、蜀才注」とある。また、『顏氏家訓』では蜀才を譙周、また范長生とする説を紹介するが、朱亦棟は蜀才を嚴遵と考えている。

（二）『隋書』卷三十三 經籍志二 史部 簿錄篇に、「宋元徽元年四部書目錄四卷、王儉撰」とある。王儉は、劉宋から南齊の人。字は仲寶（『南齊書』卷二十三 王儉傳、『南史』卷二十二 王曇首傳附王儉傳）。

（三）謝炅は、謝吳の誤りか。王利器は、『隋書』卷三十三 經籍志二 史部 正史類に、「梁書四十九卷、梁中書郎謝吳撰、本一百卷」とあり、また同じく雜史類に、「梁皇帝實錄五卷、梁中書郎謝吳撰。記元帝事」とあることから、謝炅は謝吳の誤りとする。

（四）夏侯該は、夏侯詠の誤りか。劉盼遂は、「該爲詠之形誤」とし、『隋書』巻三十二 經籍志一 經部 小學類に「四聲韻略十三巻、夏侯詠撰」とある夏侯詠のこととする。

（五）譙周は、三國蜀漢の人。諸葛亮に抜擢されて勸學從事となり、のち典學從事・中散大夫・光祿大夫を歴任。蜀漢の最末期、曹魏の大軍が成都に迫ると、衆論をとりまとめて降伏を進言。蜀漢滅亡後は司馬昭に重んじられ、陽城亭侯に封じられた。著書に『法訓』『五經論』『古史考』などがあった（『三國志』巻四十二 譙周傳）。

［現代語訳］

『周易』に蜀才《しょくさい》というひとの注がある。江南の学者は、蜀才が何者かは知り得なかった。王儉《おうけん》の『四部目錄』では、姓名を述べず、書き記して、「王弼《おうひつ》の後人である」という。謝炅《しゃけい》・夏侯該《かこうがい》は、ともに数千巻の書物を読み、蜀才は譙周《しょうしゅう》ではないかと疑った。しかし『李蜀書《りしょくしょ》』、別名『漢之書《かんのしょ》』には、「姓は范《はん》、名は長生《ちょうせい》、自ら蜀才と称す」とある。南方では晉朝が長江を渡った後の北方での伝記をすべて名づけて偽書と見なし、注意して読むことを大切にしなかった。そのために見落としたのである。

【原文】

禮王制云、贏股肱。鄭注云、謂捋衣出其臂脛。今書皆作擐甲之擐。國子博士蕭該云、擐當作捋、音宣。擐是穿著之名、非出臂之義。案字林、蕭讀是、徐爰音患非也。

《訓読》

禮の王制に云ふ[一]、「股肱を贏《ら》す」と。鄭注に云ふ[二]、「衣を捋《かか》げて其の臂脛を出すを謂ふ」と。今の書 皆 擐甲の擐に作る。國子博士の蕭該[三]云ふ、「擐は當に捋に作るべく、音は宣。擐は是れ穿著の名にして、臂《ひじ》を出すの義に非ず」と。字林[四]を案ずるに、蕭の讀みは是《ぜ》にして、徐爰[五]の音は患は非《ひ》なり。

（注）

（一）『禮記』王制に、「凡執技論力、適四方、贏股肱、決射御」とある。

（二）『禮記』王制の鄭注に「謂擐衣出其臂脛」とある。

（三）蕭該は、隋の人。学問に熱心であり、『詩經』・『書經』・『春秋』・『禮記』、中でも『漢書』に精通していた（『隋書』巻七十五 儒林傳 蕭該傳）。

（四）字林は、呂忱の著。勉學篇の注（四）一一六頁を参照。

（五）徐爰は、東晉から劉宋の人。字は長玉（『宋書』巻九十四 徐爰傳）。『隋書』巻三十二 經籍志一 經部に、「禮記音二巻、宋中散大夫徐爰撰」とある。

［現代語訳］

『禮記』王制篇では、「股肱を贏《ら》す」という。鄭玄の注では、「衣服を捋《かか》げてその臂《ひじ》と脛《すね》を出すことをいう」という。（しかし）今の（鄭玄の注を書き記す）書物は皆、（捋ではなく）甲を擐《つ》けるの擐《かん》に作る。國子博士《こくしはくし》の蕭該《しょうがい》は、「擐は捋に作るべきであり、音は宣である。擐は着るという意味の文字であり、臂を出すという意味ではない」という。『字林』を考えるに、蕭の読みは正しく、（一方で）徐《じょ》爰《えん》の字音は患とすることは間違いである。

【原文】
漢書、田冐賀上。江南本皆、作宵字。沛國劉顯、博覽經籍、偏精班漢、梁代謂之漢聖。顯子臻、不墜家業。讀班史、呼爲田冐。梁元帝嘗問之。答曰、此無義可求。但臣家舊本、以雌黃改宵爲冐。元帝無以難之。吾至江北見本、爲冐。

《訓読》
漢書に、(一)「田冐 賀上す」と。江南の本は皆、宵の字に作る。沛國の劉顯、(二)經籍を博覽し、偏へに班の漢に精《くわ》しく、梁代 之を漢の聖と謂ふ。顯の子の臻、(三)家業を墜さず。班の史を讀みて、呼びて田冐と爲す。梁の元帝(四) 嘗て之を問ふ。答へて曰く、「此れ義の求む可き無し。但だ臣の家の舊本、雌黃(五)を以て宵を改め冐に爲《つく》るのみ」と。元帝以て之を難ずる無し。吾 江北に至り本を見るに、冐に爲《つく》る。

(注)
(一)『漢書』巻一下 高帝紀下に、「田冐賀上曰、甚善、陛下得韓信、又治秦中」とある。
(二)劉顯は、梁の人。字は嗣芳。『隋書』巻三十三 經籍志二 史部正史類に、「梁時、明漢書有劉顯・韋稜」とあり、また『漢書音』二巻の著作があったことが見える。劉顯には蕣・荏・臻の三人の子がおり、臻は若くしてその名が知られた（『梁書』巻四十 劉顯傳）。
(三)劉臻は、もと梁の人で、梁滅亡後は北周に入った。字は宣摯。劉顯の子。『漢書』・『後漢書』に通じ、当時の人々より漢聖と称された（『北史』巻八十三、文苑 劉臻傳）。
(四)元帝は、梁の第四代皇帝である蕭繹。教子篇の注（五）八頁を参照。
(五)雌黃は、硫黄と砒素の化合物。黄紙に書かれた文字を塗りつぶして訂正するために用いられた（宇都宮注）。

［現代語訳］
『漢書』に、「田冐《こう》 賀上す」とある。江南の本はみな、（冐の字を）宵の字に作る。沛國《はいこく》の劉顯《りゅうけん》は、經書を幅広く見たが、とくに班固の『漢書』に精通しており、梁代には劉顯のことを「漢聖」と呼んだ。劉顯の子の劉臻《りゅうしん》は、家の学問を貶めなかった。（劉臻は）班固の『漢書』を読み、（田宵ではなく）田冐とした。梁の元帝がかつてこれを尋ねた。（劉臻は）「このことの正しさを求めることはできません。ただわたしの家の旧本では、（字の誤りを直すために）雌黃《しおう》で宵を改めて冐に作っております」といった。元帝はこれに対して咎めることはなかった。わたしが江北に至り本を見ると、「冐」の字に作ってあった。

【原文】
漢書王莽贊云、紫色・䵷聲、餘分閏位。蓋謂非玄黃之色、不中律呂之音也。近有學士、名問甚高、遂云、王莽非直鳶髆・虎視、而復紫色・䵷聲。亦爲誤矣。

《訓読》

漢書の王莽の贊に云ふ、(一)「紫色・䵷聲にして、餘分の閏位なり」と。蓋し玄黄の色に非ず、律呂の音に中《あた》らざるを謂ふなり。(二)近ごろ學士有り、名問 甚だ高きも、遂に云ふ、「王莽 直《た》だ鳶髆・虎視なるのみに非ずして、復た紫色・䵷聲なり」と。亦た誤りと爲す。

(注)

(一)『漢書』巻九十九下 王莽傳の贊に、「紫色・䵷聲、餘分閏位」とある。その顔師古注によれば、應劭は、「紫、間色。䵷、邪音也」とし、服虔は、「言莽不得正王之命、如歳月之餘分爲閏也」とし、顔師古自身は、顔之推の指摘を承けて、「䵷者、樂之淫聲、非正曲也。近之學者、便謂䵷之鳴、已失其義。又欲改此贊䵷聲爲蠅聲、引詩匪鶏則鳴、蒼蠅之聲、尤穿鑿矣」としている。

(二)「玄黄の色に非ず」に関しては、王莽が劉歆により確立された漢火徳説・漢堯後説を利用し、自らを黄帝と舜の末裔である土徳(土徳のシンボルカラーは黄色)と位置づけることで、火徳である漢を簒奪したことを背景とする。また、「律呂の音に中らざる」に関しては、王莽が劉歆によって作り上げられた三統暦(音律が保証する暦法の正しさにより、天の運行と經書の正しさを証明しようとした暦)に基づき、度量衡を定めていたことを背景とする。渡邉義浩『王莽―改革者の孤独』(大修館書店、二〇一二年)参照。

[現代語訳]

『漢書』の王莽傳の贊では、「(王莽は間色の)紫色で䵷声《あ》(かえる声)で、端数の閏統である」という。おそらく(純正な)玄黄《げんおう》の色ではなく、律呂《りつりょ》が発する音に適合しないというのであろう。(ところが)最近学者がおり、評判が大変高いにも拘らず、なんと、「王莽はただ鳶《とび》のような怒り肩で、虎のような目つきなだけではなく、重ねて(顔は)紫色であり、䵷《かえる》に似た声であった」といった。やはり間違いであると思う。

【原文】

簡策字、竹下施束。末代隷書、似杞宋之宋、亦有竹下遂爲夾者。猶如刺字之傍應爲束、今亦作夾。徐仙民春秋・禮音、遂以筴爲正字、以策爲音、殊爲顚倒。史記又作悉字、誤而爲述、作妬字、誤而爲姤。裴・徐・鄒、皆以悉字音述、以妬字音姤。既爾、則亦可以亥爲豕字音、以帝爲虎字音乎。

《訓読》

簡策の字、竹の下に束を施す。末代の隷書、杞宋の宋に似るも、亦た竹の下に遂に夾に爲《つく》る者有り。猶ほ刺の字の傍の如く應に束に爲《つく》るべきも、今も亦た夾に作るがごとし。(一)徐仙民の春秋・禮音の、遂に筴を以て正字と爲し、策を以て音と爲すは、殊《こと》に顚倒と爲す。史記 又悉の字に作るを、誤りて述に爲《つく》り、妬の字に作るを、誤りて姤に爲《つく》る。裴・徐・鄒、(二)皆 悉の字を以て述と音し、妬の字を以て姤と音す。既に爾《しか》らば、則ち亦た亥を以て豕の字の音と爲し、帝を以て虎の字の音と爲す可きか。

（注）

（一）ここに挙げられるのはいずれも策の別字。筞につくる事例は多く見出すことができ、筞に近い字例としては、建寧三（一七〇）年立碑の夏承碑や中平三（一八六）年立碑の張遷碑ほか、魏の受禪碑・王基殘碑など、南北朝の碑帖において多く見られる。一方、筴につくる字例は、顏之推が指摘するように、後漢の漢安二（一四三）年立碑の北海相景君碑を中心に後漢碑に数例見え、北魏の造像記において僅かながら用例が見える。ほか、こうした別字については、羅氏原著・北川博邦編『偏類碑別字』（雄山閣出版、一九七〇年）所収「別字淺談」を参照。

（二）それぞれ劉宋の裴駰『史記集解』、劉宋の徐野民『史記音義』、梁の鄒誕生『史記音』を指す（『隋書』巻三十三 經籍志二 史部 正史類）。

［現代語訳］

簡策の（策の）字は、竹の下に朿を加える。後世の隷書では、（策の字は）杞宋《きそう》の宋の字に似ており、同様に竹の下に夾の字を作るものもある。（それは）ちょうど刺の字の側のように（刺という字は）朿の字に作るべきだが、今も同じく夾の字に作るようなものである。（また）徐仙民の『春秋音』・『禮記音』が、筞を正字と見なし、策を（策の字の）音とすることは、とりわけ主客顚倒の例である。『史記』はまた悉の字に作るところを、誤って述の字に作り、妬の字に作るところを、誤って姤の字に作る。裴駰《はいいん》（の『史記集解』）・徐野民《じょやみん》（の『史記音義』）・鄒誕生《すうたんせい》（の『史記音』）はみな、悉の字を述の音として、妬の字を姤の音とする。もとよりそのようであるならば、同様に亥の字を豕の字の音として、帝の字を虎の字の音とすることができようか。

【原文】

張揖云、虙、今伏羲氏也。孟康漢書古文注亦云、虙、今伏。而皇甫謐云、伏羲或謂之宓羲。按、諸經・史・緯・候、遂無宓羲之號。虙字從虍、宓字從宀、下俱爲必、末世傳寫、遂誤以虙爲宓、而帝王世紀因誤更立名耳。何以驗之。孔子弟子虙子賤爲單父宰、卽虙羲之後、俗字亦爲宓、或復加山。今兗州永昌郡城、舊單父地也。東門有子賤碑、漢世所立、乃曰、濟南伏生、卽子賤之後。是虙之與伏、古來通字。誤以爲宓、較可知矣。

《訓読》

張揖(一)云ふ、「虙は、今の伏羲の氏なり」と。孟康(二)の漢書の古文の注にも亦た云ふ、「虙は、今の伏」と。而るに皇甫謐(三)云ふ、「伏羲 或いは之を宓羲と謂ふ」と。按ずるに、諸〻の經・史・緯・候、遂に宓羲の號無し。虙の字は虍に從ひ、宓の字は宀に從ひ、下は倶に必に爲《つく》れば、末世の傳寫、遂に誤りて虙を以て宓に爲《つく》りて、帝王世紀 誤りに因りて更に名を立つるのみ。何を以て之を驗《しめ》さん。孔子の弟子の虙子賤(四) 單父の宰と爲り、卽ち虙羲の後、俗字も亦た宓に爲《つく》り、或いは復た山を加ふ。今の兗州の永昌郡の城は、舊《もと》の單父の地なり。東門に子賤の碑有り、漢の世に立つる所にして、乃ち曰く、「濟南の伏生(五)は、卽ち子賤の後」と。是れ虙の伏に與《あづか》り、古來 通字なり。誤りて以て宓に爲《つく》る、較《あき》らかに知る可し。

(注)

(一)張揖は、三國曹魏の人。字書の『廣雅』を撰した。勉學篇の注（四）一一二頁を参照。

(二)『隋書』巻三十三 經籍志二 史部 正史類に、「梁有漢書孟康音九巻」とある。孟康は、三國曹魏の人。字は公休。

(三)皇甫謐は、安定郡朝那縣の人、字は士安。『帝王世記』を著した（『晉書』巻五十一 皇甫謐傳）。勉學篇の注（七）九七頁も参照。

(四)虙不齊は、宓不齊ともいう。孔子の弟子。名實篇の注（三）一六四頁を参照。

(五)伏生は、漢初の尙書學者。秦の博士という。焚書の際に書物を壁中に隠し、漢成立後これを求めたところ数十篇を亡失し、残りの『尙書』二十九篇だけを齊魯地方で教授した。この『尙書』が「今文尙書」であり、伏生の学説を弟子がまとめたものが『尙書大傳』である（『漢書』巻八十八 儒林 伏生傳）。

[現代語訳]

張揖《ちょうゆう》は、「虙《ふく》は、今の伏羲の氏（の伏の字）である」という。孟《もう》康《こう》の『漢書』の古文の注でも同様に、「虙は、今の伏（の字）」という。しかし皇甫謐《こうほひつ》は、「伏羲は時には宓羲という」と言っている。考えるに、諸々の經典・史書・緯書・占卜の書（に目を通してみた結果）、宓羲の号はない。虙の字は虍に付き、宓の字は宀に付き、下はともに必（の字）を記し、後世の伝写の結果、誤って虙を宓に作り、『帝王世紀《ていおうせいき》』はその誤写によってますます（宓の字が正しいとする）評判が立っただけなのである。どのようにして虙羲が正しく、宓羲が誤りであることを証明できよう。（たとえば）孔子の弟子の虙子賤《ふくしせん》は單父《ぜんほ》の宰となったが、虙羲のことがあった後には、俗字も同様に宓（の字）に作り、ある時は重ねて山を加える（つまり密の字である）。今の兗州《えんしゅう》の永昌郡《えいしょうぐん》の城は、以前の單父の地である。（その城の）東の門に子賤の碑があり、（それは）漢の時代に立てられたものであり、そして、「濟南《せいなん》の伏生《ふくせい》は、子賤の後裔である」と記されている。このことは虙（の字）が伏（の字）に関係し、（虙の字と伏の字は）古くから通じる字ということなのである。（この一件からも）誤って宓（の字）に書かれるようになったことを、はっきりと知ることができるのである。

【原文】

太史公記曰、寧爲鷄口、無爲牛後。此是刪戰國策耳。案、延篤戰國策音義曰、尸、鷄中之王。從、牛子。然則、口當爲尸、後當爲從。俗寫誤也。

《訓読》

太史公の記に曰く(一)、「寧ろ鶏口と爲るも、牛後と爲る無かれ」と。此れは是れ戰國策を刪るのみ(二)。案ずるに、延篤の戰國策音義に(三)曰く、「尸は、鶏中の王。従は、牛の子」(四)と。然らば則ち、口は當に尸に爲《つく》るべく、後は當に従に爲《つく》るべし。俗の寫し誤りなり。

(注)

(一)『史記』巻六十九 蘇秦列傳に、「寧爲雞口、無爲牛後」とある。

(二)『戰國策』韓策に、「寧爲雞口、無爲牛後」とある。

(三)『隋書』巻三十三 經籍志二 史部に、「戰國策論一巻、漢京兆尹延篤撰」とあるものを指すか。延篤は後漢の人。字は叔堅。馬融に教えを受け、經傳と諸子百家の言説に通暁し、およそ二十篇の詩・論・銘・書・應訊・表・教令を著した(『後漢書』列傳五十四 延篤傳)。

(四)『史記』巻六十九 蘇秦列傳の『索隱』に、「戰國策云、寧爲雞尸、不爲牛從。延篤注云、尸、雞中主也。從、謂牛子也。言寧爲雞中之主、不爲牛之從後也」とある。また、『文選』巻四十二 阮元瑜「爲曹公作書與孫權」中の「昔蘇秦説韓、羞以牛後、韓王按劍作色而怒、雖兵折地割、猶不爲悔、人之情也」における李善注に、「延叔堅戰國策注曰、尸、雞中主也。從、牛子也。從或爲後、非也」とある。いずれの記載も『顏氏家訓』に通じる。

[現代語訳]

太史公《たいしこう》(司馬遷)の『史記』では、「寧《むし》ろ鶏口となるも、牛後となる無かれ」という。これは『戰國策《せんごくさく》』の文を削っただけのものである。考えるに、延篤《えんとく》の『戰國策音義』には、「尸とは、鶏の中での王のこと。從とは、牛の子のこと」とある。そうであるならば、(『史記』の)口(の字は)は尸(の字)に作るべきで、(同じく『史記』の)後(の字)は從(の字)に作るべきである。世間の人が写し誤ったのである。

【原文】

應劭風俗通云、太史公記、高漸離變名易姓、爲人庸保、匿作於宋子。久之作苦、聞其家堂上有客撃筑、伎癢、不能無出言。案伎癢者、懷其伎而腹癢也。是以潘岳射雉賦亦云、徒心煩而伎癢。今史記並作徘徊、或作徬徨不能無出言。是爲俗傳寫誤耳。

《訓読》

應劭(一)の風俗通(二)に云ふ、「太史公記(三)に、「高漸離(四) 名を變へ姓を易へ、人の庸保と爲り、匿れて宋子に作《はたら》く。之に苦を作すこと久し、其の家の堂上に客有り筑を撃つを聞き、伎癢(五)にして、言を出さざる無きこと能はず(六)」と」と。案ずるに伎癢とは、其の伎を懷ひて腹癢《かゆ》きなり。是を以て潘岳(七)の「射雉賦(八)」に亦た云ふ、「徒らに心 煩ひて伎癢す」と。今の史記 並びに「徘徊」に作り、或いは「徬徨して言を出す無きこと能はず」に作る。是れ俗の傳寫の誤りと爲すのみ。

(注)

(一) 應劭は、汝南郡南頓縣の人、字は仲遠。靈帝・獻帝に仕え、『風俗通義』・『漢官儀』を著した。官は泰山太守に至った(『後漢書』列傳五十八 應奉傳附應劭傳)。多田狷介「讀後漢書應劭傳」(『日本女子大學紀要』三六、一九八七年)を参照。

(二) 風俗通は、書名。『風俗通義』のこと。『隋書』巻三十 經籍志三 子部 雜家には、「風俗通義三十一巻、録一巻、應劭撰、梁三十巻」とあるが、現行本は十巻本である。

(三)『史記』巻七十 刺客 荊軻傳に、「高漸離變名姓爲人庸保、匿作於宋子、久之作苦、聞其家堂上客撃筑、傍偟不能去」とある。

(四) 高漸離は、戰國から秦の人。音楽、特に筑を撃つ名手であった。始皇帝はその音楽の才を評価し、側近にする。しかし、始皇帝の前で筑を奏でている際に鉛を仕込んだ筑を投げて始皇帝を殺害しようとして誅殺された（『史記』巻七十 刺客 荊軻傳）。

（五）伎癢とは、藝技を持つ者が技を発揮しようとするが叶わずにもどかしく思うこと。『文選』巻九 潘安仁「射雉賦」の李善注に、「有伎藝欲逞曰技懩也」とある。

（六）『風俗通義』聲音に、「漸離變名易姓爲人庸保、匿作於宋子。久之、作苦、聞其家堂上客擊筑、伎癢、不能出言」とある。本文では「堂上客擊筑」の上字の前に有字があり、「不能出言」は「不能無出言」とする。なお、王利器校註『風俗通義校注』（新編諸子集成続編、中華書局、二〇一〇）では、底本とした『四部叢刊』本に無字がなく、朱筠・盧文弨の説によって補い、「不能毋出言」とする。

（七）潘岳は、西晉の人。字は安仁、官職にちなんで潘黄門とも称される。その文才はよく知られ、陸機とともに当時を代表する文人と評された（『晉書』巻五十五 潘岳傳）。代表的な著作に「悼亡詩」三首があり、『文選』に収録されている。

（八）『文選』巻九 潘安仁「射雉賦」に、「屛発布而累息、徒心煩而技懩」とある。なお、「伎癢」は『文選』では「技懩」につくる。また、現行本の『史記』（中華書局本）巻七十 刺客 荊軻傳では「伎癢」を「傍徨不能去。每出言曰」につくる。

〔現代語訳〕

應劭《おうしょう》の『風俗通義《ふうぞくつうぎ》』には、「太史公記（『史記』）に、「高漸離《こうぜんり》は姓名を変えて、人の家の使用人となり、宋子《そうし》の家に隠れて仕事をしていた。苦役をすること久しくして、家の客が堂上で筑を撃つのを聞き、歯がゆく思い、口を出さずにいられなかった」とある」と言っている。考えるに伎癢《ぎよう》とは、（技術を持つ人が）その技を思って腹をかく（ようなもどかしい思いをする）ようなものである。それゆえに潘岳《はんがく》の「射雉賦《しゃちふ》」では、（猟師が山雉を）撃つ時機を考えてこころを悩まし、早く腕をふるいたくてうずうずしている」と言っている。今の（通行している）『史記』はみな（「伎癢」を）「徘徊」と書き、あるいは、「行きつ戻りつして、口を出さずにいられなかった」とする。これは世俗での伝写の誤りにすぎない。

【原文】

太史公論英布曰、禍之興自愛姬。生於妒媚、以至滅國。又漢書外戚傳亦云、成結寵妾妒媚之誅。此二媚並當作媢。媢亦妒也。義見禮記・三蒼。且五宗世家亦云、常山憲王后妒媢。王充論衡云、妒夫媢・婦生、則忿怒鬭訟。益知媢是妒之別名。原英布之誅、爲意賁赫耳。不得言媚。

《訓読》

太史公 英布を論じて(一)曰く(二)、「禍の興るは愛姬よりす。妒媚に生じて、以て國を滅ぼすに至る」と。又 漢書外戚傳(三)も亦た云ふ、「寵妾妒媚(四)の誅に成結す」と。此の二の「媚」は並びに當に「媢」に作るべし。媢も亦た妒なり。義は禮記・三蒼(五)に見ゆ。且つ五宗世家(六)も亦た云ふ、「常山憲王の后 妒媢たり」と。王充の論衡(七)に云ふ、「妒夫・媢婦生ずれば、則ち忿怒して鬭訟す」と。益〻媢の是れ妒の別名なるを知るなり。英布の誅せられしを原《たず》ぬれば、賁赫を意《はか》りし爲なるのみ。媚と言ふを得ず。

(注)

(一)英布とは、黥布のこと。姓は英、秦末漢初の人。黥布の名は若くして黥刑を受けたことによる。楚に生まれ、楚漢戰爭の際に項羽に従い、後に漢に帰順し淮南王となる。しかし側室が家臣の賁赫と内通していると疑い、長安に逃れた賁赫を捕らえようと挙兵すると、それが漢への謀叛と誤解され、劉邦に討伐された。(『史記』巻七十 黥布列傳、『漢書』巻三十四 英布傳)。

(二)『史記』巻七十 黥布列傳に、「禍之興自愛姫殖、妬媢生患、竟以滅國」とある。

(三)妒は本字で、また妬に作り、通用する(盧文弨)。また、『禮記』大學に、「媢嫉以惡之」とあり、その鄭玄注に「媢、妬也」とあり、妬も媢も同義であると解釈している。しかし、「媢」字は『説文解字』十二下 女部の説解「夫妒婦也」の段玉裁の注に、「按顏所擧、惟英布伝是此字本義。其餘皆與妒不分別」とあり、顔之推の指摘する黥布傳だけが、「媢」と「妬」意味を分けて使用しているという。

(四)『漢書』巻九十七下 孝成趙皇后傳に、「成結寵妾妒媢之誅」とある。

(五)『史記』巻五十九 五宗世家の『索隱』が引く郭璞注『三蒼』に、「媢、丈夫妒也」とある。

(六)『史記』巻五十九 五宗世家に、「常山憲王舜、以孝景中五年用皇子爲常山王。舜最親、景帝少子、驕怠多淫、數犯禁、上常寬釋之。立三十二年卒、太子勃代立爲王。初、憲王舜有所不愛姫生長男梲。梲以母無寵故、亦不得幸於王。王后脩生太子勃。王內多、所幸姫生子平、子商、王后希得幸。及憲王病甚、諸幸姫常侍病、故王后亦以妒媢不常侍病、輒歸舍」とある。

(七)『論衡』論死篇に、「妬夫媢妻、同室而處、淫亂失行、忿怒鬭訟」とある。

[現代語訳]

司馬遷は英布《えいふ》を論じて、「禍の寵愛する側室から興った。嫉妬が生じ、それで国を滅ぼすことになった」と言っている。また『漢書』外戚傳でも、「寵愛する妾が(英布を)嫉妬させ誅殺をまねいた」と言っている。この二つの「媢」字はどちらも「媢」字につくるべきである。「媢」字もまた「妒」字である。(その)意味は『禮記』と『三蒼』に見える。かつ『史記』五宗世家でも、「常山憲王の后はねたみこびる(妒媢)」と用いられている。王充《おうじゅう》の『論衡《ろんこう》』には、「やきもちを焼く夫とねたむ妻がおれば、怒り罵りあい訴訟しあう」とある。より一層「媢」字が「妬」字の別字であることがわかる。英布が誅殺された理由を求めれば、(英布が)賁赫を疑ったためだけである。「たぶらかす(媢)」とは言えないのである。

【原文】

史記始皇本紀、二十八年、丞相隗林・丞相王綰等、議於海上。諸本皆作山林之林。開皇二年五月、長安民、掘得秦時鐵稱權。旁有銅塗鐫銘二所。其一所曰、廿六年、皇帝盡并兼天下諸侯、黔首大安。立號爲皇帝、乃詔丞相狀・綰、灋度量、則不壹歉疑者、皆明壹之。凡四十字。其一所曰、元年、制詔丞相斯・去疾、灋度量、盡始皇帝爲之。皆[1]□〔有〕皆刻辭焉。今襲號而刻辭不稱始皇帝、其於久遠也、如後嗣爲之者、不稱成功盛德。刻此詔[2]□〔故〕左、使毋疑。凡五十八字、一字磨滅。見有五十七字、了了分明。其書兼爲古隸。余被敕寫讀之、與內史令李德林對、見此稱權。今在官庫。其丞相狀字、乃爲狀貌之狀、爿旁作犬。則知俗作隗林非也、當爲隗狀耳。

〔校勘〕

1．抱經堂叢書本は、この箇所に一文字の欠落があるが、現在出土している秦の権量銘や詔板より「有」とする。

2．抱經堂叢書本は、この箇所に一文字の欠落があるが、現在出土している秦の権量銘や詔板より「故」とする。

《訓読》

史記の始皇本紀（一）に、「二十八年、丞相の隗林（二）・丞相の王綰（三）ら、海の上（四）に議す」と。諸本は皆 山林の「林」に作る。開皇二年の五月、長安の民、掘りて秦時の鉄の稱權を得たり（五）。旁らに銅塗の鐫銘二所有り。其の一所に曰く、「廿六年、皇帝 盡く天下の諸侯を幷兼し、黔首（六）大いに安んず。號を立てて皇帝と爲す。乃ち丞相の狀・綰に詔して、度量を灋《さだ》むれば、則（七）ち壹《いっ》（八）ならずして歉疑ある者、皆 明らかに之を壹にす」と。凡そ四十字。其の一所に曰く、「元年、丞相の斯（九）・去疾（一〇）に制詔するに、度量を灋《さだ》むるは、盡く始皇帝 之を爲す。皆 刻辭有り。今 號を襲ひて而も刻辭に始皇帝と稱せざれば、其の久遠に於けるや、後嗣の之を爲すが如きなれば、功を成したる盛德に稱《かな》はず。此の詔を故の左に刻し、疑ふこと毋からしめよ」と。凡そ五十八字、一字磨滅す。見ること五十七字有り、了了分明たり。其の書 兼ねて古隸（一一）と爲す。余 敕を被り寫して之を讀み、內史令の李德林（一二）と對して、此の稱權を見る。今 官庫に在り。其の「丞相狀」の字、乃ち狀貌の「狀」に爲り、爿の旁は犬に作る。則ち俗の「隗林」に作るは非なりて、當に「隗狀」に爲るべきのみなるを知る。

（注）

（一）『史記』巻六 秦始皇本紀に、「列侯武城侯王離、列侯通武侯王賁、倫侯建成侯趙亥、倫侯昌武侯成、倫侯武信侯馮毋擇、丞相隗林、丞相王綰、卿李斯、卿王戊、五大夫趙嬰、五大夫楊樛從、與議於海上」とある。

（二）隗林は、始皇帝のときの丞相。『史記』巻六 秦始皇本紀に名は見えるが詳細は不明。

（三）王綰は、始皇帝のときの丞相。李斯らとともに政治を掌った。琅琊臺刻石を勒して、秦の徳を称えた（『史記』巻六 秦始皇本紀）。

（四）海上は、東海の浜を指す（王利器）。時に始皇帝は第二回巡幸で琅琊臺に立ち寄り、琅琊臺刻石を立碑している。琅琊臺とは現在の山東省胶南県の南境に位置し、黄海に面している琅琊山の山頂のこと。『史記』巻六 秦始皇本紀に、「乃徙黔首三万戸琅邪臺下」とあり、その索隱注に、「蓋海畔有山、形如台、在琅邪、故曰琅邪臺」とある。

（五）權量は、秦の始皇帝が天下を定めた後に、諸国がそれぞれに定めていた度量衡を統一すべく、衡原器として民間に頒布したものである。付されている銘文には二種類あり、一つは始皇帝廿六年詔四十字のみが刻されたもの。もう一つは始皇帝の詔に加えて二世皇帝元年詔六十字が刻されたものである。顏之推のこの指摘が權量銘についての史上初の記述である。器物の影印として最も早いものは宋・呂大臨の『考古圖』巻九に見える。図版については『權・量銘』（『書跡名品叢刊』第一集、二玄社、一九五九年）を参照。また權量銘を取り扱った研究として、巫鴻「秦權研究」（『故宮博物院院刊』一九七九─四、一九七九年）を参照。

（六）黔首とは、始皇帝が定めた民草の呼称。『史記』巻六 秦始皇本紀に、「名民曰黔首」とあることに由る。

（七）鼎は、「則」の古字で、籀文の様態を隷定したもの。『説文解字』四下 刀部に、「籀文則。从鼎」とある。

（八）壹は、「壹」の古字で、篆書の様態を隷定したもの。北川博邦閲・佐野光一編『金石異體字典』（雄山閣、一九八〇年）に載せる、邢澍『金石文字辨異』に、「漢白石神君碑、叅条之壱。按儀禮士冠禮、壹揖壹讓。注曰、古文壹、皆作一」とある。また、北川・佐野の同書に載せる楊紹廉『金石文字辨異補編』には、「凡壹弍参肆伍陸漆捌玖拾伯阡等字、各自有本義。古借壹弍參及漆字爲紀數之字」とある。

（九）斯は、李斯のこと。秦の大臣で、楚の上蔡の人。かつて荀子に学び、西に向かい秦に仕え客卿となる。秦の始皇帝が天下を統一してからは丞相として仕え、郡國制を主張した（『史記』巻八十七 李斯列傳）。

（一〇）去疾は、馮去疾のこと。秦の大臣。始皇帝のとき右丞相となり、二世皇帝にも仕えた。二世皇帝の際に、李斯や馮劫らとともに傜賦の軽減を進言し、阿房宮の廃止を進言するも、獄に投ぜられ自害した（『史記』巻六 秦始皇本紀）。

（一一）古隷とは、一般的に今隷に対する語で、隷書体の一種。前漢中期の出土資料や後漢期の諸隷書碑に見える横画や右斜下画における特徴的な右方向への装飾（波磔）のない隷書のことをいう。伏見沖敬は、權量銘の書体は小篆とも古隷とも判別し難いというが（本篇の注（五）二五七頁の『權・量銘』）、「權量銘」は今日の書体区分では、小篆に属し、古隷とは称さないことが通例となっている。また、隷は特定の書体ではなく、正書体を指す場合がある。梁・庾肩吾の『書品』序に、「尋隷體発源、秦時隷人下邳程邈所作、始皇見而重之。以奏事繁多、篆字難制、遂作此法。故曰隷書、今時正書是也」とあり、六朝では、隷書は秦に起こるもので、「正書」すなわち公式書体と考えられていたようである。したがって、本文における古隷とは書体上の区別を指すのではなく、いにしえの正書体と解釈する。なお、秦の文字統一の内実については大西克也「秦の文字統一について」（『中国新出資料学の展開』汲古書院、二〇一三年）を参照。

（一二）李德林は、北齊から隋の人。字は公輔、諡は文。博陵郡安平縣（現在の河北省安平県）の人。北齊・天保八（五五八）年に秀才に及第し、文林館に入る。当時、顔之推も判文林館事であった。そののち北周・隋に仕え、官は柱國まで至るも晩年に左遷された（『隋書』巻四十二 李德林傳）。

［現代語訳］

『史記』の始皇本紀《しこうほんぎ》には、「（始皇帝）二十八（前二一九）年、丞相の隗林《かいりん》・丞相の王綰《おうわん》らは東海のほとりで会議をした」と。諸本はすべて（隗林の名を）山林の林につくっている。開皇《かいこう》二（五八二）年の五月、長安の民が、秦の時の鉄製の稱權《しょうけん》（はかりのおもり）を掘り出した。その側面には銅で鍍金し鏨《たがね》で（刻された）銘文が二箇所に施されている。そのうちの一箇所には、「（始皇帝の）二十六（前二二二）年、皇帝は、ことごとく天下の諸侯を兼併し、民草は大いに安寧になった。（そこで、秦王政は自ら）号を立てて皇帝とする。そして丞相《じょうしょう》の（隗）狀《じょう》・（王）綰《わん》に詔を下して、度量衡を定めたので、一つにならず疑いのあるものは、すべて明確にして一つにせよ」とある。全部で四十字。また、もう一方の銘文には、「（二世皇帝の）元（前二〇九）年、丞相の（李）斯《し》・（馮）去疾《きょしつ》に制詔して、度量衡を定めたのは、すべて始皇帝が行った。みな（その度量衡器には、皇帝の）刻辞がある。いま（二世皇帝が皇帝の）号を踏襲したが（権量の銘文には）始皇帝と称していないので、遠い将来には、後継ぎがこれを行ったようであるので、（始皇帝が）功績を成したという盛徳（と銘文に始皇帝と明記されないこと）が釣り合っていない。この詔をもとの（詔の）左に刻み、疑うことが無いようにせよ」とある。全部で五十八字で、（そのうち）一字が摩滅しており、確認できるのは五十七字あり、明確に判読できる。その書はしかも古の正書体で記されている。わたしは勅命によってこの権量の銘文を書写解読し、内史令《だいしれい》の李德林《りとくりん》と対校して、この稱權を見た。今（この稱權は）官庫にある。その「丞相狀」の字は、かおかたち（狀貌）の「狀」につくり、爿の旁は「犬」につくる。したがって俗に「隗林」と作るのは誤りで、「隗狀」とするべきである。

【原文】

漢書云、中外禔福。字當從示。禔、安也。音匙匕之匙、義見蒼雅・方言。河北學士、皆云如此。而江南書本、多誤從手、屬文者、對耦並爲提挈之意、恐爲誤也。

《訓読》

漢書(一)に云ふ、「中外禔福」と。字 當に示に從ふ。禔は、安なり。音は匙匕の匙、義は蒼雅(二)・方言(三)に見ゆ。河北の學士は、皆 此の如きと云ふ。而れども江南の書本、多く誤りて手に從ひ、文に屬す者、對耦もて並びに提挈《ていけつ》の意と爲すも、恐らくは誤りと爲すなり。

（注）

（一）『漢書』巻五十七下 司馬相如傳に、「遐邇一體、中外禔福、不亦康乎」とあり、顔師古注に、「禔、安也。康、樂也。禔音土支反」とある。

（二）蒼雅は、『蒼頡篇』と『爾雅』を指すという（宇都宮注）。

（三）『方言』は、書名。『隋書』巻三十二 經籍志一 經部 小學類に「方言十三卷 漢揚雄撰郭璞注」とある。正式名を『輶軒使者絕代語釋別國方言』といい、都に往来する諸国人の方言を収集した最古の方言辞典である。『方言』第十三に「禔、福也」、「禔、喜也」とある。

［現代語訳］

『漢書』に「内外共に禔福《こうふく》をもたらす」という句がある。（禔と福の字）は示偏により構成されている。禔は、安んずるという意味である。音は匙匕の匙で、意味は『三蒼《さんそう》』・『爾雅《じが》』・『方言《ほうげん》』にみえる。河北の学者は、みなそのようであるという。だが、江南（に通行する諸）本では、多くが誤って手偏により構成し、文章をものす者は、対偶としてみな互いに助け合うの意味としているが、恐らくは誤りであろう。

【原文】
或問、漢書注、爲元后父名禁。改禁中爲省中。何故以省代禁。答曰、案周禮宮正、掌王宮之戒令・糺禁。鄭注云、糺、猶割也。察也。李登云、省、察也。張揖云。省、今省詧也。然則小井・所領二反、並得訓察。其處旣常有禁衞・省察。故以省代禁。詧、古察字也。

《訓読》
或るひと問ふ、「漢書の注に(一)、「元后の父 名は禁爲り。禁中を改め省中と爲す」と。何の故にか省を以て禁に代ふ」と。答へて曰く、「案ずるに、周禮の宮正に(二)、「王宮の戒令・糺禁を掌る」と。鄭注に云ふ、「糺は、猶ほ割の如きなり。察なり」と。李登云ふ(三)、「省は、察なり」と。張揖云ふ(四)、「省は、今の詧の省なり」と。然らば則ち小井・所領の二反より、並《あ》はせて訓察を得たり(五)。其の處 既に常に禁衞・省察有り。故に省を以て禁に代ふ。詧は、古の察字なり」と。

(注)
(一)『漢書』の注は、『漢書』巻七 昭帝紀の「共養省中」に付されている伏儼注に引く蔡邕の文を指す。注文には、「蔡邕云、本爲禁中、門閤有禁、非侍御之臣不得妄入。行道豹尾中亦爲禁中。孝元皇后父名禁、避之、故曰省中」とある。ただし、蔡邕『獨斷』上には、「禁中者、門戸有禁、非侍御者不得入、故曰禁中。孝元皇后父大司馬陽平侯名禁、當時避之、故曰省中。今宜改、後遂無言之者」とあり、少しく異同がある。
(二)『周禮』天官冢宰 宮正に、「掌王宮之戒令、糾禁」とあり、同箇所の鄭玄注に、「糺、猶割也、察也」とある。
(三)王利器によれば、この李登の言は、『聲類』の文であろうという。『聲類』は『隋書』巻三十二 經籍志一 經部 小學に、「聲類十卷、魏左校令李登撰」とあるが、現在は散逸しており輯本がある。李登については未詳。
(四)張揖、字は稚讓、清河(一説に河間)の人。傳はないが、顔師古の「漢書敍例」によれば、三國曹魏の太和年間(二二七~二三三年)に博士となった。段玉裁はこの張揖の言は、『古今字詁』に依るものではないかとする。しかし、王利器は、『古今字詁』は現在散逸しているため断定できないとする。
(五)「省」の反切は『廣韻』によれば「所景切、又息井切」とあり、いずれも合わない。宇都宮によれば、顔之推は省字を所領反(山母靜韻)で解釈しており、これは『廣韻』の息井反(心母靜韻)、所景反(山母梗韻)のいずれとも合致しない。また、李登か張揖のいずれかが小井反(心母靜韻)と解釈し、その他に所領反(山母靜韻)と解釈しているとする。いずれにしても本文における顔之推の記述は明瞭性に欠け、不完全なものである印象を受けるとする。

[現代語訳]
ある人が私に、「『漢書』の注には、「元后の父は名は禁であり、禁中を改称して省中とすることになった」とある。何故「省」を「禁」に代用することができるのか」と質問した。(わたしは)答えて、「考えるに『周禮』の宮正《きゅうせい》には、「(宮正の職は)王宮におけるいましめの命令と法度を掌っている」とある。鄭玄の注では、「糺とは、割(剝ぎ取ること)のようなものである。察(剝ぎ取って中をみる)

である」とある。李登《りとう》は、「省とは、察である」としている。であるから小井、所領の二つの反切より、訓察の字を得る（ことができる）。そこ（宮中）は、元来常に禁衛や省察が警備している。だから「省」を「禁」に代用し得る。詧は察の古文である」とした。

【原文】

漢明帝紀、爲四姓小侯立學。按、桓帝加元服、又賜四姓及梁・鄧小侯帛。是知皆外戚也。明帝時、外戚有樊氏・郭氏・陰氏・馬氏爲四姓。謂之小侯者、或以年小獲封、故須立學耳。或以侍祠・猥・朝侯、非列侯、故曰小侯。禮云、庶方小侯、則其義也。

《訓讀》

漢の明帝紀に（一）、「四姓小侯（二）の爲に學を立つ」と。按ずるに、「桓帝元服（三）を加へ、又四姓及び梁・鄧の小侯に帛を賜ふ（四）」と。是れ皆外戚なるを知るなり。明帝の時、外戚に樊氏・郭氏・陰氏・馬氏有りて四姓と爲す。之を小侯と謂ふ者は、或いは年小にして封を獲たるを以て、故に須らく學を立つべきのみ。或いは侍祠（五）・猥（六）・朝侯（七）は、列侯に非ざるを以て、故に小侯と曰ふ。禮に云ふ（八）、「庶方の小侯」とは、則ち其の義なり。

（注）

（一）『後漢書』本紀二　明帝紀に「爲四姓小侯　開立學校、置五經師」とある。

（二）四姓とは、外戚の樊・郭・陰・馬氏を指す。本篇の注（一）二六一頁の『後漢書』の李賢注に引く袁宏『後漢紀』に、「永平中崇尚儒學、自皇太子、諸王侯及功臣子弟、莫不受經。又爲外戚樊氏・郭氏・陰氏・馬氏諸子弟立學、號四姓小侯、置五經師。以非列侯、故曰小侯」とある。なお、樊氏は光武帝の母方の一族、郭氏は光武帝の皇后で後に廃された郭皇后の一族、陰氏は郭皇后が廃された後に立てられた陰皇后の一族、馬氏は明帝の皇后である馬皇后の一族である。渡邉義浩「外戚」（『後漢國家の支配と儒教』雄山閣出版、一九九五年）を参照。

（三）桓帝の元服については、『後漢書』本紀五　桓帝紀　永初三年に、「春正月庚子、皇帝加元服」とある。

（四）梁・鄧の小侯に帛を贈る話は、『後漢書』本紀五　桓帝紀　建和二年に、「春正月甲子皇帝加元服。庚午、大赦天下。賜河間、勃海二王黄金各百斤、彭城諸國王各五十斤。公主・大將軍・三公・特進・侯・中二千石・二千石・將・大夫・郎吏・從官・四姓及梁鄧小侯、諸夫人以下帛、各有差。年八十以上賜米・酒・肉、九十以上加帛二匹、綿三斤」とある。

（五）侍祠とは、官爵名で侍祠侯のこと。諸侯の中でも特進などに次ぐ位置付けを持つものを呼び、朝侯の下に位置する。『後漢書』列傳六　鄧禹傳に、「獨三分食一、以侍祠侯」とあり、その注に引く『漢官儀』に、「諸侯功德優盛、朝廷所敬者、位特進、在三公下。其次朝侯、在九卿下。其次侍祠侯。其次下土小國侯、以肺腑親公主子孫、奉墳墓於京師、亦隨時朝見、是爲猥諸侯也」とある。

（六）猥とは、官爵名。猥諸侯のこと。隈諸侯とも記す。位は侍祠、朝侯よりも下に位置する。『通典』職官典　歷代王侯封爵に、「賜位朝侯、次五校尉。賜位侍祠侯、次大夫。其餘以肺腑及公主子孫或奉墳墓、亦爲猥諸侯」とある。また、本篇の注（五）二六一頁の『漢官儀』を参照。

（七）朝侯は、官爵名。列侯の中から、とくに功績のある諸侯のうち天子が命じたものを呼ぶ。『通典』職官典 歷代王侯封爵に、「列侯有功德、天子命爲諸侯者、謂之朝侯、其位次九卿下。皆平冕文衣、侍祠郊廟」とある。また本篇の注（五）二六一頁の『漢官儀』を参照。

（八）『禮記』曲禮下に、「庶方小侯、入天子之國、曰某人、於外曰子、自稱曰孤」とある。

［現代語訳］

『後漢書』明帝紀《めいていき》に、「四姓《しせい》の子弟のため學校を立てた」とある。考えるに、（『後漢書』桓帝紀に）「桓帝《かんてい》が元服を迎え、あわせて四姓および梁《りょう》氏と鄧《とう》氏の小侯《しょうこう》に帛を贈った」とある。これらはみな外戚であることが分かる。明帝のとき、外戚には樊《はん》氏・郭《かく》氏・陰《いん》氏・馬《ば》氏がいて四姓とした。ここで小侯というのは、一方では若年にして封建されたからで、だから學校を立てる必要があったのである。あるいは侍祠侯《じしこう》・猥諸侯《わいしょこう》・朝侯《ちょうこう》は列侯ではない、そのため小侯というのである。『禮記』（曲禮上）にいう、「各地方の小侯」とは、その意味である。

【原文】

後漢書云、鸛雀銜三鱓魚。多假借、爲鱣鮪之鱣。俗之學士、因謂之爲鱣魚。案魏武四時食制。鱣魚大如五斗匳、長一丈。郭璞注爾雅、鱣長二三丈。安有鸛雀能勝一者、況三乎。鱣又純灰色、無文章也。鱓魚長者、不過三尺、大者不過三指、黄地黑文。故都講云、虵鱓、卿大夫服之象也。續漢書及搜神記亦說此事、皆作鱓字。孫卿云、魚鼈鰌鱣。及韓非・說苑皆曰鱣似虵、蠶似蠋。並作鱣字。假鱣爲鱓、其來久矣。

《訓読》

後漢書に云ふ[一]、「鸛雀[二]有りて三の鱓魚を銜《ふく》む」と。多く假借して、鱣[三]鮪の鱣に爲る。俗の學士、因りて之を謂ひて鱣魚と爲す。案ずるに魏武[四]の四時食制[五]に、「鱣魚　大なること五斗[六]の匳の如く、長さ一丈[七]なり」と。郭璞　爾雅に注して[八]、「鱣　長さは二三丈なり」と。安んぞ鸛雀の能く一に勝《た》ふる者有らんや、況んや三をや。鱣は又　純灰色、文章無きなり。鱓魚は長なる者、三尺[九]を過ぎず、大なる者も三指[一〇]を過ぎず、黄地黑文なり。故に都講[一一]云ふ、「虵鱓は、卿大夫の服の象なり」[一四]と。續漢書[一二]及び搜神記[一三]も亦た此の事を說き、皆　鱓の字に作る。孫卿云ふ、「魚鼈鰌鱣」と。韓非[一五]・說苑[一六]に及びては皆　曰く、「鱣は虵に似、蠶は蠋に似る」と。並びに鱣の字に作る。鱣を假して鱓と爲すは、其の來るや久し。

（注）

（一）『後漢書』列傳四十四 楊震傳に、「常客居於湖、不荅州郡禮命數十年、衆人謂之晚暮、而震志愈篤。後有冠雀銜三鱣魚、飛集講堂前。都講取魚進曰、蛇鱣者、卿大夫服之象也。數三者、法三臺也。先生自此升矣」とあり、李賢注には「冠、音貫。卽鸛雀也。鱣音善。韓子云、鱣似蛇。臣賢案、續漢及謝承書、鱣字皆作鱓。

然則鱣・鱓古字通也。鱣魚長者不過三尺、黃地黑文。故都講云、蛇鱓、卿大夫之服象也。郭璞云、鱣魚長二三丈、音知然反、安有鸛雀能勝二三丈乎。此爲鱣明矣」とある。

（二）鸛雀は、コウノトリのこと。冠雀とも。

（三）鱣は、カジキのこと。

（四）魏武は魏の武帝、曹操を指す。文章篇の注（四）・三一頁を参照。

（五）『四時食制』は、曹操の撰。盧文弨によれば、『四時食制』は唐の類書が多く引くという。しかし、『隋書』經籍志、『舊唐書』經籍志、『新唐書』藝文志いずれにも著録されていない。『初學記』三十 魚十が引く『四時食制』に、「鱣魚、大如五斗奩、長丈、口頷下」とある。石井仁によれば、「鱣」はチョウザメであるという。黄河のチョウザメは「なれずし」として食されていたようである。石井仁「『魏武四時食制』の基礎的考察」（『林田愼之助傘壽記念 三國志論集』三国志学会、二〇一二年）を参照。

（六）斗は、容積の単位で十升を指す。後漢末の一升はおよそ〇・一九八一リットルであったため、五斗とはおよそ九・九〇五リットルとなる。呉承洛『中国度量衡史』（上海書店、一九八四年）、藪田嘉一郎（編訳注）『中国古尺集説』（綜藝舍、一九六九年）を参照。

（七）丈は、長さの単位で十尺を指す。後漢末の一尺はおよそ二三・〇四センチメートルであったため、一丈とはおよそ二三〇・四センチメートルである。

（八）『爾雅』釋魚 鱣の郭璞注に、「大魚似鱏而短鼻、口在頷下體有邪行。甲無鱗肉黃大者、長二三丈。今江東呼爲黃魚」とある。なお、『後漢書』李賢注引郭璞については本篇の注（一）参照。

（九）北齊の一尺は、およそ二四・五一センチメートルであるため、三尺は、およそ七三・五三センチメートル。

（一〇）指は、指尺のことか。指尺とは、中指の中節を一寸として作った尺度のこと。一寸は一尺の十分の一であり、本篇の注（九）によれば北齊における一寸はおよそ二・四五一センチメートルと言える。つまり三指とは、およそ七・三五三センチメートルである。

（一一）本篇の注（一）李賢注引都講言を参照。都講とは塾頭、学頭のこと。

（一二）『續漢書』は、『隋書』卷三十三 經籍志二 史部に、「續漢書八十三卷、晉祕書監司馬彪撰」とある。范曄『後漢書』に先行する後漢の史書であり、いわゆる「八家後漢書」のひとつ。

（一三）『搜神記』は、『隋書』卷三十三 經籍志二 史部に、「搜神記三十卷、干寶撰」とある。しかし、現行の『搜神記』には、「虵鱓、卿大夫服之象也」の言は見えない。一方、本篇の注（一）で挙げた李賢注は、「續漢及謝承書」を参照している、

（一四）孫卿は、荀子のこと。『荀子』富國篇に、「黿・鼉・魚・鰍・鱣以時別、一而成群」とあり、『顏氏家訓』とは列挙の順序が異なる。

（一五）韓非は、ここでは『韓非子』のこと。『韓非子』說林下・內儲說上に「鱣似蛇、蠶似蠋」とある。

（一六）『說苑』は、書名。『隋書』卷三十四 經籍志三 子部に、「說苑二十卷、劉向撰」とある。盧文弨は、『說苑』には、「蠋欲類蠶、鱓欲類蛇、人見蛇蠋、莫不身灑然」とあり「鱣」に作らないと指摘する。しかし、王利器は本篇の注（一五）の『韓非子』內儲

説上を反証として挙げ、盧文弨を否定している。

［現代語訳］

『後漢書』では「鸛雀《かんじゃく》（コウノトリ）が現れ三匹の鱓魚《ぜんぎょ》（かわへび）を口にくわえ」とある。多く仮借して鱣鮪《かじきまぐろ》の鱣とする。世俗の学士は、これによって鱓魚を言って鱣魚《せんぎょ》（うなぎ）とする。考えるに魏の曹操の『四時食制《しいじしょくせい》』には、「鱣魚の太さは五斗の箱のようであり、長さは一丈である」という。郭璞《かくはく》は『爾雅』に注をつけて、「鱣魚は体長が二、三丈である」とする。鸛雀に一匹の鱣魚も咥えられるはずがなく、ましてや三匹などは言うまでもない。鱣はまた純灰色で、（体の表面に）文様がない。鱓魚は長いものでも三尺を過ぎず、太いものでも三指を超えず、（体の表面は）黄色に黒い文様がある。だから学頭はいう、「蛇鱓《しゃぜん》は、卿大夫の服装の象徴である」と。『續《しょく》漢書《かんしょ》』と『捜神記《そうじんき》』でもまたこのことを説明し、すべて「鱓」の字につくる。『荀子』は、「魚・鼈《べつ》（すっぽん）・鰌《しゅう》（どじょう）・鱣」という。また、『韓非子』・劉向《りゅうきょう》の『説苑《ぜいえん》』ではすべて「鱣は蛇に似ており、蠶《さん》は蠋《しょく》（いもむし）に似ている」という。ともに「鱣」字につくる。もしも「鱣」字をもって「鱓」とするならば、それは昔からずっと行われていたのである。

【原文】

後漢書、酷吏樊曄爲天水郡守、涼州爲之歌曰、寧見乳虎穴、不入冀府寺。而江南書本、穴皆誤作六。學士因循、迷而不寤。夫虎豹穴居、事之較者。所以班超云、不探虎穴、安得虎子。寧當論其六七耶。

《訓読》

後漢書（一）に、「酷吏の樊曄（二）天水郡守（三）爲《た》りしとき、涼州之が爲に歌ひて曰く、「寧ろ乳虎の穴を見るも、冀府寺（四）に入らざらん」」と。而れども江南の書本、穴を皆誤りて六に作る。學士因循して、迷ひて寤《さと》らず。夫れ虎豹穴居するは、事の較《あき》らかなる者なり。所以《ゆゑ》に班超（五）云へらく（六）、「虎穴を探らずんば、安んぞ虎子を得ん」と。寧んぞ當に其の六七を論ずべけんや。

（注）

（一）『後漢書』列傳六十七 酷吏 樊曄傳に、「隗囂滅後、隴右不安、乃拜曄爲天水太守。政嚴猛、好申・韓法、善惡立斷。人有犯其禁者、率不生出獄、吏人及羌胡畏之。道不拾遺。行旅至夜、聚衣裝道傍、曰、以付樊公。涼州爲之歌曰、游子常苦貧、力子天所富。寧見乳虎穴、不入冀府寺。大笑期必死、忿怒或見置。嗟我樊府君、安可再遭値。視事十四年、卒官」とある。

（二）樊曄は、字は仲華、南陽郡新野縣の人。幼時より光武帝と親交があった。建武年間（二五～五七年）に侍御史となり、河東都尉に至る。そののち揚州牧、天水太守となる。法家を好み、猛政を敷いた（『後漢書』列傳六十七 酷吏 樊曄傳）。

（三）天水郡は、涼州の郡名。『後漢書』志二十三 郡國五に、「漢陽郡武帝置、爲天水、永平十七年更名。在雒陽西二千里」とあり、元は漢陽郡であったが、改名して天水郡となった。

（四）冀府は、天水郡にある冀縣のこと。現在の甘粛省甘谷県の東。冀縣は天水郡の郡治であるため、天水太守は冀府寺にいた。

（五）班超は、字を仲升、右扶風平陵の人。班彪の次男で、班固の弟。竇固の匈奴征伐に従軍して活躍した。本章で論点となっている「虎穴に入らずんば虎子を得ず」は、西域の鄯善國を従わせた際の発言として広く知られる。西域にあること三十一年、その安定に尽くし、和帝の永元九（九七）年に卒した。西域都護、定遠侯（『後漢書』列傳三十七 班超傳）。

（六）現行の『後漢書』列傳三十七 班超傳では、「不入虎穴、不得虎子」とあり、「探」を「入」につくる。ちなみに、「不探虎穴、安得虎子」の通りにつくるのは、『太平御覽』巻四百三十四 人事部七十五 勇二に引く『東觀漢記』である。また、『三國志』巻五十四 呂蒙傳に、「不探虎穴、安得虎子」という呂蒙の語が見える。

［現代語訳］

『後漢書』に、「酷吏の樊曄《はんよう》が天水《てんすい》太守であったとき、涼州では民草が樊曄のため歌をつくり、「たとえ産後の虎の穴を覗くとも、（樊曄のいる）冀縣《きけん》の役所には入るまい」と言った」とある。しかし、江南に通行する諸本では「穴」の字をみな誤って「六」に作っている。（江南の）学問をする人々は（この「六」字に）依拠して、迷って理解できない。そもそも虎や豹が穴に住まうのは、明白なことである。だから班超《はんちょう》は、「虎の住まう穴を探らなければ、どうして虎の子を手に入れることができようか」といったのである。どうしてその六だの七だのを論ずる必要があろうか。

【原文】

後漢書楊由傳云、風吹削肺。此是削札牘之柹耳。古者、書誤則削之。故左傳云、削而投之是也。或卽謂札爲削。王褒童約曰、書削代牘。蘇竟書云、昔以摩研編削之才。皆其證也。詩云、伐木滸滸。毛傳云、滸滸、柹貌也。史家假借爲肝・肺字。俗本因是悉作脯腊之脯、或爲反哺之哺。學士因解云、削哺、是屏障之名。既無證據、亦爲妄矣。此是風角占候耳。風角書曰、庶人風者、拂地揚塵轉削。若是屏障、何由可轉也。

《訓読》

後漢書の楊由傳に云ふ（一）、「風 削肺を吹く」と。此れは是れ札牘を削るの柹《こけら》なるのみ。古者《いにしへ》は、書き誤てば則ち之れを削る。故に左傳に云ふ（二）、「削りて之を投ず」とは是れなり。或いは卽ち札を謂ひて削と爲す（三）。王褒の童約に曰く（四）、「削に書して牘に代ふ（五）」と。蘇竟の書に（六）云ふ（七）、「昔は摩研編削の才を以てす」と。皆 其の證なり。詩に云ふ（八）、「木を伐《き》りて滸滸たり」と。毛傳に云ふ（九）、「滸滸は、柹の貌なり」と。史家 假借して肝・肺字に爲る。俗本 是に因りて悉く脯腊の脯に作り、或いは反哺の哺に爲る。學士 因りて解して云ふ、「削哺、是れ屏障の名なり」と。既に證據無く、亦た妄爲るかな。此れは是れ風角占候のみ。風角書に曰く（一〇）、「庶人の風は、地を拂い塵を揚げ削を轉《ころが》す」と。若し是れ屏障たれば、何に由りて轉す可きか。

（注）

（一）『後漢書』列傳七十二 方術上 楊由傳に、「又有風吹削哺、太守以問由。由對曰、方當有薦木實者、其色黃赤。頃之、五官掾獻橘數包」とある。

（二）『春秋左氏傳』襄公 傳二十七年に、「聖人以興、亂人以廢、廢興存亡、昏明之術、皆兵之由也、而子求之、不亦誣乎、以誣道蔽諸侯、罪莫大焉、縱無大討、而又求賞、無厭之甚也、削而投之、左師辭邑、向氏欲攻司城」とある。

(三) 王褒は、前漢の人。蜀郡資中縣の人。字は子淵。辭賦において同時代の楊雄と「淵雲」と併称される程であった。王襄に文才を評価され、宣帝のとき諫議大夫となった。著述に「九懷」「洞簫賦」などの辭賦がある。(『漢書』卷六十四下 王褒傳)。

(四) 童約とは、王褒の詠じた賦の題名。顏之推は文章篇第九において「王褒過章僮約」と述べており、その軽薄さを批判している。

(五)『初學記』卷十九 人部下 奴婢第六 約に、「焚薪作炭、壘石薄岸、治舍蓋屋、書削代牘」とある。

(六) 蘇竟は、前漢末から後漢初にかけての人。字は伯況。右扶風平陵の人。『周易』と讖緯に明るく、平帝の際に博士講書祭酒となっている。また、百家の書に通暁していたため、莽新のとき、劉歆たちと共に校書を行っている。没年は不明だが、光武帝が即位した際に代郡太守に任ぜられており、建武五年の冬に光武帝が北辺諸郡を討伐に向かおうとした際に病を理由に辞退し、数月の内に亡くなっているため、恐らく建武五または六年の没であろう(『後漢書』列傳二十上 蘇竟傳)。

(七)『後漢書』列傳二十上 蘇竟傳にある劉歆の兄劉龔に与えた書のうちに、「走昔以摩研編削之才」とある。なお、『東観漢記』では、「削」字を「簡」字につくる。

(八)『詩經』小雅 伐木に、「伐木許許、釃酒有藇。」とある。現行の『十三經注疏』(北大本)では、「滸滸」を「許許」につくるが、唐の石經では、「滸滸」につくる。

(九)「伐木」の毛傳に、「許許柹貌」とあり、字句に異同がある。

(一〇) 風角書とは風向きに基づく占法を記した書物。四方四偶の風をうかがって吉凶を占う(『後漢書』列傳二十下 郎顗傳注)。具体的には当時通行していたであろう『風角要占』などの書を指すと考えられる。『隋書』卷三十四 經籍志三 子部に、「風角要占三卷、梁八卷、京房撰」などがある。

[現代語訳]

『後漢書』(列傳七十二 方術上) 楊由《ようゆう》傳に、「風が削肺(けずりかす)を吹き飛ばす」とある。これは木簡を削った柿《こけら》(けずりかす)のことである。むかしは、(木竹簡に) 書いて間違えたらば木竹簡(の表面) を削る。そのため『春秋左氏傳』(襄公 傳二十七年)に、「削ってこれを投げた」とある。あるいは札 (木竹簡) そのものを削と言った。王褒《おうほう》の『童約《どうやく》』では「削に書いて手紙に代用する」とある。(『後漢書』列傳二十上に載せる) 蘇竟の書では「むかし書の編集の才 (摩研編削の才) を磨いていた」と。(これらの例は) すべて「削肺」が「木を削る」という意味であることの証左である。『詩經』には、「木を伐採して声をかける」とある。毛傳には、「滸滸とは、削るようすである」とある。史家は(柿字に作るべきところを)仮借して肝字や肺字につくる。俗に通行する本ではこの解釈によりほとんど脯腊の脯につくり、或いは反哺の哺につくる。学士はこの誤りにより解釈して「削哺は、これは屏風《びょうぶ》と障子《しょうじ》(屏障)の名である」という。(だが、それには)はじめから論拠がなく、誤った説である。(楊由傳の) これはただ風角の占いの言葉である。(いま通行する) 風角書には「庶民の風は、地面を吹いて払い塵を巻き上げてかす(削) をころがす」とある。もしもこれ(削肺)が屏風と障子(屏障)ならば、どういう理屈によって(屏風や障子が)転がることがあるだろうか。

【原文】

三輔決錄云、前隊大夫范仲公、鹽豉・蒜果共一筩。果當作魏顆之顆。北土通呼物一凷、改爲一顆。蒜顆是俗間常語耳。故陳思王鷂雀賦曰、頭如果蒜、目似擘椒。又道經云、合口誦經聲璅璅、眼中淚出珠子磥。其字雖異、其音與義頗同。江南但呼爲蒜符、不知謂爲顆。學士相承、讀爲裹結之裹。言鹽與蒜共一苞裹、內筩中耳。正史削繁音義、又音蒜顆爲苦戈反、皆失也。

《訓読》

三輔決錄(一)に云ふ(二)、「前隊大夫(三)の范仲公、鹽豉(四)・蒜果(五) 共に一筩(六)」と。果は當に魏顆(七)の顆に作るべし。北土 通じて物の一凷《くわい》を呼び、改めて一顆に爲る。蒜顆は是れ俗間の常語なるのみ。故に陳思王(八)の鷂雀賦(九)に曰く(一〇)、「頭 果蒜の如く、目 擘椒に似たり」と。又 道經(一一)に云ふ、「合口して經を誦す聲 璅璅たり、眼中より淚出する珠子の磥」と。其の字 異なると雖も、其の音と義とは頗ぶる同じ。江南 但だ呼びて蒜符と爲し、謂ひて顆と爲すを知らず。學士 相 承け、讀みて裹結(一二)の裹と爲す。言ふこころは鹽と蒜とは共に苞裹に一す、筩中に內《おさ》むるのみ。正史削繁(一三)の音義、又 蒜顆に音して 苦戈の反と爲すも、皆失なり。

(注)

(一)『三輔決錄』は、書名。後漢末の趙岐の撰。趙岐は、京兆長陵の出身で、官は太僕に至った。『隋書』巻三十三 經籍二 雜傳に、「三輔決錄七卷 漢太僕趙岐撰、摯虞注」とある。

(二)『太平御覽』巻四百三十二 人事部七十二 儉約に、「三輔決錄曰、前隊大夫有范仲翁、鹽鼓蒜果共一筩、言其粗儉也」とある。また同じく『太平御覽』巻九百七十八 菜茹部二 蒜に、「三輔決錄曰、平陵范氏、南陽舊語曰、前隊大夫有范仲公、鹽豉蒜果共一筩。言其廉儉也」とある。

(三) 前隊大夫とは、莽新の官職名。漢代の南陽太守に相当する。『漢書』巻二十八 地理志上に、「南陽郡、莽曰前隊」とある。王莽は、六隊を置き、隊ごとに大夫一人を置き、その職は太守と同様であった(『漢書』巻九十九 王莽傳)。

(四) 鹽豉とは、味噌やもろみのこと。『世說新語』言語第二に、「有千里蓴羹、但未下鹽豉耳」とある。

(五) 蒜果とは、にんにくのこと。

(六) 筩とは、筒の意。唐・慧琳『一切經音義』に引く『三蒼』に、「筩、竹管也」とある。また、顏元孫『干祿字書』には、「筒筩竝上通下正」とあり、唐代においては筒の正字として扱われていた。

(七) 魏顆は、春秋時代の晉の人。秦の軍隊を輔氏で破った(『春秋左氏傳』宣公 傳十五年)

(八) 陳思王は、曹植のこと。文章篇の注(三二)一二八頁を参照。

(九) 鷂雀賦は、曹植による賦。鷂雀賦については、福井佳夫「曹植の「鷂雀賦」について—遊戲文学論(三)」(『中京国文学』二一、二〇〇二年)がある。

(一〇)『藝文類聚』巻九十一 鳥部中が引く魏陳王曹植「鷂雀賦」に、「頭如果蒜、不早首服。列頸大喚、行人聞之。莫不往觀、雀得鷂言。意甚不移、目如擘椒」とある。

(二一) ここでいう道經とは、『老子化胡經玄歌』を指すと考えられる。敦煌写本の「老子化胡經玄歌巻第十」(P. 2004)(12-7)、(『法藏敦煌西域文書』、上海古籍出版社、一九九五年)に、「一變之時、生在南方、亦如火出、胎墮地能、獨坐合口、誦經聲聲璅璅、眼中淚出珠子磥」とある。『老子化胡經』は六朝期において諸本が存在していた。『老子化胡經』の形成については福井康順『道教の基礎的研究』第三章「老子化胡經」(『福井康順著作集』第一巻、法藏館、一九八七年)および吉岡義豊「老子化胡經の原初形態」(『道教と佛教』第三、国書刊行会、一九七六年)を参照。

(二二) 裏結とは、ふくろの結び目のこと。

(二三)『正史削繁』とは、書名。『隋書』巻三十三 經籍志二 史部 雜史類に、「正史削繁九十四巻、阮孝緒撰」とある。

[現代語訳]

『三輔決録《さんぼけつろく》』に、「前隊大夫《ぜんたいたいふ》の范仲公《はんちゅうこう》は、もろみとにんにく(蒜果)一包み」とある。(蒜果の)果字は魏顆《ぎか》の顆につくるべきである。北方では広く物の一固まりを指して、言い換えて一顆という蒜顆《さんか》は(蒜の一固まりをさす)通俗の常用語である。そのため曹植《そうち》の鷂《よう》雀賦《じゃくふ》では、「頭はにんにく(果蒜)のようで、目は山椒のようである」と言っている。さらに道教の經典(『老子化胡經』)には、「口をすぼめて經典を読み上げる声は小さくブツブツしており、目の中から涙が出てくるは珠のつぶ」とある。その文字の形は(果と磥で)異なっているが、その音と意味はほとんど同じである。江南では蒜符《さんぷ》と呼んで、蒜顆という言い方を知らない。(そのため、江南で)学問をする人はお互い(の間で)口づたえで、(蒜果を)読んでふくろの結び目(裏結《かけつ》)の裏とする(ようになった)。(そのため)その意味は「もろみ(塩)とにんにく(蒜)とを一つの袋にして、筒の中にしまいこむ」となったのである。『正史削繁《せいしさくはん》』の音義には、また蒜顆に音注をつけて苦戈の反としているが、すべて誤りである。

【原文】

有人訪吾曰、魏志蔣濟上書云、弊攰之民、是何字也。余應之曰、意爲攰卽是皷倦之皷耳。張揖・呂忱並云、支傍作刀劍之刀、亦是剞字。不知蔣氏自造支傍作筋力之力、或借剞字、終當音九僞反。

《訓読》

人有り 吾に訪《と》ひて曰く、「魏志の蔣濟(一)の上書に云ふ(二)、弊攰の民とは、是れ何の字か」と。余 之に應へて曰く、「意ふに攰は卽ち是れ皷倦の皷爲らん。張揖・呂忱(三)並びに云ふ、「支の傍 刀劍の刀に作る、亦た是れ剞字なり」と。蔣氏 自ら支傍に筋力の力に作るを造り、或いは剞字を借り、終に音 九僞の反を當つかを知らず」と。

(注)

(一) 蔣濟は、三國曹魏の人。字は子通。楚國平阿縣の出身。嘉平元(二四九)年に没す。太尉、都鄉侯に至る。本段落の上書とは、景初年間に飢饉があった際に、その方策を述べたものである(『三國志』巻十四 蔣濟傳)。

(二) 魏志とは、『三國志』魏志のこと。『三國志』巻十四 蔣濟傳に載せる蔣濟の上疏文に、「弊攰之民、儻有水旱、百萬之衆、不爲國用」とある。

（三）呂忱は、任城の人。晉の弦令。『字林』を著した（『隋書』巻三十二 經籍志二）。

［現代語訳］

ある人が私を訊ねて、『魏志』の蔣濟《しょうせい》の上奏文に、「弊攰《へいき》の民草」とありますが、（攰の字は）どのような字なのですか」と言った。わたしはこれに答えて、「思いますに攰はとりもなおさずに鼓倦《きけん》（疲弊して飽きる）の鼓でありましょう。（「攰」字について）張《ちょう》揖《しゅう》・呂忱《りょしん》はともに、「支の偏は刀剣の刀（刂）につくり、またこれ（「攰」字）は剞である」と言っています。蔣濟は（こうした議論とは別に）自分で支偏に筋力の力（を旁）にする字をでっちあげ、もしくは「剞」字を仮借して、最終的には音は九偽の反を当てたのでしょう」と言った。

【原文】

晉中興書、太山羊曼、常頽縱任俠、飲酒誕節。兗州號爲𨤲伯。此字皆無音訓。梁孝元帝嘗謂吾曰、由來不識。唯張簡憲見教、呼爲嚃羹之嚃。自爾便遵承之、亦不知所出。簡憲是湘州刺史張纘諡也。江南號爲碩學。案、法盛世代殊近、當是耆老相傳。俗間又有𨤲𨤲語、蓋無所不施、無所不容之意也。顧野王玉篇、誤爲黑傍沓。顧雖博物、猶出簡憲・孝元之下、而二人皆云重邊。吾所見數本、並無作黑者。重沓是多饒積厚之意、從黑更無義旨。

《訓読》

晉中興書（一）に、「太山の羊曼（二）、常に頽縱任俠（三）にして、酒を飲みて節を誕《みだり》にす。兗州 號して𨤲伯と爲す」と。此の字 皆な音訓無し。梁孝元帝（四） 嘗て吾に謂ひて曰く、「由來 識らず。唯だ張簡憲（五）より教へらるるに、呼びて嚃羹の嚃（六）と爲す。爾《そ》れより便ち之を遵承するも、亦た出づる所を知らず」と。簡憲 是れ湘州刺史たる張纘の諡なり。江南 號して碩學と爲す。案ずるに、法盛（七）の世代 殊に近く、當に是れ耆老の相傳ならん。俗間に又 𨤲𨤲の語有り。蓋し施さざる所無く、容れざる所無きの意なり。顧野王の玉篇、誤りて黑傍沓に爲る。顧 博物なりと雖も、猶ほ簡憲・孝元の下に出でて、二人 皆な重邊と云ふ。吾 見る所の數本、並びに黑（八）に作る者無し。重沓 是れ多饒積厚の意なり、黑に從ふは更に義旨無し。

（注）

（一）晉中興書は、『隋書』巻三十三 經籍志二 史部 正史類に、「晉中興書七十八卷。起東晉。宋湘東太守何法盛撰」とある。

（二）羊曼は、東晉の人。字を祖延といい、泰山南城の人。溫嶠らと共に東晉中興の名士となり、時に後漢の八俊になぞらえられて兗州八伯と目され、その中で羊曼は𨤲伯と称された（『晉書』巻四十九 羊曼傳）。

（三）現行の唐修『晉書』巻四十九 羊曼傳では、「曼任達積縱、好飲酒」とあり、本文が言う「頽」を「積」につくる。

（四）梁孝元帝とは梁の元帝、蕭繹のこと。大寶三（五五二）年に江陵にて即位するも、承聖三（五五四）年に西魏軍に攻め滅ぼされた（『梁書』巻五 本紀五）。西魏軍が江陵を陥落させた時に、顔之推は二十四歳であった。おそらくこの問答は、顔之推が國左常侍・散騎常侍にあった二十二歳から二十四歳の間になされたものと想定される。

（五）張簡憲は、張纘のこと。字を伯緒、諡は簡憲。張弘策の第三子で、張緬の弟。十七歳で祕書郎より起家し、平北將軍・寧蠻校尉に至る。太淸二（五四八）年、張纘が五十一歳のとき侯景の亂が勃発し、王詧によって殺害された。死後、侍中・中衞將軍・開府儀同三司を追贈された（『梁書』巻三十四 張緬傳附張纘傳）。

（六）『禮記』曲禮上に、「毋嚃羹」とある。鄭玄注には、「亦嫌欲疾也。嚃爲不嚼菜」とある。嚃の音は、他合の切（盧文弨注）。

（七）法盛は、『晉中興書』の撰者である何法盛のこと。

（八）王觀國『學林』によれば、䵬と𨤲は、音は榻で同じであるが、意味が異なるという。『晉書』羊曼傳では羊曼を八伯の一人とし、『顏氏家訓』でも「多饒積厚」としているため、ともに称揚していることはわかる。だが、𨤲𨤲とは無賢不肖の意味で美称ではない。一方で䵬䵬は豁達にして小節に拘わらない人を指すため文脈に合致する。しかしそれでは、顔之推が𨤲の字を正しいとする文意が通じない。

［現代語訳］

『晉中興書《しんちゅうこうしょ》』に、「太山《たいざん》の羊曼《ようまん》は、いつも我儘に振る舞い男気に溢れ、酒を飲んでは節度を乱した。（そのため）兗州《えんしゅう》では𨤲伯《とうはく》と呼んだ」とある。𨤲の字にはどこにも字の音や訓詁がない。梁の元帝はかつてわたしに、「（「𨤲」字の）由来がわからない。ただ張簡憲《ちょうかんけん》（張纘）から教えられたことには、嚃羹《とうかん》（あつものをすする）の嚃《すする》であるという。それ以来これを遵守しているが、やはり出典はわからない」と仰った。簡憲《かんけん》は湘州刺史であった張纘の 諡《おくりな》である。江南では、（張纘のことを）碩学と称す。考えるに、「（『晉中興書』を記した）何法盛《かほうそう》が生きたのは（我々が生きている時代に）極めて近く、老人たちの口承であろう。俗語にはまた𨤲𨤲という語がある。思うに採用するところがなく、容認するところもないの意味であろう。顧野王《こやおう》の『玉篇《ぎょくへん》』では、誤って黒偏に沓（の旁）につくっている。顧野王が博学の人であったといっても、張纘・元帝の後に現れて（『玉篇』を記したのであって）、（張纘と元帝の）二人とも重偏につくるといっている。わたしが見たところの数種類の本でも、一切黒（偏）につくった本は無い。重偏沓旁（𨤲）は多く積み重なるの意味である。黒偏（䵬）では全く意味が無いのである。

【原文】

古樂府歌詞、先述三子、次及三婦。婦是對舅姑之稱。其末章云、丈人且安坐、調絃未遽央。古者、子婦供事舅姑、旦夕在側、與兒女無異。故有此言。丈人亦長老之目。今世俗猶呼其祖考、爲先亡丈人。又疑丈當作大。北間風俗、婦呼舅爲大人公。丈之與大、易爲誤耳。近代文士、頗作三婦詩、乃爲匹嫡並耦己之羣妻之意、又加鄭・衞之辭。大雅君子、何其謬乎。

《訓読》

古樂府（一）の歌詞に、先に三子を述べ、次に三婦に及ぶものあり。婦は是れ舅姑に對するの稱なり。其の末章に云ふ、「丈人 且《しばら》く安坐せよ、絃を調《しら》ぶること未だ遽《には》かに央《なか》ばならず[二]」と。古者《いにしへ》、子婦は舅姑に供事し[三]、旦夕 側に在ること、兒女と異なる無し。故に此の言有り。丈人も亦た長老の目[四]なり。今 世俗は猶ほ其の祖考[五]を呼びて、「先亡丈人」と爲す。又 疑ふらくは丈は當に大に作るべきならん。北間の風俗、婦 舅を呼びて大人公と爲す。丈の大に與けるや、誤を爲し易きのみ。近代の文士[六]、頗る三婦詩[七]を作るも、乃ち匹嫡並びに己の羣妻を耦するの意と爲し、又 鄭・衞の辭[八]を加ふ。大雅[九]たる君子、何ぞ其れ謬れるか。

(注)

(一) 樂府とは、もともと前漢の武帝の時代に民間の歌謡を収集して記録するために設置された役所のことであるが、そこから転じて樂府に集められた歌謡とその形式によって書かれた古體詩のことを指すようになった。一般的には、唐代に白居易らによって作られた樂府を新樂府と呼ぶのに対して、六朝以前に作られた樂府を古樂府と呼ぶが、ここでの古樂府は単に「古い時代の楽府」という意味であろう。

(二) 顏之推が引く古樂府とは、膾炙した語であったようで、典拠を特定し難い。『玉臺新詠』巻一 古樂府六首 相逢狹路間に、「兄弟兩三人、中子爲侍郎。五日一來歸、道上自生光。黃金絡馬頭、觀者盈道傍。入門時左顧、但見雙鴛鴦。鴛鴦七十二、羅列自成行。音聲何噰噰、鶴鳴東西廂。大婦織綺羅、中婦織流黃。小婦無所爲、狹瑟上高堂。丈人且安坐、調絲未遽央」とあり、『藝文類聚』巻四十一 樂部一 論樂 古相逢行に、「丈人且安坐、調絃未遽央」とあり、宋・郭茂倩撰『樂府詩集』巻三十四 相和歌辭九 清調曲二 相逢行に、「丈人且安坐、調絲方未央」とある注に、「一作調絲未遽央」とあり、また『樂府詩集』巻三十五 相和歌辭十 清調曲三 長安有陿斜行には、「三子倶入室、室中自生光。大婦織綺紵、中婦織流黃。小婦無所爲、狹琴上高堂。丈夫且徐徐、調絃詎未央」とあり、それぞれ少しく異同がある。

(三) 供は、『廣雅』釋言に、「供、養也」とあり、ここでは「養」の意味に取る。父母をかしずき世話をすること。

(四) 目は、ここでは「稱」の意。

(五) 祖考は、ここでは亡き祖父(祖)、亡き父(考)の意。

(六) 勉學第八に、「文子則講義經書」とあることに基づく。

(七) 『樂府詩集』巻第三十五 相和歌辭十 清調曲三に収められている「三婦豔詩」を詠じた人物を列挙すると、劉鑠・王融・梁昭明太子・沈約・王筠・吳筠・劉孝綽・陳後主・董思恭・王紹宗らである(宇都宮注)。

(八) 鄭・衞之辭は、ここでは「鄭衞桑間」もしくは「鄭衞之音」のことを指す。鄭衞の音楽は古来より淫猥で人の心を乱すものとされている(『論語』衞靈公、『禮記』樂記および鄭注)。

(九) 大雅は、学識のある人物を指す。『文選』巻一 班孟堅「西都賦」に、「大雅宏遠、於茲爲羣」とあり、李善注に「大雅、謂有大雅之才者」とある。

[現代語訳]

古樂府《こがふ》の歌詞には、先に三人の子について述べ、次に三人の婦人について詠っているものがある。婦は舅　姑《しゅうとしゅうとめ》(夫または妻の父母)に対する呼称で(息子の妻のことで)ある。その歌詞の末句には、「父上 そのままお座り下さい、琴の演奏もまだ半分にもなっておりませんから」とある。昔は、息子と婦人は舅姑にかしずいて世話をし、朝晩（舅姑の）傍におり、小さい子供（が父母から離れようとしない様子）と変わらなかった。そのためこの歌詞があるのだ。「丈《じょう》人《じん》」はまた長老の称である。世間では今でも亡くなった祖父や父を「先亡《せんぼう》丈人」と呼んでいる。また「丈」は「大」に作るべきではなかろうか。北方の習慣では、嫁が舅を呼ぶ際に「大人公」という。「丈」と「大」は書き間違えをし易い（文字である）。近ごろの学者諸君は、よく三婦人の詩を詠ずるが、それは自分の正妻と自分の妾たちのことを指し、さらに（人の心を惑わせる）鄭《てい》や衛《えい》の言辞を加えている。学識のある君子が、どうしてそのような間違いをするのだろうか。

【原文】

古樂府歌百里奚詞曰、百里奚、五羊皮。憶別時、烹伏雌、吹扊扅。今日富貴忘我爲。吹當作炊煮之炊。案、蔡邕月令章句曰、鍵、關牡也。所以止扉。或謂之剡移。然則當時貧困、幷以門牡木作薪炊耳。聲類作扊、又或作扂。

《訓読》

古樂府の百里奚(一)を歌ふの詞(二)に曰く、「百里奚よ、五羊の皮よ。憶ふに別れし時、伏雌を烹るに、扊扅(三)を吹きたるを。今日 富貴にして我が爲せしを忘れたるか」と。吹は當に炊煮の炊に作るべし。案ずるに、蔡邕の月令章句(四)に曰く、「鍵は、關牡なり。扉を止むる所以なり。或いは之を剡移(五)と謂ふ」と。然らば則ち當時の貧困なりしは、幷びに門の牡木を以て薪と作し炊くのみ。聲類(六)は扊に作り、又 或いは扂に作る。

（注）

（一）百里奚は、秦の宰相で、孟明子の父。晉の獻公の娘が秦の穆公に嫁いだ際に下僕として秦に行き、そこで推挙されたが、仕官を拒否して国外に逃れた。後に楚で捕らえられ奴隷となったが、穆公の家臣が羊の皮五枚で買い取り、秦に戻った後に宰相となった（『史記』巻五 秦本紀）。

（二）『樂府詩集』巻六十 琴曲歌辭四 琴歌三首に、「百里奚、五羊皮。憶別時、烹伏雌、炊扊扅、今日富貴忘我爲。百里奚、初娶我時五羊皮。臨勸別時烹乳鷄、今適富貴忘我爲。百里奚、百里奚、母已死、葬南溪。墳以瓦、覆以柴、舂黄藜、搤伏雞。西入秦、五羖皮、今日富貴捐我爲」とある。なお『樂府詩集』では、百里奚の妻が詠んだものとする。

（三）扊扅は、かんぬきのこと。『樂府詩集』巻六十 琴曲歌辭四 琴歌三首の注に、「字説曰、門關謂之扊扅、或作剡移」とある。なお、扊は、餘染反、扅は、餘之反とする（盧文弨注）。

（四）關牡は、かんぬきのこと。「關」は横に木をかけた門のこと。『説文解字』十二上 門部 關字の説解に、「以木横持門戸也」とある。また、「牡」は『廣雅』巻七に、「戸、牡也」とあり、また宋の戴侗『六書故』に、「籥牡也。周官司門、掌授管鍵、以啟閉國門。管爲牝、鍵爲牡」とあり、門またはその鍵を指す。

（五）剡移は、かんぬきのこと。『廣韻』巻三 上聲 琰韻 扊に、「所以止扉。或作剡移」とある。本篇の注（三）も参照。

（六）『聲類』は、書名。『隋書』巻三十二 經籍志一 經部 小學類に、「聲類十巻 魏左校令李登撰」とある。

［現代語訳］

古樂府の百里奚《ひゃくりけい》の歌には、「百里奚よ、五枚の羊の皮よ。思い出す別れの時、卵を温める雌鳥を煮るのに、扊扅（かんぬき）を吹いたのを。いま富貴となりましたが（貧しい時に）わたしがしたことを忘れてはおりませぬか」とある。「吹」の字は炊煮（煮炊き）の「炊」字に書くべきである。調べてみると、蔡邕《さいよう》の『月令章句《がつりょうしょうく》』には、「鍵は、關牡（かんぬき）である。扉をおさえて閉じておくためのものである。もしくはこれを剡移ともいう」とある。そうであるならば、当時の貧乏人は、みんな門のかんぬきを薪にして炊事していたのである。（また、扊扅の文字は）『聲類』では「扊」字と書き、またあるいは「居」字とも書いている。

【原文】

通俗文、世間題云河南服虔字子愼造。虔既是漢人、其敍乃引蘇林・張揖。蘇・張皆是魏人。且鄭玄以前、全不解反語、通俗反音、甚會近俗。阮孝緒又云、李虔所造。河北此書、家藏一本、遂無作李虔者。晉中經簿及七志、並無其目、竟不得知誰制。然其文義允愜、實是高才。殷仲堪常用字訓、亦引服虔俗說、今復無此書。未知卽是通俗文爲當有異。近代或更有服虔乎。不能明也。

《訓読》

通俗文[一]は、世間 題して「河南の服虔[二]、字は子愼 造る」と云ふ。虔既に是れ漢の人なるに、其の敍に乃ち蘇林[三]・張揖[四]を引く。蘇・張は皆是れ魏の人なり。且《そ》れ鄭玄より以前、全く反語[五]を解せざるに、通俗の反音、甚だ近俗に會ふ。阮孝緒[六]は又「李虔[七]の造る所なり」と云ふ。河北の此の書、家に一本を藏するも、遂に李虔に作る者無し。晉中經簿[八]及び七志[九]、並びに其の目無く、竟に誰の制なるかを知るを得ず。然れども其の文義 允愜にして、實に是れ高才なり。殷仲堪[一〇]の常用字訓[一一]も亦た服虔の俗說[一二]を引くも、今 復た此の書無し。未だ卽ち是の通俗文もて當に異有るべきと爲す[一三]かを知らず。近代 或いは更に服虔有るか。明らかにする能はざるなり。

（注）

（一）『通俗文』とは、書名。後漢の服虔の撰とされる。『隋書』巻三十二 經籍志一 經部 小學類に、「通俗文、一巻。服虔の撰」とある。

（二）服虔は、河南郡滎陽縣の人、字は子愼。後漢末の儒者。中平末に九江太守となった。『春秋左氏傳解誼』など、多くの著作を残した（『後漢書』列傳六十九下 儒林 服虔傳）。

（三）蘇林は、三國曹魏の人、字を孝友。文帝の博士となり、安成亭侯に封じられた（『三國志』巻二十一 劉劭傳 注引『魏略』）。

（四）張揖は、三國曹魏の人。字は稚讓、清河または河間の人（顏師古「漢書敍例」）。『廣雅』『埤蒼』を編纂した。

（五）反語は、ここでは文法用語ではなく、音韻学の用語で、反切を取ること（空海『文鏡祕府論』天巻）。

（六）阮孝緒は、梁の人。字は士宗、陳留尉氏の人。目録学に明るく『七錄』を著した（『梁書』巻五十一 處士 阮孝緒傳、『南史』巻七十二 隱逸 阮孝緒傳）。

（七）李密は、三國蜀漢、西晉の人。字を令伯といい、一名を虔という。若くして蜀に仕官した。孝の人として知られ、九十を過ぎた祖母を置いて洛陽を出ることはできないということを上表した「陳情事表」が有名（『晉書』巻八十八 李密傳）。

（八）『晉中經簿』は、西晉の荀勗の撰による目録書。別名を『中經新簿』という。甲・乙・丙・丁による四部分類を創始した。『晉書』巻三十九 荀勗傳に、「及得汲郡冢中古文竹書、詔勗撰次之、以爲中經、列在祕書」とある（『晉書』巻三十九 荀勗傳）。なお、興膳宏・川合康三『隋書經籍志詳考』（汲古書院、一九九五年）の注では、王隱『晉書』を根拠として、『中經新簿』の執筆時期を汲冢竹書が発見された太康元（二八〇）年、もしくは太康二（二八一）年以降と推定している。

（九）『七志』は、王儉の撰による目録書。王儉は、字は仲寶、琅邪郡臨沂縣の人。『南齊書』巻二十三 王儉傳に、「上表求校墳籍、依七略撰七志四十卷、上表獻之、表辭甚典」とある。巻数については『南齊書』では四十巻とするが、『隋書』巻三十三 經籍志二 史部では、「今書七志 七十卷王儉撰」とあり、『南齊書』と記述が合わない。

（一〇）殷仲堪は、東晉の人。陳郡の人。著作郎より起官し、荊州・益州・寧州の都督三州軍事、振威將軍、荊州刺史、假節となり、江陵に鎮した。武官にありながら貴族的で、性格は優柔不断であったという（『晉書』巻八十四 殷仲堪傳）。

（一一）『常用字訓』は、書名。『隋書』巻三十二 經籍志一 經部 小學類に、「梁有常用字訓一卷、殷仲堪撰」とある。

（一二）俗説は、未詳。おそらくは書名であろう。『俗説』は、『隋書』巻三十三 經籍志三 子部に、「俗説三卷 沈約撰。梁五卷」とあり、沈約のものとされる。

（一三）『通俗文』の作者について、服虔か李虔かという議論がある。王利器は服虔が『通俗文』を記したと考える。また、臧琳は、唐代の文献が『通俗文』を服虔とし、『太平御覽』などの宋代の文献が『風俗通』や『風俗論』と表記して引用していることから、名前は異なるも同一書だと考えている（『經義雜記』第十七）。つまり、『通俗文』という書物が複数存在したか、『通俗文』という題で複数の人物が執筆したことになる。これについて、臧鏞堂は、『舊唐書』經籍志と『新唐書』藝文志は、作者の異なる二つの『通俗文』が存在したため、服虔を『通俗文』の著者とし、李虔を『續通俗文』の作者としたと想定している。加えて、「通俗文」が『中經新簿』と『七志』に著録されていないこと、孫炎以前は反切を理解しておらず、また「通俗文」の反切が顏之推の時代の俗音に近いこと、叙に引いている蘇林・張揖は服虔の後人であるという三つの論拠を以て「通俗文」は晉宋の間の人物によるものだとする（『拜經堂文集』巻二「刻通俗文序」）。

［現代語訳］

『通俗文《つうぞくぶん》』は、世間では「河南の服虔《ふくけん》、字は子愼《ししん》の著」と題している。服虔はもとより漢代の人であるが、その序文に蘇林《そりん》と張揖《ちょうしゅう》を引いている。（しかし）蘇林・張揖はともに曹魏代の人である。そもそも鄭玄《じょうげん》以前には、一切反切《はんせつ》を理解していないはずだが、『通俗文』の反切は、よく最近の（反切音に）合致する。阮孝緒《げんこうちょ》はまた「（『通俗文』は）李虔《りけん》の著作である」という。河北（に通行する）この本は、（我が）家に一本収蔵しているが、ついぞ（執筆者を）李虔にするものはない。『晉中經簿《しんちゅうけいぼ》』と『七志《しちし》』は、ともに（『通俗文』を）著録せず、結果的に誰の著作であるかを知り得ない。だが『通俗文』の内容はたいへん適確で、誠に才覚が高い（人の手による）ものである。殷仲堪《いんちゅうたん》の『常用字訓《じょうようじくん》』は、服虔の『俗說《ぞくせつ》』を引用しているが、今ではこの本もない。（そのため）未だに『通俗文』には異本があるかどうかはわからない。あるいは近い時代に服虔（という人物が）もう一人いたのであろうか。明確にすることはできない。

【原文】

或問、山海經、夏禹及益所記、而有長沙・零陵・桂陽・諸曁、如此郡縣不少。以爲何也。答曰、史之闕文、爲日久矣。加復秦人滅學、董卓焚書。典籍錯亂、非止於此。譬猶本草神農所述、而有豫章・朱崖・趙國・常山・奉高・眞定・臨淄・馮翊等郡縣名、出諸藥物。爾雅周公所作、而云張仲孝友。仲尼修春秋、而經書孔丘卒。世本左丘明所書、而有燕王喜・漢高祖。汲冢瑣語、乃載秦望碑。蒼頡篇李斯所造、而云漢兼天下、海内幷廁、狶・黥・韓覆、畔討滅殘。列仙傳劉向所造、而贊云七十四人出佛經。列女傳亦向所造、其子歆又作頌、終于趙悼后、而傳有更始韓夫人・明德馬后及梁夫人嫕。皆由後人所羼、非本文也。

《訓読》

或るひと問ふ、「山海經(一)は、夏禹(二)と益(三)の記す所なれども、而るに長沙(四)・零陵(五)・桂陽(六)・諸曁(七)、此の如き郡縣少なからず有り。以爲《おも》ふに何ぞや」と。答へて曰く、「史の闕文(八)、日を爲すこと久し。加ふるに復た秦人の滅學(九)、董卓(一〇)の焚書(一一)あり。典籍 錯亂すること、此に止まるに非ず。譬猶《たと》へば本草(一二)は神農(一三)の述ぶる所なれども、豫章(一四)・朱崖(一五)・趙國(一六)・常山(一七)・奉高(一八)・眞定(一九)・臨淄(二〇)・馮翊(二一)らの郡縣の名有りて、諸〻の藥物を出だす。爾雅は周公の作る所(二二)なれども、「張仲(二三)の孝友」と云ふ。仲尼は春秋を修むるも、經に孔丘 卒すと書す(二四)。世本(二五)は左丘明の書する所なれども、燕王の喜・漢の高祖有り。汲冢の瑣語(二六)、乃ち秦望碑(二七)を載す。蒼頡篇(二八)は李斯の造る所なれども、「漢 天下を兼ね、海内 幷廁するも、狶(二九)・黥(三〇)・韓(三一) 覆りて、畔《そむ》くは討ち殘は滅す」と云ふ。列仙傳(三二)は劉向の造る所なれども、贊に「七十四人 佛經に出づ(三三)」と云ふ。列女傳(三四)も亦た向の造る所にして、其の子の歆 又 頌を作り、趙悼后(三五)に終はるも、傳に更始の韓夫人(三六)・明德馬后(三七)及び梁夫人の嫕(三八)有り。皆 後人の羼《せん》する(三九)所に由り、本の文に非ざるなり」と。

（注）

（一）山海經は、書名。『隋書』巻三十三 經籍志二 史部 地理記類に、「山海經二十三巻 郭璞注」とある。禹王あるいは伯益の撰とされるが、これは後世に仮託されたものと考えられる。記載内容は、中国内外の山系・水系に関する地理・産物から、神の伝説とその祭祀など多岐にわたる。松田稔『「山海経」の基礎的研究』（笠間書院、一九九五年）を参照。

（二）禹は、中國の伝説中の帝王。舜に命じられて治水を行い、農業など産業を整備した。天下が安定すると、舜から禪讓を受け、平陽に都を定めて夏王朝を開いたという（『史記』巻二 夏本紀）。

（三）益は、舜の臣下。虞に任命され、四臣に譲ったが許されなかった（『尚書』舜典）。

（四）長沙は、『隋書』巻三十一 地理志下に、「長沙郡 舊置湘州、平陳置潭州總管府、大業初府廢。統縣四、戸一萬四千二百七十

五。長沙舊曰臨湘、置長沙郡。平陳、郡廢、縣改名焉。有銅山・錫山」とある。

(五) 零陵は、『隋書』巻三十一 地理志下に、「零陵郡平陳初、置永州總管府、尋廢府。統縣五、戸六千八百四十五。零陵舊曰泉陵、置零陵郡」とある。晉から南齊までは泉陵と称された。また舜が葬られた地とされる(『史記』巻一 五帝本紀)。

(六) 桂陽は、『隋書』巻三十一 地理志下に、「桂陽郡平陳、置郴州。統縣三、戸四千六百六十六。郴舊置桂陽郡」とある。

(七) 諸暨は、『隋書』巻三十一 地理志下 會稽郡に、「諸暨有泄溪、大農湖」とある。

(八) 史之闕文とは、史官は事実として疑わしいことは記述しないことをいう。『論語』衛靈公に、「子曰、吾猶及史之闕文也」とあり、何晏『論語集解』注には、「古之良史、于書字有疑則闕之、以待知者」とある。

(九) 滅學とは、秦始皇帝の治世において李斯が行ったとされる焚書坑儒のことを指す。『史記』巻十二 始皇本紀に、「臣請史官非秦記皆燒之。非博士官所職、天下敢有藏詩・書・百家語者、悉詣守・尉雜燒之。有敢偶語詩書者弃市。以古非今者族。吏見知不舉者與同罪。令下三十日不燒、黥爲城旦。所不去者、醫藥卜筮種樹之書。若欲有學法令、以吏爲師」とある。

(一〇) 董卓は、隴西郡臨洮縣の人、字を仲穎。朝廷を無視して幷州で私兵を蓄えていたが、袁紹らによる宦官誅滅の謀議に招かれ、混乱に乗じて少帝と陳留王(後の獻帝)を保護。陳留王の後見を務め、少帝を廃位し、獻帝を即位させた。初期こそ黨人の名誉を回復し、「名士」を招くなどしたものの、部下の掠奪を止めず、自身も私腹を肥やしたことから支持を失い、さらに反董の兵が蜂起すると、洛陽に放火して長安へ遷都。ついには王允らの謀略により、部下の呂布に殺された(『三國志』巻六 董卓傳、『後漢書』列傳六十二 董卓傳)。

(一一) 焚書とは、ここでは董卓の長安遷都に伴う混乱で大量の書籍が失われたことを指す。『後漢書』列傳六十九上 儒林傳上に、「初、光武遷還洛陽、其經牒祕書載之二千餘兩、自此以後、參倍於前。及董卓移都之際、吏民擾亂、自辟雍・東觀・蘭臺・石室・宣明、鴻都諸藏典策文章、競共剖散、其縑帛圖書、大則連爲帷蓋、小乃制爲縢囊。及王允所收而西者、裁七十餘乘、道路艱遠、復弃其半矣。後長安之亂、一時焚蕩、莫不泯盡焉」とある。

(一二) 本草とは、書名。『神農本草』のこと。撰者は不明。『隋書』巻三十四 經籍志三 子部 醫方類に、「神農本草 八卷」とある。

(一三) 神農は、中国の伝説上の帝王である三皇の一人。人類に農業と医薬の知識を教えたとされている。

(一四) 豫章は、地名。『隋書』巻三十一 地理志下に、「豫章郡平陳、置洪州總管府。大業初府廢。統縣四、戸一萬二千二十一。豫章舊置豫章郡。平陳、郡廢。大業初復置郡」とある。

(一五) 朱崖は、地名。『後漢書』郡國五 合浦郡に見える。なお、校註によれば「按、前志作朱盧」とあり、また『南齊書』巻十四 州郡上 合浦郡に、「朱盧」とある。

(一六) 趙國は、『後漢書』志二十 郡國二 冀州に、「趙國秦邯鄲郡、高帝改名。雒陽北千一百里。五城、戸三萬二千七百一十九、口十八萬八千三百八十一」とある。

(一七) 常山は、地名。『後漢書』志二十 郡國二 冀州に、「常山國高帝置。建武十三年省眞定國、以其縣屬。十三城、戸九萬七千五百、口六十三萬一千一百八十四」とある。

（一八）奉高は、地名。『隋書』巻三十一 地理志下 徐州魯郡に、「博城舊曰博、置泰山郡。後齊改郡曰東平、又併博平、牟入焉。開皇初郡廢、十六年改縣曰汶陽、尋改曰博城。有奉高縣、開皇六年改曰岱山、大業初州廢、又廢岱山縣入焉」とある。

（一九）眞定は、地名。『後漢書』志二十 郡國二 冀州に、「眞定」とある。また、『隋書』巻三十一 地理志中に「眞定舊置常山郡、開皇初郡廢。十六年分置 常山縣。大業初置恆山郡、省常山入焉」とある。

（二〇）臨淄は、地名。『隋書』巻三十一 地理志中 青州に、「臨淄及東安平、西安、並後齊廢」とある。

（二一）馮翊は、地名。『後漢書』志十九 郡國一 左馮翊に、「左馮翊秦屬內史、武帝分、改名。雒陽西六百八十八里」とある。

（二二）『爾雅』の作者については、陸德明『經典釋文』序錄に、「釋詁一篇、蓋周公所作。釋言以下、或言仲尼所增、子夏所足、叔孫通所益、梁文所補。張揖論之詳矣」とある。

（二三）張仲は、周の賢人。仲山甫とともに宣王を支えた（『史記』巻四 周本紀、『詩經』小雅 六月）。

（二四）『春秋左氏傳』哀公 經十六年に、「夏、四月、己丑、孔丘卒」とある。

（二五）世本は、『漢書』巻三十 藝文志 六藝略に、「世本十五篇。古史官記黃帝以來訖春秋時諸侯大夫」とある。なおこの箇所の原注には、「此説出皇甫謐帝王世紀」とある。

（二六）汲冢瑣語とは西晉の太康元（二八〇）年前後に、戰國時代の魏王の墓から出土した「汲冢書」の一つ。『晉書』巻五十一 束皙傳には、「瑣語十一篇、諸國卜夢妖怪相書也」とあり、『隋書』巻三十三 經籍志二 史部 雜史には、「古文瑣語四卷 汲冢書」とある。

（二七）秦望碑は、秦始皇七大刻石の一つである會稽刻石のことか。（陳直「顔氏家訓注補正」『摹廬叢著七種』所収、齊魯書社、一九八一年）。もしくは、庾元威『論書』（張彦遠『法書要録』巻二）に載する百体書の一つに見える「秦望書」か。王利器は、朱長文輯『墨池編』巻一「秦李斯用筆法」を根拠にして「秦望碑」は會稽刻石であるとする。しかし、「秦李斯用筆法」は、初出が宋代であり、史料的に疑わしい。

（二八）蒼頡篇は、字書。前漢の閭里書師の編纂とされる。全五十五章。『倉頡篇』とも呼ばれる。その編纂にあたっては、李斯撰『蒼頡』（全七章）に、趙高撰『爰歷』（全六章）と胡母敬撰『博學』（全七章）を併せたという（『漢書』巻三十 藝文志）。現在は散逸し、『玉函山房輯佚書』などに輯本がある。庾元威『論書』巻二（唐・張彦遠『法書要録』所収）に「論豨・信・京劉等、郭（璞）云。豨・信是陳豨・韓信、京劉是大漢、西土是長安」とある。

（二九）豨は、陳豨のこと。陳豨は、宛朐の人。韓王信の叛乱の平定後、諸侯に封じられ、趙の宰相のまま將軍を兼ね、代の辺境にいる兵士を監督した。のち叛乱を起こし、劉邦に討伐され、樊噲の部下に斬られた（『史記』巻九十三 盧綰傳附陳豨傳）。

（三〇）黥は、黥布のこと。本篇の注（一）二五六頁を參照。

（三一）韓は、韓信のこと。韓信は、淮陰の人。前漢建国の功臣。はじめ項羽に従ったが重用されず、蕭何の推挙で大將に任命された。漢の別動隊として趙から燕、齊の地を平定して齊王に封じられ、天下を三分したが、高祖に忠誠を尽くし、項羽を追いつめて漢を勝利に導いた。しかし、統一後、その実力を恐れられ、齊王から楚王に移され、謀反の疑いで捕らえられたのち淮陰侯に格下げされ、ついには呂后に謀られて殺された（『史記』巻九十二 淮陰侯列傳）。

（三二）『列仙傳』は、書名。前漢の劉向の撰とされ、『隋書』巻三十三 經籍志二 史部 雜傳類に、「列仙傳讚三巻、劉向撰。鬷續、孫綽讚」および「列仙傳讚二卷、劉向撰。晉郭元祖讚」と著録がある。

（三三）七十四人出佛經という一文について、俞正燮は、劉向の当時、佛教は未だ伝来しておらず、この一文は劉向のものではないとする（『癸巳類稿』巻十四 僧徒僞造劉向文考）。また、余嘉錫は、今本にこの語は見えず、宋代の刪入であるとする（『四庫提要辯證』巻十九）。

（三四）『列女傳』は、書名。古来の著名な女性たちの伝記を母儀・賢明・仁知・貞順・節義・弁通・孼嬖の七類に分けて集める。各傳の終りに『詩經』が引用され、教訓的な説話集の形をとるが、儒家的な価値観のみで纏められた書物ではない。編者は前漢の劉向とされるが、それを疑う説もある。下見隆雄『劉向『列女伝』の研究』（東海大学出版会、一九八九年）を参照。

（三五）趙悼后は、趙悼倡后のことで、趙悼襄王の后。元は遊女であったが、悼襄王が娶った。悼襄王には后と太子の嘉がいたが、謀略によって后と太子を退け自らが后となり、悼襄王の死後、自分が産んだ遷を幽閔王に立てた。秦と通じて多くの賄賂を受け政治を乱し、ついに秦に攻め込まれて趙は滅亡した。倡后もその悪政を恨んだ臣下たちに殺された（『史記』巻四十三 趙世家、『列女傳』孼嬖 趙悼倡后）。

（三六）韓夫人は、新末後漢初の更始帝劉玄の后。酒を好み、毎日更始帝と飲んでいたという。ある時更始帝と韓夫人が飲んでいた時に臣下が上奏にやってくると韓夫人は大いに怒り、上奏文を破り捨てたという（『後漢書』列傳一 劉聖公傳）。なお、現行本では、韓夫人・明德馬后・梁夫人嫕の三人は、『列女傳』の末に加えられた「續列女傳」に収録されている。

（三七）明德馬皇后は、後漢の明帝の皇后で、後漢建国の功臣である馬援の三女。『周易』『春秋』『楚辭』『周禮』などを修めた才媛で、華美を嫌い、馬氏が外戚として振る舞うことを許さず、よく後宮を治めた。いとこの賈氏が生んだ章帝を育て、章帝の建初四（七九）年に崩じた（『後漢書』本紀十上 明德馬皇后紀）。

（三八）梁夫人嫕は、梁嫕。梁竦の長女。南陽の樊調に嫁いだ。竇皇后の死後、和帝に父と妹の無罪を訴えた。和帝に尊敬され、梁夫人と呼ばれた（『後漢書』列傳二十四 梁統傳附梁竦傳）。

（三九）羼は、『說文解字』四上 羴部に、「羊相厠也。从羴在尸下。尸、屋也。一曰相出前也」とある。段玉裁は「相出前」の引伸義の例として本章の部分を引用している。

［現代語訳］

ある人が質問して、「『山海經《せんがいきょう》』は、夏の禹《う》と益《えき》が記したものであるのに長沙《ちょうさ》・零陵《れいりょう》・桂陽《けいよう》・諸曁《しょき》といったような（夏の禹と益の時代にあるはずの無い）郡縣が少なからずあります。どういうことでしょうか」と言った。わたしは答えて、「史官が疑わしいことを書せずに記録が欠けてから、随分と年月が経過しました。そのうえ秦人の（焚書坑儒による）滅学や、董卓の（洛陽での焼き討ちによる）焚書があります。典籍が入り乱れているのは、『山海經』にとどまりません。たとえば、『神農本草《じんのうほんぞう》』は神農《じんのう》の著述ですが、（神農のころにはない）豫章《よしょう》・朱崖《しゅがい》・趙國《ちょうこく》・常山《じょうざん》・奉高《ほうこう》・眞定《しんてい》・臨淄《りんし》・馮翊《ひょうよく》という郡縣の名があり、さまざまな薬物が産出すると言っています。『爾雅』は周公旦の著作とされますが、（はるか後代の）「張仲《ちょうちゅう》の孝友」といいます。孔子は『春秋經』をまとめましたが、經文には「孔子が卒した」と記されております。『世本《せほん》』は左丘明《さきゅうめい》の著作と言いますが、燕王《えんおう》の喜《き》と漢の高祖の記述があります。『汲冢瑣語《きゅうちょうさご》』には、（『汲冢瑣語』の編纂よりも後の）會稽《かいけい》刻石の文が記されております。『蒼頡《そうけつ》篇《へん》』は李斯《りし》の著したものですが、「漢は天下を併合し、海内は一つとなった。陳豨《ちんき》・黥布《げいふ》・韓信《かんしん》らが謀叛を起すと、（漢に）背いたものは討伐され、その残党も滅ぼされた」といいます。また『列仙傳《れっせんでん》』は劉向《りゅうきょう》の著作とされますが、贊には七十四人は佛典に出てきたといいます。『列女傳《れつじょでん》』もまた劉向の著作で、息子の劉歆《りゅうきん》が頌《しょう》を作り、趙《ちょう》悼后《とうこう》に終わっていますが、傳には更始《こうし》帝の韓《かん》夫人や明徳馬后《めいとくばこう》及び梁《りょう》夫人の嫕《えい》についても書かれております。これらはすべて後の時代の人のものが混入したもので、本来の文章ではありません」と言った。

【原文】

或問曰、東宮舊事、何以呼鴟尾爲祠尾。答曰、張敞者、吳人。不甚稽古、隨宜記注、逐鄉俗訛謬、造作書字耳。吳人呼祠祀爲鴟祀。故以祠代鴟字。呼紺爲禁。故以糸傍作禁代紺字。呼盞爲竹簡反。故以木傍作展代盞字。呼鑊字爲霍字。故以金傍作霍代鑊字。又金傍作患爲鐶字、木傍作鬼爲魁字、火傍作庶爲炙字、既下作毛爲髻字。金花則金傍作華、窗扇則木傍作扇。諸如此類、專輒不少。

《訓読》

或るひと問ひて曰く、「東宮舊事[一]は、何を以て鴟尾[二]を呼びて祠尾と爲すか」と。答へて曰く、「張敞[三]は、吳の人なり。甚だしくは古を稽へず、宜しきに隨ひて注を記し、鄉俗の訛謬を逐ひ、書字を造作するのみ。吳の人 祠祀を呼びて鴟祀と爲す。故に祠を以て鴟字に代ふ。紺を呼びて禁と爲す。故に絲傍禁に作るを以て紺字に代ふ。盞を呼びて竹簡の反と爲す。故に木傍展に作るを以て盞字に代ふ。鑊字を呼びて霍字と爲す。故に金傍霍に作るを以て鑊字に代ふ。又 金傍患に作るを鐶字と爲し、木傍鬼に作るを魁字と爲し、火傍庶に作るを炙字と爲し、既下毛に作るを髻字と爲す。金花は則ち金傍華に作り、窗扇は則ち木傍扇に作る。諸《およ》そ此くの如きの類、專輒 少なからず」と。

（注）

（一）東宮舊事は、書名。『隋書』巻三十三 經籍志二 史部に、「晉東宮舊事十卷」とあるも、作者について記述がない。しかし、『舊唐書』巻三十 經籍志上 乙部史録に、「東宮舊事十一卷張敞撰」とあり、『新唐書』巻五十 藝文二 乙部史録に、「張敞晉東宮舊事十卷」とあり、こちらでは張敞が作者となっている。

（二）鴟尾は、樓閣の屋根に置かれるしゃちほこのこと。『北史』巻五十 楊機傳に、「逼買人宅、廣興屋宇、皆置鴟尾」とあり、『宋書』巻三十 五行志には、「義熙五年六月丙寅、震太廟、破東鴟尾、徹壁柱」とある。また、鴟は蚩の誤りであるとして、海獣とする説がある。唐・蘇鶚の『蘇氏演義』巻上に、「蚩者、海獸也。漢武帝作柏梁殿、有上疏者云、蚩尾、水之精、能辟火災、可置之堂殿。今人多作鴟字、見其吻如鴟鳶、遂呼之爲鴟吻。顏之推亦作此鴟、劉孝孫事始作此。蚩尾既是水祁、作蚩尤之蚩是也。蚩尤銅頭鉄額、牛角牛耳、獸之形也。作鴟鳶字、卽少意義」とあるが、ここに見える上疏文は史書に見えない。

（三）張敞については二説ある。郝懿行は、河東郡平陽縣の人で、呉の人ではないとする。一方、王利器と宇都宮は、『宋書』巻五十三 列傳十三 張茂度傳に、「父敞、侍中、尚書、呉國內史」とあることを根拠に晉の時の呉人とする。ここでは王利器・宇都宮説に従う。

〔現代語訳〕

ある人が質問して、『東宮舊事《とうぐうきゅうじ》』という書物は、どういった理由で鴟尾《しび》のことを祠尾《しび》と呼ぶのでしょうか」と言った。わたしは答えて、「張敞《ちょうしょう》という人は呉の人ですが、さほど昔の事について勉強しておらず、（自分の考えの）ままに従って注を記し、ついには（呉の）地方の風俗や誤った知識によって、文字を作っただけです。呉の人は祠祀（ほこら）を鴟祀と呼びます。ですから、「祠」字で「鴟」字に代用するのです。（また）「紺」を「禁」と読みます。ですから、糸偏に禁を組み合わせて（「紟」字で）「紺」字に代用しています。（さらに）「盞」を竹簡の反で発音します。だから木偏に「展」を組み合わせて（「榐」字で）「盞」字に代用しています。（加えて）「鑊」を「霍」と読みます。そのため、金偏に「霍」を組み合わせて（「鑃」字を）「鑊」字に代用しています。また、金偏に患を組み合わせて（できた「鍶」字を）「鐶」字とし、木偏に鬼を組み合わせて（できた「槐」字を）「魁」字とし、火偏に庶を組み合わせて（できた「熫」字を）「炙」字とし、「既」の（左）下（の「ヒ」）を「毛」にして「髻」字としています。「金花」（美しい花の意）は金偏に「華」を組み合わせ、「窓扇」は木偏に「扇」を組み合わせて（字を作って）います。こういった類の勝手な解釈は少なくありません」と言った。

【原文】

又問、東宮舊事、六色罽緄、是何等物、當作何音。答曰、案、說文云、莙、牛藻也。讀若威、音隱、塢瑰反。卽陸機所謂、聚藻、葉如蓬者也。又郭璞注三蒼亦云、蘊藻之類也。細葉蓬茸生。然今水中有此物。一節長數寸、細茸如絲、圓繞可愛。長者二三十節、猶呼爲莙。又寸斷五色絲、橫著線股間繩之、以象莙草、用以飾物、卽名爲莙。於時當[1]（紺）〔紲〕六色罽、作此莙、以飾緄帶。張敞因造糸旁畏耳、宜[2]（作）〔音〕隈。

〔校勘〕

1．抱經堂叢書本は「紺」につくるが、『太平御覽』巻九百九十九 百卉部六 馬藻に引く『顏氏家訓』では「紺」を「紲」に作る。王利器本も「紺」につくるが、宇都宮は注家の説に従って「紲」に改めている。前章で顏之推は、「呼紺爲禁、故以絲傍作禁代紺字」と述べるが、「紺」字でも「禁」字でも文意が通じないため、『太平御覽』に従って改める。

2．抱經堂叢書本は「作」につくるが、王利器本の「續家訓作作音、是」に従って、「作」を「音」に改める。

《訓読》

又問ふ「東宮舊事に、「六色の罽《けい》の緄」といふは、是れ何等の物にして、當に何の音と作すべきか」と。答へて曰く、「案ずるに、説文(一)に「莙は、牛藻なり。讀みて威の若し」と云ひ、音隱(二)に、「塢瑰の反」といふ。卽ち陸機(三)の所謂(四)、「聚藻、葉は蓬の如き」者なり。又郭璞 三蒼に注して亦た云ふ、「蘊藻(五)の類なり。細葉 蓬茸として生ず」と。然れども今 水中に此の物有り。一節 長さ數寸、細茸 絲の如く、圓繞たること愛す可し。長き者は二三十節あるも、猶ほ呼びて莙と爲す。又 五色の絲を寸斷し、橫は線を著け股間は之を縄して、以て莙草に象り、用ひて以て物を飾る、卽ち名づけて莙と爲す。時に於て當に六色の罽を紕《しば》りて、此の莙に作り、以て緄帶を飾るべし。張敞 因りて糸旁にして畏に造るのみ。宜しく音は隈なるべし」と。

(注)

(一)『説文解字』一下 艸部に、「莙、牛藻也。从艸君聲。讀若威」とある。牛藻は、水草の一種。

(二) 音隱とは、書名。『隋書』巻三十二 經籍志一 經部 小學類に、「説文音隱四巻」とある。

(三) 陸機は、ここでは陸璣のこと。機と璣は諸書によって異同がある（王利器本)。『隋書』巻三十二 經籍志一 經部 詩に、「毛詩草木蟲魚疏二巻 烏程令吳郡陸機撰」とある。宇都宮は、『經典釋文』序録に、「陸璣毛詩草木蟲魚疏二卷。字、元恪。吳郡人、吳太子中庶子、烏程令」とあることに基づき、西晉の陸機（字は士衡）とは別人とする。

(四)『毛詩正義』巻一 國風 召南 采蘋の疏に引く陸機の言に、「藻水草也。生水底有二種。其一種葉如雞蘇。揲大如箸長四五尺。其一種揲大如釵股。葉如蓬蒿。謂之聚藻。然則藻聚生。故謂之聚藻也。行者道也」とある。聚藻は水草の一種で、フサモの類。

(五) 蘊藻は、聚藻と同じく水草の一種で、フサモの類。

［現代語訳］

また（ある人が）質問して、「『東宮舊事』の「六色の罽《けい》の緄」とは、これはどのようなもので、どのように発音すべきでしょうか」と言った。わたしは答えて、「考えますに、『説文解字《せつもんかいじ》』に、「莙《きん》は、牛藻である。読みは威のようである」とあり、『説文音隱《おんいん》』には、「塢瑰の反」とあります。すなわち陸機の言う「聚藻は、葉は蓬のよう」というものです。また郭璞《かくはく》は『三蒼』に注をつけて、「（莙は）蘊藻の類である。細い葉が生い茂って生えている」と言っております。しかしながら今水中にこの植物が生息しております。一つの節が長さ数寸、細く生い茂っている様子は糸のようで、丸まってまとわりつく様は可愛らしいものです。長いものでは二・三十の節があったりしますが、それも「莙」といいます。また、五色の糸を断ち切って二つ折りにし、その（二つ折りした沢山の五色の糸の）折り目の方をひもで束ねて、莙草の形にかたどって、それで物を飾ったりしますが、これも「莙」と呼びます。ときおり六色の罽（毛織物）をしばって、この「莙」を作り、緄帯《こんたい》（おび）を飾ったりします。張敞はこういった理由から糸偏に「畏」を組み合わせて（字を作って）いるだけです。（またそうでしたら）その発音は「隈」でよいでしょう」と言った。

【原文】

柏人城東北有一孤山、古書無載者。唯闞駰十三州志、以爲、舜納於大麓、卽謂此山。其上今猶有堯祠焉。世俗或呼爲宣務山、或呼爲虛無山、莫知所出。趙郡士族有李穆叔・季節兄弟、李普濟亦爲學問、並不能定鄉邑此山。余嘗爲趙州佐、共太原王劭讀柏人城西門內碑。碑是漢桓帝時、柏人縣民、爲縣令徐整所立。銘曰、山有巏嵍、王喬所仙。方知此巏嵍山也。巏字遂無所出。嵍字依諸字書、卽旄丘之旄也。旄字、字林一音亡付反、今依附俗名、當音權務耳。入鄴、爲魏收說之、收大嘉歎。値其爲趙州莊嚴寺碑銘、因云權務之精、卽用此也。

《訓読》

柏人城(一)の東北に一孤山有るも、古書に載する者無し。唯だ闞駰の十三州志(二)に、「以爲へらく、舜 大麓に納る(三)とは、卽ち此の山を謂ふ。其の上に今も猶ほ堯の祠有り。世俗 或いは呼びて宣務山と爲し、或いは呼びて虛無山と爲す」とあるも、出ずる所を知る莫し。趙郡(四)の士族に李穆叔(五)・季節(六)の兄弟有り、李晉濟(七)も亦た學問を爲すも、並びに鄉邑の此の山を定むる能はず。余 嘗て趙州の佐(八)爲《た》りしとき、太原の王劭と共に柏人城の西門內の碑を讀む。碑は是れ漢の桓帝の時、柏人の縣民、縣令の徐整の爲に立てし所なり。銘に曰く、「山に巏嵍有り、王喬(九)の仙する所なり」と。方《はじ》めて此れ巏嵍山なるを知るなり。巏字は遂に出ずる所無し。嵍字は諸〻の字書に依れば、卽ち旄丘(一〇)の旄なり。旄字は、字林に「一音は亡付の反(一一)」と。今 俗名に依附すれば、當に音は權務なるべきのみ。鄴に入り、魏收の爲に之を說けば、收 大いに嘉歎す。其の趙州莊嚴寺碑銘を爲るに値り、因りて「權務の精」と云ふは、卽ち此を用ふるなり。

(注)

(一)柏人城は、『隋書』卷三十 地理中 冀州 趙郡に、「栢鄉。開皇十六年置。有嵖㟏山」とある。

(二)十三州志は、書名。『隋書』卷三十三 經籍志二 史部 地理記に、「十三州志十卷 闞駰撰」とある。作者の闞駰は、字を玄陰、敦煌の人で、經傳に通曉し、時人に「宿讀」と稱された。王朗の『易傳』に注を付し、『十三州志』を著した。その後、宮中の典籍三千餘卷を校訂し、王丕に重用され從事中郎となった。しかし、王丕が薨じた後は、貧しい余生を過ごした(『魏書』卷五十二 闞駰傳)。

(三)『尙書』堯典に、「納于大麓、烈風雷雨弗迷」とある。

(四)趙郡は、地名。『隋書』卷三十 志二十五 地理中に、「趙郡。開皇十六年置欒州、大業三年改爲趙州。統縣十一、戸十四萬八千一百五十六」とある。

(五)李穆叔は、李公緒、穆叔は字。經傳に通じ、北魏末に冀州司馬となった。北齊の天保年間に侍御史に徵召されたが応じなかった。天文學・圖緯學・陰陽學を善くし、『典言』十卷・『禮質疑』五卷・『喪服章句』一卷・『古今略記』二十卷・『玄子』五卷・『趙記』八卷・『趙語』十二卷を著した(『北史』卷三十三 李靈傳)。

(六)季節は、李概、李穆叔の弟。若くして学問を好んだが、不遜な性格であった。北齊の文襄大將軍府行參軍となるも、働きが芳しくなく、殿中侍御史となり、國史を修書した。後に太子舍人となり、幷州功曹參軍に至った。撰『戰國春秋』及び『音譜』、『修續音譜決議』などを著した(『北史』卷三十三 李靈傳)。

（七）李普濟は、李暎の子。学問を広く学び、濟北太守となり「入粗入細李普濟」と評され、北海太守に至った（『北史』巻三十三 李裔傳附李普濟傳）。
（八）佐は、太守の属官。『北齊書』巻四十五 文苑 顔之推傳に、「河清末、被擧爲趙州功曹參軍、尋待詔文林館、除司徒録事參軍」とあるように、顔之推は趙州に功曹參軍として赴任していたことがある。功曹參軍は文書を掌る属官のこと。
（九）王喬は、王子喬、仙人であるという。『列仙傳』王子喬に、「王子喬者、周靈王太子晉也。好吹笙、作鳳凰鳴。游伊洛之間、道士浮丘公接以上嵩高山」とある。
（一〇）旄丘は、前が高く後ろが低い丘のこと。『爾雅』釋丘に、「前高旄丘」とあり、『詩經』邶風「旄丘」に、「旄丘之葛兮、何誕之節兮」とあり、その毛傳に、「前高後下曰旄丘」とある。
（一一）字林の「一音亡付反」は、『經典釋文』に『詩經』邶風 旄丘篇の解釈として、「音毛。丘或作古北字。前高後下曰旄丘。字林作堥、云堥丘也、亡周反、又音毛。山部又有嵍字、亦云、嵍丘、亡付反。又音旄」とある。

〔現代語訳〕

柏人《はくじん》城の東北に山が一つあるが、古書にも記載が無い。ただ闞駰《かんいん》の『十三州志《じゅうさんしゅうし》』に、「思うに、（『尚書』に見える）舜《しゅん》が大麓《たいろく》に納めたとは、この山のことをいい、その山頂には今でも堯《ぎょう》の祠がある。世俗では（この山を）宣務山《せんむさん》と呼び、あるいは虚無山《きょむさん》とも呼ぶ」とあるが、（そう呼ばれる）由来を知るものはいなかった。趙郡の士族に李穆叔《りぼくしゅく》・季節《きせつ》兄弟がおり、李普濟《りふせい》もまた学問があるが、かれらはみな郷里のこの山の名前を定められなかった。わたしはかつて趙州（太守）の属官であったとき、太原の王邵《おうしょう》と共に柏人城の西門内にある碑を読んだ。この碑は後漢の桓帝の時に、柏人の縣民が、縣令の徐整《じょせい》のために立てたものである。その銘文に、「山に巏嵍《けんむ》があり、王喬の仙したところである」とあった。（この銘文によって）やっとあの山が「巏嵍山」という名であることがわかった。この「巏」字は出所が分からなかった。「嵍」字は様々な字書によると、まさしく「旄丘《ぼうきゅう》」の「旄」であった。「旄」字は、『字林《じりん》』では「一音は亡付の反」ともある。今（この山の）俗名によって考えてみれば、「巏嵍」の発音は「權務」であるべきとなる。わたしが鄴《ぎょう》に戻った時に、魏收《ぎしゅう》にこの話をしたところ、魏收はたいへん喜び驚いた。（魏收が）趙州莊嚴寺《しょうごんじ》の碑文を作成するにあたり、「權務の精」と書いたのは、まさしくこの話を利用したのである。

【原文】

或問、一夜何故五更。更何所訓。答曰、漢・魏以來、謂爲甲夜・乙夜・丙夜・丁夜・戊夜、又云[1]（鼓）一鼓・二鼓・三鼓・四鼓・五鼓、亦云一更・二更・三更・四更・五更、皆以五爲節。西都賦亦云、衞以嚴更之署。所以爾者、假令正月建寅、斗柄夕則指寅、曉則指午矣。自寅至午、凡歷五辰。冬夏之月、雖復長短參差、然辰間遼闊、盈不過六、縮不至四、進退常在五者之間。更、歷也、經也。故曰五更爾。

〔校勘〕

1．王利器本に従い、「鼓」を削る。

《訓讀》

或《あるひと》問ふ、「一夜は何の故に五更なるか。更は何の訓ずる所か」と。答へて曰く、「漢・魏より以來、謂ひて(一)甲夜・乙夜・丙夜・丁夜・戊夜と爲し、又 一鼓・二鼓・三鼓・四鼓・五鼓と云ひ、亦た一更・二更・三更・四更・五更と云ひ、皆 五を以て節と爲す。西都賦にも亦た云ふ、「衞るに嚴更の署を以てす」(二)と。爾る所以は、假令《かり》に正月建(三)寅なれば、斗柄は夕に則ち寅を指し、曉に則ち午を指す。寅より午に至るに、凡そ五辰を歷たり。冬夏の月、復た長短參差すと雖も、然れども辰間遼闊なれば、盈つるも六を過ぎず、縮むも四に至らず、進退常に五者の間に在り。更は、歷なり、經なり。故に五更と曰ふのみ」と。

(注)

(一)『文選』巻五十六 陸佐公「新刻漏銘幷序」に、「六日無弁、五夜不分」とあり、その李善注に引く衞宏の『漢舊儀』に、「晝夜漏起、省中用火、中黃門持五夜、甲夜・乙夜・丙夜・丁夜・戊夜也」とある。

(二)『文選』巻一 班孟堅「西都賦」に、「周以鉤陳之位、衞以嚴更之署」とあり、その李善注には、「薛綜西京賦注曰、嚴更、督行夜鼓也」とある。なお、『文選』巻二 張平子 西京賦に、「重以虎威章溝、嚴更之署」とあり、その薛綜注には、「虎威・章溝、未聞其意。嚴更、督行夜鼓。署、位也」とある。

(三)建寅とは、北斗七星の柄が夕刻に寅の方向を指している月のことで、旧暦の一月にあたる。

[現代語訳]

ある人が質問して、「一晩はどのような理由から五更《ごこう》というのでしょうか。「更」字はどのような意味でしょうか」と言った。(わたしは)答えて、「漢・魏より以来、(夜の時間を区分して)甲夜(二十時〜二十二時)・乙夜(二十二〜零時)・丙夜(零時〜二時)・丁夜(二時〜四時)・戊夜(四時〜六時)と呼び、また一鼓・二鼓・三鼓・四鼓・五鼓と言い、あるいは一更・二更・三更・四更・五更とも言います。これらはすべて五をその区切りとしています。(班固の)「西都賦《せいとのふ》」にも、「嚴更《げんこう》の署(近衛兵の詰所)を設けて護衛する」とあり(「更」字が使われており)ます。このように言う理由ですが、仮に正月建寅《けんいん》だとしますと、北斗七星の柄は夕方には寅の方角を指しており、明け方には牛の方角を指します。(夕方から明け方まで北斗七星の柄は)寅の方角から牛の方角に至りますが、全部で五つの方角(寅・卯・辰・巳・午)の星座を(北斗七星の柄は指しながら)通過していきます。冬と夏の月では、また(経過する時間の)長さがまちまちですが、星々の距離は広大なので、(夜の時間が)長い月でも(北斗七星の柄が)六つの方角を指して経過することはなく、(夜の時間が)縮まる月でも(北斗七星の柄が)四つの方角だけを指すこともありません。(夜が長い月でも短い月でも、北斗七星の柄の)動く範囲は常に五つの方角の間にあります。「更」字(の意味)は「歷」であり、「經」であり(ともに「順に過ぎゆく」の意であり)ます。だから「五更」(五つの方角を通過する)というのです」。

【原文】

爾雅云、朮、山薊也。郭璞注云今朮似薊而生山中。案、朮葉其體似薊。近世文士、遂讀薊爲筋肉之筋、以耦地骨用之。恐失其義。

《訓読》
爾雅に云ふ、「朮は、山薊なり」と。郭璞 注して「今の朮 薊に似て山中に生ず（一）」と云ふ。案ずるに、朮の葉 其の體 薊に似る。近世の文士、遂に薊を讀みて筋肉の筋と爲し、以て地骨（二）に耦（三）するに之を用ふ。恐らくは其の義を失はん。

(注)
(一)『爾雅』釋草に、「朮、山薊」とあり、その郭璞注に、「本草云、朮一名山薊。今朮似薊而生山中」とある。なお、「朮」とはおけらのことで、「薊」はあざみのこと。
(二) 地骨は、枸杞（クコ）の別名。
(三) 耦とは、ここでは対偶のこと。

[現代語訳]
『爾雅』に、「朮《おけら》は、山薊《あざみ》である」とあり、郭璞は注をつけて「今の朮は薊に似て山中に自生する」という。考えるに、朮の葉はその形が薊に似ている。近ごろの学は、「薊」を筋肉の「筋」と（同じに）読み、（その誤った表記である「山筋」を）「枸杞《くこ》（地骨）」の対偶としている。これでは「朮」本来の意味が失われてしまうだろう。

【原文】
或問、俗名傀儡子爲郭禿、有故實乎。答曰、風俗通云、諸郭皆諱禿。當是前代人有姓郭而病禿者、滑稽戲調、故後人爲其象、呼爲郭禿。猶文康象庾亮耳。

《訓読》
或《あるひと》問ふ、「俗に傀儡子（一）を名づけ郭禿と爲すは、故實有るか」と。答へて曰く、「風俗通に、「諸郭は皆 禿を諱む」と云ふ（二）。當に是れ前代の人に姓の郭にして禿を病む者、滑稽戲調すること有りて、故に後人其の象を爲り、呼びて郭禿と爲すべし。猶ほ文康（三）の庾亮を象るがごときのみ」と。

(注)
(一) 傀儡子とは、木製の人形を使った歌劇のこと。『通典』巻一百四十六 樂六 散樂に、「窟礧子、亦曰魁礧子、作偶人以戲、善歌舞。本喪樂也、漢末始用之於嘉會。北齊後主高緯尤所好。高麗之國亦有之。今閭市盛行焉」とある。また『樂府詩集』巻八十七 雜歌謠辭五 邯鄲郭公歌の解題に引く『樂府廣題』に、「北齊後主高緯、雅好傀儡、謂之郭公。時人戲爲郭公歌」とあり、顏之推が仕えた北齊の後主（高緯）が好んでいたようである。
(二) 本文の『風俗通』の引用は、現在の『風俗通義』には見えないが、『玉燭寶典』五月仲夏に引く『風俗通』に、「俗說、五月蓋屋、令人父頭禿。謹案、易・月令五月純陽、姤卦用事、齊濔始死。夫政趣民收獲、如冠盜之至、與時競也。又云、除黍稷、三豆當下、農功最務、間不容息、何得晏然覆蓋室寓乎。今天下諸郭皆諱禿、豈複家家五月蓋屋耶。俗化擾擾、動成訛謬、尼父猶云、從衆難複縷陳之也」とある。王利器『風俗通義校注』（中華書局、一九八一年）所収の風俗通義佚文も参照。
(三) 文康は、もともとは東晉の庾亮の謚であるが（『晉書』巻七十

三　庾亮傳)、ここでは舞樂の題名とを重ねて指す。『隋書』巻十五　音樂志下に、「始開皇初定令、置七部樂。一曰國伎、二曰清商伎、三曰高麗伎、四曰天竺伎、五曰安國伎、六曰龜茲伎、七曰文康伎」とある。また同じく『隋書』音樂志下によれば、庾亮を偲んでその面を被って舞楽を演じたことが、舞楽としての「文康」の始まりであるという。なお、『隋書』音樂志については、六朝楽府の会編著『『隋書』音楽志訳注』(和泉書院、二〇一六年)を参照。

[現代語訳]

ある人が質問して、「世俗で傀儡子《くぐつし》を郭禿《かくとく》と呼ぶことには、何か故事があるのでしょうか」と言った。(わたしは)答えて、「『風俗通義』に、「郭氏たちはみな禿字を諱む」とあります。これはむかし禿頭病にかかった郭氏の人が、滑稽劇を演じたので、それゆえ後世の人がその人の人形を作って、「郭禿」と呼んだに違いありません。(舞楽の)「文康」が(文康の諡がある)庾亮《ゆりょう》の姿をまねているのと同じです」と言った。

【原文】

或問曰、何故名治獄參軍爲長流乎。答曰、帝王世紀云、帝少昊崩、其神降于長流之山、於祀主秋。案、周禮秋官、司寇主刑罰。長流之職、漢・魏[1](捕賊掾)〔賊捕掾〕耳。晉・宋以來、始爲參軍、上屬司寇。故取秋帝所居爲嘉名焉。

〔校勘〕

1. 抱經堂叢書本は「捕賊掾」につくるが、王利器本に引く陳直に従い、「賊捕掾」に改める。

《訓読》

或《あるひと》問ひて曰く、「何の故に治獄の參軍を名づけて長流と爲すか」と。答へて曰く、「帝王世紀に云ふ、「帝少昊(一) 崩じ、其の神 長流の山に降り、祀りに於て秋を主る」と。案ずるに、周禮の秋官に、「司寇は刑罰を主る(二)」と。長流の職は、漢・魏の賊捕掾(三)なるのみ。晉・宋より以來、始めて參軍と爲し(四)、上は司寇に屬す。故に秋帝の居る所を取りて嘉名と爲す」と。

(注)

(一) 帝少昊は、黄帝の子である玄囂(青陽)のこと。『山海經』巻二　西山經　西次三經　長留山に、「又西二百里、曰長留之山、其神白帝少昊居之」とある。

(二) 『周禮』秋官司寇に、「惟王建國。弁方正位。體國經野。設官分職。以爲民極。乃立秋官司寇。使帥其屬而掌邦禁。以佐王刑邦國。刑官之屬」とある。

(三) 賊捕掾は、盜賊を捕縛する役人のこと。『漢書』巻七十六　張敞傳に、「敞使賊捕掾絮舜有所案驗」とあり、その顔師古注に「賊捕掾、主捕賊者也。絮、姓也、音女居反、又音人餘反」とある。また『晉書』巻二十四　職官志に、「縣大者置令、小者置長。有主簿・錄事史・主記室史・門下書佐・幹・游徼・議生・循行功曹史・小史・廷掾・功曹史・小史書佐幹・戸曹掾史幹・法曹門幹・金倉賊曹掾史・兵曹史・吏曹史・獄小史・獄門亭長・都亭長・賊捕掾等員」とある。

（四）長流が參軍の雅称として用いられることは、たとえば、『宋書』巻五十　垣護之傳に、「又補衡陽王義季征北長流參軍、遷宣威將軍・鍾離太守」とある。

［現代語訳］

ある人が質問して、「なぜ刑務を担当する參軍（地方幕府の属官）のことを長流と呼ぶのですか」と言った。（わたしは）答えて、『帝《てい》王世紀《おうせいき》』に、「帝少昊《しょうこう》崩じ、其の神　長流の山に降り、祀りに於いて秋を主る」とあります。考えてみますに、『周禮』秋官に、「司寇《しこう》は刑罰を主る」とあります。長流の職務は、漢・魏では賊捕掾《ぞくほえん》が担当していました。晉・宋より以来、始めて參軍となりましたが、さかのぼれば（その職務は『周禮』秋官の）司寇に属しております。そのために秋帝（である少昊）がいる場所（長流山）の名前を取ってその雅称としたのです」と言った。

【原文】

客有難主人曰、今之經典、子皆謂非、說文所言、子皆云是。然則許愼勝孔子乎。主人拊掌大笑、應之曰、今之經典、皆孔子手迹耶。客曰、今之說文、皆許愼手迹乎。答曰、許愼檢以六文、貫以部分、使不得誤、誤則覺之。孔子存其義而不論其文也。先儒尙得改文從意。何況書寫流傳耶。必如左傳止戈爲武、反正爲乏、皿蟲爲蠱、亥有二首六身之類、後人自不得輒改也、安敢以說文校其是非哉。且余亦不專以說文爲是也。其有援引經傳、與今乖者、未之敢從。又相如封禪書曰、導一莖六穗於庖、犧雙觡共抵之獸。此導訓擇。光武詔云、非從有豫養導擇之勞、是也。而說文云、䆃是禾名。引封禪書爲證。無妨自當有禾名䆃、非相如所用也。禾一莖六穗於庖、豈成文乎。縱使相如天才鄙拙、強爲此語、則下句當云、麟雙觡共抵之獸、不得云犧也。吾嘗笑許純儒、不達文章之體。如此之流、不足憑信。大抵服其爲書、隱括有條例、剖析窮根源。鄭玄注書、往往引以爲證。若不信其說、則冥冥不知一點一畫、有何意焉。

《訓読》

客に主人を難ずるもの有りて曰く、「今の經典、子は皆　非と謂ふも、說文(一)の言ふ所、子は皆　是と云ふ。然らば則ち許愼(二)は孔子に勝れるか」と。主人　掌を拊して大いに笑ひ、之に應へて曰く、「今の經典は、皆　孔子の手迹か」と。客　曰く、「今の說文は、皆　許愼の手迹か」と。答へて曰く、「許愼　檢《かんが》ふるに六文(三)を以てし、貫くに部分を以てし(四)、誤りを得ざらしめ、誤れば則ち之を覺る。孔子　其の義を存するも其の文を論ぜざるなり。先儒も尙ほ文を改め意に從ふを得たり。何ぞ況んや書寫流傳をや。必《いやし》くも左傳の戈に止を武(五)と爲し、正に反するを乏(六)と爲し、皿蟲を蠱(七)と爲し、亥に二首六身有る(八)が如きの類は、後人　自ら輒ち改むるを得ざるなり。安んぞ敢へて說文を以て其の是非を校べんや。且つ余　亦た專ら說文を以て是と爲さざるなり。其れ經傳を援引し、今と乖くもの有らば、未だ之に敢へて從はず。又相如(九)の封禪書に曰く、「一莖六穗を庖に導き、雙觡共抵の獸を犧にす(一〇)」と。此の導は擇と訓ず。光武の詔に云ふ、「從《ただ》に豫養導擇の勞有るのみに非ず」とは、是れなり。而して說文に云ふ(一一)、「䆃は是れ禾の名」と。封禪書を引きて證と爲す。自づから當に禾の䆃と名づくる有るべきを妨ぐる無きも、相如の用ふる所に非ざるなり。「一莖六穂を庖に禾にす」とは、豈に文を成さんや。縱使《たとひ》 相如は文才 鄙拙にして、強ひて此の語を爲さば、則ち下句に當に、「雙觡共抵の獸を麟にす」と云ふべく、犧と云ふを得ざるなり。吾 嘗て許は純儒たれども、文章の體に達せざるを笑ふ。此くの如きの流、憑信するに足らず。大抵 其の書爲るに服するは、隱括たる條例有り、剖析し根源を窮むればなり。鄭玄 書に注するに、往往にして引きて以て證と爲す。若し其の說を信ぜざれば、則ち冥冥にして一點一畫、何の意有るかを知らざるなり」と。

(注)

(一) 說文は、書名。後漢の許愼の撰。中國史における最初の字書。『說文解字』の許愼の序文(許序、十五下)に、「粵在永元因頓之年」とあることから、およそ永元十二(一〇〇)年ころの成立とされる。許愼が記した原本『說文』は現在散逸し、現存最早のものは唐代の断簡数種がある。完本としては、南唐の徐鍇の『說文解字繫傳』(小徐本)と徐鉉の『說文解字』(大徐本)の二種の系統があるが、小徐本の一部は散逸したため、大徐本で補っている。註釈としては大徐本を底本とした、清の段玉裁が著した『說文解字注』が、最も膾炙している。『說文解字』については福田襄之介『中国字書史の研究』(明治書院、一九七九年)および、頼惟勤監修、說文会編『說文入門—段玉裁の「說文解字注」を読むために』(大修館書店、一九八三年)を参照。

(二) 許愼は、後漢の人で、汝南郡召陵縣の人。字を叔重という。賈逵に師事し、古文學派に位置づけられる。また、「五經無雙許叔重」とその通儒ぶりを評された。その他、今古文の異說を折衷した『五經異義』や『淮南子』注を著したが、いずれも散逸した(『後漢書』列傳六十九下 儒林下 許愼傳)。田中麻沙巳「許愼と古文学」(『舞鶴工業専門学校紀要』一〇、一九七五年、『両漢思想の研究』研文出版、一九八六年所收)を參照。

(三) 六文とは、六書のこと。六書とは、『說文解字』十五下 許序六書およびその段玉裁注によれば、「指事、象形、形聲、會意、轉注、假借」という六つの漢字の造字法および運用法のこと。

(四) 『說文解字』十五下 許序に、「其建首也、立一爲耑、方以類聚、物以羣分、同条牽屬、共理相貫、雜而不越、據形系聯、引而申之、以究萬原、畢終於亥、知化窮冥」とあるのを踏まえる。

(五) 『春秋左氏傳』宣公 傳十二年に、「潘黨曰、君盍築武軍、而收晉尸以爲京觀、臣聞克敵、必示子孫、以無忘武功、楚子曰、非爾所知也、夫文、止戈爲武」とあり、『說文解字』十二下 戈部 武字說解に、「楚莊王曰、夫武、定功戢兵。故止戈爲武」とある。

(六) 『春秋左氏傳』宣公 傳十五年に、伯宗の言として「天反時爲災、地反物爲妖、民反德爲亂。亂則妖災生、故文反正爲乏、盡在狄矣、晉侯從之」とある。

(七) 『春秋左氏傳』昭公 傳元年の趙孟と醫和の対話に、「趙孟曰、何謂蠱、對曰、淫溺惑亂之所生也、於文、皿蟲爲蠱、穀之飛亦爲蠱、在周易、女惑男、風落山、謂之蠱、皆同物也」とある。

(八) 『春秋左氏傳』襄公 傳三十年に、史趙の言として、「亥有二首六身、下二如身、是其日數也」とある。

(九) 相如は、前漢の司馬相如。字は長卿。景帝のとき武騎常侍として仕えるも、文で身を立てることを志とし、孝王の文学サロンに参加した。のち、武帝にその文才を認められて側近の文人として仕えた。武帝に封禪を勧める「封禪文」が死後奏上された（『史記』巻一百一十七 司馬相如列傳）。

（一〇）中華書局本（百衲本）『史記』巻一百一十七 司馬相如傳の封禪文に、「䆃一莖六穗於庖、犧雙觡共抵之獸」とある。一方、中華書局本（百衲本）『漢書』巻五十七下 司馬相如傳の封禪文では、「䆃」を「導」につくる。

（一一）『後漢書』本紀一下 光武帝紀下に、「往年已勑郡國、異味不得有所獻御、今猶未止、非徒有豫養導擇之勞、至乃煩擾道上、疲費過所」とある。

［現代語訳］

客人に主人を非難する者がおり、「今の經典は、あなたはすべて正しくないとおっしゃるが、『説文解字』が言うことは、あなたはすべて正しいとおっしゃる。ならば許愼《きょしん》は孔子よりも優れているのでしょうか」といった。主人は手をたたいてたいそう笑い、客人の質問に答えて、「今の經典は、すべて孔子が手ずから記したものでしょうか」と言った。客人は、「今の『説文解字』はすべて許愼が手ずから記したものでしょうか」と言った。答えて、「許愼は（文字を構成する原理原則を）検証するために六書《りくしょ》を用い、（文字を分類する法則性を）貫き通すのに（文字の）部分を用いました。（そうすることで文字の解釈を）誤らせず、誤ったとしてもその誤りがはっきりと分かるようにしました。（一方で）孔子はその（文字の）意味を設けはしたものの、その文字（そのもの）については論じませんでした。（そのため）先儒たちも文章を改変して意味に沿うようにしました。ましてや書写されたものや世に膾炙したもの（における伝写間の改変）は言うに及ぶでしょうか。そうは言っても『春秋左氏傳』の戈に止で武字とし、正を反対にしたものを乏しいとし、皿と蟲で蠱とし、亥に二つの首と六つの胴体があるといった類のものは、後人が勝手に改めることはできません。どうしてあえて『説文解字』だけを用いてその是非を校釈できましょう。しかもわたしはまた『説文解字』だけを正しいとはしておりません。經書や傳文を引用して、今（に通行するテキスト）と乖離するものがあったならば『説文解字』に強いて従うことはしません。また司馬相如《しばしょうじょ》の封禪文《ほうぜん》には、「一茎六穂の瑞穀を庖厨に運び宗廟に供え、双角共根の獣を捧げて生贄とする」とあります。この導字は擇と訓解します。光武帝の詔文に、「ただ献上に先立ってあらかじめ飼育し選別する手間がかかるばかりだけではない」というのは、これであります。しかし『説文解字』は、「䆃はこれは穀物（禾）の名称である」といい、（司馬相如の）封禪文を引用して論拠としています。無論穀物の䆃と名付けられたものがあるのは問題ありませんが、司馬相如が用いた解釈ではありません。「一莖六穗を庖に禾にす」ではどうして文章となりえましょう。もし司馬相如が文才に乏しく、無理にこの語を言ったのであれば、下句では「雙觡共抵の獸を麟にす」といい、犧と言うことはできないでしょう。わたしは以前許愼は正統な儒学者ではあるが、その文章の体が熟達していないのを笑っておりました。こうしたものは、依拠して信頼するに足りません。およそ『説文解字』を敬服するのは、（『説文解字』において文字を分類する）隠された（一貫した）法則と（その法則に従った）挙例があり、（文字の構造を）分析してその根源を考究しているからであります。鄭玄《じょうげん》は經書に注を施すに際し、往往にして（『説文解字』を）引用して論拠としています。もしその（『説文解字』の説を）信賴しないとするならば、（文字の解釈は）茫漠として、一点一画にどのような意味があるか分からなくなるでしょう」と言った。

（参校）

䆃字の解釈については、古来議論がなされており、䆃が擇に通ずるか、導と通用するかなどが論点となっている。

この問題について、南宋・徐鍇『說文解字繫傳』巻三十七 祛妄篇は、顔之推の解釈に反駁して、顔之推の通りに䆃を擇に訓ずると文として意味を成さないとする。また、段玉裁は『說文解字注』七上 䆃字の注において、䆃は擇に通じ、䆃とは本来䆃米のことであり、漢代においては常用語であった。しかし、晉の呂忱以来の論者が参照した『說文解字』は、說解の䆃字を削り、米を禾に置換した誤った『說文解字』を参照したがためにこうした解釈が生じたとする。

また、陳直は「䆃丞」という漢の官印を根拠として、䆃が正字であり、導は仮借字であるとする。諸家の解釈については、丁福保編『說文解字詁林』七上 䆃を参照。

【原文】

世間小學者、不通古今、必依小篆、是正書記。凡爾雅・三蒼・說文、豈能悉得蒼頡本指哉。亦是隨代損益、互有同異。西晉已往字書、何可全非。但令體例成就、不爲專輒耳。考校是非、特須消息。至如、仲尼居、三字之中、兩字非體、三蒼尼旁益丘、說文尸下施几。如此之類、何由可從。古無二字、又多假借、以中爲仲、以說爲悅、以召爲邵、以閒爲閑。如此之徒、亦不勞改。自有訛謬、過成鄙俗、亂、旁爲舌、揖下無耳、黿・鼉從龜、奮・奪從雚、席中加帶、惡上安西、鼓外設皮、鑿頭生毁、離則配禹、壑乃施豁、巫混經旁、皐分澤片、蠟化爲獵、寵變成寵、業左益片、靈底著器。率字自有律音、強改爲別。單字自有善音、輒析成異。如此之類、不可不治。吾昔初看說文、蚩薄世字。從正則懼人不識、隨俗則意嫌其非、略是不得下筆也。所見漸廣、更知通變、救前之執、將欲半焉。若文章著述、猶擇微相影響者行之。官曹文書、世間尺牘、幸不違俗也。

《訓読》

世間の小學は、古今に通ぜず、必ず小篆(一)に依り、書記を是正す。凡そ爾雅・三蒼・說文は、豈に能く悉く蒼頡の本指を得んや。亦た是れ代に隨ひて損益し、互(二)に同異有り。西晉より已往の字書、何ぞ全く非とす可けんや。但だ體例をして成就せしめんとして、專輒を爲さざるのみ。是非を校考するに、特に消息を須《もち》ふ。「仲尼居(三)」の如きに至りては、三字の中、兩字 體に非ず、三蒼は尼旁に丘を益し、說文は尸の下に几を施す。此の如きの類は、何に由りて從ふ可きか。古に二字無く、又 假借多し。中を以て仲と爲し、說を以て悅と爲し、召を以て邵と爲し、閒を以て閑と爲す。此の如きの徒、亦た改むるを勞せず。自づから訛謬有り、過ちて鄙俗を成す。亂の旁 舌と爲し、揖の下に耳無く、黿・鼉は龜に從ひ、奮・奪は雚に從ひ、席の中に帶を加へ、惡の上に西を安んじ、鼓の外に皮を設け、鑿の頭に毀を生じ、離は則ち禹を配し、壑は乃ち豁を施し、巫に經の旁を混ぜ、皐は澤の片を分かち、蠟は化して獦と爲し、寵は變じて寵と成し、業の左に片を益[四]し、靈の底に器を著《お》く。率字は自ら律の音有るも、強ひて改めて別と爲し、單字 自ら善の音有るも、輒ち析して異と成す。此の如きの類は、治めざる可からず。吾 昔 初めて說文を看しとき、世字を蚩薄す。正に從へば則ち人の識らざるを懼れ、俗に隨へば則ち意 其の非を嫌ひ、略ゝ是に下筆するを得ざるなり。見る所漸く廣くして、更に通變を知り、前の執を救ふこと、將に半ばならんと欲す。文章著述の若きは、猶ほ相 影響微《な》き者を擇び之を行へ。官曹の文書、世間の尺牘、幸《ねがはく》は俗に違はざらんことを。

（注）

（一）小篆は、書体の一つ。『說文解字』十五 許序に、「秦始皇帝初兼天下、丞相李斯乃奏同之、罷其不與秦文合者。斯作倉頡篇。中車府令趙高作爰歷篇。大史令胡毋敬作博學篇。皆取史籒大篆、或頗省改、所謂小篆也」とあり、史籒の大篆を元にして李斯が創出した書体とされている。

（二）㸦は、互の俗字。『廣韻』に「互、俗作㸦」とある。

（三）仲尼居は、『孝經』開宗明義に、「仲尼居、曾子侍。子曰、先王有至德要道、以順天下、民用和睦、上下無怨。汝知之乎。曾子避席曰、參不敏、何足以知之。子曰、夫孝、德之本也、敎之所由生也。復坐、吾語汝。身體髮膚、受之父母、不敢毀傷、孝之始也。立身行道、揚名於後世、以顯父母、孝之終也。夫孝、始於事親、中於事君、終於立身」とある。

（四）業の左旁に片を加えるものは、当時の石刻資料には管見の限り、未見。『玉篇』片部に、「魚劫切、今作業」とあり、業の異体字として収録されている。業の左旁に片を加えた根拠として、嚴式誨は『爾雅』釋器の「大版、謂之業」が、『經典釋文』では業字を業の左旁に片を加えたものとしていることを挙げている。

［現代語訳］

世の中の小學《しょうがく》は、（文字の）古と今（書体の変遷や通仮など）を知ることなく、必ず小篆《しょうてん》だけを拠り所とし、書籍の記述を正している。『爾雅』・『三蒼』・『說文解字』が完全に、蒼頡《そうけつ》の（文字を創始した）本当の趣旨を得ているだろうか。また文字（の数）は時代によって増減し、互いに異なる部分と同じ部分がある。（だからといって）西晉以前の字書が、すべてが間違っているとできるであろうか。ただ（これらの字書を用いるには）文字の体系に適合するようにさせ、勝手な考えをしてはならない。（これらの字書を用いて文字解釈の）当否を考えくらべるには、とくにその（字解の）内容を拠り所とする。（しかし）「仲尼居」のようなものに至っては、三字のうち二字は（正しい）字体ではない。『三蒼』では尼のつくりに丘を足し（𡰥）、『說文解字』では尸の下に几をつける（凥）。このような類は、いかなる理由から従うべきであろうか。古くは（ある一つの義を表すのに）二字は存在せず、また仮借が多い。中を仲とし、說を悅とし、召を邵とし、閒を閑とする。これらはまた（正しく）改めるのに苦労しない。（だが）もとより間違いで、その誤りによって俗習となったものがある。亂のつくりを舌とし（乱）、揖の下に耳がなく（扣）、黿・鼉は（黽を）龜にし、奮・奪は（隹を）雚とし、席の中に帯を入れ（𢄙）、惡の上部を西とし（悪）、鼓の右側を皮とし（皷）、鑿の上部を毀とし（鑿）、離は（つくりに）禹を置き（離）、鬡は谿を（上部に）貼り付け（⿱谿壬）、巫を經のつくりに混ぜ（⿰糸巫）、皐は澤の右側を分解し（睪）、蠟は変化して獵とし、寵は改めて寵となり、業の左側に片を増文し（⿰片業）、靈の下部を器としている（⿱雨器）。率はもとより律の音があるが、無理に改変して二字に分けた。單はもとより善の音があるが、分けて異なるようにした。これらは是正しなければならない。わたしは昔はじめて『說文解字』を見た時には、世の中に通行する文字（の間違い）を嘲笑し薄っぺらいものとみなした。（しかし『說文解字』に）従うと人が（『說文解字』の字が）わからないことを恐れ、（かといって）俗字にしたがえばわたしの意図とは異なってしまうのを嫌い、ほとんど筆を取って物を記すことができなくなった。（文字についての）見識がだんだんと広くなり、さらには文字の通仮と変遷を知り、これまで固執していたことから治ったのは、ようやく半分ほどになったと思いたい。文章の著述といったことは、（使用する文字の選定を）やはりともに影響が少ないものを選ぶようにすべきである。官庁の文書、世間の手紙は、俗字とあまり異ならないものを（用いてくれるように）願う。

〈参校〉

本章で顔之推が挙例している異体字については、清朝考證學における金石学の成果によって明らかとなっている。邢澍・楊紹廉原著、佐野光一編『金石異體字典・偏類金石文字辨異』（雄山閣出版、一九八〇年）、羅振鋆・羅振玉・北川博邦編『偏類碑別字』（雄山閣出版、一九七五年）、趙之謙『六朝別字記』を参照。近年の研究成果では、異体字例としては、毛遠明『漢魏六朝碑刻異体字典』（中華書局、二〇一四年）、張穎慧『魏晋南北朝石刻文字整理与研究』（知識産権出版社、二〇一五年）を参照。また、異体字の造字法については、郭瑞『魏晋南北朝石刻文字』（南方日報出版社、二〇一〇年）、毛遠明『漢魏六朝碑刻異体字研究』（商務印書館、二〇一二年）を参照。また、こうした異体字についての議論は、陸德明『經典釋文序錄』の条例や張守節の『史記正義』にも見える。

【原文】

案、彌亙字從二間舟。詩云亙之秬秠、是也。今之隸書、轉舟爲日。而何法盛中興書、乃以舟在二間爲舟航字、謬也。春秋說以人十四心爲德、詩說以二在天下爲酉、漢書以貨泉爲白水眞人、新論以金昆爲銀、國志以天上有口爲吳、晉書以黃頭小人爲恭、宋書以召刀爲邵、參同契以人負告爲造。如此之例、蓋數術謬語、假借依附、雜以戲笑耳。如猶轉貢字爲項、以叱爲七、安可用此定文字音讀乎。潘・陸諸子離合詩賦、栻卜・破字經、及鮑昭謎字、皆取會流俗、不足以形聲論之也。

《訓読》

案ずるに、彌亙の字は二間に舟あるに從ふ。詩に「之が秬秠を亙《ひろ》くす」(一)と云ふは、是れなり。今の隸書、舟を轉じて日と爲す。而して何法盛の中興書、乃ち舟の二の間に在るを以て舟航の字と爲すは、謬なり。春秋說は人十四心を以て德と爲し(二)、詩說(三)は二の天下に在るを以て酉と爲し、漢書は貨泉を以て白水眞人と爲し(四)、新論は金昆を以て銀と爲し(五)、國志(六)は天の上に口有るを以て吳と爲し(七)、晉書は黃頭小人を以て恭と爲し(八)、宋書は召刀を以て邵と爲し(九)、參同契(一〇)は人負告を以て造と爲(一一)す。此の如きの例、蓋し數術(一二)の謬語、假借依附にして、雜ふるに戲笑を以てするのみ。猶ほ貢字を轉じて項と爲し、叱を以て七と爲す(一三)が如きは、安んぞ此を用ひて文字の音讀を定む可けんや。潘・陸(一四)の諸子の離合詩賦(一五)、栻(一六)卜・破字經(一七)、及び鮑昭(一八)の謎字(一九)、皆な流俗に取會すれば、形聲を以て之を論ずるに足らざるなり。

（注）

（一）『詩經』大雅 生民之什 生民篇に、「恆之秬秠、是穫是畝」とある。「秬」は黒きび、「秠」は黒きびの一つのさやに二つの粒が出来るもののこと。

（二）北朝の俗字では「亻」と「彳」の区別がなく互用されていたとする（王利器注引陳直）。

（三）盧文弨によれば、『春秋説』と『詩説』は、緯書の一種。

（四）ここで言う漢書は、班固『漢書』ではなく、范曄『後漢書』本紀一下 光武帝紀下の論に、「或以貨泉字文爲白水眞人」とあることを指す。

（五）『太平御覽』巻八百十二 珍寶部十一 鉛に、「桓子新論曰、淮南王之子娉迎道人、作爲金銀。又云、字金與公鉛、則金之公。而銀者、金之昆弟也」とある。

（六）國志とは、『三國志』のこと（『文選』巻四十七 袁彥伯「三國名臣序贊」）。

（七）『三國志』巻五十三 吳書八 薛綜傳に、「西使張奉於權前列尚書闞澤姓名以嘲澤、澤不能答。綜下行酒、因勸酒曰、蜀者何也。有犬爲獨、無犬爲蜀、橫目苟身、蟲入其腹。奉曰、不當復列君吳邪。綜應聲曰、無口爲天、有口爲吳、君臨萬邦、天子之都。於是衆坐喜笑、而奉無以對。其樞機敏捷、皆此類也」とある。ただし、陳直によれば、こうした天の上に口を書いて「吳」（呉）字とした当時の碑刻には見えないという。たとえば、呉・谷朗碑や晉の皇帝三臨辟雍碑等に見える「吳」字は、いずれも口と工と八から構成されているとする。

（八）『晉書』巻二十八 五行中 言不從 詩妖に、「王恭在京口、百姓間忽云、黄頭小兒欲作賊、阿公在城、下指縛得。又云、黄頭小人欲作亂、賴得金刀作藩賖。黄字上恭字頭也、小人恭字下也、尋如謠言者焉」とある。また、『宋書』巻三十一 五行二 金 詩妖に「王恭在京口、民間忽云、黄頭小人 欲作賊、阿公在城下、指縛得。又云、黄頭小人欲作亂、賴得金刀作蕃賖。黄字上、恭字頭也。小人、恭字下也。尋如謠者言焉」とある。

（九）この一文は現行の沈約『宋書』には見えず、『南史』巻十四 宋宗室及諸王下 宋文帝諸子 元凶劭傳に「元凶劭字休遠、文帝長子也。帝卽位後、諒闇中生劭、故祕之。元嘉三年閏正月方云劭生。自前代人君卽位後、皇后生太子、唯殷帝乙踐阼、正妃生紂、至此又有劭焉。始生三日、帝往視之、簪帽甚堅、無風而墜于劭側、上不悅。初命之曰劭、在文爲召刀、後惡焉、改刀爲力」とある。

（一〇）參同契とは書名で、『周易參同契』のこと。後漢・魏伯陽の撰とされ、錬丹術について記されている。『隋書』經籍志には著録されていないが、『舊唐書』巻四十七 經籍志下 丙部子錄 五行類に、「周易參同契二卷 魏伯陽撰」とある。『周易』の爻象、老莊思想、錬丹術の三者が三位一体（參同）であることが説かれている。福井康順「周易參同契考」（『東方学会創立二五周年記念東方学論集』一九七二年、所収）を参照。

（一一）『周易參同契』の諸本には、顔之推が本文で述べる「人負告」

という句は見えない。陳直によれば、吉と告は後漢の隷書において混用するものであるという。後蜀・彭曉『周易參同契通眞義』巻下（『四庫全書』本）に「柯葉萎黄、失其華榮、吉人相乘負、安穩可長生」とある。しかし、『周易參同契』にはなぜ造字になるかの理由は説明されていない。加えて、当該箇所はテキストの異同があり、宋・兪琰『周易參同契發揮』では「失其華榮安穩可長生」につくり、「吉人相乘負」を欠す。兪琰『周易參同契釋疑』には「一本作吉人相乘安穩長生。又一本作吉人相乘負安穩長生。皆非是」とある。なお、『周易參同契通眞義』のテキストの伝承については、江波戸亘「『周易參同契分章通眞義』覚書」（『論叢アジアの文化と思想』二三、二〇一四年）を参照。また、『周易參同契通眞義』の校勘については、今井宇三郎「周易參同契分章通眞義校本」（『東京教育大学文学部紀要』五七、一九六六年）を参照。

（一二）數術は、『漢書』藝文志に「數術略」という項目が立てられ、その内に、天文・曆譜・五行・蓍龜・雜占・形法の項目があるように、天文や暦、占いといったものを指す語である。

（一三）『齊民要術』巻十 棗に、「東方朔傳曰、武帝時、上林獻棗。上以杖撃未央殿檻、呼朔曰、叱叱、先生來來、先生知此篋裏何物。朔曰、上林獻棗四十九枚。上曰、何以知之。朔曰、呼朔者、上也。以杖撃檻、兩木、林也。朔來來者、棗也、叱叱者、四十九也。上大笑。帝賜帛十匹」とある。ここではまさしく「叱」が「七」として使われている。

（一四）潘・陸とは、潘岳と陸機のこと。潘岳については勉學篇の注（一四）一一三頁を、陸機については風操篇の注（三）五六頁をそれぞれ参照。

（一五）離合詩賦とは、あからさまに口には出せない一文を表現するために、詩句などによってその一文を構成する文字を表しつつも、一篇の詩や賦となっているものを指す。潘岳の離合詩は、『藝文類聚』巻五十六 雜文部二 詩に収録されており、「晉潘岳離合詩曰、佃漁始化、人民穴處。意守醇樸、音應律呂。桑梓被源、卉木在野。鍚鸞未設、金石拂擧。害咎蠲消、吉德流普。谿谷可安。奚作棟宇。嫣然以憙、焉懼外侮。熙神委命、已求多祜。嘆彼季末、口出擇語。誰能墨誠、言喪厥所。龜畝之諺、龍潛巖阻。尠義崇亂、少長失敍。思楊容姬難堪」とある（末尾の「思楊容姬難堪」はこの離合詩から導き出される言葉）。この各句の冒頭の文字（佃・意・桑・鍚・害・谿・嫣・熙・嘆・誰・龜・尠）を取り、さらにこれらの文字の一部を取り出して（田・心・木・易・宀・谷・女・臣・英・隹・土・甚）、組み合わせると「思楊容姬難堪（楊容姫を思ひて堪へ難し）」という恋慕の情が導き出される。

（一六）栻卜は、占いの方法の一種。『宋書』巻五十七 蔡廓傳附子興宗傳に、「初、興宗爲郢州府參軍、彭城顏敬以式卜曰、亥年當作公、官有大字者、不可受也。及有開府之授、而太歳在亥、果薨於光祿大夫之號焉」とある。

（一七）破字經は、未詳。文字を析字して解釈する方法を記した書物か。なお、『隋書』巻三十四 經籍志三 子部 五行類に、「破字要決一卷」とある。

（一八）鮑昭は、鮑照のこと。字は明遠、東海の人。劉宋の臨海王劉子頊の前軍參軍となったので、鮑參軍とも呼ばれる。樂府を中心にすぐれた詩才を発揮し、同時代の謝靈運・顏延之とともに「元嘉の三大家」と呼ばれる。官僚としては不遇で、皇族の属官や地方を転々とした末に、皇族の反乱に巻込まれて殺された。鮑照については、土屋聡子『六朝寒門文人鮑照の研究』（汲古書院、二〇一二年）を参照。

（一九）謎字は、文字の形状を暗示する文から、その文字をあてること。『藝文類聚』巻五十六 雜文部二 詩に、「宋鮑昭謎字詩曰、二形一體、四支八頭、四八一八、飛泉仰流（井）。頭如刀、尾如鉤、中央横廣、四角六抽、右面負兩刃、左邊雙屬牛（龜）。乾之一九、從立無偶、坤之二六、宛然雙宿（土）」とある。なお、各文の下にある（ ）内の漢字が、正解の文字である。

〔現代語訳〕

考えてみるに、弥亙（の「亙」字）は「二」字の間に「舟」字がある。『詩經』に「之が秬秠を亙《あまね》くす」というのが、これである。今の隷書では、「舟」字が転じて「日」字を（「二」字の間に）書いている。しかし何法盛《かほうそう》の『晉中興書《しんちゅうこうしょ》』が、「舟」字が「二」字の間にある字（「亙」字）を「舟航」（乗り物としての舟）の（意味の）字としているのは、誤りである。『春秋説』では「人十四心」を「德」字だとし、『詩説』では「二」字が「天」字の下にあるものを「酉」字とし、『後漢書』では「貨泉」を（分解して）「白水眞人」とし、『新論』では「金昆」と書いて「銀」字とし、『三國志』では「天」字の上に「口」字があるものを「呉」字とし、『晉書』では「黄（字の）頭（部とその下に）小人（を置くこと）」を「恭」字とし、『宋書』では「召刀」と書いて「邵」字とし、『周易參同契』では「人負告」を「造」字とする。このような例は、思うに「数術家」たちの戯言で、当て字や曲解であり、冗談も混じっているようなものだ。これらは「貢」字を転じて「項」字とし、「叱」字を「七」字とするようなもので、どうしてこんなもので文字の音や意味を決めることができようか。潘岳《はんがく》や陸機《りくき》らの離合詩賦や、杖卜・破字経、及び鮑昭《ほうしょう》の謎字などは、皆な世俗に迎合しているもので、文字の形や発音によって論じるまでもないものだ。

【原文】

河間邢芳語吾云、賈誼傳云日中必熭、注、熭、暴也。曾見人解云、此是暴疾之意、正言日中不須臾、卒然便昊耳。此釋爲當乎。吾謂邢曰、此語本出太公六韜、案字書、古者暴曬字與暴疾字相似、唯下少異。後人專輒加傍日耳。言日中時、必須暴曬、不爾者、失其時也。晉灼已有詳釋。芳笑服而退。

《訓読》

河間（一）の邢芳（二） 吾に語りて云ふ、「賈誼傳に「日 中すれば必ず熭す」と云ひ、注に、「熭は、暴なり」といふ（三）。曾て人の解を見るに云ふ、「此れは是れ暴疾の意、正に日 中するも須臾せずして、卒然として便ち昊なるを言ふのみ」と。此の釋 當《たう》爲るか」と。吾 邢に謂ひて曰く、「此の語は本 太公の六韜より出ず（四）。字書を案ずるに、古者 暴曬の字と暴疾の字とは相 似るも、唯だ下 少しく異なる。後人 專輒して傍に日を加ふるのみ。言ふこころは日中の時、必ず須く暴曬すべく、爾らずんば、其の時を失ふ。晉灼（五）に已に詳釋有り」と。芳 笑服して退く。

（注）

（一）河間は、『隋書』巻三十 地理中 冀州 河間郡に、「河間郡舊置瀛州。統縣十三、戸十七萬三千八百八十三。河間舊置河間郡、開皇初郡廢。大業初復置郡、併武垣縣入焉」とある。

（二）邢芳については、未詳。東魏・北齊を代表する文人で、『顏氏家訓』にも登場する邢子才（名は卲）は、河間鄚の人なので（『北齊書』巻三十六 邢卲傳）、この邢子才の縁者であろうか。

（三）『漢書』巻四十八 賈誼傳に、「黃帝曰、日中必彗、操刀必割」とあり、その注に、「孟康曰、彗音衞。日中盛者、必暴彗也。臣瓚曰、太公曰、日中不慧、是謂失時、操刀不割、失利之期。言當及時也。師古曰、此語見六韜。彗謂暴曬之也。曬音所智反。又音所懈反」とある。ここで邢芳が言う「人解」（ある人の解釈）は、現行の『漢書』顏師古注には見えない。

（四）『六韜』文韜 守土篇に、「文王問太公曰、守土奈何。太公曰、無疏其親、無怠其衆、撫其左右、御其四旁。無借人國柄。借人國柄、則失其權。無掘壑而附丘、無舍本而治末。日中必彗、操刀必割、執斧必伐。日中不彗、是謂失時、操刀不割、失利之期。執斧不伐、賊人將來。涓涓不塞、將爲江河。熒熒不救、炎炎奈何。兩葉不去、將用斧柯。是故人君必從事於富。不富無以爲仁、不施無以合親。疏其親、則害。失其衆、則敗。無借人利器、借人利器、則爲人所害、而不終其正也」とある。

（五）晉灼とは、『漢書』の注釈者の一人で、顏師古「漢書敍例」に、「晉灼、河南人、晉尚書郎」とある。また、『隋書』經籍志に、「漢書集注十三巻 晉灼撰」とある。『漢書集注』は既に散逸しており、現行の『漢書』顏師古注の当該箇所にも晉灼注は引用されていない。

〔現代語訳〕

河間《かかん》の邢芳《けいほう》がわたしにこう語ったことがある。「（『漢書』の）賈誼《かぎ》傳に「日中すれば必ず彗《えい》す」とあり、その注には、「彗は、暴なり」とあります。以前ある人の解釈を見ると、「ここでは暴疾（はやい）の意味で、日が当たっているかと思えばわずかな間もなく、突然日が傾いてしまうことを言う」とありました。この解釈は妥当なものでしょうか」と。わたしは邢芳に答えて、「この一節はもともと太公『六韜《りくとう》』を出典としております。字書を調べてみますと、昔使われていた「暴曬」（さらす）の「暴」字と「暴疾」（はやい）の「暴」字とは似ておりますが、ただ下の部分が少し異なっております。（この文字に）後人が勝手に日偏を加え（て「曝」字を作っ）たのです。その（賈誼傳の一節の）意味は、「日が当たっている時に、必ずさらさなければならず、そうでなければ、時機を失う」ということです。（この点については）晉灼《しんしゃく》がすでに詳しく解釈しております」と言った。邢芳は笑って承服して退出した。

（洲脇武志・関俊史・初海正明）

【原文】

卷第七　音辭　雜藝　終制

音辭第十八

夫九州之人、言語不同、生民已來、固常然矣。自春秋標齊言之傳、離騷目楚詞之經、此蓋其較明之初也。後有揚雄著方言、其言大備。然皆考名物之同異、不顯聲讀之是非也。逮鄭玄注六經、高誘解呂覽・淮南、許愼造說文、劉熹製釋名、始有譬況假借以證音字耳。而古語與今殊別、其間輕重清濁、猶未可曉。加以內言・外言、急言・徐言、讀若之類、益使人疑。孫叔言創爾雅音義、是漢末人獨知反語。至於魏世、此事大行。高貴鄕公不解反語、以爲怪異。自茲厥後、音韻鋒出、各有土風。遞相非笑、指馬之諭、未知孰是。共以帝王都邑、參校方俗、考覈古今、爲之折衷、搉而量之、獨金陵與洛下耳。南方水土和柔、其音清擧而切詣、失在浮淺、其辭多鄙俗。北方山川深厚、其音沈濁而売鈍、得其質直、其辭多古語。然冠冕君子、南方爲優、閭里小人、北方爲愈。易服而與之談、南方士庶、數言可辯。隔垣而聽其語、北方朝野、終日難分。而南染吳・越、北雜夷虜、皆有深弊、不可具論。其謬失輕微者、則南人以錢爲涎、以石爲射、以賤爲羨、以是爲舐。北人以庶爲戍、以如爲儒、以紫爲姊、以洽爲狎。如此之例、兩失甚多。至鄴已來、唯見崔子約・崔瞻叔姪、李祖仁・李蔚兄弟、頗事言詞、少爲切正。李季節著音韻決疑、時有錯失。陽休之造切韻、殊爲疎野。吾家兒女、雖在孩稚、便漸督正之。一言訛替、以爲己罪矣。云爲品物、未考書記者、不敢輒名、汝曹所知也。

《訓讀》

卷第七　音辭　雜藝　終制

音辭第十八（一）

夫れ九州の人、言語 同じからざるは、生民より已來、固より常然なり。春秋（二） 齋言の傳を標し、離騷（三） 楚詞の經と目されしより、此れ蓋し其の較〻明らかなるの初めなり。後に揚雄の著する方言有り、其の言 大いに備はる。然れども皆 名物の同異を考ふるも、聲讀の是非を顯にせざるなり。鄭玄（四） 六經に注し、高誘（五） 呂覽（六）・淮南を解し、許愼 說文を造り、劉熹（七） 釋名を製するに逮び、始めて譬況（八）・假借もて以て音字を證する有るのみ。而るに古語と今とは殊に別れ、其の間の輕重・清濁は、猶ほ未だ曉らかにす可からず。加へて內言・外言（九）、急言・徐言（一〇）、讀若（一一）の類を以て、益〻人をして疑はしむ。孫叔言（一二） 爾雅音義を創るは、是れ漢末の人の獨《だ》だ反語（一三）を知ればなり。魏の世に至りて、此の事 大いに行はる。高貴鄕公（一四） 反語を解せず（一五）、以て怪異と爲す。茲より厥《そ》の後、音韻 鋒出するも、各〻土風（一六）有り。遞《たが》ひに相 非《そし》り笑ふも、指馬（一七）の諭、未だ孰れか是なるを知らず。共に帝王の都邑なるを以て、方俗を參校し、古今を考覈し、之が折衷を爲し、搉して之を量れば、獨だ金陵と洛下（一八）とのみ。南方は水土 和柔たり、其の音 清擧にして切詣なれども、失 浮淺たるに在り、其の辭は多く鄙俗なり。北方は山川 深厚たり、其の音 沈濁にして売鈍なれども、其の質 直を得、其の辭は多く古語たり。然れども冠冕（一九）の君子は、南方を優《まさ》れりと爲し、閭里の小人は、北方を愈《まさ》れりと爲す。服を易へて之と談ずるも、南方の士庶、數言にして辯ず可し。垣を隔てて其の語を聴けども、北方の朝野、終日 分かち難し。而して南は呉・越に染まり、北は夷虜を雑《まじ》へ、皆 深弊有るも、具さに論ず可からず（二〇）。其の謬失の輕微なるは、則ち南人 錢以て涎（二一）と爲し、石を以て射（二二）と爲し、賤を以て羨（二三）と爲し、是を以て舐（二四）と爲す。北人 庶を以て戌（二五）と爲し、如を以て儒（二六）と爲し、紫を以て姊（二七）と爲し、洽を以て狎（二八）と爲す。此くの如きの例、兩失 甚だ多し。鄴に至りて已來（二九）、唯だ崔子約（三〇）・崔瞻（三一）の叔姪、李祖仁（三二）・李蔚（三三）の兄弟のみ、頗る言詞を事とし、切正を爲すこと少なきを見る。李季節（三四） 音韻決疑（三五）を著すも、時に錯失有り。陽休之（三六） 切韻（三七）を造るも、殊に疎野爲り。吾が家の兒女、孩稚に在りと雖も、便ち漸く之を督正せよ。一言の訛替、以て己が罪と爲す。品物を云ひ爲すも、未だ書記を考へざる者、敢へて輒ち名づけざるは、汝が曹の知る所なり。

（注）

（一）音辭篇を訳出する前提となる状況と研究を掲げておく。

陸法言『切韻』序によれば、顔之推は『切韻』編纂において中心的な役割を果たした。『切韻』序に、「昔開皇初、有劉儀同臻顔外史之推、盧武陽思道、魏著作參淵、李常侍若、蕭國子該、辛諮議德源、薛吏部道衡等八人、同詣法言門宿、夜永酒闌、論及音韻。以古今聲調、既自有別、諸家取捨、亦復不同」とあり、「江東取韻、與河北復殊。因論南北是非、古今通塞、欲更捃選精切、除削疎緩。顔外史、蕭國子多所決定」とある。したがって本篇の解釈には、切韻系韻書、就中、『大宋重修廣韻』（以下『廣韻』）を中心に用いる。『切韻』編纂については、陳寅恪「従史実論切韻」（『嶺南学報』九巻二期、一九四九年）、井上亘「『切韻』がつくられた夜―「講学」補論」（『呴沫集』一一、二〇〇四年）を参照。

本篇において参考とした研究は、主に以下の通りである。王仁昫『刊謬補缺切韻』、古屋昭弘「『切韻』増補作業における王仁昫失誤の可能性―曹氏批判論文への批評を兼ねて」（『中国文学研究』四〇、二〇一四年）、上田正『切韻逸文の研究』（汲古書院、一九八四年）、大島正健『韻鏡と唐韻廣韻』（私家版、一九三〇年）、周祖謨『廣韻校本』（中華書局、一九八八年）。

また、本篇は、王利器『顔氏家訓集解』が引く諸注のうち、とくに周祖謨注に依拠したが、周祖謨注の詳細な解釈について、岡本勳「顔氏家訓の音韻觀」（『中京大学文学部紀要』三四―二、一九九九年）、「顔氏家訓の方法」（『中京大学文学部紀要』三四―三・四、二〇〇〇年）を参照した。

このほか、各種方言音、越南漢字音や朝鮮漢字音、日本の漢字借用音（呉音）についての研究として、平山久雄「中古漢語の音韻」（『中国文化叢書』1 言語、大修館書店、一九六七年）、李敦柱著・藤井茂利訳『漢字音韻学の理解』（風間書房、二〇〇四年）、藤堂明保『新訂 中国語概論』（大修館書店、一九八五年）、『中国語音韻論―その歴史的研究』（光生館、一九八〇年）、頼惟勤著・水谷誠編『中国古典を読むために』（大修館書店、一九九六年）、三根谷徹『中古漢語と越南漢字音』（汲古書院、一九九三年）、伊藤智ゆき『朝鮮漢字音研究』本文篇、資料篇（汲古書院、二〇〇七年）をそれぞれ参考とした。

（二）『春秋公羊傳』隱公五年に、「公曷爲遠而觀魚。登來之也」とあり、その何休の注に、「登讀言得。得來之者齊人語也。齊人名求得爲得來、作登來者、其言大而急由口授也」とあるように、『春秋公羊傳』の傳文には齊の方言が含まれる。

（三）離騒は、『楚辭』の篇名。離は罹、騒は憂で、憂愁にあうという意味。屈原が、讒言のために王に疎んじられ追放の憂き目にあった憂愁の心情から作ったものとされる（『史記』巻八十四 屈原傳）。全三百七十五句におよぶ長編の抒情的叙事詩で、名は正則、字は靈均という貴公子が自述する形式で綴られている。

（四）『後漢書』列傳二十五 鄭玄傳に、「凡玄所注周易・尙書・毛詩・儀禮・禮記・論語・孝經・尙書大傳・中候・乾象歷、又著天文七政論・魯禮禘祫義・六藝論・毛詩譜・駮許愼五經異義・荅臨孝存周禮難、凡百餘萬言」とある。

（五）呂覽は、『呂氏春秋』。『隋書』巻三十四 經籍志三 子 雜に、「呂氏春秋二十六巻 秦相呂不韋撰、高誘注」とある。

（六）『淮南子』の高誘注については、『隋書』經籍志三 子 雜に、「淮南子二十一巻 高誘注」とある。

（七）劉熹は、後漢末の經學者・訓詁學者。字を成國といい、北海の人。『釋名』は、『隋書』巻三十二 經籍志一 經 爾雅諸書に、「釋名八巻 劉熙撰」とある。

（八）譬況・假借とは、反切法以前の表音法の一つ。音声の近い文字を用いて字音を表す方法をいう。例えば「居、讀如姬姓之姬」（『禮記』檀弓 鄭玄注）などである。

（九）内言・外言とは、漢代の註釋者が音を表すために用いた術語である。周祖謨によれば、韻母におけるi,ɪ介音の有無による発音上の口腔の広狭（洪細）を指すとされる。江永の『音學辨微辨等列』に、「音韻有四等。一等洪大、二等次大、三等皆細、四等尤細」とある。等韻學では三四等はi,ɪ介音を有し（拗音）、一二等にはi,ɪ介音が無いとする（直音）。一二等は直音のため、口を大きく開ける必要がある。そのため、口腔内の共鳴空間が広くなる。一方で三四等は拗音のため、口の開きが一二等よりも小さくなる。そのため、口腔の共鳴空間が狭くなる。

（一〇）急言・徐言は、漢代の註釋者が音を表すために用いた術語である。周祖謨によれば、解釈が二説考えられ、一つは声調の違いを表す語、一つは内言・外言同様、韻母のi,ɪ介音の有無による口腔の広狭（洪細）を指すとするものである。前者の解釈をするならば、急言とは平声字であり、緩言とは仄声字を指すと考えられる。後者の解釈であるならば、急言は三・四等（細音）字、緩言は一・二等（洪音）字とみなすことができる。

i,ɪ介音を有する語は、i,ɪは非圓脣前舌母音であるため、他の母音に比べて舌の位置が最も高くなる。かつ、介音（M:Medial）は聲母（I:Initial）と核母音（V:Vowel）との間に位置し、聲母と核母音の過渡音となる。そのため、核母音のように明確に発音するものでなく、口腔の気道は先に狭めが起こり、後に広がり、筋肉の収縮も緊張した状態から弛緩する。対してi,ɪ介音の無いものは、声母の直後に核母音が位置するため、発音が軽くなり、筋肉の収縮も自然に行われる。つまり、i,ɪ介音がある場合、音が詰まって発音され、高誘はこれを急言といい、i,ɪ介音がない場合、自然な発音となるため、これを徐言といったのであろう、と周祖謨はしている。

（一一）讀若とは、譬況假借の一種である。『説文解字』などに見られる「A讀若B（Aは讀みてBの若し）」との定型表現に由来する。段玉裁『説文解字注』一上「[illegible]」字の注解に、「凡言讀若者、皆擬其音也。凡傳注言讀爲者、皆易其字也。注經必兼茲二者、故有讀爲、有讀若。讀爲亦言讀曰、讀若亦言讀如。字書但言其本字本音、故有讀若、無讀爲也」とあり、段玉裁「周禮漢讀考」でも同様に述べられている。

(一二) 孫叔言は、孫炎のこと。『爾雅』に注をつけた。書証篇の注(九)二四七頁を参照。反切を創始した人物とされ、陸徳明『經典釋文』序録に、「古人音書、止爲譬況之說、孫炎始爲反語」とあり、唐の張守節『史記正義』論音例に、「先儒音字、比方爲音、至魏祕書孫炎、始作反音」とある。

(一三) 反語とは、ここでは反切のこと。多く孫炎が創始したとされる。しかし章太炎『國故論衡』音理篇が指摘するように、反切の最早の例は、後漢末の應劭『漢書』注であり、「潼水所出、南入墊江。墊音徒浹反」(巻二十八 地理志八上 廣漢郡 應劭注)などと見える。一方、安然『悉曇藏』巻一(『大正藏』八十四 三六九頁下)および巻二(『大正藏』八十四 三八二頁上)に引く唐の武玄之『韻詮反音例』に、「服虔始作反音。亦不詳定」とあって、唐人は反切が服虔に始まると考えていたようである。

(一四) 高貴鄕公は、曹魏の四代皇帝曹髦。字は彥士。文帝曹丕の孫で、東海定王曹霖の子。高貴鄕公は即位前の爵位。若い時分より学を好み、鍾會に、「才同陳思、武類太祖」と評されたという。司馬一族の専横に挙兵するも、司馬昭の側近賈充の手に掛かり、崩御した(『三國志』巻四 三少帝 高貴鄕公紀)。

(一五) 顏之推は、高貴鄕公が反切を解さなかったとするが、しかし、高貴鄕公が反切によって音注を附す例が『經典釋文』にある。巻九 周禮音義の「其浸波溠」に対する注に、「音詐、左傳音曰、李莊加反、字林同。劉昨雖反、云与音大不同。故今從高貴鄕公」とあり、また巻十五 左傳音義 莊侯 傳四年の「除道梁溠」に対する注に、「高貴鄕公、音側嫁反」とある。

(一六) 土風とは、その土地のなまりのことをいう。應劭の『風俗通義』序に、「風者、天氣有寒煖、地形有險易、水泉有美惡、草木有剛柔也。俗者、含血之類、像之而生。故言語歌謳異聲、鼓舞動作殊形、或直或邪、或善或淫也」とある。

(一七) 指馬の論は、『莊子』齊物論に、「以指喩指之非指、不若以非指喩指之非指也。以馬喩馬之非馬、不若以非馬喩馬之非馬也。天地、一指也。萬物、一馬也」とある。宇都宮によると、ここでは指や馬という個物にとらわれて事物を全体から見ることを忘れた思考態度を非難しているという。

(一八) 金陵は、歷代南朝の都である建康のこと。洛下は、洛陽のこと。当時の北方は洛陽を標準音とし、南方は建康を標準音としていた。

(一九) 宇都宮によれば、江南では四世紀の東晉南渡以降、在地江南人が使う南方方言(吳音)と北來士大夫が使う北方華語が双方通行し、言語に階級性が生じた。ここでの顏之推の言は、北方音が南方音の影響で南方化していることを嘆いたものであるという。当時の南方音の状況については、陳寅恪「東晉南朝之吳語」(『金明館叢編二編』生活・讀書・新知三聯書店、二〇〇一年)を参照。一方で、北方においては、鮮卑語が旧來の華語に強い影響を及ぼしていた。

(二〇)『經典釋文』序録に、「方言差別、固自不同、江北・江南最鉅異。或失在浮情、或滯於重濁」とあり、顏之推の行論と同様である。また、陸法言『切韻』序に、「吳・楚則時傷輕淺、燕・趙則多傷重濁、秦・隴則去聲爲入、梁・益則平聲似去」とある。これは顏之推の行論をより詳細に述べ、いずれも当時の音韻観について同様な状況を述べている。

(二一)『廣韻』では、錢は昨先反で、涎は夕連反(『切韻』王三では敘連反）。また錢は從母に、涎は邪母に属す。

（二二）『廣韻』では、石は常隻反（『切韻』では常尺反）、射は食亦反（『切韻』同じ）。ともに韻母は昔韻であるも、聲母が異なり、石は禪母、射は牀母三等に属す。周祖謨はこの例から当時、禪母と牀母三等は未分化であったとする。

（二三）『廣韻』では、賤は才綫反、羨は似面反である（ともに『切韻』『唐韻』同じ）。賤は從母に、羨は邪母に属す。周祖謨はこれらの例から、從母と邪母は当時未分化であったとする。

（二四）『廣韻』では、是は承紙反（『切韻』も同じ）、舐は神紙反（『切韻』では時爾反、食爾反）。是は常母に属し、舐は船母に属すため、聲母が異なる。

（二五）『廣韻』では、庶は商署反（『切韻』同じ）、戍は傷遇反。聲母はともに審母に属すが、韻母は庶は御韻に、戍は遇韻に属す。また、庶は開口で、戍は合口である。

（二六）『廣韻』では、如は人諸反（『切韻』では汝魚反）、儒は人朱反（『切韻』同じ）。聲母はともに日母に属すが、韻母は如は魚韻に、儒は虞韻に属す。また韻も如が開口で、儒が合口であり、周祖謨は魚韻と虞韻が未分化であったとする。

（二七）『廣韻』では、紫は將此反。姊は、『新撰字鏡』に引く『切韻』によれば將几反。ともに精母に属するが、紫は紙韻（支の小韻）、姊は旨韻（脂の小韻）である。したがって、周祖謨は北方において支韻と脂韻は分韻していなかったとする。

（二八）『廣韻』では、洽は侯夾反（『切韻』同じ）、狎は胡甲反。ともに匣母に属するが、『切韻』では洽韻と狎韻に分韻している。北方人は洽を読んで狎としていることから、周祖謨は洽・狎は未分化であったとする。

（二九）顔之推が鄴に入ったのは、天保八（五五七）年のことで、「觀我生賦」の自注に、「至鄴便値陳興」とある（周祖謨注・宇都宮注）。

（三〇）崔子約は、崔休の子で、崔㥄の弟。排行から崔九ともいう。崔子約は崔瞻の二歳年長にあたる。武定年間に平原公開府祭酒となり、北齊の廢帝の乾明年間に考功郎に至った（『北齊書』巻二十三 崔子約傳）。

（三一）崔瞻は、字は彥通。崔㥄の子。歳十五にして、刺史の高昂に召され主簿となり、開府西閤祭酒となった。北齊では衞尉少卿を経て、吏部郎中に至った。天統の末年に没した（『北齊書』巻二十三 崔㥄傳附崔瞻傳、『北史』巻二十四 崔瞻傳）。

（三二）李祖仁は、李諧の長子で名を岳という。祖仁は字。官は中散大夫に至る。（『北史』巻四十三 李諧傳附李岳傳）

（三三）李蔚は、李諧の子で李岳の弟。史傳を涉猟し、文辭に長じていた。兄の李庶に仕えて平州に行き、尙書左中兵郎中となり、死後祕書丞を追贈された（『北史』巻四十三 李諧傳附李岳傳）。李蔚の弟の李若は、劉臻・顔之推とともに陸法言を訪ね、音韻の議論を行っている（陸法言『切韻』序）。

（三四）李季節は、名は槩。李宣茂の子で李公緒の弟。若くして学を好み、北齊の文襄によって大將軍附行參軍となる。のちに殿中侍御史となり、國史の編纂に携わる。官は太子舍人に至り、死後に并州功曹參軍を追贈された。著作に『戰國春秋』と『音韻』があった。『音韻』とは次注の『音韻決議』を指すと考えられるがいずれも散逸している（『北史』巻三十三 李槩傳）。『北史』崔瞻傳には、「概將東還、瞻遺之書曰、仗氣使酒、我之常弊、詆訶指切、在卿尤甚。足下告歸、吾於何聞過也」とあり、崔瞻と極めて親交が深かった。

（三五）『音韻決疑』は、『隋書』卷三十二 經籍志一 經 小學に、「修續音韻決疑十四卷、李槩撰」とある。『日本見在書目錄』には、「音韻決疑十卷、齊太師舍人李季節撰」、「音韻決疑二卷、李槩撰」とあり、二つの「音韻決疑」が著録されている。孫猛は、二卷本の『音韻決疑』は『音韻』の誤りだろうとする（孫猛『日本国見在書目錄詳考』上海古籍出版社、二〇一五年）。また、空海『文鏡祕府論』天册に引く劉善經『韻詮序』に引く『音韻決議』の序に、「案周禮、凡樂、圜鍾爲宮黄鍾爲角、大蔟爲徵、沽洗爲羽、商不合律、蓋與宮同聲也。五行則火土同位、五音則宮商同律。闇與理合、不其然乎」とあり、五音と四聲の配当の次第を述べている。

（三六）陽休之は、字を子烈。右北平無終の人。若くして学に勤しみ、文學を愛し、音韻學に長けていた。北齊では尚書右僕射となる。著述に『韻略』があったが、現在は散逸（『北齊書』卷四十二 陽休之傳）。陽休之についてはまた、空海『文鏡祕府論』天册に引く劉善經『四聲論』に、「齊僕射陽休之、當世之文匠也。乃以音有楚夏、韻有訛切、辭人代用、今古不同、遂弁其尤相涉者五十八韻、科以四聲、名曰、韻略。制作之士、咸取則焉、後生晚學、所賴多矣」とあり、これによって『韻略』の大要を知ることができる。

（三七）王仁昫の『刊謬補缺切韻』の序文には、「吳楚則時傷噞淺、燕趙則多涉重濁。秦隴則去聲爲入、梁益則平聲似去。又支（章移反）、脂（旨夷反）、魚（語居反）、虞（語俱反）共爲一韻、先（蘇前反）仙（相然反）、尤（於求反）、侯（胡溝反）俱論是切。欲廣文路、自可清濁皆通。若賞知音、卽須噞重有異。呂飪韻集・夏侯詠韻略・陽休之韻略・李季節音譜・杜臺卿韻略等各有乖互。江東取韻與河北複殊」とある。周祖謨によれば、その分韻がもっとも寛やかであったのが李季節の『音韻』であり、顏之推はその緩さを批判しているのであるとする。

［現代語譯］

卷第七　音辭　雜藝　終制

音辭第十八

そもそも天下の人々の話す言葉が異なるのは、民草が生まれてより以来、はじめから常にそうであった。『春秋』が齊《せい》の方言の伝文（公羊傳）を掲げ、離騒《りそう》が楚のことばの規範とみなされて以降は、（方言が）わずかに明らかになりつつあった初期とされている。その後揚雄《ようゆう》が『方言《ほうげん》』を著し、その言説は大いに盛行した。しかし（『方言』は）あらゆるものの名前の異同については考察しているものの、発音の是非を明らかにしていない。（のちに）鄭玄《じょうげん》が六經に注を施し、高誘《こうゆう》が『呂氏春秋』・『淮南子』に訓解を施し、許愼《きょしん》が『說文解字』を著し、劉熹《りゅうき》が『釋名《しゃくみょう》』を作るに至って、はじめて譬況・假借によって字音を実証した。だが古語と現代の音には懸隔があり、両者の間における、発音の高低・清濁は、未だに明らかにできていない。さらに発音の際の内言・外言、急言・徐言、「読若」など（の表音方法）が加わると、ますます人々に疑念を懐かせる。孫炎《そんえん》が『爾雅音義《じがおんぎ》』を著したのは、後漢末の人の中で唯一反切を知っていたためである。曹魏に至って反切法による表音は非常に通行した。高貴郷公《こうききょうこう》はこの反切法を理解できず、奇矯なものとした。これ以降、（經書に音注を付したり、方俗の異同について述べる）音韻《おんいん》論がさかんに起こるも、その論考はそれぞれ土着の方言に拠った。（音韻論の学者たちは）互いに批判し、嘲笑し合うが、さながら（『莊子』の）指馬の比喩のようであって、いったいどちらの方がよいのか判然としない。それぞれの帝王の都を基準として、方言や俗音を検証し、古今を考え、それらを折衷し、推し量れば、（標準音といえるのは）わずかに建康《けんこう》と洛陽《らくよう》だけである。南方は水や土壌が温和であり、その音は澄んでいて適切であるが、欠点は浮薄であるところにあり、その言辞は多く卑俗に陥る。（対して）北方の山川は深く険しく、その音は濁っていて息を吐く重い音であるが、その本質は率直であり、言辞の多くが古語である。しかし官にある君子には、南方音のほうが優れているとし、閭巷の民草には、北方音のほうが優れているとする。（身分で異なる）服を（士大夫と閭巷の人と）取り替えて話をしてみても、南方の士大夫と民草では、数語交わしただけで（それぞれの身分を）判別することができる。（しかし、北方では）籬《まがき》を隔ててその会話を聞いてみても、北方の士大夫と民草とでは、一日（かけても）判別することは難しい。南方（の語）は呉・越の方言音に染まり、北方（の語）は夷虜の音が混入しており、これらには深い弊害があるが、詳細にそれらを論じることはできない。その誤りの軽微なものは、南人は錢を涎とし、石を射とし、賤を羨とし、是を舐とする。北人は庶を戍とし、如を儒とし、紫を姉とし、洽を狎とする。これらのように、二語それぞれの音が区別されていないことは非常に多い。（わたしが）鄴に連れて来られて以来、崔子約《さいしやく》・崔瞻《さいせん》のおじとおい、李祖仁《りそじん》・李蔚《りい》の兄弟だけが、とくに言語と音韻を専門にし、（その言説には）懇切で正しいことも少なからず見えている。李季節《りきせつ》が『音韻決疑《おんいんけつぎ》』を著したが、時折間違いがある。陽休之《ようきゅうし》は『切韻《せついん》』を制作したが、とりわけ（その分韻のしかたが）粗雑である。わたしの家の子女は幼少の時分であったとしても、言葉遣いについて習い教え正しなさい。一言の訛りや間違いは（親である）わたしの過失である。ものの名前を呼ぶ際にも、いまだ典籍にもとづいて考察しないものは、決してすぐさま名付けたりしないのは、お前達も知っての通りのことである。

【原文】

古今言語、時俗不同、著述之人、楚・夏各異。蒼頡訓詁、反稗爲逋賣、反娃爲於乖。戰國策音刎爲免、穆天子傳音諫爲間。說文音戛爲棘、讀皿爲猛。字林音看爲口甘反、音伸爲辛。韻集以成・仍・宏・登合成兩韻、爲・奇・益・石分作四章。李登聲類以系音羿、劉昌宗周官音讀乘若承。此例甚廣、必須考校。前世反語、又多不切、徐仙民毛詩音反驟爲在遘、左傳音切椽爲徒緣、不可依信、亦爲衆矣。今之學士語亦不正。古獨何人必應隨其譌僻乎。通俗文曰、入室求曰搜、反爲兄侯。然則兄當音所榮反。今北俗通行此音、亦古語之不可用者。璵璠、魯人寶玉、當音餘煩、江南皆音藩屏之藩。岐山當音爲奇、江南皆呼爲神祇之祇。江陵陷沒、此音被於關中、不知二者何所承案。以吾淺學、未之前聞也。

《訓読》

古今の言語は、時俗 同じからず、著述の人も、楚・夏 各〻異なる。蒼頡訓詁(一)は、稗を反して逋賣と爲し(二)、娃を反して於乖と爲す(三)。戰國策(四)は刎に音して免と爲し(五)、穆天子傳(六)は諫に音して(七)間と爲す(八)。說文は戛に音して棘と爲し(九)、皿を讀みて猛と爲す(一〇)。字林は看に音して口甘反と爲し[一一]、伸に音して辛と爲す[一二]。韻集は成・仍・宏・登を以て合して兩韻と成し[一三]、爲・奇・益・石を分ちて四章と作す[一四]。李登の聲類は系を以て羿と音し[一五]、劉昌宗の周官音は乘を讀みて承の若し[一六][一七]。此の例 甚だ廣く、必ず須く考校すべし。前世の反語、又た切ならざるもの多し。徐仙民[一八]の毛詩音[一九]は驟を反して在遘と爲し[二〇]、左傳音[二一]は椽を切して徒緣と爲し[二二]、依りて信ず可からざるもの、亦た衆しと爲す。今の學士の語も亦た正しからず。古は獨り何人ぞ必ず應に其の譌僻に隨ふべけんや。通俗文に曰く、「室に入りて求むるを捜と曰ふ」[二三]と、反して兄侯と爲す。然らば則ち兄は當に所榮反と音すべし。今 北の俗は此の音を通行するも、亦た古語の用ふ可からざる者なり。璵璠は、魯人の寶玉にして、當に餘煩と音するべくも、江南 皆な藩屏の藩と音す[二四]。岐山は當に音して奇と爲すべくも、江南 皆な呼びて神祇の祇と爲す[二五]。江陵陷沒せしより[二六]、此の音 關中に被るも、二者の何れぞ承案する所を知らず。吾が淺學を以て、未だ之を前に聞かざるなり。

(注)

(一)『蒼頡訓詁』は、『舊唐書』巻四十六 經籍志上 甲部經錄 訓詁類に、「蒼頡訓詁二巻 杜林撰」とある。『新唐書』藝文志においても同様に著録されている。

(二)『蒼頡訓詁』では、稗を逋賣反とするが、杜林は反切のまだ存在しない後漢の人であるため、おそらくは後人による加筆と考えられる。『廣韻』・『切韻』によれば稗は傍卦反とあるため、反切が合致しない。

(三)娃は、『廣韻』では於佳反で佳韻に属するが、本文にあるように於乖反とすると皆韻に属することになり、韻母が合わない(段玉裁注)。

(四)『戰國策』は、『隋書』巻三十三 經籍志二 史 雜史に、「戰國策二十一巻高誘撰注」とある。

(五)この音注は、現行の『戰國策』注には見られない。周祖謨は、『切韻』では刎は武粉反で、免は亡辨反とあり、それぞれ属す韻部が離れているため、顔之推は通用するとみなさなかった。恐らく刎を免とするのは漢代においては青州・齊地方の方言であったのであろう、とする。

(六)『穆天子傳』は、周の第五代穆天子の言行録。西晉に発見された汲冢書の一書で、郭璞が注を附した。『隋書』巻三十三經籍志二 史 起居注に、「穆天子傳 六巻 汲冢書」と著録される。

(七)『廣韻』では、諫は古晏反で、諫韻にある。一方で間は、古莧反で、去聲の襇韻にあって、韻部が離れるため顔之推は通用するとみなさなかった。

(八)現行の『穆天子傳』巻三には、「山川間之」とあり、注に「間音諫」とあるため、おそらく顔之推が見たテキストとは文章が異なる。段玉裁は、もとのテキストが「山川諫之」で、郭注が「諫音間」となっていたものが、後人が郭注に拠って本文を「山川間之」と書き換え、さらにそれに伴い郭注も「間音諫」と変えられたのではないか、という

(九)『説文解字』十二下の戛字の説解に、「戟也。从戈从百。讀若棘」とある。『唐韻』では、戛は古黠反とされ、黠韻に属す。一方で棘は紀力反で、職韻に属す。属す韻部が離れているため、顔之推は通用するとみなさなかった。

(一〇)『説文解字』五上 皿字の説解に、「飯食之用器也。象形。與豆同意。凡皿之屬皆从皿。讀若猛」とある。『切韻』では、皿は武永反、猛は莫杏反とありいずれも梗韻に属すものの、皿は三等

音、猛は二等音に属す。周祖謨は、発音上における口腔の広狭に若干の差があるため、顔之推は別音としたのであろうとする。

(一一)看は、『廣韻』では苦寒反で溪母寒韻に属す。顔之推が引く『字林』に言うように看の音を口甘反とするなら、口は溪母、甘は談韻に属し、つまり韻母が異なる。周祖謨は、任大椿『字林考逸』では談韻に属する寒韻の字がないため、『字林』の言う「口甘」の甘字が誤字であるか、あるいは晉の方言音ではないかという。

(一二)『廣韻』では、伸は失人反で審母眞韻に属す。対して辛は息鄰反で心母眞韻に属す。つまり属する韻部は同じであるが、聲母が異なる。錢大昕は審母と心母は古音において混在していたとする。一方で周祖謨はこれを否定し、あくまでも方言上においての区別であるとする。

(一三)成・仍と宏・登は『廣韻』では、成は清韻、仍は蒸韻、宏は耕韻、登は登韻に属し、顔之推が指摘する『韻集』の分韻とは異なる。段玉裁は、顔之推は『廣韻』と同じ見解に立ち(顔之推は『廣韻』の藍本たる『切韻』の編纂に関わっている)、『韻集』の分韻を否定したのであろう、とする。

(一四)爲・奇・益・石を四つの韻部に分韻するというように、『韻集』は『廣韻』と異なって爲・奇は同一の韻ではなく、益と石は同一の韻ではない。王仁昫『刊謬補缺切韻』では、呂靜の分韻について注をつけているが、『切韻』と多く合致しない(周祖謨注)。

(一五)『廣韻』では、系は古詣反で、羿は五計反。周祖謨は、李登が系の音を羿とするのは、牙音と喉音が混在していたためとする。

(一六)『周官音』は、『經典釋文』序錄に、「劉昌宗周禮・儀禮音各一巻禮記音五巻」とあるものを指す。

(一七)『廣韻』では、乘は食陵反で、繩と同音、承は署陵反で、丞と同音である。つまり乘と承では聲母が異なる。段玉裁・錢大昕は、『周官音』が乘と承を同音とするのは江浙の方言であるとする。一方で兪樾・周祖謨は、『周官音』と『廣韻』の理解の相違は時代による音の変化のためであるとする。

(一八)徐仙民は、徐邈のこと。仙民は字(『晉書』巻六十四 會稽文孝王道子傳)。東莞姑幕の人であり、祖父の代に南渡した。容姿端正で学に勤しみ、郷人の臧壽と並称されたが、自邸にこもることが多かった。四十四歳にして始めて中書舎人となった。章句を口伝することは少なかったが、經書の解釈を行い、『五經音訓』を著した。安帝が即位した際に驍騎将軍に至り、五十四で亡くなった(『晉書』巻九十一 儒林 徐邈傳)。

(一九)『毛詩音』は、『隋書』巻三十二 經籍志一 經 詩に、「毛詩箋音證十巻、後魏太常卿劉芳撰。梁有毛詩音十六巻、徐邈等撰。毛詩音二巻、徐邈撰」とある。

(二〇)『廣韻』では、驟は鋤祐反で牀母宥韻となる。一方で徐邈のごとく在遘反とするならば從母候韻となり、両解釈では聲母も韻母も異なる。ゆえに周祖謨は、本文の「在」は「仕(牀母)」の誤りかとする。驟の反切上字を仕とする例としては、『詩經』小雅 鹿鳴之什 四牡の「駕彼四駱、載驟駸駸」に対し、『經典釋文』詩經が「載驟、助救反、又仕救反」とする。また『玉篇』の驟音が「仕救切」とする。

(二一)左傳音は、書名。『隋書』巻三十二 經籍一に、「春秋左氏傳音三巻 徐邈撰」とある。

(二二)『廣韻』では、椽は直攣反で、直は澄母に属す。一方で徐邈のごとく徒縁反とするならば、徒は定母に属す。呉承仕『經籍舊音辨證』は、顔之推当時すでに澄・定は分化していたために、未分化であった徐邈の説を誤りとしたとする。

（二三）段玉裁『説文解字注』七下 索注では、「按當作入室求曰索。今俗語云捜索是也。索、經典多假索爲之。如探嘖索隱是」とする。

（二四）『廣韻』・『切韻』によれば、璠は附袁反（『廣韻』）、煩は附袁反（『切韻』）、藩は甫煩反（『廣韻』・『切韻』）とある。

（二五）『切韻』では、奇は渠羈反、祇は巨支反。ともに羣母支韻であるが、奇は三等音で祇は四等音であって、顔之推の言うとおり別音である。だがそもそも、岐には巨支反と渠羈反の二音があるため、本文の行論だけでは岐山の岐を祇で読んではいけない根拠にはならない。周祖謨は、顔之推の批判はその大要を述べただけであるとする。

（二六）西魏が江陵を本拠としていた梁の元帝を滅ぼし、その遺民を關中に移住させたことを指す。ちなみにその遺民の中には顔之推も含まれていた。

〔現代語訳〕

古と今の言語では、時代や習俗が異なり、文章を著述する人も、楚と中原でそれぞれ異なる。『蒼頡訓詁《そうけつくんこ》』では、稗を反して逋賣とし、娃を反して於乖としている。『戰國策《せんごくさく》』（の注）では刎を発音して免とし、『穆天子傳《ぼくてんしでん》』（の注）では諫を間としている。『説文解字《せつもんかいじ》』では戛を発音して棘とし、皿を読んで猛としている。『字林《じりん》』では看を発音して口甘反とし、伸を発音して辛としている。『韻集《いんしゅう》』では成・仍・宏・登の四字を二つの韻部に合わせ、爲・奇・益・石を四つの韻部に分韻する。李登《りとう》の『聲類《せいるい》』は系を羿と発音し、劉昌宗《りゅうしょうそう》の『周官音《しゅうかんおん》』では乘を読んで承のようであるという。かかる例は非常に多く、必ず比較検討をするべきである。（これらの他に）昔の反切は、反切として成立しないものが多い。徐仙民《じょせんみん》の『毛詩音《もうしおん》』は驟を反して在遘とし、（同じく徐仙民の）『左傳音《さでんおん》』は椽を反して徒縁としており、信頼するに足りないものが非常に多い。（たしかに）近ごろの学者の語音も正しいとはいえない。（しかし）古人であっても誰がこれらの間違いに従おうとするのだろうか。『通俗文《つうぞくぶん》』には、「部屋に入って探すことを捜という」とあり、（捜《そう》を）反して兄侯とする。（捜の反切上字を兄などとする）ならば兄は所榮反《しょえい》（つまり兄《せい》）と発音することになってしまう。今は北方の俗言がこの音を通行しているが、これもまた古語のうち用いるべきではないものである。璵璠は、魯の人の宝玉であり、（璠は）餘煩反で発音するべきであるが、江南では藩屏の藩と言っている。また、岐山（の岐）は奇と読むべきだが、江南ではみな神祇の祇とする。江陵《こうりょう》が陥落してから、これらの音が關中《かんちゅう》に広まったが、二者の音がどのように継承されてきたかはわからない。わたしの浅学では、ついぞ聞いたことが無い。

【原文】

北人之音、多以舉・莒爲矩、唯李季節云、齊桓公與管仲於臺上謀伐莒。東郭牙望見桓公口開而不閉。故知所言者莒也。然則莒・矩必不同呼。此爲知音矣。

《訓読》

北人の音、多く舉・莒を以て矩と爲すも、唯だ李季節のみ云ふ、

「齋の桓公(一)と管仲(二)とは臺上に於て莒を伐たんと謀る。東郭牙(三)桓公の口開きて閉じざるを望見す。故に言ふ所の者は莒なるを知るなり(四)。然らば則ち莒・矩は必ず同呼(五)ならず」と。此れ音を知ると爲す。

(注)

(一) 桓公は、春秋齊の桓公(在位、前六八五~前六四三年)。名は小伯。僖公の子、襄公の弟。襄公の死後、異母兄の糾と位を争い、勝って即位すると、糾の臣管仲を宰相に迎え、その富国強兵策を実施して齊を強国にした。また対外的には諸侯と盟を結んでその盟主となり、尊王を唱えて周王を輔け、春秋最初の覇者となった(『史記』巻三十二 齊太公世家)。

(二) 管仲は、春秋齊の名宰相。名は夷吾、仲は字。はじめ齊の公子糾に仕えたが、親友の鮑叔牙の強い推挙によって桓公に用いられ宰相となった。内政では商業を重視して国を富ませるとともに、民を再編して兵力の強大化につとめ、また対外的には諸侯の信頼を得ることを第一とした。その結果、齊は強国に発展し、桓公は春秋最初の覇者となった(『史記』巻三十二 齊太公世家)。

(三) 東郭牙は、齊桓公の臣。桓公に管仲を過剰に重んじないよう用心させたことなど、諫直の臣としての逸話が多い(『韓非子』外儲說左下、『呂氏春秋』審分覽 勿躬)。

(四)『呂氏春秋』審應覽 重言に、「齊桓公與管仲謀伐莒、謀未發而聞於國、桓公怪之曰、與仲父謀伐莒、謀未發而聞於國、其故何也。……少頃、東郭牙至。……管仲曰、我不言伐莒、子何以意之。對曰、臣聞君子有三色。顯然喜樂者、鐘鼓之色也。湫然清靜者、衰絰之色也。艴然充盈、手足矜者、兵革之色也。日者臣望君之在臺上也、艴然充盈、手足矜者、此兵革之色也。君呿而不唫、所言者莒也。君擧臂而指、所當者莒也。臣竊以慮諸侯之不服者、其惟莒乎。臣故言之」とある。

(五) 呼とは、音韻学上の用語で、韻頭(介音)と韻腹(核母音)の関係による分類。当時は開口呼と合口呼があり、開口呼とは-u介音を持たない韻母のこと、合口呼とは-u介音を持つ韻母のこと。本文で問題とされる莒は開口呼、矩は合口呼である。

[現代語訳]

北方の人の発音では、多くが擧・莒を矩(と同音)とするが、李季《りき》節《せつ》だけが、「齊《せい》の桓公《かんこう》と管仲《かんちゅう》はうてなの上で莒國《きょこく》を討伐しようと謀議した。東郭牙《とうかくが》は遠くより桓公の口が開いたまま閉じないのを見た。ゆえに(桓公が)言ったのが莒であることがわかったのである。そうであるならば莒と矩は同呼ではなかった」と言っている。(李季節は)音韻論をよく理解している。

【原文】

夫物體自有精麤、精麤謂之好惡。人心有所去取、去取謂之好惡。此音見於葛洪・徐邈。而河北學士讀尚書云好生惡殺。是爲一論物體、一就人情、殊不通矣。

《訓読》

夫れ物體に自ら精麤有り、精麤 之を好惡と謂ふ(一)。人心 去取する所有りて、去取も之を好惡と謂ふ。此の音 葛洪・徐邈に見ゆ(二)。而れども河北の學士 尚書(三)を讀みて「好生惡殺」と云ふ。是れ一は物體を論じ、一は人情に就き、殊に通ぜざると爲す(四)。

(注)

(一)『經典釋文』序錄および、『史記正義』論音例に、「夫質有精、謂之好惡。心有愛憎、稱爲好惡」とある。

(二)『廣韻』によれば、好悪《よしあし》を意味する場合、好は上聲、惡は入聲となる。一方で好悪《こうお》をいう場合が、好も惡も去聲となる。周祖謨によれば、四聲によって字義を区別することは、漢末に始まるという。周祖謨「四聲別義擧例」(『問學集』)を参照。

(三)該当する章句は、現行『尙書』に見られない。宇都宮は、この「尙書」は經書一般を指し、『尙書』を限定して指しているものではないとする。

(四)おそらく顏之推が批判するのは、「好惡」が四聲によって字義が異なることを知らず適当に発音するがために、「生を好《よ》しとし殺を悪《にく》む」という具合のでたらめな意味にする者のことだろう。「好惡」をどちらも感情の意味で取り、「生を好み殺を悪む」と読むならば、好も惡も去聲で発音しなくてはならない。

[現代語訳]

そもそも物の性質には必然的に精粗《よしあし》があって、この精粗のことを好《こう》悪《あく》と言う。(一方で)人の心には愛憎の感情があり、この愛憎のことを好悪《こうお》と言う。この発音は、葛洪《かっこう》・徐邈《じょばく》(の著した字書)に見える。しかし河北の学者達は尙書を読む際に「好生悪殺《こうせいあくさつ》」と(字義を無視した)発音をしている。片方では物の質を言い、片方では人の心を言うことになり、まったく意味が通らない。

【原文】

甫者、男子之美稱。古書多假借爲父字。北人、遂無一人呼爲甫者、亦所未喩。唯管仲・范增之号、須依字讀耳。

《訓読》

甫なる者は、男子の美稱なり。古書 多く假借して[一]父字と爲す。[二]北人、遂に一人も呼びて甫と爲す者無きは、亦た未だ喩らざる所なればなり。唯だ管仲・范增[三]の号のみ、須らく字に依りて讀むべし。[四]

(注)

(一)父と甫の通用については、たとえば古公亶甫(周文王の祖)に対し、『韓詩外傳』・『孔子家語』好生第十二・『尙書大傳』略説などが「亶甫」とつくる一方で、『莊子』讓王・『禮記』大傳・『淮南子』道應訓などが「亶父」とする。

(二)父《ふ》と甫《ほ》は、『切韻』がそれぞれ方主反、扶雨反とするように、本来同音ではない。それでも、顏之推の指摘する通り、父を甫(男子の美称)の仮借字とする場合は、甫と同音で発音する慣習がある。日本でも「古公亶父《ここうたんほ》」と読む理由である。

(三)范增は、楚漢戦争期の楚の將軍。居巣の人。計略を善くし、項羽の挙兵に七十歳にして従軍する。項羽からは「亞父」と呼ばれ敬愛された。劉邦を危険視し、鴻門の会をはじめとして幾度となくその排除を進言した。のちに陳平の離間の策によって項羽から疑いをかけられると、憤怒して帰郷、その道中病没した(『史記』卷七 項羽本紀)。

(四)管仲が齊の桓公から「仲父」と、范增が項羽から「亞父」と敬称されていたことを指す。この号はどちらも「父《ちち》に準ずる」の意味であり、つまりこの「父」は父《ちちおや》の意味であって男子の美称ではない。ゆえにこの場合は父《ほ》と読まないよう顔之推は述べているのである。

［現代語訳］

甫とは、男子の美称である。古い書物では多く仮借して父字にしている。（しかし）北方人が、とうとう一人も（父を）甫《ほ》として発音する者がいないことも、また（北人が）まだ理解に及んでいないところである。ただ管仲（仲父《ちゅうふ》）と范增（亞父《あふ》）の称号のみ、文字の通りに（父《ふ》と）発音するべきである。

【原文】

案諸字書、焉者鳥名。或云語詞。皆音於愆反。自葛洪要用字苑分焉字音訓。若訓何、訓安、當音於愆反。於焉逍遙、於焉嘉客、焉用佞、焉得仁之類是也。若送句及助詞、當音矣愆反。故稱龍焉、故稱血焉、有民人焉、有社稷焉、託始、焉爾、晉・鄭焉依之類是也。江南至今行此分別、昭然易曉。而河北混同一音、雖依古讀、不可行於今也。

《訓読》

諸字書を案ずるに、焉とは鳥の名なり。或いは語詞と云ふ。皆於愆反と音す。葛洪の要用字苑より焉字の音訓を分かつ。若し何と訓じ、安と訓ずれば、當に於愆反と音すべし。「焉《いづく》に於いて逍遙せん（一）」、「焉に於いて客を嘉せん（二）」、「焉んぞ佞を用ひん（三）」、「焉んぞ仁なるを得ん（四）」の類是れなり。若し送句（五）及び助詞なれば、當に矣愆反と音すべし。「故に龍と稱す焉（六）」、「故に血と稱す焉（七）」、「民人有り焉、社稷有り焉（八）」、「始を託す、焉れのみ（九）」、「晉・鄭に焉れ依れり（一〇）」の類是れなり。江南今に至るまで此の分別を行ひ、昭然として曉にし易し。而れども河北混同して音を一にするは、古讀に依ると雖も、今に行ふ可からざるなり。

（注）

（一）『詩經』小雅 白駒に、「皎皎白駒、食我場苗。縶之維之、以永今朝。所謂伊人、於焉逍遙」とある。この焉の字を疑問詞として理解する解釈としては、たとえば鄭玄が「所謂是乘白駒而去之賢人、今於何遊息乎」としている。

（二）『詩經』小雅 白駒に、「皎皎白駒、食我場藿。縶之維之、以永今夕。所謂伊人、於焉嘉客」とある。

（三）『論語』公冶長に、「或曰、雍也、仁而不佞。子曰、焉用佞。禦人以口給、屢憎於人。不知其仁、焉用佞」とある。

（四）『論語』公冶長に、「子張問曰、令尹子文三仕爲令尹、無喜色。三已之、無慍色。舊令尹之政、必以告新令尹。何如。子曰、忠矣。曰、仁矣乎。曰、未知、焉得仁。崔子弑齊君、陳文子有馬十乘、棄而違之。至於他邦、則曰、猶吾大夫崔子也。違之。之一邦、則又曰、猶吾大夫崔子也。違之。何如。子曰、清矣。曰、仁矣乎。曰、未知。焉得仁」とある。

（五）送句は、也や矣などの文末の助詞を指す。『文心雕龍』章句篇に、「乎哉矣也者、亦送末之常例」とある。また、藤原宗國『作文大體』（『群書類從』第九輯 文筆部）順河原院賦代送句用例

に、「者也、而已、者歟、如是、云爾、如爾、如此、如件、以何、畢之、者乎、如斯、焉、矣、耳、乎、哉、也、此等類皆名送句」とある。

(六)『周易』坤卦 文言傳に、「爲其嫌於无陽也、故稱龍焉」とある。

(七)『周易』坤卦 文言傳に、「猶未離其類也、故稱血焉」とある。

(八)『論語』先進に、「子路曰、有民人焉、有社稷焉。何必讀書、然後爲學」とある。

(九)『春秋公羊傳』隱公二年に、「前此則曷爲始乎此。託始焉爾。曷爲託始焉爾。春秋之始也」とある。また何休の注に、「焉爾、猶於是也」とある。

(一〇)『春秋左氏傳』隱公 傳六年に、「周桓公言於王曰、我周之東遷、晉鄭焉依、善鄭以勸來者、猶懼不蔇、況不禮焉、鄭不來矣」とあり、その杜預注に、「焉依如字、或於虔反」とある。

[現代語訳]

諸々の字書を勘案するに、焉の字は鳥の名称である。もしくは助字である。どちらにおいても於愆反と発音する。(しかし)葛洪の『要《よう》用《よう》字《じ》苑《えん》』より焉の字の音と訓を(以下のように)分けている。もし(疑問詞として)「何」と訓じたり、「安」と訓ずるならば、於愆反と発音すべきである。(『詩經』小雅 白駒の)「どこでくつろげようか」、「どこに客を留めおこうか」、(『論語』公冶長の)「どうして弁の立つ必要があろうか」、「どうして仁といえようか」の類がこれである。もし送句や助詞であるなら、矣愆反と発音すべきである。(『周易』坤卦 文言傳の)「故に龍と称したのである」、「故に血と称したのである」、(『論語』先進の)「民草もあるのだ、社稷もあるのだ」、(『春秋公羊傳』隱公二年の)「始まりをここに托したのである」、(『春秋左氏傳』隱公 傳六年の)「晉と鄭こそを頼りにした」の類がこれである。江南では現在に及んでもこの区別を行っており、(文意が)はっきりとして判別しやすい。しかし河北で(両者を)混同して字音を一つにしているのは、古い読み方に依拠しているとはいっても、現在に通用するべきではない。

【原文】

邪者、未定之詞。左傳曰、不知天之棄魯邪。抑魯君有罪於鬼神邪。莊子云、天邪地邪、漢書云、是邪非邪之類是也。而北人卽呼爲也、亦爲誤矣。難者曰、繫辭云、乾坤、易之門戶邪。此又爲未定辭乎。答曰、何爲不爾。上先標問、下方列德以折之耳。

《訓讀》

邪なる者は、未定の詞なり。左傳に曰く、「天の魯を棄つるを知らざらん邪《か》。抑〻魯君の鬼神に罪有る邪《か》」(一)と。莊子に云ふ、「天邪《か》地邪《か》」(二)と、漢書に云ふ、「是邪《か》非邪《か》」(三)の類 是れなり。而れども北人 卽ち呼びて也と爲すは、亦た誤と爲す(四)。難ずる者曰く、「繫辭に云ふ、「乾坤、易の門戶邪《か》」(五)と。此れ又 未定の辭と爲さんか」と。答へて曰く、「何爲《わか》れぞ爾《しか》らざらん(六)。上に先づ問ひを標《しる》し、下方に德を列して以て之を折つのみ」と。

(注)

(一)『春秋左氏傳』昭公 傳二十六年に、「群臣不盡力于魯君者、非不能事君也。然據有異焉。宋元公爲魯君如晉、卒於曲棘。叔孫昭子求納其君、無疾而死。不知天之棄魯耶。抑魯君有罪於鬼神、故及此也」とある。

(二) 現行『莊子』にこの句はない。盧文弨は、大宗師篇の「父邪母邪」のことかとし、王叔岷は『莊子』の逸文かと疑う。

(三)『漢書』巻九十七　外戚　武帝李夫人に、「是邪非邪。立而望之、偏何姗姗其來遲」とある。

(四)『切韻』では邪は以遮反で麻韻、也は以者反で馬韻に属す。また邪は平聲だが、也は上聲であり、すなわち『切韻』の段階ですでにその音は異なっていた。ただ盧文弨は、也字は邪字に通用し、互読ができるという。

(五)『周易』繋辭傳下に、「乾坤、其易之門邪。乾、陽物也。坤、陰物也。陰陽合德、而剛柔有體、以體天地之撰、以通神明之德、其稱名也雜而不越、於稽其類、其衰世之意邪」とある。

(六) 劉淇『助字弁略』に、「按凡邪・乎・與・哉並有両義。一疑而未定之辭、一詠歎之辭」、「呼邪爲也、固非。而單訓未定、其意亦狹」とあり、邪には未定と詠嘆の用法があるという。

[現代語訳]

邪とは、未確定の事態に用いる助字である。『春秋左氏傳』(昭公傳二十六年)に、「天は魯を見捨てたのでしょうか。もしくは魯の君主が先祖の霊に対して罪を犯したのでしょうか」とある。また『莊子』に、「天か地か」とあり、『漢書』(武帝李夫人傳)に、「是か非か」とある類がこれである。だが北方人がすなわち也と(同音で)発音するのは、やはり誤りである。(ところでわたしの説を)非難する者は、「繋辭傳に、「乾坤の卦は、『周易』のすべての体系において根本的なもので、易のあらゆることは乾坤から出入する」とある。これも未定の助字と言えるのか」という。わたしがその質問に答えていうことには、「どうして(未定の助字と)解釈できないことがあろうか。(この繋辭傳の文では)上文でまず問いを立てて、下文で(乾坤における諸々の)機能を並べ立て、それによって文節しているだけだ」と。

【原文】

江南學士讀左傳、口相傳述、自爲凡例。軍自敗曰敗、打破人軍曰敗。諸記傳未見補敗反。徐仙民讀左傳、唯一處有此音、又不言自敗・敗人之別。此爲穿鑿耳。

《訓読》

江南の學士　左傳を讀むに、口づから相　傳述し、自づから凡例を爲す。軍　自ら敗るるを敗と曰ひ、人の軍を打破するも敗と曰ふ。諸〻の記傳　未だ補敗反とするを見ず。徐仙民(一)　左傳を讀み、唯だ一處のみ此の音有るも、又　自敗・敗人の別を言はず。此れ穿鑿と爲すのみ。

(注)

(一) 周祖謨によれば、敗の字が意味によって音が異なるのは、漢魏以降の經學者より発生するという。『經典釋文』序錄に、「及夫自敗(蒲邁反)敗他(補敗反)之殊、自壞(呼怪反)・壞撤(音怪)之異、此等或近代始分、或古巴爲別、相仍積習、有自來矣。余承師說、皆辯析之」とあり、顏之推同様、師からの口承伝述でこれらを区別しているとある。これによれば、本文で言う補敗反で発音するのは、相手を破る方の「敗」である。

［現代語訳］

江南の学者は『春秋左氏傳』を読むにあたって口承によって伝述しており、自然と（『春秋左氏傳』解釈の）通例を作り上げてきた。自軍が敗れることを敗といい、敵軍を撃ち破ることも敗という。種々の解釈書や注釈書において（通例のように相手を破る「敗」を区別して）補敗反とする例を見たことがない。徐邈が『春秋左氏傳』を解釈して、ただ一箇所にだけかかる音注が見られるが、敗北と撃破の区別には言及しない。（そうした読み区別は）穿ったものであろうか。

【原文】

古人云、膏粱難整。以其爲驕奢自足、不能剋勵也。吾見王侯・外戚、語多不正。亦由內染賤保傅、外無良師友故耳。梁世有一侯、嘗對元帝飮謔、自陳痴鈍、乃成颸段。元帝答之云、颸異涼風、段非干木。謂郢州爲永州、元帝啓報簡文、簡文云、庚辰吳入、遂成司隸。如此之類、擧口皆然。元帝手敎諸子侍讀、以此爲誡。

《訓読》

古人云ふ、「膏粱 整し難し(一)」と。其の驕奢 自ら足ると爲し、剋勵する能はざるを以てなり(二)。吾 王侯・外戚を見るに、語 多くは正しからず。亦た內には賤しき保傅に染まり、外には良き師友無きの故に由るなるのみ。梁世に一侯有り、嘗て元帝に對して飮謔し、自ら「痴鈍」と陳べ、乃ち「颸段(三)」と成す。元帝 之に答へて云ふ、「颸は涼風に異なり、段は干木に非ず(四)」と。「郢州」を謂ひて「永州」と爲す(五)。元帝 啓して簡文に報じ、簡文 云ふ、「庚辰に吳 入り(六)、遂に司隸と成る(七)」と。此くの如きの類、擧口皆 然り。元帝 手づから諸子の侍讀に敎ふるに、此を以て誡と爲す。

（注）

（一）『國語』晉語七 悼公の言に、「夫膏粱之性難正也、故使惇惠者敎之、使文敏者導之、使果敢者諗之、使鎭飪者修之」とある。王利器は、膏粱とは六朝では富貴の美称であったという。

（二）顏之推と同様の解釈として、『文選』巻二十八 陸士衡 君子有所思行の「善哉膏粱士、營生獎且博」の李善注に引く『國語』賈誼注に、「膏、肉之肥者。粱、食之精者。言其食肥美者、率驕放其性難止也」とある。

（三）『廣韻』では、癡は丑之反で徹母之韻で、颸は楚持反で初母之韻。ともに之韻に属するも、韻母の音が異なる。また、鈍は徒困反で定母慁韻、段は徒玩反で定母換韻。ともに定母に属するも分韻が異なる。

（四）段干木は、戰國魏の人。子夏に師事した。賢人として名声高く、魏の文侯が相として招聘したものの、出仕を拒み客礼をもって待遇されるに留まった（『史記』巻四十四 魏世家）。

（五）『切韻』では、郢は以整反で以母靜韻に属し、永は榮昞反で云母梗韻に属し、すなわち韻母が異なる。

（六）『春秋左氏傳』定公 經四年に、「冬、十有一月、庚午、蔡侯以吳子及楚人戰于柏擧、楚師敗績、楚囊瓦出奔鄭、庚辰、吳入郢」

とあることを踏まえている。

（七）司隷校尉とは、三輔（京兆尹・左馮翊・右扶風）・三河（河東・河内・河南）・弘農郡の行政・監察を掌る要職。これら地域を司隷校尉部といい、漢の首都圏を形成した（『後漢書』志二十七 百官四）。ここでは、「永の州」という言葉から、司隷校尉として著名な後漢初の鮑永を連想したのだろうか（龔道耕）。

［現代語訳］

古の人は「富貴なる人は矯正しにくい」という。その驕りと贅沢は自分をすでに満ち足りた者と見なし、自ら励まし努力することができないからである。わたしは王侯や外戚の方々を見てきたが、その言葉遣いは多くの場合正しくない。それはまた家では能力の低い教育者に染まり、外では良い師匠や友人がいないことによるからである。梁のときにある諸侯がおり、かつて元帝と対面して酒を酌み交わしながら歓談していたところ、（その諸侯は）みずからを「癡鈍」と言ったが、（その発音が訛っていたため）かえって「颸段」となってしまった。元帝はこれに、「颸は涼しい風とは異なり（すなわち痴）、段は干木ではない（すなわち鈍）のだな」と答えた。（さらにその諸侯は）「郢州」を言って「永州」と（訛って発音）した。元帝は簡文帝《かんぶんてい》に（書状をお送りしこれらのことを）申し上げたところ、簡文帝は「（『春秋左氏傳』にある）庚辰の日に呉が（郢に）入って、そのまま（後漢の鮑永のように）司隷校尉《しれいこうい》となってしまった」と返答した。こうした類の例は、（元帝の言葉も簡文帝の言葉も）みなその通りである。元帝はみずから諸皇子たちの教育係に、これらを戒めとさせた。

【原文】

河北切攻字爲古琮、與工・公・功三字不同、殊爲僻也。比世有人名暹、自稱爲纖。名琨、自稱爲衮。名洸、自稱爲汪。名㔨、自稱爲獡。非唯音韻舛錯、亦使其兒孫避諱紛紜矣。

《訓読》

河北 攻字を切して古琮と爲し、工・公・功の三字とは同じからざるは、殊に僻と爲すなり。(一) 比世《このごろ》 人有り名は暹、(二) 自ら稱して纖と爲す。(三) 名は琨、自ら稱して衮と爲す。(四) 名は洸、自ら稱して汪と爲す。(五) 名は㔨、自ら稱して獡と爲す。(六) 唯だ音韻に舛錯するのみに非ず、亦た其の兒孫をして避諱に紛紜せしむ。

（注）

（一）『廣韻』では攻・公・工・功は古紅反（見母東韻）ですべて同紐である。しかし、『切韻』（王二）によれば、攻は古冬反と古紅反という二音があった。上田によると、前者は伐の意であり冬韻に属し、後者は擊の意で東韻に属す。公・工・功と同音なのは後者の攻（古紅反）である。周祖謨は、河北で言う古琮反は、『切韻』でいう古冬反に一致する。恐らく顏之推は攻を古紅反でのみ理解していたために、河北の古琮反の音が理解できなかったのではないか、とする。

（二）暹は、北齊の崔暹のことか（王利器注）。崔暹は、字は季倫、博陵安平の人。後漢の崔瑗の子である崔寔を祖とする。文襄皇帝高歡のときに度支尚書となり、天保八（五五七）年に尚書右僕射に至った。天保十（五五九）年に病没。佛教に厚く、北齊と梁の通交が開始されると、梁の武帝は崔暹のため佛典を送ったという（『北齊書』巻三十 崔暹傳、『北史』巻三十二 崔暹傳）。

（三）『切韻』によれば、暹と纖は息廉反で同紐である。周祖謨は、顏之推が取り上げる以上二者は別音でなくてはならず、おそらくは本文の纖の字は殲か瀸（ともに子廉反（鹽韻精母））の誤りであろうとする。

（四）『切韻』によれば、琨は古渾反（見母魂韻）、袞は古本反（見母混韻）で、韻母が異なる。魂韻は平聲で、混韻は上聲に位置する。したがってこれは四聲の相違を述べたものである。

（五）『切韻』によれば、洸は古黃反（見母唐韻）または烏光反（影母唐韻）、汪は烏光反（影母唐韻）である。汪寿明『歴代漢語音韻学文選』（上海古籍出版社、一九八六年）によれば、『廣韻』の洸の古黃切の意は「水名」、烏光切の意は「水名又音光」とある。『説文解字』十一上に、「水涌光也。从水光。光亦聲」とあることから、洸の原義は水名であり、元から存在した音は古黃切の方であると考えられる。

（六）『廣韻』によれば、勬は以灼反（以母藥韻）、獡は書藥反（書母藥韻）であり、その聲母が異なる。

［現代語訳］

河北では攻字を反して古琮とし、工・公・功の三字とは別音としているが、これは甚だしく偏頗である。このごろは暹なる者が、自ら（の名）を呼んで纖と発音する。また琨なる者は、自らを袞と発音する。洸という者は、自らを汪と発音する。勬という者は、自らを獡と発音する。ただ音韻において誤るというだけではなく、その子孫が避諱する際に混乱を生じさせる。

（関俊史）

【原文】

雜藝第十九

眞草書迹、微須留意。江南諺云、尺牘・書疏、千里面目也。承晉・宋餘俗、相與事之。故無頓狼狽者。吾幼承門業、加性愛重。所見法書亦多、而翫習功夫頗至、遂不能佳者、良由無分故也。然而此藝不須過精。夫巧者勞而智者憂、常爲人所役使、更覺爲累。韋仲將遺戒、深有以也。

《訓読》

雜藝第十九

眞草の書迹(一)は、微《ひそ》かに須らく意を留むべし。江南の諺(二)に云ふ、「尺牘・書疏(三)は、千里の面目なり」と。晉・宋の餘俗を承け、相與に之を事とす。故に頓《とみ》に狼狽する者無し。吾 幼きより門業(四)を承け、加ふるに性として愛 重し。見る所の法書(五)も亦た多くして、翫習の功夫(六)頗る至れども、遂に佳なる能はざるは、良《まこと》に分無き故に由るなり。然り而して此の藝 須らく精を過ぐべからず。夫れ巧なる者(七)は勞して智者は憂へ、常に人の役使する所と爲り、更に累を爲すを覺ゆ。韋仲將(八)の遺戒、深く以《ゆゑ》有るなり。

(補注)

(一) 眞草書迹は、隷書體と草書體で書かれた筆跡のこと。『後漢書』列傳七十四 列女 董祀妻傳に、「妾聞男女之別、禮不親授。乞給紙筆、眞草唯命」とあり、『太平御覽』卷二百十五に引く魏武選擧令に、「國家舊法、選尚書郎、取年未五十者、使文筆眞草有才能謹愼、典曹治事、起草立義」とある。

(二) この諺については引書により異同がある。宋代の類書とされる『翰苑新書』卷六十五では、「書疏・尺牘、千里眉目」(『永樂大典』一萬九千六百三十六引)。劉盼遂は「牘」・「目」で「協」韻を踏む「書疏尺牘、千里面目」が正しいとする。

(三) 尺牘・書疏は、ともに手紙や書翰のこと。『漢書』卷九十二 陳遵傳に、「性善書、與人尺牘、主皆藏去以爲榮」とあり、尺牘が珍重されたことが窺える。書疏については、『史記』卷百一 袁盎傳「毎朝、郎官上書疏、未嘗不止輦受其言」とある。

(四) 門業は、代々家に伝えられてきた学業(王利器注)。

(五) 法書は、典範と成り得る書蹟のこと。虞龢「論書表」(『法書要錄』卷一)に「桓玄愛重書法。毎讌集輒出法書、示賓客。客有食寒具者、仍以手捉書、大點汙。後出法書、輒令客洗手、兼除寒具」とあり、桓玄は宴席の度に法書を取り出して客に披露していた。また、『金樓子』聚書に、「又就東林寺智表法師寫得書法書、初得韋護軍叡餉數卷、次又殷貞子鈞餉、爾後又遣范普市得法書、又使潘菩提市得法書、並是二王書也」とあり、能書の書蹟を法書としている。

(六) 功夫は、後天的になされた努力による修養、あるいはそれによって獲得した技術のこと。書論では、王僧虔「論書」に、「宋文帝書、自謂不減王子敬。時議者云、天然勝羊欣、功夫不及欣」とあり、庾肩吾『書品』(『法書要錄』卷二)には、「張工夫第一、天然次之。衣帛先書、稱爲草聖。鍾天然第一、功夫次之。妙盡許昌之碑、窮極鄴下之牘。王工夫不及張、天然過之。天然不及鍾、工夫過之。羊欣云、貴越羣品、古今莫二。兼撮衆法、備成一家」とある。

(七)『莊子』列禦寇に、「巧者勞而知者憂、無能者無所求」とあることを踏まえた表現である。

(八)韋仲將は、韋誕、仲將は字。三國曹魏の人。その遺誡は、『世說新語』巧藝篇、および『世說新語』方正篇劉孝標注所引宋文帝『文章志』、王僧虔「論書」に見える。そこでは、曹魏の明帝が殿閣を建てたとき、額に字を入れるのを忘れ、能書家であった韋誕に梯を登らせて書かせた。書き終えて降りてくると、髪もひげも真っ白に変わっていた。そこで子孫には書など学ばせてはならないと誡めている。なお、この韋誕の逸話には別説があり、『世說新語』巧藝篇に付す劉孝標注所引衞恆「四體書勢」には、「誕善楷書、魏宮多誕所題。明帝立陵霄觀、誤先釘榜。乃籠盛誕、轆轤長絙引上、使就題之。去地二十五丈、誕甚危懼。乃戒子孫絶此楷法、著之家令」とあり、梯ではなく、滑車を使い籠に乗ったとある。

［現代語訳］

楷書《かいしょ》や草書《そうしょ》の筆跡には、いささかなりとも気を払わなければいけない。江南の諺《ことわざ》にも、「手紙や書翰は、千里をわたる顔」という。東晉・劉宋以来の（書の）余風をうけ、（今日でもなお書き物には）みながこの点を心がけている。だから（いざというときにも）急に慌てふためく者はいない。わたしは幼少のころより家學を受け、加えて生来（書を）たいへん好んだ。見てきたお手本の書もやはり多く、手習いの努力は相当に重ねてきたが、手習いによる技術の修練は、それでもこれで納得したという域まで達しなかったのは、まことに天稟が無かったためである。そういうことであるから書藝とは精力を注ぎこむべきものではない。いったい（『莊子』列禦寇にいうように）技巧ある者は疲れ果てて智恵ある者は思い悩むもので、（なまじ能力があるばかりに）いつも他人に使われて、ますます面倒事は重なっていく。韋誕《いたん》が（子孫に）遺した（書藝など学ばせるものではないという）訓戒には、まことにもっともな理由があるのである。

【原文】

王逸少風流才士、蕭散名人、舉世惟知其書、翻以能自蔽也。蕭子雲每歎曰、吾著齊書、勒成一典。文章弘義、自謂可觀、唯以筆迹得名、亦異事也。王褒地胄清華、才學優敏。後雖入關、亦被禮遇。猶以書工、崎嶇碑碣之間、辛苦筆硯之役。嘗悔恨曰、假使吾不知書、可不至今日邪。以此觀之、愼勿以書自命。雖然廝猥之人、以能書拔擢者多矣。故道不同、不相爲謀也。

《訓読》

王逸少(一)は風流才士にして、蕭散の名人なるも、舉世 惟だ其の書を知り、翻《かへ》りて以て能く自ら蔽ふなり。蕭子雲(二)每に歎じて曰く、「吾れ齊書を著はし(三)、一典を勒成す。文章弘義、自ら觀る可しと謂《おも》も、唯だ筆迹を以て名を得たるは、亦た異事なり」と。王褒(四)は地胄 清華にして、才學 優敏なり。後に關に入ると雖も、亦た禮遇せらる。猶ほ書の工《たくみ》なるを以て、碑碣の間に崎嶇し(五)、筆硯の役に辛苦す。嘗て悔恨して曰く、「假使《もし》吾れ書を知らざれば、今日に至らざる可きや」と。此を以て之を觀れば、愼みて書を以て自ら命ずること勿れ。然りと雖も廝猥の人(六)、能書を以て拔擢せらるる者多し。故に道 同じからざれば、相 爲《とも》に謀らざるなり(七)。

（補注）

（一）王逸少は、王羲之のこと。字を逸少という。王羲之はこの他に右軍將軍に官したため、王右軍とも称される。王羲之については風操篇の注（一）四八頁を参照。

（二）蕭子雲は、字を景喬、南蘭陵の人。南齊の王族で蕭子恪の第九子。南齊・梁に仕え、梁では國子祭酒に至った。侯景の乱が勃発した際に、武進の顯靈寺に逃れるが、そこで餓死した（『南史』卷四十二 齊高帝諸子上 蕭子雲傳、『梁書』卷三十五 蕭子恪附傳蕭子雲傳）。書については袁昂『古今書評』（『法書要錄』卷二）に「陶隱居書、如吳興小兒。形容雖未成長、而骨體甚駿快」とある。

（三）ここでは蕭子雲は『齊書』を著したとあるが、『隋書』卷三十三 經籍二 正史に、「晉書十一卷本一百二卷、梁有、今殘缺。蕭子雲撰」とあることから、『晉書』の誤りであろう。なお、『齊書』は同じく『隋書』卷三十三 經籍二 正史によれば、「齊書六十卷 梁吏部尙書蕭子顯撰」とあり、蕭子顯の撰述とある。

（四）王褒、字は子深。琅琊の王氏の出身であり、南齊の王儉の曾孫。梁に生まれ弱冠にして秀才に擧げられ、官は尙書右僕射に至り、簡文帝・元帝に仕えた。しかし、承聖三（五五四）年、西魏による江陵侵攻を受け、長安に連行された。そこで宇文泰より車騎將軍の位を授けられ厚遇された。また、北周では同じく北朝に留められた庾信とともに詩文において高く評價された。（『梁書』卷四十一 王規附傳王褒傳、『周書』卷四十一 王褒傳、『北史』卷八十三 文苑傳 王褒傳）また、その書については、「梁武帝評書」（唐・韋續輯『墨藪』所収）に、「王褒書、悽斷風流而勢不稱貌。意深工淺、猶未當妙」とあるが、張天弓によれば、この「梁武帝評書」は、唐代の偽書であるとされ、信を置くに足りない（張天弓『張天弓先唐書学考弁文集』栄宝斎出版社、二〇〇九年）。信頼に足る文献による王褒の評価は、時代が下るが唐・李嗣眞『書後品』がある。『書後品』では下上品に置かれ、その評価は「王司空是東陽之亞」とあり、「東陽」すなわち蕭子雲に次ぐものとされる。

（五）碑碣之間は、石碑の下書きをする意として解釈する（山田注）。『後漢書』列傳十三 竇憲傳に、「封神丘兮建隆嵑」とあり、その李賢注に「方者謂之碑、員者謂之碣」とあり、碑頭が四角形であるものを「碑」といい、碑頭が半円形のものを「碣」という。なお、石に刻す前に朱墨で下書き（書丹）を行う。『後漢書』列傳第五十下 蔡邕傳に、「奏求正定六經文字。靈帝許之、邕乃自書（册）〔丹〕於碑、使工鐫刻立於太學門外」とあり、石經を刻す前に蔡邕が書丹を行っていることが窺える。ここでは北齊の張景仁を念頭に置いている（王利器注）。

（六）廝猥之人は、雜務をする人。

（七）『論語』衞靈公篇に、「子曰、道不同、不相爲謀」とある。

［現代語訳］

王羲之《おうぎし》は風雅な才子であり、さっぱりとして物事にこだわらない高名な人物であったが、世はこぞってかれの書のことだけを知っている。それがかえって（王羲之その人については）覆い隠されることとなった。蕭子雲《しょうしうん》はいつも嘆いて、「わたしは『齊書《せいしょ》』を著し、一つの典籍を完成させた。その文章と内容は、観るべきところがあると自負していても、（世の人が）文字の筆跡だけ取り上げて有名になったのは、なんともおかしなことである」と言っていた。王褒は（琅琊の王氏という）高貴な家門の出であり、才能学識ともに優れていた。のちに函谷關を越え（て北周に召し出され）たときも、いっそう手厚く迎えられた。それでもやはり書の上手さによって、石碑に字を刻む労苦を蒙り、筆仕事で辛い目にあった。あるとき恨みがましく、「もしわたしに書道の心得がなかったならば、今日の事態には至らなかったであろうか」と言った。これらのことから考えて、くれぐれも自分から書藝に秀でているなどと思うことのないようにせよ。とはいえ木っ端役人には、能書であることから抜擢される者もたくさんある。したがって（『論語』衞靈公の言葉にあるように）道が違えば、ともに相談しないものである。

【原文】

梁氏祕閣散逸以來、吾見二王眞草多矣。家中嘗得十卷、方知、陶隱居・阮交州・蕭祭酒諸書、莫不得羲之之體、故是書之淵源、蕭晩節所變、乃是右軍年少時法也。

《訓読》

梁氏の祕閣(一) 散逸せしより以來、吾れ二王(二)の眞草を見ること多し。家中 嘗て十卷を得るに、方《はじ》めて知る、陶隱居(三)・阮交州(四)・蕭祭酒(五)の諸書、羲之の體を得ざるは莫く、故に是れ書の淵源にして、蕭の晩節變ずる所は、乃ち是れ右軍 年少の時の法なるを。

（補注）

（一）梁氏祕閣は、梁朝の宮中図書館。侯景の乱（五四八年）と江陵の陥落（五五四年）により、その蔵書は散逸した（宇野注）。元帝の焚書については、顏之推「觀世生賦」（『梁書』巻四十五 顏之推傳）に、「民百萬而囚虜、書千兩而煙煬、溥天之下、斯文盡喪」の自注、「北於墳籍少於江東三分之一、梁氏剝亂、散逸湮亡。唯孝元鳩合、通重十餘萬、史籍以來、未之有也」とある。

（二）二王は、王羲之・王獻之（王利器注）。王羲之を大王、王献之を小王と称する。なお、二王は、劉宋・虞龢「論書表」に、「晉末二王稱英」とあるのが初出である。

（三）陶隱居は、陶弘景（孝建三（四五六）年～大同二（五三六）年）のこと。丹陽郡秣陵の人。字を通明といい、隠居後は華陽隠居、華陽眞逸、華陽眞人と号した。六朝道教において重要な位置を占める人物であり、幼いときに葛洪の『神仙傳』を読み、養生に憧憬を抱く。齊の高宗のとき、諸王の侍読となり、武帝の永明十（四九二）年に、官を辞して句陽山に隠棲する。梁の武帝が招聘するも応じなかった。しかし、大事があるたびに武帝は陶弘景に意見を求めたため、時人は陶弘景を「山中宰相」と称した。主な著作に『眞誥』がある（『梁書』巻五十一 處士 陶弘景傳、『南史』巻七十五 隱逸傳）。書については、庾肩吾『書品』に「陶隱居仙才、翰彩狀於山谷」とあり、中の下品に位置づけられている。また、「瘞鶴銘」の筆者とされる（黄伯思『東觀餘論』、李石『續博物志』）。加えて『法書要錄』は、「梁武帝與陶隱居論書啓九首」として梁武帝と陶弘景の往復書簡を伝える。これについては、大野修作「梁武帝と陶弘景をめぐる書論―往復書簡を中心に」（『研究紀要』九、京都女子大学宗教・文化研究所、一九九六年）および、「『法書要録』所収梁武帝・陶弘景往復書簡の性格」（『東方宗教』九十五、二〇〇二年）を参照。

(四) 阮交州は、梁の阮研のこと。唐・張懐瓘『書斷』によれば、字は文幾、陳留の人。官は交州刺史に至ったという。庾肩吾『書品』に、「阮研居今觀古、盡窺衆妙之門。雖復師王祖鍾、終成別搆一體」とあり、袁昂『古今書評』に、「阮研書、如貴胄失品次。叢悴不復排突英賢」とある。

(五) 蕭祭酒は、國子祭酒であった蕭子雲のことを指す。

[現代語訳]

梁朝秘蔵の書庫（の書籍）が散り散りになって失われてより、わたしは王羲之・王獻之《おうけんし》の楷書と草書を目にかける機会が多くなった。わが家でもあるとき十巻ほど入手したが、そこではじめて陶弘景・阮研・蕭子雲らの書は、王羲之の書風をもとにしていないものは無く、したがって（王羲之・王獻之こそ）書の源流であり、蕭子雲がその晩年に変節した書体こそ、王羲之の若いころの書法であったことを知った。

【原文】

晉・宋以來、多能書者。故其時俗、遞相染尙、所有部帙、楷正可觀。不無俗字、非爲大損。至梁天監之間、斯風未變。大同之末、訛替滋生。蕭子雲改易字體、邵陵王頗行僞字、朝野翕然、以爲楷式、畫虎不成、多所傷敗。至爲一字、唯見數點、或妄斟酌、逐便轉移。爾後墳籍、略不可看。北朝喪亂之餘、書迹鄙陋、加以專輒造字、猥拙甚於江南。乃以百念爲憂、言反爲變、不用爲罷、追來爲歸、更生爲蘇、先人爲老。如此非一、徧滿經傳。唯有姚元標工於楷隸、留心小學、後生師之者衆。洎於齊末、祕書繕寫、賢於往日多矣。

《訓読》

晉・宋より以來、書を能くする者多し。故に其の時俗、遞《たが》ひに相染尙(一)し、有る所の部帙、楷正なること觀る可し。俗字無きにあらざるも、大損と爲すには非ず。梁の天監の間に至るも、斯風 未だ變はらず。大同の末、訛替(二) 滋ゝ生ず。蕭子雲は字體を改易し、邵陵王(三)は頗る僞字を行ひ、朝野 翕然として、以て楷式と爲す。畫虎 成らずし(四)て、傷敗する所多し。一字を爲すに、唯だ數點を見《しめ》す(五)のみにして、或いは妄りに斟酌し、便を逐ひて轉移するに至る。爾後の墳籍、略ゝ看る可からず。北朝 喪亂の餘、書迹は鄙陋にして、加ふるに專輒の造字(六)を以てし、猥拙なること江南より甚だし。乃ち百念を以て憂に爲《つく》り、言反を變に爲り、不用を罷に爲り、追來を歸に爲り、更生を蘇に爲り、先人を老に爲る。此の如きは一に非ず、經傳に徧滿す。唯だ姚元標(七)のみ楷隸に工《たくみ》にし、心を小學に留むる有りて、後生 之を師とする者衆し。齊末に洎《およ》び、祕書の繕寫、往日より賢《まさ》るもの多し。

(補注)

(一) 染尙とは、外物から影響を承けそれを尊崇することをいう。染は影響を承けること、尙は尊崇すること。

(二) 訛替は、字体が言語の訛りのように変質したこと、あるいは本字の義を用いた仮借字にしたこと。ここでは具体的に本文以下のような異体字や誤字を指すものであろう。なお、異体字については書証篇を参照。

(三) 邵陵王は人名。梁武帝第六子の蕭綸のこと。字は世調、諡を攜という。征討大都督の位を授けられ、侯景討伐を命じられたが、敗走が続き、汝南城に籠城するも西魏軍に包囲され、捕らえられて殺害された(『梁書』巻二十九 邵陵攜王綸傳、『南史』巻五十三 邵陵攜王綸傳)。

(四) 畫虎不成は、『後漢書』列傳十四 馬援傳に、「畫虎不成反類狗者也」とあることを踏まえる。虎を描こうとして出来損ない、犬となった故事。転じて熟練者の真似をむやみやたらにしても得るところがないということ。

(五) 一字を數點については、「一」字それ自体を点化して表現することはないが、文字の一部にある「一」部を点化するものである(王利器注陳直)。毛遠明『漢魏六朝碑刻異体字研究』(商務印書館、二〇一二年) 第三章 漢魏六朝碑刻異体字構件研究、第二節 碑刻異体字典型構件挙例を参照。

(六) 專輒造字は、勝手に文字を造字すること。『魏書』巻四下 世祖紀下に、「初造新字千餘、詔曰、在昔帝軒、創制造物、乃命倉頡因鳥獸之跡以立文字。自茲以降、隨時改作、故篆隸草楷、並行於世。然經歷久遠、傳習多失其眞、故令文體錯謬、會義不愜、非所以示軌則於來世也。孔子曰、名不正則事不成、此之謂矣。今制定文字、世所用者、頒下遠近、永爲楷式」とあり、それが批判されている。

(七) 姚元標は、書家。『魏書』巻二十四 崔始玄傳に、「左光祿大夫姚元標以工書知名於時」とあり、『北史』巻二十一 崔始玄傳にも同文が見える。また『北齊書』巻四十四 儒林傳張景仁傳には、「張景仁者、濟北人也。幼孤家貧、以學書爲業、遂工草隸、選補内書生。與魏郡姚元標、潁川韓毅・同郡袁買奴・滎陽李超等齊名、世宗並引爲賓客」とあり、いずれも書に巧みであったことが窺える。なお、知不足齋叢書本は「工於楷隸」を「工於草隸」につくる。『北齊書』巻四十四に、張景仁が「草隸」を能くしたことを手がかりとすれば、そこに併記される姚元標もまた、「草隸」を能くしたと解釈することも可能である。王利器は、「北齊西門豹祠堂碑」を姚元標の書であるという。「北齊西門豹祠堂碑」については、王昶『金石萃編』巻三十三を参照。

［現代語訳］

東晉・劉宋のころ以来、書を得意とする者が多い。このためその当時の習俗として、お互いにその筆蹟より影響を承けてそれを尊崇し、あらゆる書物が、正しく楷書によって書かれ見るべきものがあった。(ときには) 俗字もない訳ではないが、目に余る瑕疵ではなかった。梁の天監《てんかん》年間 (五〇二~五一九年) に至っても、この風は変わらずにいた。(ところが) 大同年間 (五三五~五四五年) の末年ごろから、字の誤りや乱れが次第に生じてきた。蕭子雲《しょうしうん》が字体を変え改め、邵《しょう》陵王《りょうおう》が多く偽字を書くと、朝野はともに、それを規範とした。(それは) 虎を描こうとして狗になったもので、その害悪の影響は多い。「一」の字を書くのに、いくつかの点を打つことだけでそれを表現したり、あるいは勝手な加減をし、方便だけを求めてころころ変えた。それ以降の (南朝の) 書籍の文字は、ほとんど観るに堪えないものである。北朝でも争乱の余波として、その書蹟は卑俗であり、そのうえ勝手な造字を行い、その猥雑下品な書風は江南よりひどいものである。さればこそ (北朝の文字は)「百」「念」を「憂」字に作り

(〓)、「言」「反」を「變」字に作り(〓)、「不」「用」を「罷」字に作り(〓)、「追」「來」を「歸」字に作り(〓)、「更」「生」を「蘇」字に作り(〓)、「先」「人」を「老」字に作る(〓)。こうしたものは一つではなく、經傳にもあふれ返っている。そのなかでも姚《よう》元標《げんひょう》だけが楷書と隷書に優れ、小学にもきちんと心づかいをしており、後進は姚元標を師と仰ぐものが多い。齊朝の末ともなると、宮中の書の写本も、かつてに比べて優れたものが多くなった。

(参校)

本章で掲げられている異體字については、書証篇の参校に掲載した諸書を参照した。なお、本章で顔之推が指摘している異體字については、『魏書』巻九十一 江式傳の延昌三年上表文に、「皇魏承百王之季、紹五運之緒、世易風移、文字改變、篆形謬錯、隷體失眞。俗學鄙習、復加虛巧、談辯之士、又以意說、熗惑於時、難以釐改。故傳曰、以衆非、非行正。信哉得之於斯情矣。乃曰追來爲歸、巧言爲辯、小兔爲䨲、神蟲爲蠶、如斯甚衆。皆不合孔氏古書・史籀大篆・許氏說文・石經三字也」とある。「變」字「罷」字については、管見の限り、同時代史料から検出できなかった。時代が下るが、敦煌写本S.0388-2「正名要錄」(八世紀、唐写本)に、字例が見える。現代語訳文の字例も「正名要錄」に基づく。なお、本章の訳出には北川博邦先生から多くご教示を賜った。記して御礼申し上げる。

【原文】

江南閭里間、有畫書賦、乃陶隱居弟子杜道士所爲。其人未甚識字、輕爲軌則、託名貴師。世俗傳信、後生頗爲所誤也。

《訓読》

江南の閭里の間に、畫書賦有り(一)、乃ち陶隱居の弟子たる杜道士の爲る所なり。其の人 未だ甚だしくは字を識らず、輕〻しく軌則を爲り、名を貴師に託す。世俗 傳へ信じ、後生 頗る誤つ所と爲るなり。

(補注)

(一) 畫書賦は、絵画や書の手法を韻文であらわしたもの。畫書賦という名では現在伝わる賦は、管見の限り検出できなかった。畫や書についてを詠じた賦は、たとえば王僧虔に「書賦」(『藝文類聚』巻七十四所収)があり、江淹に「扇上彩畫賦」(『藝文類聚』巻六十九所収)がある。

[現代語訳]

江南の閭里には、畫書賦《がしょふ》があり、それは陶弘景《とうこうけい》の弟子である杜道士のつくったものであるという。しかしこの賦を詠じた人はそこまで文字を識らず、軽々しく規範をつくり、その名を著名な先生に仮託している。世俗はそれを伝え信じ、後進の人々が大いに誤らされている。

【原文】

畫繪之工、亦爲妙矣。自古名士、多或能之。吾家嘗有梁元帝手畫蟬雀白團扇及馬圖。亦難及也。武烈太子偏能寫眞。坐上賓客、隨宜點染、卽成數人、以問童孺、皆知姓名矣。蕭賁・劉孝先・劉靈、並文學已外復佳此法。翫閲古今、特可寶愛。若官未通顯、毎被公私使令、亦爲猥役。吳縣顧士端出身湘東王國侍郎、後爲鎭南府刑獄參軍。有子曰庭。西朝中書舍人。父子並有琴書之藝、尤妙丹青。常被元帝所使、毎懷羞恨。彭城劉岳、橐之子也。仕爲驃騎府管記・平氏縣令。才學快士、而畫絶倫。後隨武陵王入蜀、下牢之敗、遂爲陸護軍畫支江寺壁、與諸工巧雜處。向使三賢都不曉畫、直運素業、豈見此恥乎。

《訓読》

畫繪の工も、亦た妙と爲す。古《いにしへ》より名士、多く之を能くするもの或り。吾が家に嘗て梁の元帝(一)の手づから畫かれし蟬雀白團扇及《と》馬圖有り。亦た及び難きなり。武烈太子(二) 偏へに能く眞を寫す(三)。坐上の賓客、宜しきに隨ひて點染し、卽ち數人を成して、以て童孺に問へば、皆 姓名を知れり。蕭賁(四)・劉孝先(五)・劉靈(六)は、並びに文學已外に復た此の法を佳くす。古今を翫閲するに、特に寶愛す可し。若し官 未だ通顯せざれば、毎に公私の使令を被り、亦た猥役と爲す。吳縣の顧士端(七)身を湘東王國侍郎(八)より出し、後に鎭南府刑獄參軍(九)と爲る。子有り庭と曰ふ。西朝(一〇)の中書舍人(一一)なり。父子 並びに琴書の藝有り、尤も丹青(一二)に妙なり。常に元帝の使ふ所を被り、毎に羞恨を懷く。彭城の劉岳(一三)は、橐(一四)の子なり。仕へて驃騎府管記(一五)・平氏縣令と爲る。才學の快士にして、畫は絶倫なり。後に武陵王に隨ひて蜀に入り、下牢(一六)の敗に、遂に陸護軍(一七)の爲めに支江寺(一八)の壁を畫かしめられ、諸〻の工巧と雜處す。向《も》使《し》三賢をして都《すべ》て畫を曉らず、直《た》だ素業を運らさしめば、豈に此の恥を見んや。

（補注）

（一）梁元帝は蕭繹のこと。梁武帝の第七子で字を世誠という。侯景の乱によって簡文帝が擁立されるも、蕭繹はその即位を認めず、同じ蕭氏の蕭詧と深く対立する。侯景が殺害され、侯景の乱が終結した承聖元（五五二）年に江陵で即位した。しかし承聖三（五五四）年、西魏は蕭詧を梁の後裔として擁立し、江陵に侵攻して陥落させた。捕らえられた元帝は殺害される。学問を好んだ皇帝として知られ、幼時に眼疾を患い隻眼となるも、書物を愛好した。西魏の軍が迫る中でも『老子』の講義を行った。江陵陥落の際には、内府の書十余万巻を自らの手で焚書したことで知られる。著述を多く残したようであるが悉く散逸し、現在『金樓子』のみが伝わる（『梁書』巻五 本紀五、『北史』巻五 本紀五）。なお、画を能くしたことについては、唐・張彦遠『歴代名畫記』巻七に、「元帝蕭繹、字世誠、武帝第七子、初生便眇一目。聰慧俊朗、博渉技藝、天生善書畫。初封湘東王、後乃卽位、年四十七。追號元帝、廟號世祖、嘗畫聖僧、武帝親爲贊之。任荊州刺史日、書蕃客入朝圖、帝極稱善」とある。

（二）武烈太子は元帝の長子、蕭方等のこと。字は實相。蕭繹が蕭詧討伐せんとする際、蕭方等はこれに志願した。しかし、麻溪に達すると蕭詧に迎撃され、敗れて溺死した（『梁書』巻四十四 忠壯世子方等傳、『南史』巻五十四 元帝諸子傳 武烈世子方等）。唐・張彦遠『歴代名画記』巻七に、「元帝長子方等、字實相、尤能寫眞。坐上賓客、隨意點染、卽成數人、問童兒皆識之。後因戰歿、年二十二、贈侍中・中軍將軍・揚州刺史、謚忠莊太子」とある。

（三）寫眞は、実際の状態をそのままうつすこと。『文心雕龍』巻三誄碑に、「贊曰、寫實追虛、碑誄以立。銘德慕行、光彩允集」とあり、ここでは肖像画を書くことを指す。

（四）蕭賁は、南齊・蕭昭曹の子、字を文奐という。幼時より文才があり、画を能くし、扇の上に山水を描いた（『南史』巻四十四齊武帝諸子傳）。また唐・張彥遠『歷代名畫記』巻七に、「蕭賁、字文奐、蘭陵人。多詞學、工書畫、嘗於扇上畫山水、咫尺內萬里可知。仕梁爲河東太守」とある。加えて、『金樓子』に、「奇字 二秩二十卷」、その自注に、「金樓付蕭賁撰」とあり、同じく、「碑集 十秩百卷」、その自注に「付蘭陵蕭賁撰」とあり、書にも造詣が深かったことが窺える。

（五）劉孝先は、劉潛（劉孝綽）の第七弟。はじめ武陵王劉紀に従ったが、武陵王が元帝に反逆し討伐されたのちに、元帝に帰属した（『梁書』巻四十一 劉潛傳附劉孝先傳）。

（六）劉靈は、彭城の人。勉學篇の注（一）一二三頁を参照。

（七）顧士端は、吳郡の人。湘東王國侍郎から鎭南府刑獄參軍となった。詳細は未詳。

（八）湘東王國侍郎は官職名。王国付政務官のこと（宇都宮注）。『隋書』巻二十六 百官志上 梁に、「王國置郎中令、將軍、常侍官。又置典祠令、廟長、陵長、典醫丞、典府丞、典書令、學官令、食官長、中尉、侍郎、執事 中尉、司馬、謁者、典衞令、舍人、中大夫、大農等官。嗣王國則唯置郎中令、中尉、常侍、大農等員」とある。湘東王國は、梁の元帝が皇子の時に封ぜられた地である。

（九）鎭南府刑獄參軍は、官職名。刑務担当補佐官で、鎭南將軍は、皇子のころの元帝が佩びていた將軍号（宇都宮注）。

（一〇）西朝とは、梁の元帝が即位した後の江陵政権のことを指す（宇都宮注）。

（一一）中書舍人は、官職名。詔勅文の起草を行う。『隋書』巻二十六 百官志上 梁に、「中書省置監・令各一人、掌出內帝命。侍郎四人、功高者一人、主省令事。又有通事舍人、主事令史等員、及置令史、以承其事。通事舍人、舊入直閤內。梁用人殊重、簡以才能、不限資地、多以他官兼領。其後除通事、直曰中書舍人」とある。

（一二）丹青は、ここでは絵画のことを指す。『晉書』巻八十 王獻之傳に「工草隸、善丹青」という用例がある。本来は絵の具の意で用いる。丹は朱（辰砂、成分は硫化水銀HgS）を指し、青は緑青（孔雀石、化学式：塩基性炭酸銅CuCO3・Cu(OH)2）、もしくは青雘（藍銅鉱、アズライト・ブルー、またはマラカイト、化学式：Cu3(CO3)2(OH)2）のことを指す。いずれも鉱物のため破砕して膠と混ぜ、絵の具として用いる。

（一三）劉岳は、彭城の人。梁の元帝に仕えて驃騎府管記・平氏縣令となった。

（一四）劉褧は、彭城の人。劉岳の父。詳細は未詳。

（一五）武陵王は、梁の武帝の第八子で蕭紀のこと。字を世詢という。天監十三（五一四）年に、武陵王に封ぜられた。侯景の乱の最中、蕭繹から共闘を打診されるも破棄し、武帝の死後、蜀において皇帝を自称した。即位後、侯景討伐を企図するが、時勢を鑑みて蕭繹討伐に動く。しかし、蜀を西魏軍に包囲され、退路を絶たれたところに、蕭繹軍の侵攻を許し、捕らえられ殺された（『南史』巻五十三 梁武帝諸子 武陵王紀傳）。

（一六）下牢の敗は、蜀で蜂起した武陵王が、陸法和に敗れたことを指す。『梁書』元帝傳に、「四月乙巳、益州刺史、新除假黃鉞、太尉武陵王紀竊位於蜀、改号天正元年」とあり、「八月、蕭紀率巴、蜀大衆連舟東下、遣護軍陸法和屯巴峡以拒之」とあり、「秋七月辛未、巴人苻昇、徐子初斬賊城主公孫晃、擧城來降。紀衆大潰、遇兵死」とあり、下牢の戦いにおいて、武陵王が敗績したことを記す。なお、王利器によれば、下牢は地名で、梁の宜州の管轄であった。現在の湖北省宜昌市の西北を指すという。

（一七）陸護軍は、陸法和。梁から北齊期に活躍した怪僧。蠻族の弟子を率いて各地を遊撃しつつ活動した。護軍とは、陸法和が元帝より「護軍将軍事」に命ぜられたことによる（『北齊書』巻三十二 陸法和傳）。顔之推「觀世生賦」（『梁書』巻四十五 顔之推傳）に、「奇護軍之電掃」とあり、その自注に、「護軍将軍陸法和、破任約於赤亭湖、侯景退走、大潰」とある。なお、陸法和については、宮川尚志「梁・北斉の居士陸法和」（『仏教の歴史と文化—仏教史学会三十周年記念論集』同朋舎出版、一九八〇年所収）を参照。

（一八）支江寺は、後梁の時、荊州の支江に建立された禪慧寺のことか。道宣撰『續高僧傳』巻十六に、「後梁荊州支江禪慧寺釋恵成傳十四」とある（王利器注）。

〔現代語訳〕

絵画に巧みであることも、また素晴らしいことである。古来名のある人物は、画を能くする者が多くいた。わたしの家にもかつて梁の元帝が手づからお描きになった蟬と雀の白団扇と馬の図があったが、やはり到達し難い出来栄えであった。武烈太子《ぶれつたいし》もことのほか人物画がお得意であった。宴席にいた客を、心のおもむくままに描き、すぐさま数人を書きあげ、これらを童子たちに（誰を描いたものか）尋ねると、誰もが描かれた者の姓名が分かったという。蕭賁《しょうほん》・劉孝先《りゅうこうせん》・劉靈《りゅうれい》は、いずれも文章の制作以外にまた画法にも秀でていた。古今の例を観覧してみても、（これらの人の画は）とりわけ大事にすべきものである。（しかし画才は）もし官位がまだ高くなければ、事あるごとに公私にわたって指令を請け負うことになり、それに忙殺されがちになる。呉縣の顧士端《こしたん》は、湘東王國侍郎《しょうとうおうこくじろう》から身を立て、後に鎮南《ちんなん》将軍府の刑獄参軍《けいごくさんぐん》となった。その子に顧庭《こてい》という者がいた。（元帝が即位した江陵での）西朝《せいちょう》では中書舎人《ちゅうしょしゃじん》であった。父子ともに琴と書に才藝を持ち、なかでも画が素晴らしかった。（そのために）いつも元帝から引き出され、ことごとに自らを恥じたり恨めしさを懐いた。彭城《ほうじょう》の劉岳《りゅうがく》は、劉橐《りゅうたく》の子である。出仕してからは驃騎《ひょうき》将軍府の管《かん》記《き》（記録文書を掌る役職）・平氏《へいし》縣令となった。学才豊かな好人物であ、その画力は類なき名手であった。後に武陵王《ぶりょうおう》に従って蜀の地を踏み、武陵王が下牢《かろう》の地にて敗戦すると、かくて護軍将軍《ごぐんしょうぐん》の陸法和《りくほうわ》によって支江寺《しこうじ》の壁画を描かされ、様々な画工と雑居した。もし（顧士端・顧庭・劉岳の）三賢者がみな画に未熟で、ただ（本分たる）儒教の業だけを修めていたならば、どうしてこのような辱めに遭おうか。

【原文】

弧矢之利、以威天下、先王所以觀德擇賢、亦濟身之急務也。江南謂世之常射、以爲兵射、冠冕儒生、多不習此。別有博射。弱弓・長箭、施於準的、揖讓昇降、以行禮焉。防禦寇難、了無所益。亂離之後、此術遂亡。河北文士、率曉兵射、非直葛洪一箭、已解追兵、三九讌集、常縻榮賜。雖然要輕禽、截狡夼、不願汝輩爲之。

《訓読》

弧矢の利（一）は、以て天下を威《おど》し、先王の徳を觀て（二）賢を擇ぶ所以にして、亦た身を濟《すく》ふの急務なり。江南は世の常射《じやうしや》を謂ひて、以て兵射と爲すも、冠冕の儒生は、多く此を習はず。別に博射《はくしや》有り。弱弓・長箭、準的に施し、揖讓し昇降して、以て禮を行なふ。寇難を防禦するに、了《つひ》に益する所無く、亂離の後、此の術遂に亡はる。河北の文士は、率《おほむ》ね兵射を曉る。直《た》だ葛洪の一箭（三）、已に追兵を解くのみに非ず、三九の讌集（四）に、常に榮賜を縻《か》く。然りと雖も輕禽を要《もと》め、狡獸を截《き》るは、汝ら輩の之を爲すを願はず。

（補注）

（一）弧矢の利は、『周易』繫辭下傳に、「弦木爲弧、剡木爲矢、弧矢之利、以威天下、蓋取諸睽」とある言葉に基づく。

（二）觀德は、『禮記』射義篇に、「孔子曰、射者何以射。何以聽。循聲而發、發而不失正鵠者、其唯賢者乎。若夫不肖之人、則彼將安能以中」とあることを踏まえる表現である。

（三）葛洪一箭は、『抱朴子』自序に、「昔在軍旅、曾手射追騎、應弦而倒、殺二賊一馬、遂以得免死」とあることを踏まえる表現である。

（四）三九の讌集は、三公九卿の宴席のことを指す。これについては、勉學篇に、「三九公讌、則假手賦詩」とあり、王利器は、この勉學篇と同義という。

［現代語訳］

弓矢の効用は、天下に武威を示し、また先王が（人士の）徳を観察して優れた者を選ぶ方法であり、さらに自身を助けるために重要な技術である。江南では世間の常射《じょうしゃ》は、兵射《へいしゃ》であると思い、高い身分の儒者は、ほとんどこれを習わない。これとは別に博射《はくしゃ》がある。（弓力の）弱い弓・（矢尺の）長い矢を用いて、的に射かけ、禮儀にかなった振舞い方で、射禮《しゃれい》を行うものである。（ただし）敵の侵略を防ぐには、何の役に立たないもので、（南方の）擾乱の後に、この射術は亡んだ。（これに対して）河北の文人は、ほぼ兵射に習熟し、（かつて葛洪《かっこう》は）ただの一矢で、追手の兵を撃退する（そうした能力を持つ）のは葛洪だけではない）。三公九卿《さんこうきゅうけい》が並ぶ宴会では、いつも立派な賜り物が懸けられ（これを巡って競射が行われ）る。とはいえ飛禽を追いかけ、猛獣を切ることを、おまえたちがするのは望んでいない。

【原文】

卜筮者聖人之業也。但近世無復佳師、多不能中。古者卜以決疑、今人生疑於卜。何者、守道信謀、欲行一事、卜得惡卦、反令忲忲、此之謂乎。且十中六・七、以爲上手、粗知大意、又不委曲。凡射奇偶、自然半收。何足賴也。世傳云、解陰陽者、爲鬼所嫉、坎壈貧窮、多不稱泰。吾觀近古以來、尤精妙者唯京房・管輅・郭璞耳。皆無官位、多或罹災。此言令人益信。儻値世網嚴密、強負此名、便有詿誤。亦禍源也。及星文・風氣、率不勞爲之。吾嘗學六壬式、亦値世間好匠、聚得龍首・金匱・玉軨變・玉歷、十許種書、討求無驗、尋亦悔罷。凡陰陽之術、與天地倶生、其吉凶德刑、不可不信。但去聖既遠、世傳術書、皆出流俗、言辭鄙淺、驗少妄多。至如反支不行、竟以遇害、歸忌寄宿、不免凶終、拘而多忌、亦無益也。

《訓讀》

卜筮なる者は聖人の業なり。但だ近世は復た佳師無く、多くは中《あ》つ能はず。古者《いにしへ》は卜して以て疑ひを決せしも(一)、今人は疑ひを卜に生ず。何者《なんとなれば》、道を守り謀を信じて、一事を行はんと欲するに、卜に惡卦を得れば、反りて怵怵たらしむ、此れの謂か。且つ十に六・七を中つれば、以て上手と爲し、粗ゞ大意を知れば、又 委曲せず。凡そ奇偶を射《せき》すれば、自然に半ばに收まる。何ぞ頼るに足らんや。世傳に云ふ、「陰陽を解する者は、鬼の嫉む所と爲り、壈に坎ち貧窮して、多く泰に稱はず」と。吾 近古より以來を觀るに、尤も精妙なる者は唯だ京房(二)・管輅(三)・郭璞(四)のみ。皆 官位無く、或いは災に罹るもの多し。此の言 人をして益ゞ信ぜしむ。儻《も》し世網の嚴密なるに値ひ、強ひて此の名を負へば、便ち詿誤有らん。亦た禍の源なり。星文(五)・風氣(六)に及びては、率ね之を爲すに勞せず。吾 嘗て六壬式(七)を學び、亦た世間の好匠に値ひ、龍首(八)・金匱(九)・玉軨變(一〇)・玉歴(一一)、十許りの種の書を聚め得て、討求すれども驗無く、尋《つ》いで亦た悔罷す。凡そ陰陽の術は、天地と倶に生じ、其の吉凶德刑(一二)は、信ぜざる可からず。但だ聖を去ること既に遠く、世傳の術書、皆な流俗に出で、言辭鄙淺にして、驗あるは少なく妄なるもの多し。反支(一三)に行かざるも、竟《かへ》りて以て害に遇ひ、歸忌に寄宿(一四)して、凶に終るを免れざるが如きに至りては、拘《と》らはれて忌多く、亦た益無きなり。

（補注）

（一）『春秋左氏傳』桓公 傳十一年に、「卜以決疑、不疑何卜」とあることを踏まえた表現である。

（二）京房は、東郡頓丘縣の人、字を君明。前漢の元帝の時に魏郡太守に至った。易を焦贛に学び災異に通じた。その易法は、易の六十四卦のうち六十卦の三百六十爻を一年三百六十日に、残りの四卦を春分・夏至・秋分・冬至に当てはめ、風雨寒温で占いをたてるものであったという（『漢書』巻七十五 京房傳）。

（三）管輅は、冀州平原郡の人、字は公明。占星・易に通じていた。曹魏の正始九（二四八）年に何晏に招聘され、三公になれるかと尋ねられたが、何晏に傲らぬよう諫めた。しかし、何晏はそのち司馬懿に殺害され、予言は的中した（『三國志』巻二十九 方技 管輅傳）。

（四）郭璞は、河東郡聞喜縣の人、字を景純。東晉の学者・官僚。博学で詩賦を得意とした。のちに郭公に師事して五行・天文・卜筮の術を修得し、当時比肩する者がいなかったとされる。王敦の乱の際、その反乱行為を凶と断じて買い、殺された。著書に『洞林』『新林』などがあり、また『山海經』『穆天子傳』『爾雅』『三蒼』に注釈をほどこした（『晉書』巻七十二 郭璞傳）。

（五）星文は、星の運行から占いを行うこと。『漢書』藝文志に占星術に関する書物が見えることから、そうした占い書があったとされる。

（六）風氣は、風の動きから占いを行うこと。書証篇に、「此是風角占候耳。風角書曰、庶人風者、拂地揚塵轉削。若是屏障、何由可轉也」とあり、また、『隋書』經籍志にも風によって占いをする書名が見えることから、こうした書によって行われた風角占いを指すのであろう。

（七）六壬式は、占術の一つ。『隋書』志二十九 經籍三 子 五行に、「六壬式經雜占九卷 梁有六壬式經三濵、亡。」「六壬釋兆六卷」とある。この占術は五行に基づくものであり、壬は水の義で、五行は水に始まるため壬という、六は地の成数であり、天一、水を生じ、地六これを成すため六壬という（山田注）。

（八）龍首は、占術書の一つか。『隋書』志二十九 經籍三 子 五行に、「太一龍首式經一卷 董氏注。梁三卷。梁又有式經三十三卷、亡」、「黄帝龍首經二卷」とある。なお、「黄帝龍首經」については『道藏』（S. N. 283）に所収されている。Kristofer Schipper and Franciscus Verellen. "The Taoist canon : a historical companion to the Daozang(道藏通考)" University of Chicago Press, 2004を参照。

（九）金匱は、占術書の一つか。『漢書』藝文志 數術略に、「堪輿金匱十四卷」とあり、顔師古注に、「許愼云、堪、天道。地道也」とある。また、甄鸞「笑道論」（『廣弘明集』卷九）に、「黄帝金匱。太公六韜。何以不在道書之例乎。修靜目中本無諸子」とある。なお、『道藏目錄』に「黄帝金櫃玉衡經一卷」とあり、『道藏』（S. N. 284）に所収されている。

（一〇）玉軨變は、占術書の一つか、未詳。

（一一）玉歴は、占術書の一つか。『隋書』志二十九 經籍三 子 五行にみえる「遁甲敍三元玉曆立成一卷 郭弘遠撰」と近しい占術書の名が見える。

（一二）德刑は、陰陽五行の生剋をいう（王利器注）。

（一三）反支不行は、陰陽書における特定の行動を避ける必要がある日のこと。『後漢書』列傳三十九 王符傳 愛日篇に、「明帝時、公車以反支日不受章奏」とあり、李賢注に、「凡反支日、用月朔爲正。戌、亥朔一日 反支、申、酉朔二日 反支、午、未朔三日 反支、辰、巳朔四日 反支、寅、卯朔五日 反支、子、丑朔六日 反支。見陰陽書也」とあり、反支の日が記されている。なお、反支の暦上における周期については工藤元男「具注暦の淵源―「日書」・「視日」・「質日」の間」（『東洋史研究』七二、二〇一三年）を参照。また、『漢書』卷九十二 游俠 陳遵傳に見えるに張竦の逸話には、「及王莽敗、二人倶客於池陽、竦爲賊兵所殺」とあり、その李奇注に「竦知有賊當去、會反支日、不去、因爲賊所殺。桓譚（曰）〔以〕爲通人之蔽也」とあり、反支の日にこだわったがため、賊に殺害された話を載せる。

近年の出土資料における日書においてもこの反支は見られ、『銀雀山漢簡』「漢元光元年歴譜」には「反」字が干支の下に記されており、王利器はこれが反支であるとする。また、こうした干支の吉凶については『雲夢睡虎地秦簡』（日書乙種）や『孔家坡漢簡』（反支篇）に見える。日書の出土状況については、工藤元男『占いと中国古代の社会―発掘された古文献が語る』（東方書店、二〇一一年）、これらの日書の反支については、森和「離日と反支日よりみる「日書」の継承関係」（『東アジア古代出土文字資料の研究』雄山閣、二〇〇九年所収）をそれぞれに参照。

（一四）歸忌寄宿も前注同様、特定の日に家に帰ってはいけないという禁忌をいうものである。『後漢書』列傳三十六 郭躬傳にみえる陳伯敬の逸話には、「桓帝時、汝南有陳伯敬者、行必矩歩、坐必端膝、呵叱狗馬、終不言死、目有所見、不食其肉、行路聞凶、便解駕留止、還觸歸忌、則寄宿鄉亭」とあり、その李賢注に、「陰陽書歴法曰、歸忌日、四孟在丑、四仲在寅、四季在子、其日不可遠行歸家及徙也」とあり、反支の日には遠方へ行くことおよび、訪問することを禁忌としている。そののち陳伯敬は、「年老寢滯、不過擧孝廉。後坐女壻亡吏、太守邵虁怒而殺之」とあり、邵虁によって殺された。この逸話について范曄は時人の言として「罔忌禁者、多談爲證焉」と述べており、宇都宮の注でも言及しているように膾炙した逸話であったのであろう。

〔現代語訳〕

卜筮《ぼくぜい》というものは聖人の業である。ただ近ごろはまた（これを）よくする師がおらず、多くは当てることができない。古《いにしえ》は（『春秋左氏傳』に見えるように）占卜により心にある迷いに決断を下したが、今の人は疑いの心を占卜によって生じさせている。なぜかといえば、（本来は）道を守り深い思慮を信じて、あることを行おうとするのに、占卜で悪い結果が出ると、かえってびくびくした気持ちになる、これを言っているのである。また十のうち六・七も的中すれば、上手といわれ、ほぼ（占った内容の）大意を知れば、細かいことは問題にしない。およそ奇か偶か（半か丁か）を当てようとするなら、自然とどちらか半数に収束するものである。（その程度ならば占いは）どうして依拠するに足りようか。世に伝わる言には、「陰陽を理解するものは、鬼神がねたむところとなり、思うようにならず不遇で困窮し、多くは泰《たい》（内外に通じて安んじた状態）とは言えない」と。わたしが近古より以来を管見してみるに、もっとも（占卜に）精妙だったのは京房《けいぼう》・管輅《かんろ》・郭璞《かくはく》だけである。（しかし）いずれの人物も官位は低く、災厄を被る者が多かった。（したがって）この世に伝わる言は人にますます（占いなど碌な目に合わないというのが）本当であると信じさせる。もしも世の綱紀が厳粛であって、むやみに占卜によって有名になれば、たちまち（人を）欺きだますことになるだろう。（そのため）災禍の源となる。星文《せいもん》・風氣《ふうき》といった占術については、おおむねこれを学ぶのには労力を要しない。わたしはかつて六壬式《りくじんしき》の占術を学び、また世間で評判の占術師に会い、『龍首《りゅうしゅ》』・『金匱《きんい》』・『玉軨《ぎょくれい》變《へん》』・『玉歴《ぎょくれき》』など十ばかりの占術書を集め得て、検討尋求してみたが効験はなく、またもや後悔して罷めてしまった。そもそも陰陽の術は、天地とともに生じたもので、その吉凶禍福は、信じないわけにもいかない。しかし（陰陽の術が制作された）聖人の時代を去ることすでに長い年月が経ち、世に逓伝されてきた術書は、すべて俗流によるもので、その言辭はいやしく浅く、效驗は少なくいい加減なものが多い。（『漢書』巻九十二 游俠 陳遵傳に見えるに張竦の逸話では）反支の日には移動しなかったが、（それによって）かえって殺されてしまい、（『後漢書』列傳三十六 郭躬傳にみえる陳伯敬の逸話）のように歸忌の日に帰ってはならない禁忌に留意して郷里の宿場に泊まって、（それだけ慎重だったのにもかかわらず、後年、女壻の事件に連座して）あえない最期を迎えることから逃れられなかったようなことは、（そうした占いや禁忌に）拘泥して（かえって）忌むことが多くなり、また益のないことである。

【原文】

算術亦是六藝要事。自古儒士論天道、定律歴者、皆學通之。然可以兼明、不可以專業。江南此學殊少、唯范陽祖暅精之、位至南康太守。河北多曉此術。

《訓読》

算術も亦た是れ六藝(一)の要事なり。古より儒士の天道を論じ、律歴を定むる者は、皆 學びて之に通ず。然れども以て兼ねて明らかにす可く、以て専らに業とす可からず。江南は此の學 殊に少なく、唯だ范陽の祖暅(二)のみ之に精しく、位は南康太守に至る。河北は多く此の術に曉らかなり。

(補注)

(一) 六藝とは士が身につけるべき六種の教養のことで、禮・樂・射・御・書・數を指す。『周禮』地官大司徒に、「三曰六藝、禮・樂・射・御・書・數」とあり、その鄭玄注に、「禮、五禮之義。樂、六樂之歌舞。射、五射之法。御、五御之節。書、六書之品。數、九數之計」とある。また『周禮』地官保氏に、「保氏。掌諫王惡、而養國子以道。乃教之六藝。一曰、五禮。二曰、六樂。三曰、五射。四曰、五馭。五曰、六書。六曰、九數」とあり、その鄭玄注には、「養國子以道者、以師氏之徳行審諭之、而後敎之以藝儀也。五禮、吉・凶・賓・軍、嘉也。六樂、雲門・大咸・大韶・大夏・大濩・大武也。鄭司農云、五射、白矢・參連・剡注・襄尺・井儀也。五馭、鳴和・鸞逐・水曲・過君・表舞・交衢・逐禽左。六書、象形・會意・轉注・處事・假借・諧聲也。九數、方田・粟米・差分・少廣・商功・均輸・方程・贏不足・旁要」とある。このうち算術について鄭玄は、方田(土地の面積計算法)・粟米(穀物の計量・売買算)・差分(貴賤混合法)・少廣(平方・立方算)・商功(労働賃金・工事設計)・均輸(運賃算)・方程(方程式)・贏不足(按分比例算)・旁要(三角法)の九つであるとする(( )内は宇都宮注による)。

(二) 祖暅は人名。立伝されないが、『隋書』巻十七 志十二 律暦中に祖暅が上表したことにより、梁の大同十(五五四)年に新暦の制定の詔勅が下されたことを載す。しかし、この改暦は侯景の乱と重なり、実際には施行されなかった(宇都宮注)。

[現代語訳]

算術もやはり六藝《りくげい》の要事である。古より儒者で天道を論じ、律暦《りつれき》を定める者は、いずれも学んで算術に通じた。しかし(算術は)兼修するべきであり、これを専門に生業としてはならない。江南はこの学問がとくに少なく、ただ范陽《はんよう》の祖暅《そこう》だけがこれに精通し、官位は南康《なんこう》太守に至った。河北では多くのものがこの術に通暁している。

【原文】

醫方之事、取妙極難、不勸汝曹以自命也。微解藥性、小小和合、居家得以救急、亦爲勝事。皇甫謐・殷仲堪、則其人也。

《訓讀》

醫方の事は、妙を取ること極めて難く、汝ら曹に以て自ら命とするを勸めざるなり。微《わず》かに藥性を解し、小小和合して、家に居り以て救急するを得れば、亦た勝事と爲さん。皇甫謐(一)・殷仲堪(二)は、則ち其の人なり。

(補注)

(一) 皇甫謐は、安定郡朝那縣の人、『帝王世記』を著した(『晉書』巻五十一 皇甫謐傳)。勉學篇の注(七)九七頁も参照。『晉書』巻五十一 皇甫謐傳には、「後得風痹、猶手不輟巻」と、中風に罹った話が伝わる。また醫書を著しており、『隋書』巻三十三 經籍三 醫方に、「曹翕論寒食散方二卷、亡」とある。

(二) 殷仲堪は人名。陳郡の人。はじめ著作郎に任ぜられ、謝玄に従い晉陵太守となる。そののち王恭の挙兵に呼応して桓玄らとともに戦うが、のちに桓玄が裏切り対立が深まり、桓玄に追い込まれ自殺した(『晉書』巻八十四 殷仲堪傳)。医術に長けていた逸話として『晉書』に、「父病積年、仲堪衣不解帶、躬學醫術、究其精妙、執藥揮涙、遂眇一目」とあり、『隋書』巻三十四 經籍三 醫方に「殷荊州要方一卷、殷仲堪撰。亡」とあることから、医書を記していたことがわかる。

[現代語訳]

医術のことは、その技術の微妙な極致を得るのがはなはだ難しく、お前たちにこれを自ら務めとすることを勧めない。多少薬性を理解し、少しく薬を調合するなどして、家庭の内で応急処置ができれば、それで十分であろう。皇甫謐《こうほひつ》・殷仲堪《いんちゅうかん》は、すなわちそれができた人である。

【原文】

禮曰、君子無故不徹琴瑟。古來名士、多所愛好。洎於梁初、衣冠子孫、不知琴者、號有所闕。大同以末、斯風頓盡。然而此樂愔愔雅致、有深味哉。今世曲解、雖變於古、猶足以暢神情也。唯不可令有稱譽、見役勳貴、處之下坐、以取殘盃冷炙之辱。戴安道猶遭之、況爾曹乎。

《訓読》

禮に曰く(一)、「君子は故無くして琴瑟を徹《す》てず」と。古來の名士、愛好する所多し。梁初に洎《およ》びては、衣冠の子孫にして、琴を知らざる者、闕くる所有りと號せらる。大同より以末、斯の風頓《とみ》に盡く。然れども此の樂の愔愔たる雅致、深味有るかな。今世の曲解、古より變ずと雖も、猶ほ以て神情を暢ぶるに足るなり。唯だ稱譽有らしめ、勳貴に役せられ(二)、之を下坐に處《お》きて、以て殘盃冷炙の辱めを取る可からず。戴安道すら猶ほ之に遭ふ、況んや爾ら曹をや。

(補注)

(一)『禮記』曲禮下に「君無故、玉不去身。大夫無故不徹縣、士無故不徹琴瑟」とあるのを踏まえる。

(二) 戴安道は人名。戴逵のこと。安道は字。譙國の人で、わかくより博学であり、属文を能くし、琴鼓にも長けていた。武陵王の王晞が戴逵を招聘したところ、王家の使用人ではないと怒り、琴を破壊して退出した(『晉書』巻九十四 隱逸傳戴逵傳)。

[現代語訳]

禮に、「君子は理由無くして琴瑟を撤去しない」とある。古来より名士は、多く(琴瑟を)愛好した。梁初に至っては、貴族の子弟でありながら、琴に通じない者は、欠落ありと揶揄されるほどであった。大同《だいどう》年間(五三五~五四五年)の末より、かかる(琴瑟を愛好する)風潮は急速に消えた。しかしこの音楽のやわらぎよろこぶ雅なる風致には、味わい深いものがある。今の世の曲解(奏曲)は、古から変容したといっても、なお精神をのびのびとさせるのに十分である。ただ（琴瑟の演奏が上手いからといって人から）ほめたたえられ、高官に使われ、下座に置かれて、盃の残りの酒を呑むことや冷えた炙り肉を受けとる辱めを取ってはならない。戴逵《たいき》ですらこうした辱めにあっており、ましてやおまえたちなどはなおのことである。

【原文】

家語曰、君子不博。爲其兼行惡道故也。論語云、不有博弈者乎。爲之、猶賢乎已。然則聖人不用博弈爲教。但以學者不可常精、有時疲倦、則儻爲之、猶勝飽食昏睡、兀然端坐耳。至如呉太子以爲無益、命韋昭論之、王肅・葛洪・陶侃之徒、不許目觀手執、此並勤篤之志也。能爾爲佳。古爲大博則六箸、小博則二焭、今無曉者。比世所行、一焭十二棊、數術淺短、不足可翫。圍棊有手談、坐隱之目、頗爲雅戲。但令人耽憒、廢喪實多、不可常也。

《訓読》

家語(一)に曰く(二)、「君子は博せず。其の兼ねて惡道を行ふが爲の故なり」と。論語に云ふ(三)、「博弈なる者有らずや。之を爲すは、猶ほ已むに賢《まさ》る」と。然らば則ち聖人は博弈を用《もっ》て教《をしへ》と爲さず。但だ學者の常には精しくす可からず、時有りて疲れ倦むを以てせば、則ち儻《たま》ゝ之を爲すは、猶ほ飽食昏睡し、兀然として端坐するに勝るのみ。呉の太子(四)以て益無しと爲し、韋昭(五)に命じて之を論ぜしめ、王肅(六)・葛洪(七)・陶侃(八)の徒、目に觀て手に執るを許さざるが如きに至りては、此れ並びに勤篤の志なり。能く爾るを佳と爲す。古は大博には則ち六箸、小博には則ち二焭と爲すも、今は曉る者無し。比世《このごろ》行ふ所は、一焭十二棊、數術淺短にして、翫ぶ可きに足らず。圍棊に手談(九)・坐隱の目有り、頗る雅戲爲り。但だ人をして耽憒し、廢喪せしむるもの實に多く、常とす可からざるなり。

(補注)

(一) 家語とは『孔子家語』のこと。『漢書』巻三十　藝文志に「孔子家語十卷」とあるが、現行の『孔子家語』は曹魏の王肅の擬作とされる。その内容は、孔安國に偽託して孔子と門人の対話を録したものである。『孔子家語』と『史記』仲尼列傳との相関については渡邉義浩「『史記』仲尼弟子列傳と『孔子家語』」（『中国―社会と文化』二九、二〇一四年）を参照。

(二)『孔子家語』五儀解に、「哀公問於孔子曰、吾聞君子不博。有之乎。孔子曰、有之。公曰、何爲。對曰、爲其有二乘。公曰、有二乘則何爲不博。子曰、爲其兼行惡道也」とあり、節略されている。

(三)『論語』陽貨篇に、「子曰、飽食終日、無所用心、難矣哉。不有博弈者乎、爲之猶賢乎已」とある。何晏『論語集解』では、「馬曰、爲其無所據樂、善生淫欲」とあり、皇侃『論語義疏』には、「言若飽食而無事、則必思爲非法、若曾是無業、而能有棊奕以消食終日、則猶勝無事而直止住者也」とある。

(四) 呉太子とは孫呉の孫和のことを指す（宇都宮注）。

(五) 韋昭は人名。孫呉の学者・政治家（二〇四？～二七三？年）。字は弘嗣。呉郡雲陽縣の人。若いころから学問を好み文章に巧みで、尚書郎・太子中庶子などを歴任。太史令として『呉書』を撰したほか、中書郎・博士祭酒となって多くの書物の校定を行った。政治的には、張溫の一派に属したため、孫呉の初代宰相である孫邵の專傳を立てないなど、『吳書』の記述には偏向が見られる。渡邉義浩「孫呉政權の展開」(『大東文化大学漢学会誌』三九、一九九九年、『三国政権の構造と「名士」』前掲に所収)を参照。韋昭は、孫晧の即位後、中書僕射・侍中に任じられたが、のち孫晧の怒りをかって死刑に処せられた。著書に『洞記』『官職訓』『國語注』などがある(『三國志』卷六十五 韋曜傳)。韋昭については、髙橋康浩『韋昭研究』(汲古書院、二〇一一年)を参照。ここでは『三國志』卷六十五 吳書 韋曜傳に、「韋曜字弘嗣、吳郡雲陽人也。少好學、能屬文、從丞相掾、除西安令、還爲尚書郎、遷太子中庶子。時蔡穎亦在東宮、性好博弈、太子和以爲無益、命曜論之」とあり、韋昭が太子中庶子になった際、蔡穎が東宮にあって博弈を好んだため、それを戒めるために孫和が韋昭に命じて「博奕論」を作らせたことをいう。「博奕論」は『三國志』卷六十五 吳書 韋曜傳および『文選』卷五十二に載す。

(六)王肅は人名。東海郡郯縣の人、字を子雍。王朗の子。十八歳のとき宋忠のもとで『太玄經』を読み、解釈を行った。曹魏の太和三(二二九)年、散騎侍郎から散騎常侍となり、寛容な統治を主張、のち光祿勳となった。司馬氏と婚姻関係を結び、その勢力伸長を正統化し、鄭玄に対抗して新たな經學を体系化・正当化のため『孔子家語』を偽作した(『三國志』卷十三 王郎傳附王郎傳)。

(七)葛洪は、東晉の人。字は稚川。仙道を学んだ。著作には『抱朴子』『神仙傳』などがある(『晉書』卷七十二 葛洪傳)。文章篇の注(一四)一三九頁を参照。

(八)陶侃は、字は士行、鄱陽の人、後に尋陽に移る。諡は桓。幼時より貧窮であったが、縣吏となった後、張夔に孝廉に挙げられたことで活躍した。人望が厚く、長官としても勤勉であったようで、本傳には、「諸參佐或以談戲廢事者、乃命取其酒器、蒱博之具、悉投之于江、吏將則加鞭扑」とあり、官吏の勤務態度が不良なとき、酒器や蒱博の道具を長江に投げ捨てさせたことが逸話として伝わる(『晉書』卷六十六 陶侃傳)。なお、この逸話には、宇都宮も指摘するように、江中に投棄されたものに碁盤が含まれる場合がある。『世説新語』政事篇劉孝標注所引臧榮緒『晉書』、何法盛『晉中興書』および吳士鑑『晉書斠注』を参照。

(九)手談・坐隱は、圍棊の雅称。『世説新語』巧藝篇に、「王中郎以圍棊是坐隱、支公以圍棊爲手談」とある。

[現代語訳]

『孔子家語《こうしけご》』に、「君子は博(すごろく)をしない。それによってあわせて悪の道を踏み行うことになるからである」とある。『論語』(陽貨篇)に、「(世間には)博(すごろく)奕(囲碁)というものがあるではないか。これらをすることは、何もしないことよりはましである」とある。そうであれば聖人は博奕《はくえき》をすることを教えとはしていない。ただ学者であっても常に緊張状態を保てるわけではなく、時には疲れて嫌になることがあれば、まれに博奕で遊ぶのは、食べ飽きるまで食べ深い眠りにつくことや、放心して折り目正しく座っているよりはましであると言うに過ぎない。孫呉の太子(孫和)は(博奕など)無益なものであるとし、韋昭《いしょう》に命じて博奕(が無用であること)について論じさせ、王肅《おうしゅく》・葛洪《かっこう》・陶侃《とうがん》らは(博奕を)目で見ることも手で持つことも許さなかったのに至っては、いずれもあわせて勤勉で篤い志である。（こうした三人のように）できれば良い。古《いにしえ》には大博には六本の箸を用い、小博には二つの筅《けい》（さいころ）を使うのであるが、今はそれを知る者はいない。近ごろ行われている手法は一つの筅と十二個の棊《き》（碁石）（を用いるが）、そのゲーム性が浅く未熟であり、遊ぶのにもの足りない。囲棊《いき》（囲碁）には手談《しゅだん》・坐隱《ざいん》という雅称があり、たいそう雅なる遊戯である。けれどもこの遊びは人をそれに耽けこませてしまい、（すべきことを）ゆるませ放り出させてしまうものが実に多く、常にするべきではないのである。

【原文】

投壺之禮、近世愈精。古者、實以小豆、爲其矢之躍也。今則唯欲其驍、益多益喜、乃有倚竿・帶劍・狼壺・豹尾・龍首之名。其尤妙者、有蓮花驍。汝南周璝、弘正之子、會稽賀徽、賀革之子、並能一箭四十餘驍。賀又嘗爲小障、置壺其外、隔障投之、無所失也。至鄴以來、亦見廣寧・蘭陵諸王、有此校具、擧國遂無投得一驍者。彈棊亦近世雅戲、消愁釋憒。時可爲之。

《訓読》

投壺(一)の禮、近世愈《いよ》〻精し。古者《いにしへ》、實《み》たすに小豆を以てするは、其の矢の躍るが爲めなり(二)。今は則ち唯だ其の驍(三)を欲し、益《ます》〻多ければ益〻喜び、乃ち倚竿・帶劍・狼壺・豹尾・龍首の名有り(四)。其の尤も妙なる者に、蓮花驍有り(五)。汝南の周璝(六)は、弘正の子にして、會稽の賀徽(七)は、賀革の子にして、並びに能く一箭もて四十餘驍す。賀は又嘗て小障を爲《つく》りて、壺を其の外に置き、障を隔てて之に投じて、失する所無きなり。鄴に至りて以來、亦た廣寧(八)・蘭陵(九)の諸王に、此の校具有るを見るも、國を擧げて遂に投じて一驍を得る者無し。彈棊も亦た近世の雅戲にして、愁を消し憒《みだ》れを釋く。時に之を爲すも可なり。

（補注）

（一）投壺は、矢を壺の中に投げ入れ、入った回数を競う遊技で、負けたり禮にもとる行為をした者には、罰杯が課せられる。その禮式は『禮記』投壺およびその類文である『大戴禮記』投壺に詳しい。『禮記』投壺および鄭玄注によれば、壺は頸部の高さが七寸、腹部の高さが五寸、口径が二寸半、容量が一斗五升のものを用い、投げる矢の長さは室では五扶（一扶はほぼ四寸）、堂では七扶、庭では九扶を用いて、壺から矢二本半分の距離を置いて投げるとされる。なお鄭玄『禮記目錄』によれば、「名曰投壺者、以其記主人與客燕飲講論才藝之禮。此於別錄屬吉禮。亦實曲禮之正篇也」とあり、投壺の禮とは、主人と賓客とが饗宴のさなかに才藝を競い合わせる儀禮であり、投壺篇は一連の儀式を詳細に記す禮の經［正篇］であるとする。『春秋左氏傳』昭公 傳十二年に、晉侯と齊侯とが投壺を催行したことが記されている。この頃はまだ祈願を込めて矢の的中を競う簡易の射禮の一つである。

（二）『禮記』投壺に、「壺、頸修七寸、腹修五寸、口徑二寸半。容斗五升。壺中實小豆焉、爲其矢之躍而出也。壺去席二矢半。矢以柘若棘、毋去其皮」とあり、これを踏まえた表現である。

（三）驍は、壺に投げ入れた矢が投げ入れた勢いによって跳ね上がったり、先に投げ入れた矢に触れてガシャガシャと音をたてることをいう。宇都宮によれば、跳ね返らせる回数によって取る得点のことであるという。

(四)『西京雜記』巻五に、「武帝時、郭舍人善投壺、以竹爲矢、不用棘也。古之投壺、取中而不求還、故實小豆。惡其矢躍而出也。郭舍人、則激矢令還一矢百餘反。謂之爲驍。言如博之竪棊、於輩中爲驍傑也。毎爲武帝投壺、輒賜金帛」とあり、遊戯性が強まり、投げ入れた矢の跳ね返り方やその回数を競うようになった。

(五)ここに挙げられた五つは、驍の優劣をいう段階の語である。『隋書』巻三十四 志二十九 經籍三に、「投壺經四巻、投壺變一巻、晉左光祿大夫虞潭撰」があり、その佚文が『太平御覽』巻七百五十三 工藝部十 投壺にみえる。そこには、「謂之投壺者、取名蔆藪、漸而轉易、鑄金代焉。逮之於後、人事生矣。壺底去一尺、其下筍以龍玄、運之以鱸蝦、燕尾、矢十二、長二尺八寸」とある。王利器によれば、ここでいう龍玄と燕尾が顏之推のいう龍首と豹尾のことを指すという。時代は下るが、司馬光「投壺新格」(『説郛』巻一百一上)に、「倚竿、箭斜倚壺口中。帶劍、貫耳不至地者。狼壺、轉旋口上而成倚竿者。龍尾、倚竿而箭羽正向己者。龍首、倚竿而箭首正向己者」とあり、具体的にどのような状態を指すかが記されている。

(六)周璝は、汝南の人。『陳書』巻二十四 周弘正傳および『南史』巻三十四 周弘正傳に名がみえ、「子墳、官至吏部郎」とあり「墳」字につくる。

(七)賀徽は、会稽の人。『南史』巻十二 梁元帝徐妃傳に、「時有賀徽者美色」とあり、容貌が美しかったようである。

(八)廣寧王は高澄の子の高孝珩のこと。廣寧王に封ぜられ、後に大司馬に至った。經史に通じ、畫を能くした。北周を討伐するため挙兵するがあえなく敗れ、北周に捕らえられ長安に拉致された(『北齊書』巻十一 文襄六王傳 廣寧王孝珩傳、『北史』巻五十二 齊宗室諸王下 文襄諸子 廣寧王孝珩)。

(九)蘭陵王は、高澄の子の高長恭のこと。一名を孝瓘という。眉目秀麗な將として知られる。蘭陵王に封ぜられ、対突厥戦で戦果を挙げた。また河清三(五六四)年に北周と戦いこれを破った。その後官は大司馬に至った。しかし、数々の戦歴によって後主の高緯から疎まれ、毒薬を服し賜死した(『北齊書』巻十一 文襄六王傳 蘭陵武王長恭傳、『北史』巻五十二 齊宗室諸王下 文襄諸子 蘭陵王長恭傳)。なお、北周との戦いの際にその武徳を讃えて兵士らによって歌われたのが「蘭陵王入陣曲」であり、それを元にして劇化され、日本の雅樂の演目「蘭陵王(陵王)」として伝わる。

[現代語訳]

投壺《とうこ》の禮は、近ごろますます整備された。いにしえでは、(壺を)満たすのに小豆を使ったが、(それは投げ入れた)矢が跳ね返るためである。(だが)今はただその矢が音をたててはねることを求め、(矢の)ますます跳ね返りが多ければさらに喜び、(その矢の跳ね方に)倚竿《いかん》・帶劍《たいけん》・狼壺《ろうこ》・豹尾《ひょうび》・龍首《りゅうしゅ》という名がつけられている。その最も極致となるものに、蓮花驍《れんかぎょう》がある。汝南の周璝《しゅうかい》は、周弘正《しゅうこうせい》の子であり、會稽の賀徽《がき》は、賀革《がかく》の子であるが、ともに一回の試合で投げ入れて四十余回跳ね返った。賀徽はまたかつて小さい衝立をつくり、壷をその外に置き、ついたてを隔てて矢を投げても、外すことがなかった。鄴に来てより以来、また廣寧王《こうねい》・蘭陵王《らんりょう》のところに、この投壺の道具があるのを見たが、(北齊の)国を挙げて矢を投げても一回すら矢をはねらせることができる者がいない。彈棊《だんき》もまた近ごろの雅やかな遊戯であり、憂愁を消散させ乱れた心をほどいてくれる。時にはこうした身体を使う遊戯をするのもよいだろう。

（黒崎恵輔・関俊史）

【原文】

終制第二十

死者、人之常分、不可免也。吾年十九、値梁家喪亂、其間、與白刃爲伍者、亦常數輩。幸承餘福、得至於今。古人云、五十不爲夭。吾已六十餘、故心坦然、不以殘年爲念。先有風氣之疾、常疑奄然、聊書素懷、以爲汝誡。

《訓読》

終制(一)第二十

死なる者は、人の常分にして、免る可からざるなり。吾 年十九にして、梁家(二)の喪亂に値ひ、其の間、白刃と伍を爲す者《こと》も、亦た常に數輩あり(三)。幸ひにも餘福を承け、今に至るを得たり。古人云ふ、「五十なれば夭と爲さず」(四)と。吾 已に六十餘(六)にして、故に心 坦然たれば、殘年を以て念と爲さず(五)。先に風氣の疾有り、常に奄然(七)たらんとするを疑へば、聊か素懷を書して、以て汝の誡と爲さん。

（注）

（一）終制は、ここでは遺言のことで、死後のこと、とくに自身の葬礼について指示したものが多い。『三國志』巻二 文帝紀 黄初六年に、「冬十月甲子、表首陽山東爲壽陵、作終制曰……」とあり、また梁の元帝『金樓子』にも終制篇がある。なお、『顏氏家訓』終制篇が執筆された時期について、宇都宮は、顏之推が開皇十（五九〇）年に六十才に達していること、また顏之推の兄である顏之儀が開皇十一（五九一）年に没している（『北周書』巻四十 顏之儀傳）にも拘わらず、終制篇にて兄の死に触れていないことから、開皇十年から開皇十一年の間の兄の死以前に書かれたと想定している。

（二）梁家の喪亂は、五四九年に起きた侯景の乱を指す。吉川忠夫『侯景の乱始末記—南朝貴族社会の命運』（中公新書、一九七四年）も参照。

（三）侯景の乱当時の顏之推については、『北齊書』巻四十五 文苑 顏之推傳に、「繹遣世子方諸出鎭郢州、以之推掌管記。値侯景陷郢州、頻欲殺之、賴其行臺郎中王則以獲免。被囚送建業。景平、還江陵」とあり、顏之推「觀我生賦」（顏之推傳所收）の自注に、「之推執在景軍、例勤見殺。景行臺郎中王則初無舊識、再三救護、獲免、囚以還都」とある。当時、顏之推は、湘東王蕭繹（後の梁の元帝）の子）に從っていたが、侯景軍によって郢州は陷落して捕らえられた。捕虜は殺されるのが通例であったが、侯景の行臺郎中である王則によって助けられ、五五二年に侯景の乱が平定されるまで捕虜となっていた。

（四）蜀の先主である劉備の遺詔に見える言葉。『三國志』巻三十二 先主傳の裴松之注に、「諸葛亮集載先主遺詔敕後主曰、朕初疾但下痢耳、後轉雜他病、殆不自濟。人五十不稱夭、年已六十有餘、何所復恨、不復自傷、但以卿兄弟爲念。射君到、說丞相歎卿智量、甚大增脩、過於所望、審能如此、吾復何憂。勉之、勉之。勿以惡小而爲之、勿以善小而不爲。惟賢惟德、能服於人。汝父德薄、勿效之。可讀漢書・禮記、間暇歷觀諸子及六韜・商君書、益人意智。聞丞相爲寫申・韓・管子・六韜一通已畢、未送、道亡、可自更求聞達。臨終時、呼魯王與語、吾亡之後、汝兄弟父事丞相、令卿與丞相共事而已」とある。
(五) 本篇の注(四)三三六頁に挙げた劉備の遺詔のうち、「五十不爲夭」の言葉に続く「年已六十有餘、何所復恨、不復自傷、但以卿兄弟爲念」を踏まえた表現である。
(六) 風氣之疾は、中風などの病気のこと。
(七) 奄然は、ここでは突然倒れて死ぬこと。

[現代語訳]

終制第二十

死というものは、人として常にあり、免れることができない。わたしは十九歳で、梁の大動乱に遭遇し、その間、白刃と隣り合わせになることも、何回かあった。(しかし)幸いにも余福をうけ、今日まで生き長らえることができた。古人は、「五十歳ともなれば早死にでは無い」と言っている。わたしはすでに六十歳余りになったので、心は平穏で、まだ生きていたいとは思わない。それに以前から中風になり、常に突然倒れて死ぬかもしれないと考えるようになったので、いささか平生の思いを書き記して、お前達の誡めとしたい。

【原文】

先君・先夫人、皆未還建鄴舊山、旅葬江陵東郭。承聖末、已啓求揚都、欲營遷厝。蒙詔賜銀百兩、已於揚州小郊北地燒塼、便値本朝淪沒、流離如此、數十年間、絕於還望。今雖混一、家道罄窮、何由辦此奉營資費。且揚都汙毀、無復孑遺、還被下溼、未爲得計。自咎自責、貫心刻髓。計、吾兄弟、不當仕進。但以門衰、骨肉單弱、五服之內、傍無一人、播越他鄉、無復資廕、使汝等沈淪厮役、以爲先世之恥、故靦冒人間、不敢墜失。兼以北方政教嚴切、全無隱退者故也。

《訓読》

先君・先夫人、皆 未だ建鄴の舊山(一)に還らず、江陵(二)の東郭に旅葬せらる。承聖(三)の末、已に啓《ひら》きて揚都(四)に求め、遷厝(五)を營まんと欲す。詔を蒙り銀百兩を賜はり、已に揚州の小郊の北地に於て塼(六)を燒くも、便ち本朝(七)の淪沒に値ひ、流離すること此くの如く、數十年間、還望を絕たる。今 混一(八)すると雖も、家道 罄窮(九)して、何に由りて此の奉營(一〇)の資費を辦ぜん。且つ揚都 汙毀し、復た孑遺(一一)無く、還りて下溼を被むるは、未だ計を得ると爲さず。自ら咎め自ら責め、心を貫き髓を刻む。計るに、吾が兄弟、當に仕進すべからず(一二)。但だ門 衰へ、骨肉 單弱にして、五服(一三)の內、傍に一人も無く、他鄉に播越し、復た資廕(一四)無きも、汝らをして厮役(一五)に沈淪せしむれば、先世の恥と爲すを以て、故に人間に靦冒(一六)して、敢て墜失せず。兼ぬるに北方(一七)の政教 嚴切なるを以て、全く隱退する者無きが故なり。

(注)
(一) 建鄴の舊山は、建鄴(建康)にあった顔氏代々の墓のこと。顔之推「觀我生賦」の自注に「靖侯以下七世墳塋皆在白下」とある。また、この顔氏代々の墓は発掘調査されている。詳しくは岡崎敬「南京・老虎山における東晉、顔氏の塼墓—『顔氏家訓』終制第二十、解」(考古学研究会十周年記念論文集編集委員会編『日本考古学の諸問題 考古学研究会十周年記念論文集』考古学

研究会十周年記念論文集刊行会、一九六四年）を参照。

（二）江陵は、兄弟篇の注（一）二〇頁を参照。顔之推及びかれの父である顔協が仕えた蕭繹（元帝）が出鎮しており、即位後も江陵に留まっていた。

（三）承聖は、梁の元帝の年号。五五二〜五五五年。なお、承聖三（五五四）年、西魏によって江陵が陥落し、元帝が殺害されているので、承聖の末とは承聖三年ごろであろう。

（四）揚都は、建康のこと。以下の揚州も同じ。

（五）遷厝は、移すこと。ここでは墓の移転を指す。

（六）塼は、レンガのこと。ここでは墓を建てる際に使うレンガを指す。

（七）本朝淪沒は、ここでは承聖三（五五四）年に西魏によって江陵が陥落し元帝が殺害され、事実上、梁が滅亡したことを指す。

（八）混一は、統一に同じ。ここでは隋による天下統一（五八九年）を指す。

（九）罄窮は、経済的に困窮すること。

（一〇）奉營は、祖靈を祀り葬儀を営むこと（王利器注）。

（一一）無復孑遺は、『詩經』大雅 雲漢に、「周餘黎民、靡有孑遺」とあることを踏まえた表現。孑遺とは、その毛傳に「孑然遺失也」とあり、一人取り残されている様子。つまり無復孑遺は、一人取り残されている者すらもいないの意。

（一二）顔之推とその兄である顔之儀の官界における立場を指している。隋においては、顔之推は亡国の臣であるため、その立場は弱かったと考えられる。また、本篇は開皇十年から十一年ごろに書かれたものであるが、このころ、北齊系士人の領袖で顔之推の盟友でもあった李德林が失脚している（『隋書』巻四十二 李德林傳）。こうした北齊系人士としての微妙な立場も影響しているのであろう。兄の顔之儀は、梁の滅亡後に北周・隋に仕えたが、『北周書』巻四十 顔之儀傳に、「隋文帝後索符璽、之儀又正色曰、此天子之物、自有主者、宰相何故索之。於是隋文帝大怒、命引出、將戮之、然以其民之望也、乃止。出爲西疆郡守」とあるように、隋の文帝とは微妙な関係にあった。

（一三）五服は、血縁の遠近などに応じて着る五種類の喪服（斬衰・齊衰・大功・小功・緦麻）を指すが、ここでは転じて親族のことをいう。

（一四）資廕は、先祖の官位によって初任官を得ること。宮崎市定「九品官人法の研究」（『宮崎市定全集』6、岩波書店、一九九二年）を参照。

（一五）廝役は、人に使われること。また、使用人。

（一六）覥冒は、恥じること。

（一七）北方について、宇都宮は「隋朝を指す」とし、池田恭哉は「北朝全般を指す」とする。ここでは終制篇が隋代に執筆されている点を重視し、「隋を始めとする北朝」と解釈しておく。「北方」の解釈と北朝の政治の厳格さについては、池田恭哉「北朝における隠逸—王朝の要求と士大夫の自発」（『南北朝時代の士大夫と社会』研文出版、二〇一八年に所収）を参照。

［現代語訳］

父君・母君は、共に建康《けんこう》にある先祖代々のお墓に帰られておらず、江陵《こうりょう》の東の城郭あたりに仮に埋葬されている。承聖《しょうせい》年間の末に、お墓を開いて建康に墓地を用意し、お墓の移転を行おうとした。詔をいただき（費用として）銀百両を賜り、揚州《ようしゅう》近郊の北地で（お墓を作る際に使う）塼《せん》も焼いて（移設の準備を進めて）いたが、梁《りょう》朝の壊滅の憂き目に遭い、このように流浪して、数十年間、故郷に帰る望みも絶たれている。いま天下は統一されたとはいえ、我が家の財政は切迫しており、いったいどうやってお墓を作る費用を捻出できようか。そのうえ建康は荒れ果て、人っ子一人いない状態であるし、（父君・母君の棺を多湿の建康に移すことで）かえって湿気を被ってしまうのであれば、よい計画とも言えまい。（だが、そうはいっても）自らを咎め責める思いは、心を貫いて骨髄に刻み込まれるほどである。考えてみるに、我ら兄弟は、出仕すべきではない。しかし、家門は衰え、兄弟は少なく、五服《ごふく》の範囲内の親族も、そばに一人も居らず、異郷をさまよい、また資廕《しいん》が無いが、お前達を人に使われるような立場に落としてしまえば、ご先祖様の恥となるので、世間に恥じ入りながらも、（出仕して）没落しないようにしてきたのである。また（出仕し続けるのは）北方（隋を始めとする北朝）の政治が大変厳格で、まったく隠退することができないためでもある。

【原文】

今年老疾侵、儻然奄忽、豈求備禮乎。一日放臂、沐浴而已、不勞復魄、殮以常衣。先夫人棄背之時、屬世荒饉、家塗空迫、兄弟幼弱、棺器率薄、藏內無塼。吾當松棺二寸、衣帽已外、一不得自隨。床上唯施七星板、至如蠟弩・牙・玉豚・錫人之屬、並須停省、糧罂・明器、故不得營、碑誌・旒旐、彌在言外。載以鼈甲車、襯土而下、平地無墳。若懼拜掃不知兆域、當築一堵低牆於左右前後、隨爲私記耳。靈筵勿設枕几、朔望・祥禫、唯下白粥・清水・乾棗、不得有酒肉・餅果之祭。親友來餟酹者、一皆拒之。汝曹若違吾心、有加先妣、則陷父不孝。在汝安乎。其內典功德、隨力所至、勿刳竭生資、使凍餒也。四時祭祀、周・孔所教、欲人勿死其親、不忘孝道也。求諸內典、則無益焉。殺生爲之、翻增罪累。若報罔極之德、霜露之悲、有時齋供、及[1]七月半盂蘭盆、望於汝也。

〔校勘〕

1．知不足齋叢書本の原注に、「一本無「七月半盂蘭盆」六字、卻作「及盡忠信不辱其親所望於汝也」」とある。現在でも四部叢刊本を始めとして、この「一本」と同じように作るテキストがいくつかある。趙曦明はこの改変について、「案、顏篤信佛理、固宜有此言。今諸本刪去六字、必後人以其言太陋、而因易以他語耳。然文義殊不貫」と言う。

《訓読》

今年老いて疾侵し、儻然《もし》奄忽（一）するも、豈に禮を備ふるを求めんや。一日臂《ひぢ》を放き（二）、沐浴（三）するのみ、復魄（四）を勞せず、殮（五）するに常衣を以てせよ。先夫人棄背の時、世の荒饉に屬し、家塗空迫し、兄弟幼弱なれば、棺器は率薄にして、藏內に塼無し。吾当に松棺二寸、衣帽より已外、一も自ら隨ふを得ざるべし。床上は唯だ七星板（六）を施し、蠟弩（七）・牙・玉豚・錫人の屬の如きに至りては、並びに須く停省すべく、糧罂（八）・明器は、故に營するを得ず、碑誌（九）・旒旐（一〇）は、彌〻言外に在り。載するに鼈甲車（一一）を以てし、土に襯（一二）して下し、地を平らかにして墳すること無かれ。若し拜掃するに兆域を知らざるを懼るれば、當に一堵の低牆を左右前後に築き、隨ひて私記を爲すべきのみ。靈筵(一三)に枕几を設くること勿く、朔望(一四)・祥禫、唯だ白粥・清水・乾棗を下すのみ、酒肉・餅果の祭有るを得ず。親友の來りて餟酹(一五)するは、一に皆之を拒め。汝ら曹若し吾が心に違ひ、先妣に加ふること有れば、則ち父を不孝に陷らしむ。汝に在りて安んぜんや。其れ内典の功德、力の至る所に隨ひ、生資を刳竭し、凍餒ならしむること勿かれ。四時の祭祀は、周・孔の教ふる所、人の其の親を死せり(一六)とすること勿く、孝道を忘れざらんことを欲するなり。諸を内典に求むれば、則ち益無し。殺生して之を爲せば、翻りて罪累を增す。若し罔極(一七)の德に報ぜんとし、霜露(一八)の悲しみあれば、時有りて齋供(一九)し、及び七月半の盂蘭盆(二〇)、汝に望む(二一)なり。

(注)

(一) 奄忽は、ここでは突然倒れて死ぬこと。

(二) 放臂は、遺体の手を広げて、父母から授かった身体に傷が無いか確かめること。『論語集解』泰伯篇に、「曾子有疾。召門弟子曰、啟予足、啟予手。詩云、戰戰兢兢、如臨深淵、如履薄冰。而今而後、吾知免夫、小子」とあり、その集解に、「鄭曰、啟開也。曾子以爲、受身體於父母不敢毀傷。故使弟子開衾而視之也」とある。また、『孝經』開宗明義章に、「身體髮膚、受之父母、不敢毀傷孝之始也」とある。

(三) 沐浴は、遺体を洗い清めること。

(四) 復魄は、魄から離れていった魂を魄に戻す儀式。

(五) 殮は、「斂」と同じで、「小斂」(遺体に衣服を着せる儀式)・「大斂」(遺体に更に衣服を着せて納棺する儀式)のこと。

(六) 七星板は、遺体を置いた床の上や棺の中に入れた板で、北斗七星を図案化したものを描き、また埋葬年や墓主、墓の所在地を書く。本篇の注(一)三三七頁に引く岡崎論文を参照。

(七) 蠟弩・牙・玉豚・錫人は、それぞれ蝋石製の弩・象牙・玉製の豚・錫製の人形で、いずれも副葬品である。

(八) 糧甖は、糧罌に同じ。食糧を盛った瓶で、葬るときに棺に入れる。

(九) 碑誌は、墓碑と墓誌のこと。

(一〇) 旒旐は、ここでは銘旌(死者の姓名や官職を記した旗)のこと。

(一一) 鼈甲車は、霊柩車のこと。

(一二) 襯土は、棺を直接地面に触れさせること。通常、埋葬する際には、砂利を引くなどして土が棺に直接触れないようにする。

(一三) 靈筵は、靈牀に同じ。死者のためにお供え物を置く場所。ここでは、墓前を想定しているのであろう。

(一四) 朔望は、一日・十五日、祥禫は、小祥(死後十三ヵ月目に行う祭祀)と大祥(死後二十五ヵ月目に行う祭祀)、禫(死後二十五ヵ月目または二十七ヵ月目に行う喪明けの祭祀)のこと。

(一五) 餟酹は、神を祭るときに酒を注ぐこと。

(一六) 死其親は、その親を忘れるという意味。『春秋左氏傳』襄公傳三十三年に、「欒枝曰、未報秦施而伐其師、其爲死君乎」とあり、その杜預注に、「言以君死故忘秦施」とある。

(一七) 罔極之德は、『詩經』小雅 蓼莪に、「父兮生我、母兮鞠我。拊我畜我、長我育我。顧我復我、出入腹我。欲報之德、昊天罔極」とあり、親の慈愛が広大で極まりが無いことをいう。

(一八) 霜露之悲は、『禮記』祭義に、「是故君子合諸天道、春禘秋

嘗。霜露既降、君子履之、必有悽愴之心、非其寒之謂也。春雨露既濡、君子履之、必有怵惕之心、如將見之」とあり、季節の変化に際して親を思い出して悲しむことを言う。

(一九) 齋供は、食事を振る舞うこと。施餓鬼。

(二〇) 盂蘭盆は、七月十五日に行う祖先供養。所謂「お盆」。『荊楚歳時記』に、「七月十五日。僧尼道俗。悉營盆供諸仙」とある。この盂蘭盆の由来となった『盂蘭盆経』は、「孝」と深く結びついており、施餓鬼や盂蘭盆を行うことが父母への「孝」になると説いている。詳しくは、入沢崇「仏説盂蘭盆経成立考」(『仏教学研究』四五・四六、一九九〇年)、城福雅伸『仏説盂蘭盆経』についての一考察―「孝」の視点を中心として」(『龍谷大学仏教学研究室年報』五、一九九二年)、「仏教と儒教のかかわり―唯識思想と『盂蘭盆経』における価値観を中心として」(『印度学仏教学研究』五〇―二、二〇〇二年)を参照。

(二一)『陳書』巻二十七 姚察傳には、顔之推とほぼ同年代の人物である姚察の遺言が収録されている。参考のため引用する。「年七十四、大業二年、終于東都、遺命薄葬、務從率儉。其略曰、「吾家世素士、自有常法。吾意斂以法服、並宜用布、土周於身。又恐汝等不忍行此、必不爾、須松板薄棺、纔可周身、土周於棺而已。葬日、止麤車、卽送厝舊塋北。吾在梁世、當時年十四、就鍾山明慶寺尙禪師受菩薩戒、自爾深悟苦空、頗知回向矣。嘗得留連山寺、一去忘歸。及仕陳代、諸名流遂許與聲價、兼時主恩遇、宦途遂至通顯。自入朝來、又蒙恩渥。既牽纏人世、素志弗從。且吾習蔬菲五十餘年、既歷歲時、循而不失。瞑目之後、不須立靈、置一小牀、毎日設清水、六齋日設齋食菓菜、任家有無、不須別經營也」。

［現代語訳］

いま年老いて病気も重くなったが、もし突然死んでも、どうして禮に適った葬儀を求めようか。一日だけ遺体の手を広げて(身体に傷が無いか確かめ)、沐浴させるだけでよく、復魄《ふくはく》の儀式もせず、小斂《しょうれん》・大斂《だいれん》の時も普段着を使うように。母君が亡くなられた時は、世間は飢饉のときで、家計も切迫し、我ら兄弟も幼かったので、(母君の)棺や副葬品も粗末なもので、お墓の中には塼も無かった。(母君がこのように粗末な葬儀であったのだから)もちろんわたしも棺は松材で板の厚さは二寸、衣服や帽子のほか、(副葬品は)他に何も入れてはならぬ。床の上は七星板だけを置いて、蠟弩《ろうど》・牙・玉豚・錫人といった類は、すべて取り止め、食糧を盛った瓶や明器も、埋葬してはならず、墓碑や墓誌、銘旌(が必要ないこと)は、言うまでもなかろう。(棺を)載せるのには鼈甲車《べっこう》を使い、(棺は)地面に直接触れるようにし、(埋葬後は)地面を平らにして墳は作るな。もし墓参りや墓掃除の時に墓の場所がわからなくなるのが不安であるなら、低い垣根を(墓の)左右前後に築き、個人的な目印とせよ。(墓前の)お供え物を置く場所に枕や椅子を置いてはならず、一日・十五日・小祥《しょうしょう》・大《だい》祥《しょう》・禫《たん》の時(の供物)は、白粥・水・干し棗だけを供えて、酒肉や餅果の供え物をしてはならない。親友がやって来て酒を注ぐことは、一切お断りせよ。お前達がもしわたしの思いに背いて、亡き母上(の葬儀)以上のことをしようとすれば、それは父を不孝に陥れることになる。お前達にとっても心安らぐことではないだろう。佛教の功徳とは、できる範囲の内で行うもので、生活費を枯渇させ、餓え凍えさせてはいけない。四時の祭祀は、周公と孔子の教えであり、その人の親を忘れさせず、孝道を忘れないようにしようとしているのだ。この(祭祀を執り行う)ことについて佛教によって考えてみると、御利益は無い。殺生して祭祀を行えば、かえって罪を増やしてしまうだろう。もし「罔極《むきょく》の徳」に報じようとし、「霜露の悲しみ」があるなら、（四時の祭祀をせずに）時折食事を振る舞い、また七月十五日の盂蘭盆《うらぼん》を執り行うこと、これをお前達に望む。

【原文】

孔子之葬親也、云、古者、墓而不墳。丘東西南北之人也。不可以弗識也。於是封之、崇四尺。然則君子應世行道、亦有不守墳墓之時。況爲事際所逼也。吾今羈旅、身若浮雲、竟未知何鄕、是吾葬地。唯當氣絶、便埋之耳。汝曹宜以傳業揚名爲務、不可顧戀朽壞、以取堙沒也。

《訓読》

孔子の親を葬るや、云ふ、（一）「古者《いにしへ》は、墓して墳せず。丘は東西南北の人なり。以て識さざる可からざるなり。是に於て之を封じ、崇きこと四尺なり」と。然らば則ち君子は世に應じ道を行ひ、亦た墳墓を守らざるの時有り。況んや事際の逼る所と爲るをや。吾は今 羈旅にして、身は浮雲の若く、竟に未だ何れの鄕、是れ吾が葬地なるかを知らず。唯だ當に氣 絶ゆれば、便ちに之を埋《をさ》むべきのみ。汝が曹 宜しく業を傳へ名を揚ぐるを以て務めと爲すべく、朽壞（二）を顧戀して、以て堙沒を取る可からざるなり。

（注）

（一）『禮記』檀弓上に、「孔子既得合葬於防、曰、吾聞之、古也墓而不墳。今丘也、東西南北之人也。不可以弗識也。於是封之、崇四尺。孔子先反。門人後。雨甚。至、孔子問焉。曰、爾來何遲也。曰、防墓崩。孔子不應。三。孔子泫然流涕曰、吾聞之。古不脩墓」とある。

（二）朽壞は、ここでは崩れた墓のこと。前注に挙げた『禮記』檀弓上の「孔子先反」以下の文章を踏まえている。

［現代語訳］

孔子は親を葬った際に、「古《いにしえ》は、墓を作って墳を作らなかった。わたしは東西南北を巡っている者であるから、分かるようにしておかなければならない。そこでここに土を盛って、その高さは四尺としよう」といった。そうであるならば君子は世情に応じ道を行い、墳墓を守らない時もある。まして事態が切迫している時はなおさらである。わたしはいま故郷を遠く離れ、この身は浮雲のようであり、まだどの村が、自分の埋葬地になるかも分からない。（こうした状況であるから）息が絶えたら、すぐさまわたしを埋葬せよ。お前達は家業（である学問）を伝えて家名を高めることを務めとすべきで、崩れた墓にこだわり、没落するようなことがあってはならぬ。

（洲脇武志）

編者一覽

渡邊《わたなべ》 義浩《よしひろ》 1962年生 早稻田大學文學學術院教授、文學博士

仙石《せんごく》 知子《ともこ》 1971年生 早稻田大學文學部非常勤講師、博士（中國學）・博士（文學）

髙橋《たかはし》 康浩《やすひろ》 1975年生 早稻田大學文化構想學部非常勤講師、博士（中國學）

池田《いけだ》 雅典《まさのり》 1977年生 一般財團法人 東方學會、博士（中國學）

洲脇《すわき》 武志《たけし》 1978年生 大東文化大學外國語學部非常勤講師、博士（中國學）

佐藤《さとう》 晃《あきら》 1980年生 早稻田大學文學學術院講師（任期付）、博士（文學）

和久《わく》 希《のぞみ》 1982年生 二松學舍大學文學部非常勤講師、博士（文學）

冨田《とみた》 繪美《えみ》 1984年生 早稻田大學大學院文學研究科博士後期課程

袴田《はかまだ》 郁一《ゆういち》 1987年生 早稻田大學大學院文學研究科博士後期課程

黑﨑《くろさき》 惠輔《けいすけ》 1989年生 早稻田大學大學院文學研究科博士後期課程

長谷川《はせがわ》隆一《りゅういち》 1991年生 早稻田大學大學院文學研究科博士後期課程

關《せき》 俊史《としふみ》 1991年生 早稻田大學大學院文學研究科博士後期課程

瀧口《たきぐち》雅依子《まいこ》 1995年生 早稻田大學大學院文學研究科修士課程

全譯顏氏家訓

二〇一八年十一月九日

主編 渡邊義浩

題字 關俊史

發行者 三井久人

印刷 モリモト印刷株式會社

發行 汲古書院

〒102-0072 東京都千代田區飯田橋二―五―四

電話 〇三（三二六五）九七六四

FAX 〇三（三二二二）一八四五

ISBN 978-4-7629-6624-8 C3022